“十二五”国家重点图书出版规划项目·新编法学核心课程系列教材

刑法总论

——理论·实务·案例

（第二版）

◆主　编　严　励
◆副主编　江维龙
◆撰稿人（以撰写章节先后为序）
朱沅沅　卫　磊　江维龙
杜雪晶

中国政法大学出版社
2017·北京

主编简介

闫立（严励），男，法学博士。现任上海政法学院终身教授、博士生导师，上海高等学校教学名师，香港城市大学法学院、法国巴黎第二大学访问教授，中共上海市委党校客座教授，上海市人民检察院专家咨询委员，上海市法制讲师团高级讲师，上海市反邪教讲师团特邀专家，享受国务院政府特殊津贴专家。兼任中国犯罪学研究会副会长、中国犯罪学研究会预防犯罪专业委员会主任委员、上海市社会管理综合治理研究会副会长、上海市刑法学研究会副会长、上海市信访学会副会长、上海市监狱学会副会长、教育部全国高职高专教育法律类教学指导委员会委员、上海市哲学社会科学项目学科评审组专家、上海市政协社会法制委员会委员。

先后出版了《中国刑事政策原理》《中国刑事政策的理性建构》《刑事一体化视野中的犯罪研究》《秩序的中国解读——转型期中国社会矛盾之研究》《思考与言说——法治的理论与实践》等专著，以及《刑法案例教程》《刑法学》等教材20余部，在《中国法学》等核心期刊上发表论文150余篇，主持完成国家、省部级科研项目12项。荣获中国犯罪学研究会、中国青少年犯罪研究会优秀成果一等奖，吉林省青年研究优秀成果一等奖，上海市邓小平理论研究与宣传优秀成果一等奖（2004年）、三等奖（2009年），上海市育才奖（2004年），上海市优秀教学成果二等奖（2009年），上海市哲学社会科学优秀成果三等奖（2012年）等多个奖项。

出版说明

“十二五”国家重点图书出版规划项目是由国家新闻出版总署组织出版的国家级重点图书。列入该规划项目的各类选题，是经严格审查选定的，代表了当今中国图书出版的最高水平。

中国政法大学出版社作为国家良好出版社，有幸入选承担规划项目中系列法学教材的出版，这是一项光荣而艰巨的时代任务。

本系列教材的出版，凝结了众多知名法学家多年来的理论研究成果，全面而系统地反映了现今法学教学研究的最高水准。它以法学“基本概念、基本原理、基本知识”为主要内容，既注重本学科领域的基础理论和发展动态，又注重理论联系实际以满足读者对象的多层次需要；既追求教材的理论深度与学术价值，又追求教材在体系、风格、逻辑上的一致性。它以灵活多样的体例形式阐释教材内容，既推动了法学教材的多样化发展，又加强了教材对读者学习方法与兴趣的正确引导。它的出版也是中国政法大学出版社多年来对法学教材深入研究与探索的职业体现。

中国政法大学出版社长期以来始终以法学教材的品质建设为首任，我们坚信，“十二五”国家重点图书出版规划项目定能以其独具特色的高文化含量与创新性意识，成为集权威性和品牌价值于一身的优秀法学教材。

中国政法大学出版社

总 序

长期以来，由于大陆法系和英美法系法律渊源不同，法学教育模式迥异。大陆法系的典型特征是法律规范的成文化和法典化；而英美法系则以不成文法即判例法为其显著特征。从法律渊源来看，大陆法系以制定法为其主要法律渊源，判例一般不被作为正式法律渊源，对法院审判亦无约束力；而英美法系则以判例法作为其正式法律渊源，即上级法院的判例对下级法院在审理类似案件时有约束力。两大法系法律渊源的不同，导致归属于两大法系的法学教学存在较大差异。大陆法系的法学教育采用的是演绎法，教师多以法学基本概念和原理的讲解为主，即使部分采用了案例教学，也重在通过案例分析法律规定；而英美法系采用的是归纳法，判例就是法源，通过学习判例来学习法学原理。

在我国，制定法为法律规范的主要渊源，长期以来，沿用大陆法系的演绎法教学模式。众所周知，法学是一门实践性、应用性很强的学科，法学教育的目标之一就是培养学生运用法学知识分析和解决实际问题的能力。为此，改变传统教学模式，引入理论和实践相结合的案例教学法成为必需。多年来，我校在这方面进行了有益的尝试和探索，总结了一套行之有效的理论和实务案例相结合的教学模式，深受学生欢迎。这套教学模式，根据大陆法系成文法的教学要求，借鉴英美法系的案例教学模式，将两大法系的教学方法有机地融为一体，既能使学生系统地掌握法学原理，又培养了学生分析和解决实际问题的能力。

为了及时反映我校法学教育改革的新成果，更好地满足法学教育的需要，我校组织编写了这套《新编法学核心课程系列教材》。这套教材具有如下特点：①覆盖面广。涵盖了现今主要的法学核心课程。②体例格式新颖。本套教材各章均按本章概要、学习目标、学术视野、理论与实务、参考文献的体例格式安排，这种体例兼顾了系统掌握法学理论和应用法学理论分析、解决实际问题能力的双重教学目标。③案例选择科学合理。主要表现为：一是案例大多选自司法实践，具有新颖性和真实性；二是根据法学知识点的系统要求选择案例，具有全面性和典型性；三是反映理论和实务的密切联系，以案说法，以法解释法学知识和原理，理论与实务高度融合，相得益彰。④内容简洁。本套教材力争以简洁的语言阐述法学理论和相关问题，解析实例，说明法理，做到深入浅出，通俗易懂。⑤具有启发性。本套教材所列学术视野，多为本学科的焦点和热点问题，可帮助学生了解学术动态，激发其学术兴趣；理论思考题可引导学生思考温习所学知识，启迪其心志。

《新编法学核心课程系列教材》吸收了国内外优秀学术成果，在理论与实践相结合的基础上，达到了理论性、实践性和应用性相统一。在理论上具有较强的系统性和概括性，在应用上具有针对性和实用性，在内容上则反映了法学各学科的新发展和时代特征。总之，我真诚地希望这套教材能成为广大学生和读者学习法学知识的新窗口，并愿这套教材在广大读者和同行的关心与帮助下越编越好。

金国华

2010 年 10 月 28 日

第二版说明

鉴于本教材于2010年出版后，《刑法修正案》多次对刑法典作了诸多重要的修改和完善，刑法理论研究也有了一定的进展，刑法教义学的争论也丰富了刑法理论，为了及时反映最新的立法、司法与理论研究成果，更好地适应刑法学教学和科研的需要，在出版社的大力支持下，我们对本教材进行了修改并交付出版。本次修订，由江维龙教授统一协调，最后由严励主编和江维龙统一定稿。中国政法大学出版社有关领导对本书的修订和及时出版非常重视并全力支持，编辑马旭、艾文婷同仁为本书的及时而高质量的问世倾力相助，在此一并致以诚挚的谢意！

本教材具体编写分工如下：

朱沅沅：第一至三、九章；

卫　磊：第四至八、十一至十三章；

江维龙：第十、十四、十五、十八、十九章；

杜雪晶：第十六、十七章。

由于我们水平有限，本书难免出现错误，希望得到广大读者的批评指正！

作　者

2016年12月

编写说明

本书是上海政法学院多年案例教学法实践的结晶和创新。它既是刑法教学有益探索实践活动的系统总结，又是刑法学教材编写的大胆尝试和突破。刑法学的教学不仅要注重理论，更要注重实务训练。案例教学法是我院使用多年的具有特色的教学方法，也是成功的刑法学课程教学中的一个不可缺少的组成部分。目前国内刑法教材主要是注释刑法学，侧重于对刑法理论的阐释和刑法条文的解释，突出理论性、系统性，对刑法基本理论、基本知识的讲解较多。而国外，特别是英美国家的刑法学教材，注重案例分析，教师上课也大量运用案例教学法，通过将枯燥、呆板、抽象的法条与具体的案例相结合，既从案例中启发学生、引导学生，又在生动活泼的案例教学中使学生领悟到刑法学的基本原理和精神。1996 年我们在刑法学教学中进行了尝试，编写了《刑法案例教程》，并于 1999 年获上海出版界 50 年 500 种精品图书奖。之后，我们在本科生、研究生中普遍进行了案例教学法的讲授。通过几年的实践，学生反响良好。在运用此教材讲授刑法学过程中，听课的本科生、研究生人数达三千余人。多年的案例教学实践使我们受益匪浅，感触颇深。案例教学加强了对学生的实践能力和分析解决问题能力的训练，使他们能以扎实的知识和能力适应社会的要求。同时，我们系统地收集了大量的刑法学案例并汇编成册，并运用到刑法学案例教学中，起到了很好的教学效果。这不仅体现了我院一贯坚持的刑法学案例教学特色，而且为我们今天新的刑法案例教程编写奠定了坚实的基础。

本书原则上是按刑法学的理论框架和现行刑法体系撰写的。不仅系统地论述了刑法学的基本原理，而且广泛吸收并剖析了近年来司法实践中的典型案例，充分体现了案例教学法的原则，坚持了理论性和实践性的统一，同时注意及时、准确地反映近年来我国刑事立法、司法解释、司法实践中的新情况、新进展、新成果。本书的创新和突破还体现在编写体例上，每一章都包括了本章概要、学习目标、理论知识、学术视野、理论思考与实务应用等几大部分，可以使学生在学前有个预知，也可以使其在学后对知识点有个清晰的梳理。理论知识可以使学生准确、全面、系统地学习刑法学的基本原理；学术视野对不同学派或主要分歧意见予以系统归纳、简要阐述，特别是对相关前沿问题进行简介，可以为学生日后的深入研究抛砖引玉；理论思考能满足学生巩固基础、复习迎考的需求；案例评析不仅将理论具体化、形象化，使本书增强可读性，同时也培养了学生分析问题、解决问题的能力。编写中，我们根据教育部《全国高等学校法学专业核心课程教学基本要求》的规定，针对大学本科法学专业的教学特点和人才培养目标，在借鉴、吸收刑法实践和最新科研成果的基础上，结合刑法修正案和最新司法解释，由长期从事刑法教学和科研工作的教师精心编写。本书力求基本理论阐述清楚、明确；案例分析精辟、文字简练、观点明确、论述有力。

本书由主编严励设计编写规划及统稿，具体编写分工如下：

朱沅沅：第一至三、九章；

卫　磊：第四至八、十一至十三章；

江维龙：第十、十四、十五、十八、十九章；

杜雪晶：第十六、十七章。

本书适用于法学本科生及参加国家司法考试、法硕联考和法律职业人士，也可以作为理解刑法学的基本原理或提高分析问题、解决问题能力的辅助教材。由于我们水平有限，本书难免出现错误，希望得到广大读者的批评指正。在本书的编写过程中，我们借鉴了国内外刑法学学者和专家的研究成果，参考了他们的许多专著和论文，在此一并衷心致谢！

作　者

2010 年 10 月

目 录

第一章
刑法概说

【本章概要】刑法是规定犯罪、刑事责任、刑罚的法律。在我国，刑法有广义与狭义之分。狭义的刑法是指刑法典。广义的刑法除刑法典之外，还包括刑法修正案、单行刑法与附属刑法。此外，民族自治地方的省级人民代表大会根据当地民族的政治、经济、文化的特点和刑法典的基本原则制定的变通或补充规定，也属于广义刑法的内容。刑法的性质包括刑法的阶级性质和刑法的法律性质。刑法的阶级本质由国家的阶级本质决定，刑法的法律性质是其区别于其他法律的特有属性。

我国刑法制定的法律根据是宪法。刑法的制定、修改及其解释决不能违背宪法的规定，刑法必须在自己的领域内具体贯彻宪法的原则和精神并通过具体的刑法规范及其适用，保障宪法的实施。刑法制定的实践根据是我国同犯罪作斗争的具体经验和实际情况。根据《刑法》第 2 条的规定，刑法的任务归纳起来有以下四个方面：①保卫国家安全、人民民主专政的政权和社会主义制度，这是我国刑法的首要任务；②保护社会主义的经济基础，同时也保护公民私人所有的财产；③保护公民的人身权利、民主权利和其他权利；④维护良好的社会秩序、经济秩序。

广义的刑法体系，是指刑法的各种渊源及其社会关系。狭义的刑法体系，是指刑法典的组成和结构。从组成和结构来讲，我国刑法典由两编组成，第一编总则，第二编分则，此外还有一条附则。编之下，又根据法律规范的性质和内容有次序地划分为章、节、条、款、项等层次，从而构成一个科学的统一整体。

为了准确理解刑法规范含义，为了在规范内容允许下使司法活动适应变化了的客观情况，需要对某些条文赋予新的含义，必须对刑法作出解释，刑法的解释就是对刑法规范含义的阐明。刑法的解释主要有两种分类：①按照解释的效力，分为立法解释、司法解释和学理解释；②按照解释的方法，分为文理解释和论理解释，其中论理解释又可分为当然解释、扩张解释和限制解释。

【学习目标】通过本章的学习，理解刑法的概念和性质；了解制定刑法的根据和刑法的任务；理解和把握刑法的体系、刑法解释的概念与分类。

第一节　刑法的概念与性质

一、刑法的概念

刑法是规定犯罪、刑事责任、刑罚的法律。具体来讲，刑法是掌握政权的统治阶级，为了维护其阶级利益和统治秩序，根据本阶级的意志，以国家名义颁布的，规定犯罪、刑事责任、刑罚的法律规范的总和。我国刑法是社会主义的刑法，它体现的是工人阶级领导的广大人民群众的利益和意志，是为了惩罚犯罪，保护人民，根据宪法，结合我国同犯罪作斗争的具体经验及实际情况而制定的。

刑法有广义与狭义之分。在我国，狭义的刑法是指刑法典。广义的刑法除刑法典之外，还包括刑法修正案、单行刑法与附属刑法。此外，民族自治地方的省级人民代表大会根据当地民族的政治、经济、文化的特点和刑法典的基本原则制定的变通或补充规定，也属于广义刑法的内容，但是这种规定只在特定地域适用，没有普遍效力。在上述各项中，刑法典（含刑法修正案）是普通刑法，单行刑法与附属刑法是特别刑法。当一个行为同时触犯普通刑法条文与特别刑法条文时，应适用特别刑法优于普通刑法的原则；当一个行为同时触犯两个特别刑法条文时，则应适用新法优于旧法的原则。

二、刑法的性质

刑法的性质包括刑法的阶级性质和刑法的法律性质。

（一）刑法的阶级性质

马克思主义刑法学认为，刑法具有阶级性，刑法的阶级本质是由国家的阶级本质决定的。我国刑法是社会主义类型的刑法，它是建立在我国社会主义经济基础之上的上层建筑的重要组成部分，反映工人阶级和广大人民群众的意志，保卫社会主义的政治制度和经济制度，保护广大人民群众当前及长远的利益，因而与剥削阶级国家的刑法具有本质区别。

（二）刑法的法律性质

刑法具有区别于其他法律的特有属性，这主要表现在：

1. 刑法规定犯罪及其法律后果，而其他法律则规定一般违法行为及其法律后果。

2. 一般部门法只是调整和保护某一方面的社会关系，而刑法所调整和保护的社会关系相当广泛。

3. 一般部门法对一般违法行为适用的强制方法的严厉程度轻于刑法所规定的刑罚。

4. 刑法是其他法律的保障法，其他法律调整的社会关系和保护的合法权益，也都要借助于刑法的调整和保护。

第二节　刑法的根据与任务

一、刑法的根据

《刑法》第 1 条规定，为了惩罚犯罪，保护人民，根据宪法，结合我国同犯罪作斗争的具体经验及实际情况，制定本法。具体来说，我国刑法制定的根据主要包括法律根据和实践根据。

(一) 刑法制定的法律根据

宪法是国家的根本大法，它在国家法律体系中处于最高地位，具有最高法律效力。宪法关于国家的政治、经济基本制度的规定，关于国家机关组织和活动原则的规定，关于公民基本权利和义务的规定，特别是《宪法》第28条关于国家维护社会秩序，镇压叛国和其他危害国家安全的犯罪活动，制裁危害社会治安、破坏社会主义经济和其他犯罪的活动，惩办和改造犯罪分子的规定，以及《宪法》第5条第2款关于一切法律、行政法规和地方性法规都不得同宪法相抵触的规定，都是刑法制定、修改和解释必须遵循的。也就是说，刑法必须在自己的领域内具体贯彻宪法的原则和精神并通过具体的刑法规范及其适用，保障宪法的实施。宪法是母法，刑法是子法。子法必须贯彻母法的基本要求，并为保障母法的实施服务。刑法的制定、修改及其解释决不能违背宪法的规定，否则就是违宪行为，或者全部无效，或者与宪法相抵触的部分无效。总之，宪法是我国刑法制定的法律根据。

(二) 刑法制定的实践根据

我国在同犯罪作斗争的过程中积累了非常丰富的经验，这不仅表现在我国同犯罪作斗争的基本方针、政策、策略，如社会综合治理的方针，惩罚与宽大相结合的基本刑事政策，区别对待，打击少数，争取、教育多数，孤立、分化、瓦解犯罪分子的策略以及“三禁”并举、堵源截流、严格执法、标本兼治的禁毒方针，一要坚决、二要慎重、务必搞准的打击经济犯罪的政策等，还表现在有关自首、立功、共犯、正当防卫、累犯、减刑、假释等总论方面处理各种问题的经验以及各种犯罪的罪名、特征、情节轻重、处罚原则等刑法分则方面打击各种具体犯罪的经验，这一切在刑法中都作了规定和反映。

实事求是，一切从实际出发，是马列主义理论的精华和灵魂，刑法在制定和实施过程中都应当坚持以这一理论作指导。我们制定刑法应从我国实际情况出发，系统地进行调查研究，分析犯罪的现状和发展态势，认真总结我国同犯罪作斗争的经验和对策，将其规定为刑法规范，使我国刑法成为具有中国特色的社会主义刑法。所以，我国同犯罪作斗争的具体经验及实际情况，是刑法制定的实践根据。

二、刑法的任务

根据《刑法》第2条的规定，中华人民共和国刑法的任务，是用刑罚同一切犯罪行为作斗争，以保卫国家安全，保卫人民民主专政的政权和社会主义制度，保护国有财产和劳动群众集体所有的财产，保护公民私人所有的财产，保护公民的人身权利、民主权利和其他权利，维护社会秩序、经济秩序，保障社会主义建设事业的顺利进行。归纳起来，刑法的任务有以下四个方面：

(一) 保卫国家安全、人民民主专政政权和社会主义制度

这是我国刑法的首要任务。国家安全是国家生存和发展的前提，国家的主权、领土完整和利益受到危害，人民的生活就不能安宁，社会主义建设事业的顺利进行

就是一句空话。因此，保卫国家安全是我国刑法任务的重中之重。人民民主专政政权和社会主义制度是我国人民在中国共产党领导下浴血奋战和经过艰苦卓绝的斗争而取得的革命胜利成果，是我国人民根本利益的集中体现，是我国人民进行社会主义现代化建设的根本保证。国内外敌对势力和敌对分子总是把矛头指向我国人民民主专政政权和社会主义制度，千方百计地进行颠覆活动。所以，我国刑法将危害国家安全罪列为各类犯罪之首，并规定了严厉的刑罚，对国家和人民危害特别严重的、情节特别恶劣的，可以判处死刑，可以并处没收财产，应当附加剥夺政治权利终身。这都体现了对危害国家安全罪从严惩处的精神，其目的就是有效地保卫国家安全、人民民主专政政权和社会主义制度。

（二）保护社会主义经济基础

这是我国刑法的主要任务之一。经济基础决定上层建筑，上层建筑又反过来为经济基础服务。我国刑法对经济基础的保护也就是对以公有制为主体的多种所有制和社会主义市场经济的保护。我国《宪法》明确规定，社会主义的公共财产神圣不可侵犯；国家保护社会主义的公共财产，禁止任何组织或者个人用任何手段侵占或者破坏国家和集体的财产；公民的合法的私有财产不受侵犯。所以，我国刑法规定了盗窃罪、抢劫罪、诈骗罪、侵占罪、贪污贿赂罪、金融诈骗罪、危害税收征管罪等一系列侵犯国家、集体、个人财产和危害社会主义市场经济秩序的犯罪行为，以保护社会主义经济基础，体现了我国刑法作为上层建筑为经济基础服务的具体内容。

（三）保护公民的人身权利、民主权利和其他权利

公民的人身权利、民主权利和其他权利属于人权的基本范畴。人身权利，是指与人身有关的各项权利，如生命权、健康权、名誉权、人身自由权等。民主权利，是指依法参加国家管理和社会政治生活的权利，如选举权、被选举权等。其他权利，是指公民人身权利、民主权利以外的权利，如婚姻自主权、年老、年幼、患病的家庭成员有受扶养的权利等。切实保护广大公民的人身权利、民主权利和其他权利，是由我国的人民民主性质决定的。我国是人民民主专政的国家，人民是国家的主人，人民享有广泛的权利，任何机关和个人都不得非法侵犯公民的合法权利。公民只有人身权利不受侵犯，才能行使民主权利和其他权利。所以，刑法将侵犯公民人身权利的犯罪，如故意杀人、故意伤害、强奸等规定为侵犯公民个人权利犯罪中最严重的犯罪，并给予严厉的惩罚。同时，还规定了破坏选举罪、非法剥夺公民宗教信仰自由罪、侵犯少数民族风俗习惯罪、侵犯通信自由罪及其相应的刑事责任，从而体现了对公民民主权利的切实保护。此外，对严重侵犯公民其他权利的暴力干涉婚姻自由、遗弃、虐待等行为，刑法也要予以追究。

（四）维护良好的社会秩序

和谐社会的构建，需要有一个稳定的政治环境和良好的社会秩序。正如邓小平同志指出的："中国的问题，压倒一切的是需要稳定。没有稳定的环境，什么都搞不

成，已经取得的成果也会失掉。”没有正常的秩序，社会主义现代化建设就无法正常进行，国家的管理活动也无法正常实施，公民的一切权利也就失去了必要的保障。因此，刑法规定了危害公共安全罪、妨害社会管理秩序罪、渎职罪等各类犯罪，以维护良好的社会秩序。此外，刑法还规定了破坏社会主义市场经济秩序罪，以确保良好的经济秩序，为我国经济建设保驾护航，保障社会主义现代化建设事业的顺利进行。

上述刑法的任务可以概括为保护合法权益，惩罚犯罪行为。惩罚是手段，保护是目的。不使用惩罚手段抑制犯罪行为，就不可能保护合法权益；为了保护合法权益，必须有效地惩罚各种犯罪。

第三节　刑法的体系与解释

一、刑法的体系

广义的刑法体系，是指刑法的各种渊源及其社会关系。狭义的刑法体系，是指刑法典的组成和结构。我国刑法典由两编组成，第一编总则，第二编分则，此外还有一条附则。编之下，又根据法律规范的性质和内容有次序地划分为章、节、条、款、项等层次，从而构成一个科学的统一整体。

（一）编

编是刑法典的第一级单位。我国刑法将总则和分则列为两编，附则不另立一编，但性质上与总则、分则并列。附则即第452条，规定了刑法开始施行的日期、刑法与以往单行刑法的关系、刑法生效后某些单行刑法的废止以及某些单行刑法中有关内容的失效。刑法第一编总则分设5章，即刑法的任务、基本原则和适用范围；犯罪；刑罚；刑罚的具体运用；其他规定。总则是关于刑法的指导思想、任务和适用范围，以及关于犯罪和刑罚一般原理、原则的规范体系，这些规范是定罪量刑所必须遵守的共同的规则。第二编分则分设10章，即危害国家安全罪；危害公共安全罪；破坏社会主义市场经济秩序罪；侵犯公民人身权利、民主权利罪；侵犯财产罪；妨害社会管理秩序罪；危害国防利益罪；贪污贿赂罪；渎职罪；军人违反职责罪。分则是关于具体犯罪和具体法定刑的规范体系，这些规范是解决具体定罪量刑问题的标准。刑法总则与刑法分则的关系是一般与特殊、抽象与具体的关系。总则指导分则，分则是总则某些原理、原则的具体体现，二者相辅相成。只有把总则和分则紧密地结合起来，才能正确地认定犯罪、确定刑事责任和适用刑罚。

（二）章

编下是章，章是总则和分则两编之下的单位。刑法总则和分则各自独立设章。我国刑法总则分设5章，刑法分则分设10章。在刑法分则中，罪名往往按章排列，各章的排列有一定的顺序，形成一个有机的整体。

（三）节

章下是节，节是章根据需要而下设的单位，反映章内部的有机联系。我国刑法根据内容决定章下是否设节，在刑法总则中，凡内容较多并且有明确的层次之分的，往往设节，否则就不设节。其中第二至四章下设若干节。在刑法分则中，由于第三章破坏社会主义市场经济秩序罪和第六章妨害社会管理秩序罪内容庞杂、罪名较多，因此这两章下又分设了若干节，其他章下均不设节。

（四）条

章（节）下是条，条是表达刑法规范的基本单位，也是刑法典的基本组成单位。刑法典的全部条文用统一的序号进行编号，从第 1 条至第 452 条统一编号，不受编、章、节划分的影响，这样既可以达到系统化的目的，又可以保证查阅方便、引用准确。

需要特别指出的是，由于刑法修正案通过后不会重新公布刑法文本，为了保持刑法典总条数的稳定性，所以采用了依附于某个法条编号的形式。一些刑法修正案增加了“第×××条之×”的条文，这种特殊条序形式的条文，与“第×××条”有同等的法律地位，属于实质上的独立法条。

（五）款

条下是款，款是设于某些条文之下的单位。有些条文表达的内容简单，只有一段，因而没有必要在条下设款。在条文所要表达的内容比较丰富，存在若干层次的情况下，需要在条下设款。我国刑法中的款采用另起一行的方法表示。例如，我国《刑法》第 23 条分为两款，第 1 款规定的是犯罪未遂的概念，第 2 款规定的是未遂犯的处罚原则。

有的条文在同一款里包含有两个或两个以上意思，这在学理上称之为前段、后段，或者前段、中段、后段，或者第一段、第二段……在具有这种结构的条款当中，如果用“但是”这个连接词来表示转折关系的，则从“但是”开始的这段文字，学理上称之为“但书”。我国刑法条文中的“但书”，所表示的大致有以下几种情况：①“但书”是前段的补充。如《刑法》第 13 条在规定了什么是犯罪之后，接着“但书”指出：“情节显著轻微危害不大的，不认为是犯罪”。②“但书”是前段的例外。如《刑法》第 246 条在规定侮辱罪、诽谤罪“告诉的才处理”的同时，又“但书”指出：“但是严重危害社会秩序和国家利益的除外”。③“但书”是对前段的限制。如《刑法》第 20 条第 2 款规定：“正当防卫明显超过必要限度造成重大损害的，应当负刑事责任，但是应当减轻或者免除处罚。”在这里，“但书”对防卫过当人负刑事责任作了限制性的规定。

（六）项

条与款下有项，项是某些条或款之下设立的单位。刑法典中的项，往往采用基数号码进行编号。一般来说，列为项的内容之间往往具有并列关系，并共同从属于条或款。在条或款的后面如果用（一）（二）（三）等基数号码的则为项。例如，我国《刑法》第33条规定："主刑的种类如下：（一）管制；（二）拘役；（三）有期徒刑；（四）无期徒刑；（五）死刑。"以上五种主刑，刑法学分为五项加以规定。

刑法条文采用条、款、项的结构是非常严谨的，任何人都不能随意颠倒改动，引用条文时应绝对准确。

二、刑法的解释

刑法的解释就是对刑法规范含义的阐明。刑法的解释主要有两种分类：①按照解释的效力，分为立法解释、司法解释和学理解释；②按照解释的方法，分为文理解释和论理解释，其中论理解释又可分为当然解释、扩张解释和限制解释。

（一）立法解释、司法解释和学理解释

1. 立法解释。立法解释就是由最高立法机关即全国人大及其常委会对刑法的含义所作的解释。包括以下三种情况：①刑法中用条文对有关刑法术语所作的解释，如刑法关于国家工作人员、公共财产、毒品、淫秽物品的含义所作的解释；②由国家立法机关在法律的起草说明或者修订说明中所作的解释；③刑法在施行中如发生歧义，由全国人大常委会进行解释。依据宪法的规定，解释法律是属于全国人大常委会行使的职权之一，2000年4月29日由全国人大常委会通过了《关于〈中华人民共和国刑法〉第九十三条第二款的解释》，就村民委员会等村基层组织人员管理公共事务工作是否属于《刑法》第93条第2款规定的"其他依照法律从事公务的人员"进行了澄清和解释，这即属于立法解释。再如，2002年4月28日全国人大常委会《关于〈中华人民共和国刑法〉第二百九十四条第一款的解释》和《关于〈中华人民共和国刑法〉第三百八十四条第一款的解释》，其中《关于〈中华人民共和国刑法〉第二百九十四条第一款的解释》是对黑社会性质的组织的立法解释，《关于〈中华人民共和国刑法〉第三百八十四条第一款的解释》是对挪用公款归个人使用的立法解释。这两个问题最高人民法院都曾经作过司法解释，最高人民检察院存在不同意见，因而全国人大常委会作出立法解释。这些立法解释对于明确法律规定的立法本意，进一步规范司法解释具有重要意义。

2. 司法解释。司法解释就是由最高司法机关对刑法的含义所作的解释。在我国，有权进行司法解释的机关是最高人民法院和最高人民检察院。1981年6月10日第五届全国人民代表大会常务委员会第十九次会议通过的《关于加强法律解释工作的决议》规定："凡属于法院审判工作中具体应用法律、法令的问题，由最高人民法院进行解释。凡属于检察院检察工作中具体应用法律、法令的问题，由最高人民检察院进行解释。最高人民法院和最高人民检察院的解释如果有原则性的分歧，报请全国人民代表大会常务委员会解释或决定。"在司法实践中，最高人民法院和最高人民检察院分别就审判工作和检察工作中具体应用刑法的问题分别作出过不少司法解释，同时就一些刑法适用的共同性问题，最高人民法院和最高人民检察院也联名作出过司法解释。此外，最高人民法院和最高人民检察院还与有关行政部门共同对刑法适用中的问题进行解释，这可以视为一种准司法解释。

我国的司法解释就其内容而言，可以分为规范性解释与个案性解释。规范性解释通常以“规定”“解释”等形式发布，而个案性解释则通常以“批复”“答复”等形式发布。此外，还有以座谈会纪要的形式出现的司法解释性文件，也同样具有司法解释的性质，只是在法律效力上略逊于正式的司法解释。司法解释作为对刑法的解释，其适用的时间效力依附于刑法的效力。但在具有新旧司法解释的情况下，应当按照从旧兼从轻的原则解决司法解释的时间效力问题。司法解释对于统一司法机关的认识，提高审判工作和检察工作的质量，起着重要的指导作用。

3. 学理解释。学理解释，就是国家宣传机关、社会组织、教学科研单位或者专家学者从学理上对刑法含义所作的解释。如刑法教科书、专著、论文、案例分析以及对刑法典的注释等，都属于学理解释。学理解释在法律上没有约束力。但是，正确的学理解释，有助于理解刑法的含义，对司法实践和立法工作都具有参考价值，对于提高广大干部群众的法律意识和法学水平，对于促进刑法科学的发展，具有重要的作用。

（二）文理解释和论理解释

1. 文理解释。文理解释，就是对法律条文的字义，包括单词、概念、术语，从文理上所作的解释。刑法关于国家工作人员、公共财产、毒品、淫秽物品等的解释，按照解释的方法来看，就属于文理解释。

2. 论理解释。论理解释，就是按照立法精神，联系有关情况，从逻辑上所作的解释。论理解释又可分为当然解释、扩张解释和限制解释。①当然解释，是指刑法规定虽未明示某一事项，但依规范的目的、事物的属性和形式逻辑，将该事项当然包含在该规范适用范围之内的解释；②扩张解释，是指根据立法原意对刑法条文作超过字面意思的解释；③限制解释，是指根据立法原意对刑法条文作狭于字面意思的解释。

学术视野

一、刑法的界定

刑法的界定主要涉及刑法与相关刑事法及刑事法学的区分问题。在法律体系中，刑法是一个重要的部门法，以其为核心，形成刑事法。刑事法中的各个法律部门之间具有密切联系，又存在性质上的区分，现界说如下：

1. 刑法与刑事诉讼法。刑法与刑事诉讼法的关系，是实体法与程序法之间的关系。刑法规定的是犯罪与刑罚的实体内容，刑事诉讼法规定的是处理刑事案件的诉讼程序，两者的关系十分密切，是一种内容与形式的关系。从世界各国的情况来看，大陆法系国家严格区分实体法与程序法，而且对实体法予以格外重视，可以说是实体优先；在英美法系国家实体法与程序法并未严格区分，而且实行程序优先。随着法治的发展，程序从工具主义向本位主义转变，程序的独立价值越来越受到强调。在这种情况下，对于刑法与刑事诉讼法的关系应当重新认识，尤其应当克服重实体轻程序的偏见，确立程序正义优先的理念。

2. 刑法与监狱法。监狱法是以规制刑事执行为主要内容的，因此，监狱法又称为行刑法。在性质上，监狱法属于刑事法。监狱法与刑法的关系也十分密切，监狱法的任务在于保证刑罚实施并实现行刑目的。随着目的刑思想的流行，行刑问题越来越受到重视，因而监狱法成为与刑法、刑事诉讼法并列的刑事法的三大支柱，由此形成全体刑法的框架。可以说，没有监狱法的正确实施，刑法适用就会丧失其正当的目的性。

二、关于如何对刑法进行解释

在刑法理论上，关于如何对刑法进行解释，存在主观解释论与客观解释论之争。主观解释论认为，法律是立法者为社会一般人设计的行为规范，表达了立法者希望或不希望、允许或不允许人们从事什么样的行为的主观愿望，因而法律应该具有明确性。客观解释论认为，法律是社会的产物，法律解释必须符合实际的社会生活。激进的客观解释论者认为所谓立法意图只是一个纯属虚构的概念。从否定立法意图开始，法官对法律的解释逐渐演变成在法律解释的名义下对法律的创造，即法官造法。激进的客观解释显然有悖于解释一词的原义，从而混淆了立法与司法的界限。只有从解释的特定含义出发，才能进一步阐发如何解释的问题。我们认为，刑法解释应当坚持罪刑法定原则，不得僭越刑事立法权，坚持严格解释。刑法的严格解释，在一定程度上可以引申出有利于被告人解释的原则。当然，刑法解释又不能拘泥于立法原意，而应在立法意蕴所允许的范围内，使刑法解释起到阐明立法精神、补救立法不足的功效。

理论思考与实务应用

一、理论思考

（一）名词解释

但书　附属刑法　单行刑法　立法解释　司法解释

（二）简答题

1. 简述刑法的阶级性质。

2. 简述刑法的法律性质。

3. 简述刑法的组成和结构。

（三）论述题

1. 什么是刑法？我国刑法包括哪几部分？

2. 我国刑法的根据是什么？

3. 我国刑法的任务是什么？

4. 什么是我国刑法的体系？

5. 什么是刑法的解释？

二、实务应用

（一）案例分析示范

案例一

某县企业改制中，决定对一国有日杂公司仓库进行竞价拍卖，并于2000年11月22日上午举行公开竞价拍卖。薛某串通秦某、蔡某、刘某、张某共同商定，秦某出100万元，分别给薛某、蔡某、刘某、张某各25万元，而薛某等四人承诺竞标时不与秦某竞争，故意让秦某中标，秦某遂以501.2万元中标。1个月后案发。

问：根据刑法解释的原理，本案中薛某等人的行为是否要承担刑事责任？

【评析】本案争议的焦点在于拍卖活动中竞买人之间“恶意串通”严重损害国家、集体、公民的合法利益的行为是否属于串通投标罪客观方面的“串通投标”行为，以及刑法与其他法律之间的关系。依据《拍卖法》的规定，拍卖活动中的拍卖当事人指：拍卖人、委托人、竞买人、买受人等。我国《拍卖法》没有使用“招标人”“投标人”的概念，那么，拍卖人、竞买人是否等同于招标人、投标人？这涉及刑法解释问题。刑法解释是对刑法规范含义的解释，应当在刑法体系范围之内根据法条所用语言文字进行严格的解释，不能超出刑法文本的含义进行任意解释。从语言学含义上讲，拍卖活动也就是一种招标、投标活动，拍卖活动中的拍卖人也就是招标人，竞买人也就是投标人。依据我国《拍卖法》的规定，结合招标、投标一词的普通含义，可以认为，招标、投标并不排斥拍卖、竞买的含义，也就是说，拍卖、竞买包括在招标、投标的含义之中。据此，本案中薛某等人的行为构成串通投标罪。同时，依据罪刑法定原则，在刑法规定某种行为属于犯罪应当负刑事责任的情况下，即使其他法律没有再次明文规定该违法行为必须承担刑事责任，也应当根据刑法规定追究其刑事责任。

案例二

2002~2005年间，被告人刘某在没有货物购销、没有提供（接受）应税劳务的情况下，为工程承包商、房产开发商、建筑公司、书店等单位和个人大量虚开用于结算货款的普通发票，金额达300余万元，并按照开票金额2%~4%的比例收取手续费近10万元。

本案在处理过程中，存在较大争议：一种意见认为，我国《刑法》只在第205条规定了虚开增值税专用发票、用于骗取出口退税、抵扣税款发票罪，并没有规定虚开普通发票罪。因此，按照罪刑法定原则的要求，上述情况属于法无明文规定，不能以犯罪论处。另一种意见认为，虚开用于结算货款的普通发票并收取手续费，构成犯罪的，可以依照《刑法》第209条第4款规定的非法出售发票罪处理。

问：如何解释“虚开用于结算货款的普通发票”？

【评析】刑法扩大解释方法，是刑法论理解释的重要方法，指在刑法条文的字面通常含义比刑法的真实含义窄时，扩张字面含义使其符合刑法真实含义的解释方法。刑法扩大解释方法的运用，必须考虑处罚的必要性，在立法意旨和法条文义的最大范围内能动地加以运用。

就本案而言，可以运用刑法扩大解释方法，将“虚开发票并收取手续费”解释为“出售”，认定被告人的行为构成非法出售发票罪。具体理由如下：

第一，虚开用于结算货款的普通发票并收取手续费的行为，违反国家税收管理法规，破坏国家的发票管理制度，具有严重的社会危害性。被告人刘某为他人虚开用于结算货款的普通发票并收取手续费的行为，主观上以牟取非法利益为目的，客观上其虚开的发票可能被用于偷税、骗税、非法经营、贪污、侵占等违法犯罪活动，确有必要予以刑法规制。

第二，虚开发票并收取手续费，行为本质就是“非法出售发票”。对刑法条文中规定的“出售”或者“销售”进行扩大解释，并不违反罪刑法定原则，刑法司法解释中也有先例可以遵循。2003 年最高人民法院、最高人民检察院《关于办理妨害预防、控制突发传染病疫情等灾害的刑事案件具体应用法律若干问题的解释》第 3 条第 2 款规定，医疗机构或者个人，知道或者应当知道系前款规定的不符合保障人体健康的国家标准、行业标准的医疗器械、医用卫生材料而购买并有偿使用的，以销售不符合标准的医用器材罪定罪，依法从重处罚。该司法解释将“有偿使用”解释为“销售”。

2000 年最高人民法院《关于审理破坏野生动物资源刑事案件具体应用法律若干问题的解释》第 2 条规定，《刑法》第 341 条第 1 款规定的“收购”，包括以营利、自用等为目的的购买行为；“运输”，包括采用携带、邮寄、利用他人、使用交通工具等方法进行运送的行为；“出售”，包括出卖和以营利为目的的加工利用行为。该司法解释将“以营利为目的的加工利用”解释为“出售”。

上述两个刑法司法解释正是根据司法实践的需要，对刑法术语作出的扩大解释。以收取手续费为目的的虚开发票行为，与“有偿使用”“以营利为目的的加工利用”一样，当事人双方是一种事实上的买卖关系，完全可以解释为“非法出售发票”。

需要指出的是，虚开增值税专用发票或者虚开用于骗取出口退税、抵扣税款的其他发票并收取手续费的，因为有专门的虚开增值税专用发票、用于骗取出口退税、抵扣税款发票罪予以规范，不必以非法出售增值税专用发票罪或者非法出售用于骗取出口退税、抵扣税款发票罪论处。

（二）案例分析实训

2003 年 1～8 月，被告人李某为营利，先后与他人预谋，采取张贴广告、登报的方式招聘男青年做“公关先生”，并制定了《公关人员管理制度》。李某指使他人对“公关先生”进行管理，并在其经营的“金麒麟”“廊桥”及“正麒”酒吧内将多名“公关先生”多次介绍给男性顾客，由男性顾客将“公关先生”带至南京市“新富城”大酒店等处从事同性卖淫活动。关于本案，辩护人提出，刑法及相关司法解释对同性之间的性交易是否构成卖淫未作明文规定，而根据有关辞典的解释，卖淫是指“妇女出卖肉体”的行为。因此，组织男性从事同性卖淫活动的，不属于组织“卖淫”，依照罪刑法定原则，李某的行为不构成犯罪。而法院认为，卖淫就其常态而言，虽是指女性以营利为目的，与不特定男性从事性交易的行为，但随着立法的变迁，对男性以营利为目的，与不特定女性从事性交易的行为，也应认定为卖淫。对卖淫作如上界定，并不违背罪刑法定原则。

问：本案如何对卖淫进行界定？

第二章
刑法的基本原则

【本章概要】刑法的基本原则是刑事实体法所特有并贯穿于刑事立法和刑事司法之中的基本准则。刑法基本原则应具有以下两个特点：①该原则为刑法所特有，不能将适合其他法律也适合刑法的原则作为刑法的基本原则；②该原则贯穿于刑法的始终，即贯穿于立法、司法过程之中。

有的国家在刑法典中明文规定刑法的基本原则，有的国家则在宪法性的法律文件中写入罪刑法定等刑法的原则。我国在制定 1979 年《刑法》时没有明文规定刑法的基本原则，1997 年 3 月 14 日修订后的《刑法》明确规定了刑法的三项基本原则，即罪刑法定原则、适用刑法人人平等原则、罪责刑相适应原则。

我国《刑法》第 3 条明确规定了罪刑法定原则，即"法律明文规定为犯罪行为的，依照法律定罪处刑；法律没有明文规定为犯罪行为的，不得定罪处刑"。我国《刑法》第 4 条规定："对任何人犯罪，在适用法律上一律平等。不允许任何人有超越法律的特权。"我国《刑法》第 5 条明确规定了罪责刑相适应原则，即"刑罚的轻重，应当与犯罪分子所犯罪行和承担的刑事责任相适应"。

【学习目标】通过本章的学习，了解刑法基本原则的界定；理解刑法基本原则的意义；深刻理解我国刑法基本原则的基本内容及基本要求。

第一节　刑法基本原则概述

一、刑法基本原则的概念

刑法基本原则，是指刑法本身所具有的，贯穿于刑法始终的，必须得到普遍遵循的具有全局性、根本性的准则。

1. 刑法的基本原则必须是刑法所独有的，反映刑法所固有的本质属性的原则。刑法是上层建筑，有关上层建筑的一般原则在刑法中也适用，如上层建筑要为经济基础服务的原则；一切从实际出发，实事求是的原则；依靠群众，走群众路线的原则等。这些原则是一般原则，虽然在刑法中也适用，但这些原则不是刑法所特有的原则，它没有反映刑法的本质属性。因此，不能将这些原则确定为刑法的基本原则。只有那些能反映刑法本质属性，而不为其他法律所共有的原则，才可能成为刑法的基本原则，如罪刑法定的原则、罪责刑相适应的原则等，这些原则都是刑法所特有的原则，其他法律的发展过程中没有这些原则。

2. 刑法的基本原则必须是贯穿全部刑法的原则，对全部刑法规范都有指导意义。在刑法中，为了解决某些方面的问题，需要遵循一系列具体原则，但这些原则只对刑法中的某方面的问题有指导作用，对刑法中的另一类问题就不起指导作用，这些原则是局部的原则或者叫具体的原则，不能确立为刑法的基本原则。例如，我国刑法的适用范围就有属地原则、属人原则、保护原则、普遍管辖原则等；数罪并罚原则就有吸收原则、相加原则、限制加重原则等；量刑原则就有量刑一般原则、从重处罚原则、从轻处罚原则、减轻处罚原则等。这些原则都是刑法中的局部原则，仅对刑法中的某一方面起指导作用，而不能对全局起作用。所以，上述原则都不是刑法的基本原则，而相比较，对任何人犯罪，在适用刑法上一律平等原则对全部刑法都有指导意义。

3. 刑法的基本原则必须是最基本、最重要的普遍准则。刑法的基本原则必须体现我国刑事法制的基本问题，如坚持法制，摒弃人治；坚持平等，反对特权；坚持公正，反对舞弊等。对于那些虽然具有普遍意义，但不是最基本、最重要的原则，也不应确立为基本原则。例如，罪责自负原则、惩罚与教育相结合的原则等普遍原则，不是最重要、最基本的原则，就不应确立为刑法的基本原则。

二、刑法基本原则的意义

我国1979年制定《刑法》时，由于当时人们的思想认识不一致，没有规定刑法的基本原则，刑法颁布实施以后，法学理论界和司法实践工作中，结合我国的实际情况，对刑法的基本原则进行了认真的研究，先后提出我国刑法的基本原则为：罪刑法定、罪刑相适应、罪责自负、犯罪的主观条件与客观条件相一致、惩罚与教育相结合等原则。在修改刑法过程中，经过反复研究，多方面征求意见，遵照上述确立刑法基本原则的标准，确立了三个刑法基本原则，即《刑法》第3条规定的罪刑法定原则、第4条规定的适用刑法人人平等原则、第5条规定的罪责刑相适应原则。这三个原则是法制原则、司法公平原则、司法公正原则的具体反映。刑法已确立的基本原则对刑事立法和刑事司法具有指导意义。今后在修改、补充、解释刑法时，都要遵循这些原则，使刑法规范更加具体、明确，决不能违背这些基本原则。刑事司法工作应大力贯彻这些基本原则，规范刑事司法行为，做到依法公平、公正处理刑事案件，达到依法惩罚犯罪、保护人民的目的。

第二节 罪刑法定原则

一、罪刑法定原则的含义

《刑法》第3条明文规定了罪刑法定原则。其基本含义是：什么是犯罪，哪些行为是犯罪，各种犯罪构成条件是什么，有哪些刑种，各个刑种如何适用，以及各种具体犯罪量刑幅度如何等，均由刑法加以规定。对于刑法没有明文规定为犯罪的行为，不得定罪处罚。即“法无明文规定不为罪”“法无明文规定不处罚”。

罪刑法定原则的具体要求可概括为三个方面：

1. 法定性。即事先以成文的实体法律形式规定犯罪及其法律后果。规定犯罪及其法律后果的法律必须由国家立法机关制定；规定犯罪及其法律后果的法律必须是成文法；禁止不利于行为人的事后法（禁止溯及既往）；禁止不利于行为人的类推解释。

2. 合理性。即刑法的处罚范围与处罚程度必须具有合理性；只能将应当科处刑罚的行为规定为犯罪，禁止将显著轻微的危害行为当做犯罪处理；处罚程度必须适应现阶段一般人的价值观念。

3. 明确性。即对犯罪及其法律后果的规定必须明确，禁止绝对的不定刑与绝对的不定期刑。

总之，排斥习惯法、排斥绝对不定期刑、禁止有罪类推和禁止溯及既往是罪刑法定原则的基本要求，背离其中任何一项要求，都意味着对罪刑法定原则的破坏。

二、罪刑法定原则在我国刑法中的体现

我国 1979 年《刑法》没有明确规定罪刑法定原则。当时主要是由于：①立法经验和技术还不够，在一定程度上还不得不保留类推；②在刑法理论上，人们对罪刑法定原则的认识不统一；③我国刑法已明确规定了指导思想，对有关全局问题规定有指导性原则。基于上述原因，在 1979 年《刑法》中没有规定罪刑法定原则。虽然在刑法制定和刑法实施过程中，也基本上是按照罪刑法定原则进行的，如关于犯罪概念、罪与非罪、此罪与彼罪的界限、犯罪构成要件、严格限制适用类推等。但从总体上看，我国 1979 年《刑法》还不能说是完全贯彻了罪刑法定原则，除了保留类推制度外，还有其他一些不符合罪刑法定原则要求之处。例如，立法太粗，“口袋罪”很多，扩大或限制性司法解释不少，特别是有些补充规定实行从新原则且溯及既往。因此，对我国 1979 年《刑法》只能说是基本上实行了罪刑法定原则或者说是相对实行了罪刑法定原则。1997 年修订《刑法》时，从立法到司法，人们充分认识到，在我国实行社会主义法制，依法治国，切实保护人民利益的情况下，现行刑法必须实行罪刑法定原则。因此，刑法明文规定了罪刑法定原则，并废止类推制度，使我国刑法不论在理论上还是司法实践中都发展到了一个新的高度，在整部刑法典中罪刑法定原则得到较为全面、系统的体现：

1. 刑法取消了类推制度。即使是严重危害社会的行为，只要刑法分则没有明文规定为犯罪行为的，不允许类推定罪处罚，应确保罪刑法定原则的实现。因此，为了防止漏罪，刑法分则在罪名的规定方面已相当完备。在一般情况下能够满足打击犯罪行为的需要，如果确实是严重危害社会的行为，而刑法却没有规定为犯罪，则必须通过立法程序规定为犯罪，才能依法追究其刑事责任。

2. 刑法实现了犯罪和刑罚的法定化。犯罪的法定化具体表现在刑法明确规定了犯罪的概念，认为犯罪是危害社会的、触犯刑法的、应当受到刑罚处罚的行为；刑法明确规定了犯罪构成的共同要件，例如，犯罪故意、犯罪过失、刑事责任能力等；刑法明确规定了各种具体犯罪的构成要件，为司法机关正确定罪提供了法律依据。刑罚的法定化具体表现在：刑法明确规定了刑罚的种类，即把刑罚分为主刑和附加刑两大类，主刑包括管制、拘役、有期徒刑、无期徒刑和死刑，附加刑包括罚金、剥夺政治权利和没收财产；刑法明确规定了量刑的原则，即对犯罪人裁量决定刑罚，必须以犯罪事实为根据，以刑事法律为准绳；刑法明确规定了各种具体犯罪的法定刑，为司法机关正确量刑提供了法定标准。

3. 刑罚在溯及力问题上重申了从旧兼从轻原则。做到了按照犯罪行为时的法律定罪量刑，行为时法律没有明文规定为犯罪行为的，不构成犯罪，不得定罪处罚。

4. 在具体犯罪的罪状以及法定刑的设置方面，对大量的犯罪尽量使用叙明罪状，在犯罪的处罚规定上，注重量刑情节的具体化，增强了法条的可操作性，使罪刑法定原则落到实处。1979 年《刑法》在罪状的表述上过于笼统，在法定刑的规定上过于宽简，缺乏立法的明确性和具体性。1997 年《刑法》在罪状的表述以及法定刑的设置方面，吸收了以往的有益经验，立法在细密化、明确化程度上有所进步。

5. 在分则罪名方面，我国刑法作了相当详备的规定。在 1997 年《刑法》修订过程中，将 1979 年《刑法》及其后由立法机关制定的单行刑法、附属刑法所涉及的犯罪，经过必要的整理和编纂纳入其中。同时，还根据社会现实的需要增设了大量罪名。这些新增罪名，反映了罪刑法定原则的要求。

三、罪刑法定原则的司法适用

刑法明文规定罪刑法定原则是贯彻该原则的重要方面，是贯彻罪刑法定原则的前提和依据，但真正使罪刑法定原则得以贯彻和落实，还有赖于司法机关实际的执法活动。当前，从我国的司法实践来看，罪刑法定原则的运用，应注意以下几点：

1. 立法机关制定刑法修正案时，必须以罪刑法定原则为指导。我国刑法总则是一般原则、原理的规定，它对刑法分则和有关的单行刑法及其他法律中有关刑法规范都适用。罪刑法定原则是刑法总则中规定的重要原则，今后在制定刑法修正案时，必须以罪刑法定原则为指导，不能违背这项原则。

2. 必须严格依照刑法规定定罪处刑。司法机关必须以事实为根据，以法律为准绳，认真把握犯罪的本质特征和犯罪构成的具体要件，严格区分罪与非罪、此罪与彼罪的界限，做到定性准确，不枉不纵，并严格以法定刑和法定情节作为量刑的依据。罪刑法定原则包括两层含义：①刑法已明文规定为犯罪行为的，必须依照刑法规定定罪处罚，不能以种种原因不定罪处罚，而放纵犯罪分子；或者不依照法律规定定罪处罚，使刑法规定形同虚设，就是说依法应当定罪处刑的，不定罪处刑也是违背罪刑法定原则的。②刑法没有明文规定为犯罪行为的，一律不得定罪处刑。不能因为某种行为的社会危害性严重，就“比照”“参照”某罪、某条法律规定定罪处罚，要彻底清除类推制度的影响。如果确有必要追究刑事责任的，应当通过立法途径，制定颁布刑事法律，再依照法律规定定罪处刑。只有严格依法定罪处刑，才能贯彻罪刑法定原则。

3. 立法机关、司法机关依法进行刑法解释。对于刑法规定需要进行解释的，应当严格依照法律规定进行解释。首先，必须是有权解释机关的解释，才具有法律效力。属于立法解释的，应由立法机关通过立法解释的程序进行解释；属于司法解释的，应当由最高人民法院、最高人民检察院进行解释，不能以司法解释代替立法解释。无权解释的机关和个人进行的解释是无效解释，不具有法律效力。其次，要严格依照法律解释，立法解释应就法律规定的问题进行立法解释，可以限制也可以扩张立法解释。法律没有规定的问题，不能解释。司法解释不能超越法律作扩张解释或限制解释，只能就法律已作出的规定，就如何适用问题作出司法解释。违背法律真实意图的解释是背离罪刑法定原则的，是不被允许的。

第三节　适用刑法人人平等原则

一、适用刑法人人平等原则的含义

《刑法》第4条规定："对任何人犯罪，在适用法律上一律平等。不允许任何人有超越法律的特权。"适用刑法人人平等这一刑法基本原则，是我国宪法规定的社会主义法制原则结合刑法的特殊内容，在我国刑法中的具体体现。法律面前人人平等是我国宪法确立的社会主义法制的基本原则。《宪法》明确规定，任何组织或个人，"都必须遵守宪法和法律""都不得有超越宪法和法律的特权""一切违反宪法和法律的行为，必须予以追究"。为了贯彻、执行这一原则，我国一些基本法律也规定了这一原则，如《刑事诉讼法》《民事诉讼法》都规定了公民在适用法律上一律平等。刑法作为惩罚犯罪、保护人民的基本法律，更应当贯彻这一原则。特别规定任何人犯罪，在适用法律上一律平等这一原则具有十分重要的现实意义。

对任何人犯罪，不论犯罪人的家庭出身、社会地位、职业性质、财产状况、政治面貌、才能业绩如何，都应追究刑事责任，一律平等地适用刑法，依法定罪、量刑和行刑，不允许任何人有超越法律的特权。

适用刑法人人平等原则的具体要求是：对刑法所保护的合法权益予以平等地保护。具体地说，对于实施犯罪的任何人，都必须严格依照法律认定犯罪。对于任何犯罪人，都必须根据其犯罪事实与法律规定量刑。对于被判处刑罚的任何人，都必须严格按照法律的规定执行刑罚。

在我国刑法中，适用刑法人人平等原则是罪刑法定原则的派生原则，罪刑法定原则是前提，有了罪刑法定原则才有可能适用刑法人人平等。否则，没有罪刑法定原则，适用刑法就不可能一律平等。适用刑法人人平等原则是从适用刑法的角度保证罪刑法定原则的实现，如果仅有罪刑法定原则，没有适用刑法人人平等原则，罪刑法定就是徒有规定。所以，适用刑法人人平等原则与罪刑法定原则是决定与被决定、保证与被保证的关系，它们在刑法立法、司法、守法各个阶段中起着各自的作用。

二、适用刑法人人平等原则的具体体现

适用刑法人人平等原则具体体现在定罪、量刑和行刑三个方面：

（一）定罪上一律平等

任何人犯罪，无论其身份、地位等如何，一律平等对待，适用相同的定罪标准。不能因为被告人地位高、功劳大而使其逍遥法外、不予定罪；也不能因为被告人是普通公民就妄加追究、任意定罪。当然，对于刑法中特别规定的不平等，是法律规定的不平等，不是适用法律上的不平等。比如，刑法对未成年人定罪量刑的特别规定、对精神病人刑事责任的特别规定、对特殊主体构成犯罪的规定等，都是法律规定的不平等，而不是适用法律上的不平等。任何人都按上述法律规定的条件适用，就是适用法律规定定罪上的平等。

（二）量刑上一律平等

在刑法总则中规定了刑罚的种类和刑罚的具体运用方法，刑法分则对每一种具体的犯罪都规定了法定刑标准，实行罪刑法定原则，对任何犯罪不允许在法律规定的刑罚标准以外搞法外处刑。同时，对任何人犯同样罪，适用同一刑罚标准，不能因地位或者财产状况不同而适用不同的刑罚。也就是说，犯相同的罪且有相同的犯罪情节的，应做到同罪同罚。虽然触犯相同的罪名，但犯罪情节不同，比如，有的具有法定从重处罚的情节，有的具有法定从轻、减轻或者免除处罚的情节，从而同罪不同罚，这是合理的、正常的，并不违背量刑平等原则。只要对任何人犯罪，都按照法律的特别规定处刑，就是量刑上的平等。但如考虑某人权势大、地位高或财大气粗而导致同罪异罚，则是违背量刑平等原则的，因为这等于承认某人享有超越法律的特权。

（三）行刑上一律平等

我国刑法对刑罚的执行方法都作了规定，必须依法行刑，不允许随意行刑。在执行刑罚时，对任何罪犯执行同种刑罚的方式、手段应相同，对于所有的受刑人平等对待，凡罪行相同、主观恶性相同的，刑罚处遇也应相同，不能考虑权势地位、富裕程度使一部分人搞特殊，对另一部分人则加以歧视。掌握法律规定的减刑、假释的条件标准也应体现平等，谁符合条件，谁不够条件，都要严格以法律为准绳，不搞亲疏贵贱。当然，由于罪行轻重不同、主观恶性不同、改造表现不同而给予差别处遇，这是刑法中的应有之义，比如，教育改造工作中的评分制、累进制，都体现了相同情况相同对待、不同情况区别对待的司法公正精神。这不仅不违反行刑平等的原则，恰恰是依法贯彻了适用刑法人人平等的原则。

三、适用刑法人人平等原则的司法适用

根据适用刑法人人平等原则的基本要求，结合我国刑事司法实践，司法机关在落实这一原则时，应当特别注意以下问题：

1. 提高认识，增强法制观念。我国刑法已将适用刑法人人平等原则作为刑法的三大基本原则，必须充分认识规定这一基本原则的现实意义和深远意义。在司法实践中，应当坚决摒弃“刑不上大夫，礼不下庶人”的封建刑法思想，杜绝对官员、干部犯罪与老百姓犯罪定罪量刑有差别，适用刑法因人而异的情况。对任何人犯罪，在适用法律上一律平等，不允许任何人有超越法律的特权。

2. 全面改革司法管理体制，确保司法机关依法独立行使刑事司法权。我国的刑事司法权是刑事司法机关依法独立行使刑事司法的职权。在司法实践中，应特别注意适用刑法受“人治”因素的影响，为领导人的注意力所左右，适用刑法因时而异、因地而异、因势而异的倾向。特别要注意克服不顾法律规定的长官意志对刑事司法的干涉和指挥，改革那些法律规定以外的刑事司法程序，为司法机关独立行使刑事司法权创造良好的条件，确保适用刑法人人平等原则的实现。

3. 加强刑事司法队伍建设，努力提高司法人员的素质。犯罪形势在变化，法律规定也在变化，这就要求执法者的素质相应提高。同时，社会上的不正之风严重腐蚀执法队伍的建设，极少数执法者以权谋私、徇私舞弊、执法犯法。因此，要从政治上、思想上、业务上、作风上和纪律上加强刑事司法队伍的建设，提高司法人员严格执法意识，严肃处理司法人员以权谋私、徇私舞弊等违法犯罪行为。只有司法人员严格按照刑法规定处理刑事案件，适用刑法人人平等的原则才有可能实现。

第四节　罪责刑相适应原则

一、罪责刑相适应原则的含义

《刑法》第5条明文规定：“刑罚的轻重，应当与犯罪分子所犯罪行和承担的刑事责任相适应。”这条规定的就是罪责刑相适应原则。其基本含义是：犯多大的罪，就应承担多大的刑事责任。根据犯罪的轻重和负刑事责任的大小决定应受刑罚处罚的轻重，重罪重罚、轻罪轻罚；一罪一罚、数罪并罚；罪刑相称，罚当其罪，反对重罪轻判、轻罪重判、畸重畸轻、罚不当罪的现象。

在分析罪重罪轻和刑事责任大小时，不仅要看犯罪的客观社会危害性，而且要结合行为人的主观恶性和人身危险性考虑，把握罪行和罪犯各方面因素综合体现的社会危害性程度，从而确定其刑事责任程度，适用相应轻重的刑罚。刑罚的轻重不是单纯地与犯罪分子所犯罪行相适应，也应与犯罪分子承担的刑事责任相适应，即在犯罪与刑罚之间通过刑事责任这个中介来调节。因此，称之为罪责刑相适应原则。

罪责刑相适应原则是我国刑法规定的三大基本原则之一，它是在罪刑法定原则、适用刑法人人平等原则的基础上派生出的一个重要原则，它是落实前两项原则的具体原则，不论罪刑法定原则还是适用刑法人人平等原则，最终都落脚于对犯罪分子决定应受的刑罚惩罚的轻重。从什么是犯罪，到适用刑法，再到给予刑罚处罚，步步深入，而且每一步都有原则规定。订立刑事法律、适用刑事法律都应遵守这些基本原则，使依法惩治犯罪，保护人民的刑法目的得以实现。

二、罪责刑相适应原则的立法体现

我国刑法除明文规定罪责刑相适应原则外，还在刑法总则、分则条文规定上充分体现了罪责刑相适应的原则，其具体表现是：

（一）确立了科学的刑罚体系，规定了轻重不同的刑罚种类

我国刑法总则根据犯罪分子犯罪行为和承担刑事责任的不同，分别规定了轻重不同的刑罚，确定了一个科学的刑罚体系，规定了轻重不同的刑罚种类。从性质上区分，包括生命刑、自由刑、财产刑、资格刑；从程度上划定，有重刑也有轻刑；从种类上区分，有主刑和附加刑。各种刑罚方法相互区别又互相衔接，能够根据犯罪的各种情况灵活地运用，从而为刑事司法实现罪责刑相适应原则奠定了基础。

（二）规定了区别对待的处罚原则

我国刑法总则根据各种行为的社会危害性程度和人身危险性的大小，规定了轻重有别的处罚原则。例如，对于防卫过当、避险过当而构成犯罪者，应当减轻或者免除处罚；对于预备犯，可以比照既遂犯从轻、减轻处罚或者免除处罚；对于未遂犯，可以比照既遂犯从轻或者减轻处罚；对于中止犯，没有造成损害的，应当免除处罚，造成损害的，应当减轻处罚。在共同犯罪中，规定对组织、领导犯罪集团的首要分子，按照集团所犯的全部罪行处罚；对于其他主犯，应当按照其所参与的或者组织、指挥的全部犯罪处罚；对于从犯，应当从轻、减轻处罚或者免除处罚；对于胁从犯，应当按照他的犯罪情节减轻处罚或者免除处罚；对于教唆犯，应当按照他在共同犯罪中所起的作用处罚。凡此种种，都体现了罪责刑相适应原则。此外，刑法总则还侧重于刑罚个别化的要求，规定了一系列刑罚裁量与执行制度，例如，累犯制度、自首制度、立功制度、缓刑制度、减刑制度、假释制度等。在这些刑罚制度中，累犯因其人身危险性大而应从重处罚；自首、立功因其人身危险性小而可以从宽处罚；短期自由刑的缓刑的适用前提是根据犯罪分子的犯罪情节和悔罪表现认为适用缓刑确实不致再危害社会；减刑和假释是因为罪犯在刑罚执行期间确有悔改或立功表现。

（三）设置了轻重不同的法定刑

我国刑法分则不仅根据犯罪的性质和危害程度，建立了一个犯罪体系，而且还为各种具体犯罪规定了可以分割、能够伸缩、幅度较大的法定刑。这就使得司法机关可以根据犯罪的性质、罪行的轻重、犯罪人主观恶性的大小，依法判处适当的刑罚。为司法机关根据犯罪分子的犯罪行为和承担刑事责任确定应给予的处罚提供了一个法定刑标准，为实现罪责刑相适应原则提供了前提条件。

三、罪责刑相适应原则的司法适用

根据罪责刑相适应原则的基本要求，结合我国刑事司法实践情况，司法机关在贯彻这一原则时，应当特别注意处理好以下问题：

（一）纠正重定罪轻量刑的错误倾向，把量刑与定罪置于同等重要的地位

定罪不准，量刑就不可能准确。定罪是为量刑服务的，目的是更准确地量刑。但是，仅定罪准确，还不能给予犯罪分子准确的处罚。量刑错误，不能体现罪责刑相适应的原则。因此，只有准确地定罪、准确地量刑，才能充分体现罪责刑相适应的原则。但是，我国审判机关在刑事审判活动中，往往重视对案件的定性，而对量刑工作的重要性，部分司法人员则重视不够。往往只有确属定罪错误或量刑畸轻畸重的才给予改判，而对于只要是处在法定刑幅度以内的，即使量刑偏轻偏重，也不给予纠正。这是对罪责刑相适应原则的背离，特别是在我国刑法规定的法定刑幅度较大的情况下，不充分考虑法律规定的从重、从轻、减轻、免除处罚的各种不同情节，就会造成严重的罪责刑不相适应的后果。针对这种错误倾向，为了切实贯彻罪责刑相适应的原则，必须提高审判机关和法官对量刑工作重要性的认识，把定罪准确和量刑适当作为衡量刑事审判工作质量好坏的不可分割的统一标准，以此来检验每一个具体刑事案件的办案质量。

（二）纠正重刑主义的错误倾向，树立公平的执法观念

罪责刑相适应的原则要求重罪重判，轻罪轻判，罚当其罪，刑罚的轻重应与犯罪分子犯罪行为和承担的刑事责任相适应。任何重刑主义或轻刑主义都不符合罪责刑相适应原则的要求，在司法实践中都可能导致司法不公。由于封建刑法思想的重刑主义传统，至今在一部分司法人员中还根深蒂固，一些法官崇尚重刑，片面地认为刑罚愈重愈能有效地遏制犯罪。特别是在社会治安不好的时期，重刑主义观念表现尤为突出。必须指出，重刑主义是一种粗暴落后的刑法思想，是与罪责刑相适应原则直接对立的。其不但不能有效地遏制犯罪，反而有可能使犯罪更凶残，失掉人民群众对法律和司法机关的信任与支持。重刑主义肆虐，罪责刑相适应原则就难以贯彻，甚至被彻底破坏。因此，我们必须清醒地认识重刑主义的危害，促使每一个司法人员都树立起公正执法的思想，切实做到罪责刑相适应，既不轻纵犯罪分子，也不能无端地加重犯罪人的刑罚。只有这样，犯罪分子才能心服口服，真心地接受刑罚处罚，真正达到预防犯罪的目的。

（三）纠正不同法院量刑轻重悬殊的现象，实现执法中的平衡和协调统一

按照罪责刑相适应的原则，类似的案件凡是依照同一部法律定罪量刑，在处理的轻重上应基本相同。但是，从我国的实际情况来看，不同地区的法院在对类似案件的处理上轻重悬殊的现象却相当普遍。同一性质、犯罪情节基本相同的案件，如果由不同的法院审理，甚至由同一法院不同的审判人员审理，最终判决的结果可能差别甚大。造成这种现象的原因，既有立法上的粗疏，也有司法活动中的缺乏统一标准，还有司法人员个人业务素质和执法水平等各种复杂因素。为此，除继续及时完善刑法立法外，需要进一步加强刑事司法解释工作，加强刑事判例的编纂工作，以便为量刑工作提供更加具体明确的标准，同时上级部门应注意在其管辖范围内进行平衡，特别是二审法院注意纠正一审判决偏重或偏轻的倾向。提高刑事审判工作

人员的素质，不断改进量刑方法，实现量刑的规范化、科学化和现代化。

（四）纠正不正之风，实现司法公正

罪责刑相适应原则要求定罪量刑公正，罚当其罪，要求司法人员清正廉洁，公正无私，严格依照法律规定的按犯罪分子所犯罪行和承担的刑事责任定罪量刑，不能搞不正之风，不能徇私舞弊。否则，罪责刑相适应原则就是一句空话。因此，纠正不正之风，提高司法人员的素质，以良好的执法活动，体现良好的执法效果，这是适用罪责刑相适应原则的重要条件。

学术视野

虽然我国现行刑法将罪责刑相适应原则独立于罪刑法定原则之外，但是，实际上罪刑法定原则是可以包含罪责刑相适应原则的，禁止不均衡的刑罚，是罪刑法定原则的重要内容。

从严格意义上说，按照罪责刑相适应的原则，对罪质相同、情节相同犯罪的量刑，在处理的轻重上应基本相同。但有学者认为，主张在全国范围内量刑必须统一的观点，并不可取。因地、因时不同而有一定差异是无可非议的，但应避免轻重悬殊，差异过大。

在我国，根据以往的司法实践经验，基本上实现了适用刑法人人平等原则。但是，也存在一些问题，主要表现有：①适用刑罚因人而异。比如，国家工作人员利用职务盗窃公共财物构成犯罪和一般人盗窃公私财物构成犯罪的起刑点就不同。②适用刑法因时而异。比如，在某时间内“严打”“专项斗争”，适用刑法定罪处罚就重；时间一过，就放松了。③适用刑法因法外程序而异。比如，“先内审”“先请示上级”“政法委协调会议”等。④适用刑法因执法者的素质而异。当然，上述违背适用刑法人人平等原则的现象是极个别的，但我们应引起足够的重视，逐步加以改善，才能使刑法的基本原则得以全面实现。

理论思考与实务应用

一、理论思考

（一）名词解释

习惯法　成文法　类推

（二）简答题

1. 什么是刑法的基本原则？简述刑法基本原则的意义。
2. 我国刑法有哪些基本原则？
3. 简述罪刑法定原则的历史演变。

（三）论述题

1. 罪刑法定原则的含义及要求是什么？如何理解罪刑法定原则？
2. 罪刑法定原则在我国刑法立法、司法适用中如何体现？

3. 罪刑法定原则如何保障公民的人权？

4. 适用刑法人人平等原则的现实意义何在？

5. 罪责刑相适应原则在我国刑法中是如何体现的？

二、实务应用

（一）案例分析示范

案例一

被告人魏某（男，40岁）、赵某（女，30岁）于1998年到某市招待所，冒充夫妻姘居，并在房间内用带闪光灯的照相机拍摄裸体性交姿态或单人裸体淫秽照片共21张。招待所的工作人员发现后向有关部门举报。

问：二被告人的行为是否构成犯罪？

【评析】我国《刑法》第3条规定，法律明文规定为犯罪行为的，依照法律定罪处刑；法律没有明文规定为犯罪行为的，不得定罪处刑。我国刑法分则并没有将私自拍摄淫秽照片的行为规定为犯罪，因此，根据罪刑法定原则，对二被告人的行为不能认定为犯罪。而刑法对此类行为未作规定，主要是因为此类行为不具有社会危害性，被告人有拍摄淫秽照片的行为，但没有扩散这些照片的意图和行为，不会对社会造成危害，不具有刑法意义上的严重社会危害性。故本案中二被告人的行为不构成犯罪。

案例二

犯罪嫌疑人丁某，原系某市环卫局出纳员。丁某于1998～2002年期间，利用职务便利，采用转款不记账的手段，擅自从自己负责保管的公款账户中分数次挪出公款，累计金额达1000余万元。挪用公款后其先后设立两家公司，并投入大量资金购买股票和彩票，力图谋取利润，却始终未能如愿。最后，丁某在无力弥补所挪公款的情况下，主动到检察院投案。另据丁某交待，在挪用公款期间，其与朋友交往过程中的全部花销均由其支付；其还先后与情妇刘某、袁某姘居并挥金如土；其经常到高档娱乐场所消费并多次嫖娼。上述挥霍数额巨大，无法予以准确统计。

法院对丁某构成挪用公款罪已无异议，但是对其中纯系个人挥霍（包括部分非法活动，如嫖娼）部分如何定罪存在分歧：一种意见认为，挪用公款中的个人挥霍部分为其事实上的占有，应认定为贪污罪；另一种意见则认为，对此部分定贪污罪于法无据，只能将其认定为挪用公款罪的加重情节。

问：挪用公款中的个人挥霍部分应如何定性？

【评析】对挪用公款中个人挥霍部分的定罪问题存在分歧，缘于司法实践中普遍存在的困惑：将个人挥霍部分认定为贪污于法无据，但将此部分认定为挪用又削弱了刑法惩治犯罪的功能。之所以存在上述困惑，一方面，缘于没有深入理解罪刑法定原则的法理基础，在思想上产生了困惑；另一方面，是由于立法本身的滞后性，使挪用公款罪和贪污罪之间的界限没有弄清。

罪刑法定原则是我国刑法的基本原则之一，我国《刑法》第3条明确规定，法律没有明文规定为犯罪行为的，不得定罪处罚。而所谓“明文规定”，就是对具体行为、行为的对象、造成的结果等都有具体的规定，而且不需要再作解释。罪刑法定原则来源于刑法的基本理念，刑法是以刑罚作为强制手段的禁止性规定。刑罚的严厉性是远远超过其他法律制裁方法的，它不仅可以剥夺犯罪者的财产所有权和政治权利，限制其人身自由，还可以在一定期限内或终身剥夺其人身自由，甚至剥夺其生命。所以，罪刑法定原则是刑法的最高原则，是司法工作人员最高的指导原则，也是切实维护犯罪嫌疑人合法权益、防止刑罚滥用的根本。

在司法解释对个人挥霍部分的定性明确规定之前，在罪刑法定原则的指导下，这一问题的解决办法是明确的。按照该原则的要求，在无法确切判明主观要件时，对犯罪嫌疑人有利的定性应作为首选。因此，在司法实践中，如果能够根据案情确定犯罪嫌疑人的主观目的，则可以明确定性；如果不能明确判断犯罪嫌疑人的主观目的，就应该将其认定为挪用公款罪，因为此时若定贪污罪，就可能存在不当的可能，这与罪刑法定原则和刑法的基本理念是相悖的。所以，在立法对挪用公款罪的现行规定和相关司法解释修改完善之前，对于本案挪用公款中的个人挥霍部分，仍应以挪用公款罪定罪量刑。

案例三

1998年年初至2001年8月间，被告人江某在未领取《药品经营许可证》和工商营业执照的情况下，多次从兴化医药公司、靖江药业有限公司、苏中制药厂和安徽省太和县药品市场等处购进青霉素、阿莫西林等药品，先后在兴化市城乡部分个体诊所多次进行销售，非法经营额达31万余元。案发后，公安机关从被告人江某及其亲属处查获库存药品及医疗器械，价值人民币67万余元。

被告人江某长期无证贩卖药品的行为是客观存在的事实，对该行为如何处理，主要有两种不同意见。第一种意见认为，未取得《药品经营许可证》经营药品的行为，依照2001年12月1日施行的《药品管理法》第73条的规定，应当依法予以取缔，没收违法销售的药品和违法所得，并处罚款；构成犯罪的，依法追究刑事责任。而该行为依照修订前的《药品管理法》第52条的规定，应当责令停业，没收全部药品和违法所得，可以并处罚款，没有依法追究刑事责任的规定。被告人江某无证贩卖药品的行为发生于新《药品管理法》施行之前，依照从旧兼从轻的法律溯及力原则和“法无明文规定不为罪，法无明文规定不处罚”的罪刑法定原则，不应追究其刑事责任。第二种意见认为，药品属于限制买卖的物品，国家实行经营许可证制度，被告人江某无证经营药品，扰乱市场秩序，情节严重，构成非法经营罪。

问：在新《药品管理法》施行前无证贩卖药品的行为能否定罪？

【评析】《药品管理法》属于行政法律，而非刑事法律。虽然某些民事、行政、经济法律中也涉及刑事法律规定，但这些刑事法律规范只是非刑事法律与刑法的连接点，它不载有法定刑，必须依附于刑法适用，故属于附属刑法。因此，某一行为是否构成犯罪只能根据刑法典和单行刑事法律来判定，而不受非刑事法律中是否具有相关刑事法律规定所左右。修订前的《药品管理法》没有规定无证经营药品可以追究刑事责任，并不意味着无《药品经营许可证》经营药品的行为不构成犯罪。《刑法》第225条第1项明确规定，违反国家规定，未经许可经营法律、行政法规规定的专营、专卖物品或者其他限制买卖的物品，扰乱市场秩序，情节严重的，构成非法经营罪。而无论是修订前还是修订后的《药品管理法》都规定对药品实行经营许可证制度，无《药品经营企业许可证》（现为《药品经营许可证》），不得经营药品。也就是说，无论是过去还是现在，药品都属于国家法律规定的限制买卖的物品。由此可见，对无《药品经营许可证》经营药品，扰乱市场秩序，情节严重的行为，追究刑事责任，具有法律依据，并不违反罪刑法定原则和从旧兼从轻的法律溯及力原则。本案被告人江某无《药品经营企业许可证》经营贩卖药品，无疑属于非法经营、扰乱市场秩序的行为。该行为发生于现行刑法实施期间，且非法经营额高达31万余元，参照最高人民法院《关于审理非法出版物刑事案件具体应用法律若干问题的解释》第12条第1款第1项中个人“经营数额在5~10万元以上的”属于非法经营行为“情节严重”的规定，显属情节严重，完全符合刑法规定的非法经营罪的构成要件，应当受到刑事惩处。

案例四

1997年12月22日，某地电信局有关人员检查公用电话时，告诉陈氏兄弟陈甲、陈乙不能利用互联网电话对外服务。12月23日，当地电信局向当地公安局报案称：电话用户陈乙利用微机互联网通话软件，对外开办国际长途电话业务，按挂发不同国家、地区每分钟收取6~9元通话费不等，违反了长途通信业务和国际通信业务由邮电部门统一经营的规定，严重损害了国家和邮电企业的利益，扰乱了电信市场秩序，请求立案侦查，依法追究刑事责任。1998年1月3日，公安局根据《刑法》第225条的规定对陈甲、陈乙以涉嫌非法经营罪正式立案侦查。

问：如何认定陈氏兄弟当时的行为？

【评析】依据《刑法》第225条的规定，非法经营罪是指违反国家规定，进行非法经营，扰乱市场秩序，情节严重的行为。非法经营行为有以下四种：①未经许可经营法律、行政法规规定的专营、专卖物品或者其他限制买卖的物品的行为；②买卖进出口许可证、进出口原产地证明以及其他法律、行政法规规定的经营许可证或者批准文件的行为；③未经国家有关主管部门批准非法经营证券、期货、保险业务的，或者非法从事资金支付结算业务的；④其他严重扰乱市场秩序的非法经营行为。本案中，陈氏兄弟未经批准经营网络电话（IP电话）的行为，当然不属于前述三种非法经营行为，但是否属于第四种非法经营行为？这涉及行政法规的效力及其溯及力问题。

国务院国发［1993］55号《国务院批转邮电部关于进一步加强电信业务市场管理意见的通知》规定：计算机信息服务业务向社会放开经营。信息产业部在1998年9月18日发布的《关于计算机信息网络国际联网业务实行经营许可证制度有关问题的通知》第9条规定，我国目前在计算机互联网上仅提供计算机信息服务业务，暂不开办电话、传真等电信业务。据此，邮电管理部门、信息产业部门人员认为，既然现在还没有开办这项业务，当然也就谈不上网络电话是专营还是开放的问题。尽管行政法规从来没有规定过网络电话由哪一家来专营，但是网络电话不是谁都可以搞的，而应当经过批准，受到限制。IP电话是否向社会放开经营，应该由国家有关行业管理部门决定，未经许可非法利用互联网经营国内长途和国际IP电话业务，利用租用专线非法从事国际通信业务活动的情况，扰乱了电信市场秩序，使国家蒙受了重大损失，应以犯罪论处。本案中，陈氏兄弟行为当时，互联网不是国家“专营”，IP电话作为互联网的基本功能之一，与互联网密不可分，也就谈不上什么“开放”问题。由此可见，IP电话实属任何人都可以经营的商业服务。法律不禁止的，属于公民的个人自由范围。依照罪刑法定原则，即“法无明文规定不为罪”的原则，任何需要以刑法手段加以调整的行为，都必须有立法机关的明确规定。否则，就谈不上对公民的自由和社会秩序的维护，也就谈不上“依法治国”的真正实现。

陈氏兄弟案件发生在1997年，依据罪刑法定原则的要求，法不溯及既往，法院只能援引1993年的国务院文件，而不能援引1998年的信息产业部通知，认定陈氏兄弟当时的行为具有违法性。如果我们假设，陈氏兄弟案件发生在1998年9月18日之后，情况又会怎样呢？行政机关包括国务院可以在多大的范围内，在什么样的程度上，明令禁止公民从事某些活动，就不单纯是一个刑法问题了。行政机关有权且必须公正地规定具备什么条件的人和单位，可以从事IP电话以至于整个互联网业务，行政立法应当解决企业包括传统的电信企业进入市场竞争时必须共同遵守的“游戏规则”。但是，即使是国务院的行政法规也无权直接规定私自经营IP电话的行为是犯罪。因为，行政机关就是行政机关，不是立法机关。最高人民法院2000年5月24日施行的《关于审理扰乱电信市场管理秩序案件具体应用法律若干问题的解释》规定，擅自经营国际电信业务的，以非法经营论。那么最高司法机关是否可以通过司法解释的形式确定，擅自经营国际长途IP电话的行为是非法经营罪呢？在我国，如何正确地处理立法、行政、司法三大国家机关之间的关系，以及政府与公司、企业，尤其是国有公司、企业之间的关系是一个尚未解决的复杂问题，这也是我国经济、政治、司法改革的主要任务之一。

（二）案例分析实训

案例一

2005年9月15日，B市的家庭主妇张某在家中利用计算机ADSL拨号上网，以E话通的方式，使用视频与多人共同进行“裸聊”被公安机关查获。对于本案，B

市S区检察院以聚众淫乱罪向S区法院提起公诉，后又撤回起诉。

关于上述“裸聊”案，在司法机关处理过程中，对于张某如何定罪存在以下三种意见：第一种意见认为应定传播淫秽物品罪；第二种意见认为应定聚众淫乱罪；第三种意见认为“裸聊”不构成犯罪。

问：①以上述“裸聊”案为例，从法理学的角度阐述法律对个人自由干预的正当性及其限度。②根据罪刑法定原则，评述上述网上“裸聊”案的处理结果。

案例二

深圳腾讯计算机系统有限公司成立于1998年11月11日。1999年2月，该公司推出即时通信软件——腾讯QQ软件。腾讯QQ软件能够为注册用户提供文字语音通讯、传送文件等功能。用户在接受由腾讯公司拟定的有关协议后，自设密码，本人可获得对QQ软件的使用权，并禁止转让、继受、售卖。曾某某供职于腾讯公司，负责系统监控工作。2005年3月初，曾某某通过购买QQ号在淘宝网上与杨某某认识，二人合谋通过窃取他人QQ号出售获利。2005年3～7月间，由杨某某将随机选定的他人的QQ号通过互联网发给曾某某，曾某某将公司另一离职员工尚未注销账号的密码搞到手，用该账号进入本公司计算机后台，进行一系列修改后，将别人的QQ号转卖。经查，二人共修改密码并卖出QQ号约130个，获利61 650元，其中，被告人曾某某分得39 100元，被告人杨某某分得22 550元。

根据《刑法》规定，盗窃罪的犯罪对象是“公私财物”。我国现行的法律法规和司法解释对“财物”的内涵和外延均有明确的界定，但尚未明文将QQ号码等网络账号纳入刑法保护财产之列。

问：如何理解罪刑法定原则？分析二被告是否构成盗窃罪。

第三章
刑法的效力范围

【本章概要】 刑法的效力范围又称刑法的适用范围，是指刑法在时间、空间范围的效力。刑法的效力范围涉及国家主权、民族关系、新旧法律的关系问题，是刑事法律和刑法理论中的一个重要问题。刑法的空间效力，是指刑法在什么地方和对什么人具有效力，它解决的是国家刑事管辖权的范围问题。解决刑事管辖权的范围问题采取的原则归纳起来，主要有属地原则、属人原则、保护原则、普遍管辖原则。刑法的效力范围明确规定于我国《刑法》第 6 ~ 12 条中。

刑法的时间效力，是指刑法在什么时间生效、失效以及对刑法生效以前的行为是否具有溯及力的问题。关于刑法的溯及力，各国刑事立法或刑法理论有不同的规定或主张，归纳为四种：从旧原则、从新原则、从旧兼从轻原则、从新兼从轻原则。根据刑法的立法精神，采用从旧兼从轻原则比较科学，并且符合实际情况，因而大多数国家的刑事立法采用从旧兼从轻原则。我国《刑法》第 12 条的规定体现了该原则。

【学习目标】 通过本章的学习，明确我国刑法在空间上的效力范围和在时间上的效力范围，以便正确地处理不同地域、不同人和不同时间所发生的各种刑事案件。

第一节 刑法的空间效力

一、刑法的空间效力的概念和原则

刑法的空间效力解决刑事管辖权的范围问题，涉及国家主权和国与国之间的刑事管辖权关系问题，历来为各国刑法理论所重视，并且都在刑法中规定了适用范围，我国刑法亦不例外。不过，由于各国的社会政治情况和历史传统、习惯的差异，立法技术和立法习惯的不同，各国在解决刑事管辖权范围问题上所主张的原则不尽相同。归纳起来，主要有以下几种：

（一）属地原则

属地原则是以地域为界限适用刑法。凡是在本国领域内犯罪的，不问犯罪人或被害人的国籍，都适用本国刑法；反之，在本国领域外犯罪都不适用本国刑法。绝对按这一原则适用刑法，使本国公民或外国人在本国领域外对本国国家和公民犯罪不能适用本国刑法定罪处刑，这对于主权国家维护自己的主权和公民的合法权利是不利的。

（二）属人原则

属人原则是以人的国籍为界限适用刑法。凡是本国公民犯罪，不论是在本国领域内还是在本国领域外犯罪，都适用本国刑法。单纯采用这一原则，就否定了本国刑法适用于在本国境内犯罪的外国人，或者外国人在本国领域外对本国国家和公民犯罪的情况，这对于维护国家主权也不利。

（三）保护原则

保护原则，也称自卫原则，是以保护本国利益为界限适用刑法。即凡是侵害本国国家或者公民利益的犯罪，不论犯罪人是本国人还是外国人，也不论犯罪地是在本国国内还是在国外，都适用本国刑法。单纯采用这一原则，由于各国对什么行为是犯罪的规定不同，常常涉及国与国之间的关系，这一原则实行起来很困难。

（四）普遍管辖原则

普遍管辖原则是以保护国际社会共同利益为界限，适用刑法。凡是发生国际条约规定的侵犯国际社会共同利益的犯罪，不论犯罪人是本国人还是外国人，也不论犯罪地在本国领域内还是本国领域外，都适用本国刑法。

由此可见，上述原则都有其正确性，也有其局限性。属地原则直接维护了国家领土主权，但无法解决本国人或外国人在本国领域外侵害本国国家或公民利益的犯罪的刑事管辖问题。属人原则，就对本国公民实行管辖而言无可非议，但根据这个原则，外国人在本国领域内犯罪，不能适用本国刑法，显然有悖于国家主权原则。保护原则，能够有效地保护本国利益，但如果犯罪人是外国人，犯罪地又在国外，这就涉及本国与他国之间的主权交叉与刑法冲突问题，因此实行这个原则存在一定的限制。普遍管辖原则的法律基础不是本国刑法，而是国际公约、条约，涉及国际犯罪，诸如灭绝种族、劫持航空器、侵害外交人员等，其适用范围本身就是狭窄的，只能是刑事管辖的补充原则。上述原则不能只取其一，而排斥其他。尽管从历史传统上看，英美法系国家大多采取属地原则，大陆法系国家大多采取属人原则。但及至近代，世界大多数国家的刑法，都是以属地原则为主，兼采其他原则。这种折中型的刑事管辖体制，既有利于维护国家主权，又有利于同犯罪行为作斗争，比较符合各国的实际情况和利益，所以能为各国所接受。

（五）折中原则

折中原则是以属地原则为基础，以其他原则为补充适用刑法。凡是在本国领域内犯罪的，不论是本国人还是外国人，原则上都适用本国刑法；本国人或外国人在本国领域外侵犯本国国家和公民的权益的犯罪，在一定条件下适用本国刑法。当前，世界上绝大多数国家刑法都采用折中原则，这种折中原则既有利于维护国家主权，也尊重别国的主权，又有利于同犯罪行为作斗争，能适应各国的实际情况。

我国刑法从维护我国国家主权和坚持在适用刑法上一律平等的原则，对刑法的适用范围作了明确的规定，即以属地原则为基础，以属人原则、保护原则、普遍管辖原则为补充的折中原则。

二、我国刑法的属地管辖权

刑法对国内犯的基本原则是属地管辖原则，即一个国家对发生在本国领域内的犯罪人，不管行为人是谁，都适用本国刑法。我国《刑法》第6条第1款是对属地管辖原则的规定，即“凡在中华人民共和国领域内犯罪的，除法律有特别规定的以外，都适用本法”。这也是我国刑法关于刑法空间效力的基本原则。对刑法这一条文必须要明确以下几个概念：

（一）“中华人民共和国领域内”的含义

1. 所谓中华人民共和国领域内，是指我国国境以内的全部空间区域。包括：①领陆，即国境线以内的陆地及其地下层，这是国家领土的最基本和最重要的部分。②领水，即国家领陆以内和与陆地邻接的一定宽度的水域，包括内水、领海及其地下层。内水包括内河、内湖、内海以及同外国之间界水的一部分，通常以河流中心线或主航道中心线为界。领海即与海岸或内水相邻接的一定范围的水域，包括海床和底土。根据我国政府1958年9月4日发表的声明，我国的领海宽度为12海里。③领空，即领陆、领水的上空。

2. 作为属地管辖原则补充原则的是旗国主义，即挂有本国国旗的船舶或者航空器，不管其航行或停放在何处，对在船舶与航空器内的犯罪，都适用旗国的刑法。因此，我国《刑法》第6条第2款规定：“凡在中华人民共和国船舶或者航空器内犯罪的，也适用本法。”此外，根据我国承认的1961年《维也纳外交关系公约》的规定，各国驻外大使馆、领事馆不受驻在国的司法管辖而受本国的司法管辖。我国驻外使领馆亦视同我国领域内，在其内发生的任何犯罪都适用我国刑法。

3. 犯罪行为具有多种因素，针对隔地犯的特殊情况，我国刑法又进一步确立了属地管辖的具体标准。《刑法》第6条第3款规定：“犯罪的行为或者结果有一项发生在中华人民共和国领域内的，就认为是在中华人民共和国领域内犯罪。”这里包括三种情况：①犯罪行为与犯罪结果均发生在我国境内，这是通常的情况。②犯罪行为在我国领域内实施，但犯罪结果发生于国外。例如，在我国境内邮寄装有炸药的包裹，在境外发生爆炸。③犯罪行为在国外实施，但犯罪结果发生在我国境内。例如，在我国境外开枪，打死境内居民。根据刑法的规定，上述三种情况均适用我国刑法。

（二）“法律有特别规定”的含义

《刑法》第6条第1款中的“法律有特别规定”包括以下几类情况：

1. 不适用中国刑法（广义刑法）的情况。《刑法》第11条规定：“享有外交特权和豁免权的外国人的刑事责任，通过外交途径解决。”享有外交特权和豁免权的外国人不受我国刑法管辖，但他们承担着尊重我国法律、法规的义务，并不能任意违法犯罪。一旦发生此种情况，我们也不能坐视不管，而应该通过外交途径加以解决。如要求派遣国召回、宣布其为不受欢迎的人、限期离境等。

所谓外交特权和豁免权，是指根据国际公约，在国家间互惠的基础上，为保证驻在本国的外交代表机构及其工作人员正常执行职务而给予的一种特别权利和待遇。1961 年在联合国主持下签订的《维也纳外交关系公约》，是关于外交特权和豁免权的基本法律文件，我国于 1975 年加入该公约，1986 年 9 月 5 日通过了《外交特权与豁免条例》，详细地规定了外交特权与豁免权的具体内容，涉及刑事、民事、行政等诸方面。与刑事有关的规定主要包括：使馆馆舍不受侵犯；外交代表、外交信使人身不受侵犯、不受逮捕或者拘留；外交代表享有刑事豁免权；非中国公民的外交代表的配偶及未成年子女，来中国访问的外国国家元首、政府首脑、外交部长及其他具有同等身份的官员等，也享有与外交代表相同的特权与豁免权。这些人都不受我国刑法管辖。但是，外交代表和非中国公民的与外交代表共同生活的配偶及未成年子女所享有的豁免权，可以由派遣国政府明确表示放弃。如果那样，将可以适用我国刑法。

2. 不适用《刑法》及其他具有普遍效力的刑事法律的情况。目前，我国已恢复对香港和澳门行使主权，但全国人民代表大会授权香港特别行政区和澳门特别行政区依照基本法的规定实行高度自治，享有行政管理权、立法权、独立的司法权和终审权。全国性的刑法对其没有适用的效力。《香港特别行政区基本法》第 2 条规定："全国人民代表大会授权香港特别行政区依照本法的规定实行高度自治，享有行政管理权、立法权、独立的司法权和终审权。"这样，除了恢复对我国香港地区行使国家主权，统一管理外交与国防事务外，香港地区的政治、经济、法律制度保持不变，刑法对其没有适用的效力。这就构成了对刑法属地管辖权的又一特别法限制。澳门地区的情况与香港地区相同。我国台湾地区的政治状况及法律地位不同于香港地区、澳门地区，两岸统一的具体方式及进程还不能准确预测，但根据"一国两制"的基本构想，其未来的刑事立法仍然是独立的。因此，即使两岸统一，也不会适用《刑法》，这也是排除刑法效力的又一特殊地区。上述情形，构成对我国刑法适用范围的事实上的限制。

应当指出，我国香港、澳门与台湾地区的刑法属于我国的区域性刑法，故不能认为这些地区不适用"中国刑法"。

3. 不适用《刑法》的情况。《刑法》施行后，由国家立法机关制定的特别刑法、刑法修正案的规定与刑法典的规定发生法规竞合或者冲突，应根据"特别法优于普通法"的原则，不适用刑法，而适用特别法或刑法修正案。

4. 不适用刑法的部分条文的情况。为了照顾少数民族地区的一些特殊情况，《刑法》第 90 条规定："民族自治地方不能全部适用本法规定的，可以由自治区或者省的人民代表大会根据当地民族的政治、经济、文化的特点和本法规定的基本原则，制定变通或者补充的规定，报请全国人民代表大会常务委员会批准施行。"这是为了照顾少数民族的风俗习惯和文化传统，切实保证民族自治权的行使，巩固多民族国家的团结、稳定与发展。但在实施这一例外规定时，应注意以下几点：①少数民族地区对刑法效力的限制不同于外交特权和豁免权，它不是完全排斥刑法的适用，而仅仅是不适用其中的一部分，即与少数民族特殊的风俗习惯、宗教文化传统相关的部分。这种变通或补充规定相对于刑法全文而言，只是一小部分。因此，从总体上看，刑法基本上还是适用于少数民族自治地方的。②免于适用刑法的部分必须有明确的法律依据，即由自治区或者省的国家权力机关制定变通或补充规定，并报请全国人民代表大会常务委员会批准，而不能由有关当事人、各级司法机关或行政机关随意解释，随意行事。③少数民族地区制定的变通或者补充规定不能与刑法的基本原则相冲突。

如前所述，刑法对国内犯的基本原则是属地管辖原则，刑法针对国外犯的不同情况，分别采取了不同的原则。国外犯有三种情况：①中国公民在国外实施的犯罪；②外国人在国外实施的危害中国国家或者中国公民权益的犯罪；③外国人在国外实施的危害各国共同利益的犯罪。我国刑法针对这几种情况，分别采取了属人管辖、保护管辖和普遍管辖的不同原则。

三、我国刑法的属人管辖权

《刑法》第7条第1款规定："中华人民共和国公民在中华人民共和国领域外犯本法规定之罪的，适用本法，但是按本法规定的最高刑为3年以下有期徒刑的，可以不予追究。"第7条第2款规定："中华人民共和国国家工作人员和军人在中华人民共和国领域外犯本法规定之罪的，适用本法。"

根据上述规定，我国公民在我国领域外犯罪的，无论按照当地法律是否认为是犯罪，亦无论罪行是轻是重，以及是何种罪行，也不论其所犯罪行侵犯的是何国或何国公民的利益，原则上都适用我国刑法。只是按照我国刑法的规定，该中国公民所犯之罪的法定最高刑为3年以下有期徒刑的，才可以不予追究。所谓"可以不予追究"，不是绝对不追究，而是保留追究的可能性。但如果是我国的国家工作人员或者军人在域外犯罪，则不论其所犯之罪是否按照我国刑法的规定法定最高刑为3年以下有期徒刑，我国司法机关都要追究其刑事责任。这体现了对国家工作人员和军人在域外犯罪管辖从严的要求。

四、我国刑法的保护管辖权

《刑法》第8条规定："外国人在中华人民共和国领域外对中华人民共和国国家或者公民犯罪，而按本法规定的最低刑为3年以上有期徒刑的，可以适用本法，但是按照犯罪地的法律不受处罚的除外。"据此，以保护管辖原则为根据适用我国刑法的，必须具备以下三个条件：①所犯之罪必须侵犯了中华人民共和国国家或者公民的利益；②所犯之罪按我国刑法规定的最低刑为3年以上有期徒刑；③所犯之罪按照犯罪地的法律也受处罚。

当然，要实际行使这方面的管辖权存在着一定的困难，因为犯罪人是外国人，犯罪地点又是在国外，如果该犯罪人不能依法引渡，或者没有在我国领域内被抓获，我国就无法对其进行刑事追究。但是，如果刑法对此不加以规定，就等于放弃自己的管辖权。因此，为了保护我国的国家利益，保护我国驻外工作人员、考察访问人员、留学生、侨民的利益作出这样的规定是完全必要的。

五、我国刑法的普遍管辖权

《刑法》第9条规定："对于中华人民共和国缔结或者参加的国际条约所规定的罪行，中华人民共和国在所承担条约义务的范围内行使刑事管辖权的，适用本法。"根据这一规定，凡是我国缔结或者参加的国际条约中规定的罪行，不论犯罪分子是中国人还是外国人，其罪行发生在我国领域内还是我国领域外，也不论其具体侵犯的是哪一个国家或公民的利益，只要犯罪分子在我国境内被发现，我国就有权在所承担条约义务的范围内行使刑事管辖权。如不引渡给有关国家，我国就应当行使刑事管辖权，依照我国刑法的有关规定对罪犯予以惩处。

适用普遍管辖原则应受到一定限制：①适用该原则的犯罪必须是危害人类社会共同利益的犯罪；②管辖国应是有关条约的缔约国或参加国；③管辖国的国内刑法也规定该行为是犯罪；④犯罪人出现在管辖国的领域内。同时，根据普遍管辖原则行使管辖权时，定罪量刑的法律根据是国内刑法，而非国际条约。普遍管辖原则是刑法属地管辖、属人管辖和保护管辖等原则的补充和例外，其实际适用只有在排除属地管辖、属人管辖和保护管辖等原则适用的情况下才发生。

六、对外国刑事判决的承认

如果各国都同时采取上述管辖原则，必然产生刑事管辖的冲突。在几个国家对同一犯罪都具有管辖权的情况下，本国具有刑事管辖权的行为，收到外国确定的有罪或无罪判决时，本国是否承认这一判决？我国《刑法》第10条规定："凡在中华人民共和国领域外犯罪，依照本法应当负刑事责任的，虽然经过外国审判，仍然可以依照本法追究，但是在外国已经受过刑罚处罚的，可以免除或者减轻处罚。"可见，外国确定的刑事判决不制约我国刑罚权的实现。这表明，我国作为一个独立自主的主权国家，其法律具有独立性，外国的审理与判决对我国没有约束力。但是，从实际情况出发，为了使被告人免受双重处罚，又规定对在外国已受过刑罚处罚的犯罪人，可以免除或者减轻处罚。这样既维护了我国的国家主权，又从人道主义出发对被告人的具体情况做了实事求是的考虑，体现了原则性与灵活性的统一。

第二节　刑法的时间效力

一、刑法的时间效力的概念

刑法的时间效力，是指刑法的生效、失效的时间以及对刑法生效前的行为是否适用，即是否具有溯及既往的效力。

二、刑法的生效时间与失效时间

刑法的生效时间通常有两种情况：①从公布之日起生效，单行刑法通常采用这种方式。例如，1990年全国人大常委会通过的《关于禁毒的决定》（已失效）中规定“本决定自公布之日起施行”。②公布之后经过一段时间再生效，如现行刑法典于1997年3月14日通过并公布，同年10月1日起施行。这样经过一段时间的宣传教育，便于广大人民群众及司法工作人员做好实施新法的各项准备。

刑法的失效时间，即法律终止效力的时间，通常要由立法机关作出决定。从世界范围看，法律失效的方式有很多种，诸如新法公布实施后旧法自然失效，立法机关明确宣布废止某一法律，某一法律在制定时即规定了有效期限等。我国刑法的失效时间，主要有两种情况：①由国家立法机关明文宣布原有法律效力终止或者废止。例如，《刑法》第452条第2款规定，列于本法附件一的全国人民代表大会常务委员会制定的《关于严惩严重破坏经济的罪犯的决定》等15件单行刑法，自1997年10月1日起予以废止。②自然失效，即新法施行后代替了同类内容的旧法，或者由于原来特殊的立法条件已经消失，旧法自行废止。

三、刑法的溯及力

刑法的溯及力，是指刑法生效后，对它生效前未经审判、判决未确定或未裁定的行为是否具有追溯适用效力，如果具有适用效力，则是有溯及力，否则就是没有溯及力。

罪刑法定原则禁止不利于行为人的溯及既往，但允许有利于行为人的溯及既往。

（一）刑法溯及力的原则

对刑法的溯及力问题，各国采用的原则有所不同。概括起来，大致包括以下几种原则：

1. 从旧原则。新法对过去的行为一律没有溯及力，完全适用旧法。这一原则充分考虑了犯罪当时的法律状况，反对适用事后法，对行为人比较公平。但如果某一行为按旧法构成犯罪而新法不认为是犯罪，再依旧法进行处罚就不能实现刑法目的，因而也存在弊端。

2. 从新原则。新法对于其生效前未经审判或判决尚未确定的行为，一律适用，即新法具有溯及力。这一原则强调新法，适应当前的社会情况，有利于预防犯罪。但是，对行为时旧法未规定为犯罪的行为，依新法按照犯罪进行处罚，违背了罪刑法定原则，因而有失妥当。

3. 从新兼从轻原则。新法原则上有溯及力，但旧法不认为是犯罪或者处刑较轻时，则按照旧法处理。这一原则弥补了绝对从新原则的不足，既充分发挥了新法适应当前形势的优点，又认真考虑了旧法当时的具体规定，但为了避免事后刑法之嫌，采用的国家不多。

4. 从旧兼从轻原则。原则上适用旧法，新法没有溯及力，但新法不认为是犯罪或者处刑较轻时，则按照新法处理。这一原则弥补了绝对从旧原则的缺陷，既符合罪刑法定原则，又适应当前需要，因而为绝大多数国家所采纳。

（二）我国刑法关于溯及力的法律规定

我国刑法关于溯及力问题采用了从旧兼从轻的原则。《刑法》第12条第1款规定:“中华人民共和国成立以后本法施行以前的行为，如果当时的法律不认为是犯罪的，适用当时的法律；如果当时的法律认为是犯罪的，依照本法总则第四章第八节的规定应当追诉的，按照当时的法律追究刑事责任，但是如果本法不认为是犯罪或者处刑较轻的，适用本法。”第12条第2款规定:“本法施行以前，依照当时的法律已经作出的生效判决，继续有效。”因此，对于1949年10月1日中华人民共和国成立至1997年10月1日新《刑法》施行前这段时间内发生的行为，应按以下不同情况分别处理:

(1) 当时的法律不认为是犯罪，而修订后的刑法认为是犯罪的，适用当时的法律，即修订后的刑法没有溯及力。对于这种情况，不能以修订后的刑法规定为犯罪为由而追究行为人的刑事责任。

(2) 当时的法律认为是犯罪，但修订后的刑法不认为是犯罪的，只要这种行为未经审判或者判决尚未确定，就应当适用修订后的刑法，即修订后的刑法具有溯及力。

(3) 当时的法律和修订后的刑法都认为是犯罪，并且按照修订后的刑法总则第四章第八节的规定应当追诉的，原则上按当时的法律追究刑事责任，即修订后的刑法不具有溯及力。但是，如果修订后的刑法处刑较轻的，则应适用修订后的刑法，即修订后的刑法具有溯及力。

根据《刑法》第12条的精神以及有关司法解释，以下几点值得注意:

(1) 对于行为人1997年9月30日以前实施的犯罪行为，在人民检察院、公安机关、国家安全机关立案侦查或者在人民法院受理案件以后，行为人逃避侦查或者审判，超过追诉期限或者被害人在追诉期限内提出控告，人民法院、人民检察院、公安机关应当立案而不予立案，超过追诉期限的，适用1979年《刑法》第77条的规定。

(2) 对于酌定减轻处罚、累犯的认定、自首的认定、立功的认定、缓刑的撤销、假释的适用与撤销等问题，应坚持从旧兼从轻的原则进行处理。

(3) 对于根据旧刑法需要类推处理而没有处理的，不管现行刑法是否规定为犯罪，都不得以类推方式定罪量刑。

(4) 对于法律规定中间有变化的溯及力问题，要具体情况具体分析。如国有公司、企业、事业单位工作人员玩忽职守的犯罪行为，1979年《刑法》规定为犯罪行为，1997年《刑法》没有规定为犯罪行为，1999年12月25日《刑法修正案》又规定为犯罪行为。对于这种情况，应以行为时的法律规定是否是犯罪行为，确定刑法溯及力。如果行为是发生在1997年10月1日以后，1999年12月25日以前，现在处理，应当适用当时的法律规定，不构成犯罪。如果行为发生在1997年10月1日以前，1980年1月1日以后，现在处理，构成犯罪。

(5) 如果当时的法律不认为是犯罪，现行刑法认为是犯罪，而行为连续或继续到1997年10月1日以后，对1997年10月1日以后的行为适用现行刑法追究刑事责任。如果该行为当时的法律和现行刑法都认为是犯罪，适用现行刑法，但是现行刑法比当时刑法所规定的构成要件和情节较为严格，或者法定刑较重的，在提起公诉时应当提出酌情从轻处理意见。

（6）《刑法》第 12 条规定的“处刑较轻”是指刑法对某种犯罪规定的刑罚即法定刑比修订前的刑罚轻。法定刑较轻是指法定最高刑较轻；如果法定最高刑相同，则指法定最低刑较轻。如果刑法规定的某一犯罪只有一个法定刑幅度，法定最高刑或者最低刑是指该法定刑幅度的最高刑或者最低刑；如果刑法规定的某一犯罪有两个以上的法定刑幅度，法定最高刑或者最低刑是指具体犯罪行为应当适用的法定刑幅度的最高刑或者最低刑。如果新旧刑法对犯罪的规定没有变化，只是罪名发生变化，原则上适用哪个法律规定，就按法律规定时适用的罪名；如果犯罪行为处在连续或持续状态，一直到新刑法生效以后，应按行为终了时的刑法规定的罪名定罪，不能分别定两种罪名。

学术视野

一、因刑法修改而产生的刑法溯及力的复杂情形

在一般情况下，作为刑法溯及力确定的参照物的新法与旧法是容易认定的，但在刑法修改频繁的情况下，新法与旧法就难以认定，因而刑法的溯及力问题更为复杂。例如，1979 年《刑法》规定渎职罪的主体是国家工作人员，1997 年《刑法》规定渎职罪的主体是国家机关工作人员。根据 1997 年《刑法》规定，国家机关工作人员以外的其他国家工作人员的渎职行为，只有符合《刑法》第 168 条规定的徇私舞弊造成破产、亏损的，才能追究刑事责任，否则不构成犯罪。但 1999 年 12 月 25 日全国人大常委会通过的《刑法修正案》对《刑法》第 168 条进行了修改，罪名相应地改为国有公司、企业、事业单位人员失职罪，国有公司、企业、事业单位人员滥用职权罪。根据《刑法修正案》，国家机关工作人员以外的其他国家工作人员的渎职行为又被规定为犯罪。在这种情况下，就出现了以下情形：1979 年《刑法》认为是犯罪，1997 年《刑法》不认为是犯罪，《刑法修正案》认为是犯罪。如果将 1979 年《刑法》当做旧法，《刑法修正案》当做新法，不考虑 1997 年《刑法》，那么，旧法与新法均认为是犯罪，应适用处刑较轻的旧法。但如果将 1997 年《刑法》当做旧法，《刑法修正案》当做新法，那么，旧法不认为是犯罪，新法认为是犯罪，根据从旧原则，适用 1997 年《刑法》，其行为不认为是犯罪。对此，应当严格按照法律更替的时间顺序确定新法与旧法。既然 1979 年《刑法》规定已被 1997 年《刑法》作了修改，因此，相对于《刑法修正案》而言，1997 年《刑法》是旧法，由此确定刑法溯及力。

二、因行为跨越新旧法而产生的刑法溯及力的复杂情形

在一般情况下，行为或者发生在旧法时，或者发生在新法时，因而刑法的溯及力问题容易确定。但在犯罪行为有连续或者继续的情况下，行为跨越新旧法。在这种情况下，到底是适用旧法还是适用新法，以及在何种情况下适用旧法，在何种情况下适用新法，这是一个较为复杂的问题。对此问题的解决，仍应以从旧兼从轻原

则为基本精神。行为跨越新旧法，新旧法均规定为犯罪的，无论新旧法的轻重，均应适用新法定罪处罚。行为跨越新旧法，旧法认为是犯罪，新法不认为是犯罪的，适用新法不以犯罪论处。行为跨越新旧法，旧法不认为是犯罪，新法认为是犯罪的，对新法施行以后的行为适用新法定罪处罚。对于这一点，1997 年 10 月 6 日最高人民检察院《关于检察工作中具体适用修订刑法第十二条若干问题的通知》第 3 条规定，如果当时的法律不认为是犯罪，修订《刑法》认为是犯罪的，适用当时的法律；但行为连续或者继续到 1997 年 10 月 1 日以后的，对 10 月 1 日以后构成犯罪的行为适用修订《刑法》追究刑事责任。

三、关于相关刑法修正案时间效力问题

1. 根据《最高人民法院关于〈中华人民共和国刑法修正案（八）〉时间效力问题的解释》（法释［2011］9 号），人民法院 2011 年 5 月 1 日以后审理的刑事案件，具体适用刑法的有关问题规定如下：

第一条　对于 2011 年 4 月 30 日以前犯罪，依法应当判处管制或者宣告缓刑的，人民法院根据犯罪情况，认为确有必要同时禁止犯罪分子在管制期间或者缓刑考验期内从事特定活动，进入特定区域、场所，接触特定人的，适用修正后《刑法》第 38 条第 2 款或者第 72 条第 2 款的规定。

犯罪分子在管制期间或者缓刑考验期内，违反人民法院判决中的禁止令的，适用修正后《刑法》第 38 条第 4 款或者第 77 条第 2 款的规定。

第二条　2011 年 4 月 30 日以前犯罪，判处死刑缓期执行的，适用修正前《刑法》第 50 条的规定。

被告人具有累犯情节，或者所犯之罪是故意杀人、强奸、抢劫、绑架、放火、爆炸、投放危险物质或者有组织的暴力性犯罪，罪行极其严重，根据修正前刑法判处死刑缓期执行不能体现罪刑相适应原则，而根据修正后刑法判处死刑缓期执行同时决定限制减刑可以罚当其罪的，适用修正后《刑法》第 50 条第 2 款的规定。

第三条　被判处有期徒刑以上刑罚，刑罚执行完毕或者赦免以后，在 2011 年 4 月 30 日以前再犯应当判处有期徒刑以上刑罚之罪的，是否构成累犯，适用修正前《刑法》第 65 条的规定；但是，前罪实施时不满 18 周岁的，是否构成累犯，适用修正后《刑法》第 65 条的规定。

曾犯危害国家安全犯罪，刑罚执行完毕或者赦免以后，在 2011 年 4 月 30 日以前再犯危害国家安全犯罪的，是否构成累犯，适用修正前《刑法》第 66 条的规定。

曾被判处有期徒刑以上刑罚，或者曾犯危害国家安全犯罪、恐怖活动犯罪、黑社会性质的组织犯罪，在 2011 年 5 月 1 日以后再犯罪的，是否构成累犯，适用修正后《刑法》第 65 条、第 66 条的规定。

第四条　2011 年 4 月 30 日以前犯罪，虽不具有自首情节，但是如实供述自己罪行的，适用修正后《刑法》第 67 条第 3 款的规定。

第五条　2011 年 4 月 30 日以前犯罪，犯罪后自首又有重大立功表现的，适用修正前《刑法》第68条第2款的规定。

第六条 2011年4月30日以前一人犯数罪，应当数罪并罚的，适用修正前《刑法》第69条的规定；2011年4月30日前后一人犯数罪，其中一罪发生在2011年5月1日以后的，适用修正后《刑法》第69条的规定。

第七条 2011年4月30日以前犯罪，被判处无期徒刑的罪犯，减刑以后或者假释前实际执行的刑期，适用修正前《刑法》第78条第2款、第81条第1款的规定。

第八条 2011年4月30日以前犯罪，因具有累犯情节或者系故意杀人、强奸、抢劫、绑架、放火、爆炸、投放危险物质或者有组织的暴力性犯罪并被判处10年以上有期徒刑、无期徒刑的犯罪分子，2011年5月1日以后仍在服刑的，能否假释，适用修正前刑法第81条第2款的规定；2011年4月30日以前犯罪，因其他暴力性犯罪被判处10年以上有期徒刑、无期徒刑的犯罪分子，2011年5月1日以后仍在服刑的，能否假释，适用修正后《刑法》第81条第2款、第3款的规定。

2. 根据《最高人民法院关于〈中华人民共和国刑法修正案（九）〉时间效力问题的解释》（法释［2015］19号），人民法院2015年11月1日以后审理的刑事案件，具体适用修正前后刑法的有关问题规定如下：

第一条 对于2015年10月31日以前因利用职业便利实施犯罪，或者实施违背职业要求的特定义务的犯罪的，不适用修正后《刑法》第37条之一第1款的规定。其他法律、行政法规另有规定的，从其规定。

第二条 对于被判处死刑缓期执行的犯罪分子，在死刑缓期执行期间，且在2015年10月31日以前故意犯罪的，适用修正后《刑法》第50条第1款的规定。

第三条 对于2015年10月31日以前一人犯数罪，数罪中有判处有期徒刑和拘役，有期徒刑和管制，或者拘役和管制，予以数罪并罚的，适用修正后《刑法》第69条第2款的规定。

第四条 对于2015年10月31日以前通过信息网络实施的《刑法》第246条第1款规定的侮辱、诽谤行为，被害人向人民法院告诉，但提供证据确有困难的，适用修正后《刑法》第246条第3款的规定。

第五条 对于2015年10月31日以前实施的《刑法》第260条第1款规定的虐待行为，被害人没有能力告诉，或者因受到强制、威吓无法告诉的，适用修正后《刑法》第260条第3款的规定。

第六条 对于2015年10月31日以前组织考试作弊，为他人组织考试作弊提供作弊器材或者其他帮助，以及非法向他人出售或者提供考试试题、答案，根据修正前刑法应当以非法获取国家秘密罪、非法生产、销售间谍专用器材罪或者故意泄露国家秘密罪等追究刑事责任的，适用修正前《刑法》的有关规定。但是，根据修正后《刑法》第284条之一的规定处刑较轻的，适用修正后《刑法》的有关规定。

第七条 对于2015年10月31日以前以捏造的事实提起民事诉讼，妨害司法秩序或者严重侵害他人合法权益，根据修正前刑法应当以伪造公司、企业、事业单位、人民团体印章罪或者妨害作证罪等追究刑事责任的，适用修正前《刑法》的有关规定。但是，根据修正后《刑法》第307条之一的规定处刑较轻的，适用修正后《刑法》的有关规定。

实施第1款行为，非法占有他人财产或者逃避合法债务，根据修正前刑法应当以诈骗罪、职务侵占罪或者贪污罪等追究刑事责任的，适用修正前《刑法》的有关规定。

第八条　对于2015年10月31日以前实施贪污、受贿行为，罪行极其严重，根据修正前刑法判处死刑缓期执行不能体现罪刑相适应原则，而根据修正后刑法判处死刑缓期执行同时决定在其死刑缓期执行2年期满依法减为无期徒刑后，终身监禁，不得减刑、假释可以罚当其罪的，适用修正后《刑法》第383条第4款的规定。根据修正前刑法判处死刑缓期执行足以罚当其罪的，不适用修正后《刑法》第383条第4款的规定。

第九条　本解释自2015年11月1日起施行。

理论思考与实务应用

一、理论思考

（一）名词解释

属地管辖　属人管辖　保护管辖　普遍管辖

（二）简答题

1. 简述从旧原则的含义。
2. 简述从新原则的含义。
3. 简述从新兼从轻原则的含义。
4. 简述从旧兼从轻原则的含义。

（三）论述题

1. 刑法的效力范围包括哪几方面的内容？
2. 如何理解我国刑法规定的属地管辖？
3. 我国刑法的属人管辖是如何规定的？
4. 我国刑法规定的保护管辖意义何在？
5. 适用普遍管辖的条件是什么？
6. 什么是刑法的溯及力？
7. 我国刑法的溯及力原则是如何规定的？

二、实务应用

（一）案例分析示范

案例一

某国公民甲曾在国外多次进行贩毒活动，并被其所属国家通缉。某日，甲到我国境内旅游时被拘捕，甲以既非中华人民共和国公民，也未在中华人民共和国境内犯过罪为由提出抗议。

问：我国司法机关是否可以对甲依法进行审判？

【评析】《刑法》第9条规定："对于中华人民共和国缔结或者参加的国际条约所规定的罪行，中华人民共和国在所承担条约义务的范围内行使刑事管辖权的，适用本法。"根据这一规定，凡是我国缔结或者参加的国际条约中规定的罪行，不论犯罪分子是中国人还是外国人，其罪行发生在我国领域内还是我国领域外，也不论其具体侵犯的是哪一个国家或公民的利益，只要犯罪分子在我国境内被发现，我国就有权在所承担条约义务的范围内行使刑事管辖权。如不引渡给有关国家，我国就应当行使刑事管辖权，依照我国刑法的有关规定对罪犯予以惩处。本案中，甲实施的毒品犯罪活动属于我国缔结或者参加的国际公约中规定的罪行，尽管甲不是中国公民，其贩毒活动发生在我国领域外，具体侵犯的也不是我国国家或公民的利益，但是甲在我国境内被发现，我国依法有权在所承担条约义务的范围内行使刑事管辖权。如不引渡给有关国家，我国就应当行使刑事管辖权，依照我国刑法的有关规定对甲予以惩处。

案例二

刘某于1995年9月因投机倒把被法院判处有期徒刑5年。1998年9月，刘某提出申诉，理由是现行刑法无此罪名，要求改判无罪。

问：对刘某提出的改判无罪的要求，应如何处理？

【评析】 刑法的溯及力，是指刑法生效后，对它生效前未经审判、判决未确定或未裁定的行为是否具有追溯适用效力，如果具有适用效力，则是有溯及力，否则就是没有溯及力。我国刑法关于溯及力问题采用了从旧兼从轻的原则。对当时的法律认为是犯罪，但修订后的刑法不认为是犯罪的，只要这种行为未经审判或者判决尚未确定，就应当适用修订后的刑法，即修订后的刑法具有溯及力。本案中，尽管现行刑法已不再把投机倒把规定为犯罪，如果这种行为未经审判或者判决尚未确定，就应当认定为无罪。但是，刘某因投机倒把已被法院依照当时的法律作出了生效判决，根据《刑法》第12条第2款规定："本法施行以前，依照当时的法律已经作出的生效判决，继续有效。"所以，刘某的申诉理由是不成立的，依法应继续服刑。

案例三

被告人于某系胜利油田东辛采油厂作业一大队协解工人，2005年6月1日被东辛采油厂返聘为胜利油田东辛采油厂监督中心货场门卫。2006年6月~2007年2月期间，被告人于某利用在东辛采油厂监督中心货场晚间值班的便利，与被告人黄甲、黄乙等人交叉结伙，先后5次到东辛采油厂作业监督中心露天货场盗窃电泵和保护器。其中被告人于某、黄甲参与盗窃5次，销赃得款70 600元。被告人黄乙参与盗窃2次，销赃得款23 600元。被告人黄甲将电泵和保护器运至家中，与燕某切割后销售。其中被告人燕某参与销赃3次，销赃价值47 000元。

法院经审理认为，被告人于某趁深夜一人值班时，伙同他人将货物窃取，系利用了其职务上的便利，应构成职务侵占罪。被告人黄甲、黄乙与于某勾结，共同将该单位的财物非法占有，以职务侵占罪的共犯论处。

问：关于燕某的行为是适用行为时的司法解释办理，即以收购赃物罪定罪处罚，还是适用行为后的新的司法解释办理，即以掩饰、隐瞒犯罪所得、犯罪所得收益罪处罚？

【评析】燕某行为时已有关于罪名的司法解释，即最高人民法院《关于执行〈中华人民共和国刑法〉确定罪名的规定》。新的关于罪名的司法解释，即最高人民法院、最高人民检察院《关于执行〈中华人民共和国刑法〉确定罪名的补充规定（三）》发布于燕某行为之后，且适用新的司法解释并非对被告人有利。

关于刑事司法解释溯及力的问题，最高人民法院、最高人民检察院《关于适用刑事司法解释时间效力问题的规定》第3条明确规定，对于新的司法解释实施前发生的行为，行为时已有相关司法解释，依照行为时的司法解释办理，但适用新的司法解释对犯罪嫌疑人、被告人有利的，适用新的司法解释。再结合第2条规定，可以看出对刑事司法解释的溯及力原则上也是适用从旧兼从轻的原则，只有一种情况例外，就是在行为时没有相关司法解释而审理时有相关司法解释，则适用审理时的司法解释。对燕某适用新罪名还是旧罪名的问题，实际上就成了适用不适用《关于适用刑事司法解释时间效力问题的规定》第3条规定的问题。

掩饰、隐瞒犯罪所得、犯罪所得收益罪罪名是《关于执行〈中华人民共和国刑法〉确定罪名的补充规定（三）》根据《刑法修正案（六）》对第312条的修改，从原来的窝藏、转移、收购、销售赃物罪罪名变更而来。修改后的第312条加重了对该罪的处罚，新修订的掩饰、隐瞒犯罪所得、犯罪所得收益罪相比窝藏、转移、收购、销售赃物罪是一个更重的罪名，适用该新修订罪名对被告人不利，故根据最高人民法院、最高人民检察院《关于适用刑事司法解释时间效力问题的规定》第3条之规定，仍应适用行为时的司法解释办理，即以收购赃物罪定罪处罚。

（二）案例分析实训

案例一

1991年和1996年，被告人张某某等人将在内地非法购买的一批枪支、弹药偷运到香港。1997年9月，被告人张某某等人经密谋并由张某某出资，在广东省汕尾市非法买卖大量炸药、雷管和导火线，偷运到香港。此外，被告人张某某一伙在广州等地经多次密谋策划后，分别于1996年5月和1997年9月在香港绑架了李某、林某和郭某，勒索巨额赎金。在本案中，就走私枪支、弹药罪而言，从内地走私到香港，属于跨境犯罪。就绑架罪而言，预备行为发生在内地、实行行为发生在香港。

问：内地的司法机关对张某某案是否具有刑事管辖权？

案例二

李某、王某在1998年受雇于英国轮船公司工作期间，当轮船停泊于法国某市港口后，二人在轮船上酗酒、打闹，因声音过大，受到同去打工的中国公民程某的制止。但李某、王某二人恼羞成怒，公然杀死了程某，并抢劫了其他英国船员的钱财，然后逃逸。两个月后，被法国警方抓获。

问：对李某、王某二人的犯罪行为能否适用中国刑法给予追究？

第四章
犯罪和犯罪构成

【本章概要】 犯罪是刑法上的核心范畴之一，刑法理论的基本原理围绕着犯罪范畴展开。本章对刑法上的犯罪概念进行阐述，对刑法上的犯罪概念与其他相关学科如犯罪学、社会学等领域的犯罪概念进行比较，从理论前提、概念体系、研究方法等方面分析了不同学科研究犯罪问题的差异。在刑法规范上犯罪概念的基础上，进一步介绍刑法上认识犯罪和分析犯罪的体系化模式——犯罪构成，对犯罪构成的历史发展、现代表现等予以介绍，侧重介绍我国主流刑法理论通说所主张的犯罪构成学说。犯罪概念与犯罪构成不仅是犯罪论的基础，而且在整个刑法学体系中也占有极其重要的地位：犯罪概念回答“什么是犯罪”的问题，犯罪构成回答“犯罪怎样才能成立”的问题，这两个问题都是刑法学体系中犯罪论的基本问题。全面厘清犯罪与犯罪概念这两大刑法的基础性范畴，将非常有助于整个刑法学的认识和学习。

【学习目标】 了解我国《刑法》第 13 条规定的犯罪概念；掌握刑法通说主张的犯罪具有的三个特征；深入掌握犯罪构成的概念；了解犯罪构成的功能与意义；了解犯罪构成学说的理论争鸣；了解刑法理论上与实务中对犯罪的有关分类；了解刑法学与其他学科研究犯罪问题的差异；理解刑法学认识犯罪概念的基本规范思路。

第一节 犯罪的概念

一、犯罪概念的类型

犯罪概念是要解决“什么是犯罪”的问题，也就是指犯罪的一般概念，而不是指具体罪如故意杀人罪、盗窃罪、放火罪等的具体概念。犯罪概念是对犯罪事实与基本特征的高度抽象和概括，是对古今中外甚至未来一定时期的犯罪事实与基本特征进行归纳而得出的范畴认识。人类对于犯罪的认识可以追溯到很早的历史时期，但是以概念方式表达出有关犯罪认识的时间却并不久远，不同时期对犯罪予以概念表达也呈现出很大的差别。在奴隶制和封建制国家的法律中，只有具体罪以及对具体罪的刑罚的规定，而并没有犯罪一般概念的规定。对犯罪确定一般概念，应当说是资产阶级反封建时期所提出的要求。18 世纪欧洲启蒙思想家，为了反对罪刑擅断的封建刑法传统，极力倡导罪刑法定主义，主张应以事先法明确“什么是犯罪”。在此之后，犯罪概念才成为各国刑事立法和刑法理论中的一个重要问题。

虽然犯罪的一般概念不能脱离具体罪的概念，它是从各种各样具体罪的概念中抽象出来的，但是这种理论抽象不是在一朝一夕形成，而是经过了长期的历史过程，对至今以来的犯罪概念认识方式做一归纳，可以发现主要有三种认识方式：

1. 犯罪的形式概念。犯罪的形式概念，是指仅从法律形式上对犯罪下定义，而不涉及犯罪的社会政治本质的犯罪概念类型。如 1810 年《法国刑法典》第 1 条规定："法律以违警罚所处罚之犯罪，称违警罪；法律以惩治刑所处罚之犯罪，称轻罪；法律以身体刑所处罚之犯罪，称重罪。" 1937 年《瑞士刑法典》第 1 条规定："凡是用刑罚威胁所确实禁止的行为"，就是犯罪行为。1944 年《西班牙刑法典》规定，依自由意志及疏忽之行为而为法律所处罚者谓之犯罪及过失罪。犯罪的形式概念能够较为准确地指出犯罪的法律特征，但是没有说明犯罪的危害性何在，国家为什么对这些行为要科处刑罚，没有揭示犯罪的本质特征。

2. 犯罪的实质概念。犯罪的实质概念，是指仅揭示犯罪的社会政治本质而不涉及其法律特征的犯罪概念类型。马克思和恩格斯在《德意志意识形态》一书中精辟地指出"犯罪——孤立的个人反对统治关系的斗争，和法一样，也不是随心所欲地产生的。相反地，犯罪和现行的统治都产生于相同的条件"。这是关于犯罪的经典论述。这段论述既深刻又简练地指出了犯罪的阶级实质及其产生的条件，阐明了犯罪与现行统治的关系，揭示了犯罪的本质属性。如 1922 年《苏俄刑法典》第 6 条规定："威胁苏维埃制度的基础及工农政权向共产主义制度过渡时期所建立的法律秩序的一切危害社会的作为或不作为，都认为是犯罪。" 犯罪的实质概念鲜明地表现了犯罪的阶级性，说明了法律将某种行为规定为犯罪的根本根据和理由，但没有揭示犯罪的法律特征，没有限定犯罪的法律界限，在实践中缺乏可操作性。

3. 犯罪的混合概念。犯罪的混合概念，即犯罪的实质与形式相统一的概念，是指从犯罪的社会政治本质和法律形式特征两个角度对犯罪进行界定。这种方式在立意上克服了犯罪的形式概念和犯罪的实质概念所存在的片面性，既阐明了犯罪的社会危害本质，又限定了犯罪的法律界限，有利于真正揭示犯罪的内涵和外延。如 1960 年《苏联刑法典》第 7 条第 1 款规定："凡本法典分则所规定的侵害苏维埃的社会制度和国家制度，侵害社会主义经济体系和社会主义所有制，侵害公民的人身、政治权、劳动权、财产权以及其他权利的危害社会行为（作为或不作为），以及本法典分则所规定的其他各种侵害社会主义法律秩序的危害社会行为，都认为是犯罪。" 1997 年 1 月 1 日起开始施行的《俄罗斯联邦刑法典》第 14 条第 1 款规定："本法典以刑罚相威胁所禁止的有罪过地实施的危害社会的行为，被认为是犯罪。" 我国现行刑法采用的即是此种实质与形式相统一的犯罪概念。

二、我国现行刑法的犯罪概念

我国现行《刑法》第 13 条规定了犯罪的概念："一切危害国家主权、领土完整和安全，分裂国家、颠覆人民民主专政的政权和推翻社会主义制度，破坏社会秩序和经济秩序，侵犯国有财产或者劳动群众集体所有的财产，侵犯公民私人所有的财产，侵犯公民的人身权利、民主权利和其他权利，以及其他危害社会的行为，依照法律应当受刑罚处罚的，都是犯罪，但是情节显著轻微危害不大的，不认为是犯罪。”根据刑法规定和刑法理论的通说，犯罪具有下列三个特征：

（一）社会危害性

社会危害性是指行为对刑法所保护的社会关系的侵犯性，即《刑法》第13条所列举的对国家利益、公共利益、集体利益以及公民合法权益的侵犯性。把握犯罪行为具有的社会危害性应注意：

1. 并非具有社会危害性的行为都是犯罪行为，一个行为只有严重侵犯了刑法所保护的社会关系，才可能构成犯罪。具有一定严重程度的社会危害性是犯罪的本质特征，认清这一点，有利于从本质上把握犯罪行为与一般违法行为的区别。正如恩格斯所指出的：“蔑视社会的最明显、最极端的表现就是犯罪。”这也就是说对社会危害性有量的要求。同时，《刑法》第13条“但书”也指出：危害社会行为“情节显著轻微危害不大的，不认为是犯罪”。这就是说某一行为社会危害性尚未达到犯罪程度，也不构成犯罪。社会危害性的程度是区分一般违法行为与犯罪行为的重要界限。

2. 社会危害性的内部结构是主客观的统一。因此，认定犯罪的社会危害性不仅要注意行为的客观危害结果的大小，更要考察行为人的主观恶性和人身危险性。刑法上的犯罪行为总是在一定思想支配下实施的。行为人思想方面的不同情况，对行为的社会危害性也有很大的影响。行为人主观上的罪过形式是故意还是过失、是否为有预谋的犯罪、犯罪的动机目的如何，特别是动机是否卑鄙，对社会危害性都有很大的影响。

3. 社会危害性是相对稳定性与变动性的辩证统一。同样的行为可能在某个历史时期是具有相当的社会危害性，但是在另一个历史时期却没有了这种社会危害性。从这一逻辑起点出发，不仅对刑事立法具有意义，而且对于作出刑法解释、理解和适用刑法具有重要意义。

4. 社会危害性是客观性和可知性的统一。司法机关一方面要根据刑法的规定来认定某种行为的社会危害性的程度，另一方面也要根据具体情况考察刑法不可能规定而又对社会危害性有影响的因素。犯罪的社会危害性既可表现为社会关系的实际破坏，也可表现为对社会关系的实际威胁。绝大部分犯罪都已经对社会造成了实际的危害，但也有一些犯罪由于种种原因而未能完成，从而没有造成实际的危害，但行为已经威胁到社会关系的稳定，同样具有社会危害性。明确这一点，有利于正确评价社会危害性的程度，有利于正确处理刑事立法与刑事司法的关系。因而，社会危害性是建立在人的危害行为基础上的，犯罪的社会危害性是指行为具有社会危害性，而不是指思想具有社会危害性。根据犯罪概念，犯罪只能是行为，没有人的行为，也就不会产生犯罪问题。思想是存在于人的头脑中的思维活动，在没有外化为行为时，是不会对社会产生任何危害的。

（二）刑事违法性

刑事违法性是指行为违反了一定的刑法规范，刑事违法性的内容包括了广义的刑法，即包括刑法典、单行的刑事法律（刑事特别法）和非刑事法律中的刑法规范。刑事违法性与罪刑法定的原则是一致的。某种行为可能对社会有危害，但如果该行为没有触犯刑法，就不能被定罪。因此，强调犯罪的刑事违法性，有利于贯彻罪刑法定原则，防止脱离刑法的规定而借口某种行为有社会危害性随意出入人罪。具有社会危害性的行为不一定都是犯罪行为，其中只有触犯刑律的严重危害社会的行为，才是现代意义上的犯罪。如果一个行为没有违反刑法的规定，不符合刑法规定的犯罪构成，即使具有严重的社会危害性，也不能构成犯罪。在罪刑法定原则支配下，刑事违法性就是犯罪的基本法律特征。违反刑法并不只是违反刑法典的条文，凡是违反广义刑法的禁止性规范的行为，均具有刑事违法性。若单纯违反其他法律而没有违反刑法的行为，不具有刑事违法性，而可能只具有民事法或者行政法上的违法性。当然，这里的刑事违法性与一般违法性的关系仅仅在一定范围内才能存在，特别是在某些存在数量要求的犯罪中，而在某些犯罪中则不存在这一关系，如故意杀人罪的违法性质只能是刑事违法性，而不存在一般的违法性。

刑事违法性与社会危害性实质上是统一的。严重的社会危害性是刑事违法性的前提或基础，刑事违法性是严重的社会危害性的法律表现。行为的社会危害性虽然是客观存在的，但它不能自为自在地成为犯罪，只有经过国家的价值判断并在法律上确认它应受到刑罚惩罚才能构成犯罪，这是罪刑法定原则的必然要求。认定某种行为是否具有犯罪的社会危害性，只能通过刑法所确定的具体标准来认定行为是否构成犯罪。如果只讲社会危害性而不讲刑事违法性，就会导致罪刑擅断主义。相反，如果只讲刑事违法性而不讲社会危害性，也会掩盖犯罪的社会政治本质，陷入法律形式主义中。

刑事违法性与一般违法行为有着联系但是也有着严格区别，混淆二者的界限实际上就是混淆罪与非罪的界限。在许多时候，一般违法行为与刑事犯罪行为并不存在一条不可逾越的鸿沟，许多刑事违法行为就是由一般违法行为逐步演化而成的，一般违法行为可转化为犯罪行为，如许多小额偷窃行为，由于数额上、情节上达不到刑法定罪的要求，因而往往需要《治安管理处罚法》予以行政处罚，这些小额偷窃行为显然具有一般的违法性，只需予以行政处罚，但是如果小额偷窃行为出现在特定情节情况下，数额出现可重复计算的情形，则可能被认定为是盗窃罪，就具有刑事违法性了。这实质上也体现了哲学上从量变到质变的变化规律。

（三）应受刑罚处罚性

应受刑罚处罚性是指犯罪行为应当受刑罚处罚的行为。马克思有句很有名的话：如果犯罪的概念要有惩罚，那么实际的罪行就要有一定的惩罚尺度。我国《刑法》第 13 条明确将“应受刑罚处罚”这一特征写进了犯罪定义，表明应受刑罚处罚性是我国刑法规定的犯罪的一个基本特征。一个行为如果只应承担民事责任、行政责任等法律后果，而不具有应受刑罚处罚性，则不能认定为犯罪。应受惩罚性是从犯罪的法律后果来补充说明什么是犯罪的。作为法律后果，应受惩罚性是由社会危害性和刑事违法性派生出来的，但它对刑事违法性也起着制约作用。在立法上，只有立法者认为某种行为需要动用刑罚对其实施者加以制裁时，才会在刑法上将其规定为犯罪。同时，是否应受刑罚处罚，也是犯罪与一般违法行为的重要区别。应受惩罚性这个特征将犯罪与刑罚这两种社会现象联系起来，也就是从一个现象与另一个现象的联系中来阐明这个现象的特性。这个特征表明，如果一个行为不应当受刑罚处罚，也就意味着它不是犯罪。不应受惩罚和不需要惩罚是两个意思：①不应受惩罚，是指行为人的行为根本不构成犯罪，当然就不存在应受惩罚的问题；②不需要惩罚，是指行为人的行为已经构成了犯罪，本应惩罚，但考虑到具体情况，例如，犯罪情节轻微，或者有自首、立功等表现，从而免予刑事处罚。免予刑事处罚说明，行为还是构成犯罪的，只是不给予刑罚处罚而已。《刑法》第37条规定："对于犯罪情节轻微不需要判处刑罚的，可以免于刑事处罚，但是可以根据案件的不同情况，予以训诫或者责令具结悔过、赔礼道歉、赔偿损失，或者由主管部门予以行政处罚或者行政处分。"这里，免于刑事处罚与应受惩罚并不矛盾。因为只有当一种行为应当受到刑罚处罚的情况下，才可能基于某种从宽的情节（如犯罪中止、自首、防卫过当等）免除刑罚处罚。如果某种行为本不应受到刑罚处罚，那不但不能适用免于刑事处罚，而且根本就不是犯罪。

三、犯罪的分类

在刑法上根据不同的标准，可以对犯罪进行不同的分类。

（一）理论上的分类

1. 重罪与轻罪。这是以法定刑为标准对犯罪的划分。许多国家的刑法将犯罪分为重罪与轻罪，还有的加上一类违警罪。国外立法多数将法定最低刑1年以上自由刑视为重罪，法定最低刑1年以下自由刑视为轻罪。我国刑法没有明文将犯罪分为重罪与轻罪。但理论上一般主张法定最低刑为3年以上有期徒刑的犯罪为重罪，其他犯罪为轻罪。除了将法定最低刑作为重罪与轻罪区分的标准外，有的场合下也可以将法定最高刑作为判断重罪与轻罪的标准，特别是当法定最低刑一致的情况下，所以有时候将法定最高刑存在死刑或者无期徒刑的犯罪称之为重罪。

2. 自然犯与法定犯。这是以是否明显违反伦理道德为标准对犯罪进行的划分。一般来说，自然犯是明显违反伦理道德的传统型的犯罪，如故意杀人、故意伤害、放火、投放危险物质等行为。自然犯的犯罪类型往往不随着历史时期、社会制度的变化而变化，往往在任何历史时期、社会制度下都被认为是犯罪。法定犯是没有明显违反伦理道德的现代型犯罪，法定犯往往随着现代社会的新发展、现代技术的新发现而出现，如侵害知识产权的犯罪、侵害金融管理秩序的犯罪、侵害计算机系统相关利益的犯罪等。法定犯也可以认为是在特定历史时期或者某些社会发展过程中才存在的犯罪。由于伦理道德规范的内容不断变化，自然犯与法定犯的区分也具有相对性。

（二）法定的分类

1. 国事犯罪与非国事犯罪。国事犯罪是指危害国家安全的犯罪，非国事犯罪也称为普通犯罪，是指除国事犯罪以外的犯罪。我国刑法分则第一章规定的犯罪属于国事犯罪，第二至十章规定的犯罪属于普通犯罪。其中第十章“军人违反职责罪”又属于普通犯罪中的一类特殊犯罪。

2. 身份犯与非身份犯。以特殊身份作为主体要件或者刑罚加重、减轻的法定事由的犯罪，称之为身份犯。其中以特殊身份作为主体构成要件的犯罪，称为真正身份犯，此时的身份称为构成身份。如我国的贪污贿赂犯罪的定罪要件中，需要行为人具有国家工作人员的构成身份，否则不能构成该罪。特殊身份不影响定罪但影响量刑的犯罪，称为不真正身份犯，此时的身份称为加减身份。身份犯以外的犯罪则是非身份犯。

3. 亲告罪与非亲告罪。亲告罪是指告诉才处理的犯罪。根据《刑法》第98条的规定，告诉才处理，是指被害人告诉才处理。如果被害人因受强制、威吓无法告诉的，人民检察院和被害人的近亲属也可以告诉。我国刑法中的亲告罪主要有侮辱罪、诽谤罪、暴力干涉婚姻自由罪、虐待罪、侵占罪等。告诉才处理的犯罪，由刑法明文规定，刑法没有明文规定为告诉才处理的犯罪均属于非亲告罪。

4. 基本犯、加重犯与减轻犯。基本犯是指刑法分则条文规定的不具有法定加重或者减轻情节的犯罪。加重犯是指以刑法分则条文的基本犯为基础规定了加重情节与较重法定刑的犯罪。其中实施了基本犯罪因发生严重结果，刑法加重了法定刑的犯罪，称为结果加重犯；实施基本犯罪因具有其他严重情节而加重了法定刑的犯罪，称为情节加重犯。减轻犯是指刑法分则条文以基本犯为基础规定了减轻情节与较轻法定刑的犯罪。

需要注意的是，除了刑法学研究犯罪问题以外，还有许多学科也研究犯罪问题，如犯罪学、社会学、政治学等，但是不同学科研究犯罪问题的理论前提、概念体系和研究方法是大不一样的。以刑法学和最为密切的犯罪学为例，通常认为具有下列不同：①刑法学研究犯罪问题的理论前提是将犯罪作为人的行为进行研究，而犯罪学研究犯罪问题的理论前提是将犯罪作为社会的现象进行研究，所以某些情况下犯罪学认为是犯罪的内容而刑法学认为不是，如犯罪学提出的未成年人犯罪问题，而刑法学则认为其中某些未达到刑事责任年龄的未成年人即使实施了某些严重行为也不构成犯罪。②刑法学研究犯罪问题的概念体系是通过分析定罪、量刑和刑事责任来展开的，而犯罪学研究犯罪问题的概念体系是通过分析犯罪表现、犯罪原因和犯罪对策三部分而展开的。刑法学的概念体系侧重于个案、微观分析，犯罪学的概念体系侧重于群体、宏观分析。③刑法学的研究方法主要是规范研究、定性与定量并重研究、坚持法定主义，犯罪学的研究方法主要是事实研究、定量研究、实证分析，如刑法学关注刑法典的形成与发展、关注刑法规范解释、关注刑罚执行，而犯罪学关注犯罪率、关注犯罪总量、关注犯罪分布等。类似地，其他学科也和刑法学研究犯罪问题具有许多不同，如社会学研究犯罪问题，通常还比较关注犯罪的边缘问题。例如，社会学提出“越轨行为”的概念，将某些和传统犯罪有关联但是在现代社会中有不同认识的现象归入研究范围，包括吸毒、同性恋、自毁行为、滥用药物、酗酒等。

第二节 犯罪构成的概念、分类与犯罪构成要件

犯罪构成与犯罪概念是两个既有密切联系又有区别的概念。犯罪概念是犯罪构成的基础，犯罪构成是犯罪概念的具体化，也是对犯罪概念的进一步可操作化。犯罪概念回答的问题是：什么是犯罪？犯罪有哪些基本属性？犯罪与违法之间有何差异？犯罪构成则进一步回答：犯罪是怎样成立的？它的成立需要具备哪些法定条件？定性为犯罪的内部应当如何界定？也就是说，它所要解决的是成立犯罪的具体标准、规格问题。通过犯罪构成一系列主客观要件的综合，具体说明什么样的行为是危害社会的、触犯刑法的，因而是应受刑罚或其他措施处罚的。可以认为，犯罪概念的各个基本属性是通过犯罪构成来具体说明的。犯罪概念是从总体上划清犯罪与非犯罪界限的框架，而犯罪构成则是分清罪与非罪、此罪与彼罪界限的具体标准。

一、犯罪构成（构成要件）概念的演变

犯罪构成的观念，可能最早可以追溯到中世纪意大利纠问式程序中的“犯罪的确证”（constarededelicti）概念。在这种纠问式诉讼过程中，法院首先必须调查是否有犯罪存在（一般审问），在得到存在犯罪的确证之后，才能对特定的嫌疑人进行审问（特别审问），以后在德国也出现了类似概念。但早期西欧国家往往从诉讼法上来认识类似犯罪确证的概念，直到 19 世纪初，德国著名刑法学家费尔巴哈（Paul Johann Anselmvon Feuerbach，1775～1833，著名哲学家费尔巴哈之父）才明确地把构成要件（犯罪构成）作为刑法学上的概念来使用。费尔巴哈也是“心理强制说”（Theoriedespsychologischen Zwangs）的创始人，更是罪刑法定主义的首创者。费尔巴哈于 1802 年根据其心理强制学说，最先在其教科书中以拉丁文格言形式，将罪刑法定主义表述为“法无明文规定不为罪，法无明文规定不处罚”。从这一原则出发，费尔巴哈把刑法分则上关于犯罪成立的条件称之为构成要件，指出：“构成要件就是违法行为中所包含的各个行为的或事实的诸要件的总和。”他还强调指出：“只有存在客观构成要件的场合，才可以被惩罚。”这个原则在他参与制定的 1813 年《巴伐利亚刑法典》中得到了具体体现。该法典第 27 条规定：“当违法行为包括依法属于某罪概念的全部要件时，就认为它是犯罪。”该法典被认为是世界历史上第一部把大部分的启蒙政治思想落实为条文的刑法典。

进入 20 世纪后，经过德国刑法学家贝林格（Beling，1866～1932）、迈耶（Mayer，1875～1923）和麦兹格（Mezger，1884～1962）等人的不断努力，构成要件才从

刑法各论的概念中抽象出来发展为刑法总论的理论体系的基干。贝林格在其1905年著作《刑法的纲要》和1900年著作《犯罪论》中首先提出他的构成要件理论。他将刑法分则的特殊构成要件概念化、理论化并上升为刑法总则的犯罪概念中心，使构成要件与违法性、责任等联系起来，共同组成犯罪概念，通过构成要件使全部刑法分则与刑法总则有机统一起来，从而建立了一个统一的犯罪论体系。贝林格的构成要件理论奠定了现代大陆法系犯罪构成理论的基础。贝林格认为，任何犯罪成立都必须具备以下六个条件：①行为；②行为符合构成要件；③行为是违法的；④行为是有责的；⑤行为有相应处罚的规定；⑥行为具备处罚的条件。贝林格起初将构成要件视为"表明犯罪类型轮廓的全部要素"，但同时认为构成要件是纯客观的、记叙性的，不包含主观的、规范性的内容，即不包含任何价值判断的东西。到了晚年，贝林格对自己的理论进行了重大修正，他将原来称为"构成要件"的东西改为"犯罪类型"，认为构成要件与犯罪类型有别，指出构成要件是犯罪类型的观念上的指导形象，从而使构成要件与违法性、有责性相分离。贝林格的观点一方面旨在建立犯罪论体系，另一方面在于维护罪刑法定原则。

贝林格的犯罪构成理论问世以后，在德国刑法学界引起了争论，争论的中心是构成要件与违法性的关系问题以及构成要件是否包含规范的及主观的要素问题。1915年，迈耶发表了他的名著《刑法总论》，全面阐述了他的犯罪构成要件理论。他将贝林格提出的犯罪成立的六个条件简化为三个：构成要件符合性、违法性和归责性。他认为，法律上的构成要件是违法性的认识根据，所以必须由纯客观的、无价值的事由来构成。但是，实际上在法律上的构成要件当中可以发现有规范的要素和主观的要素。认为构成要件与违法性应严格区别，但两者具有像烟与火那样的密切关系，构成要件符合性是违法性的认识根据。行为如果符合构成要件，除个别情况下能证明具有违法阻却事由外，就可以推定为违法。麦兹格则进一步发展了迈耶的理论，提出违法类型论。他认为刑事立法根据规定的构成要件，设定了特殊的被类型化的不法，所以符合构成要件是违法性的存在根据，构成要件是"违法行为的类型"或者"可罚的违法类型"。指出构成要件符合性不仅是违法性的认识根据，而且是违法性的存在根据。不过，他认为构成要件符合性不是独立的犯罪成立要件，而是修饰各种成立要件的概念。例如，符合构成要件的行为，符合构成要件的违法，符合构成要件的责任。他将行为、违法、责任列为犯罪论的核心。所以，这一理论也被称为新构成要件论。

日本刑法学家小野清一郎（1891~1986）将德国的构成要件理论引入日本，并展开自己的违法责任类型论。在评论了贝林格和迈耶的构成要件论后，他明确提出构成要件不仅是违法类型，同时也是责任类型；构成要件要素不是单纯记叙性的、客观的，而是也包括规范的要素和主观的要素。同时他试图将构成要件论作为从未遂、共犯、罪数论到刑事诉讼法等整个刑事法领域的指导原理。

目前，大陆法系国家刑法理论普遍认为，犯罪成立必须具备三个条件：构成要件符合性（或该当性）、违法性、有责性。

二、我国刑法理论关于犯罪构成的通说

十月革命以后，苏维埃社会主义共和国联盟诞生，逐步发展出自己的刑法理论体系。苏联20世纪20年代中期出版的一些刑法教科书中，犯罪构成理论开始得到论述。著名刑法学家特拉伊宁（1883～1957）在1925年出版的《苏俄刑法教科书》中指出，必须把刑事责任的根据问题与具体的犯罪构成紧密联系起来加以研究。他指出："有一条基本原则始终是不可动摇的，即行为只有符合分则罪状规定的犯罪构成才能受刑事惩罚。"20世纪20年代后期，法律虚无主义在全苏联开始泛滥，并直接影响到刑事立法和刑法理论。因此，犯罪构成理论乃至整个刑法理论都受到严重的冲击。及至1936年苏联宪法颁行，犯罪构成理论研究才发生转机。1938年出版的、由全苏联法学研究所集体编写、供法律高等院校使用的《刑法总则》教科书，全面地论述了犯罪构成的主体、主观方面、客体、客观方面这四个要件，认为所谓犯罪构成是"构成犯罪的诸要件的总和"，并强调指出："为了要认定有责任能力的人应对其犯罪行为负担刑事责任，仅仅查明犯罪行为由该人实施是不够的，还需查明该人实施这种犯罪时有无罪过。"这里实际上已经明确提出犯罪必须是主客观因素的统一的观点。1946年特拉伊宁教授的《苏维埃刑法上的犯罪构成》一书出版（1957年修订改名为《犯罪构成的一般学说》），这是苏联关于犯罪构成理论的第一部专著，它全面、系统地论述了犯罪构成的概念、意义和犯罪构成理论的体系结构，研究了与犯罪构成有关的各种问题。该论著指出："犯罪构成乃是苏维埃法律认为决定具体的、危害社会主义国家的行为（或不作为）为犯罪的一切客观要件和主观要件（因素）的总和"，并且认为犯罪构成是刑事责任的唯一根据。

新中国成立后，法学理论向苏联学习，刑法学同样引入了苏联刑法理论体系。经过多年的研讨、修正和发展，形成了具有中国特色的犯罪构成理论，它在我国刑法理论中占有十分重要的地位。当然，我国犯罪构成理论方面的研究成果虽然不少，但其中一些问题还有争论，有待于深入研究与突破。

我国刑法通说认为，犯罪构成理论是刑法学的核心内容，也是犯罪论的主体部分。犯罪构成是认定和构建犯罪成立条件的理论形式，是以标准的、典型的犯罪作为分析对象、据以总结出来的犯罪成立条件的整体。犯罪构成是刑法中特有的理论范畴，是统领刑法总论与刑法分论的基础。

犯罪构成，是依照我国刑法的规定，决定某一具体行为的社会危害性及其程度而为该行为构成犯罪所必需的一切客观和主观要件的有机统一。

从这个定义可以看出：

1. 犯罪构成具有主客观统一性，是一系列主客观要件的有机统一。任何一个犯罪构成都是包括许多要件的，这些要件有表明犯罪客体、客观方面的，有表明犯罪主体、主观方面的，它们的有机统一就形成某种罪的犯罪构成。我国《刑法》规定有400多种具体罪，每一种具体罪都有自己的具体犯罪成立条件，而将每一种具体犯罪的成立条件进行抽象归纳，则成为一系列要件的有机统一。所谓有机统一，就是说这些要件是有内在联系、缺一不可的。

2. 犯罪构成与社会危害性具有内在统一性。任何一种犯罪都可以由许多事实特征来说明，但并非每一个事实特征都是犯罪构成的要件；只有对行为的社会危害性及其程度具有决定意义而为该行为成立犯罪所必需的那些事实特征，才是犯罪构成的要件。犯罪构成与案情这两个概念虽有联系，但不是同一个意思。犯罪构成是案情中最重要的部分，是基本的案情；然而，还有些案件情况不一定是犯罪构成的要件。不是构成要件的案件情况对定罪无意义，但对量刑或者诉讼证据可能有一定的意义。

3. 犯罪构成具有法定性，即行为成立犯罪所必须具备的诸条件都是由我国刑法规范加以规定或包含的。换言之，事实特征必须经由法律的选择，才能成为犯罪构成的要件。在立法者看来，正是这些条件的综合才表明该人实施该行为成立犯罪应当受到刑法处罚，除非法律另有规定，缺少其中一个要件都不能构成犯罪。

4. 犯罪构成具有抽象性。犯罪构成是刑法理论上针对典型的犯罪或者标准的犯罪所归纳出的理论形式，实质上是刑法理论所设定的犯罪条件成立的理想类型。犯罪构成具有抽象性，因而它与刑事司法实践中所发现的具体犯罪有时会有差异，在某些具体犯罪中的犯罪成立条件会与通常的犯罪构成有不一致之处，但这并不表明犯罪构成本身存在问题，而只是表明犯罪构成理论在具体实践中的不同表现。

行为是否构成犯罪与是否触犯刑法是一致的，如果说某种行为构成犯罪，就是因为它触犯了我国《刑法》的规定，具备了刑法所规定或者包含的构成要件。应当指出，刑法对犯罪构成的规定，由刑法总则与刑法分则共同实现。刑法总则规定的是各种具体犯罪的共同要件，分则规定的是各种具体犯罪的具体构成要件。在根据刑法分则条文认定具体犯罪的时候，不能忽视总则条文规定的犯罪构成共同要件。只有把总则和分则紧密结合起来，才能全面把握犯罪构成要件，做到正确定罪量刑。

三、当今世界关于犯罪成立的其他主要学说

当今世界存在的认定犯罪成立的学说体系，除了我国刑法通说主张的犯罪构成理论体系之外，还主要包括另外两类：①大陆法系的犯罪论体系学说，适用范围主要包括欧洲的德、法、意等国，亚洲的日本等国，又称为大陆法系犯罪论三阶层学说。②英美法系的犯罪要素成立学说，适用范围主要包括英联邦国家、美国等，又称为英美法系犯罪成立双层次学说。以下对该两种主要学说做一简单介绍。

（一）大陆法系的犯罪论体系学说

该学说的主要观点是：犯罪是符合构成要件的、违法的、有责的并对此有合适的处罚规定和满足处罚条件的行为。将足以影响犯罪成立与否的三种要素即构成要件该当性、违法性和有责性依照一定次序进行排列和组合，使其有机地结合起来的一种理论体系，它是整个大陆法系刑法理论的灵魂和核心。

1. 构成要件该当性。构成要件该当性是指行为符合刑法分则所规定的某个具体

特征。构成要件该当性中，又包括以下内容：①构成要件的行为。该当构成要件的行为称为实行行为。行为又可以分为作为与不作为，由此构成作为犯与不作为犯。作为犯是指把作为构成要件内容的作为加以规定的犯罪，不作为犯则可分为两种：一是纯正的不作为犯，即把作为构成要件内容的不作为规定为犯罪。二是不纯正的不作为，即以不作为实现作为构成要件内容的作为加以规定的犯罪。②因果关系，指行为与结果之间是否存在刑法上的重要因果问题，也就是构成要件该当性的问题。③构成要件的故意，指在认识符合构成要件的外在客观事实之后并企图实现的意思。一般认为，构成要件的故意不包括违法性意识，因而与作为责任要素的故意在内容上存在差别。④构成要件的过失，指不认识也不容忍构成要件的结果，由于不注意，即由于违反注意义务引起结果的发生。

2. 违法性。行为具备构成要件该当性还不属于犯罪，是否构成犯罪，还须考察行为是否具有违法性。构成要件是违法行为的类型，如果行为符合构成要件，一般可以推定该行为属于违法。但如果行为具有刑法上所规定或者法秩序所认可的违法性阻却事由，则该行为就不属于犯罪。这种违法性阻却事由包括正当防卫、紧急避险、合法授权等法定的违法性阻却事由和自救行为、义务冲突等超法规的违法性阻却事由。

3. 有责性。有责性是指能对行为人的犯罪行为进行谴责的可能性质。某一行为构成犯罪，除行为该当构成要件并属于违法之外，行为人亦必须负有责任。需要指出的是，大陆法系刑法理论中所指的有责性或者行为人的责任与我国刑法乃至其他法律中所称的责任有着较大区别。我国刑法乃至其他法律中所称的责任指的是违反了法定义务或者法律规定之后所产生的法定后果，是法律追究的有形压力形式；大陆法系刑法理论中所指的有责性或者行为人的责任指的是对行为人的行为进行负面评价、谴责非难的内在可行性或者必要性。在有责性中，包括以下要素：①责任能力，即成为谴责可能性前提的资格。凡是具有认识能力和控制能力的人，就认为具有责任能力。②故意责任，作为责任要素的故意是指在认识构成要件事实的基础上，具有违法性意识以及产生这种意识的可能性。③过失责任，作为责任要素的过失是指违反主观注意义务而具有谴责可能性。④期待可能性，是指在行为当时的具体情况下，期待行为人作出合法行为的可能性。尽管对于期待可能性在责任中的地位存在不同见解，但期待可能性作为责任要件是大陆法系刑法理论的共识。

（二）英美法系的犯罪成立学说

英美法系的犯罪成立学说也称为犯罪要素成立学说，该学说认为犯罪成立要素是英美刑法上成立某一犯罪必不可少的基本要素，若缺少法定的犯罪要素，则对某一行为就不能以犯罪论处。英美刑法的犯罪成立双层次学说将犯罪成立要素分为两层次：事实意义上的犯罪要件和诉讼意义上的犯罪要件：①事实意义上的犯罪要件是指犯罪行为和犯罪意图，这种意义包含在犯罪定义之中。②诉讼意义上的犯罪要件是犯罪定义之外的责任要件，通过合法抗辩事由体现出来。由于这种构成要件具有双层次的逻辑结构，因而我们称之为双层次的犯罪构成体系，具体包括以下内容：

1. 犯罪本体要件。犯罪本体要件是第一层次的要件，包括犯罪行为和犯罪心态。①犯罪行为。英美刑法学中的行为一般被称为“犯罪行为”，犯罪行为有广义与狭义之分。从广义上说，犯罪行为是指除犯罪心态以外的一切犯罪要件，其内容包括行为（作为、不作为或事件）、犯罪结果和犯罪情节。狭义上的犯罪行为指有意识的行为，它由行为和意识构成。犯罪行为是法律予以禁止并力求防止的有害行为，是构成犯罪的首要因素。②犯罪意图。犯罪意图又称为犯罪心理，是英美法系犯罪构成的主观要件，是构成犯罪的基本因素。“没有犯罪意图的行为，不能构成犯罪”是英美刑法的一条原则，它充分体现了犯罪意图在构成犯罪中的重要意义。从内容上来看，犯罪心态就是行为人在实施社会危害行为时应受社会谴责的心理状态，即行为人对于其犯罪行为的一种心理状态，又称为“犯意”，大体与中国刑法中的犯罪的主观方面类似。犯罪心态是规范内容和心理内容的统一。前者是犯罪心态的客观标准，后者是犯罪心态的主观根据。两者的统一，构成了完整的犯罪心态，两者共同决定着犯罪心态的质和量。

2. 责任充足要件——排除合法辩护。合法抗辩又称为免责理由，它具有诉讼法的特点，它是在长期司法实践中，对于刑事诉讼中的辩护理由加以理性总结形成的，并从诉讼原则上升为实际上的总则性规范。美国刑法把合法辩护分为两类：一类是“可得宽恕”，如未成年、错误、精神病、被迫行为、醉态、胁迫等；另一类是“正当理由”，如紧急避险、正当防卫、警察圈套等。如果行为符合犯罪本体要件，行为人不能证明自己存在合法辩护事由，即排除合法正当性，这就具备了责任充足条件。即便行为符合犯罪本体要件，如果行为人能够证明自己存在合法辩护事由，那么可以不负刑事责任。换言之，行为要成为负刑事责任的犯罪，除了要符合犯罪本体要件（犯罪行为和犯罪心态）外，还应不能进行合法辩护。

四、犯罪构成要件

在实际生活中，一切犯罪都是具体的，我国《刑法》分别规定了400多种犯罪，每种犯罪都有自身特定的构成要件。刑法理论通过对全部犯罪的研究，从各种具体的犯罪构成中概括出犯罪构成的一般规律，总结出犯罪构成的共同要件。学习和掌握这些共同要件，能够帮助我们由一般到具体地系统掌握全部犯罪构成理论。按照我国刑法理论通说，我国的犯罪构成是耦合型四要件说，即任何一种犯罪的成立都必须具备四个方面的构成要件：犯罪客体要件、犯罪客观要件、犯罪主观要件、犯罪主体要件。

犯罪客体要件，是指刑法所保护而为犯罪所侵犯的社会主义社会的社会关系。

犯罪客观要件，是指犯罪活动的客观外在表现，包括危害行为、危害结果以及危害行为与危害结果之间的因果关系。有些罪的犯罪构成还要求发生在特定的时间、地点或者使用特定的方法。

犯罪主体要件，是指达到法定刑事责任年龄、具有刑事责任能力、实施危害行为的自然人。有的犯罪构成还要求特殊主体，即具备某种职务或者身份的人。根据法律的特别规定，企业事业单位、机关、团体也可成为犯罪主体。

犯罪主观要件，是指行为人有罪过（包括故意和过失）。有些罪的犯罪构成还要求有特定的犯罪目的。

形形色色的刑事案件，构成犯罪的具体要件不一样，但所有具体要件，都可归属于以上四个方面。

五、有关犯罪构成要件内在结构的争鸣

对我国目前犯罪构成理论通说，学术界近年来产生了许多争鸣，尤其对犯罪构成要件内在结构问题有了许多不同看法。有的学者认为，耦合式结构（指我国通说的犯罪构成理论结构）的主要缺陷是将犯罪构成要件之间的关系确定为一种共存关系。四要件全部具备，才说得上是犯罪构成的要件。但具体论述时，又分别作为犯罪构成的要件加以阐述。这样，在部分与整体的关系上存在逻辑混乱的现象。更多的学者对犯罪构成理论通说中的某些要件进行了反思与重构，提出了许多有价值的观点。

有的观点认为：将刑法通论认可的犯罪主体作为构成要件纳入到犯罪构成之中，使之成为犯罪构成的一个必要内容的命题存在着明显的、众多的、无法克服的矛盾和错误：即在命题结论上存在着逻辑错误。把犯罪主体纳入到犯罪构成之中作为一个必要要件，必然表明没有犯罪主体，就不可能存在犯罪构成。然而传统的犯罪主体的概念又明确表明只有实施了符合犯罪构成的行为的行为人才能成立，这意味着没有实施符合犯罪构成的行为，就不可能成立犯罪主体。于是，在这样一个结论命题的逻辑结构中，就产生了一个无法自我协调、自圆其说的逻辑矛盾，即到底是犯罪主体决定了犯罪构成的成立与否，还是行为是否符合犯罪构成决定犯罪主体的成立与否。把行为人是否达到刑事责任年龄和是否具备刑事责任能力作为任何实施犯罪的人的前提条件规定在法律规范中，犯罪主体的成立不过是行为已经符合犯罪构成之后得出的结论，这已表明犯罪主体是独立于行为是否符合犯罪构成之外的。

有的观点认为：传统的犯罪客体理论把犯罪客体解释为一定的社会关系，不但混淆了犯罪的本质特征与作为犯罪构成内容的犯罪客体之间的区别，而且也无助于我们确定犯罪的具体性质。持传统观点的人为了说明犯罪客体与犯罪对象相区别，常常以犯罪行为侵害一定人身的时候，是杀人罪还是伤害罪，关键就看两者侵犯的客体是人的生命权利还是健康权利为例。然而一定的犯罪行为指向被害人人身的时候，行为本身并不能作出直接的回答，而一定的人身背后隐藏的各种社会关系作为客观属性，本身也不能作出直接的回答，面对这种尴尬情形，传统观点又只好回过头来说，行为指向何种客体，是由行为人的主观目的内容所决定。这样主观罪过的目的内容决定了客观行为的指向，决定行为侵犯的客体性质。然而就在这种观点的逻辑结构中，我们丝毫看不出为什么犯罪的主观罪过内容不能直接决定犯罪的性质？在我们看来，主观罪过的内容决定了行为指向，行为作用于犯罪客体，其犯罪过程是:(主观罪过的)目的—行为—客体。这里决定犯罪性质的依据是犯罪的主观罪过目的,行为性质既然已由主观罪过性质决定了,又何需由犯罪客体再来决定犯罪主观罪过的性质。[1]

除了对传统的四个方面要件提出新的见解外,我国刑法理论关于犯罪构成的共同要件还出现了以下多种学说:①“二要件说”,认为犯罪构成的共同要件是行为要件与行为主体要件;②“三要件说”,认为犯罪构成的共同要件是犯罪客观要件、主体要件与主观要件,或者认为是主体、危害行为与客体;③“五要件说”,认为犯罪构成的共同要件是危害社会的行为,危害行为的客体,危害社会的结果及其与危害行为之间的因果关系,危害行为的主体要件,行为人的主观罪过。

对于犯罪构成要件学说,我们认为“四要件说”,即将犯罪构成要件确定为犯罪客体要件、犯罪客观要件、犯罪主体要件和犯罪主观要件是适当的,这种观点确认犯罪构成是一系列客观要件与主观要件的有机统一的整体,符合认识规律,与刑法规定相符合,有利于认定犯罪和保护合法权益,照顾到刑法理论的体系性、协调性与现实可行性。

学术视野

一、犯罪概念的实质定义与形式定义

给犯罪下一个定义具有相当的难度,因为用简练而又准确的抽象表达来概括种类繁多、变幻莫测的犯罪,既要照顾到实然的犯罪又要考虑到应然的犯罪,既要立足现在的犯罪又要展望未来的犯罪,所需要涵盖的因素着实不少。总的来说,对于犯罪概念的定义方法有两大类型:实质定义与形式定义。犯罪概念的实质定义是从犯罪的本质来设定犯罪的内涵,如犯罪的阶级性、犯罪的危害性等;犯罪概念的形式定义是从犯罪的法律特征来设定犯罪的内涵,如犯罪的刑事违法性、犯罪的应受刑罚性等。犯罪概念的实质定义或者形式定义都各有其优势和不足,从罪刑法定主义角度来看,以形式定义为主、实质定义为辅是相对最优的选择。

二、犯罪构成理论与大陆法系的构成要件理论

对犯罪的认定进行分解再归纳的思维模式属于东西方共通的理论视角,我国的犯罪构成理论与大陆法系的构成要件理论是其中两种具有代表意义的研究模式。两者理论上虽然都具有“构成”的一词的表达,但实质上相差很大。大陆法系的构成要件理论主要包括成立犯罪的条件是构成要件符合性、违法性、有责性;构成要件是违法类型,符合构成要件的行为原则上具有违法性。大陆法系的构成要件理论对于我国的犯罪构成理论具有重要的借鉴意义。

三、犯罪构成要件理论的反思与争议

我国现今主流的犯罪构成要件理论源于苏联的犯罪构成学说,通说认为犯罪构成

---

[1] 杨兴培:“犯罪构成的反思与重构(上)”,载《政法论坛》1999年第1期。

有四个要件：犯罪客体、犯罪客观方面、犯罪主体、犯罪主观方面。对于传统观点，不少人提出了反思和异议：有的认为犯罪客体不是要件，犯罪客体应当归入犯罪概念中进行研究；有的认为犯罪主体不是要件，犯罪主体可以由犯罪主观方面包含；有的认为危害行为应当从客观方面中独立出来，成为第五个要件。据此，争议的观点提出了两要件说、三要件说、五要件说等。对于犯罪构成要件理论的反思与争议有助于我国犯罪构成理论的完善与发展，有助于促进刑事实体法与刑事程序法的互动发展。

理论思考与实务应用

一、理论思考

（一）名词解释

犯罪　犯罪构成　犯罪构成要件　基本的犯罪构成　犯罪的形式概念　犯罪的实质概念

（二）简答

1. 简述犯罪概念的基本特征。
2. 简述犯罪的理论分类。
3. 简述犯罪的法定分类。
4. 简述犯罪构成要件的四个方面。

（三）论述

1. 请论述社会危害性的内涵。
2. 请论述犯罪概念与犯罪构成的关系。
3. 请论述刑法学意义上的犯罪与其他学科意义上的犯罪有何差异。

二、实务应用

（一）案例分析示范

案例一

林某冒充中国移动通信公司工作人员与他人进行社会交往。2008 年 1 月，林某利用此前获得的移动工作账号和密码登录移动工作平台时，看到公安网专网成员管理页面中有添加新成员和“警务通”移动话费套餐的选项，用自己的手机号试验后发现可以将普通移动用户转为“警务通”用户。林某向朋友宣称可以免费将他们的手机号改为“警务通”用户，享受话费优惠。后林某登录移动工作平台，为十余人的手机号码办理了“警务通”话费套餐。截止到被抓获，林某办理的“警务通”套餐客户较普通用户多获得话费优惠共计 10 000 余元。经查，“警务通”是移动公司面向公安人员实施的一项移动话费优惠套餐，办理此套餐的用户每月交纳固定数额的基础话费可享受相应通话时长内的主叫话费优惠（如交 150 元打 600 元）。案发后，移动通信公司并未取消以上十余个号码的“警务通”套餐，而是在用户保证每月预交相应基础话费的条件下允许其继续使用。

问：林某的行为应当如何认定？

【评析】对该案的处理存在以下分歧意见：第一种意见认为，林某的行为构成盗窃罪。林某在不被移动公司发觉的情况下，为他人秘密办理“警务通”手续，使本不应享受话费优惠的非警务人员获得了“警务通”服务，并取得了10 000余元的优惠金额，尽管该金额不是林某直接盗打所得，但应认定为其盗窃所得。因此，林某构成盗窃罪。第二种意见认为，林某虚构自己属于移动公司员工的虚假事实，利用未经合法授权的工作账号和密码登录移动工作平台，非法实施添加优惠服务成员的行为，使被害单位发生错误认识而提供了相应的优惠服务，造成移动公司损失巨大，应当构成诈骗罪。第三种意见认为，林某的行为应属于民事上的无权代理关系，不是犯罪。移动公司在案发后没有取消林某办理的所有“警务通”服务，而是在用户保证每月按时交纳基础话费的前提下，默许其继续享用该套餐，说明移动公司采取默认的方式追认了林某篡改行为的有效性，则此时认定林某构成犯罪的前提——侵犯公私财产利益不能成立。林某无权代理行为通过移动公司的追认构成有效代理，因此不构成犯罪。

我们认为林某的行为应当按照第三种意见处理。第一种意见认为，林某篡改的十几个用户比普通用户多获得的10 000余元话费优惠为其犯罪所得，但这10 000余元不一定是移动公司绝对的财产损失，将“警务通”套餐秘密供他人使用并不必然导致移动公司财产权益的损失。“警务通”的使用者每月必须交纳一定数额的基础话费，移动公司再保证使用者在指定通话时间内通话仅收取基础话费。比如，其中一档套餐是“交150元打600元话费”，指每月交150元就可以获得600元（按分钟计费）的优惠通话时间，表面上看比按分钟计费优惠450元，但是使用者每月必须打满600元才划算；如果使用者本月很少打手机甚至不打手机，其150元的月基础话费却仍然要足额支付。本案中，大多数改为“警务通”的用户在查获时当月通话时间很少甚至没有，但仍交了每月150元的基础话费。这样看来，只要被修改用户保证每月交纳基础话费，移动公司究竟是否有损失很难认定。即使用户打满了600元，移动公司也谈不上受到损失，最多可以算作“薄利多销”，因此，移动公司在林某办理的“警务通”套餐中根本未受到损失。另外，移动公司在案发后仍然允许被篡改的用户继续使用“警务通”，从事实上否定了非警务人员不得使用“警务通”。林某的行为并不必然给移动公司造成损失，相反因为月基础话费的收取还为公司带来更多利益。既然如此，许可这些用户继续使用对移动公司来说并不会带来经济利益的损害，这与盗接他人电话线路、盗用他人账户使用存在本质区别。第二种意见认为，林某虚构自己属于移动公司员工的虚假事实，利用未经合法授权的工作账号和密码登录移动工作平台，非法实施添加优惠服务成员的行为，使被害单位发生错误认识而提供了相应的优惠服务，造成移动公司损失巨大，应当构成诈骗罪。该意见的问题在于：林某虽然对外声称自己是移动公司员工的身份，但是其使用的工作账号和密码却是真实有效的，对于被新添加成为“警务通”成员的林某朋友而言，其所认识的事实只在于能否真正享有该项优惠服务，而并不是林某究竟是不是移动公司员工，特别是也无需去分辨其是正式工还是其他什么类型的人员，所以林某的这些朋友虽然有认识错误的主观状态，但是不符合诈骗罪的被害特征，也没有基于错误认识而交付财物并遭受损失。基于上述分析，移动公司也不具有被欺骗的状态，也没有被骗的实际损失。因而，认为林某构成诈骗罪是不成立的。本案中，林某的行为应当不构成犯罪：林某一直以中国移动员工的假身份结交朋友，使相关当事人认为其就是移动公司员工，有权为他人办理移动相关业务，而林某也是以移动公司员工的名义为当事人办理了“警务通”。林某没有移动公司“警务通”业务的代理权，但是林某修改“警务通”的行为使移动公司与办理者之间形成双务合同关系，其行为的法律后果直接归属于移动公司与办理者双方。移动公司在案发后允许已办理“警务通”服务的手机号继续使用，实际上追认了林某的无权代理行为，从而使林某办理的“警务通”服务由不确定状态变为确定状态，符合民法上无权代理后的追认。因此，林某在没有代理权的条件下为他人办理“警务通”入网手续，而后又得到了本人（移动公司）的追认，从而转变为有权代理，其行为属于民事上的无权代理行为，林某的行为也没有符合犯罪的基本特征，尤其是无法判断是否具有严重的社会危害性，因而不构成犯罪。

案例二

从2006年11月到2007年5月，Z省L县的无业女子方某在网上从事有偿“裸聊”，“裸聊”对象遍及全国22个省、自治区、直辖市，在电脑上查获的聊天记录就有300多人，网上银行汇款记录1000余次，获利2.4万元。对于本案，Z省L县检察院以传播淫秽物品牟利罪起诉，L县法院以传播淫秽物品牟利罪判处方某有期徒刑6个月，缓刑1年，并处罚金5000元。

问：方某的行为应当如何认定？

【评析】关于上述网上“裸聊”案，在司法机关处理过程中，对于方某的行为如何定罪存在以下四种意见：第一种意见认为应定传播淫秽物品牟利罪；第二种意见认为应定聚众淫乱罪；第三种意见认为应定为“组织淫秽表演罪”；第四种意见认为“裸聊”不构成犯罪。

裸聊行为从其危害性上讲具有较强的社会危害性，从其外观上看也符合“传播淫秽物品罪”或“组织淫秽表演”的某些要素，但裸聊行为并不完全符合播淫秽物品罪的犯罪构成。传播淫秽物品罪，是指向公众传播淫秽书刊、影片、音像、图片或者其他淫秽物品，其中“影片、音像”一般是指事先制作、编辑的影音文件。而裸聊是以身体裸露给特定的对象看，人的身体不属于物品，直播的视频也不是事先录制的，所以裸聊行为不符合这种犯罪构成要素。相反，如果展示的是裸体照片，或者事先录制的裸体视频，则符合“传播淫秽物品罪”的定义。在“裸聊”中，人的身体经过电子信号的转换，已经变成了一个视频图像。从表演者本身来说，展示的是自己的身体，但传播给对方时却已经是一个视频图像，对方看到的也是一个正在生成的音像制品，而并非仅仅是聊天者本人的身体。对于聚众淫乱罪，我国《刑法》第301条第1款规定：“聚众进行淫乱活动的，对首要分子或者多次参加的，处5年以下有期徒刑、拘役或者管制。”并没有对什么是聚众淫乱作一个明确的界定。根据一般人的正常理解，聚众淫乱必须是现实的，能够切实在一定的时间和一定的空间得到准确把握的，并且是符合社会大众的性概念的。所谓的淫乱应当是现实的，它并不直接包含网络虚拟的“淫乱”行为；另一方面我们亦可从立法者当初的立法意图来考察对这一罪名具体形态的表述，可以发现立法者无法预测到纷繁复杂的社会在将来会出现“网络淫乱”现象，并且不能通过扩大解释来进行补充。对于传播淫秽物品牟利罪，定罪的焦点集中在对淫秽物品的理解上，而我国《刑法》第367条是通过概括式列举和具体性排除的方法来界定什么是淫秽物品的，即“本法所称淫秽物品，是指具体描绘性行为或者露骨宣扬色情的诲淫性的书刊、影片、录像带、录音带、图片及其他淫秽物品。有关人体生理、医学知识的科学著作不是淫秽物品。包含有色情内容的有艺术价值的文学、艺术作品不视为淫秽物品”。所谓的淫秽“物品”，是指书刊、影片、录像带、录音带、图片及其他淫秽物品，等等。根据当前法学理论的通说，“物”一般不包括人的身体，裸聊之所以具有社会危害性也就是在于当事者通过视频展示自己的身体，此处的身体成了犯罪对象，既然人的身体不能够成为“物品”，则难以构成传播淫秽物品牟利罪，从这一点来看此处的情形与传播淫秽物品牟利罪的构成要件是不相符合的。

案例三

陈某，男，35岁，某市变压器厂工人。某年3月21日，某市酒精厂失火，某炮兵学校、某测绘学院的解放军和附近几个单位的人都闻讯赶到现场救火。陈某途经此处，也参加了救火。当时，救火现场还有很多围观群众，秩序很乱。陈某看到人多手杂，救火效率不高，为了能使救火顺利进行，便高声叫喊：“同志们，我是省公安厅一处的，大家现在听我指挥。”陈某站在大草垛上，指挥着把酒精厂东西两端的路口卡住，只准救火车和运酒料的军车通过，又指挥排除了一些交通故障，大大提高了救火速度。陈某在现场救火连续坚持了两天两夜，其行动当时受到救火指挥部的某副市长和军区首长的表扬，并送给他一张表扬信，酒精厂领导也多次向他表示感谢。救火以后，某副市长曾给省公安厅打电话询问此人。后来，陈某主动拿着感谢信去公安厅一处作检讨，承认了自己冒充省公安厅一处工作人员的错误。公安厅领导同志听他讲完事情的经过后，也肯定了他当时的举动。事隔5天，陈某与邻居上街买东西时，该厂保卫科将其抓住，以冒充公安人员为由送到该市某公安分局。公安分局认为，陈某冒充公安人员招摇撞骗，扰乱了社会秩序，以招摇撞骗罪向检察院提请批准逮捕。

问：试用犯罪构成学说分析陈某的行为是否构成犯罪。

【评析】在本案中，陈某的行为是否构成犯罪需要结合犯罪构成理论进行分析。犯罪构成是案情中最重要的部分，是基本的案情；另外，还有些案件情况不一定是犯罪构成的要件。犯罪构成，就是依照我国刑法的规定，决定某一具体行为的社会危害性及其程度而为该行为构成犯罪所必需的一切客观和主观要件的有机统一。本案中陈某的行为涉嫌招摇撞骗，依照我国刑法规定，招摇撞骗罪是指为谋取非法利益，假冒国家机关工作人员的身份或职称，进行诈骗，损害国家机关的威信及其正常活动的行为。行为人采用的是冒充国家机关工作人员的手段致使人民群众以为这些不法行为是国家机关工作人员所为，因而直接破坏了国家机关的威信及其正常的活动。这是招摇撞骗罪特殊的、实质的危害所在。在本案中，陈某面对火灾蔓延，同时救火工作秩序又十分混乱的危机情况，谎称自己是省公安厅一处的工作人员，完全是出于见义勇为的动机，而不是牟取非法利益，其行为也没有损害国家机关的威信及其正常活动，在犯罪构成上不具有构成招摇撞骗罪所必需的一切客观和主观要件的有机统一。因而陈某的行为不应当认为是构成犯罪。

案例四

孙某入室盗窃杨家价值3000余元的彩电一台，刚出门被杨某的妻子发现。杨妻认识孙某，问孙某为何搬走她家的彩电，孙某谎称杨某借了他3000元钱未还。杨妻说，如果杨某借了钱，等杨某回来说清楚，为什么搬走电视机呢？孙某不理睬，当着杨妻的面把彩电拿走。

问：对于孙某的行为如何认识？

【评析】对本案如何定性，有三种不同意见：第一种意见认为，孙某以非法占有为目的，采取秘密入室的方法，盗窃他人财物，数额较大，应定盗窃罪。第二种意见认为应定诈骗罪。理由是，开始的时候，孙某虽然有盗窃的故意，但是盗窃尚未实施完便被杨妻发现。于是孙某虚构事实，谎称杨某借了他3000元钱未还，这就使孙某的犯罪性质转化了。一方面，孙某入室盗窃的行为已经暴露，由秘密转化为公开；另一方面，孙某编造了谎言欺骗杨妻，使杨的妻子于困惑之间未阻止孙某搬走电视机。孙某能把彩电拿走据为己有，是其虚构事实、欺骗对方的结果。第三种意见认为孙某的行为构成抢劫罪。理由是，孙某盗窃被发现后，谎称杨某借了他的钱，使杨妻觉得理亏，而这时杨某又不在场，杨妻感到孤身一人，受到威胁，不敢反抗，从而使孙某把彩电拿走。

我们认为在本案中，孙某的行为不能构成诈骗罪。诈骗罪构成的核心环节是被害人由于行为人的诈骗行为而产生错误认识，并进而将其合法所有的财物进行处分，行为人由此获得财物的占有。在本案中，杨某的妻子并没有产生错误认识，并进而同意将其电视机处分给孙某，反而对其搬运电视机的行为提出了质疑，因而不能构成诈骗罪。同样，第三种意见认为孙某的行为构成抢劫罪，也不能成立。我国《刑法》第269条规定："犯盗窃、诈骗、抢夺罪，为窝藏赃物、抗拒抓捕或者毁灭罪证而当场使用暴力或者以暴力相威胁的，依照本法第263条的规定定罪处罚。”在本案中，孙某虽然在盗窃过程中被人发现，并进而采取遮掩行为，但是并没有当场使用暴力或者以暴力相威胁，因而不能构成转化型的抢劫罪。我们认为，在本案中孙某的行为构成盗窃罪。孙某通过非法的方式将他人的财物据为己有，犯罪客体要件上侵害了他人合法所有的电视机，侵害了杨某为我国法律所保护的合法财产权利。犯罪客观方面要件上，孙某采取秘密窃取的手段已经窃得杨家价值3000余元的彩电一台，其非法占有他人财物、使财物脱离了据有人、保管人的控制而为盗窃案犯所实际控制，非法占有他人财物的目的已达到，盗窃犯罪即属既遂；且数额较大，已经达到了构成犯罪的客观要求。犯罪主观方面要件上，孙某以明确的认识，积极追求控制他人合法所有的电视机的目的，其所持的主观认识属于直接故意。犯罪主体要件上，孙某属于具有完全刑事责任能力的成年人，且不具有精神病或者其他免除责任的事由，主体上合格。

（二）案例分析实训

案例一

被告人肖某于1998年3月某日手持一张信用卡到自动取款机上取款，卡上原存在500元人民币，肖某欲取300元。在取款时由于操作失误多加了一个零，取300元变成取3000元。没想到，自动取款机并未因操作失误而拒付，而是果然吐出3000元，使肖某大为意外。肖某出于好奇，又操作一遍，结果自动取款机又吐出3000元。此时，肖某已经知道自动取款机出现故障，但无法抵抗诱惑，肖某又先后从自动取款机取出人民币2万元，占为己有。案发后，肖某认为又不是我到银行去偷钱，是自动取款机把钱主动送给我，肖某的辩护律师也认为这是一个不当得利的问题，属于民法调整的行为，不构成刑法中的犯罪。侦查、检察机关认为应当构成犯罪。

问：如果你是人民法院审理该案的工作人员，你会采纳哪一方的意见，为什么？

案例二

2010年3月，广东省东莞市某技校二年级刚满17周岁的女生与多名社会男青年、本校男同学多次集体发生性关系，并被他人摄像，后该摄像内容被他人放到网络上流传，造成极其恶劣的社会影响。不久，该女生与涉案男性均被公安机关抓捕。经审讯、审查，涉案人员全部以“聚众淫乱罪”被提起公诉。社会舆论对此形成了多种对立的观点，有的认为刑法不应当过多介入私人生活，有的认为对影响恶劣的淫亵行为应当进行惩罚，有的认为涉案人员本身没有罪过，应当惩罚将视频放到网络上的人。

问：你认为对该案应当如何处理？

案例三

被告人王某，男，45 岁，工人。被告人蒲某，男，41 岁，某医院主治医师。被告人王某的母亲刘某在检查身体时被发现患有癌症，便入院治疗。经过近两年治疗，花费了巨额医疗费，病情也未见好转。该医院主治医师蒲某告知王某，其母亲的病情已无法控制，无救治可能，生命只可能维持半年左右。刘某因癌症的折磨，曾多次要求其子王某终止治疗或让医生注射能立即致其死亡的药物。王某经过反复考虑，便找到主治医师蒲某，请求其为母亲注射能立即致其死亡的药物，使母亲能摆脱癌症的折磨。随后不久，蒲某按照王某的要求，为刘某注射了一支药物，致其死亡。有观点指出，本案实质上是安乐死行为，让饱受疾病折磨的人无痛苦地离去，对病人、病人家庭、社会都是一种解脱，没有社会危害性。

问：为免除被害人的痛苦而实施的故意杀人行为是否构成犯罪？

第五章 犯罪客体

【本章概要】犯罪客体在我国刑法学研究体系上通常被认为是犯罪构成中的首要课题，所以一般把它作为第一个构成要件进行讲解。本章主要阐述犯罪客体的概念，对犯罪客体的特征进行较为细致的分析；介绍犯罪客体的三层次分类：犯罪的一般客体、犯罪的同类客体、犯罪的直接客体；介绍犯罪对象的概念，重点阐述犯罪对象与犯罪客体的关系。需要注意明确犯罪客体的分类，特别是直接客体的分类及其刑法上的意义，理解犯罪对象与犯罪客体的关系。有观点对犯罪客体是否可归属于犯罪构成要件提出了质疑意见，需要予以分析。

【学习目标】掌握犯罪客体的概念；了解犯罪客体在犯罪构成中的地位；掌握犯罪客体的三层次分类；掌握犯罪对象的概念；掌握犯罪对象与犯罪客体的联系与区别；了解犯罪对象在犯罪认定中的作用；理解犯罪客体在我国刑法理论上的某些争议。

第一节 犯罪客体的概念

客体最先作为一种术语使用始于中世纪的经院哲学，用以指意识所指的东西，包括认识的、意愿的、情感所寄托的对象，而后康德、黑格尔、费尔巴哈等哲学家都对“客体”这一哲学术语进行了不同的阐释。在马克思主义的哲学体系中，客体是主体活动所指向的对象，是“与主体相对应的，标志主体的认识活动与实践活动所指向的对象的哲学范畴”。由此可见，在哲学中，客体与对象是属于同等程度的哲学范畴，没有客体，人的认识活动和实践活动就将无从发挥和无所依托。因而，客体构成了人的活动（也即人的行为）不可或缺的要素。犯罪作为人的行为的一种特殊表现形式，与人的所有其他行为一样，以客体存在为必要条件。

在刑法领域内，犯罪客体与犯罪对象的关系略微有别于哲学中的客体与对象的关系，刑法中的犯罪客体有着特定的含义，它是隐藏在犯罪对象背后的社会关系。具体而言，犯罪客体是我国刑法所保护的、为犯罪行为所侵害的社会关系。犯罪客体是构成犯罪的必备要件之一。行为之所以构成犯罪，首先就在于侵犯了一定的社会关系，而且侵犯的社会关系越重要，其对社会的危害性就越大。如果某一行为并未危害刑法所保护的社会关系，就不可能构成犯罪。因此，犯罪客体在犯罪成立中有着独特的地位和作用，它是一切犯罪成立的必备要件。

社会关系涉及社会生活的方方面面、各个领域，为犯罪所侵害的、受我国刑法保护的社会关系仅仅是其中最重要的一部分。概括而言，这部分社会关系包括国家安全、公共安全、社会主义市场经济秩序、公民的财产权利、公民的人身权利、民主权利和其他权利、社会主义社会管理秩序、国防利益、军事利益等。国家为了有效维持社会的正常运转，根据社会关系的重要性程度，分别运用不同的刑罚规范予以保护。在我国社会主义制度下所有重要的社会关系都受到我国刑法的保护，但并不能因此称这些社会关系就是犯罪客体，这些社会关系只有受到危害行为的危害时，才能称之为犯罪客体。

综上，犯罪客体具有以下特征：

1. 犯罪客体是刑法分则具体犯罪侵犯的社会关系整体。“从刑法分则各个条文的规定中，尤其可以看到，每一具体犯罪都要直接侵犯一个或几个具体的社会关系，如果将各种具体犯罪所侵犯的各个具体社会关系进行归纳，即成为犯罪所侵犯的社会关系的整体，即犯罪一般客体。”犯罪客体具体表现为刑法分则规定的各种犯罪所侵犯的社会关系，不包括其他社会关系。[1] 犯罪客体具有法定性，同样遵从罪刑法定原则而生成，并不具有完全的超越法律的先在属性。

2. 犯罪客体被刑法规定后，凸显出是重要的社会关系。即只有重要的社会关系才能成为犯罪客体，关于相对次要的社会关系则由其他法律部门调整，不能成为犯罪客体。“国家为了有效维持社会的正常运转，根据社会关系的重要性程度，分别运用不同的刑罚规范予以保护。对重要性较为一般的友谊、恋爱、邻里、师生等社会关系，采取道德规范予以保护。对于比较重要的婚姻家庭、经济秩序等社会关系，采取经济法、行政法或民法规范予以保护，其中可能遭受严重侵害的，则由刑法予以保护。对涉及国家安全、社会制度等至为重要的社会关系，则由刑法予以保护。”[2]

3. 犯罪客体是刑法规定的社会关系的显性状态，刑法规定的社会关系是犯罪客体的隐性状态。按照辩证唯物主义的观点，人（作为刑事责任的主体基础）、行为（作为刑事责任的法律基础）等犯罪构成要件（或者要素）都只能在关系中存在，而不能纯粹孤立地存在。社会关系的范围随着人类认识世界、改变世界的范围扩大而扩大，从人与自然的简单关系发展到人与自然的复杂关系、从人与人的单向关系发展到人与人的多元关系，因而刑法规定的社会关系不是一般的静态的社会关系，而是动态的与犯罪的人或者行为发生一定关联的社会关系。如人与网络发生的社会关系，并非一开始就是可以成为犯罪客体，而是被具有恶意的人士滥用网络或者利用网络侵害他人合法权益后，才可能成为犯罪客体。在受到法定的行为侵害之前，人

---

〔1〕 彭文华：“犯罪客体：曲解、质疑与理性解读——兼论正当事由的体系性定论”，载《法律科学（西北政法大学学报）》2014 年第 1 期。

〔2〕 高铭暄、马克昌主编：《刑法学》，北京大学出版社、高等教育出版社 2010 年版，第 57 ~ 58 页。

与网络的关系已经存在，但并不能被认为具有犯罪客体属性，只有受到法定的行为侵害之后，这种社会关系才在刑法上具有犯罪客体属性而成为显性存在，社会关系的存在总是在逻辑上或者时间序列上早于犯罪客体。

我国刑法对犯罪客体的规定，采取了较为多样的方式：

1. 有的条文明确揭示犯罪客体。例如，《刑法》第102条揭示背叛国家罪的客体是中华人民共和国的主权、领土完整和安全；第221条明确指出损害商业信誉、商品声誉罪的客体是他人的商业信誉、商品声誉；第371条第1款规定的聚众冲击军事禁区罪，条文揭示其客体为军事禁区秩序。

2. 有的条文指出犯罪客体的物质表现，通过物质表现表明犯罪客体。例如，《刑法》第206条规定了伪造、出售伪造的增值税专用发票罪，条文指出的增值税专用发票就是犯罪客体的物质表现，通过这种物质表现表明本罪的客体是国家对增值税专用发票的管理制度。再如，《刑法》第210条之一规定了持有伪造的发票罪，条文指出的伪造的发票就是犯罪客体的物质表现，通过此种物质表现表明该罪的客体是国家对发票的管理制度。

3. 有的条文指出被侵犯的社会关系的主体，通过对被侵犯的社会关系主体特征的揭示，表明其所侵犯的特定的社会关系即该罪客体。例如，《刑法》第236条规定的强奸罪，条文显示女性（即妇女和幼女）是被侵犯的特定社会关系的主体，据此表明强奸罪的客体是女性的性的自由权利和幼女的身心健康权利。

4. 有的条文指出对某种法规的违反，某种法规本身并不是犯罪客体，而法规所调整和保护的特定社会关系，则是具体犯罪的客体。例如，《刑法》第337条第1款规定，违反有关动植物防疫、检疫的国家规定，引起重大动植物疫情的，或者有引起重大动植物疫情危险，情节严重的，构成妨害动植物防疫、检疫罪。有关动植物防疫、检疫的规定本身不是妨害动植物防疫、检疫罪的客体，但有关动植物防疫、检疫的规定所调整和保护的动植物防疫、检疫制度，正是妨害动植物防疫、检疫罪的客体。

5. 有的条文通过对行为具体表现形式的描述表明某一犯罪客体。犯罪行为的方法，往往能说明其所侵犯的客体，因而揭示行为的方法，也就能表明该种犯罪的客体。例如，《刑法》第301条第1款规定的聚众淫乱罪，其行为具体表现形式为聚众进行淫乱活动，该行为具体表现形式表明本罪的客体是社会公共秩序和社会公德。

第二节　犯罪客体的分类

刑法理论上将犯罪客体划分为三类或三个层次：一般客体、同类客体、直接客体。三类客体是三个不同的层次，它们之间是一般与特殊、共性与个性、抽象与具体、整体与部分的关系。同类客体是在直接客体基础上的分类和概括，而一般客体又是对一切犯罪客体的抽象和概括。三者之间构成了两个层次的一般和个别的关系，它们虽然具有许多共性，但又不能相互取代，在刑法理论与司法实践中都有其重要的作用。

一、犯罪的一般客体

犯罪的一般客体，是指一切犯罪共同侵犯的客体，即我国刑法所保护的社会主义社会制度下社会关系的整体。犯罪的一般客体反映了一切犯罪客体的共性，它是刑法所保护客体的最高层次，因此是研究一般犯罪特征的依据，也是研究其他层次犯罪客体的起点和基础。我国《刑法》第 2 条关于刑法任务的规定、第 13 条关于犯罪概念的规定说明了犯罪一般客体的主要内容。研究犯罪的一般客体，就是对刑法保护的所有社会关系作整体性研究，揭示一切犯罪的共同属性，进而认识犯罪的阶级实质，认识犯罪的社会危害性，了解我国同犯罪作斗争的社会政治意义。犯罪存在一般客体，说明任何犯罪行为都侵犯了刑法所保护的社会关系的整体，犯罪并不仅仅是犯罪人与被害人之间的矛盾，而是犯罪人与国家、社会、人民利益的冲突。

二、犯罪的同类客体

犯罪的同类客体，是指某一类犯罪行为所共同侵害的我国刑法所保护的社会关系的某一部分或某一方面。划分犯罪的同类客体，是根据犯罪行为侵害的刑法所保护的社会关系的不同进行的科学分类。作为同一类客体的社会关系，往往具有相同或相近的性质。例如，生命权、健康权、人格权、名誉权等都属于人身权利的范畴，只要这些权利受到犯罪危害，人身权利就成了这些犯罪的同类客体。只有依据同类客体，才能对犯罪作科学的分类，建立严密、科学的刑法分则体系。我国刑法分则正是根据同类客体的原理，将犯罪分为十大类。

三、犯罪的直接客体

犯罪的直接客体，是指某一种犯罪行为所直接侵害的我国刑法所保护的社会关系，即我国刑法所保护的某种具体的社会关系。例如，故意伤害罪直接侵害的是他人的健康权利；强奸罪侵害的是妇女的性的自主权利，因而，受故意伤害罪、强奸罪直接侵害的社会关系即这两种犯罪所侵害的直接客体。

犯罪的直接客体是决定犯罪性质的最重要因素。一种行为之所以被认定为这种犯罪或那种犯罪，归根结底是由犯罪的直接客体决定的。犯罪的直接客体揭示了具体犯罪所侵害的社会关系的性质以及该犯罪的社会危害性的程度。犯罪的直接客体是研究犯罪客体的重点，也是司法实践中凭借客体借以区分罪与非罪、此罪与彼罪的界限的关键。为研究和应用方便，理论上可以也有必要对犯罪的直接客体作进一步分类。我们认为，可以根据客体的单复性把直接客体分为简单客体与复杂客体，可以根据客体是否具备物质性把直接客体分为物质性客体与非物质性客体。

（一）简单客体与复杂客体

犯罪现象是复杂的存在，多数犯罪行为只直接侵犯到某一种具体社会关系。但是，有些犯罪行为直接侵犯两种以上的具体社会关系。根据具体犯罪行为危害具体社会关系数量的多少，可以划分为简单客体和复杂客体。简单客体，又称单一客体，是指某一种犯罪只直接侵害一种具体社会关系。例如，盗窃罪只危害公私财物所有权，故意伤害罪只侵害他人健康权。简单客体在现实生活中比较常见、大量存在。复杂客体，是指一种犯罪行为同时侵害的客体包括两种以上的具体社会关系。例如，抢劫罪，不仅直接侵犯公私财产权，也直接侵犯他人的人身权利；生产、销售不符合标准的医用器材罪，不仅侵犯了不特定的多数人的生命健康和国家的医疗器械、医用卫生材料的管理制度，同时也扰乱了市场经济秩序。又如《刑法》第253条规定的私自开拆、隐匿、毁弃邮件、电报罪，不仅直接侵犯了他人的通讯自由，而且妨害了邮政部门的正常活动。

在复杂客体中，各种社会关系有主有次，不能等量齐观。根据直接客体在犯罪中受侵害的程度以及受刑法保护的状况，可对复杂客体进行再分类，包括主要客体和次要客体。主要客体，是指某一具体犯罪所侵害的复杂客体中程度较严重的，刑法予以重点保护的社会关系。主要客体决定该具体犯罪的性质，从而也决定该犯罪在刑法分则中的归属。例如，把抢劫罪列入侵犯财产罪中，把生产、销售不符合标准的医用器材罪列入破坏社会主义市场经济秩序罪中。司法实践中，认定侵害多种客体的犯罪时，应从犯罪的主要客体入手。犯罪的主要客体一旦确定，犯罪性质就可以得到大体明确。所以，对主要客体的理解有助于正确认识某一犯罪的性质。次要客体，是指某一具体犯罪所侵害的复杂客体中程度较轻的，刑法予以一般保护的社会关系，也称辅助客体。它是立法者在确定某一具体犯罪构成时也要同时予以保护的另一种具体社会关系。对于具有复杂客体的犯罪来说，除主要客体外，次要客体也是犯罪构成的必要要件，对于定罪量刑也有决定作用。例如，抢劫罪与抢夺罪的区别在于：抢劫罪既侵害他人财产权利，又侵害他人人身权利；而抢夺罪只侵害他人财产权利，不侵害他人人身权利。

（二）物质性犯罪客体与非物质性犯罪客体

以具体犯罪侵害的社会关系是否为物质性的为标准，可将直接客体分为物质性犯罪客体和非物质性犯罪客体。对物质性犯罪客体侵害的标志是产生物质性的损害或威胁，可能成为物质性犯罪客体的社会关系如经济关系、财产关系以及人的生命、健康权利等；对非物质性犯罪客体侵害的标志是不具有直接的物质损害的形式，可能成为非物质性犯罪客体的社会关系如政治制度、社会秩序、人格、名誉等。在现代社会中，物质性犯罪客体还可以分为实体物质性犯罪客体和虚拟物质性犯罪客体，对于后者，刑法理论与实践中存在较多争议。

第三节　犯罪客体与犯罪对象

犯罪对象是指刑法分则条文规定的犯罪行为所作用的客观存在的具体人或者具体物。大多数具体的犯罪行为，都直接作用于一定的标的，使之发生损毁、灭失或归属、位置、状态、行为方式等的改变，使刑法保护的社会关系受到危害，进而阻碍、影响社会的正常运行，对社会造成危害。人们对行为是否构成犯罪的过程，往往开始于对犯罪对象的感知，进而认识到犯罪对象所代表的、受刑法保护的社会关系受危害的情况，确定该行为是否构成犯罪和构成犯罪的性质。

犯罪对象具有客观实在性和可知性的特征。犯罪对象的客观实在性表现为它一经犯罪行为作用，就成为客观的存在，不以人们的意志为转移。任何犯罪行为作用于犯罪对象，必然或多或少地在犯罪对象方面留下其作用的痕迹与影响，从而忠实、准确地反映了犯罪行为对其作用时的实际情况。这一特点，使犯罪对象在刑事诉讼中具有提供证据和检验证据的双重功能。犯罪对象的可知性，表现为尽管其纷繁复杂，但是可以被人们所认识。

犯罪对象的基本涵义是：①犯罪对象是具体的人或物。②犯罪对象是犯罪行为直接作用的人或物。作为犯罪对象的具体的人或物，具有客观实在性，但在人或物未受犯罪行为侵害时，仅是可能的犯罪对象。只有犯罪行为直接作用于某人或某物时，具体的人或物才成为现实的犯罪对象。因此，犯罪对象只能是犯罪行为直接作用的人或物，否则便不是犯罪对象。据此，可以将犯罪对象与犯罪所得之物、犯罪所用之物区分开来。犯罪所得之物，指犯罪人通过犯罪所获得的财产或物品；犯罪所用之物指犯罪人进行犯罪活动所使用的工具或物品，这些都不能认定为犯罪对象。③犯罪对象是刑法规定的人或物。刑法分则条文大多数并不明确规定犯罪客体，而往往通过规定犯罪对象的方式来表明犯罪客体的存在。因此，刑法条文或者规定作为犯罪对象的人，或者规定作为犯罪对象的物，用以表明犯罪客体。

犯罪对象与犯罪客体是两个既有联系又有区别的概念。犯罪客体与犯罪对象的联系在于：作为犯罪对象的具体物是具体社会关系的物质表现；作为犯罪对象的具体人是具体社会关系的主体或参加者。犯罪分子的行为作用于犯罪对象，就是通过犯罪对象即具体物或者具体人来侵害一定的社会关系。

犯罪客体与犯罪对象的区别有：

1. 犯罪客体决定犯罪性质，犯罪对象则未必。仅从犯罪对象分析某一案件，并不能辨明犯罪性质。只有通过犯罪对象体现的社会关系即犯罪客体，才能确定某种行为性质。例如，同样是盗窃汽车零部件，某甲盗窃的是修配厂里处于修理状态的汽车零部件，某乙盗窃的是使用中的汽车零部件，前者可能构成盗窃罪而后者可能构成破坏交通工具罪。二者的区别就在于犯罪对象体现的社会关系不同：一是侵害公私财产所有权，一是侵害公共安全。

2. 犯罪客体是任何犯罪的必要构成要件，而犯罪对象则仅仅是某些犯罪的必要构成要件。例如，《刑法》第 328 条第 1 款规定的“盗掘古文化遗址、古墓葬罪”，其犯罪对象只能是古文化遗址、古墓葬，否则便不可能构成此罪。而妨害传染病防治罪，脱逃罪，偷越国境边境罪，非法集会、游行、示威罪等，则很难说有什么犯罪对象，但是这些犯罪都具有犯罪客体。

3. 任何犯罪都会使犯罪客体受到危害，而犯罪对象则不一定受到损害。例如，盗窃犯罪人将他人的财物窃走，侵犯了原财物合法所有人的财产权利，但作为犯罪对象的财物本身则未必受到损害。一般情况下，犯罪分子往往把犯罪所得之物妥善保存，以便自用或销赃。

4. 犯罪客体是犯罪分类的基础，犯罪对象则不是。犯罪客体是犯罪的必要构成要件，其性质和范围是确定的，因而它可以成为犯罪分类的基础。我国刑法分则规定的十类犯罪，主要是以犯罪同类客体为标准划分的，如果按犯罪对象则无法分类。犯罪对象并非犯罪的必要构成要件，它在不同的犯罪中可以是相同的，在同一犯罪中也可以是不同的。

学术视野

一、犯罪客体的地位

关于犯罪客体究竟处于犯罪构成理论中的何种位置，理论上一直存在争议。对于犯罪客体在犯罪构成中的地位，即犯罪客体是否可归属于犯罪构成要件之中，有的观点否认犯罪客体具有独立的意义，认为应当将犯罪客体从犯罪构成要件中除去，犯罪客体属于犯罪概念的内容。[1] 我国通说认为犯罪客体是属于犯罪构成要件的重要组成部分，并且处于首要位置。在我国刑法理论尚坚持客体属于社会主义社会关系的前提下，犯罪客体仍然将作为犯罪构成要件的组成部分。

二、犯罪客体的性质

我国刑法通说认为犯罪客体在性质上属于社会主义社会关系，对此有许多不同观点：有的认为犯罪客体是犯罪侵害的权利；有的认为犯罪客体是物；有的认为犯罪客体是法益。

三、犯罪客体与犯罪对象的关系

我国刑法理论通说认为犯罪客体与犯罪对象存在重大差别，并且其各自存在的意义也根本不同。有观点认为犯罪客体就是犯罪对象，犯罪对象就是犯罪客体，两者之间只是表述不同，并进而认为犯罪对象存在于一切犯罪之中。

理论思考与实务应用

一、理论思考

（一）名词解释

犯罪客体　复杂客体　直接客体　犯罪对象

（二）简答

1. 简述犯罪客体的地位与意义。

2. 简述犯罪客体的分类。

---

〔1〕 张明楷：《刑法学》，法律出版社2003年版，第134页。

3. 简述直接客体的分类。

4. 简述犯罪客体与犯罪对象的关系。

（三）论述

1. 请论述犯罪客体是否可归属于犯罪构成要件。

2. 请论述犯罪客体的层次。

3. 请论述犯罪复杂客体的分类意义。

二、实务应用

（一）案例分析示范

案例一

元某伙同郑甲、郑乙、林某谎称高某在工程承包中得罪了齐某，齐某要找人对其报复，并称对方需要8000元钱，他们可以出面“摆平”此事，高某在感到害怕的情况下，将8000元钱交给郑甲、元某等四人将钱瓜分。

问：本案元某的行为应如何界定?

【评析】对于本案，有两种处理意见。一种认为应对元某以敲诈勒索罪论处。一种认为应对元某以诈骗罪论处。我们认为，在本案中，对于元某、郑甲、郑乙、林某等人的行为应当认定为诈骗罪。分析本案的关键在于如何认定其行为侵害的客体。元某、郑甲、郑乙、林某等人的行为侵害了何种客体直接关系到其触犯了何种罪名。可以对本案作如下分析：

从犯罪的客体来看，元某的虚假言论行为只侵犯了单一客体即高某的财产所有权，并没有侵犯其人身权利。因为虚假言论本身并不会在客观上对高某人身权益形成威胁。本案中，让高某感到受威胁的是虚构齐某的报复行为，元某没有齐某的授意，自己也没有表示如高某不交出钱财则代齐某实施对高某的报复行为。所以，元某没有也不会侵犯高某的人身权益。另外，在犯罪的客观方面，元某及其同伙为达到其非法占有高某财物的目的，虚构一个实际上并不存在的齐某要对其报复的事实，使高某陷入错误的认识，从而交付钱财。这种客观方面的表现完全符合诈骗罪的构成特征。虽然主张敲诈勒索罪的观点认为，被害人高某心里确实感到受到了强制，在这种情况下，才决定交钱化“灾”，但是高某对齐某的报复感到恐惧、心理受到强制，以致为摆平“矛盾”而交付钱财，是以高某的错误认识为前提的。设置骗局的直接目的正是要使受骗者陷入错误认识。统观元某及其同伙的行为，都是以骗作为前提。作为主要手段，骗的特征贯穿行为始终并统领全部行为。一般典型的敲诈勒索罪，是行为人自己对受害人将来或当场实施威胁或要挟，而本案是行为人及其同伙假借“他人”对受害人实施报复为名对被害人实施威胁，这种威胁离不开其所设的骗局，离不开被害人的主观错误认识。此种情形与在社会上制造、散布迷信谣言，引起他人恐惧，乘机以帮助驱鬼消灾为名骗取群众财物的行为相类似。敲诈勒索罪与诈骗罪在犯罪构成特征方面有相同之处，两罪的犯罪主体都是一般主体，犯罪主观方面都是直接故意，且以非法占有为目的。两罪的根本区别在于犯罪客体与犯罪客观方面的不同。在犯罪客观方面，敲诈勒索罪客观方面表现为以威胁或要挟的方法，向公私财物的所有人或持有人强索财物的行为，而诈骗罪客观方面表现为用虚构事实或隐瞒真相的欺骗方法，骗取钱财的行为。在犯罪客体上，敲诈勒索罪侵犯的客体是复杂客体，既有财产权利，又有人身权利（如名誉、声誉等）；诈骗罪侵犯的是单一客体，即公私财产所有权。

案例二

甘某系一煤矿的工人，此煤矿有两个食堂，分别为时某和周某所承包，时某、周某二人不仅在其承包的食堂内经营饭菜，还各自开了小商店经营小吃和日用品。时某、周某二人都各自印制自己的饭票，再盖上自己的私章后便可在煤矿内作现金使用，不仅可用于吃饭，还可用于购物、还债等，但时某、周某二人的饭票在煤矿内部是通用的，即用时某的饭票可在周某处吃饭、购物，反之亦然。2003 年 3 月中旬，甘某在一印务部私印了 3000 余张面值为 3 元的饭票，并把自己私印的假饭票中的一部分盖上自己找人私刻的时某的印章，然后甘某把这些假饭票在煤矿内用于吃饭、购物、还债等，到发现为止，甘某已用去 3000 余元面值的假饭票。

问：对于甘某的行为应如何界定？

【评析】关于甘某行为的定性，主要有两种不同意见：第一种意见认为，甘某的行为涉嫌伪造有价票证罪。因为甘某伪造的饭票同车票、船票、邮票等一样能够证明持票人已支付票面金额的票价，有权要求义务人提供相应物质利益。第二种意见认为，甘某的行为涉嫌诈骗罪。因为甘某的行为让时某遭受了 3000 余元的经济损失，其行为最终侵害的是时某对个人财物的所有权，而不是有价票证管理秩序。

对于本案的分析，需要把握的是认定甘某的行为侵害了何种同类客体和直接客体。甘某的行为可能构成伪造有价票证罪或者诈骗罪，通过分析其侵害的客体后，可以确定甘某的行为应当认定为诈骗罪，理由在于：伪造有价票证罪，是指伪造车票、船票、邮票或者其他有价票证，数额较大的行为。可见，伪造有价票证的犯罪对象是有价票证，包括车票、船票、邮票和其他有价票证，它们都具有一定的价值，持有人凭票可以获得票面价值所包含的物质利益。仅从这一点看，本案中时某自制的在煤矿内部流通的饭票是有价票证的一种。但是伪造有价票证罪属于破坏社会主义市场经济秩序罪，其侵犯的同类客体是社会主义市场经济秩序，侵害的直接客体是国家对有价票证的管理秩序，由此决定，犯罪对象必须是因行为人的伪造行为，给国家的经济秩序造成破坏的有价票证。而且，作为伪造有价票证犯罪对象的有价票证还有一个主要特征，即由有关部门或者单位统一制作、发行和管理的有一定价值的票证必须是能在社会上流通使用的。

结合本案，时某自制的在煤矿内部流通的饭票被伪造，虽然也对该煤矿内部的票证管理秩序有一定的危害，但其影响是有限的，不会波及该煤矿之外的经济秩序，当然也不可能对我国的社会主义市场经济秩序造成破坏。以此衡量，本案中甘某伪造的该煤矿内部流通的饭票不应属于伪造有价票证罪的犯罪对象，虽然其伪造饭票的数额较大，也不构成伪造有价票证罪。

诈骗罪是指以非法占有为目的，用虚构事实或隐瞒真相的方法，骗取数额较大的公私财物的行为。本案中，甘某行为侵害的同类客体是他人的财产权利，其侵害的直接客体是时某、周某二人的财产权利。本案中煤矿内部的两个食堂均为时某、周某二人私人承包，时某、周某二人都各自印制自己的饭票，再盖上自己的私章后该饭票便可在煤矿内作现金使用，且二人的饭票在煤矿内部是通用的，所以，甘某伪造时某自制饭票的行为，就使时某成为最终受害者，最终将损害时某的财产权利。到发现为止，甘某已用出3000余元面值的假饭票，即给时某造成了3000余元的经济损失。因此，该案中甘某的行为更符合诈骗罪的特征，应当认定为诈骗罪。

案例三

2003年12月16日4时许，市民朱某和彭某经过事先预谋，用铁钩将路面上铺设的5块窨井盖拉起，抬上电动三轮车，准备盗走贩卖。就在两人盗窃得手准备离开犯罪现场时，被夜间巡逻的公安人员发现，两人当场被抓获。后经相关部门价值评估，被盗的5块窨井盖价值人民币925元。本案中，经公安机关调查，朱某、彭某二人偷盗窨井盖的附近，就是市某中学470余名学生早晚停取自行车的地方。附近居民一致认为：如果不是公安机关及时抓获二人，极有可能发生学生或行人失足掉入窨井之中的伤亡惨剧。据此，法院认为：朱某、彭某采用盗窃路面市政设施的危险方法，危害了公共安全，尚未造成严重后果，故以危害公共安全罪判处朱某有期徒刑3年零3个月，判处彭某有期徒刑3年。

问：应如何界定朱某、彭某的行为侵犯的社会客体?

【评析】 对于偷盗窨井盖这种行为，长期以来，各地一般按照盗窃罪定罪量刑。但按照我国法律规定，盗窃行为构成犯罪必须以被窃财物价值达到一定标准为前提。而窨井盖本身价值不高，这就导致大量的窨井盖盗窃行为最终难以达到法定定罪标准，最终只能对行为人处以治安拘留等行政处罚，相对较轻的处罚难以对盗窃者形成威慑。

在本案中，朱某、彭某二人使用秘密窃取的方法将5块窨井盖盗走，其价值不足千元，但是人民法院认为：朱某、彭某采用盗窃路面市政设施的危险方法，危害了公共安全，尚未造成严重后果。以危害公共安全罪判处朱某有期徒刑3年零3个月，判处彭某有期徒刑3年。作出此种判断的重要依据就在于朱某、彭某所实施的偷盗行为侵害的客体与犯罪对象存在着很大的差别。

在本案中，朱某、彭某二人实施的行为直接指向的犯罪对象是窨井盖，但是窨井盖不仅仅是一种财产权的体现。从表面上看，窨井盖作为市政工程设施被广泛运用于道路交通上，但是这种在使用过程中的“财产”除了体现一种财产权外，更重要的是体现其使用属性，对其使用属性的危害，侵犯的不仅仅是一种财产权利，而是其“使用属性”所体现的一种社会关系。道路是一种公共交通设施，盗窃道路上的窨井盖，实际上就是破坏了道路，破坏了交通设施。这种盗窃行为侵犯的是一种公共安全，即使没有造成实际的损害后果，但由于窨井盖被盗，给公共交通安全留下了实际的危害，随时都有可能导致现实的损害后果，这种由于盗窃者的盗窃行为，造成公共交通安全处于一种危险状态的现象，构成了可能对不特定的人或者财产的损害的危险状态。朱某、彭某二人实施的行为所侵害的对象不仅仅是作为国家财产或者集体财产的物品，而更为突出的是侵害了不特定的人或者财物的安全，侵害了我国刑法所保护的具体的社会关系。

（二）案例分析实训

案例一

陈某（女）用姿色引诱受害人王某到其出租房内，用迷药将受害人王某麻醉后，伙同刘某和徐某将受害人王某的两颗肾脏取走，受害人王某被送往医院，靠维生系统生存，并在等待肾脏捐赠无果后死亡。后陈某、刘某和徐某陆续被抓获归案。

问：对陈某等人的行为应当如何认定？

案例二

古某原系某镇党委书记，因涉嫌受贿罪而被检察院起诉至法院。法院在审理该案的过程中查明，古某收受的贿赂中有一笔比较特别，古某于2007年底收受该镇一名私企老板孙某送的30万元，但孙某并未向古某提出任何要求，古某直至案发也未对孙某给予过帮助或承诺给予照顾。

问：对古某该项行为应当如何认定？

案例三

被告人孟某窃取被害单位M公司的账号和密码后，提供给被告人何某，二人密谋由孟某通过网上银行向买家收款，何某入侵M公司的在线充值系统获取Q币，然后为孟某通知的买家QQ号进行Q币充值。从2005年7月22日18时32分至次日10时52分，何某从M公司的账户内共获取价值人民币24 869.46元的Q币32 298只，窃取价值人民币1079.5元的游戏点卡50点134张、100点60张。孟某、何某以非法占有为目的，通过网络系统共同秘密非法获取他人总计价值人民币25 948.96元的财物，数额巨大。二被告人的辩护人认为，起诉书指控的秘密窃取，是发生在网络环境中的虚拟行为。众所周知，在很多网民参与的网络游戏中，充斥着大量的、虚拟的凶杀、暴力情节。如果网络环境中虚拟实施的秘密窃取行为应当被打击，那么虚拟实施的凶杀、暴力行为是否也应该被当作故意杀人、故意伤害犯罪去追究刑事责任？答案是否定的。因为虚拟行为不是刑法要追究的刑事犯罪行为，虚拟行为不会在现实生活中造成危害结果。Q币和游戏点卡都是网络游戏中的虚拟财产，并非刑法要保护的国有财产、劳动群众集体所有的财产以及公民私人所有的财产，因此二被告人秘密窃取虚拟财产的行为是否属于刑法要打击的犯罪行为，有待在理论上探讨。

问：你认为对孟某、何某的行为应当如何处理？

第六章
犯罪客观方面

【本章概要】犯罪客观方面是认定犯罪成立最为直观的要件，从认识犯罪和认定犯罪的逻辑起点看，对犯罪客观方面的认识和认定往往居于较前的位置。犯罪客观方面要件主要有危害行为、危害结果和其他选择性要件如犯罪时间、地点、工具、方法等。对危害行为按照其规范要素与外在状态的不同可以分为作为与不作为，对危害结果按照其存在状态不同可以分为实害与危险。危害行为与危害结果之间的因果关系是判断犯罪成立、分析犯罪状态的重要因素。

【学习目标】了解犯罪客观方面的具体结构；掌握危害行为的概念；掌握作为与不作为的概念及其区别；了解危害结果在刑法上的意义；掌握刑法上的因果关系的基本观点；了解犯罪时间、地点、工具、方法等选择性客观要件。

第一节 犯罪客观方面概述

犯罪客观方面，是指刑法所规定的、说明行为对刑法所保护的社会关系造成侵害的客观外在事实特征。犯罪客观方面是构成犯罪所必须具备的要件。研究犯罪的客观方面，对正确定罪与量刑有着重要意义：

1. 犯罪客观方面是区分罪与非罪的重要依据。如果不具备犯罪客观方面的要件，就失去了构成犯罪和承担刑事责任的客观基础。对一切犯罪来说，危害行为的有无是决定犯罪成立与否的标志，无行为则无犯罪。因为仅有思想而没有将思想外化为行为，就不可能有社会危害性，自然不成立犯罪。对于某些犯罪来说，危害结果及特定的犯罪方法、时间、地点的有无也是区分罪与非罪的重要标准。比如，过失犯罪以具备特定危害结果为要件，如果没有发生法律所规定的危害结果，过失犯罪就不能认定。又如，捕捞水产品的行为若不是在禁渔区、禁渔期或使用禁用的工具、方法实施的，就不成立《刑法》第 340 条的非法捕捞水产品罪。

2. 犯罪客观方面是区分此罪与彼罪以及犯罪完成与未完成形态的重要界限。我国刑法中的许多犯罪在犯罪客体、犯罪主体和犯罪主观方面的要件上往往是相同的，法律之所以把它们规定为不同的犯罪，主要就是基于犯罪客观方面的要件不同。比如，抢劫罪、盗窃罪、诈骗罪、抢夺罪等以非法占有为目的而侵犯财产的各种犯罪之间，其区别即在于各自的犯罪客观方面的差别。在成立犯罪的前提下，区分犯罪完成与未完成形态的标准也主要在于犯罪客观方面的要件是否具备。比如，故意杀人罪的既遂与未遂的区分标准就在于是否发生被害人死亡的结果；受贿罪的既遂与未遂的区分标准就在于行为人是否收受了他人的财物。

3. 犯罪客观方面是认定和分析犯罪主观要件的重要根据。犯罪客观方面是犯罪主观方面的客观外化，主观上的犯罪意图只有通过客观上的危害行为才能实现。因此，要查清罪犯的主观方面必须认真分析其客观方面。通过考察罪犯实施的行为，行为所造成的结果以及行为实施的各种客观条件，才能正确地揭示出罪犯的心理态度。

4. 犯罪客观方面是量刑的重要根据。就不同的犯罪来讲，刑法对不同的犯罪规定了轻重不同的刑罚，主要是依据其客观方面的要件不同从而影响到它们的社会危害性程度不同；就同一性质的犯罪来讲，犯罪客观方面对量刑的影响体现在以下两个方面：①从立法上看，刑法往往把是否具备某种危害结果作为某些犯罪是否加重处罚的根据；②从司法实践中看，同一种犯罪性质的不同案件，因为它们所实施的方式、手段以及时间、地点、条件、具体对象的不同而影响它们的社会危害性，从而导致刑罚的轻重不一。此外，故意犯罪的客观方面是否齐备是区分犯罪完成与未完成形态的标准，刑法对犯罪预备、未遂、中止和既遂分别规定了不同的量刑标准。

犯罪客观方面具有如下几个特征：

1. 犯罪客观方面为刑法规定而具有法定性。我国刑法总则对犯罪客观方面未作专门的规定，但我国刑法的分则性条文，则通常比较明确、具体地规定了各种犯罪的客观方面的内容。有些犯罪由于客观方面内容比较明显、为众所周知，刑法便没有详细描述其客观方面，但我们可以从刑法对该罪名的规定中把握其客观方面的要件。由于犯罪客观方面是刑法规定的，因而必须严格依照刑法的规定确定其具体的内容。刑法规定了某一犯罪必要的客观事实特征，这些特征就是这种犯罪成立不可缺少的要素，刑法未规定的客观因素，则不是犯罪客观方面的内容。

2. 犯罪客观方面以客观事实特征为内容。人的犯罪行为作为人的一种活动，可以分为主观和客观两个方面的事实。主观方面是人有意识、有意志的思维活动。客观方面是主观方面的客观化及客观表现，即行为人在有意识、有意志的心理态度支配下表现在外的事实特征。

3. 犯罪客观方面是说明行为对刑法所保护的社会关系有所侵犯的客观事实特征。就具体犯罪来说，其客观事实特征是多方面的，但并非一切客观事实特征都可以成为犯罪客观方面的内容。犯罪客观方面的内容旨在说明在什么样的条件下，通过什么样的行为，对犯罪客体即刑法所保护的社会关系造成了何种程度的侵害。不能说明侵犯刑法所保护的社会关系的客观事实特征，则不具有犯罪客观方面内容的资格。犯罪客观方面是成立犯罪所必须具备的客观因素。不具备客观方面，就说明不存在社会关系受到侵害的客观事实，因而也不能构成犯罪。在犯罪构成的四个共同要件中，犯罪客观方面处于核心地位。因为犯罪毕竟是一种危害社会的行为，危害行为这个客观方面的要件，是犯罪其他要件所依附的本体性要件，而犯罪客体是危害行为侵犯的而为刑法所保护的社会关系，犯罪主体和犯罪主观方面说明危害行为的性质及其程度。

犯罪客观方面的要件，也可称为犯罪客观方面的内容或犯罪客观要件，是指犯罪成立在犯罪客观方面所必须具备的条件。犯罪客观方面的要件是犯罪客观方面这一范畴下的一个下位概念。犯罪客观方面是就刑法分则中各种犯罪成立均必须具备某些客观事实特征而概括出来的一个范畴，为犯罪构成的共同要件之一；犯罪客观方面的要件则是相对具体的，是指刑法分则中某种犯罪成立在客观方面应当具备的客观要素。犯罪客观方面的要件具体表现为危害行为、危害结果以及行为的时间、地点、方法（手段）、对象。其中，危害行为是一切犯罪在客观方面都必须具备的要件，也是犯罪客观方面唯一的一个为一切犯罪所必须具备的要件；危害结果是大多数犯罪成立在客观方面必须具备的要件；特定的时间、地点、方法（手段）以及对象，则是某些犯罪成立而在犯罪客观方面必须具备的要件。传统的刑法理论通常将危害行为称为犯罪客观方面的必要要件，危害结果、特定的时间、地点、方法（手段）以及对象则称为犯罪客观方面的选择要件。

第二节 危害行为

马克思曾经指出："我只是由于表现自己，只是由于踏入现实的领域，我才进入受立法者支配的范围。对于法律来说，除了我的行为，我是根本不存在的，我根本不是法律的对象。我的行为就是我同法律打交道的唯一领域，因为行为就是我为之要求生存权利，要求现实权利的唯一东西，而且因此我才受到现行法的支配。"他明确指出了在法律上只有行为才是唯一关注的焦点。之所以强调行为在法律上的重要性，是因为法律从其性质和功能上讲，就是调整特定社会关系的行为规范。我国刑法所惩处的犯罪，首先是人的一种危害社会的行为。特定的危害社会行为，是我国刑法中犯罪客观要件首要的因素，是一切犯罪构成在客观上都必须具备的要件。研究和把握我国刑法中的危害行为，应当了解这种危害行为的内涵及其基本表现形式。

危害行为是刑法学上的一个非常重要的概念。在大陆法系国家的刑法理论中，围绕危害行为的概念曾存在激烈的争论，并形成了因果行为论、目的行为论、社会行为论、人格行为论等多种行为理论学说。

1. 因果行为论。因果行为论认为行为是由于意思所引起的外界的自然因果过程。它将有意性（即出于行为人的意思）和有形性（即在行为人意思支配下的身体举动及其发生的因果过程）作为行为的标准。但是，由于它不能说明不作为犯，尤其是忘却犯（即无认识过失的不作为犯）的行为性，因此受到很多反对。

2. 目的行为论。目的行为论认为行为是行为人有意识地支配自然因果过程，为达到设定目标而进行的有目的的活动。因此，目的性是行为的本质，它支配、操纵人的行为，离开目的性即无所谓行为。依照目的行为论来解释故意犯罪，一般来说没有什么问题。但是，以此来解释过失犯罪，就遇到了难题。于是，有的学者不承认过失行为的行为性；有的学者则认为过失行为有“潜在目的性”或“可能的目的性”。但是，无论怎样解释，仍然难以自圆其说。

3. 社会行为论。社会行为论是修正因果行为论和目的行为论。认为行为是行为人有意惹起的具有社会意义的身体举动。它以“社会性”，即侵害社会法益，作为刑法中行为的立论依据，综合和修正了因果行为论和目的行为论观点，从社会价值上说明了不作为、过失行为的行为性。但是它仍然受到一些学者的批评，特别是没有明确区分行为的社会评价与法律评判等。但是，由于它立意较为全面，而受到现代西方许多学者的赞同。

4. 人格行为论。人格行为论认为行为是行为者人格的主体的实现化的身体举动。作为和不作为、故意行为和过失行为，由于可以反映主体的人格态度，因此都可以认为是行为。但是，人的单纯的反射运动、绝对强制的动作以及幼儿的行动、精神病人的动作等，由于不能反映行为者的人格，故均不是行为。人格行为论强调对行为者的人格的考察，能更好地概括刑法中的各种行为形态。但是，许多学者批评该学说将行为论与刑事责任论相混同，因而没有得到多数学者的赞同。

上述各种学说，都从一个或几个侧面论证了刑法中的行为，均有其一定的理论价值。但是，由于它们都把行为作为一种中性、无色的事实判断，脱离刑法规范来研究行为，因此至今没有统一观点。

我国《刑法》第13条明确指出，犯罪是依照法律应当受刑罚处罚的危害社会的行为。危害行为，是我国刑法中犯罪客观方面首要的因素，是一切犯罪构成在客观方面都必须具备的要件。没有危害行为就没有犯罪构成，自然也无刑事责任可言。因此，研究和把握刑法上作为犯罪客观方面要件的危害行为的概念、特点及其表现形式，具有特殊重要的意义。我国刑法中的危害行为，是指在人的意志支配下实施的危害社会的身体动静。这一定义说明，作为犯罪客观要件的危害行为，具有以下三个基本特征：

1. 危害行为在客观上是人的身体动静。这是危害行为的外在特征，亦称危害行为的有体性特征。任何危害行为都必然有一定的身体动静，否则就不可能构成危害行为。因为危害行为的本质意义在于可以改变客观世界从而危害社会，而人对客观世界的改变，只能由身体的动静来实现。现代各国刑法比较普遍地反对“思想犯罪”，只以行为作为惩罚的对象，也就是因为单有思想不能改变客观世界。危害行为的身体动静，包括动和静两个方面：“动”是指身体的活动，包括四肢活动，如举手投足、使用工具、指使他人；也包括其他身体活动，如以目示意、语言辱人。“静”是指身体的相对静止，它虽然没有积极的身体动作，但在特定情况下仍然属于行为的形式。

2. 危害行为在主观上是由行为人的意志支配下的身体动静。支配身体动静的意志或意识活动，是危害行为的内在特征，也称为危害行为的有意性特征。我国刑法中危害社会的行为，必须是受人的意志支配的。因为只有这样的人体外部动静即危害行为，才可能由刑法来调整并达到刑法调整所预期的目的。因此，人的无意志和无意识的身体动静，即使客观上造成损害，也不是刑法意义上的危害行为，不能认定这样的人构成犯罪并追究其刑事责任。这类无意识或者无意志的身体动静主要有以下几种：①人在睡梦中或处于精神错乱状态下的举动。这些情况下的举动，并不是人意志或意识的表现，因而即使在客观上对社会有损害，也不能认为是刑法上的危害行为。如2006年7月我国新疆地区曾发生19岁的少年在梦游中杀害两个同伴的事件，经过司法鉴定认定该少年患有“混合型精神分裂症”，涉嫌杀人是由于精神病态，受幻觉、妄想等精神性症状支配，在不能辨认下实施的，属于无刑事责任能力。②人在不可抗力作用下的举动。这种情况下的行动并不表现人的意志，甚至违背其意志，因而也不能认为是刑法上的行为。比如，汽车司机在驾驶过程中突然被马蜂蜇刺，司机出于本能挥手驱赶，手离开了方向盘导致车辆失控，撞向路边行人与其他车辆，造成严重损失。司机的行为是出于条件反射式的自我保护本能，其行为并不是本人的意志支配。③人在身体受到强制情况下的行为。这种情况下的行为是违背行为者主观意愿的，客观上他对身体强制也是无法排除的，因此此等行为也非刑法上的危害行为。比如，正在运行中火车的司机被罪犯捆绑，无法履行职责，导致严重交通事故。这里火车司机的未履行职责就是由于身体受到强制而无法实施法律所要求的积极行为。但是人在受到精神强制、威胁时所实施的损害社会的行为，除非符合紧急避险条件而属于合法行为的以外，其他不符合紧急避险的条件而达到触犯刑法程度的，应当认定为犯罪，因为这时行为人是在其意志和意识的支配下实施了这一行为，如参加某些邪教组织、恐怖组织的行为。

3. 危害行为在法律上是对社会有危害的身体动静。身体动静的社会危害性，是危害行为的价值评价特征，也称为危害行为的社会性特征。由人的意志或意识支配下实施的身体动静，只是说明了人类行为的一般意义，某一行为在什么情况下可以被视为刑法上的危害行为，这是立法者以自己的价值标准对人类行为进行价值评价的结果。只有有害于社会的行为，才可能成为我国刑法所惩罚的对象，才可能被视为我国刑法中犯罪构成的客观要件。因此，刑法中规定的正当防卫行为、紧急避险行为、不满14周岁的人实施的对社会有害的行为等都不是刑法意义上的危害行为。

刑法所规定的危害社会行为，其表现形式多种多样。刑法理论上将形形色色的危害社会行为归纳为两种基本表现形式，即作为与不作为。有的国家刑法立法中还创设了介于作为与不作为之间的行为形式：持有。

一、作为

作为，是指行为人以身体活动实施的违反禁止性规范的危害行为。我国刑法中规定的绝大多数犯罪，都可以由作为实施，而且有许多只能以作为形式实施。作为是危害行为的基本形式之一，它自然具有危害行为的三个基本特征。此外，作为的行为形式还表现为行为人只能是以积极的身体活动来实施，身体的静止不可能实施作为犯罪；作为违反的是禁止性规范，即法律禁止做而去做。作为一般是由人的一系列积极举动组成，而不是个别孤立的动作，因此不能机械地将一个犯意所支配的若干有机联系的动作和活动环节分解为多个作为。

作为的实施一般表现为一系列的身体动作，但这一系列身体动作并非仅指以身体的特定部位作用于犯罪对象，以身体动作操纵各种工具实施行为仍然可以视为作为的实施方法，而且这是人这种有理智的高级动物活动的根本特征。如果从行为人是单以身体动作作用于犯罪对象还是利用一定的工具来实现犯罪意图上看，作为主要有以下几种实施方式：

1. 利用自己身体实施的行为。这是作为的常见形式之一。身体活动既可以表现为四肢的活动，也可以表现为五官的活动。无论是利用身体的哪个部位的动作，只要符合作为的特点，就是作为的具体实施方式。比如，行为人既可以是利用四肢、拳打脚踢的伤人、杀人，也可以是口出秽言的侮辱，或者眼神示意的教唆。

2. 利用物质性工具实施的作为。这也是作为最常见的实施方式。这种作为形式的特点是，人的身体活动和犯罪对象之间有了工具这一介入因素，由工具的某种属性作用于犯罪对象并造成对象的某种改变以侵害或威胁犯罪客体。在这类作为中，人的身体活动仍然是必需的，但身体活动的作用不在于直接改变犯罪对象而在于操纵工具。物质工具的种类很多，除了刀枪棍棒、绳索毒药等普通犯罪工具以外，各种现代化的高科技产品都可能成为实施危害行为的工具。

3. 利用自然力实施的作为。自然力是指水、火、雷、电等自然现象。利用自然力进行犯罪的并不少见，如放火、决水等均属此类。利用自然力实施的作为与利用物质性工具实施的作为在性质上基本相同，所不同的，只在于前者利用的东西为自然形式，后者利用的为人工创造的工具。

4. 利用动物实施的作为。只要行为人以身体活动驱使动物，就是利用动物实施的作为。比如，驱动毒蛇猛兽伤害、杀害他人。

5. 利用他人实施的作为。这是指将他人做工具加以利用而实施的危害行为，其特点在于由他人的身体动作或操纵工具作用于犯罪对象，而他人的活动是由行为人的身体活动引起的。比如，行为人利用精神病人杀人，利用未满 14 周岁的少年进行贩毒、走私等。

二、不作为

不作为是与作为相对应的危害行为的另一种表现形式。不作为，就是指行为人负有实施某种行为的特定法律义务，能够履行而不履行的危害行为。不作为是危害行为的基本形式之一，当然也同作为一样，应该具备危害行为的三个基本特征。此外，成立不作为在客观方面应当具备如下三个条件：①行为人负有实施某种作为的特定法律义务，这是构成不作为的前提条件。没有特定法律义务，也就没有不作为的行为形式。②行为人有能力履行特定法律义务，这是不作为成立的重要条件。如果行为人不具有履行特定法律义务的可能性，也不可能成立不作为。③行为人没有履行作为的特定法律义务，这是不作为成立的关键条件。不作为违反的是刑法的命令性规范，即当为而不为。比如，负有扶养义务的行为人对不具有独立生活能力的人拒绝扶养，而情节恶劣的，就是一种典型的不作为。

不作为通常表现为身体的静止、不为一定行为，那么为什么还可以构成犯罪呢？这在刑法理论上叫做不作为的行为性问题。我们认为，把握不作为的行为性，应当从社会价值的角度入手。不作为之所以与作为一样同属于危害行为，同样可以成立犯罪，归根结底在于不作为是应为而不为，它同作为在侵害一定的社会关系这一点上是相同的（具有同等的否定性价值）。

行为人负有实施某种行为的特定法律义务即作为义务，是不作为成立的前提条件。在不作为犯罪中，作为义务反映了不作为犯罪的基本犯罪事实和构成要素的本质特征。如何理解不作为的特定法律义务即作为义务，是刑法理论中一个重要问题。之所以称其为特定的“法律义务”，在于强调不作为中的特定义务并不包括道德义务等一般社会意义上的义务。但是，不作为的特定法律义务，不仅仅是指法律明文规定的义务。作为义务的根据（来源或种类）包括以下几种：

1. 法律明文规定的义务。法律明文规定的义务不仅指刑法明文规定的义务，而且是指由国家制定或认可并由国家强制力保证其实施的一切行为规范的总和，包括宪法、法律、行政法规、条例、规章，等等。比如，我国《婚姻法》规定，父母对子女有抚养教育的义务，子女对父母有赡养扶助的义务。因此，行为人拒绝抚养、赡养的行为，可能构成不作为犯罪。但是，非刑事法律明文规定的义务只有经刑法认可或要求的，才能被视为作为义务的根据。换言之，只有当其他法律、法规规定的义务成为刑法规范所要求履行的义务时，才是不作为法律义务的根据。需要指出的是，不能仅机械地根据法律条文上的直接规定来确定行为人是否有法律明文规定的义务，对于法律没有规定的，要根据案件的具体事实，运用法理，分析有关法律规范的内涵及行为人同所发生的法律事件的关系，加以确定。

2. 职务或业务上要求的义务。具有一定职务或从事某种业务的人负有某种特定的义务。比如，值班医生负有抢救病人的职责，游泳场的救生员负有抢救落水人的义务，值勤消防队员负有灭火的义务，国家机关工作人员有履行工作职责的义务。严格来讲，职务或业务上的义务亦属于法律明文规定的义务，因为这类义务一般都由各种法规、条例、规则所规定，其效力的根据仍在于法律的规定。但是，职务或业务上要求的行为的前提是担任相应的职务或从事相应的业务，因此，与一般法律明文规定的义务相比，又有显著的不同。

3. 法律行为引起的义务。法律行为是指在法律上能够产生一定权利、义务的行为。如果一定的法律行为产生某种特定的积极义务，行为人不履行该义务，从而使刑法所保护的社会关系受到侵害或威胁，就可能成立不作为犯罪。比如，约定抚养他人婴儿的人对该婴儿负有抚养义务，如果不尽此种义务致使婴儿死亡的，就应承当相应的刑事责任。法律行为在实践中主要表现为合同行为，广义地包括自愿承担义务行为。

4. 先行行为引起的义务。这种义务是指由于行为人的某种行为使刑法所保护的某种社会关系处于危险状态时，行为人负有的排除危险或防止危险结果发生的特定义务。如果行为人不履行这种义务，就是以不作为的形式实施的危害行为。如交通肇事的先行行为可能引起救助被害人的义务。关于先行行为引起的作为义务，有下述几个问题值得研究：一是先行行为是否限于违法行为？先行行为如并不违法，能否引起作为义务而成立不作为犯罪？例如，汽车司机照章驾驶、骑车人违章骑自行车，汽车司机因意外撞伤骑车人并致其严重失血而有生命危险，司机有无送其到医院抢救的义务？若司机不予送治致其死亡能否成立不作为犯罪？对此理论上有不同的主张。有人认为，不论是违法行为还是合法行为，既然由于它而使某种合法权益处于遭受损害的危险状态，行为人就没有理由拒绝消除他能够消除的危险；先前的合法行为不能保证以后行为的合法性。但合法行为引起作为义务是否公正合理，仍需要深入思考。二是犯罪行为能否作为先行行为而引起作为的义务？理论上分歧较大，肯定说与否定说并存。我们认为，完全否定犯罪行为可以作为先行行为引起作为义务，是不恰当的。因为如果承认连违法行为都能引起作为义务，犯罪行为反而不能引起作为义务，于情于理不合，也不利于司法实践。例如，行为人交通肇事将他人撞成重伤并致被害人有生命危险时，行为人负有将被害人送往医院救治的作为义务是无可置疑的。不过，肯定先行行为包括犯罪行为，在理论上的确存在一系列疑难问题而需要认真研究和科学解决。我们认为将犯罪行为作为先行行为从而引发作为义务，应当仅限于过失犯罪，例如，上述交通肇事案例中，若行为人不将被害人送往医院抢救而致被害人死亡的，可能引发对该行为人有可能超出交通肇事范围的其他不作为的刑事责任。但是对于某些故意犯罪，认为故意犯罪引发先行行为有可能发生无法自圆其说的尴尬问题。如行为人以故意伤害的意思用锐器捅刺被害人，被害人受伤挣扎，行为人扬长而去，被害人不治身亡。对此，如果认为行为人的犯罪行为产生了一个先行行为的义务必须去援救被害人，假如不援救被害人就承担被害人身亡的后果，从而构成故意杀人罪或者故意伤害罪与过失致人死亡罪并罚，显然不符合主客观相统一的原则，也充满了“教化猛兽改吃草”的讽刺意味。三是先行行为是否仅限于作为？不作为能否成为先行行为？我们认为，先行行为既可以是作为，也可以是不作为。例如，行为人拒不接受有关部门对枪支、弹药、爆炸物品的检查，丢失公务用枪不予及时报告等情形，都可以引发作为义务。当然，对这一问题还需要进一步研究。

不作为方式成立犯罪除了存在特定的义务以外，还须注意行为人的不作为应当具有严重的社会危害性。严重的社会危害性是犯罪最基本的属性，是刑事违法性和应受惩罚性的基础。不作为可能引起民事的、行政的和刑事的三种法律后果，刑法中的不作为要求行为人负有的特定的不作为必须与刑法的要求相联系，如果不履行将会引起刑事法律后果。没有刑事强制性的特定义务不是刑法上认定不作为的根据。例如，证人拒不作证，应当服兵役的公民拒绝或者逃避征兵登记等，这些不履行特定义务的不作为行为，由于立法者认为不具有刑法上的严重的社会危害性，没有规定相应的刑事制裁内容，故不能认定为不作为犯。不作为之所以能成为与作为等价的行为，就在于它有严重的社会危害性。

不作为犯罪根据法律规定的通常构成形态的差异可以分为纯正不作为犯和不纯正不作为犯。前者是指只能由不作为构成的犯罪，如《刑法》第201条逃税罪，第261条遗弃罪，第311条拒绝提供间谍犯罪、恐怖主义犯罪、极端主义犯罪证据罪和第313条拒不执行判决、裁定罪，均是纯正的不作为犯。后者是指大多由作为形式构成但实际却由不作为构成的犯罪，如以不作为方式构成的故意杀人罪、放火罪等。就纯正不作为犯而言，刑法对它的构成要件作了明文规定，法律对它的作为义务一般也有了明确界定。但是，就不纯正不作为犯而言，我国刑法没有像有的国家的刑法那样作出一般总则性的规定，犯罪认定也都是以作为行为为中心展开的，使得不纯正不作为犯的认定较为复杂。

三、持有

持有是指行为人对特定物品进行事实上和法律上的支配、控制。英美法系刑法理论与立法很重视持有问题，刑法教科书中一般都有对持有行为可罚性的专门论述。在美国，无论是联邦还是各州的立法，都规定有大量的持有型犯罪，例如，非法持有毒品、盗窃工具、火器、刀具以及其他攻击性武器；英国刑法中也大体如此。大陆法系国家的刑法中也有处罚持有行为的规定，如1810年《法国刑法典》第278条规定："乞丐或游民所持有的一件或几件物品价值超过100法郎而不能证明其来历者，依第276条的规定处刑。"现代各国刑法中的持有型犯罪更是大量存在，如现行的《日本刑法典》第140条规定的持有鸦片烟或者吸食鸦片烟的器具罪，《韩国刑法典》第121条规定的战争或事变之际非法持有爆炸物罪，《意大利刑法典》第699条规定的在自己的住宅或其附属地域以外持有武器罪。与英美法系刑法不同的是，大陆法系国家刑法理论体系一般将犯罪行为分为作为与不作为两种，没有单独提出持有行为的问题。我国刑法典也规定了一些持有型犯罪，如非法持有枪支、弹药罪，非法携带枪支、弹药、管制刀具、危险物品危及公共安全罪，持有假币罪，非法持有国家绝密、机密文件、资料、物品罪，非法携带武器、管制刀具、爆炸物参加集会、游行、示威罪，非法持有毒品罪，非法携带、持有毒品原植物种子、幼苗罪，巨额财产来源不明罪。另外，某些个罪中包含了持有的行为表现，如《刑法修正案（五）》增设的妨害信用卡管理罪，该罪即包含了持有伪造的信用卡、持有伪造的空白信用卡等持有行为。

持有属于行为，这一点中外刑法理论已基本形成共识，但由于持有的特征，持有究竟属于何种形式的行为这一问题还存在很大的争议，概括说来，主要有以下四种观点：①作为说。该说认为持有行为违反了禁止行为人取得特定物品的禁止性规范，因而属于作为形式。②不作为说。认为法律将持有本身规定为犯罪意味着法律禁止这种状态的存在，而这种禁止暗含着当这种状态出现的时候，法律命令持有人将特定物品上缴给有权管理的部门以消灭这种持有状态。持有者既然没有履行这种上交义务，就成立不作为的形式。③择一行为说。认为持有究竟是作为还是不作为需视具体情况而定。有时持有属于作为，有时又是不作为。④独立行为说。认为持有既不同于作为，也不同于不作为，作为具有动的特征，不作为具有静的特征，持有则动静兼具，而且将持有视作与作为、不作为相并列的第三种行为形式并不违反逻辑规则。目前还很难说上述哪一种观点是通说。无论持有属于何种行为形式，其法治价值却不容否认。通过持有型犯罪的立法可以严密刑事法网，减轻公诉机关证明责任，节省司法成本，提高司法效率，增加刑法的威慑效用。

第三节　危害结果

一、广义与狭义的危害结果

关于刑法中的危害结果，刑法理论上存在着不尽一致的论述。有的认为，危害结果作为危害行为对客体的损害，是构成任何犯罪在客观方面的必备要件之一，它既包括客观上已经造成的危害结果，也包括可能造成的危害结果。有的认为，有些行为一经实施即构成完整犯罪（如侮辱罪、诽谤罪等）的情况，没有危害结果或者说没有物质性危害结果；有些行为犯罪情况，如犯罪的预备、未遂和中止形态，也没有危害结果。[1] 有的认为，危害结果就是犯罪行为已经造成的实际损害结果或者具体的物质性的损害结果。有的认为，危害结果是指犯罪行为通过影响犯罪对象而对犯罪客体造成的法定现实损害及具体危险事实。

根据我国刑法的规定和有关的刑法原理，刑法意义上的危害结果，可以有广义与狭义之分。所谓广义的危害结果，是指由行为人的危害行为所引起的一切对社会的损害事实，它包括危害行为的直接结果和间接结果，属于犯罪构成要件的结果和不属于犯罪构成要件的结果。所谓狭义的危害结果，是指作为犯罪构成要件的结果，通常也就是对直接客体所造成的损害事实。狭义的危害结果是定罪的主要根据之一。研究刑法上的危害结果，首先要把作为犯罪构成要件的狭义的危害结果与广义的危害结果区别开来。

广义的危害结果在理论上有两种分类：①直接结果和间接结果。直接结果，是指由危害行为所直接造成的侵害事实，它与危害行为之间不存在独立的另一现象作为中介。比如，行为人向被害人开枪致其死亡，被害人的死亡就是行为人的枪击行

---

〔1〕 高铭暄、马克昌主编：《刑法学》，北京大学出版社、高等教育出版社2000年版，第76页。

为的直接结果。间接结果，是指由危害行为所直接造成的侵害事实，它与危害行为之间存在独立的另一现象作为联系中介。比如，行为人诈骗了被害人大量钱财以后，被害人因悔恨而自杀，被害人的死亡就是行为人诈骗行为的间接结果。直接结果往往有助于正确定罪量刑，间接结果则往往对量刑有影响。②犯罪构成要件的结果和非犯罪构成要件的结果。犯罪构成要件的结果，是指刑法分则条文规定的，成立某种具体犯罪既遂必须具备的危害结果。比如，故意杀人罪的被害人死亡的结果就是此罪的构成要件的结果。非构成要件的结果，是指危害行为引起的犯罪构成要件以外的，影响行为的社会危害性程度大小的危害结果。比如，故意杀人未遂但是致被害人重伤，重伤就是非犯罪构成要件的结果，它影响故意杀人未遂量刑的轻重。

从司法实践中定罪的实际需要出发，在狭义的危害结果中，应当进一步把有形的、可以具体测量确定的危害结果，同无形的、不能具体测量确定的危害结果加以区别。我国刑法上的任何犯罪行为，都能够给一定的直接客体造成某种损害。从这个意义上说，危害结果与犯罪客体密不可分。通过这种结果，可以从客观方面反映犯罪行为与犯罪客体的联系，并且揭示不同犯罪行为所侵害的合法权益的特定性。但是，上述危害结果又可以分为有形的、可以具体测量确定的结果，以及无形的、不能具体测量确定的结果两类，这是由犯罪客体的性质所决定。后一类危害结果一般是非物质性的，往往是犯罪行为一经实施，这种危害结果就同时发生了（虽然人们一般不能凭直观感知它）。因此，对这种犯罪案件，一般只要查明已经实施了行为，就可以认定为犯罪既遂，而不存在未遂问题，也无须去查明行为与结果间的因果关系，如刑法理论上称之为“举动犯”的侮辱罪、诽谤罪、传授犯罪方法罪等。但是，给直接客体造成的有形的、可以具体测量确定的危害结果，则在具体案件中可能发生，也可能由于某种原因而没有发生，而且往往并非行为一着手实施就立即发生。对这种犯罪来说，要认定犯罪是既遂还是未遂，就要在查明实施了刑法分则规定的某种危害行为的同时，再查明是否发生了作为构成要件的危害结果。没有产生这种结果的，一般应以犯罪未遂论处。这类有形的、可以具体测量确定的危害结果，是所有过失犯罪的客观方面必备的要件，是区分过失犯罪与非犯罪的客观标志；这类结果也是相当数量的故意犯罪既遂所必备的要件，是区分这些犯罪的既遂与未遂、中止形态的重要客观标志。因此，虽然从总体上看，有形的、可以具体测量确定的危害结果并非是一切犯罪都必备的要件，但是这种危害结果的有无和大小，对认定有关的犯罪和量刑具有重要的实际意义，在认定中必须注意查明。

法定的物质性危害结果作为犯罪客观方面的一个重要因素，它的有无和轻重对决定并反映行为危害程度具有重要意义。根据我国刑法对物质性危害结果的几种规定，危害结果在不同犯罪中的地位和作用表现为以下几点：①以是否出现直接客体的物质性危害结果作为犯罪既遂与否的标准。犯罪既遂通常以发生特定危害结果为前提，而犯罪预备、未遂、中止均以没有发生特定结果为条件。比如故意杀人罪以被害人的死亡作为犯罪既遂的标准。②以是否出现严重的物质性危害结果作为区分罪与非罪的标准。在某些犯罪中，特别是过失犯罪中，严重的物质性危害结果是犯罪的构成要件，如果行为没有造成严重的物质性危害结果，就不成立犯罪。比如过失致人重伤罪的定罪中，如果行为没有造成被害人重伤的危害结果，不成立本罪。③以有发生某种特定的物质性严重后果的危险性作为犯罪既遂或构成犯罪的标准。比如，破坏电力、燃气或者其他易燃易爆设备，危害公共安全，尚未造成严重后果的，构成破坏电力设备罪和破坏易燃易爆设备罪。④以物质性危害结果的轻重作为适用轻重不同的法定刑幅度的标准。比如，犯虐待罪的，处2年以下有期徒刑、拘役或者管制。但是，如果致被害人重伤、死亡的，则处2年以上7年以下有期徒刑。

二、危害结果的特征

刑法中的危害结果具有如下特征：

1. 危害结果的客观性。从结果的哲学含义讲，结果是由一事物引起另一事物的现象。无论这种现象以什么形式出现，它都具有客观现实性。刑法上的危害结果尽管有其特定内涵，但必须以哲学上结果的概念为其理论依据。刑法中的危害结果相对于哲学范畴的结果，属于特殊结果，但它必然具有结果的一切特征，因而危害结果也只能是一种事实，一种客观存在的现实。有的论著认为，危害结果也包括可能造成的损害，这是不正确的。

2. 危害结果的因果性。危害结果的客观性，要求危害结果在内容上只能是一种现实的、客观存在的事实。但是，并非一切客观存在的事实都可以成为危害结果，而只有危害行为引起的事实，才可以成为危害结果。因此，任何客观存在的事实，其成因只要不是危害行为，就不是危害结果；没有危害行为，就谈不上危害结果。

3. 危害结果的侵害性。危害结果由危害行为引起，作为一种事实，它表明刑法所保护的社会关系即犯罪客体受到侵害。任何一种危害结果，都必然是危害行为对社会造成的一定的损害。但是，危害行为对社会造成的结果或事实，并不都是具有侵害性的。如盗窃行为在给他人造成财产损失的同时，对行为人或其家属来说不是损害，而是不法的财产增收。这就使得危害结果和“危害行为所造成的结果”之间有别，只有危害行为引起的对刑法所保护的社会关系具有侵害性的那些事实，才能构成危害结果。申言之，危害结果是危害行为引起的具有刑法意义的对社会的损害事实。当危害结果是犯罪构成要件之结果时，它对犯罪的社会危害性起决定性作用，是作为定罪依据或认定犯罪完成形态是否成立之依据的结果；当危害结果不是犯罪构成要件之结果时，它对犯罪的社会危害性程度大小起影响作用，主要是作为量刑依据的结果。

4. 危害结果的多样性。危害结果作为危害行为对刑法所保护的社会关系侵害的一种事实，必然具有多样性。这是因为刑法所保护的社会关系、危害行为、行为对象、手段等，均具有多样性的特征。无论其表现为何种具体形式，只要是事实，而且是危害行为侵犯刑法所保护的社会关系所形成的事实，都可以成为危害结果。

三、危害结果的主要分类

危害结果具有多样性的特征，为深入理解危害结果的内涵和意义，有必要研究危害结果的种类，从不同角度对其进行分类把握。刑法理论上从不同的角度，对危害结果所作的分类很多，如有形结果与无形结果、普通结果与加重结果、具体结果与抽象结果、目的结果与手段结果、主结果与次结果、单一结果与复杂结果、构成结果与非构成结果、物质性结果与非物质性结果、直接结果与间接结果、实害结果与危险结果等。下面对理论和实践意义较为重要的危害结果的若干分类予以阐述：

（一）物质性结果与非物质性结果

物质性结果与非物质性结果是按照危害结果的存在形态所作的划分。

所谓物质性结果，是指以通常可感知、可测量的形态存在的危害结果。例如，被害人已经死亡或身体受到的伤害；财物被损坏或改变其存在位置等。物质性结果具有直观性，人的感官可以直接感知。同时，人们通过数学、物理、医学等方法，可以具体确定危害程度。

所谓非物质性结果，是指以通常无法感知、无法测量的形态表现出来的危害结果。例如，被害人的名誉、人格受到损害，国家机关的威信受到损害等。这种危害结果，也是不以人的意志为转移的客观存在，只是不像物质性结果那样，具有直观性和可精确计量性。但是，它并不是不能为人们所认知，而是可以作出适当评估。如以人的名誉、人格受损害为例，人的精神损伤总是通过被害人自身的外在表现反映出来，通过周围人的言谈、举止表现出来。通过对被害人和其周围人的外在表现的考察，根据社会价值观念，人们可以确定被害人的名誉、人格受到损害的程度。因此，非物质性结果，并不是无迹可寻、不可估算，只是同物质性结果相比，认定方式更为复杂、更为困难。

（二）实害结果与危险结果

实害结果与危险结果是依据危害行为对犯罪直接客体是否造成现实的损害，而对危害结果所作的划分。

所谓实害结果，是指危害行为对犯罪客体所造成的现实损害。例如，过失行为引起的致他人死亡、重伤或者使公私财产遭受重大损失；盗窃数额较大的公私财物等，都是由实害结果构成的犯罪。实害结果既包括上述物质性结果，又包括非物质性结果，如对公民名誉、人格的损害，虽然是非物质性结果，但是也是一种现实存在的损害。

所谓危险结果，是指危害行为使犯罪直接客体处于足以发生实害结果的危险状态。危险结果区别于实害结果的主要特征是：①实害结果未发生，且构成犯罪不以发生实害结果为要件；②客观上存在着发生实害结果的现实危险性；③这种现实危险性由危害行为所造成的某种事实表现出来。例如，甲故意破坏了高速公路上的指示标志，足以使行驶中的车辆相撞或坠下高速公路，危害了车辆行驶安全，即使甲破坏指示标志的行为未实际引起车辆相撞等重大事故，但其行为存在着引起这种事故的高度现实危险性，甲的行为应当构成破坏交通设施罪。构成本罪并不要求实害结果发生，只要存在这种结果发生的现实危险性即可成立。

关于危险结果是否应当划分为抽象危险结果与具体危险结果，如丢失枪支不报罪的危险结果应属何种类型，在学者中有不同意见。持肯定论者认为，应当区分抽象危险结果与具体危险结果，前者指符合构成要件的危险行为一经施行，便存在一般危险状态，便成为犯罪既遂；后者指危害行为实行后，是否已引起法定的特定危险状态，需要根据具体案情作出肯定判断，才能成立犯罪既遂。由于这种危险结果是刑法分则条文具体规定的，所以称具体危险结果。持否定论者认为，抽象危险结果与具体危险结果的划分，是不科学的，抽象危险结果不可能成为结果的内容。结果是一种客观存在的事实，只能是具体的，不可能是抽象的；所谓抽象的危险是行为表现出来的产生特定结果的可能性，是行为的属性，而不是结果的属性；我国刑法条文中也根本不存在抽象危险犯的规定。我国学者对此问题的研究有待进一步深入。

（三）直接结果与间接结果

直接结果与间接结果是依据危害结果同危害行为的联系程度，对危害结果所进行的划分。

所谓直接结果，是指危害行为直接引起的危害结果。也就是说，危害行为同危害结果之间存在内在直接联系。所谓内在直接联系，是指危害行为不仅存在产生某种危害结果的根据及充足条件，而且不经过其他联系中介即引起该种危害结果的发生。例如，甲故意枪击乙头部，致乙死亡。甲的行为同乙死亡之间，存在内在的直接联系，乙死亡即为直接结果。但是，应当明确，甲的杀人行为和乙的死亡结果，是两个复杂的自然发展过程。只是在刑法意义上，将它们从总体上来考察，一个为危害行为，一个为危害结果。因为二者之间没有其他中介因素介入，所以乙死亡是甲杀人行为的直接结果。直接结果在刑法中有重要地位，绝大多数犯罪由直接结果构成。

所谓间接结果，是指危害行为间接引起的危害结果。也就是说，危害行为同危害结果之间存在外在的间接联系，即二者通过其他中介因素相互联系。例如，甲为了防止自家种的南瓜被偷，在几个瓜中下了农药，并在地边立牌，说明瓜中有农药。乙认为甲是在吓唬人，不会在瓜中下毒，于是偷了一个大瓜，回家后送给丙。丙做好瓜菜，给孩子们吃，致使三个孩子中毒死亡。此案中，甲的下毒行为同孩子中毒死亡之间，是一种间接联系，因为其间介入了乙和丙的行为。否则，甲的行为不会直接引起三个孩子的中毒死亡。刑法中，介入危害行为与间接结果之间的因素有多种。主要有：①介入被害人行为，引起危害结果发生。②介入第三者行为，引起危害结果发生。③介入自然力，引起危害结果发生。④先后介入他人行为和自然力，引起危害结果发生。例如，甲伤乙，乙到医院治疗时，医生丙不给予及时救治，致使乙因病菌感染而死亡。上述各种由于中介因素介入而引起的危害结果，对于作为初始原因的危害行为来说，都属于间接结果。

间接结果，对于追究行为人的刑事责任有重要意义。它不仅是量刑轻重的重要依据，而且有时也是定罪的依据。例如，甲辱骂乙，乙在极为愤怒之下，喝敌敌畏身亡。乙自杀死亡虽然是甲的侮辱行为的间接结果，但是，对于甲的行为是否构成侮辱罪来说，起着关键的作用。因为，必须是“情节严重”的侮辱行为，才能构成侮辱罪，而侮辱行为造成的间接结果，是衡量情节是否严重的重要标准之一。再如，认定故意杀人罪是否成立，通常以直接结果为依据。但是，有时间接结果也是定罪依据。比如，甲为谋害乙，将乙家的小汽车的制动装置暗中破坏，致使乙驾车时车毁人亡。本案中，乙的死亡是甲的行为的间接结果，但是对于甲的行为是否构成故意杀人罪（既遂）来说，它起着至关重要的作用。由上述可见，间接结果有时可以成为构成犯罪所必需的结果。因此，在刑法中不可忽视对间接结果的研究。

四、危害结果的地位

危害结果在犯罪构成中具有特定的地位，主要有以下三个方面：

1. 危害结果是成立某些犯罪的必要要件，但并非全部犯罪的必要要件。在刑法理论上长期存在一个争议问题，即是否一切犯罪都需要具备危害结果，危害结果在犯罪客观要件中是共同要件还是非共同要件；如果是非共同要件，那么危害结果是哪些犯罪构成客观要件的因素？对此有两种不同的观点：有的认为危害结果是一切犯罪构成所必备的条件；另一种观点则认为并非所有的犯罪都以危害结果为构成要件，而只有部分犯罪构成以危害结果为要件。我们认为，危害结果不是一切犯罪的共同要件：①从犯罪概念上看，社会危害性是犯罪的本质属性，但社会危害性是由多种因素反映出来的，危害结果只是反映社会危害性的一个因素。当危害结果以外的因素综合起来能够反映出行为的社会危害性达到了犯罪的严重程度时，立法者便不将危害结果规定为构成要件。反之，当危害结果以外的因素综合起来不能够反映出行为的社会危害性达到了犯罪的严重程度时，立法者就会将危害结果规定为构成要件。②从法律规定上看，《刑法》第24条第1款规定：“在犯罪过程中，自动放弃犯罪或者自动有效地防止犯罪结果发生的，是犯罪中止。”该条明确规定，犯罪中止成立同时并没有发生犯罪结果（即危害结果），中止行为本身不是犯罪行为，但中止以前实施行为是犯罪行为。所以，该条第2款又明确规定：“对于中止犯，没有造成损害的，应当免除处罚；造成损害的，应当减轻处罚。”显然，某些行为没有造成危害结果时也能成立犯罪。

2. 某些危害结果的发生可能导致此罪与彼罪的变化。例如，《刑法》第247条规定：“司法工作人员对犯罪嫌疑人、被告人实行刑讯逼供或者使用暴力逼取证人证言的，处3年以下有期徒刑或者拘役。致人伤残、死亡的，依照本法第234条、第232条的规定定罪从重处罚。”本条中原来规定的刑讯逼供与暴力逼取证言行为，在一般情况下应当构成刑讯逼供罪或者暴力取证罪，但是如果发生了致人伤残、死亡的结果，就应分别认定为故意伤害罪、故意杀人罪，并从重处罚。这表明，危害结果的内容不同可能成为区分此罪与彼罪的标准。

3. 危害结果的不同将影响量刑。例如,《刑法》第234条根据伤害行为造成的结果不同,规定了三个幅度的法定刑:故意伤害他人造成轻伤的,司法机关应选择3年以下有期徒刑、拘役或管制这一法定刑幅度;造成重伤的,应选择3年以上10年以下这一法定刑幅度;造成死亡的,应选择10年以上有期徒刑、无期徒刑或者死刑这一法定刑幅度。三种不同的危害结果对应三种不同的法定刑幅度。

第四节 危害行为与危害结果之间的因果关系

"探索事物的原因乃是人类智慧的本性,在很早的古代哲学中就已经出现了原因与结果的概念,有的哲学家甚至把探求事物的因果关系视为最高的目标,认为找到一个原因胜过当一世国王。由是,对于因果关系的研究,在哲学史上一直作为一个重要的内容延续下来,构成人类因果思想的发展史。"[1] 在刑法学领域,人们也一直致力于探索因果关系的奥秘,从而形成众多的因果关系理论。

一、国外刑法中的因果关系理论

在大陆法系,"因果关系的理论,从斯求贝尔直到特雷格尔,经过了一个世纪,把刑法学界搞得热闹起来。整个19世纪,为刑法学的研究做出贡献的是德国,喜好抽象和理论的德国的国民性,把哲学引进到刑法中,从而形成了因果关系时代"。[2] 在大陆法系刑法理论中,主要形成了以下因果关系理论:

1. 条件说。该理论认为,行为与结果之间存在没有前行为就没有后结果的条件关系时,前者是后者发生的原因。因此,条件说的基本公式就是:没有前者行为就没有后者结果时,前者就是后者的原因。由于条件说借用条件关系公式证明原因关系,所有条件都是相等的原因,未对条件作区分,不仅使刑法因果关系无限扩大,而且也无法分别条件作用的大小,对认定刑法因果关系没有任何益处。

2. 原因说。原因说是针对条件说不当扩大刑法因果关系范围的缺陷而提出的。主张运用一定标准对必要条件进行选择,只有对结果发生重大作用的条件才是刑法上的原因。对于什么条件才可能是重大作用的条件即原因,又有必生原因说、优势原因说、最后原因说、最有力原因说、反则原因说、最先原因说、决定原因说等。由于原因说区分原因与条件,但因为没有提出合理的标准,同时,由于其承认只有一个原因,对共同犯罪或存在多个危害行为的情况认定发生困难,因而,原因说也存在不可克服的缺陷,原因说在大陆法系刑法理论中已没有什么地位。[3]

---

〔1〕 维之:《因果关系研究》,长征出版社2002年版,第3页。

〔2〕 [日] 泷川幸辰:《犯罪论序说》,王泰译,法律出版社2005年版,第29页。

〔3〕 张绍谦:《刑法因果关系研究》,中国检察出版社2004年版,第27页。

3. 相当因果说。该说主张，凡属发生结果之条件，必须与结果有相当之关系。所谓相当关系，即依据一般常识经验，在通常情况下，皆认为某种行为能引起某种结果的发生，具有这种相当关系的条件与结果，就认为有因果关系。即一般情况下，有同一条件，均可发生相同结果的，则为结果的原因，反之，如果一般情况下，认为不会发生该种结果的，那么，则该条件与结果不相当。决定某一行为是否为结果发生的相当条件，必须根据行为时的具体情况，综合考察来决定。相当因果说对条件说进行了限制，排除了明显不相当的条件。

在英美法系国家的刑法学界，也有与大陆法系中的条件说、相当因果说或原因说等因果关系理论。但英美刑法学界，关于因果关系公认理论是双层原因学说，即把原因分为两层：第一层是事实原因，第二层是法律原因。事实原因这一观念建立在直观基础上，根据民事侵权法理论，事实原因由“but - for”公式来表达，即“如果没有 A（B、C……）就没有 Z”则 A（B、C……）就是 Z 发生的事实原因。这一公式足以解决许多简单的因果关系问题，也是因果关系理论的客观基础。但由于其存在两个缺陷：①不能包括共同原因，即如果两个以上彼此独立的因素共同（同时或先后）作用于同一对象产生一个结果，但又找不出哪一个是决定因素，则两个都不是结果的原因。如 A、B 同时（不是共同犯罪）向 D 开枪，两个致命伤致 D 死亡，按“but - for”公式，A 和 B 都不是 D 死亡的原因。②扩大了因果关系的范围，因为事实原因就是结果发生的条件。因此，事实原因只是因果关系理论的一个基础层次。法律原因是为限制事实的范围，从事实原因中筛选出一部分（即法律所关注的那部分）作为刑事责任的客观基础，第一层次是第二层次的物质基础，第二层次是刑法因果关系理论的核心。

但哪些是法律原因？为此又有四种学说：①近因说。所谓近因，一般认为就是没有被介入因素打破因果链的，当然地或者盖然地引起危害结果的事实原因。近因说对于一个行为直接引起损害结果的案件不会发生争议，但对危害行为发展过程中，介入了其他因素而导致某种危害结果，则认定起来较复杂，主要从两条规则考虑：一是介入因素与先在行为的关系性质是独立还是从属。如果是独立的，则先在行为不是原因；如果是从属的，则先在行为是原因。二是介入因素本身的特点是异常还是非异常。如果是异常的，则先在行为不是结果发生的近因；如果不是异常的，则先在行为是结果发生的近因。但以上两个规则的判断，其标准是“常识加公正”。②预见说。该说以行为人的主观认识为标准来筛选事实原因作为法定原因。③刑罚功能说。该说认为刑罚应具有报应和威慑功能，因此，从事实原因中选择法定原因，应以实现刑罚的功能为标准，根据具体情况来决定。[1] ④政策说。该说认为被告人的行为及他人的介入行为是否能成为法律上的原因，要根据刑事政策来确定。如果出于政策的考虑，必须要让某人对一危害结果承担刑事责任时，就应认为他人的行

〔1〕 储槐植：《美国刑法》，北京大学出版社 1996 年版，第 61 ~ 75 页。

为是结果产生的原因，反之，则不是结果的原因。[1]

二、我国刑法中的因果关系理论

在我国刑法理论中，关于因果关系的研究，主要有两个历史时期，在不同的时期，关于因果关系的主要学说有所不同。在20世纪90年代中期以前，主要有两种因果关系学说即“必然因果关系说”和“必然偶然因果关系说”，我国刑法理论中长期围绕这两种因果关系展开争论。

必然因果关系说认为，解决因果关系问题必须遵循的一个原则，就是原因和结果之间的联系的性质问题。根据辩证唯物主义，各种自然现象以及各种社会现象之间的联系有必然的，也有偶然的，但就因果关系来说，则只能是必然的联系，它表现为一种现象引起另一种现象之间的内在的、必然的联系。刑法上的因果关系表现为人所实施的社会危害行为和所发生的危害结果之间具有内在的、必然的联系。一个人的行为在所发生事件的具体条件下，如果不是必然地、合乎规律地产生某种结果，而是在这一行为发生的过程中，偶尔与另一因果性的锁链联系在一起，以致发生了结果时，这个人的行为和这个结果之间就没有刑法意义上的因果关系。[2]

必然偶然因果关系说认为，任何一个客观事物，包括危害行为所造成的危害结果，都是必然性与偶然性的统一，必然性和偶然性都有它们的原因和根据。必然性是由事物内部的、根本原因决定的；偶然性是由事物外部的、非根本性的原因决定的；把必然性和偶然性的辩证统一所形成的结果分别联系（物自身中的本来联系）起来，就自然得出必然因果关系和偶然因果关系。这两种因果关系是客观存在的，必然因果关系是事物内部的、本质的原因与结果间的因果关系，偶然因果关系是事物外部的、非本质的原因与结果之间的因果关系。根据原因对结果所起作用的性质不同，分为必然因果关系与偶然因果关系。该观点认为，刑法中的必然因果关系是指某（某些）危害行为对危害结果的发生起了决定作用，包含了危害结果的本质，是危害结果产生的根据，在一定条件下，合乎规律地产生该结果，这个（这些）危害行为与危害结果之间是必然因果关系。刑法中的偶然因果关系是指某（某些）危害行为造成某危害结果，这一结果在发展中又与另外的危害行为或事件相竞合，合乎规律地产生了另一危害结果，先前的危害行为不是最终后结果的决定性的原因，不能决定该结果出现的必然性，最后的结果对于先前的危害行为来说，可能出现，也可能不出现，可能这样出现，也可能那样出现，它们之间是偶然因果关系。[3]

另外，在必然偶然因果关系说中，还有一种观点即高概率因果关系说，也即“一个半”因果关系说。该观点认为，刑法的因果关系应当以哲学上的两种因果关系形式为基础，但又不完全包括两种形式。刑法中的因果关系应当是全部（一个）必

---

〔1〕 张绍谦：《刑法因果关系研究》，中国检察出版社2004年版，第15～18页。

〔2〕 权新广：“试谈刑法中的因果关系”，载《法学研究》1963年第3期。

〔3〕 李光灿、张文、龚明礼：《刑法因果关系论》，北京大学出版社1986年版，第113～114页。

然因果关系加上一部分（半个）偶然因果关系，这部分偶然因果关系即高概率偶然因果关系。概率在大于0和小于1之间属于偶然性（可能性）范围，概率为1就是必然性，概率接近1即为高概率的偶然因果关系。[1]

进入20世纪90年代中期以后，我国刑法理论界已对必然因果关系与偶然因果关系的争论进行了反思，以开阔的视野借鉴西方国家因果关系理论及国外的研究成果，探索解决刑法因果关系的新路径。这一时期关于刑法因果关系的研究，出现了多种观点争鸣的局面。这些观点主要是对国外某种犯罪因果关系的理论表示赞同。如有的主张条件说；有的赞同相当因果关系说；有的持条件说、相当因果关系说互补说；有的持事实因果关系和法律因果关系双层次说；等等。我国目前关于因果关系的理论，呈现出百花齐放、百家争鸣的局面。

根据罪责自负原则，一个人只能对自己的危害行为及其造成的危害结果承担刑事责任。因此，当危害结果发生时，要使某人对该结果负责任，就必须查明他所实施的危害行为与该结果之间具有因果关系。这种因果关系，是在危害结果发生时使行为人负刑事责任的必要条件。在实践中，对于危害行为与危害结果之间的因果关系，通常并不难确定。但是在某些案件中，由于犯罪情况复杂或者行为人有意制造混乱和假象，查明因果关系就必须依靠科学的分析和论证，有时还要借助科学技术的鉴定手段。

原因与结果是哲学上的一对范畴。在辩证唯物主义因果论看来，引起一定现象发生的现象是原因，被一定现象引起的现象是结果。这种现象与现象之间的引起与被引起的联系，就是因果关系。辩证唯物主义因果关系的理论同刑法学因果关系的理论，是一般与个别、普遍与特殊的关系。因此，刑法学因果关系理论要以辩证唯物主义因果关系理论为指导。但是，指导不等于代替，刑法学因果关系理论就其研究的目的、对象、范围来说，又有其特殊性。只有把辩证唯物主义因果关系的基本原理与刑法学所研究的犯罪现象有机地结合起来，才能科学地解决刑法中的因果关系问题。当然，因果关系的本身并不包括原因和结果，而只包含二者之间的引起与被引起的关系。

三、刑法上的因果关系的基本观点

行为与结果是一种事实特征，而因果关系是两者之间一种性质上的联系，因而一般不应将因果关系与行为、结果相并列作为构成要件。当然，这丝毫也不能否定因果关系在犯罪构成中的地位。关于因果关系在犯罪构成中的地位，一般认为只有在结果犯的情况下才存在刑法因果关系问题，在其他场合则无考察因果关系的必要，因果关系不是一切犯罪构成都必须具备的因素。只有在结果犯的场合，无因果关系则无刑事责任，因果关系是犯罪构成的一个要件。因果关系是行为与结果之间的一种客观联系，这种联系具有事实性质。但是，刑法中的因果关系不仅是一个事实问

---

〔1〕 储槐植："一个半因果关系"，载《法学研究》1987年第3期。

题，更为重要的是一个法律问题。在这种情况下，对于刑法中的因果关系，应当从事实和法律这两个方面加以考察。以辩证唯物主义因果关系理论为指导来解决刑法上的因果关系问题，应当注意以下基本观点和基本问题：

（一）因果关系的客观性

因果关系作为客观现象间引起与被引起的关系，它是客观存在的，并不以人们主观是否认识为前提。因此，在刑事案件中查明因果关系，就要求司法工作人员从实际出发，客观地加以判断和认定。在刑法理论上通常所说的刑法因果关系，则是指危害行为与危害结果之间客观的联系，并不涉及行为人的主观内容。通常所说的不惩罚所谓思想犯罪，也有因果关系的客观性在内。从历史的角度来看，很多国家古代都有惩罚“魇镇”“诅咒”“巫术”的犯罪，很多时候缺乏对刑法上因果关系客观性的认识。进入当代社会，随着高科技的发展，刑法上因果关系客观性的认识也日趋复杂，如世界各国对于载有反社会、反文明的教唆引诱他人自杀、交流极端思想等内容的网站运营者是否要承担刑事责任，存在较多争议。

（二）因果关系的相对性

辩证唯物主义科学地说明，各种客观现象是彼此相互制约和普遍联系的“链条”，在某一对现象中作为原因的，其本身又可以是另一种现象的结果；其中作为结果的，其本身也可以是另一现象的原因。即原因与结果的区别在现象普遍联系的整个链条中只是相对的，而不是绝对的。因此，要确定哪个是原因、哪个是结果，必须把其中的一对现象从客观现象普遍联系的整个链条中抽出来研究，在这时才能显现出一个是原因，另一个是结果。这里所研究的因果关系，只能是人的危害行为与危害结果之间的因果联系，这就是刑法因果关系的特定性。

认识因果关系的相对性，需要将可能承担刑事责任的部分与其他有关联部分进行有效分割。万事万物都无不在因果关系之中，实施危害行为从而导致危害结果或者产生其他应当承担刑事责任的因素的过程中可能存在许多因果关系，但不能任意往前溯源，也不能任意往后推导。如行为人甲为了杀害被害人乙而计划购买枪支，但是缺乏足够的资金，遂去丙的店里打工赚取购枪费用，丙无意中得知甲的计划，但并没有劝止，仍然雇佣甲并发给工资，甲不久凑够了钱后购买了一支枪，将乙杀害。是否可以认为如果没有丙的雇佣，甲就不能凑够钱买枪，因而也就不会发生乙被甲枪杀的后果，所以丙需要承担一定的刑事责任？对此，应当坚持因果关系的相对性，应当看到丙的雇佣行为并不能与被害人被杀害的结果发生刑法上的因果关系。

（三）因果关系的时间序列性

所谓时间序列性，就是从发生时间上看，原因必定在先，结果只能在后，二者的时间顺序不能颠倒。因此，在刑事案件中，只能从危害结果发生以前的危害行为中去找原因。如果查明某人的行为是在危害结果发生之后实施的，那就可以肯定，这个行为与这一危害结果之间没有因果关系。当然，先于危害结果出现的危害行为，也不一定就是该结果的原因；在结果之前的行为只有起了引起和决定结果发生的作用，才能证明是结果发生的原因。

（四）因果关系的条件性和具体性

任何刑事案件的因果关系都是具体的、有条件的，一种行为能引起什么样的结果，没有一个固定不变的模式。因此，查明因果关系时，一定要从危害行为实施时的时间、地点、条件等具体情况出发来考虑。例如，某地曾发生一起日光灯管伤害案，甲乙因琐事争吵，甲顺手从旁边拿起一根日光灯管砸在乙的头上，日光灯管碎裂后的细小碎片四溅，其中一些飞溅进旁边看热闹的丙的眼睛里，导致丙左眼失明，构成重伤。对此，甲的行为与丙的重伤后果是否有刑法上的因果关系？我们认为是存在的。在通常情况下，日光灯管虽然容易碎裂，但是不能对人身发生伤害后果，甲使用日光灯管敲打乙的头部，乙安然无恙。但是如上所言，一种行为能引起什么样的结果，没有一个固定不变的模式，查明因果关系时，一定要从危害行为实施时的时间、地点、条件等具体情况出发来考虑。在该事件中，甲的行为与丙的重伤后果需要从实施时的具体条件来判断，应当认为具有刑法上的因果关系。

（五）因果关系的必然性与偶然性

从实践中看，因果关系一般表现为两种现象之间有着内在的、必然的、合乎规律的引起与被引起的联系。这是因果关系基本的和主要的表现形式。通常也只有这样的因果关系，才能令人对其行为引起的结果负责任。但是，自然和社会现象是十分复杂的，除大量存在的必然联系的因果关系之外，客观上还可能发生偶然联系的因果关系（通常简称偶然因果关系）。后者所指的情况是某种行为本身不包含产生某种危害结果的必然性（内在根据），但是在其发展过程中，偶然又有其他原因加入其中，即偶然地同另一原因的展开过程相交错，由后来介入的这一原因合乎规律地引起了这种危害结果。这种情况下，先行行为与最终之危害结果之间的偶然联系，即称为偶然因果关系。

（六）不作为犯罪的因果关系

关于不作为犯罪的因果关系，理论上存在较大的争议，但仍然可以找到某些共识。①作为犯罪和不作为犯罪的因果关系有相同的一面。不作为是人的行为一种表现形式，它不是“无”，而是一种客观存在的现象。因此，它也处于世界的普遍联系之中，是事物发展的一个环节，它既是引起它的前一个现象的结果，又是它所引起的后一个现象的原因，同样具有原因力。不作为的原因力就在于它应当阻止而没有阻止事物向危险方向发展，以至于引起了危害结果的发生，它对危害结果的发生起了积极的作用。②由于作为和不作为是两种不同的行为方式，不作为犯罪中的因果关系又有其特殊性：不作为犯罪因果关系的研究对象同作为犯罪因果关系的研究对象不完全相同。不作为犯罪因果关系是研究客观上违反刑法规定的不作为，即不履行特定的作为义务的行为同危害结果之间的因果关系，而且只是与特定作为义务有联系的不作为及其危害结果，才是刑法因果关系所要研究的原因和结果，否则就会无限扩大不作为犯罪因果关系的研究范围。在不作为犯罪中，引起危害社会结果发生的，除了行为人不履行特定的作为义务外，还可能存在着某种自然力或者他人行为的作用。也就是说，在行为人不作为之前或者同时在客观上就已经存在着或者潜在着可能发生危害社会结果的因果链条。这种因果链条恰恰是行为人特定作为义务的对象。我们只有把握了不作为犯罪及其因果关系的特殊性，才能进一步深入分析不作为是怎样成为刑法中的原因的。

（七）因果关系的复杂性

因果关系的复杂性，具体表现为“一果多因”或“一因多果”。

1.“一果多因”。“一果多因”是指某一危害结果是由多个原因造成的。它最明显地表现在以下几种情况下：①在责任事故类过失犯罪案件中。事故的发生往往涉及许多人的过失，而且往往还是主客观原因交织在一起，情况非常复杂。确定这类案件的因果关系，就必须分清主要原因和次要原因、主观原因和客观原因等情况，这样才能正确解决刑事责任问题。②在共同犯罪案件中。共同犯罪中各个共犯危害行为的总和作为造成危害结果的总原因而与之有因果关系，但是根据我国刑法的规定，在分析案件时应该分清主次原因，即分清每个共犯在共同犯罪中所起作用的大小，并进而确定各个共犯刑事责任的大小。③在某些行为过程中存在一些介入因素，从而使得因果关系更加复杂。如生产销售有毒有害食品的行为人，甲从种植环节就开始添加 A 违法添加剂，乙收购了甲种植的原料又添加了 B 违法添加剂制作了半成品，丙购买了乙制作的半成品，为了保鲜又添加了 C 违法防腐剂，最终导致消费者食用有毒有害食品而发生严重后果。对此，应当分析甲乙丙的责任，明确甲乙丙之间并非共同犯罪，而是具有介入因素的因果关系。

2.“一因多果”。“一因多果”是指一个危害行为可以同时引起多种结果的情况。例如，甲诽谤了乙，不但损害了乙的名誉、人格，还导致乙自杀身亡；丙失火烧毁了大片房屋，还烧死、烧伤多人。在一行为引起的多种结果中，要分析主要结果与次要结果、直接结果与间接结果，这对于定罪量刑是有意义的。

第五节　犯罪的其他客观要件

犯罪的其他客观要件，是指犯罪特定的时间、地点和方法（手段）等因素。任何犯罪都是在一定的时间、地点，采取一定的方法（手段）实施的。在刑法上，它们并非都是犯罪构成的要件，而只是少数犯罪，才将它们作为构成要件加以规定，即它们是选择性的客观要件。

一、时间、地点、方法对定罪的意义

在法律将特定的时间、地点和方法明文规定为某些犯罪构成必备的要件时，这些因素就对某些行为是否构成该种犯罪具有决定性作用，即具有犯罪构成必备要件的意义。作为构成要件的时间，是指刑法规定的构成某些犯罪必须具备的犯罪发生

的特定时间；作为构成要件的地点，是指刑法规定的构成某些犯罪必须具备的犯罪发生的特定场所；作为构成要件的方法，是指刑法规定的构成某些犯罪必须具备的实施危害行为的特定方式。比如，《刑法》第340条就把“禁渔期”“禁渔区”“禁用的工具、方法”等规定为构成非法捕捞水产品罪的必备要件，因而实施的捕捞水产品行为是否具备这些因素，就成为非法捕捞水产品罪成立与否的重要条件。又如，羁押、监管罪犯、被告人或犯罪嫌疑人的场所或者押解途中是成立组织越狱罪、聚众劫狱罪、脱逃罪不可缺少的构成要件。再如，按照《刑法》第257条第1款的规定，只有用暴力方法干涉他人婚姻自由，才构成暴力干涉婚姻自由罪。在这里，是否用暴力方法干涉，就成为区分罪与非罪的标志。

二、时间、地点、方法对量刑的意义

在我国刑法中，大多数犯罪对危害行为实施的时间、地点、方法等因素在所不问，即行为无论在什么场合实施，对该行为成立犯罪没有影响，但这些因素往往会影响犯罪行为本身社会危害程度的大小，影响量刑的轻重。比如，在发生自然灾害或“严打”期间实施故意暴力犯罪或称“顶风作案”，其社会危害程度就比平时实施要大一些，量刑时就需要适当从重处罚。另外，有的刑法条文直接而明确地把特定的方法、地点作为某罪加重处罚的条件。比如，《刑法》第236条第3款规定，行为人在公共场所当众强奸妇女的，处10年以上有期徒刑、无期徒刑或者死刑。

学术视野

一、行为与刑法上的行为理论

行为概念是犯罪客观方面的核心范畴，也是犯罪构成在逻辑上的起点。由于对行为与人主体意识的关系，在认识上仍有许多差异，因而对行为概念的界定，刑法理论上存在许多观点，其中主要有：自然行为论、有意行为论、社会行为论、目的行为论、人格行为论等。这些学说各有特色，但都不尽自足而受到批判。

二、不作为犯罪的义务来源

成立不作为犯罪必须具备实施特定法律性质积极行为的义务，否则不能成立犯罪。对于哪些属于特定法律性质积极行为的义务，理论上存在一定的争议。通说一般认为应包括：法律明文规定的义务、职务或者业务要求的义务、法律行为引起的义务、先行行为引起的义务。但是对于后两者的范围究竟包括哪些，尤其涉及犯罪行为能否引起不作为义务、重大道德义务能否成为不作为义务等，理论观点差异很大。

三、持有的性质

我国刑法规定一些犯罪行为表现为持有某种特定物品的犯罪，如非法持有毒品罪、非法持有枪支弹药罪。对于持有的性质怎么认定，理论上存在许多争议，其核心问题是持有是作为、还是不作为，或者是独立于作为与不作为之外的第三种行为方式。理论上对此认识并不统一，至今也没有形成一致通说。大陆法系国家一般认为持有属于作为。

四、刑法上因果关系的认定

刑法上的因果关系理论是刑法学界长期争议的领域，在国外主要存在条件说、原因说、相当因果关系说、客观归责论等学说，在国内主要存在必然因果关系说与偶然因果关系论等学说。刑法上的因果关系虽然复杂并且重要，但是一般认为许多情况下它并不属于犯罪构成要件的内容。

理论思考与实务应用

一、理论思考

（一）名词解释

犯罪客观方面　危害行为　危害结果　作为　不作为

（二）简答

1. 简述犯罪客观方面的特征。
2. 简述危害行为的认识发展。
3. 简述作为的内涵。
4. 简述不作为的内涵。
5. 简述危害结果的结构。
6. 简述刑法上因果关系的特征。
7. 简述刑法上其他客观要件的概念。

（三）论述

1. 请论述犯罪客观方面的构成意义。
2. 请论述危害行为与危害结果的关系。
3. 请论述刑法上因果关系的基本认识。
4. 请论述不作为构成犯罪的条件。

二、实务应用

（一）案例分析示范

案例一

许某、路某于1999年5月与上海X经贸有限公司（以下简称上海X公司）总经理章某相识。经商议，许某、路某同意在北京筹建上海X公司北京分公司，并按照章某提出的“复合式加盟特许经营”模式进行经营。1999年8月，许某在北京注册登记了上海X公司北京分公司。1999年6月~2000年3月，许某、路某招募宣传促销员及代理商，向每个宣传促销员收取人民币280元1份的加盟费，再提供给实物产品，承诺3个月内返还人民币420元的高额回报，用后加盟者的加盟费支付前加盟者、代理商及分公司的各种费用，代理人按其发展的宣传促销员的份额获得服务费、代理费。该分公司共发展宣传促销员1.4万余人，收取加盟费人民币4689万余元，已返还给宣传促销员的金额人民币3436万余元。上海X公司主要负责人章某在案发后携巨款潜逃。

问：许某、路某等人的行为应如何定性？

【评析】 犯罪客观方面的表现是极其复杂多样的，当然，不论其如何变化多端，只要紧紧把握住犯罪客观方面的四个特征就可以认识清楚罪与罪之间在客观方面的差异与联系。

本案中，对许某、路某等人的行为如何定性存在以下三种意见。第一种意见认为，上海X公司主要负责人章某采用所谓"复合式加盟特许经营"的模式进行非法集资，在案发后携巨款潜逃，其行为构成集资诈骗罪；北京分公司许某、路某的行为属于帮助他人进行非法集资，虽没有携款潜逃，但致使集资款无法返还，侵犯了国家的金融管理秩序和管理制度，所以应按共同犯罪处理，属于集资诈骗共犯中的从犯。第二种意见认为，许某、路某等人在所谓"复合式加盟特许经营"的理念下，按照上海X公司制定的方式进行操作，在社会上向不特定人员广泛吸收公众资金，并以高额的回报作为手段来还本付息。这种行为逃避了国家对吸收公众存款的监督管理，扰乱了国家金融秩序，构成非法吸收公众存款罪。第三种意见认为，许某、路某等人从事国家明令禁止的传销行为，情节特别严重，构成非法经营罪。

上述案例的关键在于许某、路某等人采取"复合式加盟特许经营"模式进行的违法活动性质的理解。我们认为其行为应认定为传销行为，属于《刑法》第225条非法经营罪第4项规定的"其他严重扰乱市场秩序的非法经营行为"，应认定构成非法经营罪。《刑法》对非法经营罪的规定采取的是列举式的立法模式，但随着经济生活的发展，一些新的危害行为需要犯罪化，为了弥补列举式立法模式的局限性，《刑法》第225条第4项规定对"其他严重扰乱市场秩序的非法经营行为"也应以非法经营罪论处。该条款在司法实践中应从三个方面界定：①该行为应是经济领域的营业活动，即以营利为目的的经济活动；②该经营行为违反国家法律、法规对市场管理的禁止性或者限制性规定；③该非法经营行为严重扰乱市场秩序。1998年4月18日，国务院《关于禁止传销经营活动的通知》对传销经营活动坚决予以禁止。2000年8月13日，国务院办公厅转发的《关于严厉打击传销和变相传销等非法经营活动的意见》第2条列举了6种非法传销与变相传销行为，如参加者通过交纳入门费或以认购商品等变相交纳入门费的方式，取得加入、介绍或发展他人加入的资格，并以此获取回报的；先参加者从发展的下线成员所交纳费用中获取收益，且收益数额由其加入的先后顺序决定的；组织者的收益主要来自参加者交纳的入门费或以认购商品等方式变相交纳的费用的；组织者利用后参加者所交付的部分费用支付先参加者的报酬维持运作的；等等。由此，对于传销经营活动的犯罪客观方面就有了法定性，具备了成立犯罪客观方面的第一个特征。在本案中，许某、路某等人采用特许加盟经营的模式，其参加者采用交纳加盟费的方式加盟，其收益主要来自于参加者的加盟费，并用后收取的费用支付先参加者的报酬等都属于非法传销行为的具体表现，且非法经营数额特别巨大，后果特别严重，应构成非法经营罪。许某、路某等人虽然客观上实施了帮助章某等人非法集资的行为，但并不了解章某等集资诈骗的真相，不具有集资诈骗的主观故意，因此许某、路某等人的行为不构成集资诈骗罪。另外，许某、路某等人并未以吸收存款的名义收取加盟费，主观上也不具有非法吸收公众存款的故意。

案例二

列车员艾某在值乘时看到过辛某等4人在车上盗窃，见面次数一多就熟了。2002年12月20日，辛某对艾某说："以后我们到你车上搞钱，弄到后我们三七开。"艾某听后没作表示。12月24日，辛某等4人从其他车厢上车，因无票被该车厢列车员拦住。此时艾某正好看到，辛某向艾某做了个列车员不让上车的手势，艾某便给该列车员做个手势，意思是叫辛某等4人上车。辛某等人上车后，在非艾某值乘的车厢内盗窃旅客现金时被发现，就拿出事先准备好的弹簧刀相威胁，把一名旅客刺成轻伤后逃离火车。被盗旅客向乘警报案时，艾某听到了报案情况，猜想可能是辛某等人所为。12月28日，辛某到车站站台上告诉艾某："上次搞了点儿钱，给你1000元。"艾某接过钱，没说任何话就上车走了。

问：关于艾某的行为如何界定？

【评析】对艾某行为如何定性，存在三种不同意见。第一种意见认为，艾某不构成犯罪。理由是艾某没有盗窃的故意，也没有盗窃的行为。第二种意见认为，艾某构成抢劫罪的共犯。因为艾某明知辛某等人上车是采取不法的方法搞钱，还提供上车的方便，属于事先有通谋的共同犯罪，但其所起作用较次，应按主犯构成的罪名定罪。第三种意见认为，艾某构成盗窃罪的共犯，属于不作为的共犯。因为艾某明知辛某等上车搞钱，根据其以前看到他们偷钱的情况，应当预见到辛某等人仍应是盗窃。至于辛某等人盗窃时被发现后使用暴力而转化为抢劫，不是艾某的预见内容。

我们认为：本案中，艾某的行为构成了犯罪，并且是应构成盗窃罪的共犯，属于不作为的共犯。辛某等人上车偷钱事先与艾某协商，请她提供方便，艾某当时虽未表态，但她是默许的，这从其以后的行为可以得到验证，属事先有通谋的犯罪。这种默许的行为应当看作是一种不作为的危害行为方式，即艾某负有履行其职务的特定法律义务，并且后来完全有能力履行而不履行，默认放辛某等人上车，客观上完成了其共犯行为。当辛某等人不能上车时，艾某给他们提供帮助，这是共同犯罪行为中的一个具体行为，并且她也分得了1000元赃款。如果没有她的帮助，辛某等人的这次犯罪就有可能不能实现。所以，艾某的行为应当构成犯罪。本案疑难之处在于艾某的行为构成何种犯罪？是抢劫罪还是构成盗窃罪，关键在于艾某的行为方式所反映出的主观意思。从本案看，艾某值乘时看到过辛某等人盗窃，当辛某与其协商上车搞钱时，艾某的认知程度就是盗窃，对于其他犯罪其不能预见，因此艾某的故意内容是辛某等人可能实施盗窃，而不是其他犯罪。实际上，辛某等人上车后实施的也是盗窃，只不过在盗窃被发现时使用了暴力，而转化为抢劫。这一使用暴力的行为，艾某不能预见，因而不应当承担相应的刑事责任。

案例三

2004年春节后，负责某市一立交桥下公园内路灯维护工作的路灯管理所工作人员发现该处的地埋灯、电缆线有被窃现象，为保障安全，同时为执行本市的限电措施，于2月初开始直至4月底，对该地区停止了供电。同年2月底3月初期间，李某见该立交桥下公园内地埋灯灯柱、灯泡、灯罩已被拆卸，内有电缆线，便多次用事先准备好的老虎钳窃取地埋灯电缆线50余米，后被抓获。

问：关于李某的行为应如何定性？

【评析】 对于本案的定性有两种不同意见。第一种意见认为，李某的行为构成破坏电力设备罪。本案中的地埋灯电缆线虽然处于停止供电状态，但根据最高人民检察院1986年12月9日《关于破坏电力设备罪几个问题的批复》（现已失效）[1] 的规定：①已经通电使用，只是由于枯水季节或电力不足等原因，而暂停供电的线路，仍应认为是正在使用的线路。行为人偷割这类线路中的电线，如果构成犯罪，应按破坏电力设备罪追究其刑事责任；②对偷割已经安装完毕，但还未供电的电力线路的行为，如果行为人明知线路已交付电力部门使用而偷割电线的，应定为破坏电力设备罪。因此，李某盗割的属于正在使用中的电力设备，按照司法解释的规定应以破坏电力设备罪定性。对于该罪危害公共安全这一要件的理解，应以通常情况下具有危害的可能性为定罪标准，而不应以特定情况下不存在危害可能性作为否定其构成犯罪的理由。第二种意见认为，李某的行为不符合破坏电力设备罪的定罪要件，不构成破坏电力设备罪。同时其盗割的犯罪数额也未达到盗窃罪的定罪标准，应作无罪处理。

我们认为第二种意见较为适宜，其理由在于：①根据有关批复的规定：已通电使用，只是由于枯水季节或电力不足等原因而暂停使用的线路，仍应认为是正在使用的线路。也就是说，检修停用与电力不足停用的性质是不同的。而本案的情形，则与批复所述有所不同，既是因电力设备毁损在未修复前停用，也是因电力不足而停用，因此，从有利于被告人的原则出发，本案不宜适用有关批复的解释。②从本案来看，行为人盗割的是地埋灯里的电缆线，其行为唯一可能造成的危害后果是在通电情况下行人有触电的危险。但是在其盗割之前，路灯维护人员已经因该地区电力设备被偷盗的现象采取了停电的安全措施，这种停电与因电力不足而停电是截然不同的，电力不足停电由于其停电原因的暂时性和不确定性，随时有恢复通电的可能，因此存在着造成触电危害后果的可能性。而本案中停电的目的之一就是保证安全，防止出现触电事故，只有经过修复后才会恢复供电，因此行为人的破坏行为客

---

[1] 对于此批复的效力问题尚待研究，但其精神可以参考。

观上不足以危害公共安全，其造成或者已经造成危害公共安全的严重后果的可能性基本上不存在，因此不符合破坏电力设备罪的客观要件。可见，危害结果是犯罪构成要件之中非常重要的因素，直接关系到行为人之行为是否构成犯罪、是构成此罪还是彼罪的重大界限问题。

案例四

1998年春夏之交，由于连续下雨，造成某乡部分公路无法通车，过往车辆均从郑某屋前老公路通过。5月2日，郑某将自己的汽车停在家门口公路上，致使来往车辆均从郑乙家门口通过。郑乙见状即用石块、车架等物放在自己的屋檐下，导致堵车。当晚8时许，双方因堵车发生争吵，争吵中郑某用手朝郑乙头部和脸部打击，后引起双方及家属互殴。1998年6月12日，县公安局当地派出所对此事进行调解，并已处理完毕。6月20日，郑乙中午饮酒后，突然感到左侧肢体无力，跌倒在地，当晚9时由其家属将郑乙送当地矿务局医院治疗，尔后分别求治于市人民医院、地区第一医院。经诊断为：脑出血，左侧偏瘫。经地区法医鉴定中心鉴定和省人民检察院法医重新鉴定，均认为郑乙脑出血引发偏瘫的结果与50天前受郑某的打击有关。该案在审理中，郑某强烈要求重新鉴定，县人民法院将该案所有卷宗送省高级人民法院法医室审阅，委托重新鉴定。经省高级人民法院聘请省医学专家对CT片会诊，又请同济医科大学法医系专家作法医学鉴定，认定被鉴定人郑乙脑部右基底节出血为病理性脑出血，与1998年5月2日头部轻微外伤无关。县人民法院据此依法判决：①郑某无罪。②郑某不承担民事赔偿责任。一审判决宣告后，县人民检察院以原审判决不顾客观事实、省高院的法医鉴定无效为由提出抗诉，省人民检察院地区分院亦具函支持抗诉。地区中级人民法院经审理查明的案件事实与原审法院认定的相同，并聘请了国家司法鉴定科学技术研究所对郑乙的伤情重新鉴定，结论为：被鉴定人郑乙右基底节出血为病理性脑出血，与1998年5月2日头（脸）部轻微外伤无关。据此作出了维持原判的裁定。

问：郑某的行为应如何界定？

【评析】 刑法上的因果关系问题，是刑法学者最感棘手的问题之一，同时又是一个极为重要的问题。危害行为与危害结果之间因果关系的存在，是在危害结果发生时要求行为人负刑事责任的必要条件。刑法因果关系的复杂性，源于哲学因果关系中原因这一概念内涵少而模糊，现实生活却复杂多样。在哲学中，所谓原因，是指先出现的引起某一现象的现象；而现实生活中，引起某一现象的现象既可以是一种，也可以是多种，多种原因既可以是同时发挥作用，也可以是相继发挥作用，这就使以哲学因果关系为基础的刑法因果关系呈现出复杂性。同时，作为刑法中因果关系原因的行为又包含着行为人的意识因素在内，又进一步增加了这种复杂性。目前，无论是在刑法理论上还是司法实践中，判断危害行为与危害结果之间是否存在因果关系的标准都比较混乱，没有一个科学统一的标准，要想得出令人信服的结论是难以想象的，因此，我们在此要探讨的问题就是应当根据什么标准来判断刑法中的因果关系。如何认定本案例中的因果关系，可以从以下方面入手：

1. 要确定危害行为具有危害结果发生的现实可能性。可能性是内在的、潜在的现实，可以分为抽象的可能性与现实的可能性两种情形：抽象的可能性在现实中缺乏充分根据和必要条件，它实质上也是不可能的东西。现实的可能性是有内容的东西，它在自身中包含着成为现实的各种根据和条件。只有确定危害行为包含着危害结果发生的现实可能性而不是抽象可能性，危害结果才可能转化为现实，危害行为与现实化的危害结果才有因果关系。否则，如果确定某种危害行为不包含危害结果发生的现实可能性，而由另外的行为引起危害结果的发生，那么某种危害行为与危害结果之间就不存在因果关系。

2. 要查明危害行为实施的具体条件（时间、地点、对象特性等）。就刑事案件而言，包含着危害结果发生的现实可能性的危害行为，只有与具体条件相结合，可能性才会变成现实，危害结果才会发生。所以，认定刑法上的因果关系决不能凭借抽象的因果关系的一般公式来解决，而必须将危害行为与其实施的具体条件（时间、地点、对象特性等）结合起来进行具体分析加以解决。

3. 要确定危害行为合乎规律地产生出来危害结果。认定刑法上的因果关系，仅仅确定危害行为在具体条件下包含着危害结果发生的现实可能性是不够的，除此之外，还必须确定危害行为合乎规律地产生了危害结果；否则，危害行为与危害结果之间就不存在因果关系。也就是说，此种因果关系不论发生在任何时空、任何主体上都具有同种规律反映。

综上所述，从本案例具体情况来看，郑某打击郑乙的行为存在着发生郑乙出现某种伤害症状危害结果的现实可能性，但是此种现实可能性并不能合乎规律地发生郑乙脑部出血、身体偏瘫的伤害后果。郑乙的脑出血是病理性出血，是其自身生理原因造成的，与50余天前的打击行为无关，不构成犯罪，也不应承担刑事责任。

案例五

武某与同村村民章某因琐事发生纠纷，武某于2004年1月20日携带铁锤非法闯入大门敞开的章某家中进行冲砸，造成部分财物毁损，后被群众制止。在武某冲砸过程中，章某因情绪激动，瘫倒在地，后经医院抢救无效于当日死亡。经法医鉴定：章某原有脑细小动脉病变，在武某冲砸过程中，因情绪激动，血压升高，导致脑血管破裂死亡。

问：武某的行为应如何界定?

【评析】 对于本案的处理主要有两种分歧意见。第一种意见认为，武某的行为属于非法侵入他人住宅行为，且造成章某病发死亡，属于造成严重后果，构成非法侵入他人住宅罪。第二种意见认为，武某的行为属于非法侵入他人住宅行为，但与章某病变死亡没有直接的因果关系。武某非法侵入的行为只是其故意损坏公私财物或寻衅滋事的必经步骤，因其行为未达到损坏公私财物、寻衅滋事罪的标准，因此，武某的行为不构成犯罪，只是一般违法行为。从本案的具体情况来看，认定武某的行为是否构成犯罪，关键在于如何认识武某的行为与章某的死亡之间具有何种因果关系。我们认为，武某的非法侵入与造成章某病发死亡之间具有介入的偶然因果关系，可以认定为武某非法侵入他人住宅并造成了一定的严重危害结果，应当构成非法侵入他人住宅罪。理由如下：首先，武某的行为属于“非法侵入”行为。《刑法》第245条第1款规定，非法侵入他人住宅的，处3年以下有期徒刑或者拘役。但如何认定“非法侵入”在实践中一般认为有两种情况：一是未经主人允许不顾主人反对、阻挡，强行进入他人住宅；二是进入住宅时主人并不反对，但主人要求其退出时拒不退出。实践中强行进入他人住宅一般是指蹬门、踹门等方式破门而入。由于农村居民的实际情况，其大门平日多半是敞开的，所以并不需要破门而入。在本案中，案发时章家大门即是敞开的，从表面上看武某的行为似乎不符合上述情况，但结合案件实际，武某手持铁锤跑到章某家中冲砸应认定为违背章某意志，因此，武某的行为应认定为“非法侵入”行为。其次，武某的“非法侵入”行为与章某的死亡后果具有刑法上的偶然因果关系。偶然因果关系与必然因果关系均属于刑法上的因果关系，结合本案，武某的非法侵入并冲砸的行为本身并不能直接造成章某的死亡，而是介入因素，即章某原有的脑细小动脉病变直接造成了其脑血管破裂死亡。因此武某的非法侵入是造成章某死亡的外因，而其本身的脑动脉病变才是死亡的根本原因即内因。内因是根据，外因是条件，如果没有武某非法侵入，当时不可能造成章某病发，虽然他仅是造成章某死亡的部分原因，但其与章某本身的动脉病变构成了章某致死的共同原因，因此属于刑法上的因果关系。否则在科学发展的今天，有些人为逃避刑事责任，会采取创造一定条件的方式来实现犯罪目的，刑法对此是不能放纵的。

（二）案例分析实训

案例一

2003年6月30日晚，被告人宋某酒后回到家中，因琐事与其妻李某发生争吵并厮打。李某说：“三天两头吵，活着倒不如死了算了。”宋某说：“那你就去死吧。”李某在寻找准备自缢的凳子时，宋某喊来了邻居叶某对李某进行规劝。叶某走后二人又发生吵骂厮打。李某又找来了自缢用的绳子。宋某意识到李某要自杀，但却无动于衷，直到听到李某踮脚用的凳子响声后，宋某才起身过去，但却未采取任何措施，而是离开现场到一里以外的父母家中告诉自己父母，待其家人到时，李某已经无法抢救而死亡。经公安机关刑事鉴定：李某系机械性窒息死亡（自缢）。市中级人民法院审理该案时认为，被告人宋某目睹其妻李某寻找工具准备自杀时，应当预见李某会发生自缢后果，而宋某却放任这种结果的发生。在家中只有夫妻二人这样的特定环境下，被告人宋某负有特定的义务，而其放任李某自缢身亡的行为已经构成了故意杀人罪，但情节较轻。所以，根据《刑法》第232条之规定，判被告人宋某故意杀人罪成立，处有期徒刑4年。一审判决后，宋某不服，向高级人民法院提起上诉，称：他没有放任李某的死亡，根本想不到她这次真的想自杀，认为一审的判决认定事实错误，处理不当，要求依法改判无罪。但是高级人民法院认定的事实与一审法院认定相同，并认为：被告人宋某与其妻关系不和，在争吵、厮打中用语言刺激李某，以致其产生自缢轻生的念头与决心。被告人宋某是负有特定义务之人，对李某的自缢行为采取放任的态度，致使李某在其家中的这种特定的环境下自缢身亡，其行为已构成故意杀人罪（不作为），原审判定正确，量刑适当，审判程序合法，被告人宋某的上诉理由不能成立，不予采纳，并作出“驳回上诉，维持原判”的裁定。

问：上述两级人民法院的判决是否适当？

案例二

《刑法修正案（八）》增加规定：“在刑法第133条后增加一条，作为第133条之一：‘在道路上驾驶机动车追逐竞驶，情节恶劣的，或者在道路上醉酒驾驶机动车的，处拘役，并处罚金。’”修正说明指出：“对一些社会危害严重，人民群众反响强烈，原来由行政管理手段或者民事手段调整的违法行为，建议规定为犯罪。主要是醉酒驾车、飙车等危险驾驶的犯罪……”

问：你对危险驾驶行为是如何认识的？你认为该行为是否可以规定为犯罪？

案例三

张某与王某素有积怨，某天张某故意向王某寻衅，王某不堪挑衅而先向张某攻击，张某遂拿出事先准备好的木棒将王某打成重伤，扬长而去。王某家属准备将王某送院治疗，但是王某由于担心自己先动手打人而坚决不同意去医院，恰好当地一个游医郑某路过此地，上前自荐说有祖传神油专治跌打损伤，王某深以为然，遂用神油外敷，事过两天后，王某身亡。张某、郑某均被抓获，均被起诉故意杀人罪。

问：对上述案件你认为应当如何处理？张某、郑某的行为与王某的死亡之间究竟存在何种因果关系？

第七章
犯罪主体

【本章概要】 现代社会对于犯罪的认识一般公认只有“人”才能实施犯罪并最终为之承担责任，排除了单纯的动物、自然力或者无生命物实施犯罪并承担刑事责任的可能性。犯罪主体是犯罪构成中关于“人”的要素的组成部分，犯罪主体是犯罪行为的实施者和刑事责任的承担者，现代社会条件下人的要素包括自然人与单位。任何犯罪都是人主导的行为，认定犯罪时需要对自然人的刑事责任年龄、刑事责任能力、精神状态、身份等要素进行判断，需要对单位犯罪的刑事责任进行分析。特殊情况下的人的状态对犯罪认定具有决定性的影响。

【学习目标】 掌握犯罪主体的内涵与范围；掌握自然人犯罪主体与单位犯罪主体的区分；深入掌握我国刑法对于刑事责任年龄的规定；了解我国刑法对精神病人、残疾人、醉酒人的刑事责任原则；掌握刑法上的身份要素；掌握我国刑法上的单位犯罪惩罚原则；理解我国处理未成年人犯罪的基本倾向。

第一节　犯罪主体的概念

犯罪主体是犯罪构成不可缺少的重要因素。要判断任何一个犯罪是否成立，都必须认定主体要件。犯罪主体对定罪和量刑均具有重要意义：就定罪而言，任何犯罪都有主体，即任何犯罪都有犯罪行为的实施者和刑事责任的承担者，离开了犯罪主体就不存在犯罪，也不会发生刑事责任问题。而且犯罪主体需要一定的条件，并非任何人实施了刑法禁止的危害社会的行为都构成犯罪并应承担刑事责任，而只有具备了法律所要求的犯罪主体条件的人，才能构成犯罪并应承担刑事责任。不符合犯罪主体条件的人，虽然实施了刑法所禁止的危害社会的行为，也不构成犯罪，不负刑事责任；不符合特殊主体条件的人，不能构成特殊主体的犯罪。犯罪主体条件的具备，是行为人具备犯罪主观要件的前提，也是对犯罪人适用刑罚能够达到刑罚目的的基础。因此，运用有关的刑法理论正确地阐明我国刑法中关于犯罪主体条件方面的规定，例如关于刑事责任年龄的规定、关于无刑事责任能力的规定等，对于正确认定犯罪，划清罪与非罪以及应否追究刑事责任的界限，具有相当重要的作用。而研究刑法分则有关条文规定犯罪人应具备的特殊身份要件，则对正确区分罪与非罪以及此罪与彼罪的界限，也都具有重要意义。例如，国家工作人员利用职务上的便利将本单位财物非法占为己有的，构成贪污罪；不具有此等身份的人实施上述行为的，则构成职务侵占罪。就量刑而言，在具备犯罪主体要件的同样情况下，犯罪主体的具体情况也可能不同，而不同的具体情况又影响到刑事责任程度的大小。例如，我国刑法对未成年人、尚未完全丧失辨认或者控制自己行为能力的精神病人、又聋又哑的人和盲人犯罪的处罚问题等，都有不同于其他犯罪人的处罚规定。这些都说明了犯罪主体的不同情况对量刑的重要影响。科学地研讨立法与司法中有关犯罪主体的问题，对于实践中正确地适用刑罚，无疑是十分重要的。

我国刑法学界一般认为，我国的犯罪主体是指实施危害行为、依法应当承担刑事责任的自然人和单位。对于我国犯罪主体的概念，可从以下三点去理解：

1. 犯罪主体是自然人和单位。自然人是指人类中有生命存在的独立个体，其法律上的人格自出生时开始，至死亡时止。在中外古代的历史上，曾有过把有生命的非人类生物、已无生命的尸体或非生命的自然现象作为刑罚处罚的对象的刑事司法实践以及认为这些现象也可以犯罪的观念，这已为现代刑法所摒弃。无论在现代还是古代的刑法中，自然人都是最基本的犯罪主体，也是最普遍的主体，即实施任何犯罪的主体首先都是自然人。

单位是我国刑法规定的与自然人相对的另一类犯罪主体。在现代社会的市场经济条件下，与自然人一样，各种社会组织也在民事和经济等活动中作为自身独立的主体，当这些独立的主体实施的行为严重危害社会时，理应与自然人一样承担刑事责任，从而成为犯罪主体。当然，由于自然人主体与单位主体的不同特点，刑法为其规定的承担刑事责任的方式也不完全相同。单位作为犯罪主体并承担刑事责任，这种法律后果不可避免地要在一定程度上波及该单位的每一个成员，但这与作为封建专制社会特定概念的株连有本质区别。株连是基于亲缘、邻里、职务等关系，要求某个或某些并没有从事犯罪活动的自然人为他人的犯罪承担连带的刑事责任，并予以具有人身性质的严酷刑罚，包括生命刑和身体刑。追究单位犯罪是针对其整体组织而不是其中具体的自然人，并且往往适用财产刑或者资格刑。尽管刑罚的后果会影响到单位成员的利益，但这就如同同样会给单位成员造成不利影响的民事赔偿和违约金或行政罚款一样，并非株连。作为社会组织，单位总是由一定的人员组成的，单位的任何行为都是通过其一定成员的具体行为实施的。归根结底实施危害行为的是自然人。

2. 犯罪主体是实施了危害行为的自然人或单位。任何犯罪都是一定的行为，任何行为都有实施者，犯罪主体就是危害行为的实施者。没有犯罪主体，就没有犯罪。具体的犯罪总是与特定的犯罪主体相联系，未实施危害行为者，就不是犯罪主体；未实施某种具体犯罪的危害行为者，就不可能是该种犯罪的主体。

3. 犯罪主体是应当承担刑事责任的自然人或单位。刑事责任作为犯罪的法律后果，只能由危害行为的实施者来承担，实施犯罪行为的犯罪主体就是刑事责任的当然承担者。现代刑法实行罪责自负原则，坚决反对和禁止株连无辜。未实施任何犯罪的危害行为者，不负任何刑事责任；未实施某种具体犯罪的危害行为者，不能承担此种犯罪的任何形式的刑事责任。

自然人犯罪主体，就是具备刑事责任能力且实施了危害行为的自然人。自然人犯罪主体与自然人的概念既有联系也有区别：自然人犯罪主体必须由自然人构成，但并非任何自然人都是自然人犯罪主体，自然人犯罪主体是实施了危害行为并且在实施行为时具备刑事责任能力的自然人。由此，实施行为时是否具备刑事责任能力，是判断自然人是否符合自然人犯罪主体资格的基本条件。这个条件是由刑法总则有关条文明文规定的。

在刑法分则规定的罪名中，凡是以上述基本条件作为符合自然人犯罪主体资格的必要和充足条件的，为一般主体的犯罪；凡是在上述条件的基础上进一步要求自然人必须具备某种特定身份条件才符合自然人犯罪主体资格的，为特殊主体的犯罪。刑法理论上，可以把这两种犯罪中的主体相应地称作一般的自然人主体和特殊的自然人主体，简称为一般主体和特殊主体；可以把上述两个基本条件称为自然人犯罪主体的一般条件和自然人犯罪主体的特殊条件。自然人犯罪主体的一般条件是任何犯罪的自然人主体都必须具有的，而自然人犯罪主体的特殊条件是某些犯罪的自然人主体必须具有的。由于刑法总则规定了自然人犯罪的一般主体，故刑法分则不再重复规定，刑法分则只是对自然人犯罪的特殊主体加以规定。

第二节　刑事责任能力与相关影响因素

一、刑事责任能力的概念与分类

刑事责任能力，是指行为人构成犯罪和承担刑事责任所必需的，行为人具备的刑法意义上辨认和控制自己行为的能力。简言之，刑事责任能力就是行为人辨认和控制自己行为的能力。我国刑法和刑法理论一般认为，刑事责任能力的本质，是人在行为时具备相对的自由意志能力，即行为人实施刑法所禁止的严重危害社会的行为，具备有条件的亦即相对自由的认识和进行抉择的行为能力。因此，刑事责任能力是行为人行为时犯罪能力与承担刑事责任能力的统一，是其辨认行为能力与控制行为能力的统一。一般说来，当人达到一定的年龄之后，智力发育正常，就自然具备了这种能力。当然，这种能力可能因年龄原因或精神状况、生理功能缺陷的原因而不具备、丧失或者减弱。具备刑事责任能力者可以成为犯罪主体并被追究刑事责任，不具备刑事责任能力者即使实施了客观上危害社会的行为，也不能成为犯罪主体，不能被追究刑事责任；刑事责任能力减弱者，其刑事责任也相应地适当减轻。刑事责任能力作为犯罪主体的核心和关键要件，对于犯罪主体的成立与否以及行为人的定罪量刑，具有至关重要的作用和意义。

刑事责任能力的内容，是行为人对自己行为所具备的刑法意义上的辨认能力与控制能力。明确这两种能力的含义及其相互关系，是正确把握刑事责任能力概念的需要。刑事责任能力中的辨认能力，是指行为人具备对自己的行为在刑法上的意义、性质、后果的分辨认识能力。就是说，行为人有能力认识自己的行为是否为刑法所禁止、所谴责、所制裁。刑事责任能力中的控制能力，是指行为人具备决定自己是否以行为触犯刑法的能力。例如，达到一定年龄且精神正常的人，都有能力认识到自己若实施杀人、放火、强奸、抢劫、盗窃等行为是要为刑法所禁止、所制裁的，都有能力选择和决定自己是否实施这些触犯刑法的行为。

刑事责任能力中的辨认能力与控制能力之间，存在着有机的联系。一方面，辨认能力是刑事责任能力的基础。只有对自己行为在刑法上的意义有认识能力，才谈得上凭借这种认识能力而自觉、有效地选择和决定自己是否实施触犯刑法的行为的控制能力。控制能力的具备是以辨认能力的存在为前提条件的，不具备辨认能力的、未达刑事责任年龄的幼年人和患严重精神病的人，自然也就没有刑法意义上的控制能力。因而只要确认某人没有辨认能力，他便不具备控制能力，不存在刑事责任能力。另一方面，控制能力是刑事责任能力的关键。这表现为，在具有辨认能力的基础上，还需要有控制能力才能具备刑事责任能力，只要具备了控制能力就一定具备辨认能力；还表现在，人虽然有辨认能力，但也可能不具有控制能力而并无刑事责任能力。例如，受不可抗力阻止的消防救火人员，即使他们因此而没有履行自己的职务行为，从而造成了严重的危害，也不能追究他们的刑事责任，其直接原因当然是他们不存在犯罪的主观心理态度。进一步从刑事责任能力的角度看，他们之所以不具备犯罪的主观条件，是因为他们虽有辨认能力但却丧失了当时控制自己行为的能力，因而也就根本没有刑事责任能力。可见，仅有辨认能力而没有控制能力，就没有了选择和决定自己行为的能力，就不具有刑事责任能力；控制能力的存在又须以具备辨认能力为前提，因而不可能存在仅有控制能力而没有辨认能力的情况。总之，刑事责任能力的存在，要求辨认能力与控制能力必须齐备，缺一不可。

概括地说，影响和决定人的刑事责任能力程度即人在刑法意义上的辨认和控制自己行为的能力有两个方面的因素：一是知识和智力成熟程度。人的知识和智力成熟与否，主要受到人幼年向成年成长的年龄因素的制约，此外也会受到人学习知识、发展智力的某些重要器官生理功能的制约。二是精神，即人的大脑功能正常与否的状况。人的精神即大脑功能正常与否，受到人是否患精神疾病及精神疾病的种类、程度和特点的影响。只有知识和智力成熟且精神正常的人，才具有刑事责任能力，才在刑法意义上有能力辨认和控制自己的行为。生活在人类社会中的自然人，达到一定年龄，重要器官生理功能和大脑功能又正常的，其知识和智力的发展就达到相当程度或成熟程度，因而必然不同程度地具有刑法所要求的辨认和控制自己行为的能力。所以，各国刑法都以自然人达到一定的年龄为标志，规定了正常自然人具备刑事责任能力的界限。同时，刑法还对某些重要器官生理功能丧失者和精神病患者的刑事责任能力具备与否的问题，作出专门规定。

根据人的年龄、精神状况等因素影响刑事责任能力有无和大小的实际情况，各国刑法和刑法理论一般都对刑事责任能力采取三分法或四分法。三分法即将刑事责任能力分为完全刑事责任能力、完全无刑事责任能力以及处于中间状态的限定（减轻）刑事责任能力三种情况。四分法是除上述三种情况外，还有相对无刑事责任能力的情况。无论是三分法还是四分法，都承认在刑事责任能力的有无之间存在着中间态度的限定（减轻）刑事责任能力的情况。我国刑法采取四分法。

（一）完全刑事责任能力

简称刑事责任能力或责任能力。其概念和内容在各国刑事立法中一般未予规定，而是由刑法理论和司法实践结合刑法中关于责任能力和限定责任能力的规定来加以明确和确认的。从外延看，凡不属刑法规定的无责任能力人及限定责任能力的人，皆属完全刑事责任能力人。凡年满16周岁、精神和生理功能健全而智力与知识发展正常的人，都是完全刑事责任能力人。完全责任能力人实施了犯罪行为的，应当依法负全部的刑事责任，不能因其责任能力因素而不负刑事责任或者减轻刑事责任。类似的，我国刑法规定间歇性的精神病人在精神正常时实施的刑法禁止的危害行为，其辨认和控制能力完全具备，因而《刑法》第18条第2款规定："间歇性的精神病人在精神正常的时候犯罪，应当负刑事责任。"

（二）完全无刑事责任能力

简称完全无责任能力或无责任能力。指行为人没有刑法意义上的辨认或者控制自己行为的能力。根据现代刑事立法的规定，完全无刑事责任能力人一般是两类人：①未达刑事责任年龄的幼年人；②因精神疾病而没有刑法所要求的辨认或控制自己行为能力的人。按照我国《刑法》第17条、第18条的规定，完全无责任能力人主要为不满14周岁的人和行为时因精神疾病而不能辨认或者不能控制自己行为的人。《刑法》第18条第1款规定："精神病人在不能辨认或者不能控制自己行为的时候造成危害结果，经法定程序鉴定确认的，不负刑事责任……"根据该规定，确认精神障碍者为无责任能力人，有两个标准：①他在实施危害行为时处于精神病状态。或者说，从医学上看，行为人是基于精神病理的作用而实施特定危害社会行为的精神病人。这一标准即医学标准，也称生物学标准。这里的精神病，应作广义理解，不仅包括精神分裂症、癫痫病等，也包括痴呆症、夜游症、病理性醉酒等，但不包括神经官能症、人格障碍、性变态等非精神病性精神障碍。精神病患者的精神功能障碍一般都不会因精神障碍而丧失辨认或控制自己行为的能力。如有的行为人患有"纵火癖""盗窃癖"，不断实施没有特定目的的纵火行为、盗窃行为，不能免除刑事责任。因此，只有精神病人才有可能成为《刑法》第18条规定的无责任能力人，至于非精神病性精神障碍人，则不属于《刑法》第18条所称之"精神病人"。②由于精神病理的作用使他不能辨认或者控制自己的行为。这一标准即心理学标准，也称法学标准。只有将前后两个标准结合起来，才能认定实施刑法所禁止的危害行为的精神障碍人属于无责任能力人。

（三）相对无刑事责任能力

也可称为相对有刑事责任能力。是指行为人仅限于对刑法所明确限定的某些严重犯罪具有刑事责任能力，而对未明确限定的其他危害行为无刑事责任能力的情况。按照我国刑法从设立这一责任能力层次的立法例看，这种相对无责任能力人都是已超过完全无责任能力的年龄但又未达到成年的一定年龄段的未成年人。我国《刑法》中相对无刑事责任能力人即为前述已满 14 周岁不满 16 周岁的人。这类人仅对《刑法》第 17 条第 2 款规定的 8 种犯罪具有刑事责任能力，而对除此之外的其他危害行为无刑事责任能力。

（四）减轻刑事责任能力

又称限定刑事责任能力、限制刑事责任能力、部分刑事责任能力。是完全刑事责任能力和完全无刑事责任能力的中间状态，指因年龄、精神状况、生理功能缺陷等原因，而使行为人实施刑法所禁止的危害行为时，虽然具有责任能力，但其辨认或者控制自己行为的能力较完全责任能力有一定程度的减弱、降低的情况。现代各国刑法中，较为普遍地规定有减轻刑事责任能力的人，其外延主要是达到一定年龄的未成年人、聋哑人、盲人、因精神病而致辨认或控制行为能力有所减弱的精神障碍人。各国刑法一般都认为，限制责任能力人实施刑法所禁止的危害行为的，构成犯罪，应负刑事责任，但是其刑事责任因其责任能力的减弱而有所减轻，应当或者可以从宽处罚或免予处罚。我国刑法明文规定的属于或可能属于限制刑事责任能力人的有四种情况：①已满 14 周岁不满 18 周岁的未成年人因其年龄因素的影响而不具备完全的刑事责任能力；②又聋又哑的人可能不具备完全的刑事责任能力；③盲人也可能不具备完全的刑事责任能力；④尚未完全丧失辨认或者控制自己行为能力的精神病人不具备完全的刑事责任能力。

二、精神障碍

达到一定年龄而精神健全的人，由于其知识和智力得到一定程度的发展，因而其刑事责任能力即辨认和控制自己行为的能力就开始具备，并以达到成年年龄作为其责任能力完备的标志。但是，人即使达到负刑事责任的年龄，如果存在精神障碍尤其是存在精神病性精神障碍，就可能影响其责任能力，而使责任能力减弱甚至不具备，从而使其实施危害行为时的刑事责任也受到一定的影响。我国《刑法》第 18 条专门规定了精神病人的刑事责任问题，这是我国现阶段司法实践中解决实施危害行为的精神病人和其他精神障碍人刑事责任的基本依据。

（一）完全无刑事责任的精神病人

我国《刑法》第 18 条第 1 款规定："精神病人在不能辨认或者不能控制自己行为的时候造成危害结果，经法定程序鉴定确认的，不负刑事责任，但是应当责令他的家属或者监护人严加看管和医疗；在必要的时候，由政府强制医疗。"根据这一规定，认定精神障碍者为无责任能力人，必须同时具备两个标准：

1. 医学标准。亦称生物学标准，简言之，实施危害行为者是精神病人，确切地讲，是指从医学上看，行为人是基于精神病理的作用而实施特定危害社会行为的精神病人。它应当包含以下几层含义或称条件：①行为人必须是精神病人。精神病是由于人体内外原因引起的严重的精神障碍性疾病。对《刑法》第18条所称的“精神病”应注意从两个方面加以正确理解：一方面，对“精神病”应作广义的理解，即它包含多种多样的慢性和急性的严重精神障碍，立法上认为不便于也无必要一一列明各种精神病，而以“精神病”一词加以概括。另一方面，“精神病”又不同于非精神病性精神障碍，如神经官能症、人格障碍、性变态等。精神病患者的精神功能障碍会导致其辨认或控制行为的能力完全丧失，而非精神病性精神障碍人一般都不会因精神障碍而丧失辨认或控制行为的能力。因此，只有精神病人，才有可能成为《刑法》第18条规定的无责任能力人、关于非精神病性精神障碍人，则不属于《刑法》第18条所称之“精神病人”，其中有些是限制（减轻、部分）责任能力人，另一些则是完全责任能力人。②精神病人必须实施了特定的危害社会的行为，即实施了刑法所禁止的危害行为，如果这些危害行为是精神健全者实施的，就会构成犯罪且应负刑事责任。③精神病人实施刑法所禁止的危害行为必须是基于精神病理的作用。这意味着，行为人的精神病于行为时须处于发病期，而不是缓解或间歇期。只有精神病人于行为时发病，才谈得上因精神病理的作用而致危害行为的实施。这意味着，行为人的精神病理与特定危害行为的实施之间具有直接的因果关系。

2. 心理学标准。亦称法学标准，是指从心理学、法学的角度看，患有精神病的行为人的危害行为，不但是由精神病理机制直接引起的，而且由于精神病理的作用，使其行为时丧失了辨认或者控制自己触犯刑法之行为的能力。所谓丧失辨认行为的能力，是指行为人由于精神病理的作用，在行为时不能正确地了解自己行为危害社会的性质及其危害后果。例如，精神分裂症患者实施杀人时，由于其精神病理的作用，不知道自己实施的是杀人行为及该行为会造成剥夺对方生命的结果，或者坚信自己是在反击一个要杀害自己的凶手。所谓丧失控制行为的能力，是指行为人由于精神病理的作用，不能根据自己的意志自由地选择实施或不实施危害行为，也往往表现为不能根据自己的意志选择和控制危害行为实施的时间、地点、方式与程度。如果精神病人所实施的行为与其精神病没有直接联系，就不能认为他没有辨认与控制自己行为的能力，而只有当他所实施的危害行为起因于精神病时，才可能认定其丧失辨认与控制自己行为的能力，从而认定他为无责任能力人。

由上可见，我国《刑法》第18条关于精神病障碍人无责任能力的认定标准，采取的是医学标准与心理学（法学）标准相结合的方式，在心理学标准内容上，采纳的是丧失辨认能力或者控制能力的择一说。实施刑法所禁止的危害行为的精神障碍人，只有同时符合上述医学标准和心理学（法学）标准的，才应确认为无责任能力人，并按《刑法》第18条第1款的规定对其危害行为不负刑事责任。需要指出的是，上述医学标准与心理学（法学）标准相结合的判断结论，必须是经过法定程序鉴定确认的。

（二）完全负刑事责任的精神障碍人

依据我国《刑法》第18条的规定和有关的司法精神病鉴定实践及司法实践经验，责任能力完备而应完全负刑事责任的精神障碍人包括以下两类：

1. 精神正常时期的间歇性精神病人。我国《刑法》第18条第2款明文规定："间歇性的精神病人在精神正常的时候犯罪，应当负刑事责任。"我国司法精神病学一般认为，刑法中所说的间歇性精神病，是指具有间歇发作特点的精神病，包括精神分裂症、躁狂症、抑郁症、周期精神病、分裂情感性精神病、癔症性精神病等。所谓"间歇性精神病人的精神正常时期"，包括上述某些精神病（如癫痫性精神病）的非发病期。间歇性精神病人在精神正常的时候实施刑法所禁止的危害行为的，其辨认和控制自己行为的能力即责任能力完全具备，不符合无责任能力和限制能力所要求的心理学（法学）标准，因而法律要求行为人对其危害行为依法负完全的刑事责任。需要指出，根据《刑法》第18条第2款的规定，间歇性精神病人的行为是否成立犯罪，应以其实施行为时是否精神正常、是否具有辨认与控制自己行为的能力为标准，而不是以侦查、起诉、审判时是否精神正常为标准。如果间歇性精神病人实施危害行为的时候精神正常，具有辨认与控制自己行为的能力，即使实施行为后精神不正常的也应承担刑事责任。当然，在承担刑事责任的具体方式上，司法机关应根据行为人的实际情况酌情妥善处理。

2. 大多数非精神病性精神障碍人。按照我国司法精神病学，非精神病性精神障碍的主要种类有：各种类型的神经官能症，包括癔症、神经衰弱、焦虑症、疑病症、强迫症、神经症性抑郁等；各种人格障碍式变态人格（包括器质性人格障碍）；性取向失衡（包括同性恋、露阴癖、恋物癖、恋童癖、性虐待癖等）；情绪反应未达到精神病程度的反应性精神障碍；未达到精神病程度的成瘾药物中毒与戒断反应；轻躁狂与轻性抑郁症；生理性醉酒与单纯慢性酒精中毒；脑震荡后遗症以及其他未达到精神病程度的精神疾患；轻微精神发育不全等。

非精神病性精神障碍人，大多数并不因精神障碍使其辨认或者控制自己行为的能力丧失或减弱，而是具有完备的责任能力，因而不能对其行为不负刑事责任，也不能对其行为负减轻的刑事责任，而应在原则上令行为人对其危害行为依法负完全的刑事责任。但在少数情况下，非精神病性精神障碍人也可成为限制责任能力人甚至无责任能力人，从而减轻刑事责任或者不负刑事责任。

（三）限制刑事责任的精神障碍人

限制刑事责任的精神障碍人，又称减轻（部分）刑事责任的精神障碍人，是介乎无刑事责任的精神病人与完全刑事责任的精神障碍人中间状态的精神障碍人。我国《刑法》第18条第3款规定："尚未完全丧失辨认或者控制自己行为能力的精神病人犯罪的，应当负刑事责任，但是可以从轻或者减轻处罚。"这里的"精神病人"，从立法意图来说，应作广义的理解，一般包括以下两类：①处于早期（发作前驱期）或部分缓解期的精神病（如精神分裂症等）患者，这种患者由于精神病理机制的作用使其辨认或控制行为的能力有所减弱；②某些非精神病性精神障碍人，包括轻至中度的精神发育迟滞（不全）者，脑部器质性病变（如脑炎、脑外伤）或精神病（如精神分裂症、癫痫症）后遗症所引起的人格变态者，神经官能症中少数严重的强迫症和癔症患者等。根据《刑法》第18条第3款的规定，限制刑事责任的精神病人犯罪的，只是“可以”从轻或者减轻处罚，而不是应当从轻或者减轻处罚。在司法实践中，是否对限制刑事责任的精神病人从轻或者减轻处罚、从轻或者减轻的幅度如何掌握，应以行为人所实施的犯罪是否与辨认与控制行为能力减弱有直接联系，有多大的影响为标准。如果没有联系，则可以不予从轻或减轻处罚。

三、生理功能丧失

精神正常人的智力和知识将随着年龄的增长而发展，达到一定的年龄即开始具有刑事责任能力，达到成年年龄即标志着刑事责任能力的完备。但是，人也可能由于重要的生理功能（如听能、语能、视能等）的丧失而影响其接受教育，影响其学习知识和开发智力，并因而影响到其刑法意义上的辨认或控制行为能力的不完备。中外刑事立法和司法实践，不同程度地注意到了人的生理功能丧失尤其是听能和语能丧失即聋哑对其刑事责任能力的影响问题，并在刑事责任上有所体现。我国《刑法》第19条规定：“又聋又哑的人或者盲人犯罪，可以从轻、减轻或者免除处罚。”这就是我国刑法中对生理功能缺陷者即聋哑人、盲人刑事责任的特殊规定。这一规定意味着，聋哑人、盲人实施刑法禁止的危害行为，构成犯罪的，应当负刑事责任，应受刑罚处罚，但又可以从轻、减轻或者免除处罚。

从理论与实践的结合上看，要正确适用我国《刑法》第19条关于聋哑人、盲人犯罪的刑事责任规定，应当注意以下几点：①本条的适用对象有两类：一是既聋又哑的人，即同时完全丧失听力和语言功能者，其中主要是先天聋哑和幼年聋哑者；二是盲人，即双目均丧失视力者，主要也是指先天和幼年丧失视力者。②对聋哑人、盲人犯罪坚持应当负刑事责任与可以适当从宽处罚相结合的原则。③正确适用对聋哑人、盲人犯罪“可以从轻、减轻或者免除处罚”的原则：对于聋哑人、盲人犯罪，原则上即大多数情况下要予以从宽处罚；只是对于极少数知识和智力水平不低于正常人、犯罪时具备完全能力的犯罪聋哑人、盲人（多为成年后的聋哑人和盲人），才可以考虑不予以从宽处罚；对于不但责任能力完备，而且犯罪性质恶劣、情节和后果非常严重的聋哑人、盲人犯罪分子，应坚决不予从宽处罚。对应予从宽处罚的聋哑人、盲人犯罪案件，主要应当根据行为人犯罪时责任能力的减弱程度，并同时考察犯罪的性质和危害程度，来具体决定是从轻处罚、减轻处罚还是免除处罚以及从轻、减轻处罚的幅度。

四、醉酒

醉酒主要包括生理醉酒和病理性醉酒两类情况。由于病理性醉酒属于精神病的范畴，这里限于专门论述生理醉酒者的责任能力及其实施危害行为的刑事责任问题。生理醉酒，又称普通醉酒、单纯性醉酒，简称醉酒。生理醉酒是通常最多见的一种急性酒精中毒，多发生于一次性大量饮酒后，指因饮酒过量而致精神过度兴奋甚至神志不清的情况。生理醉酒的发生及其表现，与血液中酒精浓度及个体对酒精的耐受力关系密切。在生理醉酒状态下，人的生理、心理和精神变化大致可分为兴奋期、共济运动（即身体控制）失调期和昏睡期三个时期。现代精神医学和司法精神病学认为，生理醉酒不是精神病。实践表明，生理醉酒的上述前两个时期，醉酒者对作为或不作为方式的危害行为均有能力实施，而且一般容易实施作为方式的危害行为，较为常见的如冲动性侵犯他人人身的杀伤行为和非法的性行为等；在第三个时期，作为方式与不作为方式的危害行为仍可以实施，但因为醉酒者往往昏睡，因而较少有能力实施作为方式的危害行为。

我国刑法把生理醉酒人与精神病人明确加以区分，在《刑法》第 18 条第 4 款规定："醉酒的人犯罪，应当负刑事责任。"这一规定对于防止和减少酒后犯罪，维护社会秩序，具有重要的意义。生理醉酒人实施危害行为应当负刑事责任的主要根据在于：①精神医学和司法精神病学证明，生理醉酒人的辨认和控制行为能力只是有所减弱，但并未完全丧失，不属于无刑事责任能力人。②生理醉酒人在醉酒前对自己醉酒后可能实施危害行为应当预见到，甚至已有所预见，在醉酒状态下实施危害行为时具备故意或过失的犯罪主观要件。③醉酒完全是人为的，是可以戒除的。因此，对生理醉酒人犯罪应当追究其刑事责任。

对醉酒人犯罪案件处罚时，应当注意到行为人在醉酒前有无犯罪预谋，行为人对醉酒有无故意、过失的心理态度，醉酒犯罪与行为人一贯品行的关系，以及醉酒犯罪是否发生在职务或职业活动中等不同情况，予以轻重不同的处罚，以使刑罚与犯罪的醉酒人的责任能力程度及其犯罪的危害程度相适应。在这里值得一提的是德国和日本刑法上提出的原因自由行为理论。原因自由行为也称为原因中的自由行为，是指有责任能力的行为人在一时丧失责任能力的状态下实施了符合犯罪构成要件的行为，但对于是否陷入这种无责任能力的状态，行为人原本可以自由决定；如果是故意或者过失使自己处于无责任能力的状态，则行为人应承担刑事责任。比如，有病理醉酒病史的行为人为了杀人，事先大量饮酒，使自己处于无责任能力的病理醉酒状态，在此状态下实施杀人行为的，尽管在行为当时行为人并无刑事责任能力，但行为人仍应对此杀人行为承担刑事责任。

第三节 刑事责任年龄

刑事责任年龄（简称责任年龄），是指法律所规定的行为人对自己实施的刑法所禁止的危害社会行为承担刑事责任必须达到的年龄。刑事责任年龄的规定，是法律对行为人应当对犯罪承担责任的能力存在与否的生理界限的推定。

犯罪是具备辨认和控制自己行为的能力者在其主观意志和意识支配下实施的危

害社会的行为，而辨认和控制自己行为的能力决定于行为人智力和社会知识的发展程度，因而它必然受到行为人年龄的制约。年龄幼小的儿童还不能正确认识周围事物和自己行为的性质和意义，也不具有适应刑罚的能力，若对他们实施的危害社会的行为作为犯罪追究，是不符合我国刑法的性质和刑罚目的的。只有达到一定年龄，能够辨认和控制自己的行为，并能够适应刑罚的惩罚和教育的人，才能够要求他们对自己的危害行为依法负刑事责任。刑事立法根据人的年龄因素与责任能力的这种关系，确立了刑事责任年龄制度。达到刑事责任年龄，是自然人具备责任能力而可以作为犯罪主体的前提条件。

刑事责任年龄制度，就是从年龄上划定一个负刑事责任的范围。我国刑法中关于刑事责任年龄的规定，主要解决不同年龄人刑事责任的有无问题，同时也包含了对未成年的犯罪人从宽处罚的内容。司法实践中处理案件时，必须严格遵守这些规定。可见，研究刑事责任年龄问题，对于从理论上认识责任年龄与责任能力的关系，把握犯罪主体要件的本质，以及司法实践中正确定罪处罚，都有重要意义。

刑事责任年龄在古今中外的刑事立法中都有所规定。近现代世界各国刑事立法关于刑事责任年龄的规定虽各有不同，但一般都是根据本国少年儿童成长的实际情况和同犯罪作斗争的需要，根据一个人从完全不具备到部分具备、完全具备辨认和控制自己行为的能力的逐步发展过程，把刑事责任年龄划分为几个阶段。不过，在划分的方法上并不完全相同。有的实行绝对无责任年龄和完全负责任年龄的两分制；有的实行绝对无责任年龄、相对无责任年龄、减轻责任年龄、完全负责任年龄的四分制等。目前多数国家刑法中责任年龄制度都采用三分制或四分制。我国刑法根据我们国家一贯的对少年儿童的危害行为以教育为主、惩罚为辅的政策为指导，从我国政治、经济、文化教育状况、少年儿童的成长过程以及各类犯罪的情况等实际出发，并适当借鉴其他国家的立法经验，考虑刑法的世界发展趋势，在《刑法》第 17 条中对责任年龄作了较为集中的规定，把刑事责任年龄划分为完全不负刑事责任年龄、相对负刑事责任年龄与完全负刑事责任年龄三个年龄阶段。

一、完全不负刑事责任年龄阶段

按照我国《刑法》第 17 条的规定，不满 14 周岁，是完全不负刑事责任年龄的阶段。一般地说，不满 14 周岁的人尚处于幼年时期，还不具备辨认和控制自己行为的能力，即不具备责任能力。因而法律规定，对不满 14 周岁的人所实施的危害社会的行为，一概不追究刑事责任。但应当注意，对于因不满 14 周岁不予刑事处罚的实施了危害社会行为的人，应依法责令其家长或监护人加以管教，也可视需要对接近 14 周岁，如 12 ~ 13 周岁的人，由政府予以行政强制教育。

二、相对负刑事责任年龄阶段

按照我国《刑法》第 17 条第 2 款的规定，已满 14 周岁不满 16 周岁，是相对负刑事责任年龄阶段，也称相对无刑事责任年龄阶段。达到这个年龄阶段的人，已经具备了一定的辨别大是大非和控制自己重大行为的能力，即对某些严重危害社会的行为具备一定的辨认和控制能力。因此，法律要求他们对自己实施的严重危害社会的行为即“故意杀人、故意伤害致人重伤或者死亡、强奸、抢劫、贩卖毒品、放火、爆炸、投放危险物质罪”负刑事责任。此年龄阶段的人如果实施的是上述8种犯罪以外的危害行为，并不负刑事责任，不具备犯罪主体资格。同样，对因不满16周岁而不予刑事处罚的实施了危害社会行为的未成年人，应依法责令其家长或者监护人加以管教，在必要的时候也可以由政府收容教养。

需要注意的是，以上所列举的8种犯罪，指的是具体犯罪行为而不是具体罪名。如故意杀人，并不仅仅指的是故意杀人罪，还可能是在其他犯罪中进行杀人，也需要认定是故意杀人，如实施恐怖主义犯罪时的杀人等。对此，全国人大常委会法制工作委员会2002年7月24日在对最高人民检察院《关于已满14周岁不满16周岁的人承担刑事责任的范围问题的答复意见》中指出，现行《刑法》第17条第2款规定的8种犯罪，是指具体犯罪行为而不是具体罪名。即“犯故意杀人、故意伤害致人重伤或者死亡”，是指只要故意实施了杀人、伤害行为并且造成了致人重伤、死亡后果的，都应负刑事责任。而不是指只有犯故意杀人罪、故意伤害罪的，才负刑事责任；也不是说绑架撕票的，就不负刑事责任。对司法实践中出现的已满14周岁不满16周岁的人绑架人质后杀害被绑架人，拐卖妇女、儿童而故意造成被拐卖妇女、儿童重伤或死亡的行为，依据刑法是应当追究其刑事责任的。如15周岁的自然人在贩卖妇女过程中造成被贩卖妇女重伤或者死亡的，依据《刑法》第240条的规定应当认定为拐卖妇女罪并从重处罚，但是由于其年龄而不能认定为拐卖妇女罪，而只能认定为故意伤害罪或者故意杀人罪。近年来随着犯罪低龄化现象较为突出，有观点提出需要扩大相对负刑事责任年龄阶段承担刑事责任的范围，即将《刑法》第17条第2款原先规定的8类行为扩大到更多的种类，建议增加绑架、组织、领导、参加黑社会性质组织、走私毒品、引诱、教唆、欺骗、强迫他人吸毒等行为。同样，对因不满16周岁而不予刑事处罚的实施了危害社会行为的未成年人，应依法责令其家长或者监护人加以管教，在必要的时候也可以由政府收容教养。

在相对负刑事责任年龄问题上，德国、意大利、奥地利、日本等也将最低刑事责任年龄规定为年满14周岁。值得一提的还有英美法系国家和地区的立法例，与我国明确规定8类具体犯罪的立法例不同，英美法系国家大多对这一年龄阶段的行为人所能构成的犯罪的范围不作具体规定，由控方和辩方在诉讼中具体确定。如在英国，对10岁以上（含10岁）不满14岁的儿童，被推定为无实施犯罪行为的能力。但是与不满10岁一概为无犯罪行为能力的认定不同，对已满10岁不满14岁的儿童被推定为无实施犯罪行为的能力不再是绝对的，可以用证据进行反驳。如果控方能证明这一年龄段的行为人“在实施不法行为时有犯罪的明知”，即能证明被告人了解其行为在法律上是错误的，或者至少了解这一行为在道德上是错误的，就可以否定“未成年人”这一辩护理由的成立。具体而言，控方可以通过被告人以前实施过某种同类犯罪的事实来证明这种犯罪的明知，尤其是如果他曾被认定犯有此罪的话；甚至可以通过被告人的家庭背景等情况来证明。

三、完全负刑事责任年龄阶段

按照我国《刑法》第 17 条第 1 款的明文规定，“已满 16 周岁的人犯罪，应当负刑事责任”，这表明已满 16 周岁的人进入完全负刑事责任年龄阶段。由于已满 16 周岁的人的体力和智力已有相当的发展，具有了一定的社会知识，是非观念和法制观念的增长已经达到一定的程度，一般已经能够根据国家法律和社会道德规范的要求来约束自己，因而他们已经具备了基本的刑法意义上辨认和控制自己行为的能力。因此，我国刑法规定已满 16 周岁的人原则上可以构成刑法中所有的犯罪，要求他们对自己实施的刑法所禁止的一切危害行为承担刑事责任。

需要指出的是，我国刑法对刑事责任年龄所作的上述规定，解决的是认定犯罪方面的问题。考虑到未成年人由其生理和心理特点所决定，既有容易被影响、被引诱走上犯罪道路的一面，又有可塑性大，容易接受教育和改造的一面，因此从我国适用刑罚的根本目的出发并针对未成年违法犯罪人的特点，我国刑法在对未成年人犯罪案件的处理上，还有以下两条重要而特殊的处理原则：①从宽处罚的原则。即对已满 14 周岁不满 18 周岁的人犯罪的，应当从轻或者减轻处罚。已满 14 周岁不满 18 周岁是一个法定的必须从宽处罚的情节，至于是从轻还是减轻以及从轻、减轻的幅度，则由司法机关根据具体案件确定。②不适用死刑的原则。《刑法》第 49 条第 1 款规定，犯罪的时候不满 18 周岁的人不适用死刑。这里所说的“不适用死刑”是指不允许判处死刑，不是说“不执行死刑”，也不是说等满 18 周岁再判决、执行死刑，这是个原则要求。此外，根据《刑法》第 17 条第 4 款的规定，因不满 16 周岁不处罚的，责令他的家长或者监护人加以管教；在必要的时候，也可以由政府收容教养。给他人造成经济损失的，未成年人的家长或者监护人还要负责赔偿。

根据司法实践情况，切实贯彻刑事责任年龄制度，正确处理未成年人的违法犯罪案件，还应当明确以下三个问题：

1. 刑事责任年龄的计算问题。首先，刑事责任年龄应当是指实足年龄即周岁，这一点我国《刑法》第 17 条已作了明确规定。其次，周岁的具体起算。根据有关司法解释，可以明确：①周岁应当一律按照公历的年、月、日计算。② 1 周岁以 12 个月计。每满 12 个月即为满 1 周岁。③每满 12 个月即满 1 周岁应以日计算，而且是过了几周岁生日，从第 2 天零时起，才认为已满几周岁。例如，行为人于 1993 年 12 月 1 日出生，至 2007 年 12 月 2 日零时为已满 14 周岁，至 2009 年 12 月 2 日零时为已满 16 周岁，至 2011 年 12 月 2 日零时为已满 18 周岁。因此，对 14 周岁生日当天实施危害行为的，应视为不满 14 周岁，不能追究刑事责任，对 16 周岁生日当天实施危害行为的，只能令其对法定的 8 种犯罪情形负刑事责任；对 18 周岁生日当天犯罪的，应视为不满 18 周岁，对其适用“从轻或者减轻处罚”的原则。

2. 关于未成年人犯罪和处罚的法定年龄界限能否突破的问题。例如，对即将满 14 周岁，甚至差几天就满 14 周岁的人实施了故意杀人、故意伤害致人重伤或者死亡等行为，甚至造成了非常严重的危害结果的，可否作为犯罪追究刑事责任？对于即将满18周岁的人所犯罪行极其严重的，可否判处死刑？应当强调指出，法律在未成年人定罪和处罚问题上所规定的这种年龄界限，不能有任何伸缩性，这是我国刑法罪刑法定原则的必然要求。如果允许突破这种界限，刑法关于责任年龄的规定就失去了其限制作用，这明显违背法治原则。

3. 关于跨年龄段的危害行为的刑事责任问题。其中主要问题有两个：①行为人已满16周岁后实施了某种犯罪，并在已满14周岁不满16周岁期间也实施过相同的行为，应否一并追究刑事责任？对此应当作具体分析。如果在已满14周岁不满16周岁期间所实施的是《刑法》第17条第2款规定的特定严重犯罪，则应一并追究刑事责任；否则，就只能追究已满16周岁以后犯罪的刑事责任。已满14周岁不满16周岁期间所实施的行为，如果与已满16周岁后实施的犯罪行为具有密切联系，则说明行为人的人身危险性较大，可以作为量刑情节予以适当考虑。②行为人在已满14周岁不满16周岁期间，实施了《刑法》第17条第2款规定的特定严重犯罪，并在未满14周岁时也实施过相同行为，对此不能一并追究刑事责任，而只能追究行为人已满16周岁后实施的特定严重犯罪的刑事责任。同理，如果未满14周岁时实施的行为与已满14周岁后实施的犯罪行为具有密切联系，则表明行为人的人身危险性严重，量刑时应予以考虑。

第四节　犯罪主体的特殊身份

一、刑法上身份的概念

从一般意义上讲，身份是指人的出身、地位和资格，是指人在一定的社会关系中的地位，因而人人皆有其身份。犯罪主体的特殊身份有其独特的含义。按照刑法理论中较为通行的主张，所谓犯罪主体的特殊身份，是指刑法所规定的影响行为人刑事责任的行为人人身方面特定的资格、地位或状态。如国家机关工作人员、军人、司法工作人员、辩护人、诉讼代理人、证人、依法被关押的罪犯、男女、亲属等。这些特殊身份不是自然人犯罪主体的一般要件，而只是某些犯罪的自然人主体必须具备的要件。犯罪主体特殊身份对刑法上的定罪量刑有着重要的意义。对定罪的意义具体表现为：①主体特殊身份的具备与否，是区分罪与非罪的标准之一，如职务犯罪的认定。②主体特殊身份具备与否，是某些犯罪案件中区分和认定此罪与彼罪的重要标准之一。如同是窃取或者骗取公共财物的行为，具有国家工作人员或者受国家机关、国有公司、企业、人民团体委托管理、经营国有财产的人员的身份，且利用其从事公务的便利实施者构成贪污罪，无此身份的人则一般构成职务侵占罪、盗窃罪或者诈骗罪。③主体特殊身份影响无特殊身份者的定罪。这主要是无特殊身份者与有特殊身份者共同实施要求特殊主体之罪的情况。如，普通公民可以与国家工作人员一起构成要求特殊主体的贪污罪的实行犯。犯罪主体特殊身份对量刑也有一定影响。具体表现在：①在我国刑法中，对行为类似的特殊主体的犯罪一般都较一般主体的犯罪规定相对较重的刑罚。如包含窃取、骗取行为的国家工作人员贪污罪的刑罚重于一般主体实施的盗窃罪、诈骗罪的刑罚。这些要求特殊主体的犯罪之所以较一般主体的犯罪的刑罚重，当然不仅仅是基于主体特殊身份，但主体的特殊身份，无疑是影响行为社会危害程度并进而影响其刑罚轻重的重要原因之一。②在我国刑法总则规范中，设有一些因犯罪主体的身份而影响刑罚轻重的规定。如《刑法》第49条第1款关于“审判的时候怀孕的妇女，不适用死刑”的规定。③在刑法分则规范中，规定对某些犯罪如行为人具有特殊身份就要从重处罚。如《刑法》第243条第2款规定，国家机关工作人员犯诬告陷害罪的，从重处罚。

以主体是否要求必须具备特定身份为标准，自然人犯罪主体分为一般主体与特殊主体。刑法规定不要求以特殊身份作为构成要件的主体，称为一般主体；刑法规定以特殊身份作为构成要件的主体，称为特殊主体。在刑法理论上，通常还将以特殊身份作为主体构成要件或者刑罚加减根据的犯罪称为身份犯。身份犯可以分为真正身份犯与不真正身份犯。真正身份犯是指以特殊身份作为主体要件，若无此特殊身份，则该犯罪则根本不可能成立的犯罪。例如，《刑法》第109条叛逃罪的主体必须是国家机关工作人员，因此，如果行为人不是国家机关工作人员，其行为就不可能成立叛逃罪。不真正身份犯，是指特殊身份不影响定罪但影响量刑的犯罪。在这种情况下，如果行为人不具有特殊身份，犯罪也成立；如果行为人具有这种身份，则刑罚的科处就比不具有这种身份的人要重或轻一些。例如，《刑法》第243条诬告陷害罪的主体，不要求以特殊身份为要件，即任何年满16周岁、具备刑事责任能力的自然人，均可构成本罪；但是，如果主体具备国家机关工作人员身份，依照《刑法》第243条第2款的规定，则应从重处罚，换言之，国家机关工作人员身份虽然不是诬告陷害罪的主体要件，但这种特殊身份却是诬告陷害罪从重处罚的根据。本节中论述的犯罪主体的特殊身份，既包括真正身份犯中的特殊身份，也包括不真正身份犯中的身份。

正确理解犯罪主体的特殊身份的含义，应当注意以下两个问题：①特殊身份必须是在行为人开始实施危害行为时就已经具有的特殊资格或已经形成的特殊地位或状态。行为人在实施行为后才形成的特殊地位，并不属于特殊身份。例如，《刑法》第291条规定的聚众扰乱公共场所秩序、交通秩序罪，法律规定只处罚首要分子，但我们并不能说该罪的主体为特殊主体，因为首要分子在此是指在聚众犯罪中起组织、策划、指挥作用的犯罪分子，这种地位或资格是在行为人实施犯罪后方形成的，并非特殊身份。事实上，任何达到刑事责任年龄、具备刑事责任能力的自然人，均可以聚集众人扰乱公共场所秩序、交通秩序而成为首要分子，该罪的主体是一般主体。如果把行为人在实施犯罪后才形成的特殊地位或状态也称之为特殊身份，那么在犯罪主体中区分一般主体与特殊主体就可能失去意义，按照此种看法，“犯罪的实施者”本身也是一种身份，如故意杀人罪的主体是实施杀人者；抢劫罪的主体是实施抢劫行为者，显然不妥。②作为犯罪主体要件的特殊身份，仅仅是针对犯罪的实行犯而言的，至于教唆犯与帮助犯，并不受特殊身份的限制。例如，强奸罪的主体必须是男性，但这只是就实行犯而言的，不具有男性身份的妇女教唆或帮助男性实施强奸妇女行为的，可以成立强奸罪的共犯。

二、身份的分类

犯罪主体的特殊身份，从不同角度可有不同的分类。主要有以下分类：

从形成方式上加以区分，犯罪主体的特殊身份可以有自然身份与法定身份之别。所谓自然身份，是指人因自然因素所赋予而形成的身份。例如，基于性别形成的事实可有男女之分，有的犯罪如强奸罪仅男子可以单独成为犯罪的主体；再如，基于血缘的事实可形成亲属身份，有些犯罪的主体只能由具有此种身份者构成，如遗弃罪、虐待罪。所谓法定身份，是指人基于法律所赋予而形成的身份。如军人、国家机关工作人员、司法工作人员、在押罪犯等。自然身份和法定身份要成为犯罪主体的特殊身份，一般需要由刑法予以明确规定。这种分类的意义，并不在于直接说明犯罪主体特殊身份与刑事责任的关系，而在于通过对犯罪主体特殊身份的了解，进而准确而深刻地把握刑法设立此项规定的原义，这无疑会有助于正确地适用法律。例如，国家工作人员是一种法定身份，具有国家工作人员身份者总是由法律赋予一定的职责即权利和义务，刑法把国家工作人员规定为受贿罪主体的特殊身份条件，绝不是为了惩罚国家工作人员收受他人财物的任何行为，而只是为了惩罚与其职责相联系而违反其职责的收受他人财物的行为。

根据犯罪主体的特殊身份对行为人刑事责任影响的性质和方式，可以分为定罪身份与量刑身份。所谓定罪身份，即决定刑事责任存在的身份，又称为犯罪构成要件的身份。此种身份是某些具体犯罪构成中犯罪主体要件必须具备的要素，缺少这种身份，犯罪主体要件就不具备，因而也就没有该具体犯罪构成，不构成该种犯罪，不存在行为人应负该罪之刑事责任的问题，有此身份，犯罪构成中的主体要件就可具备，此时如果犯罪构成的主客观要件都存在，就可认定行为人的行为构成该罪并应负刑事责任。所谓量刑身份，即影响刑事责任程度的身份，又称为影响刑罚轻重的身份。是指按照刑法的规定，此种身份的存在与否虽然不影响刑事责任的存否，但影响刑事责任的大小，其在量刑上，表现为是从重、从轻、减轻甚至免除处罚的根据。

三、犯罪主体特定身份对定罪量刑的意义

1. 影响行为的定罪是犯罪主体特殊身份的首要功能：①主体特殊身份的具备与否，是区分罪与非罪的标准之一。刑法规定某些犯罪的成立必须具备特殊身份的主体，就是要通过对犯罪主体特殊身份的要求和限定，来限制追究刑事责任的范围，以准确有效地打击那些达到犯罪程度的严重危害行为及其行为人。②主体特殊身份具备与否，也是某些犯罪案件中区分和认定此罪与彼罪的一个重要标准。例如，同是隐匿、毁弃或者非法开拆他人信件的行为，具有邮政工作人员身份并利用其职务便利实施者构成《刑法》第 253 条规定的私自开拆、隐匿、毁弃邮件、电报罪，一般公民则构成《刑法》第 252 条的侵犯通信自由罪；同是窃取或者骗取公共财物的行为，具有国家工作人员身份且利用其从事公务的便利实施者构成贪污罪，无此等身份的人则一般只能构成盗窃罪或诈骗罪。这类规定，主要是通过对犯罪主体特殊身份的要求与否，来作为区分性质和危害程度不同的犯罪之间的界限。③主体特殊身份影响无特殊身份者的定罪。这主要是无特定身份者与有特定身份者共同实施要求特殊主体之罪的情况。例如，一般公民可以与国家工作人员一起构成要求特殊主体的贪污罪的实行犯。

2. 犯罪主体的特殊身份对量刑也有一定的影响，这主要表现在：①在我国刑法中，对行为类似的特殊主体的犯罪一般都较一般主体的犯罪规定的刑罚重一些。例如，包含窃取、骗取行为的国家工作人员贪污罪的刑罚，重于一般主体的盗窃罪、诈骗罪的刑罚；军人战时造谣惑众罪的刑罚，重于非军人战时造谣扰乱军心罪的刑罚。这些要求特殊主体的犯罪之所以较一般主体的犯罪的刑罚重，当然不仅仅是基于主体的特殊身份，但主体的特殊身份无疑是影响行为社会危害程度并进而影响其刑罚轻重的重要原因之一。②在我国刑法总则规范中，设有一些因犯罪主体的身份而影响刑罚轻重的规定。因主体身份影响刑罚从严的，例如，按照《刑法》第 65 条关于普通累犯以及第 66 条关于危害国家安全犯罪、恐怖活动犯罪、黑社会性质的组织犯罪累犯的规定，犯罪分子如果过去因犯罪被处以刑罚并符合一定条件的，即具有法定的累犯身份的，对其新的犯罪就要从重处罚，而且按照《刑法》第 74 条，对构成累犯者不得适用缓刑；因主体身份影响刑罚从宽的，例如，《刑法》第 49 条关于“审判的时候怀孕的妇女，不适用死刑”的规定。③在我国刑法分则中，规定对某些犯罪若行为人具有特殊身份的就要从重处罚。例如，《刑法》第 243 条第 2 款规定，国家机关工作人员犯诬告陷害罪的，从重处罚。此外，实践中时常还会遇到一些法无明文规定的犯罪人具有一定特殊身份的情况，如行为人具有领导干部身份、领导干部亲属身份、执法人员身份、家庭成员身份或者有先行的违法犯罪前科劣迹身份等。犯罪人的这些特殊身份应否影响其刑罚的轻重？我国刑法理论和司法实践经验认为，对这些特殊身份既不能因法无明文规定就一概不予考虑，也不能不加分析地一概予以从重或从轻量刑，而应当科学地考察不同的特殊身份对行为人的刑事责任程度大小有无影响，并据此来承认和体现行为人特定身份对量刑的意义，以使刑罚的轻重真正与从主体角度体现出来的责任程度相适应。

四、特殊身份群体的刑事处遇

特殊身份群体是指主体方面具有某种特殊身份的人群。在国内外刑法理论与实务中，特殊身份群体通常是指未成年人、老年人、孕妇等因生理原因而具有某种特殊自然身份的群体。与一般主体相比，这类群体犯罪因其特殊生理原因而具有一定的可宽宥性，如未成年人因生理、心理发育尚未成熟而需要予以从宽评价等。虽然这类群体中的某些人也有可能因其特殊生理原因而部分降低（或限制）了其刑事责任能力，但从立法的角度看，刑法对这类特殊身份群体犯罪予以宽宥主要是因为这些群体所具有的特殊生理原因而需要对其予以更人道的处遇。

（一）未成年犯罪人的刑事处遇

考虑到未成年人由其生理和心理特点所决定，既有容易被影响、被引诱走上犯罪道路的一面，又有可塑性大、容易接受教育和改造的一面，因此，从我国适用刑罚的根本目的出发并针对未成年违法犯罪人的特点，我国刑法典在刑事责任年龄制度之外，还对未成年人犯罪规定了以下特殊处遇原则和措施：

1. 从宽处理的原则。《刑法》第 17 条第 3 款规定，已满 14 周岁不满 18 周岁的人犯罪，应当从轻或者减轻处罚。这是我国刑法对未成年人犯罪从宽处罚原则的规定。这一原则是基于未成年犯罪人责任能力不完备的特点而确立的，反映了刑罚与罪责相适应的原则以及刑罚目的的要求。正确理解对未成年人犯罪应当从轻或者减轻处罚这一原则的含义，是正确执行该原则的前提和基础。这一原则中的“应当”，应理解为“必须”“一律”，而不允许有例外，即凡是未成年人犯罪都必须予以从宽处罚。从宽处罚是相对成年人犯罪而言的，即在犯罪性质和其他犯罪情节相同或基本相同的情况下，对未成年人犯罪要比照对成年人犯罪的处罚予以从轻或减轻处罚。所谓“从轻”处罚，就是在法定刑幅度内比没有未成年这个情节的成年人犯罪所应判处的刑罚适当轻一些。从轻处罚，应当在具体犯罪内部相应罪刑单位的法定刑幅度内从轻。所谓“减轻”处罚，《刑法》第 63 条已载明是“在法定刑以下判处刑罚”，即低于相应法定刑的最低刑判处刑罚；减轻处罚，既可以是同一刑种内不同刑度（或数额）的减轻，也可以是减为该法定刑内没有的另外一种更轻的刑种。关于是从轻还是减轻以及从轻减轻的幅度，则由司法机关根据具体案件确定。

2. 不适用死刑的原则。《刑法》第 49 条规定，犯罪的时候不满 18 周岁的人不适用死刑。这里所说的“不适用死刑”是指不允许判处死刑，包括不允许判处死刑立即执行，也不允许判处死刑并宣告缓期两年执行，而不仅仅是说“不执行死刑”，也不是说等满 18 周岁再判决、执行死刑。对未满 18 周岁的未成年人禁用死刑，这是一条刚性要求，不允许有任何例外。同时，这里所说的“不满 18 周岁”是指犯罪的时候不满 18 周岁，而不是指审判的时候不满 18 周岁。审判的时候已满 18 周岁但犯罪的时候不满 18 周岁的人，根据《刑法》第 49 条的规定，不得对其适用死刑。

3. 不成立累犯的原则。累犯是一种严厉的刑罚制度。根据《刑法》第 65 条、第 74 条和第 81 条的规定，对累犯，应当从重处罚，并且不得适用缓刑和假释。不过，为了体现对未成年人的宽宥，《刑法》第 65 条第 1 款规定，被判处有期徒刑以上刑罚的犯罪分子，刑罚执行完毕或者赦免以后，在 5 年以内再犯应当判处有期徒刑以上刑罚之罪的，是累犯，应当从重处罚，但是过失犯罪和不满 18 周岁的人犯罪的除外。这里的“不满 18 周岁的人”，既可以是犯前后两个罪时都不满 18 周岁，也可以是犯前罪时不满18周岁但犯后罪时已满18周岁。未成年人犯罪不成立累犯，既体现了对未成年人犯罪从宽处理的原则，也不关于限制对未成年犯罪人适用缓刑、假释，有利于促进未成年犯罪人的改造。

4. 从宽适用缓刑的原则。缓刑是一种非监禁化的处遇措施。被适用缓刑的犯罪分子，不需要关押，可以放在社会上进行改造，因此缓刑也被视为一种宽缓的刑罚制度。《刑法》第72条第1款规定，对于被判处拘役、3年以下有期徒刑的犯罪分子，如果犯罪情节较轻、有悔罪表现、没有再犯罪的危险并且宣告缓刑对所居住社区没有重大不良影响的，可以宣告缓刑，对其中不满18周岁的人，应当宣告缓刑。可见，在符合缓刑适用条件的情况下，对不满18周岁的未成年人，是“应当”宣告缓刑，而不是“可以”。这体现了对未成年犯罪人适用缓刑从宽的原则。不过，值得指出的是，这里的“不满18周岁”应当是指宣告缓刑的时候不满18周岁，而非犯罪的时候不满18周岁。对于犯罪的时候不满18周岁但宣告缓刑的时候已满18周岁的人，不能适用《刑法》第72条关于缓刑从宽的规定。

5. 免除前科报告义务。《刑法》第100条第1款规定，依法受过刑事处罚的人，在入伍、就业的时候，应当如实向有关单位报告自己曾受过刑事处罚，不得隐瞒。这是一种前科报告制度。受过刑事处罚的人一旦向有关单位报告自己曾受过刑事处罚，将使自己在入伍、就业时处于不利地位。因此，它也是一种从严的制度。不过，《刑法》第100条第2款规定，犯罪的时候不满18周岁被判处5年有期徒刑以下刑罚的人，免除前款规定的报告义务。这在一定范围内免除了未成年犯罪人的前科报告义务，体现了对未成年人的宽宥，有利于促使未成年犯罪人更好地融入社会。

（二）老年犯罪人的刑事处遇

人的身心发展是一个渐进的过程。人进入老年期之后，身心功能逐渐衰弱，体能和精力显著减退，辨认能力、控制能力会有不同程度的减弱，对此需要社会予以更多的关心和照顾。这也是人道主义的要求。也正因为如此，我国刑法典基于老年人身心发育的特点，从刑罚适用的根本目的和刑罚人道主义出发，对老年人犯罪规定了以下特殊处遇措施：

1. 从宽处理的原则。《刑法》第17条之一规定，已满75周岁的人故意犯罪的，可以从轻或者减轻处罚；过失犯罪的，应当从轻或者减轻处罚。这里所说的“故意犯罪”，是指《刑法》第14条规定的犯罪，包括直接故意犯罪和间接故意犯罪。“可以从轻或者减轻处罚”，是指要根据老年人犯罪的具体情况，决定是否从轻或者减轻处罚，而不是一律必须从轻或者减轻处罚。即原则上，一般情况下要从轻或者减轻处罚，但也允许具有特别恶劣、严重情节的不予以从轻或者减轻处罚。过失犯罪是指《刑法》第15条规定的犯罪，包括疏忽大意过失犯罪和过于自信过失犯罪。“应当从轻或者减轻处罚”是指一律予以从轻或者减轻处罚，关于是从轻处罚还是减轻处罚，则需要结合案件的具体情况来决定。根据《刑法》第17条之一的规定，对老年人犯罪予以从宽处罚的条件是老年人犯罪时已满75周岁。如果犯罪时不满75周岁，即便审判时已满75周岁，也不能依照《刑法》第17条之一的规定对其从宽处罚。对犯罪时已满75周岁的老年人予以从宽处理，体现了我国刑法对老年人的特殊保护和人道对待。

2. 原则上不适用死刑。《刑法》第49条第2款规定，审判的时候已满75周岁的人，不适用死刑，但以特别残忍手段致人死亡的除外。这里规定的"审判的时候已满75周岁"，是指按照刑事诉讼法的规定，在人民法院审判的时候，被告人年满75周岁。"以特别残忍手段致人死亡"，是指犯罪致人死亡的手段令人发指，如以肢解、残酷折磨、毁人容貌等特别残忍的手段致人死亡。刑法典的这一规定表明，我国对已满75周岁的老年犯罪人采取的是原则上不适用死刑，但对以特别残忍手段致人死亡的，也可以适用死刑。立法作这一规定，主要有两个方面的考虑：一是考虑到已满75周岁的人的生理能力、心理能力相对于一般成年人有很大的降低，人身危险性有所减弱，不需也不宜对其适用死刑；二是还考虑到部分已满75周岁的人生理能力、心理能力良好，又以特别残忍手段致人死亡，如不对其适用死刑，难以平息社会矛盾。这是立法的一种权衡。从长远的角度看，我国应对老年人犯罪一概免死。

3. 从宽适用缓刑的原则。《刑法》第72条规定，对于被判处拘役、3年以下有期徒刑的犯罪分子，如果犯罪情节较轻、有悔罪表现、没有再犯罪的危险并且宣告缓刑对所居住社区没有重大不良影响的，可以宣告缓刑，对其中已满75周岁的人，应当宣告缓刑。这与不满18周岁的人适用缓刑的规定相类似。根据该规定，对于已满75周岁的人，只要符合缓刑的条件，就应当对其宣告缓刑。这是对老年犯罪人的一种宽宥，体现了刑罚人道主义的精神。

（三）犯罪孕妇的刑事处遇

与一般妇女相比，怀孕的妇女在生理上和心理上都具有一定的特殊性，如妇女在妊娠期间通常需要进行一系列的生理调整，以适应胎儿在体内的生长发育，并且因为怀孕，她们的行动往往又多有不便。因此，无论是从怀孕妇女的生理、心理特点的角度，还是从怀孕妇女正在孕育胎儿的角度，都应对怀孕的妇女予以特别的保护。我国刑法典对犯罪孕妇的刑事处遇规定了以下特殊措施：①不适用死刑的原则。《刑法》第49条第1款规定，审判的时候怀孕的妇女，不适用死刑。与未成年人不适用死刑一样，这里的"不适用死刑"，是指既不适用死刑立即执行，也不适用死刑缓期两年执行。"审判的时候怀孕的妇女"，是指在人民法院审判的时候被告人是怀孕的妇女，也包括审判前在羁押时已经怀孕的妇女。对于怀孕的妇女，在她被羁押或者受审期间，无论其怀孕是否违反国家计划生育政策、是否人工流产，都应视同审判时怀孕的妇女，不能适用死刑。怀孕的妇女在羁押期间自然流产后，又因同一事实被起诉、审判的，也应当视为审判时怀孕的妇女，不能适用死刑。对审判的时候怀孕的妇女不适用死刑，体现了我国刑法对怀孕妇女的特别保护。②从宽适用缓刑的原则。《刑法》第72条规定，对于被判处拘役、3年以下有期徒刑的犯罪分子，如果犯罪情节较轻、有悔罪表现、没有再犯罪的危险并且宣告缓刑对所居住社区没有重大不良影响的，可以宣告缓刑，对其中怀孕的妇女，应当宣告缓刑。根据这一规定，对符合缓刑条件的怀孕妇女，不是“可以宣告缓刑”，而是“应当”。这有利于保护怀孕妇女的身心健康和胎儿的健康发育。

第五节　单位犯罪主体

单位犯罪是相对于自然人犯罪而言的一个范畴。我国刑事立法上长期以来没有单位犯罪的规定，1987年1月22日由第六届全国人大常委会第十九次会议通过的《中华人民共和国海关法》第47条第4款规定：“企业事业单位、国家机关、社会团体犯走私罪的，由司法机关对其主管人员和直接责任人员依法追究刑事责任；对该单位判处罚金，判处没收走私货物、物品、走私运输工具和违法所得。”首次在我国法律中确认了单位可以成为犯罪主体。1988年全国人大常委会《关于惩治贪污罪贿赂罪的补充规定》（现已失效）和《关于惩治走私罪的补充规定》（现已失效），分别规定有关企业事业单位、机关、团体可以成为受贿罪、行贿罪、走私罪、逃汇套汇罪和投机倒把罪犯罪的主体，第一次在专门的刑事法律中承认了单位犯罪。尔后，由全国人大常委会通过的《中华人民共和国铁路法》和十余部单行刑法中，也有单位犯罪的规定。

1997年修订后的我国《刑法》采用总则与分则相结合的方式确立了单位犯罪及其刑事责任，其中总则第二章第四节“单位犯罪”用两个条文规定了单位犯罪的总则性问题。《刑法》第30条规定：“公司、企业、事业单位、机关、团体实施的危害社会的行为，法律规定为单位犯罪的，应当负刑事责任。”这是关于单位在多大范围内可以成为犯罪主体的规定。根据这一规定，所谓单位犯罪，是指由公司、企业、事业单位、机关、团体实施的依法应当承担刑事责任的危害社会的行为。根据我国刑法分则关于具体犯罪的规定，除侵犯财产罪、渎职罪和军人违反职责罪三章犯罪外，其他七章罪都存在单位犯罪，具体罪种约有120个左右。单位犯罪多数为故意犯罪，少数属于过失犯罪。

单位犯罪的两个基本特征是：①单位犯罪的主体包括公司、企业、事业单位、机关、团体。所谓“公司、企业、事业单位”，根据1999年6月18日最高人民法院《关于审理单位犯罪案件具体应用法律有关问题的解释》，既包括国有、集体所有的公司、企业、事业单位，也包括依法设立的合资经营、合作经营企业和具有法人资格的独资、私营等公司、企业、事业单位。若个人为进行违法犯罪活动而设立的公司、企业、事业单位实施犯罪的，或者公司、企业、事业单位设立后，以实施犯罪为主要活动的，不以单位犯罪论处。盗用单位名义实施犯罪，违法所得由实施犯罪的个人私分的，依照刑法有关自然人犯罪的规定定罪处罚。“机关”是指国家各级权力机关、行政机关、司法机关、军事机关。“团体”主要是指人民团体和社会团体。②只有法律明文规定单位可以成为犯罪主体的犯罪，才存在单位犯罪及单位承担刑事责任的问题，而并非一切犯罪都可以由单位构成。规定单位犯罪的“法律”，指的是刑法分则性条文，包括1997年修订后的刑法分则及其颁行后国家最高立法机关又根据实际需要制定的单行刑法及有关附属刑法规范。从我国刑法分则的规定来看，单位犯罪广泛存在于危害公共安全罪、破坏社会主义市场经济秩序罪、侵犯公民人身权利、民主权利罪、妨害社会管理秩序罪、危害国防利益罪和贪污贿赂罪等章中，具体罪种约有120多种。这些单位犯罪多数是故意犯罪，但也有少数属于过失犯罪。

对单位犯罪的处罚，世界各国刑事立法和刑法理论上主要有两种原则：一是双罚制，即单位犯罪的，对单位和单位直接责任人员（代表人、主管人员及其他有关人员）均予以刑罚处罚；二是单罚制，即单位犯罪的，只对单位予以刑罚处罚而对直接责任人员不予处罚，或只对直接责任人员予以刑罚处罚而不处罚单位。我国《刑法》第31条规定：“单位犯罪的，对单位判处罚金，并对其直接负责的主管人员和其他直接责任人员判处刑罚。本法分则和其他法律另有规定的，依照规定。”这是我国刑法关于对单位犯罪处罚原则的规定。根据这一规定，对单位犯罪，一般采取双罚制的原则。在双罚制内部，又可以区分为两种情形：一是对直接责任人员的刑罚与自然人罪犯犯该罪时的刑罚相同。如《刑法》第140条规定的生产、销售伪劣产品罪，第151条规定的走私武器、弹药罪等。二是对直接责任人员的刑罚轻于自然人犯该罪时的刑罚。如《刑法》第191条规定的洗钱罪（单位犯罪时直接责任人员的法定最高刑为5年有期徒刑，而自然人犯罪时的法定最高刑为15年有期徒刑）等。但是，当刑法典分则和其他法律（特别刑法）另有规定不采取双罚制而采取单罚制的，则属例外情况。这是因为，单位犯罪的情况具有复杂性，其社会危害程度差别很大，一律采取双罚制的原则，并不能全面准确地体现罪责刑相适应原则和对单位犯罪起到足以警诫的作用。在我国刑法典分则中，有少数几种单位犯罪采取的即是单罚制。如《刑法》第161条规定的违规披露、不披露重要信息罪和《刑法》第162条规定的妨害清算罪，都不处罚作为犯罪主体的公司、企业，而只处罚其直接责任人员。

2014年4月24日第十二届全国人民代表大会常务委员会第八次会议通过了《关于〈中华人民共和国刑法〉第三十条的解释》，全文如下：“全国人民代表大会常务委员会根据司法实践中遇到的情况，讨论了刑法第30条的含义及公司、企业、事业单位、机关、团体等单位实施刑法规定的危害社会的行为，法律未规定追究单位的刑事责任的，如何适用刑法有关规定的问题，解释如下：公司、企业、事业单位、机关、团体等单位实施刑法规定的危害社会的行为，刑法分则和其他法律未规定追究单位的刑事责任的，对组织、策划、实施该危害社会行为的人依法追究刑事责任。”我国现行刑法主要针对经济领域规定单位犯罪，比如单位偷税、走私、生产假冒伪劣商品，侵犯知识产权和金融诈骗等，都要被追究刑事责任。然而近年来，司法机关反映现实生活中存在一些由公司、企业等单位实施的一些危害社会行为的情形，比如杀人、伤害、诈骗、盗窃等。由于刑法没有规定这些行为为单位犯罪，对于这些情况除了对单位依法追究相应的民事、行政等责任外，是否要追究刑事责任？追究谁的刑事责任？该立法解释对此作出了肯定的规定。全国人大常委会法制工作委员会认为，刑法主要针对一些涉及经济领域的犯罪规定了单位犯罪。对一些传统的侵犯人身权利的犯罪，如杀人、伤害、抢劫、普通的诈骗、盗窃等，刑法分则没有规定单位犯罪。主要考虑的是，对这些犯罪不认为是单位犯罪，不由单位承担刑事责任，但对组织、策划、直接实施这些法律明文规定为犯罪行为的人，应当按自然人犯罪依法追究刑事责任。对这一问题作出法律解释，既符合立法的原意，适应惩治犯罪的需要，也有利于贯彻罪刑法定原则和维护法制统一。我们认为，该立法解释的出台，客观上扩大了刑法中有关单位犯罪的刑事责任范围，但与刑法其他有关单位犯罪规定条文的协调仍有待深入研究。

学术视野

一、自然人刑事责任年龄的界定

我国关于自然人刑事责任年龄的界定分为三个不同的阶段，理论上对此并无争议。但是近年来，青少年犯罪尤其是年龄低于14周岁的未成年人犯罪、年龄低于16周岁的未成年人犯罪越来越严重，也越来越引起全社会的关注。对此有观点提出要降低自然人犯罪的刑事责任年龄界限，将相对负刑事责任年龄降低至13周岁。我们认为单纯地将自然人犯罪的刑事责任年龄降低，并不能从根本上解决未成年人犯罪问题，对此可以采取实体解决与诉讼解决相结合的方式来处理。

二、相对负刑事责任年龄的内涵

我国《刑法》第17条第2款规定：“已满14周岁不满16周岁的人，犯故意杀人、故意伤害致人重伤或者死亡、强奸、抢劫、贩卖毒品、放火、爆炸、投放危险物质罪的，应当负刑事责任。”刑法理论上一般认为这属于相对负刑事责任年龄。以上所列举的8种犯罪，指的是具体犯罪行为而不是具体罪名。对该规定所指的犯罪种类是否要扩大，理论上有着不同的看法。

三、单位犯罪主体

我国刑法已规定单位可以成为犯罪主体，刑法理论上也已认可单位可以成为犯罪主体，但是仍有不同观点认为单位不能成为犯罪主体。其理由主要有：单位属于法律拟制，司法实践中认定操作不易统一；单位主体与自然人主体的集合有时不易区别；单位犯罪属于刑法规制的例外，容易滞后于客观形势。

理论思考与实务应用

一、理论思考

（一）名词解释

犯罪主体　刑事责任能力　刑事责任年龄　身份犯　双罚制　生理醉酒

（二）简答

1. 简述犯罪主体的内涵。
2. 简述刑事责任年龄的内涵。
3. 简述我国刑法关于相对负刑事责任年龄的规定。
4. 简述我国刑法关于相对无刑事责任能力的规定。
5. 简述我国刑法关于限制刑事责任能力的规定。
6. 简述犯罪主体的特殊身份。
7. 简述单位犯罪的概念和处罚原则。

（三）论述

1. 请论述我国关于未成年人犯罪的刑事责任能力的规定。
2. 请论述我国刑法关于相对负刑事责任年龄的规定及其发展。
3. 请论述单位犯罪的认定条件及其争议。

二、实务应用

（一）案例分析示范

案例一

印某，男，50岁，某教育书店负责人。1998年12月～1999年12月间，印某单独或伙同他人以商务印书馆出版的《现代汉语词典》（修订本）、《新华字典》等为版本，进行非法制版，先后盗版印刷、装订《现代汉语词典》（修订本）、《新华字典》等共约19万册，并向上海市、重庆市等地以本单位名义大量销售，非法经营额共计人民币230余万元，非法所得完全归其个人所有。

问：对于印某的行为应当如何定性？

【评析】对于本案应当以侵犯著作权罪定罪并无异议。但对于本案是属于单位犯罪还是个人犯罪存在不同意见。一种意见认为本案属于单位犯罪。主要理由是：印某在销售其盗版图书时，是以其所在书店的名义进行的，而其本人就是这一书店的负责人。因此，其侵犯他人著作权的行为应当视作单位行为。另一种意见认为本案不是单位犯罪，而是个人犯罪，因为印某将犯罪所得完全归其个人所有，并未交归单位。

如果一个犯罪既可以由单位构成，也可以由个人构成，当单位负责人以单位名义实施犯罪时，有时很难区分是单位犯罪还是个人犯罪。上述案例所涉及的法律问题是，单位负责人以单位名义实施的犯罪，是否必然属于单位犯罪。根据法律规定和刑法理论，对这一问题的回答是否定的，上述案例应以自然人犯罪定性，不能认定为单位犯罪。

最高人民法院于1999年6月25日发布的《关于审理单位犯罪案件具体应用法律有关问题的解释》第3条规定："盗用单位名义实施犯罪，违法所得由实施犯罪的个人私分的，依照刑法有关自然人犯罪的规定定罪处罚。"该解释第2条还规定："个人为进行违法犯罪活动而设立的公司、企业、事业单位实施犯罪的，或者公司、企业、事业单位设立后，以实施犯罪为主要活动的，不以单位犯罪论处。"由此可知，单位犯罪是指公司、企业、事业单位、机关、团体在单位意志支配下，为单位牟取非法利益，以单位名义实施的犯罪。具体结合案例分析，印某的行为虽然主要是以单位名义实施的，但并不完全符合单位犯罪的上述特征。首先，印某的意志不能代表该书店的意志。任何单位的工作人员，都具有双重身份，一方面，他作为单位整体的构成要素，其思想和行为都是单位这一整体的组成部分，从属于、服务于单位整体的思想和行为；另一方面，他又是具有自己独立思想和行为的人，完全可以作为区别于单位并独立于单位之外的社会关系主体，独立处理自己的事务。这一点即使是单位的负责人或法定代表人也不例外，印某作为书店的负责人，其所从事的一系列行为，从非法制版、印刷、装订到销售，都超出了他的职务或业务范围，不能代表书店的整体意志，更重要的是，从其一开始预谋、策划到实施犯罪，也清晰地表明了他个人的犯罪意志。其次，印某的犯罪行为完全是为牟取个人私利而实施的，所得钱财均装入个人腰包而不是归单位所有。总之，印某的犯罪行为，是在他个人的主观意志支配下，为牟取私利，假借单位名义实施的，这种行为只能视为其个人犯罪，而不是单位犯罪。

案例二

1998年8月15日13时许，孙某（聋哑人）、冯某（聋哑人）、吕某（聋哑人）结伙合谋在闹市马路上作案。吕某负责望风，孙某将事先准备好的铁丝插入骑车行至此处的事主周某的自行车车轮内，当周某下车修理时，冯某趁机从事主车筐内将一手提包抢走，内有人民币90元。三人把所抢来的钱全部挥霍。1998年8月18日13时许，孙某指使吕某望风，冯某骑车在某中学附近的马路上故意将骑车路经此地的事主代某撞倒，冯某趁机将代某放在车筐内的钱包抢走逃跑，内有人民币150余元。三人把抢来的钱全部挥霍。1998年8月21日17时许，孙某、冯某、吕某结伙在一农贸市场作案。由孙某、冯某望风，吕某乘下班回家途中买菜的陈某不注意，把陈某放在车筐内的钱包偷走，内有人民币820元。吕某窃得钱款后，三人全部挥霍。1998年8月23日，孙某、冯某、吕某结伙在一别墅对面公路上作案。吕某负责望风，孙某将事先携带的铁丝插在途经此处的王某所骑的自行车的后轮中，王某下车查看时，冯某上前将王某放在车筐内的女式包抢走，内有人民币660元。王某发现后，即骑车追赶，一边追赶一边呼喊"抓小偷、截住小偷"，结果未能追上。适值驾车途经此地的司机王某某发现后，驱车追上冯某，将冯某抓获，扭送公安机关，冯某供出同案犯，并带公安人员将已逃回住处的孙某、吕某抓获。赃物已起获并已发还事主。

问：孙某、冯某、吕某的刑事责任应如何界定？

【评析】本案中，孙某、冯某、吕某三个都是聋哑人。关于聋哑人的刑事责任问题，《刑法》第19条规定：“又聋又哑的人或者盲人犯罪，可以从轻、减轻或者免除处罚。”又聋又哑的人是指既丧失听觉功能又丧失语言功能的人；盲人是指双目丧失视觉的人。在我国现阶段，对于聋哑人的教育，虽然相对新中国成立前有了较大的发展，聋哑人学校有了相当数量的增加，教学手段和教学水平都有了相当大的提高。但是，教育手段还不够现代化，教育水平还很低。聋哑人正规教育还很不普及，特别是一些落后地区。因此，即使能进入特殊学校接受教育的聋哑人，其智力和文化水平也很低，一般远不能与他们的同龄人相提并论。聋哑人生理功能的缺陷使他们不能广泛地与外界接触，自如地交流感情和思想，此外社会上以及周围的一些人对聋哑人的歧视和不公正的对待，使他们的生活圈子相当狭小，这样往往使他们形成孤僻的性格、自卑的心理，在处理人际关系和决定自己的行为时，特别是在遇到歧视、受到侮辱时，极易感情用事，不计后果地实施危害行为。聋哑人因其知识和智力的低弱以及生理缺陷的影响，在实施犯罪行为时，辨认和控制自己行为的能力往往比一般人会有程度不同地减弱。他们刑事责任能力的不完备又使其刑事责任程度相对较轻，一般也说明行为人的主观恶性和人身危险性较小，根据刑罚与罪责相适应的原则和刑罚目的要求，对聋哑人犯罪的，“可以从轻、减轻或者免除处罚”。聋哑人不是无刑事责任能力人。聋哑人在认识事物和控制自己行为能力上要弱得多，但他们不是没有这种认识和控制能力。丧失听能和语能的聋哑人，只要他们不同时患有精神疾病，一般说来，他们的精神状况都是正常的或基本正常的，因为他们和健全的人一样具有大脑和神经系统，他们并不因其听能和语能的丧失而完全没有刑法意义上的辨认或控制自己行为的能力。也就是说，他们不是无刑事责任能力人。对于一个有刑事责任能力的人来讲，如果他故意或过失地实施了危害社会的、触犯刑律的行为，就应对自己的危害行为负刑事责任。也正因为聋哑人是具有刑事责任能力的人，我国《刑法》规定，聋哑人触犯刑律的行为构成犯罪的，应负刑事责任。应当明确的是，必须又聋又哑的人犯罪，才可以从轻、减轻或者免除处罚。只聋不哑或者只哑不聋的人，不能适用该规定。当然这种只丧失一项听觉能力或语言能力的人，特别是在未成年时就丧失了听觉能力或语言能力其中一项生理功能的人，其知识和智力水平及刑法上认识和控制自己行为的能力虽比又聋又哑的人强些，但往往和正常人也有一定的差距，如果他们实施犯罪确实与他们的聋或哑有关，那么根据罪刑相适应的原则，当然也可以酌情予以从宽处罚，但在从宽的掌握上应与又聋又哑的人有所区别，而且这也不属于《刑法》第19条规定的情况。刑法规定对聋哑人犯罪是“可以”从轻、减轻或者免除处罚，而不是规定为“应当”。因此，对于聋哑人犯罪，原则上从宽，只是对极少数知识和智力水平不低于正常人，犯罪时具备完全刑事责任能力的聋哑人，才可以考虑不予从宽处罚；特别是对于那些责任能力完备，犯罪性质恶劣，犯罪情节和后果非常严重的聋哑人犯罪分子，更不能从宽处理。对应予从宽处罚的犯罪聋哑人，在处理时同时要综合考虑案件的各种情节来具体决定是从轻、减轻还是免除处罚，以及从轻、减轻处罚的幅度。

本案中，孙某、吕某、冯某结伙抢夺公民的财物，且数额较大，三人的行为均已构成抢夺罪，应予惩处；孙某、吕某、冯某结伙盗窃公民的财物，数额较大，其行为均已构成盗窃罪，应与所犯抢夺罪并罚。鉴于孙某、吕某、冯某均系聋哑人，案发后，三人均有不同程度的悔罪表现，又聋又哑的人或者盲人犯罪，不可以免除刑事责任，但是根据法律规定可以从轻、减轻或者免除处罚。故依照我国《刑法》第 19 条之规定，对孙某、吕某、冯某均予以从轻处罚。

案例三

尤某某，男，生于 1989 年 2 月 13 日，某小学五年级学生。2003 年 2 月 11 日，正值学校放寒假，尤某某来到自己读书的小学，见本校低年级学生王某某（女，10 岁）独身一人在校值班室内，遂起歹念，将王某某骗至防空洞内进行猥亵，王某某反抗，并说要将此事告诉老师。尤某某用石头将王某某砸昏后，又用随身携带的小刀在王某某的喉部、胸部和腹部连刺 20 余刀，并割掉王某某的舌头，剜出王某某的双眼，致王某某当场死亡。破案后，尤某某对公安人员声称：“我懂得法律，未满 14 岁的人不负法律责任。”

问：对于尤某某的刑事责任应如何界定？

【评析】对于本案如何处理司法机关有两种不同意见：一种意见认为，尤某某未满 14 周岁，不应当负刑事责任，但是可以予以收容教养，并由其法定监护人承担民事赔偿责任。另一种意见认为，尤某某还差 3 天即满 14 周岁，与刚满 12 周岁的人相比，其刑事责任能力已经没有本质的区别，而且杀人的手段极为残酷，动机恶劣，不追究其刑事责任，不足以平民愤。最后，尤某某被劳动教养 3 年，而没有承担刑事责任。

本案中，尤某某的杀人行为，尽管手段残酷，动机恶劣，后果严重，民愤极大，但是尤某某在实施杀人行为时未满 14 周岁。因此，按照我国《刑法》第 17 条的规定，尤某某对其杀人行为不负刑事责任。这里应当指出的是，《刑法》第 17 条规定的已满 14 周岁，是指实足年龄，应以 14 周岁生日之第二天起计算。尤某某生于 1989 年 2 月 13 日，应至 2003 年 2 月 14 日始认为已满 14 周岁。所以，尽管尤某某杀人时距 14 周岁只差 3 天，仍然应当认定为未满 14 周岁。

未满 14 周岁的人不负刑事责任，并不是说对未满 14 周岁的人实施严重危害社会的行为可以听之任之，置之不理，而必须做适当的法律处理，对他们进行教育与引导，以防止其以后再次实施严重危害社会的行为。我国《刑法》第 17 条第 4 款规定，因不满16周岁不予刑事处罚的，责令他的家长或者监护人加以管教；在必要的时候，也可以由政府收容教养。

在本案中，如果尤某某实施的不是严重杀人行为，而是一般危害行为，那么应当责令其家长或者监护人加以管教，不必由政府收容教养。尽管尤某某实施了危害严重的故意杀人行为，但是，如果尤某某年龄很小，也应当责令其家长或者监护人加以管教，而不必由政府收容教养。因为年龄太小的儿童，很难正确理解收容教养的意义，如果对其收容教养，反而不利于其成长。只有在必要的时候，才由政府收容教养。本案中，尤某某的杀人行为是一种严重危害行为，手段残酷、动机恶劣、后果严重、民愤较大，而且尤某某对自己行为的严重性缺乏必要的认识。因此，对尤某某应当收容教养。

案例四

李某（男，1974年12月出生）与谭某（女，1990年5月出生）自2004年10月份认识后，李某经常安排谭某在外吃住，关系甚密。李某多次要求谭某约个女孩给其玩弄，谭某答应了其要求。2005年1月1日，谭某得知其好友周某（女，1989年11月出生）放假在家，便约其去县城玩。谭某当即打电话通知李某她约了周某来县城，让李某作好安排。谭某和周某到县城后，李某安排去一家歌厅唱歌。李某悄悄问谭某要怎么样才能搞得定，谭某说："把她搞醉了就可以。"后来在唱歌时谭某就对周某说："一会儿李某敬你的酒你要喝，不能拒绝，他敬了你，你也要回敬他，才表示尊重。"三人在歌厅边唱歌边喝酒，玩至晚上11点后，谭某见周某还未喝醉，就提出要睡觉，并讲好去某酒店住。于是三人来到酒店开了两间房，谭某为了给李某提供机会，提出她一个人一间房，李某和周某一间房。周某不愿意，李某就连拉带推将周某带进房。进房间后，李某不顾周某的反抗把她拖到床上，强行与其发生了性关系。

问：李某、谭某的行为应如何认定？

【评析】在本案中，对李某的行为构成强奸罪不存在争议，但对于妇女能否构成强奸罪主体、对谭某的行为是否构成强奸罪的共犯存在不同意见：第一种意见认为，谭某不构成强奸罪的共犯。其理由是：谭某当时只是希望用灌醉周某的方法来达到李某强奸的目的，但事实上周某并未喝醉，未失去反抗能力，李某强行奸淫周某的行为与谭某无关。且谭某当时只有15周岁，未达刑事责任年龄，因而不构成强奸罪的共犯。并且，强奸罪是典型的身份犯罪，需要具有特定的自然性别身份，妇女不应当成为强奸罪主体。第二种意见认为，谭某的行为构成强奸罪的共犯。理由是：谭某为让李某奸淫周某提供了一系列的帮助，且事前有通谋，虽然灌醉的目的未达到，但不影响其构成共同犯罪。根据《刑法》第17条第2款"已满14周岁不满16周岁的人，犯故意杀人、故意伤害致人重伤或死亡、强奸、抢劫、贩卖毒品、放火、爆炸、投放危险物质罪的，应当负刑事责任"的规定，谭某符合强奸罪的主体，因此，谭某构成强奸罪的共犯。

我们同意第二种意见。本案中谭某15周岁，具有刑事责任能力，达到《刑法》第17条规定强奸罪的刑事责任年龄，因而谭某符合主体要件。在客观上，谭某和李某的行为都是围绕一个共同的目的，就是使李某顺利奸淫周某。谭某为达到此目的提供了一系列的帮助行为，才使得李某的强奸行为得逞。在主观上，谭某和李某都存在共同的故意，即明知他们共同实施的行为会发生危害社会的结果，而希望这种结果发生，存在共同的认识因素和意志因素。从本案的整个过程看，谭某和李某事前是有通谋的，并有分工协作。从约周某去县城玩开始，然后唱歌时叫周某要喝酒，再到提出让周某和李某一间房睡，自始至终谭某就是在实施帮助行为，让李某才有机会实施强奸行为。没有谭某的帮助行为，李某就不可能成功实施强奸。本案中谭某的行为属于刑法理论上的“无身份者与有身份者共同实行的犯罪”，强奸罪是典型的“身份犯”，即该罪的实行犯主体只能是男子，但在共同犯罪中妇女也能成为强奸罪的共犯。谭某的行为完全符合共同犯罪的构成要件，构成强奸罪的共犯，应依法追究刑事责任。

案例五

2000年8月，犯罪嫌疑人周某、杨某以某通讯设备有限公司（以下简称“通讯设备公司”）的名义与某产业投资公司（以下简称“投资公司”）签订托管投资公司技术进出口部的协议，由通讯设备公司向投资公司每年支付托管费。2001年3月，某电子器材有限公司（以下简称“电子公司”）需购专用电子芯片，在夏某（另案处理）的介绍下，犯罪嫌疑人周某、杨某以投资公司的名义于同年3月30日~4月20日间先后同电子公司签订了三份总价值为3099万余元的专用电子芯片购销合同。期间，由夏某向投资公司提供某省某市经贸有限公司等单位开具的电子芯片增值税进项发票，但采购电子芯片均由夏某在境外进行，并送至周某设在香港的某商业中心，再由周某指使他人携带电子芯片等采用伪报、瞒报的手段走私入境，共偷税逃税额672.74万余元。

问：本案是否应当认定为单位犯罪？

【评析】对于本案是否应当认定为单位犯罪，有两种不同的意见。第一种意见主张认定其为单位犯罪案件，即犯罪嫌疑单位系投资公司，周某和杨某则作为其主管人员和直接责任人员追究刑事责任。第二种意见认为本案不是单位犯罪，而是周某和杨某的共同犯罪案件。我们认为本案应当按照第二种意见处理。原因如下：①周某和杨某所进行的走私电子产品的活动虽然是以投资公司名义进行的，但并非出于投资公司的单位意志。一方面，犯罪嫌疑人周某、杨某以通讯设备有限公司的名义与投资公司签订的是托管投资公司技术进出口部的协议，承包（即托管）合同只涉及投资公司所属的技术部。另一方面，投资公司除了按合同约定向周某的公司收取托管费外，并不参与周某的经营活动，更谈不上经营决策。因此，周某、杨某虽以投资公司的名义与电子公司签订了专用电子芯片购销合同，并以投资公司的名义走私电子零件等货物，但这并非投资公司的决策，也不代表投资公司的法人意志。这一点与单位犯罪的本质特征、单位意志性不符，体现的只是周某和杨某的个人意志。②投资公司并未参与走私的活动。因为采购电子芯片是由夏某在境外进行，然后夏某把电子芯片送至周某设在香港的某商业中心，再由周某指使他人携带电子芯片等采用伪报、瞒报的手段走私入境。投资公司只是根据周某和杨某提供的某省某市经贸有限公司等单位开具的电子芯片增值税进项发票进行财务上的处理，开具进项发票的是海南省某市经贸公司等单位，购买者是电子公司，交换走私货物的是周某与杨某。因此，两人的走私行为是瞒着投资公司进行的，投资公司并未参与走私活动。③投资公司并未从走私活动中获得利益。根据周某和杨某以通信设备公司名义与投资公司签订的托管协议，投资公司将其技术进出口部交与通信设备公司托管，通讯设备公司则向投资公司每年支付托管费，投资公司不参与周某和杨某的经营活动，也不参与其收益分配，因而不可能从中获利，即犯罪所得并非为单位所有。综上所述，投资公司在周某和杨某的走私活动中既未作出决策活动，也未实际参与走私电子产品的活动，因而其行为不符合单位犯罪的构成要件，应将本案作为自然人犯罪处理。

（二）案例分析实训

案例一

2008 年 8 月 21 日某媒体报道：贩毒集团利用学生跨境运毒，但难逃缉私人员法眼。一名年仅 15 岁的香港女学生，日前趁放暑假与母亲一起经罗湖口岸的走读学童通道，过关往深圳时被关员截查。关员当场在她的背囊内查获 5 公斤称为“无水咖啡因”的新型毒品，于是将母女二人拘捕。这是海关近年首次查获利用未成年人携带毒品入境案。深圳罗湖海关表示，近日一对港人母女持回乡卡经罗湖口岸入境大厅走读学童通道过关后，二人的步履明显快于普通过关旅客，加上二人神色可疑，当值海关关员立即对她们进行了抽查。经查验，在该名少女随身携带的背囊内查获一袋白色粉末状的可疑物质。关员怀疑有关物质是毒品，于是将二人拘留调查，经鉴定后证实物质为毒品“无水咖啡因”，共重 5 公斤，于是将二人交予缉私部门作进一步调查。该名少女被扣查期间哭诉，称只是看到当“水客”的母亲带货辛苦，经常肩膀疼痛，于是趁暑假帮母亲拿东西，但她与母亲均以为所带的只是普通货物，不知道是毒品。

问：以上案件是否可由内地刑法管辖？如由内地刑法管辖，应当如何处理？

案例二

犯罪嫌疑人张某，32 岁，从全国知名某财经大学毕业后到一家国企任职。她的丈夫在电力系统工作，两人还有一名 6 岁的女儿。家境宽裕、生活美满，本人在单位担任重要职务。2009 年 1 月，张某在西单中友百货某专柜盗窃两条连衣裙，被发现并抓获，随即被取保候审，两条连衣裙经鉴定价值人民币 5580 元。然而在取保期间张某仍不悔改，再次在翠微大厦等地以试衣服为由，趁店员到库房找货时盗窃衣物，随后店员发现失窃并报警，警方将张某抓获，取保期间张某两次盗取的总价值近 5000 元。据悉，2008 年张某就因盗窃而被公安机关拘留，当时因为盗窃数额较小，被检察机关决定不起诉。2009 年 3 月 20 日，北京某精神疾病司法鉴定中心出具《司法鉴定意见书》，证实张某未见精神病性症状，具有盗窃癖的某些情状。张某交代：其家境富裕，盗窃的东西自己并非无力购买，但自己就是无法控制盗窃的欲望。

问：张某的行为是否可以免除刑事责任？如何处理？

案例三

1980 年~2005 年 3 月，被告人张某担任郑州市金水区某村村民委员会东村村民组副组长，2005 年 4 月担任该村民组组长。2002 年，在张某任副组长期间，郑州某汽车服务有限公司法定代表人冯某想租用位于郑州市金水区黄河路的东村村属门面房，让合伙人王某找张某帮忙。经张某向当时任组长的任某说情后，任某代表东村村民组与冯某签订了租赁合同。后冯某给了张某人民币 10 000 元表示感谢。2005 年 4 月，张某担任该村民组组长后，冯某又给了张某人民币 10 000 元；2006 年 9 月，张某以出去旅游为由，向冯某索要了人民币 5000 元。2006 年 8 月 9 日，被告人张某代表东村村民组与河南某实业有限公司法定代表人朱某签订了租赁本村民组房屋的合同书。后张某向朱某索要装修材料用于自己别墅的装修，朱某即派人为张某购买了价值 25 733 元的装修材料送到张某的别墅。案发后，被告人张某家属退出全部赃款。金水区人民法院认为，被告人张某身为村民组组长，利用职务之便，非法收受及索取他人财物，为他人谋取利益，其行为已构成受贿罪。判决如下：①被告人张某犯受贿罪，判处有期徒刑 3 年；②涉案赃款 50 733 元中 20 000 元依法予以没收，余款 5000 元依法发还郑州某汽车服务有限公司冯某，25 733 元依法发还河南某实业有限公司朱某。

一审宣判后，被告人张某不服，向郑州市中级人民法院提起上诉。张某上诉称，其不是国家工作人员，其行为不构成受贿罪；其辩护人辩护称，张某的行为构成了非国家工作人员受贿罪而非受贿罪。

郑州市中级人民法院经二审审理认为，上诉人张某身为村民组组长，负责对村民组在国有土地上的房屋出租的行为进行管理属村民组的自治管理活动，不属协助人民政府从事其他行政管理工作。故上诉人张某不属《全国人民代表大会常务委员会关于〈中华人民共和国刑法〉第九十三条第二款的解释》规定的“其他依照法律从事公务的人员”，故张某的行为不构成受贿罪。但其身为村民组组长，在代表村民组处理房屋租赁活动中，利用职务上的便利，索取及非法收受他人财物，为他人谋取利益，其行为符合《刑法修正案（六）》规定的非国家工作人员受贿罪的特征，构成非国家工作人员受贿罪。故上诉人张某的上诉理由及其辩护人的辩护意见成立，予以采纳。《刑法修正案（六）》的生效时间为2006年6月29日，根据刑法从旧兼从轻原则，对《刑法修正案（六）》之前收受的20 000元应不具有溯及力，不计算在犯罪数额之内，故认定上诉人张某犯罪所得共计30 733元，属数额较大，依法应在“5年以下有期徒刑或者拘役”的法定刑幅度内判处刑罚。鉴于其虽对原审判决认定其构成受贿罪提出上诉，但经二审开庭审理时对其所犯罪行表示悔罪，同时考虑归案后其亲属代其退还全部赃款，确有悔罪表现，故对上诉人张某适用缓刑，不致再危害社会，也符合相关法律规定。上诉人张某利用其担任东村村民组组长负责该村民组房屋租赁工作的职务便利，索取及非法收受他人财物，为他人谋取利益，其行为已构成非国家工作人员受贿罪。原判认定事实清楚，证据确实充分，审判程序合法，但定性错误，量刑不当，应予纠正。依据《中华人民共和国刑法》第163条第1款、第72条第1款及《中华人民共和国刑事诉讼法》第189条第2项之规定，判决如下：①撤销郑州市金水区人民法院（2007）金刑初字第×号刑事判决第一、二项；②上诉人（原审被告人）张某犯非国家工作人员受贿罪，判处有期徒刑2年，缓刑3年；③赃款予以追缴上缴国库。

问：上述案件中两级人民法院的审理有何差异？为什么？你认为应当如何处理？

第八章
犯罪主观方面

【本章概要】犯罪主观方面是犯罪构成中有关人对危害行为及其结果的认识与控制方面的心理要素，我国刑法贯彻主客观相统一的原则，历来重视对犯罪主观方面的规定与认识。犯罪主观方面主要包括犯罪故意、犯罪过失、犯罪目的、犯罪动机等，理论上还要研究与之相关的意外事件、认识错误等。我国刑法以惩罚故意犯罪为原则、以惩罚过失犯罪为例外。

【学习目标】了解犯罪主观方面的基本内容；掌握犯罪故意的内涵；掌握犯罪故意的基本分类；掌握犯罪过失的内涵；掌握犯罪过失的基本分类；深入掌握间接故意与过于自信的过失的异同；了解犯罪动机与犯罪目的的意义；深入掌握刑法上的认识错误；理解犯罪主观方面与其他犯罪构成要件的关系。

第一节　犯罪主观方面概述

犯罪主观方面，是指犯罪主体对自己行为及其危害社会的结果所抱的心理态度。它包括罪过（即犯罪的故意或者犯罪的过失）以及犯罪的目的和动机这几种因素。其中，行为人的罪过即犯罪的故意或者过失，是一切犯罪构成都必须具备的主观要件；犯罪的目的只是某些犯罪构成所必备的主观要件，所以也称之为选择性主观要件；犯罪动机不是犯罪构成必备的主观要件，它一般不影响定罪，而影响量刑。

研究犯罪主观方面不仅具有深化和丰富刑法学研究的作用，而且有助于司法实务中正确定罪量刑。①在定罪方面，犯罪主观方面是区分罪与非罪、此罪与彼罪的一个重要标准。首先，成立犯罪必须具备罪过，否则行为客观上虽然造成了损害结果，但是行为人主观上没有罪过，便不能认为是犯罪。在现代社会条件下，更为重要的是认定犯罪成立需要分析客观要件与主观要件之间的发展过程，特别是犯罪主观要件与犯罪客观要件发生联系，或者是犯罪主观意思如何外显为危害行为、危害结果已成为一个复杂的过程，如何认定这一复杂过程已成为越来越重要的问题。这也是从古至今社会发展所凝练出的主客观相统一原则的基本要求。其次，任何具体犯罪构成的罪过形式和罪过内容都是特定的：有的犯罪只能是出于故意，有的犯罪只能出于过失；同是故意或过失犯罪，此罪与彼罪的故意内容或过失内容也有所不同。罪过不仅支配行为人实施危害社会的行为，而且支配行为人在特定的时间、地点，以特定的方法实施特定的危害社会的行为，如果行为人不具备具体犯罪构成所要求的特定罪过及罪过内容，自然不成立此种犯罪。最后，对于某些具体犯罪，法律还要求其主观方面具有特定的目的，如聚众赌博罪要求以营利为目的。是否具备这些特定的目的，往往是区分罪与非罪、此罪与彼罪的重要标准。②在量刑方面，犯罪主观方面也具有重要作用。首先，法律对故意犯罪和过失犯罪规定了轻重不同的刑罚，因此通过查明主观方面来解决应定此罪还是彼罪就保证了正确适用轻重不同的法定刑。其次，属于犯罪主观方面的心理态度范畴的犯罪动机、犯罪故意的不同表现形式、犯罪过失的严重程度等因素，表现出了行为人的主观恶性和人身危险性大小的不同，而这些因素往往对量刑起重要的影响作用。因此查明这些主观因素并在决定怎样运用刑罚时予以适当考虑和体现，无疑会有助于正确量刑，体现罪责刑相适应的原则。犯罪主观方面是客观存在并且要通过客观活动表现出来的，只要深入实际调查研究，全面地、历史地、辩证地分析案件的各种具体情况，就能够查明行为人是否具有主观罪过，行为到底是出于故意还是过失，是何种故意或过失，有无特定的犯罪目的，犯罪动机如何，从而对其主观心理态度作出符合客观真实的判定和结论，进而正确定罪量刑。

我国《刑法》第 14 条和第 15 条规定，各种犯罪在主观方面都必须具备犯罪的故意或者犯罪的过失要件；第 16 条又从反面强调，行为虽然在客观上造成了损害结果，但不是出于故意或者过失心理态度的，就不构成犯罪。从而在法律上确认，犯罪的故意或过失，乃是认定行为人构成犯罪和应对犯罪负刑事责任的主观根据。那么，为什么构成犯罪和承担刑事责任者必须在主观上具备罪过？或者说，为什么一个实施危害行为的人在具备主观罪过时，要认定为犯罪并追究其刑事责任？以辩证唯物主义原理为指导的社会主义刑事责任理论认为，对于是否实施危害社会的犯罪行为，任何正常人都完全有选择的自由。实施或不实施犯罪行为，都是通过人的意志和意识的积极作用，通过相对自由的意志的选择和支配来实现的。行为人在自己处于一定条件下即具有相对自由的意志和意识的支配下，选择实施危害统治阶级利益的犯罪行为，他就不但在客观方面危害了社会，而且在主观方面也具有了犯罪的故意或过失的心理态度，这种心理态度使他在国家面前产生了罪责。国家认定行为人的行为构成犯罪并追究刑事责任，首先是合乎情理的，同时也是必要的和有效的，对其犯罪追究刑事责任和判处刑罚，不仅是一种惩罚，而且也可以促使他今后正确地进行意志选择，不要再选择实施危害社会的行为，这样就通过追究刑事责任和适用刑罚达到了预防犯罪的目的。相反，如果一个人所实施的行为虽然在客观上危害了社会，但从主观上看，行为不是由其故意或过失心理活动支配的，而是由于其意志和意志以外的原因导致，这就不能说他主观上对社会有任何故意或者过失危害的心理态度，这样认定他的行为构成犯罪和追究其刑事责任就失去了合理性，定罪量刑也达不到预防犯罪的目的。因此可以说，行为人主观方面在相对自由意志基础上产生的危害社会的故意或过失的心理态度，是追究其刑事责任的主观根据。

从罪过形式的角度看，我国刑法中的犯罪主要包括两种类型：一是只能由故意构成的犯罪，这样的犯罪很多，如危害国家安全罪，破坏社会主义市场经济秩序的绝大多数犯罪，侵犯财产的犯罪，侵犯公民民主权利的犯罪，以及一些侵犯公民人身权利的犯罪等，都属此类；二是只能由过失构成的犯罪，如交通肇事罪、重大责任事故罪等。当然，有些犯罪既可由故意构成，也可由过失构成。故意还是过失，反映了犯罪人主观恶性的不同并进而直接影响到犯罪社会危害性的大小和刑罚目的实现的难易，因而一般说来，刑法对故意犯罪和过失犯罪规定了轻重大不相同的刑罚。一般而言，我国刑法以惩罚故意犯罪为原则、以惩罚过失犯罪为补充，所以如果刑法规定没有明示某个犯罪成立的主观要件，那么往往可以认为该罪成立的主观要件至少有故意心态，而刑法对某个犯罪成立需要过失心态为主观要件的，往往采取明示的规定方式。

第二节　犯罪故意

一、犯罪故意的概念

犯罪的故意是罪过形式之一，是故意犯罪的主观心理态度。我国《刑法》第 14 条第 1 款规定："明知自己的行为会发生危害社会的结果，并且希望或者放任这种结果发生，因而构成犯罪的，是故意犯罪。"故意犯罪与犯罪的故意密切相关，但两者并非等同的概念，后者是一种罪过心理，前者是这种罪过心理支配下构成的犯罪行为。根据我国《刑法》第 14 条关于故意犯罪的规定，犯罪的故意，是指行为人明知自己的行为会发生危害社会的结果，并且希望或者放任这种结果发生的一种主观心理态度。

关于故意的学说，或者是关于如何区别故意与过失的学说，刑法理论上起初有"希望主义"与"认识主义"之争：前者认为，只有当行为人意欲实现构成要件的内容时或希望发生危害结果时，才成立故意；后者认为，只要行为人对构成要件事实有认识或认识到可能发生危害结果时，就成立故意。这两种学说被认为均是从一个方面去区分故意与过失的，并且不恰当地缩小或扩大了故意的范围。因而后来又出现了立足于希望主义的"容认说"与立足于认识主义的"盖然性说"：前者认为，行为人只有在有实现构成要件的意思时，才成立故意，而这里的故意，并不以意欲、目的、希望为必要，只要行为人容认或放任危害结果的发生，就成立故意。后者主张，对于故意只能依据行为人对构成要件事实的认识来确定，即行为人认识到危害结果的发生具有盖然性（可能性很大），还实施该行为，就足以表明行为人是容认或放任危害结果发生的；行为人仅认识到危害结果发生的可能性的，就表明行为人没有容认或放任危害结果的发生。显然，"盖然性说"是想通过认识因素解决意志因素问题。我国刑法采取的大体上是"容认说"，即主张行为人认识到危害行为与危害结果，并希望或者放任危害结果发生的，就成立故意。这种主张之所以是科学合理的，首先，在行为人认识到危害行为与危害结果时，还放任危害结果的发生，就表明行为人不只是消极地不保护社会关系，而是对社会关系持一种积极的否认态度，故与希望结果发生没有本质区别。其次，“容认说”将主观恶性明显小于间接故意的过于自信的过失，排除在故意之外，又将间接故意归入故意之中，因而做到了宽窄适度。最后，“盖然性说”存在缺陷。认识因素的有无可以左右意志因素的有无，这表现在没有前者就没有后者。但是，认识因素的内容并不能决定意志因素的内容，行为人认识到结果发生的可能性大小，并不能直接说明他是希望或放任结果发生还是希望结果不发生。况且，也难以判断行为人所认识的是结果发生的盖然性还是可能性。总之，故意与过失这两种罪过形式的界限，是结合两个方面的因素来区分的：一是认识因素，即行为人对自己的危害行为及其结果有无认识和认识的程度如何；二是意志因素，即行为人对危害结果的态度如何。

二、犯罪故意的构成要素

从内涵上分析，犯罪的故意包含两项内容或称两个要素：①行为人明知自己的行为会发生危害社会的结果，这种“明知”的心理属于心理学上所讲的认识方面的因素，亦称意识方面的因素；②行为人希望或者放任这种危害结果的发生，这种“希望”或“放任”的心理属于心理学上所讲的意志方面的因素。实施危害行为的行为人在主观方面必须同时具备这两个方面的因素，才能认定他具有犯罪的故意而构成故意犯罪。

（一）犯罪故意的认识因素

行为人明知自己的行为会发生危害社会的结果，这是构成犯罪故意的认识因素，是一切故意犯罪在主观认识方面必须具备的特征。如果一个人的行为虽然在客观上会发生甚至已经发生了危害社会的结果，但他本人在行为时并不知道自己的行为会发生这种结果，那就不构成犯罪的故意。从理论与实践的结合上看，对犯罪故意的认识因素，应当着重探讨和明确以下几点：

1. 如何理解明知的内容？《刑法》第 14 条在故意犯罪的概念里简略地表述为“明知自己的行为会发生危害社会的结果”。根据犯罪主观要件与犯罪的客观、客体要件的联系，明知的内容应当包括法律所规定的构成某种故意犯罪所不可缺少的危害事实，亦即作为犯罪构成要件的客观事实。具体说来包括三项内容：①对行为本身的认识，即对刑法规定的危害社会行为的内容及其性质的认识。一个人只有认识到自己所要实施或正在实施的行为危害社会的性质和内容，认识到行为与结果的客观联系，才能谈得上进一步认识行为之结果的问题。因此，要“明知自己的行为会发生危害社会的结果”，必须首先对行为本身的性质、内容与作用有所认识。②对行为结果的认识，即对行为产生或将要产生的危害社会结果的内容与性质的认识，如故意杀人罪的行为人认识到自己的行为会发生致使他人死亡的结果，盗窃罪的行为人认识到自己的行为会发生公私财物被其非法占有的结果。由于具体犯罪中危害结果就是对直接客体的损害，因而这种对危害结果的明确认识，也包含了对犯罪直接客体的认识。③对危害行为和危害结果相联系的其他犯罪构成要件事实的认识。对法定的犯罪对象要有认识，例如，盗窃枪支罪要求行为人明知自己盗窃的对象是枪支；伪造货币罪要求行为人明知自己要伪造的是国内外流通货币。对法定的犯罪手段要有认识，例如，抢劫罪要求行为人明知自己非法占有财物的行为是暴力、威胁或其他侵犯人身的特定手段；对法定的犯罪时间、地点要有认识，例如，非法捕捞水产品罪、非法狩猎罪要求行为人明知自己是在特定的时期采用特定的方法来实施捕捞或狩猎行为的。

2. 犯罪故意内容是否要求包含违法性认识？或者说法盲犯罪要不要惩罚。对此，理论见解不尽一致。我们认为，按照法律的规定，犯罪故意的认识因素表现为行为人“明知自己的行为会发生危害社会的结果”，这显然是只要求行为人明知其行为及行为结果的危害性，而没有再要求行为人明知行为及结果的刑事违法性，应当认为法律的这一规定是正确的。这是因为：首先，我国刑法规范与我国社会的行为价值观、是非观是一致的，危害社会的行为及其结果达到一定严重程度就会被刑法所禁止、所制裁，具有正常理智的公民都会了解这一点。因此，对犯罪故意的认识因素要求行为人明知行为及其结果的危害社会性质就足够了，而不必再要求其明知刑事违法性。其次，如果把认识因素要求为明知刑事违法性，要求行为人明确知道其行为和结果触犯刑法哪一条文，应怎样定罪判刑，这就不现实、不合理，使一般公民难以做到，甚至也难以确切地查明行为人是否真的具备或可能具备这种认识，而且也容易使有些人钻空子，借口不懂法律来实施犯罪并逃避罪责。当然也有例外情况。例如，某种行为一向不为刑法所禁止，后在某个特殊时期或某种特定情况下为刑法所禁止，如果行为人确实不知法律已禁止而仍实施该行为的，就不能说他是故意违反刑法，而且此时他也往往同时缺乏对行为及其结果的社会危害性的认识，这种情况下难以认定行为人具有犯罪的故意。

3. 如何理解明知自己的行为“会发生”危害社会结果？所谓“会发生”，包括两种情况：一种是明知自己的行为必然要发生某种特定的危害结果，如行为人甲将公民乙从十几层的高楼猛力推下，甲明知自己的行为必定致乙死亡；另一种是明知自己的行为可能要发生某种特定的结果，如行为人甲欲枪杀公民乙，但枪法不准，又没办法接近乙，只好在远距离开枪射杀，甲明知开枪可能打死乙，也可能打不死乙。

（二）犯罪故意的意志因素

行为人对自己行为所导致的危害结果的发生所抱的希望或者放任的心理态度，就是构成犯罪故意的意志因素。可见，犯罪故意的意志因素有希望和放任结果发生两种表现形式。所谓希望危害结果的发生，是指行为人对危害结果抱着积极追求的心理态度，该危害结果的发生，正是行为人通过一系列犯罪活动所意欲达到的犯罪目的。例如，诈骗犯希望即积极追求非法占有他人财物这种危害结果的发生。所谓放任危害结果的发生，是指行为人虽然不希望、不是积极追求危害结果的发生，但也不反对和不设法阻止这种结果的发生，而是对结果的是否发生采取听之任之的心理态度。

（三）认识因素与意志因素的关系

犯罪故意内部的认识因素和意志因素之间具有密切的关系，并进而对犯罪故意的构成具有各自不同的重要作用。一方面，认识因素是意志因素存在的前提和基础，行为人对结果发生采取希望和放任的心理态度，是建立在对行为及其结果的危害性质明确认识的基础上的，唯有具有这种明确的认识，才谈得上对危害结果发生是持希望还是放任的心理态度，才会在持希望心理态度时确定行为的步骤和方法，并直接支配行为的实施，从而构成犯罪的故意。另一方面，意志因素又是认识因素的发展，如果仅有认识因素而没有意志因素，即主观上不是希望也不是放任危害结果的发生，也就不存在犯罪的故意，不会有故意犯罪的行为。总之，认识因素和意志因素是犯罪故意中的两项有机联系的因素，在认定构成犯罪的故意中缺一不可。其中，认识因素是意志因素的存在前提，也是犯罪故意成立的基础；意志因素则是在认识因素基础上的发展，是犯罪故意中具有决定性作用的因素，它对于把犯罪故意客观化即把犯罪思想变为犯罪行为，具有重要的主导作用。

三、犯罪故意的分类

按照行为人对危害结果所持的心理态度即故意的意志因素的不同，刑法理论上把犯罪故意区分为直接故意与间接故意两种类型。

（一）直接故意

犯罪的直接故意，是指行为人明知自己的行为必然或者可能发生危害社会的结果，并且希望这种结果发生的心理态度。按照认识因素的不同内容，可以把犯罪的直接故意区分为两种表现形式：①行为人明知自己的行为必然发生危害社会的结果，并且希望这种结果发生的心理态度。用公式表示即为“必然发生+希望发生”。例如，甲想杀死乙，在乙的饮水中投放了1克氰化钾，他明知这种毒物的致死量仅需0.001克，其投毒行为必然导致乙死亡而仍决意为之，追求乙死亡结果的发生，甲的心理态度即为此种直接故意。②行为人明知自己的行为可能发生危害社会的结果，并且希望这种结果发生的心理态度。直接故意的意志因素，是以希望危害结果的发生为其必要特征的。用公式表示即为“可能发生+希望发生”。例如，丙想投毒杀害丁，丙、丁同住一个宿舍，丙在宿舍公用的饮水机中投放了毒药，该毒物曾在动物实验上诱发严重中毒反应而死亡，丙想丁可能会饮用饮水机内的水，也可能不饮用饮水机内的水，但饮用可能性很高。不久，丁饮用了饮水机内的水被害身亡。丙的心理态度即属第二种直接故意。综上可见，直接故意的意志因素，是以希望危害结果的发生为其必要特征。

（二）间接故意

犯罪的间接故意，是指行为人明知自己的行为可能发生危害社会的结果，并且放任这种结果发生的心理态度。间接故意在认识因素和意志因素特征上具体表现为：①在认识因素上，间接故意表现为行为人认识到自己的行为“可能”发生危害社会结果的心理态度。即行为人根据对自身犯罪能力、犯罪对象情况、犯罪工具情况，或者犯罪的时间、地点、环境等情况的了解，认识到行为导致危害结果的发生只是具有或然性、可能性，而不是具有必然性。这种对危害结果可能发生的认识，为间接故意的意志因素即放任心理的存在提供了前提和基础。如果明知自己的行为必然发生危害结果而决意为之，就超过了间接故意认识因素的范围，应属于直接故意。②在意志因素上，间接故意表现为行为人放任危害结果发生的心理态度。所谓“放任”，当然不是希望，不是积极的追求，而是行为人在明知自己的行为可能发生特定危害结果的情况下，为了达到自己的既定目的，仍然决意实施这种行为，对阻碍危害结果发生的障碍不去排除，也不设法阻止危害结果的发生，而是听之任之，自觉听任危害结果的发生。

在司法实践中，犯罪的间接故意大致表现为以下四种情况：

1. 行为人追求某一个犯罪目的而放任另一个危害结果的发生。例如，甲欲毒杀妻子乙，就在妻子盛饭时往妻子碗内投下了剧毒药。甲同时还预见到其妻子有可能喂饭给儿子吃而祸及儿子，但他因为杀妻心切，就抱着听任儿子也被毒死的心理态度。事实上其妻子乙在吃饭时确实喂了儿子几口，结果母子均中毒死亡。此案中，甲明知投毒后其妻将食用有毒食物而中毒身亡并积极追求这种结果的发生，甲对其妻子构成杀人罪的直接故意无疑；但甲对其儿子死亡发生的心理态度就不同，他预见到的是儿子中毒死亡的可能性而不是必然性，他对儿子死亡结果的发生并不是希望，而是为了达到杀妻的结果而予以有意识的放任，这完全符合间接故意的特征，应构成杀人罪的间接故意。

2. 行为人追求一个非犯罪的目的而放任某种危害结果的发生。例如，甲在林中打猎时，发现一个酣睡的猎物，同时又发现猎物附近有一个孩子在玩耍，根据自己的枪法和离猎物的距离，甲明知若开枪不一定能打中猎物，而有可能打中小孩。但甲打猎心切，不愿放过这一机会，又看到周围无其他人，遂放任可能打死小孩这种危害结果的发生，仍然向猎物开枪，结果子弹打偏，打死了附近的小孩。此例中，甲明知自己的开枪打猎行为可能打中小孩使其毙命，但为追求打到猎物的目的，仍然开枪打猎，听任打死小孩这种危害结果的发生。甲的行为具备了间接故意的认识因素和其特定的意志因素，因而构成犯罪的间接故意。

3. 突发性的犯罪，不计后果，往往是针对一对象实施侵害并放任更为严重结果的发生，例如，实践中经常发生一些青少年临时起意、动辄行凶、不计后果，捅人一刀后扬长而去并致人死亡的案件。这种案件里，行为人对用刀扎人必致人伤害是明知的和追求的，属于直接故意的范畴；对于其行为致人死亡的结果而言，虽然预见到可能性，但持的却不是希望其发生的态度，而是放任其发生的态度，这样，对于其行为造成他人死亡的结果而言，其认识特征是明知可能性，其意志因素是放任结果的发生，这完全符合犯罪间接故意的构成。

4. 行为人出于藐视法纪、追求刺激等动机，实施某种具有危险性、危害性的行为，放任对不特定对象多种危害结果的发生或不发生。如行为人出于寻求刺激、无聊玩闹，向高度行驶的高铁车厢投掷啤酒瓶，而对其是否砸到人，是否砸伤人乃至是否砸死人听之任之，放任致人死伤结果的发生，即属此种情况。这种情况下，行为人对致人伤害或死亡结果发生的认识就是或然性的，即认识到致人伤亡结果发生的可能性；而在意志因素上，行为人并不是反对发生致人伤亡的结果，也不是积极追求并希望发生致人伤亡的结果，而是有意放任致人伤亡结果的发生，这是较为典型的间接故意心态。在此种情况下，若发生了致人伤亡的结果的，则行为人就构成间接故意的故意伤害罪或故意杀人罪。

犯罪的直接故意与间接故意同属犯罪故意的范畴，从认识因素上看，二者都明确认识到自己的行为会发生危害社会的结果；从意志因素上看，二者都不排斥危害结果的发生。这些相同点，说明和决定了这两种故意形式的共同性质。但是，犯罪的直接故意与间接故意又有着重要的区别：

1. 从认识因素上看，二者对行为导致危害结果发生的认识程度有所不同。犯罪的直接故意既可以是行为人明知自己的行为必然发生危害结果，也可以是明知其行为可能发生危害结果。而犯罪的间接故意只能是行为人明知自己的行为可能发生危害结果。

2. 从意志因素上看，二者对危害结果发生的心理态度显然不同。直接故意是希望即积极追求危害结果的发生。在这种心理支配下，行为人就会想方设法，克服困难，创造条件，排除障碍，积极地甚至顽强地实现犯罪目的，造成犯罪结果。间接故意对危害结果的发生则不是持希望的心理态度，而是持放任的心理态度。“放任”就是对结果的发生与否采取听之任之、满不在乎、无所谓的态度，不发生结果他不懊悔，发生结果也不违背他的本意。在放任心理支配下，行为人就不会想方设法，排除障碍，积极追求或是努力阻止特定危害结果的发生。意志因素的不同，是两种故意区别的关键所在。

3. 特定危害结果的发生与否，对这两种故意及其支配下的行为定罪的意义也不相同。对直接故意来说，其行为性质与结果性质是同一的，其结果也是特定的，根据主客观相统一的定罪原则，只要行为人主观上有犯罪的直接故意，客观上有相应的行为，即构成特定的故意犯罪，危害结果发生与否不影响定罪，而只是在那些以结果为既遂要件的犯罪里是区分既遂与未遂形态的标志。对间接故意而言，特定的危害结果可能发生，也可能不发生，结果发生与否都不违背其意志，都包含在其本意中，因而要根据主客观相统一的原则，仅有行为而无危害结果时，尚不能认定行为人构成此种犯罪（包括其未遂形态），只有发生了特定危害结果才能认定构成特定的犯罪。即特定危害结果的发生与否，决定了间接故意犯罪的成立与否。例如，在行为人动辄行凶，捅人一刀就走，放任死亡结果发生的案件中，被害人未死亡的，行为人只对伤害负责任而不构成杀人罪；被害人死亡的，行为人负间接故意杀人罪的刑事责任。

第三节 犯罪过失

犯罪的过失是过失犯罪的主观心理态度，它是与犯罪的故意并列的犯罪主观罪过形式之一，根据我国《刑法》第15条关于过失犯罪的规定，所谓犯罪的过失，就是指行为人应当预见自己的行为可能发生危害社会的结果，因为疏忽大意而没有预见，或者已经预见而轻信能够避免的一种心理态度。犯罪过失同样具有两个部分的结构：犯罪过失的认识因素是行为人没有预见到自己的行为可能发生危害社会的结果，或者已经预见自己的行为可能发生危害社会的结果；意志因素是行为人对危害结果的发生持否定态度，即不希望这种结果的发生。

犯罪过失与犯罪故意存在着显著的区别。从认识因素上看，犯罪故意表现为行为人明知自己的行为必然或者可能发生危害结果的心理态度，而犯罪过失表现为行为人对危害结果的发生虽然应当预见到但实际上并未预见到，或者只是预见到在他看来并非现实的可能性。从意志因素上看，犯罪故意的内容是希望或者放任危害结果发生的心理态度，而犯罪过失则对危害结果的发生既不是希望也不是放任，而是排斥、反对的心理态度，只是由于疏忽大意或者过于自信能够避免结果发生的主观错误心理支配下的过失行为而导致了结果的发生。简言之，犯罪故意对行为会导致危害社会的结果是明知故犯的心理态度；犯罪过失则是由于缺乏必要的谨慎导致危害社会结果的心理态度，因而犯罪故意所表明的行为人的主观恶性明显地大于犯罪过失。在犯罪故意存在的场合下，危害结果的出现并不是成立犯罪的必备条件，但是在犯罪过失的场合下，危害结果的出现通常是成立犯罪的必备条件。

基于犯罪故意与犯罪过失这两类罪过形式所表现的主观恶性的不同，并且联系到这两类罪过形式支配下的客观危害行为的不同，我国刑法认为，故意犯罪的危害性一般大于过失犯罪，因而对故意犯罪的惩处要比对过失犯罪严厉。在过失犯罪的情况下，行为人负刑事责任的客观基础是其行为对社会造成的严重危害结果。但是，行为人并非自觉自愿地去危害社会，让其对自己行为造成的危害结果负刑事责任的主观根据在哪里？这个主观根据就在于：行为人本来能够正确地认识一定的行为与危害社会结果之间的客观联系，并进而正确选择自己的行为，避免危害社会结果的发生，但他却在自己意志的支配下，对社会利益和社会大众的安危采取了严重不负责任的态度，从而因自己的行为造成了严重危害社会的结果。总之，行为人的过失心理态度，就是其负刑事责任的主观根据。因此，就有充分的理由要求过失犯罪的行为人，对自己严重不负责任态度支配的行为所造成的严重后果负刑事责任。

按照犯罪过失心理态度的不同内容，刑法理论上把犯罪的过失区分为疏忽大意的过失与过于自信的过失两种类型。

疏忽大意的过失，是指行为人应当预见到自己的行为可能发生危害社会的结果，因为疏忽大意而没有预见，以致发生这种结果的心理态度。比如，行为人是一名经验丰富的老驾驶员，在启动汽车时，没有注意汽车周围的状况，以致将一个在汽车后面玩耍的小孩轧死。此案例中，行为人身为一名驾驶员应当在启动汽车时，注意汽车周围的状况，否则极易造成危害结果，但因为他疏忽大意而没有预见，以致造成严重后果。此处行为人的心理态度就是一种典型的疏忽大意的过失。

疏忽大意的过失也有两个特点，或者说包含了两个构成要素：①“应当预见”；②因为疏忽大意而“没有预见”。应当预见是前提，没有预见是事实。是预见义务和预见能力的统一：

1. 行为人应当预见到自己的行为可能发生危害社会的结果。所谓“应当预见”，是指行为人在行为时负有预见到行为可能发生危害结果的义务。这也是疏忽大意的过失与意外事件的区别所在。这种预见的义务，来源于法律的规定，或者职务、业务的要求，或是公共生活准则的要求。预见的义务与预见的实际可能是有机地联系在一起的，法律不会要求公民去做他实际上无法做到的事情，而只是对有实际预见可能的人才赋予其预见的义务，行为人由于不可能预见而造成危害结果的，即使结果非常严重，也不能认定他对结果有过失而令其负刑事责任。如何判断行为人能否预见危害结果？刑法理论对此见解不一：主观说认为，应以行为人本人的注意能力为标准进行判断；客观说认为，应以一般人或平均人的注意能力为标准进行判断；折中说认为，行为人的注意能力高于一般人时应以一般人的注意能力为标准，行为人的注意能力低于一般人时应以行为人的注意能力为标准。我们认为，应当根据主客观相统一的原则来确定行为人能否预见危害结果，即应将行为时的具体情况和行为人本人的条件，如行为人的年龄、所从事的职业、技术熟练程度、社会阅历、智力发育情况等主观特征结合起来进行判断。根据这一标准，一般人在通常条件下能够预见的，行为人可以因为本人的认知能力较低或者行为时的特殊情况而不能预见；一般人在通常条件下不能预见的，行为人也可以因为本人的认知能力较强或行为时的特殊情况而能够预见。可见，仅根据行为时的具体条件或行为人本人的条件来判断行为人能否预见危害结果是片面的；只有将这些主客观的事实结合起来进行判断，才能得出正确的结论。

2. 行为人由于疏忽大意，而没有预见到自己的行为可能发生危害社会的结果。所谓没有预见到，是指行为人在行为当时没有想到自己的行为可能发生危害社会的结果。这种主观上对可能发生危害结果的无认识状态，是疏忽大意过失心理的基本特征和重要内容。行为人之所以实施行为，并且未采取避免危害结果发生的必要措施，以致发生了危害结果，是因为他根本没有预见到自己的行为可能发生这种危害结果。行为当时的疏忽大意，是指其行为时没有预见的可能。正是这种疏忽大意的心理，导致行为人在应当预见也能够预见到自己行为发生危害结果的情况下，实际上并没有预见，并进而盲目地实施了危害社会的行为，而且未采取必要的预防危害结果发生的措施，终致发生了危害社会的结果。法律规定惩罚这种过失犯罪，从客观方面看，是因为行为给社会造成了实际危害后果，从主观方面看，就是要惩罚和警诫这种对社会利益严重不负责任的疏忽大意的心理态度，以促使行为人和其他人戒除疏忽大意的心理，防止疏忽大意过失犯罪的发生。在意志特征上，疏忽大意的过失表现为行为人反对危害结果的发生或希望危害结果不发生，即危害结果的发生是违背行为人的意志的。而行为人之所以实施行为，且未采取避免危害结果发生的必要措施，以致危害结果发生，是因为他根本没有预见到自己的行为会发生这种危害结果。

过于自信的过失，是指行为人已经预见到自己的行为可能发生危害社会的结果，但轻信能够避免，以致发生这种结果的心理态度。比如，行为人驾车，虽明知强行超车可能会肇事，但认为路面较宽，而且自己驾驶技术高超，于是强行超车，导致车祸，造成人员伤亡。此案例中，行为人已经预见到自己的强行超车的行为可能导致车祸，但认为路面较宽、自己技术高超，超车行为不会发生车祸，结果却是事与愿违。此处行为人的心理态度就是一种典型的过于自信的过失。过于自信的过失在认识因素和意志因素上的特征是避免义务和避免能力的统一：

1. 行为人已经预见到自己的行为可能发生危害社会的结果。如果行为人行为时，根本没有预见到自己的行为会导致危害结果的发生，则不属于过于自信的过失，而有可能属于疏忽大意的过失或意外事件，如果行为人预见到自己的行为必然发生而不是可能发生危害社会的结果，则属于犯罪直接故意的心理态度，而不是过于自信的过失。

2. 行为人之所以实施行为，是轻信能够避免危害结果的发生。所谓“轻信”，就是说行为人过高地估计了可以避免危害结果发生的其自身的和客观的有利因素，而过低地估计了自己的行为导致危害结果发生的可能程度。正是这种轻信心理，支配着行为人实施了错误的行为而发生了危害结果；也正是这种轻信心理，使过于自信的过失得以成立并使之区别于其他罪过形式。过于自信的过失心态支配下的行为人既不希望也不放任危害结果的发生，即危害结果的发生是违背行为人的意志的。行为人之所以实施行为，是因为他轻信能够避免这种危害结果的发生。因此，行为人虽然没能阻止危害结果的发生，但其往往会根据自己的认识，采取一定的阻止危害结果发生的措施。

疏忽大意的过失与过于自信的过失，通称为过失，二者的行为人都违反了应尽的注意义务，都对危害结果的发生持否定的态度。二者的主要区别是：①疏忽大意的过失的行为人既未履行预见义务，也未履行避免义务；过于自信的过失的行为人履行了应尽的预见义务，但是未履行应尽的避免义务。②疏忽大意的过失的行为人没有预见自己的行为可能造成危害社会的结果；过于自信的过失的行为人则预见到自己的行为可能造成危害社会的结果。③疏忽大意的过失是由于行为人疏忽大意所致；过于自信的过失是由于行为人过于自信所致。

在刑法理论和司法实践中，过于自信的过失与间接放任的故意这两种罪过形态比较难以区分，具有一定的难度。犯罪的过于自信的过失心理与间接故意的心理，在认识因素上都预见到行为可能发生危害社会的结果，在意志因素上都不是希望危害结果的发生，因而二者容易混淆。但它们是性质截然不同的两种罪过形式，在认识因素和意志因素上都有着重要的区别：

1. 认识因素上有所不同。二者虽然都预见到行为发生危害结果的可能性，但它们对这种可能性是否会转化为现实性，即实际上发生危害结果的主观估计是不同的。间接故意的心理对可能性转化为现实性，并未发生错误的认识和估计，不是认为这种可能性不会转化为现实性，因而在可能性转化为现实性即发生危害结果的情况下，行为人的主观认识与客观结果之间并未产生错误，主观与客观是一致的。而过于自信的过失心理则不同，具有这种心理者虽然也预见到危害结果发生的可能性，但在主观上认为，由于他的自身能力、技术、经验和某些外部条件，实施行为时，危害结果发生的可能性不会转化为现实性，即他对可能转化为现实的客观事实发生了错误认识。在危害结果发生的情况下，其主观与客观是不一致的。

2. 意志因素上有重要区别。过于自信的过失与间接故意虽然都不希望危害结果的发生，但深入考察，二者对危害结果的态度仍是不同的。间接故意的行为人虽不希望结果发生，但也并不反对不排斥危害结果的发生，因而也就不会凭借什么条件和采取什么措施，去防止危害结果的发生，而是听之任之，放任危害结果的发生。过于自信的过失的行为人不仅希望危害结果不要发生，而且希望避免危害结果的发生，即排斥、反对危害结果的发生。在预见到自己的行为可能发生危害结果的情况下，行为人仍然相信能够避免危害结果发生，并因而实施该种行为，他必然是凭借了一定的自认为能够避免危害结果发生的因素，如行为人自身能力方面的技术、经验、知识、体力等因素，他人的行为预防措施，以及客观条件或自然力方面的有利因素等。结合以上两点尤其是认真考察行为人对危害结果的不同态度，就能够把过于自信的过失与间接故意这两种相近易混淆但在性质上有本质区别的罪过形式正确区分开来。

实践中有一种情况，表面上看起来似乎是行为人轻信能够避免危害结果的发生，但这种所谓“轻信”并没有实际根据，行为人所预想的避免结果发生的那种情况根本不会存在，或者虽然存在，但对防止结果的发生毫无意义或意义极小。可以说，他对危害结果的不发生完全是抱着侥幸、碰运气的心理态度。在这种情况下，如果行为发生危害结果，不是过于自信的过失，而是间接故意犯罪。例如，司机甲夜晚行车中因疏忽大意将乙撞成重伤，甲为了不让后面的来车很快发现肇事而得以争取时间顺利逃脱，将伤口流血不止并处于昏迷中的乙拖入路边小树林中，乙因伤口出血过多死亡了，甲在案发后交代说，他虽然当时已预见到这样乙可能会因出血过多死亡，但他想乙也可能醒来呼救而获救，或者恰巧有人从林中小路行走时发现乙而将之救护，因而不一定死亡。即使能够查明甲的上述心理态度是属实的，也不能认定他对乙的死亡是过失。在此案中，甲对乙的死亡，虽然似乎也是凭借某种条件来加以防止，但这种防止没有任何实际根据，他完全是抱着侥幸、碰运气的心理，实际上是对乙死亡结果的发生抱有听之任之的放任心态，因而这种心理不是过于自信的过失，而是间接故意。

第四节　无罪过事件

一、无罪过事件的概念

按照《刑法》第16条的规定，“行为在客观上虽然造成了损害结果，但是不是出于故意或者过失，而是由于不能抗拒或者不能预见的原因所引起的，不是犯罪”。这种情况就是刑法理论中所说的无罪过事件。根据刑法的上述规定，目前我国刑法理论上公认的无罪过事件主要有两类：不可抗力和意外事件。在刑法理论上存在争议的另外一些无罪过事件还有：期待可能性与严格责任。

不能预见的原因，是指行为人对其行为发生损害结果不但未预见，而且根据其实际能力和当时的具体条件，行为时也根本不可能预见。

对于无罪过事件之所以不认为是犯罪，这是由我国刑法所坚持的主客观相统一的定罪原则所规定的。在这种情况下，虽然行为人在客观上造成了损害结果，但其主观上既不存在犯罪的故意，也不存在犯罪的过失，因而缺乏构成犯罪和负刑事责任的主观根据，不能认定为犯罪和追究刑事责任。如果这时对行为人定罪和追究刑事责任，就是“客观归罪”，有悖于主客观相统一的刑事责任原则的要求。

无罪过事件具有以下三个特点：

1. 行为人的行为在客观上造成了损害结果。这一特点包括这样两层含义：①损害结果与我国刑法所规定的犯罪结果相一致。如果行为人的行为在客观上并未造成这种危害结果，那么根本不必考察其是否属于意外事件，即可确定其行为不是犯罪。②行为人的行为与损害结果之间存在着因果关系。如果损害结果并非由行为人的行为所引起的，也就根本不必考察其是否属于意外事件，即可确定其行为不构成犯罪。

2. 行为人在主观上须没有罪过，即不是出于故意或者过失。一个人的行为尽管在客观上造成了严重的损害结果，如果主观上没有罪过，既没有故意，也没有过失，就不能认为其行为构成犯罪，也就不负刑事责任。

3. 损害结果的发生须是由于不能抗拒或者不能预见引起的。①由于不能抗拒的原因而引起危害结果。所谓不能抗拒的原因，是指行为人遇到了某种不可抗拒的力量，或某种无法克服的困难，明知将要引起危害结果发生，即使他想要加以避免，限于自身的能力、环境和条件，根本无法排斥和阻止发生这种危害结果。这种不可抗力可能来自自然灾害，如地震、山洪暴发等，也可能来自他人的侵害，也可能是由于某种突发的疾病而引起。②由于不能预见的原因而引起危害社会的结果。所谓不能预见的原因，是指行为人在其行为引起危害结果的当时，没有预见，而且根据当时的情况以及行为人的主观条件，他也不可能预见。

二、无罪过事件的法定分类

（一）不可抗力

不可抗力，是指行为在客观上虽然造成了损害结果，但不是出于行为人的故意或者过失，而是由于不能抗拒的原因所引起的。不可抗力事件具有三个特征：①行为人的行为客观上造成了损害结果，与人无关的自然灾害等不属于刑法上的不可抗力事件；②行为人主观上没有故意或者过失；③损害结果由不能抗拒的力量所引起。"不能抗拒"包括两层含义：在认识因素上，行为人已经认识到自己的行为可能发生危害社会的结果；在意志因素上，行为人排斥、反对危害结果的发生，但是受主客观条件的限制，行为人不可能排除或防止危害结果的发生。不可抗力的具体来源多种多样，如动物受惊、他人的捆绑、杀害威胁等强力。在不可抗力为他人的强制时，应当注意这种强制是否达到足以使行为人完全丧失意志自由的程度，如果这种强制不足以使行为人完全丧失意志自由的，不能认定为不可抗力。

（二）意外事件

意外事件，是指行为在客观上虽然造成了损害结果，但不是出于行为人的故意或者过失，而是由于不能预见的原因所引起的。意外事件也具有三个特征：①行为人的行为客观上造成了损害结果；②行为人主观上没有故意或者过失；③损害结果由不能预见的原因所引起。"不能预见"，是指当时行为人对其行为发生损害结果不但没有预见，而且根据其实际能力和当时的具体条件，行为人于行为时也根本无法预见。从认识因素上来讲，行为人没有认识到其行为会发生危害社会的结果；从意志因素上来讲，行为人对危害结果的发生持排斥、反对态度。不可抗力事件和意外事件的共同之处在于：①行为人都对危害结果的发生持反对态度；②主观上都没有故意或者过失。二者的区别在于认识因素上，不可抗力事件中的行为人已经认识到自己的行为会发生危害社会的结果；而意外事件中的行为人没有认识到自己的行为会发生危害社会的结果。

"不能预见的原因"所致的意外事件，与疏忽大意的过失有相似之处，二者都是行为人对有害结果的发生没有预见，并因此发生了这种结果。但是，它们更有着原则的区别：根据行为人的实际认识能力和当时的情况，意外事件是行为人对损害结果的发生不可能预见、不应当预见而没有预见；疏忽大意的过失则是行为人对行为发生危害结果的可能性能够预见、应当预见，只是由于其疏忽大意的心理而导致了未能实际预见。因此，根据行为人的实际能力和当时的情况，结合法律、职业等的要求来认真考察其有没有预见的原因，对于区分意外事件与疏忽大意的过失犯罪至关重要，这是罪与非罪的原则区分。例如，某汽车司机在雨夜行车，从一块塑料布上驶过，轧死了塑料布下的一个精神病人。司机以为塑料布下是附近农民的稻谷，在当时的情况下他不可能预见到有人在雨夜躲在公路上的塑料布下，这应属于意外事件。

不可抗力事件和意外事件之所以不认为是犯罪，是由我国刑法所坚持的主客观相统一的定罪原则所决定的。在这种情况下，虽然行为人在客观上造成了损害结果，但其主观上既不存在犯罪的故意，也不存在犯罪的过失，因而缺乏构成犯罪和负刑事责任的主观根据，不能认定为犯罪和追究刑事责任。如果这时对行为人定罪和追究刑事责任，就是“客观归罪”，就有悖于主客观相统一的刑事责任原则的要求。

三、无罪过事件的争议

目前刑法理论上对于无罪过事件存在争议的问题主要有两种：期待可能性与严格责任。

（一）期待可能性

期待可能性是德日刑法中的重要理论问题。所谓期待可能性，是指根据具体情况，有可能期待行为人不实施违法行为而实施其他合法行为。期待可能性理论认为，如果不能期待行为人实施其他合法行为，就不能对行为人的行为进行非难，也就不存在刑法上的责任。期待可能性理论源自于1897年3月23日德国帝国法院对所谓“癖马案”的判决。该案的基本情况如下：被告人是一个马夫，从1895年起被受雇于经营马车出租业。在受雇期间，被告人驾驭双髻马车，而其中一匹马有较为恶劣的癖性，经常用尾巴绕缰绳，并用力压低缰绳。被告人与雇主对该马的缺点都清楚。1896年7月19日，被告人正驾驭之际，该马在某街头，突然用马尾巴绕缰绳并用力下压，被告人虽然想拉缰绳控制该马，但不奏效，马向前飞跑，致行人受伤。检察官对马夫以过失伤害罪提起公诉，但原判法院宣告马夫无罪；检察官不服，提出上诉，案件移至德国帝国法院。该法院驳回了检察官的上诉，理由是：不能期待被告人不顾自己的职业损失、违反雇主的命令而拒绝使用此马，因此，被告人不负过失责任。是否具有期待可能性对于认定行为人主观上是否存在故意或者过失的罪过具有重要的意义。近年来，我国有学者主张将期待可能性理论引入我国刑法学中。我们认为，期待可能性理论对于我国刑法中判断行为人主观上是否具有罪过具有一定的借鉴意义，但应否将其直接引入我国刑法学中尚有待于进一步研究。

（二）严格责任

在奴隶制和封建制刑法中，都曾存在过不问主观心态的结果责任，由结果责任到过错责任是近代法治进步的重要标志。无犯意则无犯人是英美刑法在确立过错责任原则之后用拉丁语表述的法律格言之一。但是，出于社会公共政策等因素的考虑，过错责任原则不断被突破，首先是在民事责任领域出现了严格责任，这在目前大陆法系、英美法系各国和地区都已非常普遍，英美法系国家则走得更远，将严格责任进一步引入了刑事责任领域，承认严格责任犯罪的存在。具体而言，英美法系刑法上承认严格责任犯罪主要是基于以下三个方面的刑事政策考虑：①是保证某些维护公众重大利益的法律得以实施的需要。在实践中，有一些犯罪（如公害犯罪），对公众利益具有很大的危害性，而对这些犯罪来说，要证明其主观上具有犯罪意图（故意或过失）往往是非常困难的，如果把犯罪意图规定为必备的犯罪构成要件，那么绝大多数案件都会因控方无法否认其无犯罪意图的抗辩而逃避处罚，这就会导致这些与公众重大利益密切相关的法律形同虚设而无法实施，这不符合公众利益。②是更加有效地预防特定犯罪的需要。鉴于某些犯罪与公众的重大利益紧密相关，法律将其规定为无罪过犯罪，能有效地防止这些犯罪。因为这些犯罪没有任何基于罪过进行无罪辩护的余地，相比规定要求罪过的犯罪的法律而言，这样更能使有关人员恪尽职守，促使其更加注意避免这些犯罪的发生。③是节约诉讼资源的需要。由于控方查明被告人是否具有犯罪意图以及具有何种具体的犯罪心理非常困难，而高等法院、地方法院的工作任务十分繁重，因而将这些难以认定犯罪意图的犯罪规定为无罪过犯罪，减轻了控方的证明责任而节约了有限的诉讼资源，有利于提高司法效率。

关于严格责任的概念，至今也没有一致的说法。有的认为严格责任就是无罪过责任，即法律许可对某些缺乏犯罪心态的行为追究刑事责任；也有的认为，严格责任是一种不问主观过错的刑事责任。我们认为，严格责任并非是行为人主观上一定没有过错，只是在刑法中不去具体认定是否存在过错以及属何种过错类型。但无论如何理解，实行严格责任肯定可能出现对无罪过的行为追究刑事责任的情况。严格责任在我国刑法典中暂无规定，但是某些司法解释中已初现端倪。2013 年 10 月颁布的《最高人民法院、最高人民检察院、公安部、司法部关于依法惩治性侵害未成年人犯罪的意见》，其中有两条规定具有严格责任的因素：①该司法解释第 19 条第 2 款规定："对于不满 12 周岁的被害人实施奸淫等性侵害行为的，应当认定行为人'明知'对方是幼女。"该条文规定通过与刑法总则"明知"要素的连接来判断行为人性侵害不满 12 周岁幼女的构成强奸罪，表面上是认可了罪过责任形式，实际上通过司法操作流程认可了严格责任，具有部分严格责任的倾向。②该司法解释第 21 条规定："对幼女负有特殊职责的人员与幼女发生性关系的，以强奸罪论处。对已满 14 周岁的未成年女性负有特殊职责的人员，利用其优势地位或者被害人孤立无援的境地，迫使未成年被害人就范，而与其发生性关系的，以强奸罪定罪处罚。"该条文规定对幼女负有特殊职责的人员与幼女发生性关系的，以强奸罪论处，没有明文规定对幼女负有特殊职责的人员需要明知侵害的对象是幼女，主观上的罪过形式并不影响定罪。

第五节　犯罪动机与犯罪目的

在故意支配下实施的行为一般都是在一定的动机的支配下，去追求一定的目的。一般地讲，动机是指推动人以行为去追求某种目的的内在动力或内心起因，目的是在一定动机的推动下希望通过实施某种行为达到某种结果的心理态度。刑法学研究的动机和目的，不是人的一般故意行为的动机和目的，而是作为行为人故意犯罪活动主观因素的犯罪动机和目的。

所谓犯罪目的，是指犯罪人希望通过实施犯罪行为达到某种危害社会结果的心理态度，也就是危害结果在犯罪人主观上的表现。例如，某人在实施盗窃行为时，就有非法占有公私财物的目的；实施故意杀人行为时，就有非法剥夺他人生命的目的；实施诬告陷害行为时，就有使受诬陷者受到错误的刑事追究的目的。直接故意犯罪的主观方面包含着犯罪目的的内容，犯罪直接故意的认识因素，表现为行为人决意实施犯罪行为并且希望通过犯罪行为达到某种危害结果的心理态度。犯罪目的不仅反映出行为人主观恶性的程度，而且还支配行为人实施行为的方向，决定行为的性质。其中，对发生危害结果的希望、追求的心理态度，就是犯罪目的的内容。由于直接故意犯罪主观方面都包含犯罪目的的内容，因而法律对犯罪目的一般不作明文规定，分析这些犯罪的构成要件便可明确其要求的犯罪目的。但是对某些犯罪，刑法条文中又特别载明了犯罪目的。如《刑法》第 152 条规定的走私淫秽物品罪，特别规定了应“以牟利或者传播为目的”；《刑法》第 217 条规定的侵犯著作权罪，特别规定了须“以营利为目的”；《刑法》第 363 条规定的制作、复制、出版、贩卖、传播淫秽物品牟利罪，特别规定了必须“以牟利为目的”。这种规定的意义在于说明，这些犯罪不仅是故意犯罪，而且另外还要求有特定目的。

所谓犯罪动机，是指刺激犯罪人实施犯罪行为以达到犯罪目的的内心冲动或者内心起因。行为人某种犯罪目的的确定，绝不是无缘无故的，而是始终以一定的犯罪动机作指引的。例如，对直接故意杀人罪来讲，非法剥夺他人生命是其犯罪目的，而促使行为人确定这种犯罪目的的内心起因即犯罪动机，可以是贪财、奸情、仇恨、报复或者极端的嫉妒心理等。因此，如果不弄清犯罪的动机，就不能真正了解犯罪人为何去追求某种犯罪目的。

犯罪目的和犯罪动机一般只存在于直接故意犯罪中，间接故意犯罪和过失犯罪不可能存在犯罪目的和犯罪动机。因为犯罪目的是行为人希望通过实施危害行为达到某种危害结果的心理态度，具有明确的指向即确定的目标，必然要有为了实现这一既定目标的积极追求行为，而无论是间接故意的对可能发生的危害结果持放任的心理态度，还是过失的对可能发生的危害结果持疏忽大意或过于自信轻信能够避免的心理态度，都不具备犯罪目的所需求的行为的鲜明的目标性。另外，犯罪动机和犯罪目的是密切联系而存在的，行为人因为某种需要而形成犯罪动机，并在犯罪动机的指引和推动下确定犯罪目的，如果说间接故意犯罪和过失犯罪具有动机却不存在犯罪目的，就违背了犯罪动机与犯罪目的的辩证关系。所以，我们说只有直接故意犯罪才存在犯罪目的和犯罪动机。

犯罪目的与犯罪动机既密切联系，又互相区别。二者的密切联系表现在：①二者都是犯罪人实施犯罪行为过程中存在的主观心理活动，它们的形成和作用都反映行为人的主观恶性程度及行为的社会危害性程度。②犯罪目的以犯罪动机为前提和基础，犯罪目的来源于犯罪动机，犯罪动机促使犯罪目的的形成。③二者有时表现为直接的联系，即它们所反映的需要是一致的，如出于贪利动机实施以非法占有为目的的侵犯财产犯罪即是如此。另一方面，犯罪目的与犯罪动机又是相互区别、不容混淆的。这主要表现为：①从内容、性质和作用上看，犯罪动机是表明行为人为什么要犯罪的内心起因，比较抽象，是更为内在的发动犯罪的力量，起的是推动犯罪实施的作用；犯罪目的则是实施犯罪行为所追求的客观危害结果在主观上的反映，起的是为犯罪定向、确定目标和侵害程度的引导、指挥作用，它比较具体，指向的是外在的具体犯罪对象和客体。②一种犯罪的犯罪目的相同，而且，除复杂客体犯罪以外，一般是一罪一犯罪目的；同种犯罪的动机则往往因人、因具体情况而异，一罪可有不同的犯罪动机。例如，盗窃罪的目的都是希望非法占有公私财物结果的发生的心理态度，但从犯罪动机上看，有的犯罪人是出于想追求腐化的生活，有的是迫于一时的生活困难，有的是为了偿还赌债，有的甚至是出于报复的心理。③一种犯罪动机可以导致几个或者不同的犯罪目的，例如，出于报复的动机，可以导致行为人去追求伤害他人健康、剥夺他人生命或者毁坏他人财产等不同的犯罪目的；一种犯罪目的也可以同时为多种犯罪动机所推动，例如，故意杀人而追求剥夺他人生命的目的，可以是基于仇恨与图财两种犯罪动机的混合作用。④犯罪活动与犯罪目的在一些情况下所反映的需要并不一致，例如，实施煽动分裂国家罪，行为人的动机可以出于物质的、经济的需要，而犯罪目的则反映了行为人精神的、政治的需要。⑤从犯罪目的和犯罪动机在犯罪构成中的地位来看。犯罪目的是某些犯罪的特定的主观构成要件内容，如果此类犯罪的行为人不存在刑法条文所明文规定的犯罪目的，则不成立此罪，如《刑法》第 239 条规定：“以勒索财物为目的绑架他人的……处 10 年以上有期徒刑或者无期徒刑，并处罚金或者没收财产；情节较轻的，处 5 年以上 10 年以下有期徒刑，并处罚金。”该条规定了以勒索财物为目的绑架他人的应当成立绑架罪，如果不是以勒索财物为目的而绑架他人的则可能构成其他犯罪。犯罪动机的作用偏重于影响量刑。这是因为同一种犯罪出于不同的犯罪动机能够说明行为人主观恶性的不同，反映出行为社会危害性和行为人人身危险性的不同，而根据罪责刑相适应原则，这需要在刑罚中体现出来。因此，出于义愤的杀人和出于卑劣动机的杀人在量刑上往往不同。

第六节　认识错误

刑法学上所说的认识错误，是指行为人对自己的行为的刑法性质、后果和有关的事实情况不正确的认识。这种认识错误可能影响罪过的有无与罪过形式，也可能影响行为人所实施犯罪的既遂与未遂，从而影响行为人的刑事责任，因而需要认真研究。刑法学上的认识错误可以分为两类：一是行为人在法律上认识的错误；二是行为人在事实上认识的错误。

一、法律认识错误

法律认识错误，即行为人在法律上认识的错误，是指行为人对自己的行为在法律上是否构成犯罪、构成何种犯罪或者应当受到什么样的刑事处罚的不正确的理解。这类认识错误，通常表现为三种情况：

1. 假想的犯罪，即行为人的行为依照法律并不构成犯罪，行为人误认为构成了犯罪。如行为人把自己的通奸、小偷小摸等一般违法或不道德行为误认为是犯罪，而向司法机关“自首”，或者行为人把意外事件、正当防卫、紧急避险行为误认为是犯罪而向司法机关自首。这种情况下，判断和认定行为性质的依据是法律，而不是行为人对法律的错误认识，并不因为行为人的错误认识而使行为本来的非犯罪性质发生变化，因而不能构成犯罪。

2. 假想的不犯罪，即行为在法律上规定为犯罪而行为人却误认为不构成犯罪。比如行为人嫖宿未满14周岁的幼女，误认为自己只是嫖娼，不成立犯罪，却不知道法律规定嫖宿未满14周岁幼女的，成立犯罪。行为人希望并追求他所认识的行为结果的发生，但是欠缺违法性认识，对此能否成立犯罪故意，在刑法理论上存在着争议。我们认为，根据法律的规定，犯罪故意的认识因素只要求行为人明知其行为及行为结果的危害性，而没有要求行为人明知行为及结果的刑事违法性，也就是说刑事违法性并不是故意的认识内容，因此欠缺违法性认识并不影响犯罪故意的成立。换言之，原则上不能因为行为人对自己行为的法律性质的误解而不追究其应负的刑事责任，以防止犯罪人借口不知法律而实施犯罪并逃避罪责。但是，在某些特殊情况下，如果行为人确实不了解国家法律的某种禁令，从而也不知道行为具有社会危害性的，就不能让其承担故意犯罪的刑事责任。

3. 行为人对自己行为的罪名和罪刑轻重的误解，即行为人认识到自己的行为已经构成犯罪，但对其行为触犯了刑法规定的何种罪名，应当被处以什么样的刑罚，存在不正确的理解。例如，行为人偷割正在使用中的电话线，依照法律构成破坏通讯设备罪，可能被处以10年以上有期徒刑、无期徒刑甚至死刑，而行为人却误以为构成盗窃罪，处罚较轻。在这种情况下，行为人对法律的这种错误认识，并不影响其犯罪的性质和危害程度，应当按照他实际构成的犯罪及其危害程度定罪量刑。

二、事实认识错误

事实认识错误，即行为人在事实上认识的错误，是指行为人对自己行为的事实情况的不正确理解。这类错误是否影响行为人的刑事责任，要区分情况：如果属于对犯罪构成要件的事实情况的错误认识，就要影响行为人的刑事责任；如果属于对犯罪构成要件以外的事实情况的错误认识，则不影响行为人的刑事责任。事实认识错误，通常表现为以下几种情况：

1. 客体的错误。即行为人意图侵犯一种客体，而实际上侵犯了另一种客体。比如，行为人误认为正在抓捕人犯的警察正与其朋友打架，于是上前将警察打伤。在此案中，行为人意图侵犯的是他人的健康权利，却由于其认识错误，而实际上侵犯了国家机关工作人员正常的公务活动。对于这种认识错误，应当按照行为人意图侵犯的客体定罪，认定为故意伤害罪。

2. 对象的错误。①具体的犯罪对象不存在，行为人误以为存在而实施犯罪行为，因而致使犯罪未得逞的，应定为犯罪未遂。如行为人误以野兽、牲畜、物品、尸体为人而开枪射杀的，应令其负故意杀人罪未遂的刑事责任。②行为人误把非不法侵害人认为是不法侵害人而进行防卫，这类情况下显然不是故意犯罪，根据实际情况或是过失犯罪，或是意外事件。③具体目标的错误。如把甲当作乙而加以危害或伤害。这种对具体目标的错误认识，对行为人的刑事责任不发生任何影响，行为人仍应负故意杀人罪或故意伤害罪的刑事责任，因为甲和乙的生命、健康在法律上的价值一样，同样受到法律保护。此种错误经常发生在雇凶杀人案件中，由于雇佣者与被雇佣者之间的指示不明，导致被雇佣者杀错对象。

3. 行为实际性质的错误。即行为人对自己行为的实际性质发生了错误的理解。例如假想防卫，行为人把不存在的侵害行为误认为正在进行的不法侵害行为实行防卫而致人伤亡，由于行为人不存在犯罪的故意，因而不应以故意犯罪论处，而应根据具体情况，判定为过失犯罪或者意外事件。还比如，行为人由于愚昧无知或者迷信使用了在任何情况下都不能导致危害结果发生的方法，如行为人企图用画符念咒的方法企图达到杀人的目的。这种情况下，由于这种手段本身缺乏危害社会的可能性，行为不具社会危害性，因此不能成立犯罪。

4. 工具的错误。如行为人误把白糖、碱面等当做砒霜等毒药去毒杀人，误用空枪、坏枪、臭弹射杀人，从而未能发生致人死亡的结果。在这类情况下，行为人具备犯罪的主客观要件，只是由于对犯罪工具实际效能的误解而致使犯罪行为未发生犯罪既遂时的犯罪结果，应以犯罪未遂追究行为人的刑事责任。

5. 因果关系的错误。即行为人对自己所实施的行为和所造成的结果之间的因果关系的实际发展有错误认识。对此应按照主客观相统一的刑事责任原则的要求，分析和解决这种错误认识是否影响行为人的刑事责任。因果关系错误主要包括以下四种情况：①行为人误以为自己的行为已达到预期的犯罪结果，但实际上并没有发生这种结果。比如，行为人欲杀甲，将甲从悬崖上推下，以为甲已坠崖身亡而离去，但实际上甲被树枝挂住而未死。在这种情况下，行为人已着手实行犯罪，但由于意志以外的原因而未得逞，因此构成故意杀人罪的未遂。②行为人所追求的结果事实上是由于其他的原因造成的，但行为人误以为是自己的行为造成的。比如，上例中，甲坠崖未死，但在受伤回家的路上，被违反交通规则的汽车轧死。在这种情况下，行为人虽然相信自己的行为已致甲死亡，事实上甲最终确实死亡，但我们却不能认定行为人构成故意杀人罪的既遂，因为甲的死亡并不是行为人的杀人行为直接造成的，而是由交通事故导致的，因此行为人负故意杀人未遂的刑事责任。③行为人的行为没有按照其预想的方向发展及其预想的目的停止，而是发生了行为人所预见所追求的目标以外的结果。比如，行为人意图伤害甲，不料刺中甲腿上的动脉血管，致使甲流血过多死亡。在这种情况下，虽然行为人的行为导致了甲的死亡，但行为人并无杀害甲的故意，因此不能认定行为人构成故意杀人罪，而只能让其负故意伤害致人死亡的刑事责任。④行为人实施了两个行为，伤害结果是由其中一个行为造成的，行为人却误以为是由另一个行为造成的。比如，行为人意图杀害甲，在用暴力致其昏迷后，行为人以为甲已死亡，为隐匿罪证，行为人将甲抛下悬崖，致使甲摔死。刑法理论上对这种情况存在着较大的争议。我们认为，此种情况，行为人主观上具有杀害他人的故意，客观上实施了杀人的行为，并且甲的死亡结果也确实是由他的行为所直接造成的，因此其错误认识并不能影响他的刑事责任，行为人的行为构成故意杀人罪。

学术视野

一、区分故意与过失的学说

关于如何区分故意与过失的学说，理论上有许多观点，最主要的有希望主义与认识主义的分野，随后又扩展分解为立足于希望主义的容认说、客观化的意志说、回避意志说与立足于认识主义的盖然性说、认真说等。[1] 一般认为，我国刑法采取的是容认说。

二、期待可能性理论

期待可能性是大陆法系刑法中的重要理论，所谓期待可能性，是指根据具体情况，有可能期待行为人不实施违法行为而实施合法行为。期待可能性理论认为，如果不能期待行为人实施其他合法行为，就不能对行为人的行为进行非难，也就不存在刑法上的责任。期待可能性理论源于1897年德国“癖马案”判决。[2] 有观点主张期待可能性理论对于行为人主观上是否存在故意或者过失的罪过具有重大意义，可以借鉴引入我国刑法理论。期待可能性不单对于犯罪主观方面要件具有重大意义，可能对于从整体上认定行为人的刑事责任乃至全面理性地认识犯罪都具有重要意义。

三、刑法上的严格责任

严格责任是现代社会不断强化社会规则体系的产物，是从结果责任到过错责任再到结果责任的否定之否定。严格责任主要适用于民事法律领域，但是英美法系却进一步将之引入到刑事法律领域，用来应对某些公害犯罪、减轻控诉方证明责任。我国刑法上有没有规定严格责任，理论上尚存在较大争议；刑法上能否使用严格责任，也存在很大争议。我们认为，从我国历史和现实出发，在刑事法律领域适当引入严格责任并非一定导致客观归罪、并非一定违反罪刑法定主义、并非一定违背刑

---

〔1〕 张明楷：《刑法学》，法律出版社2003年版，第216页。

〔2〕 高铭暄、马克昌主编：《刑法学》，北京大学出版社、高等教育出版社2010年版，第127页。

法的人权保障功能，反而能够更好地应对未来复杂的犯罪、更好地防卫社会和保障人权。

理论思考与实务应用

一、理论思考

（一）名词解释

犯罪主观方面　犯罪故意　犯罪过失　直接故意　间接故意　疏忽大意的过失　过于自信的过失　意外事件　犯罪动机　犯罪目的　认识错误

（二）简答

1. 简述犯罪故意的内在层次和犯罪故意的分类。
2. 简述直接故意与间接故意的异同。
3. 简述犯罪过失的概念和犯罪过失的分类。
4. 简述过于自信的过失与疏忽大意的过失的异同。
5. 简述间接故意和过于自信的过失的区别与联系。
6. 简述意外事件与疏忽大意的过失的区别和联系。
7. 简述犯罪动机和犯罪目的的关系。
8. 简述刑法上认识错误的分类。

（三）论述

1. 请论述刑法上有没有第三种犯罪主观恶意心态，即是否存在犯罪故意与犯罪过失之外的犯罪主观恶意心态。
2. 请论述犯罪故意在定罪量刑中的意义。
3. 请论述犯罪过失在定罪量刑中的意义。
4. 请论述刑法上的认识错误在定罪量刑中的意义。

二、实务应用

（一）案例分析示范

案例一

陈某，男，36岁，工人，租用本市天桥区黄家庄237号房屋院落。院落南邻东海家具木器厂，该厂在喷漆车间北墙上安装了排气扇，向院内排放有异味的有害气体。为此，陈某多次找对方交涉，而木器厂怕影响生产，始终没有挪动排气扇。1998年8月3日下午18时许，陈某手持铁锤砸排气扇，木器厂厂长闻讯赶到喷漆车间，手持木棍从排气扇间隙中捅了陈某几下说："别砸了，有事说事。"陈某被捅后，又从地上捡起砖头砸排气扇，随后回到办公室取出一支双管猎枪，边走边向排气扇射击，陈某一共打了三枪。当打第三枪时，喷漆房内有人喊"别打了，里面有人"，但陈某仍然开枪射击。其中一发子弹从排气扇间隙中穿过，又穿透喷漆车间的屋门，射入抹泥子车间，子弹散发的钢砂击伤了正在车间干活的工人王某等5人。得知开枪打伤人后，陈某便骑车去派出所投案自首，中途被抓获。经法医鉴定，被害人王某、舒某属重伤，被害人程某等3人为轻伤。

一审法院认为，陈某明知对方车间有人，还朝车间墙壁上的排气扇开枪，造成危害结果，致2人重伤，3人轻伤，其行为已构成故意伤害罪。鉴于陈某具有自首等从轻情节，可从轻处罚。一审法院依照《刑法》第234条、第67条之规定，对陈某以故意伤害罪，判处有期徒刑7年。

问：对陈某的行为应如何认定？

【评析】 在实际的刑事司法实践中，典型的教科书式的主观方面形态并不是非常多见，而往往呈现出来的是不典型的甚至耦合的主观因素，这就需要具体案件具体分析，从中找寻出最符合罪刑法定原则的主观方面要素。在本案中，陈某明知喷漆房内有人，也明知其所持双筒猎枪的子弹会穿透排气扇叶或从排气扇空隙中穿过而射进喷漆房内，从而可能击中里面的人员，造成人员伤亡的后果，但究竟是造成伤害还是死亡的结果，伤害或者死亡的具体对象和范围又如何，陈某并没有明确肯定的认识。而为了达到破坏排气扇的目的，陈某对于伤害或者死亡危害结果的发生都不排斥，显然，陈某的心理属于典型的不确定故意，具体属于不确定故意中的概括故意。再进一步分析，由于陈某与被害人王某等人平素无仇无怨，仅因喷漆房向其院内排放异味有害气体的小事而发生争执，这显然还不足以使陈某产生杀人的念头，所以，陈某开枪的目的只在于破坏喷漆房的排气扇，对于开枪致使他人死亡或者伤害结果的发生，陈某并不是积极地追求而是消极地放任或者说是容忍，故陈某的主观态度应当属于间接故意。根据概括故意以实际结果确定罪名的定罪原则，陈某的行为应认定为是间接故意伤害罪，因而我们认为，对陈某以故意伤害罪定罪判刑是正确的。

案例二

王某，男，26岁，于某日上午，驾驶装有5吨化肥的汽车，行至某公社村口西面100米处，与某工程局运输处司机戴某驾驶的空汽车相遇。因公路两侧堆着大量碎石，路面呈凹形，有效路面只有2.8米，双方都认为不能通过，被迫停车。戴某将车退让到有效路面1/3处停放。王某要求再退让。因汽车右后轮的后面19公分处有一块大石头，不能再退让。戴某遂赌气熄火下车，走出车门站着。王某急着要开车，并说："反正我的车厢已烂了要大修，不怕剐蹭。"随后进入驾驶室，要冒险通过。戴某为阻止王某开车，便站在自己汽车左边的脚踏板上说："你要剐蹭就剐蹭我，剐蹭车不行。"王某不顾戴某的阻止和在场群众的劝告，强行开车，把戴某剐蹭进两个车厢间，当即挤死。案发后，王某投案自首。

问：对王某的行为应如何认定？

【评析】 本案中，王某明知戴某站在汽车脚踏板上，如果强行通过，会发生人身死亡，但他采取了无所顾忌有意放任的态度，强行开车，造成挤死戴某的严重后果，王某对于戴某的死亡是出于间接故意，王某的行为已经构成（间接）故意杀人罪。原因在于：①从认识因素上看，王某认识到自己强行开车的行为可能造成戴某的死亡。在戴某制止和周围群众的劝阻下，王某仍强行开车，终将戴某剐蹭进两个车厢间。从案件的整个过程来看，王某能认识到这样的可能：一是车通过，戴某没造成任何伤害；二是车通过，戴某被挤死；三是两车不可能通过，戴某被自己的车挤死。所以王某实际上已经预见到自己的行为可能造成戴某的死亡。②从意志因素上看，王某对戴某的死亡持放任态度。从案件起因可以看出，王某的目的是强行通过道路，原本不希望危害结果的发生。但是，王某为了通过道路，仍决意实施可能导致戴某伤害或者死亡的行为，表明其原先具有的不希望危害结果发生的意志已自行消失，而转化为放任危害结果发生的态度。从王某的行为过程也可以看出王某对戴某的死亡持放任的态度。也就是说，王某为了将车开过去，而不顾戴某夹在两车间，而对戴某的死亡听之任之，漠不关心。在间接故意犯罪中，行为人都认识到自己的行为可能造成危害社会的结果，并对危害结果的发生持放任的态度。但是，在具体的间接故意犯罪中，行为人对于危害社会结果的认识和态度是各种各样、千差万别。根据行为人认识和放任的危害社会的结果是否特定（确定），我们可以将间接故意划分为以下两类：一类是行为人明知自己的行为可能会造成某一种具体的危害社会的结果，而对该特定危害结果持放任的态度。另一类是行为人明知自己的行为可能造成数个具体的危害社会的结果，而对这些危害结果均持放任的态度。在本案中，王某明知自己的行为可能造成戴某轻伤、重伤或者死亡，而对于这些危害结果，王某均持放任的态度。由此我们也可以看出间接故意犯罪的共同特点，即行为人总是为了追求某一目的而放任危害结果的发生，因此，只有在行为人所放任的危害结果已经实际发生的情况下，为了追求某一目的而实施的某种行为才能与其所放任的危害结果结合在一起，构成间接故意犯罪。如果行为人所放任的危害结果实际上没有发生，间接故意犯罪也就无从认定。这样便形成故意犯罪定罪上的特殊性；间接故意犯罪的成立，以实际上发生行为人认识到并放任的危害社会的结果为前提。在本案中，王某认识到自己的行为可能致戴某死亡，并且放任这一危害结果发生，而实际上也发生了戴某死亡的犯罪结果，因此王某的行为已经构成间接故意杀人罪。如果戴某没有死亡，那么王某的行为便不构成间接故意杀人罪。

案例三

周某某系板车工人，从事货场短途货运工作，熟悉这段道路的情况，曾自吹：“这段路上哪儿有个碗大的坑，哪儿有个鸡蛋大的石头，我都一清二楚，闭上眼睛也能避开。”这段路上有个陡坡，坡道两侧是农贸市场，来往人很多，周某某经常驾车穿过其间，从未发生过撞人事故。其后，搬运站给周某某换了一辆新板车，按当地习惯，新板车的后部两旁都要各加一把粗长的大方子，以便驾车人在必要时抬高车把，使木方擦地，起减慢车速的作用。周某某因找不到合适的木材，没有在新车上加这个刹车装置，就使用起来。有两次驾车下坡时，刹不住车，收不住脚，眼看着要撞上行人，都因他身强力壮，技术熟练，在紧急关头绕过行人，避免了事故的发生。某日，雨天路滑，周某某与另一板车工人陈某运生铁块去货场。车行至坡顶时，陈某对周某某说："今天路滑，你的车载货过重，又没有刹车装置，为了防止出事，我来帮你驾车下坡。"周某某说："没事！"只搬下一块生铁，照旧驾车下坡。终因车重路滑，失去控制，将一位横越公路的老太太撞倒并轧断了其双腿，经医院救治，造成重伤。

问：对周某某的行为应如何认定？

【评析】本案中，周某某已经预见到可能发生交通事故。既然行为人已经预见到自己的行为可能造成危害社会的结果，那么就应当采取措施避免危害结果的发生。但是，行为人周某某在有能力履行避免危害结果义务的情况下，不履行这一义务，造成一横越公路的老太太的重伤。从心理原因上看是周某某对危险估计不足，轻易相信自己的驾车技术。由此可见，周某某预见到自己的行为可能造成行人的伤亡，但却轻信能够避免，结果造成交通事故的发生。周某某在主观上是过于自信的过失。

本案中，周某某所应当预见并且实际上所预见到的可能发生的危害结果，不是"驾车对他人生命、财产有危险"这种抽象的结果，而是在特定的时空条件下其行为可能造成的具体的危害结果，即周某某驾驶没有刹车装置的板车在雨天速滑下坡，应当预见到在其装货多、路滑、没有刹车装置的情况下，有可能撞倒行人，发生事故。但是周某某凭借自己身强力壮，技术熟练，熟悉道路情况，并有多次避免事故的实际经验，而轻信可能避免危害结果的发生，正是由于周某某依靠的这些根据并不可靠，结果造成严重危害，属于过于自信的过失。

案例四

林老太太在其女儿耿某家居住，带耿某的两个孩子，大的4岁，小的2岁。因两个孩子都咳嗽，买了一瓶止咳糖浆服用。某日，耿某用装糖浆的空瓶装了一些敌敌畏，放在原处，忘记告诉林老太太。某日，两个孩子咳嗽要喝糖浆，林老太太以为装了敌敌畏的瓶子还是装的止咳糖浆，便拿起来给两个孩子喝，结果都被毒死。

问：对林老太太的行为应如何认定？

【评析】本案中，林老太太对于止咳糖浆瓶改装了敌敌畏是不明知的，而且也不可能预见到，其在主观上既无故意也无过失，而是由于不能预见和不能抗拒的原因所致。因而林老太太的行为，虽然在客观上造成了危害社会的结果，但不是出于故意或者过失，而是由于不能抗拒和不能预见的原因所致，属于意外事件，不负刑事责任。

案例五

某日晚10时许，周某、范某、柴某等人到舞厅蹦迪。在蹦迪的过程中，范某突然去摸领舞小姐的腿，舞厅工作人员欲将范某推出舞池，双方发生冲突。周某、柴某等人对舞厅服务员进行殴打，周某掏出匕首对着一服务员猛刺过去，没想到在周某旁边的柴某正用脚踹该服务员，周某的刀正好捅进柴某的腿内。因伤及动脉，柴某经抢救无效于次日死亡。

问：对周某的行为应如何认定?

【评析】 对于本案的处理，一种意见认为，周某对服务员的行为应定为故意伤害罪（未遂)，误伤同伙的行为应定为过失致人死亡罪。一行为触犯数罪名，属于想象竞合，应从一重以过失致人死亡罪处断。另一种意见认为，对周某的行为应定为故意伤害罪（既遂)。其分歧主要在于如何认识行为人的行为是否具有认识错误的要素。

在本案中，行为人对于同伙的行为属于误伤，但其行为本质上还是属于故意伤害，况且误伤与故意伤害具有相同的犯罪构成。在我国刑法理论上，对于误伤的情形有的认为是犯罪对象的认识错误，有的认为是因果关系上的认识错误，还有的认为是独立于认识错误之外的打击错误。无论是事实上的认识错误还是打击错误，即使行为人主观上认识的事实与客观发生的事实虽然不完全一致，但在法律上的性质一致时，便应以行为人主观上的认识为根据，定为故意犯罪既遂。在构成要件相同的同时，并不拘泥于主观意思是否直接指向实际侵害的对象，只要故意的内容、行为的方法、实际结果的性质在犯罪构成要件上是相符合的，即使认识事实与发生事实之间有某些法律上并不重要的差异，也能认为行为完成了法律所要求的全部犯罪构成要件而成立犯罪既遂。我国刑法理论以具备法定的犯罪构成要件作为行为人承担刑事责任的依据。而犯罪构成主要是主客观的统一，即行为人不仅具有主观上的罪过，而且具有在这种罪过支配下的客观行为（结果犯还要求发生法定的危害结果)。本案中，周某有伤害他人的直接故意，有持刀捅人的伤害行为，同时造成了他人被捅伤的直接后果。尽管实际造成的伤害后果并非是其追求的伤害后果，但无论是谁被伤害，二者在法律上的价值都是相同的，即具有相同的法律性质。周某的行为属于行为人预想的结果与实际结果性质相同但不一致的打击错误。这种错误是行为过程中的偏差，不影响行为人的故意心理。因此，周某同样构成故意伤害罪（既遂)。

（二）案例分析实训

案例一

被告人曹某与熊某原有恋爱关系。2000 年 4 月，两人在广州分手后，曹某两次来某市找熊某，要求其回江西，熊某不愿意。2000 年 11 月 12 日下午 1 时许，曹某携带被其锯短枪管、子弹已上膛的单管猎枪及四发子弹再次来到某市，要求熊某跟其回家，熊某不肯。后熊某约其朋友郑某、高某、王某等人一起在体育馆二楼台球室与曹某见面，熊某仍表示不愿随曹某回江西。当日傍晚，熊某与郑某等人离开体育馆，曹某跟随其后，在某人寿保险公司门前路段，熊某与郑某等人拦乘出租车欲离去时，曹某阻拦不成，遂掏出猎枪威逼熊某、郑某下车。郑某下车后乘曹某不备，扑上去抢夺曹某的猎枪。曹某急忙中对着郑某小腿内侧的地面扣动扳机，子弹打破了郑某的长裤，并在郑某的左膝内侧留下3mm×5mm表皮擦伤。后公安人员赶到将已被郑某等人制服的曹某抓获。某区人民检察院以被告人曹某犯故意杀人罪（未遂），向某区人民法院提起公诉。

问：你认为对曹某的行为应当如何处理？

案例二

被告人刘某与女青年廖某于2002年建立恋爱关系，后刘某、廖某二人同去广东打工。2004年3月，廖某结交新男友后向刘某提出分手，刘某不同意，多次要求与廖某恢复、保持恋爱关系，未果。2004年4月2日，刘某购买了一公升汽油放在其租住的房间，然后邀廖某前来，再次要求其与新男友分手，两人重修旧好，但廖某坚决不允。刘某一气之下将汽油倾倒至廖某身上，扬言要与其同归于尽。廖某见状赶忙放松口气，以期缓和气氛。此时，刘某烟瘾发作，掏出打火机点火抽烟，不料引爆空气中的汽油挥发物，进而引燃廖某身上的汽油。刘某见状，忙脱下身上的衣服努力灭火，但为时已晚，廖某因大面积烧伤，于20天后不治身亡。

问：你认为对刘某的行为应当如何处理？

案例三

2003年8月7日凌晨，4名男子在北京香山附近盗窃了47斤科研用葡萄。被害单位声称：它们是北京农林科学院林业果树研究所葡萄研究园投资40万元、历经10年培育研制的科研新品种，由于被盗窃以致该试验中断、品种断绝，损失不可估量。案发后，市物价局价格认证中心对被偷的葡萄进行估价，被偷葡萄的直接经济损失为11 220元。2004年4月，争议已久的估价问题，经过检察院两次退回补充侦查后，“天价葡萄”最终估价按照葡萄的市场价格估算，价值仅为376元，远未达到当时北京地区实行的盗窃财物价值1000元以上才追究刑事责任的标准。理论上对此案件的定罪有四种观点：一是定破坏生产经营罪，二是定盗窃罪，三是定故意毁坏财物罪，四是无罪。

问：你认为对该案应当如何处理？

第九章

正当行为

【本章概要】正当行为，是指行为在客观上造成一定损害结果，形式上符合某犯罪的客观要件，但实质上既不具备社会危害性，也不具备刑事违法性的行为。现代世界各国刑法基本上都规定正当行为不负刑事责任。我国刑法仅规定了正当防卫和紧急避险两种正当行为。根据我国《刑法》第20条第1款规定："为了使国家、公共利益、本人或者他人的人身、财产和其他权利免受正在进行的不法侵害，而采取的制止不法侵害的行为，对不法侵害人造成损害的，属于正当防卫，不负刑事责任。"《刑法》第20条第2款规定，正当防卫明显超过必要限度造成重大损害的，是防卫过当，应当负刑事责任，但应当减轻或者免除处罚。《刑法》第20条第3款规定："对正在进行行凶、杀人、抢劫、强奸、绑架以及其他严重危及人身安全的暴力犯罪，采取防卫行为，造成不法侵害人伤亡的，不属于防卫过当，不负刑事责任。"根据《刑法》第21条第1款规定，紧急避险是指为了使国家、公共利益、本人或者他人的人身、财产和其他权利免受正在发生的危险，不得已采取的损害另一较小合法权益的行为。因为紧急避险是两个合法权益的冲突，损害的是较小的合法权益，从整体上说，紧急避险有益于社会统治秩序，故不负刑事责任。

正因为正当防卫和紧急避险一样都是排除了社会危害性的行为，且都不负刑事责任，所以成立正当防卫和紧急避险，必须从主观条件、起因条件、时间条件、对象条件、限制条件、限度条件等诸多方面加以限制。不符合成立条件或超过限度的行为，应当承担相应的责任。

【学习目标】通过本章的学习，了解正当行为的概念、特征和种类；理解正当防卫成立的条件及防卫过当的刑事责任；理解紧急避险成立的条件及避险过当的刑事责任。

第一节 正当行为概述

一、正当行为的概念

正当行为，是指行为在客观上造成一定损害结果，形式上符合某犯罪的客观要件，但实质上既不具备社会危害性，也不具备刑事违法性的行为。

1. 正当行为，外表上似乎符合某种犯罪构成特征，也即是说，这些行为形式上符合某种犯罪的客观要件。如妇女被强奸时，在与犯罪人的搏斗中将其打成重伤，医治无效而死亡。这种将他人打死的行为从表面上看与故意杀人罪的成立条件非常相似，但实际上，该妇女的行为属于正当防卫。正因为正当行为表面上看似乎构成了某种犯罪，且常会被误认为属于犯罪行为，刑法理论上才对其予以特别研究，以便将其与真正的犯罪区别开来。

2. 实际上行为不具备社会危害性和刑事违法性，不符合犯罪构成。不仅对社会无害，而且大多数正当行为对社会是有益的。如消防员为了防止火灾蔓延，将火灾临近的房屋拆毁。这种行为虽然从局部来看破坏了一定数量的房屋，但却防止了火灾的蔓延，避免了不特定的房屋和其他生命财产的重大损失。显然，这种行为从大局来说是一种有益于国家和人民的行为。

二、正当行为的分类

现代世界各国刑法基本上都规定正当行为不负刑事责任，国内刑法学者称之为“正当化事由”“排除社会危害性的行为”“排除犯罪性的事由”，名异实同，我国刑法明文规定的正当行为只有正当防卫和紧急避险两种。从国外刑法规定来看，还有履行职务的行为、正当业务行为、自救行为、基于权利人自愿的行为、自损行为、义务冲突等，上述种种行为，我国刑法虽没有明文规定，但刑事理论和司法实践中都是予以承认的。如果对正当行为进行简明分类，可以概括为法定的正当行为和非法定的正当行为，前者包括正当防卫，紧急避险；后者包括正当业务行为、履行职务的行为、自救行为、基于权利人自愿的行为、自损行为和义务冲突等。本章仅介绍我国刑法规定的正当防卫和紧急避险两种正当行为。

三、正当行为的意义

正当行为，具有重要理论价值和实践意义。

1. 有利于理解犯罪的本质特征，更好地区分罪与非罪的界限。虽然正当行为形式上符合某种犯罪构成的客观条件，但欠缺社会危害性和刑事违法性，故不认为是犯罪。

2. 为公民划定明确的合法与非法的边界。将行使法定权利，履行法定义务，促进社会进步和发展的行为确定为非罪行为是一个理性社会的选择。

3. 有利于鼓励见义勇为，培养良好的社会道德。正当防卫是法律赋予公民与正在进行的不法侵害作斗争的积极手段，以此能有效而及时地打击各种违法犯罪行为；紧急避险是法律赋予公民在合法权益遭受危险时积极采取避险措施减少危害程度的权利，对广大公民在利益取舍时具有重要指导意义。

第二节 正当防卫

一、正当防卫的概念和成立条件

根据《刑法》第20条第1款规定，正当防卫是指为了使国家、公共利益、本人或者他人的人身、财产和其他权利免受正在进行的不法侵害，而对不法侵害者实施的旨在制止其不法侵害且未明显超过必要限度的损害行为。

正确理解我国刑法规定的正当防卫的概念和内容可以从以下三个方面来把握：

（一）正当防卫是目的的正当性和行为的防卫性的统一

根据刑法规定，目的的正当性是指正当防卫行为的目的在于使国家、公共利益、本人或者他人的人身、财产和其他权利等合法权益免受正在进行的不法侵害。正当防卫的目的明确地揭示了正当防卫的社会政治内容：我国刑法中的正当防卫不仅是免除正当防卫行为的刑事责任的法律依据，而且是公民同正在进行的不法侵害作斗争的法律武器。正当防卫的目的在正当防卫的概念中占有主导地位，它对于理解我国刑法中的正当防卫的本质以及确定正当防卫的构成条件都具有重要的意义。行为的防卫性是指正当防卫具有防卫的性质，它对正在进行不法侵害的违法犯罪分子的人身或者财产所实施的暴力手段是基于保护国家、公共利益、本人或者他人的人身、财产和其他合法权利的需要而采取的，是对正在进行的不法侵害的反击。正当防卫目的的正当性和行为的防卫性之间具有密切的联系。首先，目的的正当性制约着行为的防卫性，它表明正当防卫不是报复侵害，更不是对不法侵害人的惩罚，而是一种有限度的防卫行为。其次，行为的防卫性体现着目的的正当性，是目的正当性的客观体现，它充分说明了正当防卫行为仅仅是一种在紧急情况下，为保护国家、公共利益和其他合法权利而采取的救济措施，因而具有一定的限度，这一限度就是正当防卫的目的得以实现的必要限度，离开了行为的防卫性，也就没有目的的正当性可言。

（二）正当防卫是主观上的防卫意图和客观上的防卫行为的统一

在正当防卫的情况下，防卫人主观上具有防卫意图。这里所谓防卫意图，是指防卫人意识到正在进行的不法侵害，而为使国家、公共利益、本人或者他人的人身、财产和其他权利免受正在进行的不法侵害，对不法侵害人实行正当防卫的心理状态。因此，正当防卫行为在主观上区别于一般的违法行为。正当防卫行为在客观上对不法侵害人造成了一定的人身或者财产的损害，因此具有犯罪的外观。但是，正当防卫行为和犯罪行为在性质上有着内在本质的区别。我们只有通过正当防卫对不法侵害人造成一定的人身和财产的损害，因而具有不法或者犯罪的外观这一现象，看到正当防卫制止不法侵害以保护国家、公共利益和其他合法权利的本质，才能真正把握住正当防卫不负刑事责任的根据。正当防卫的主观上的防卫意图和客观上的防卫行为的统一，清楚地表明它不具备犯罪构成，这正是正当防卫不负刑事责任的理论根据。

（三）正当防卫是社会政治评价和法律评价的统一

正当防卫的目的是使国家、公共利益、本人或者他人的人身、财产和其他权利等合法权益免受正在进行的不法侵害，而且客观上具有制止不法侵害、保护合法权益的性质，因此，正当防卫没有法益侵害性，这是我国刑法对正当防卫的肯定性的社会政治评价。正当防卫不具备犯罪构成，没有刑事违法性，因此，正当防卫行为不负刑事责任，这是我国刑法对正当防卫的肯定性的法律评价。在这个意义上说，正当防卫是排除社会危害性和阻止刑事违法性的统一。

二、正当防卫的成立条件

正当防卫是公民依法享有的权利，行使正当防卫权利的诸条件的统一，就是正当防卫的成立条件。根据《刑法》第20条关于正当防卫的规定，正当防卫的成立条件应包括：

（一）防卫意图

我国刑法明确规定正当防卫的主观要件也即防卫意图是："为了使国家、公共利益、本人或者他人的人身、财产和其他权利免受正在进行的不法侵害。"也就是说，防卫人对正在进行的不法侵害有明确的认识，并希望以防卫手段制止不法侵害以保护合法权益。具体来说，防卫意图可以包括两个方面的内容：

1. 对于正在进行的不法侵害的认识，即正当防卫的认识因素。这里所谓对不法侵害的认识，是防卫人意识到国家、公共利益、本人或者他人的人身、财产和其他权利等合法权益受到正在进行的不法侵害。因此认识内容包括防卫起因、防卫人产生正当防卫意志的主观基础，是对客观存在的不法侵害的正确反映。没有正当防卫的认识，就不可能产生正当防卫的意志，也就没有防卫意图可言。

2. 对于制止正在进行的不法侵害的决意，即正当防卫的意志因素。正当防卫意志体现在对防卫行为的自觉支配或者调节作用，推动防卫人实施防卫行为，并且积极地追求保护国家、公共利益、本人或者他人的人身、财产和其他权利的正当防卫的目的。因此，防卫意图是正当防卫的认识因素和意志因素的统一。

防卫意图作为正当防卫构成的主观条件，对于正当防卫成立具有十分重要的意义。某些行为，从形式上看似乎符合正当防卫的客观条件，但由于主观上不具备防卫意图，因此不是正当防卫。例如下列三种行为，则不是正当防卫：

1. 防卫挑拨，是指行为人出于侵害的目的，以故意挑衅、引诱等方法促使对方进行不法侵害，尔后借口防卫加害对方的行为。在防卫挑拨中，虽然存在着一定的不法侵害，挑拨人也实行了所谓的防卫，形式上符合正当防卫的客观条件。但由于该不法侵害是在挑拨人故意挑逗下诱发的，其主观上具有犯罪意图而没有防卫意图，客观上实施了犯罪行为，因而依法构成犯罪。

2. 相互斗殴行为，是指参与者双方在主观上都出于侵害对方的非法意图而实施的连续的相互侵害的行为。在互相斗殴的情况下，由于行为人主观上没有防卫意图，其行为也不得视为正当防卫。但这里的互殴必须以打斗双方事先存在斗殴意图为前提。只要在斗殴意图的支配下，双方实施了互相斗殴的行为，无论是谁先动手，也无论在何地动手，双方都构成互殴，也就否定了正当防卫成立的可能性。也就是说，基于事先产生的斗殴意图所实施的反击行为，不能认定为正当防卫。当然，只有双方事先具有斗殴意图，才使得谁先动手谁后动手这个问题变得不重要。如果双方事先不存在这种斗殴意图，则谁先动手谁后动手这个问题就是十分重要的，其重要性表现在：先动手的一方是不法侵害，后动手的一方具有防卫性。[1]

3. 为保护非法利益而实行的防卫。比如：行为人以防卫手段保护其赌资不被抢劫，行为人以防卫手段保护其走私货物不被盗窃等。这类行为明显缺乏防卫意图的正当性，不能成立正当防卫。因为他们所保护的利益不属于合法权益，他们不具备正当防卫的主观要件。认定这类行为时，对侵害者和防卫者要分别追究其法律责任，构成犯罪的应分别定罪量刑。

（二）防卫起因

正当防卫的起因条件，是指存在着具有社会危害性和侵害紧迫性的不法侵害行为。不法侵害是正当防卫的起因，没有不法侵害就谈不上正当防卫，因此，防卫起因是正当防卫构成的客观条件之一。认定正当防卫的起因条件应注意三个方面：

1. 不法侵害的存在是现实的。不法侵害是客观真实存在的，而不是行为人臆想或推测的，这是正当防卫的前提。对于没有社会危害性的合法行为，即使从当事人的立场看具有某种侵害性也不允许当事人进行正当防卫。如果行为人反击了主观臆测的“正在进行的不法侵害”人，则是假想防卫。

2. 不法侵害必须是不法行为。也就是说不法侵害行为直接侵害国家、公共利益、本人或者他人的人身、财产和其他权利等合法权益，具有不法的性质。不仅限于犯罪行为，还包括违法行为。

3. 侵害紧迫性。这里所谓侵害紧迫性，一般来说是指那些带有暴力性和破坏性的不法行为，对我国刑法所保护的国家、公共利益、本人或者他人的人身、财产和其他权利等合法权益造成的侵害具有一定的紧迫性。

作为正当防卫起因的不法侵害，是具有法益侵害性的不法侵害，确切地说，是危害国家、公共利益、本人或者他人的人身、财产和其他权利，并且达到了一定紧迫程度的不法侵害。只有在不法侵害真实地发生的情况下，才存在正当防卫的问题。

因此，对下列几种行为不能或不宜进行正当防卫：

1. 对合法行为不能进行正当防卫。即使从当事人的立场看具有某种危害性也不允许当事人实行正当防卫。如对正当防卫行为不能实行反防卫，对紧急避险行为不能进行正当防卫。

2. 对防卫过当、避险过当的行为不宜进行正当防卫。

3. 对过失犯罪和不作为犯罪不宜进行正当防卫。

4. 对意外事件不能实行正当防卫。

5. 假想防卫。一个人确实由于主观认识上的错误，对于实际上并不存在的不法侵害误认为其存在，因而对臆想中的不法侵害实行了所谓正当防卫，造成他人的无辜损害，这就是刑法理论上的假想防卫。我们认为，假想防卫属于刑法中的认识错误，具体地说，是行为人在事实认识上的错误，是行为人对自己行为的实际性质发

---

〔1〕 陈兴良：“互殴与防卫的界限”，载《法学》2015 年第 6 期。

生错误认识而产生的行为性质的错误。因此，对于假想防卫应当按照对事实认识错误的一般原则解决其刑事责任问题，即：①假想防卫不可能构成故意犯罪；②在假想防卫的情况下，如果行为人主观上存在过失，应以过失犯罪论处；③在假想防卫的情况下，如果行为人主观上没有罪过，其危害结果是由于不能预见的原因引起的，那是意外事件，行为人不负刑事责任。

（三）防卫对象

正当防卫是通过对不法侵害人造成一定损害的方法，使国家、公共利益、本人或者他人的人身、财产和其他权利等合法权益免受正在进行的不法侵害的行为。正当防卫的性质决定了它只能通过对不法侵害人的人身或者财产造成一定损害的方法来实现防卫意图。正当防卫只能针对不法侵害者本人实行，不能及于第三者。至于不法侵害者是否达到法定刑事责任年龄、是否具有刑事责任能力，从原则上讲并不影响正当防卫的成立，但是，如果明知侵害者是无责任能力的人并有条件用逃跑等其他方法避免侵害时，则不得实行正当防卫；如果不知道侵害者是无责任能力人，或者不能用逃跑等其他方法避免侵害时允许正当防卫。具体来讲，对于防卫第三者应当根据以下三种情况处理：

1. 防卫第三者而符合紧急避险的条件的，应以紧急避险论，不负刑事责任。

2. 防卫第三者而出于侵害之故意的，应以故意犯罪论。

3. 防卫第三者而出于对事实的认识错误，但主观上具有过失的，应以过失犯罪论。

对动物的侵袭是否可以实施正当防卫，要具体分析。受到人豢养的或野生的动物侵袭，防卫人实施打击行为的属于紧急避险或民事上排除侵害的行为。如果有人利用动物来达到侵害他人的目的，防卫人打击动物的行为则属于正当防卫。

（四）防卫时间

正当防卫只能在不法侵害正在进行之时实行，不能实行事前防卫和事后防卫。所谓不法侵害正在进行，是指不法侵害已经开始，尚未结束。不法侵害已经开始是指侵害人已经着手直接实行侵害行为，并且已经对法律保护的权益构成了现实的威胁。如果在不法侵害尚处于预备阶段或犯意表示阶段，对于合法权益的威胁并未达到现实状态时，就对其采取某种损害权益的行为的，属于事前防卫。这里的关键是要正确地认定不法侵害行为的着手，我们认为在确定不法侵害的着手，从而判断正当防卫的开始时间的时候，不能苛求防卫人，而是应该根据当时的主观和客观的因素全面分析。例如，对于入室犯罪来说，只要已经开始入室，未来得及实施其他侵害行为，也应当视为已经开始不法侵害。在个别情况下，不法侵害虽然还没有进入实行阶段，但其实施却已逼近，侵害在即，形势十分紧迫，不实行正当防卫不足以保护国家、公共利益、本人或者他人的人身、财产和其他权利等合法权益，在这种情况下，可以实行正当防卫。不法侵害尚未结束，是指不法侵害行为或其导致的危害状态尚在继续中，防卫人可以用防卫手段予以制止或排除。需要注意的是，如果不法侵害所导致的危险状态尚在继续中，但对不法行为人进行防卫并不能排除或制止危险状态，则应视为不法侵害已经结束，此时不能成立正当防卫。

我国刑法中正当防卫的目的是使国家、公共利益、本人或者他人的人身、财产和其他权利等合法权益免受正在进行的不法侵害，因此，关于不法侵害的结束，通常应以不法侵害对合法权益所形成的现实危害是否排除为标准。在实践中，下列情形一般应视为不法侵害已经终止：①不法侵害已经完结；②不法侵害人自动中止侵害；③不法侵害人已被人制服；④不法侵害人已经丧失继续实施侵害的能力。在不法侵害已经终止后对侵害人进行的防卫属于事后防卫，事后防卫和事先防卫一样，都是不符合正当防卫的时间条件的防卫不适时，对此法律规定视具体案件作为故意犯罪、过失犯罪或意外事件处理。

现实生活中，事先得知他人将对自己实行侵害，为了防御而准备工具的行为，能否由此推定为具有斗殴意图而否定此后反击行为的防卫性，这直接影响了对正当防卫的认定。预期的侵害也称为预期的危险，是指预想到侵害的存在。这种预期又可以分为抽象的预期和现实的预期。其中，抽象的预期是指对于将来可能发生但并不十分确定的侵害，采取了预先的防御措施。陈兴良教授认为，在人身安全受到威胁后准备适当的防卫工具，在遭受不法侵害时利用该工具进行反击的，不影响正当防卫的成立。只要是具备防卫条件，无论是事先准备的工具还是就地取材的工具，抑或是夺取对方的工具，都可以构成正当防卫。[1]

（五）防卫限度

正当防卫必须没有明显超过必要限度造成重大损害。关于正当防卫的必要限度，在我国刑法学界主要有客观需要说、基本适应说和相当说三种主张。通说主张相当说，正当防卫的必要限度，应当以有效地制止正在进行的不法侵害所必需为限度。如何确定正当防卫的必要限度应当采取一个综合的标准，从以下三个方面进行考察：

1. 不法侵害的强度。在确定必要限度时，首先需要考察不法侵害的强度。所谓不法侵害的强度，是指行为的性质、行为对客体已经造成的损害结果的轻重以及造成这种损害结果的手段、工具的性质和打击部位等因素的统一。对于不法侵害实行正当防卫，如果用轻于或相当于不法侵害的防卫强度不足以有效地制止不法侵害的，可以采取大于不法侵害的防卫强度。当然，如果大于不法侵害的防卫强度不是为制止不法侵害所必需，那就是超过了正当防卫的必要限度。

2. 不法侵害的缓急。不法侵害的强度虽然是考察正当防卫是否超过必要限度的重要因素，但我们不能把侵害强度在考察必要限度中的作用绝对化，甚至认为这是唯一的因素。在某些情况下，不法侵害已经着手，形成了侵害的紧迫性，但侵害强度尚未发挥出来，因此无法以侵害强度为标准，只能以侵害的紧迫性为标准，以此确定是否超过了正当防卫的必要限度。所谓不法侵害的缓急是指侵害的紧迫性，即

---

〔1〕陈兴良："互殴与防卫的界限"，载《法学》2015年第6期。

不法侵害所形成的对国家、公共利益、本人或者他人的人身、财产等合法权利的危险程度。不法侵害的缓急对于认定防卫限度具有重要意义，尤其是在防卫强度大于侵害强度的情况下，考察该大于不法侵害的防卫强度是否为制止不法侵害所必需，更应以不法侵害的缓急等因素为标准。

3. 不法侵害的权益。不法侵害的权益，就是正当防卫保护的权益，它是决定必要限度的因素之一。不法侵害的权益在确定是否超过必要限度发挥重要的作用。如为保护重大的权益而将不法侵害人杀死，可以认为是为制止不法侵害所必需，因而没有超过正当防卫的必要限度。而为了保护轻微的权益，即使是非此不能保护，造成了不法侵害人的重大伤亡，就可以认为是超过了必要限度。

三、防卫过当及其刑事责任

（一）防卫过当的概念和特征

防卫过当是指防卫明显超过必要限度造成重大损害应当负刑事责任的行为。从总体上讲是一种非法侵害行为，但行为具有防卫的性质。因此，它的基本特征是：①在客观上实施了明显超过必要限度的行为，并对不法侵害人造成了重大的损害；②在主观上对过当行为及其结果具有罪过。关于防卫过当的罪过形式，通常认为只能是间接故意或者过失，而不可能是直接故意，因为，在防卫过当的场合，正当防卫目的和犯罪目的不可能同时在一个人头脑中并存。

（二）防卫过当的刑事责任

对防卫过当的定罪，理论界一致认为，防卫过当本身不是罪名，不能将防卫过当的行为笼统地定为“防卫过当罪”，应根据防卫人主观上的罪过形式及客观上造成的具体危害结果来确定罪名。

对防卫过当的量刑，我国《刑法》第 20 条第 2 款规定，应当减轻或者免除处罚。这是基于防卫过当的主客观因素决定了其社会危害性较通常犯罪的社会危害性要小。

那么，对防卫过当如何减轻或者免除处罚呢？根据我国刑法的规定和司法实践的经验，在对防卫过当量刑时，应考虑以下情节：

1. 过当程度。过当程度的大小体现了社会危害程度，因而影响到防卫过当的量刑。

2. 防卫动机。在过当程度相同的情况下，其防卫行为是出于何种动机，例如是为了保护国家、公共利益，还是保护本人利益，显然影响对防卫过当的量刑。

3. 权益性质。正当防卫所保护的权益的性质，在对防卫过当量刑时，应该加以考虑。

4. 社会舆论。在对防卫过当量刑时，还要考虑社会影响，既不挫伤公民正当防卫的积极性，又要维护社会主义法制的严肃性。

四、无过当防卫

所谓无过当防卫，有的称特殊防卫权，或无限防卫权，是指公民在某些特定情况下所实施的正当防卫行为，没有必要限度的限制，对其防卫行为的任何后果均不负刑事责任。我国《刑法》第 20 条第 3 款规定："对正在进行行凶、杀人、抢劫、强奸、绑架以及其他严重危及人身安全的暴力犯罪，采取防卫行为，造成不法侵害人伤亡的，不属于防卫过当，不负刑事责任。"根据刑法这一条款的规定，对正在进行的严重危及人身安全的暴力犯罪实施正当防卫，不存在过当情形。无过当之防卫是一种特殊的防卫，其特殊性表现在以下两个方面：

（一）防卫客体的特殊性

无过当之防卫的客体是行凶、杀人、抢劫、强奸、绑架以及其他严重危及人身安全的暴力犯罪。这里的行凶，是指使用凶器的暴力行凶，即对被害人进行暴力袭击，严重危及被害人的人身安全，在这种情况下，防卫人可以对之实行无过当之防卫；杀人，是指故意杀人，而且在一般情况下是指使用凶器，严重危及防卫人的生命安全的情形，对于那些采取隐蔽手段的杀人，例如投毒杀人等，事实上也不存在防卫的问题，更谈不上无过当之防卫；抢劫和强奸，是无过当防卫的客体，我认为，这里的抢劫和强奸只限于使用暴力方法的抢劫和强奸，使用非暴力方法的抢劫和强奸不能成为无过当防卫的客体，如果超过正当防卫必要限度的，仍应以防卫过当追究刑事责任；至于绑架，一般情况下都是采用暴力方法的，因而可以实行无过当的防卫，在个别情况下，采用非暴力方法绑架的，也不允许实行无过当之防卫；刑法规定的其他严重危及人身安全的暴力犯罪，是一种概括性规定，这里的其他严重危及人身安全的暴力犯罪，是指与行凶、杀人、抢劫、强奸、绑架具有相当性的暴力犯罪。

（二）法律后果的特殊性

在一般情况下，正当防卫存在限度条件，超过必要限度的是防卫过当，根据我国刑法规定，防卫过当应当负刑事责任。但对于无过当防卫来说，即使防卫行为造成不法侵害人伤亡，也不构成防卫过当，不负刑事责任。由此可见，无过当防卫的法律后果具有特殊性，这种特殊性实际上是对防卫人的一种豁免，使防卫人解除后顾之忧，从而更为有效地保护本人或者他人的合法权益。

当然这种防卫权的行使，也应当符合正当防卫的其他四个条件，只是在防卫限度上未作要求，同时，还应当注意其适用范围应严格限定在有限的罪种内。

第三节 紧急避险

一、紧急避险的概念

根据《刑法》第 21 条第 1 款的规定，紧急避险是指为了使国家、公共利益、本人或者他人的人身、财产和其他权利免受正在发生的危险，不得已采取的损害另一较小合法权益的行为。从整体上说，紧急避险有益于社会统治秩序，紧急避险是在两个合法权益发生冲突时，为了保全较大的合法权益而损害了较小的合法权益，所以不负刑事责任。

紧急避险之所以不负刑事责任，是因为，从主观上看，实行紧急避险的目的在于使国家、公共利益、本人或者他人的人身、财产和其他权利免受正在发生的危险；从客观上看，它是在处于紧急危险的状态下，不得已采取的以损害较小的合法权益来保全较大的合法权益的行为。因此，紧急避险行为不具备犯罪构成，不负刑事责任。在我们社会主义国家，国家利益、公共利益和个人利益在根本上是一致的，公民在法律所保护的权益遇到危险时，有权损害较小的权益以保护较大的权益，从而使合法权益可能遭受的损失减少至最低限度，所以，紧急避险对于保护国家利益、公共利益、本人或者他人的人身、财产和其他权利等合法权益具有重大的意义。

二、紧急避险的成立要件

为了避免滥用紧急避险，法律规定了紧急避险的各项要件，只有符合法定条件，才能排除其社会危害性，真正成为对社会有利的行为。

（一）避险意识

行为人必须有正当的避险意识，即避险人对正在发生的危险有明确的认识，并希望以避险手段保护较大合法权益的心理状态，包括避险认识和避险目的。避险认识，主要是对正在发生的危险的认识，具体来说包括认识到正在发生的危险的存在；认识到这种危险只能以紧急避险的方法来排除；认识到损害另一较小的合法权益可以达到避险目的；认识到避险行为的手段、强度、可能造成的后果等。避险目的，是行为人实施避险行为所希望达到的结果，也即是为了保护合法权益免遭正在发生的危险的损害，而为了保护某种非法利益实施所谓的避险不构成紧急避险。

（二）避险起因

紧急避险必须要求合法权益面临现实危险。危险是指某种有可能立即对合法权益造成危害的紧迫事实状态。危险的来源主要有：①自然灾害造成的危害；②动物的袭击带来的危害；③人的非法侵害行为造成的危害；④人的生理、病理疾患，即生理、病理需要不能满足而威胁人的生命的危险。

危险的存在是客观现实的，而不是假想的、推测的。如果危险事实并不存在，而行为人误认为存在，进而实行所谓紧急避险的，刑法理论上称之为假想避险。对于假想避险，应根据行为人主观上有无过失而分情况予以处理。

（三）避险时间

紧急避险的时间条件，是指危险必须正在发生。所谓危险正在发生，是指已经发生的危险将立即造成损害或正在造成损害而尚未结束。其实质是合法权益正处于受威胁之中，这种对合法权益形成了紧迫的、直接的危险是认定紧急避险的重要条件，而且紧急避险只能在危险已经出现而又尚未结束这一时间条件下进行。如果危险尚未发生，还处于潜伏状态，是否出现还有或然性；或者危险已经结束，损害已经造成，行为人实行避险的，不属于紧急避险。这种危险尚未出现或者已经结束的情况下行为人实施的避险行为，理论上称为避险不适时，若造成合法权益重大损害的，应负刑事责任。

（四）避险对象

紧急避险的对象，只能是第三者的合法权益，即通过损害无辜者的合法权益来保全公共利益、本人或者他人的合法权益，而不是针对危险来源本身造成的损害。例如，在受到野兽袭击时，闯入他人住宅躲避的，属于紧急避险，但是如果直接造成野兽伤亡的，则不能成立紧急避险。

（五）避险限度

紧急避险不能超过必要限度造成不应有的损害，也就是说，紧急避险造成的损害必须小于所避免的损害。因为紧急避险的本质特征就是为了保全一个较大的合法权益，而将其面临的危险转嫁给另一个较小的合法权益，所以为了保护一个合法权益而损害另一个合法权益，既不能等于、更不能大于所保护的权益。司法实践中，衡量两个合法权益大小，应掌握以下标准：

1. 人身权利大于财产权利。一般情况下，不允许以损害他人生命和健康的方法实施紧急避险。

2. 在人身权利中，生命是最高权利。但是不能为了保护一个人的健康权利，而去损害第三者的健康甚至生命权利。

3. 在财产权益中，应以财产价值进行比较，从而确定财产权利的大小。

4. 当公共利益与个人利益不能两全时，应根据权益的性质及内容确定权利的大小，并非公共利益永远高于个人利益。

（六）避险限制

紧急避险只能在迫不得已的情况下才能实施。所谓迫不得已，是指当危险发生之时，除了损害第三者的合法权益之外，不可能由其他方法来保全另一个合法权益。如果当时尚有其他方法可以避险，如有条件逃跑、报警或者直接对抗危险，进行正当防卫等，行为人却不采取，而对无辜的第三者造成了不必要的损害，不能构成紧急避险。之所以这样要求是因为合法权益都是受法律保护的，不能轻易允许以损害一种合法权益的方法保护另一合法权益，只有在不可能采取或者没有其他合理方法时，才允许紧急避险，这是紧急避险与正当防卫的重要区别。认定行为人是否迫不得已，一定要实事求是地分析危险发生时的客观情况（包括环境、时间、危险的紧急程度等），结合行为人的自身生理和心理状况（包括年龄、经验、体格、主观认识等），综合加以考虑，据此来判断行为人的避险行为是属于紧急避险还是故意犯罪、过失犯罪或者意外事件。

（七）避险禁止

根据我国《刑法》第21条第3款的规定，关于避免本人危险的规定，不适用于职务上、业务上负有特定责任的人。职务上、业务上负有特定的责任是指某些人依法承担的职务或所从事的业务活动本身，就要求他们与一定的危险进行斗争。需要指出的是，法律的这一禁止性规定并不意味着负有特定职责的人员一概不能避险。不同的避险禁止适用于不同的义务主体，如不禁止医生护士在发生火灾时实施避险；在排险过程中，负有特定职责的人为避免本人危险也可以采取一定的避险措施，如消防队员在房屋即将倒塌时撤离火灾现场，不能认为在避险禁止范围内。

三、避险过当及其刑事责任

（一）避险过当的概念和特征

避险过当，是指避险行为超过必要限度造成不应有的损害的行为，避险过当应负刑事责任。

避险过当具备避险性与过当性两重性。首先，行为人在主观上对避险过当行为具有罪过，而罪过形式只能是间接故意或者过失，司法实践中，避险过当的罪过形式通常是疏忽大意的过失。即行为人主观上应当预见自己的避险行为所损害的权益可能等于或者大于所保全的权益，因为疏忽大意而没有预见以致超过了必要限度造成了不应有的损害。其次，行为人在客观上实施了超过必要限度的行为，形成对合法权益的不应有损害，避险行为所损害的合法权益大于或者等于所保全的合法权益时，该行为就超过了必要限度，属于避险过当。

（二）避险过当的刑事责任

根据刑法规定，避险过当应当负刑事责任。但刑法并未规定避险过当为独立罪名，也未规定独立的法定刑。追究避险过当的刑事责任，应当根据行为人的主观罪过形式及过当行为特征，按照刑法分则中的相应条款定罪量刑。量刑时，需要考虑避险目的、罪过形式、保护权益的性质、过当程度等因素，根据《刑法》第 21 条第 2 款的规定，应当减轻或者免除处罚。

四、紧急避险与正当防卫的比较

紧急避险、正当防卫都是重要的刑法制度，理论上和实践中都很重要，应重点掌握其概念特征和构成要件，同时，还应注意紧急避险与正当防卫的相应特点的比较。

（一）紧急避险与正当防卫的相同点

1. 性质相同，两者都是法定的正当行为。

2. 目的相同，两者都是为了保护国家、公共利益、本人或他人的合法权益。

3. 前提相同，两者都必须是合法权益正在受到侵害时才实施。

4. 责任相同，两者超过法定的限度造成相应损害后果的，都应当负刑事责任，但应当减轻或者免除处罚。

（二）紧急避险与正当防卫的区别

1. 危险来源不同。紧急避险的危险来源包括人的不法侵害和自然力量、动物的侵袭以及人的生理、病理疾患；而正当防卫的危险来源通常只限于人的不法侵害。

2. 损害的对象不同。紧急避险行为损害的是与造成危险无关的第三者的合法权益，是合法行为对他人合法权益的损害；正当防卫针对不法侵害者本人，损害的是不法侵害者的利益，不允许损害无关第三者的合法利益，是正义与邪恶的较量。

3. 行为限制不同。紧急避险要求“迫不得已”，即只能在没有任何其他方法排除危险的情况下才能实施；正当防卫旨在鼓励公民积极与犯罪和违法行为作斗争，公民只要面对正在进行的不法侵害就可以加以实施，即使能够用其他方法避免不法侵害（逃跑、报警、劝阻等），也允许进行正当防卫。

4. 行为的限度不同。紧急避险对第三者合法权益造成的损害，只能小于危险可能造成的损害，不能大于也不能等于损害；正当防卫所造成的损害，既可以小于也可以大于不法侵害行为可能造成的损害，其限度标准是要求为制止不法侵害所必需且损害不明显超过不法侵害。

5. 主体的限定不同。紧急避险不适用于职务上、业务上有特定责任的人；正当防卫是每个公民的法定权利，是人民警察执行职务时的法定义务。

学术视野

一、正当行为的根据

正当行为的根据是指正当行为不负刑事责任的正当理由。在刑法理论上，关于正当行为的根据，主要存在以下三种学说：①法益衡量说，认为正当行为是法益冲突的结果，在法益冲突的情况下，应当进行法益比较，保全重要法益而牺牲次要法益；②目的说，认为正当行为之所以正当，就在于它是为达到国家所承认的共同生活的目的而采取的适当手段；③社会相当性说，认为正当行为的正当根据在于社会相当性，这里的社会相当性是指行为符合历史所形成的社会伦理秩序。

以上三种学说各有利弊，相对而言，社会相当性说具有更大的包容性，一般认为它可以成为正当行为的根据。那么，社会相当性如何加以判断呢？主要从以下三个方面加以判断：①目的的正当性。在社会生活中，存在各种利益冲突。行为人基于本人立场，追求本人的目的，只要这种目的符合社会生活的一般伦理秩序，即应视为正当。例如在正当防卫中，出于防卫的意图，就是一种正当的目的。因此，目的的正当性应从行为人的动机、行为人对正当价值的认识等主观的层面予以把握。②手段的正当性。这里的手段，是指实现正当目的的方法。目的正当，是正当行为的成立前提，而非其唯一标准。换言之，不能以目的的正当性证明手段的正当性，否则，将允许行为人不惜采取一切手段实现其正当目的，从而有悖于社会伦理观念。因此，手段的正当性具有独立于目的的正当性的判断价值，如果目的正当，但采取的手段不正当，仍然为社会观念所不允许，因而欠缺社会相当性。③法益的均衡性。在判断社会相当性的时候，法益具有重要意义。因此，社会相当性并不排斥法益衡量，而是主张应对保护之法益与损害之法益进行综合判断。通过上述内容，使社会相当性的判断标准具体化。

二、关于如何理解正当防卫的必要限度

在刑法理论上主要存在以下三种观点：①基本适应说，认为防卫行为不能超过必要的限度，就是说，防卫行为和侵害行为必须基本相适应。怎样才算基本相适应，这要根据侵害行为的性质和强度以及防卫利益的性质等来决定。②客观需要说，认为防卫行为只要是为制止不法侵害所需要的，就是没有超过限度。因此，只要防卫在客观上有需要，防卫强度既可以大于也可以小于，还可以相当于侵害的强度。③基本适应和客观需要统一说，认为考察正当防卫行为是否超过必要限度，关键是要看是否为有效制止不法侵害行为所必需，必要限度也就是必需限度。但是，如何认定必需不必需，脱离不了对侵害行为的强度、其所保卫权益的性质以及防卫行为的强度作综合的分析研究。

一般认为必要限度原则上应以制止不法侵害所必需为标准，同时要求防卫行为与不法侵害行为在手段、强度等方面，不存在过于悬殊的差异。结合我国《刑法》第20条第2款的规定，防卫行为只要为制止不法侵害行为所必需，并且根据不法侵害发生的环境、防卫人与不法侵害人的力量对比等客观因素判断，防卫行为的性质、手段、强度及造成的损害没有明显超过不法侵害的性质、手段、强度及可能造成的损害，或者虽然防卫行为的性质、手段、强度及造成的损害明显超过不法侵害，但实际造成的损害并不算重大的，均属正当防卫的范围，而不能认为防卫过当。此外，根据《刑法》第20条第3款的规定，对正在进行行凶、杀人、抢劫、强奸、绑架以及其他严重危及人身安全的暴力犯罪，采取了防卫行为，造成不法侵害人伤亡的，不属于防卫过当，不负刑事责任。

理论思考与实务应用

一、理论思考

（一）名词解释

正当行为　正当防卫　紧急避险　防卫挑拨　防卫不适时

（二）简答题

1. 简述正当行为的种类和特点。
2. 紧急避险的必要限度如何认定？
3. 如何处理避险过当？
4. 避险过当的罪过形式是什么？

（三）论述题

1. 如何理解正当行为与犯罪及犯罪构成的区别？
2. 正当防卫的构成条件有哪些？正当防卫的必要限度如何认定？
3. 如何理解刑法规定的无过当的防卫？
4. 防卫过当的罪过形式有哪几种？如何理解防卫过当的刑事责任？
5. 紧急避险应满足哪些条件？
6. 正当防卫与紧急避险有哪些区别与联系？

二、实务应用

（一）案例分析示范

案例一

甲、乙素有仇怨，一日，甲拦住乙百般辱骂，乙挥拳作势欲打甲，甲逃，乙紧追不舍，甲从屠户丙处抢得一把杀猪刀，乙不敢再追，甲用言辞激乙，乙又追。待乙追近时，甲用杀猪刀捅了乙一刀，导致乙心脏破裂而死。

问：甲的行为是否成立正当防卫？

【评析】 本案中甲的行为是防卫挑拨。防卫挑拨是指行为人出于侵害的目的，以故意挑衅、引诱等方法促使对方进行不法侵害，尔后借口防卫加害对方的行为。因为正当防卫应当具有防卫意识、防卫目的合法，即是为了使国家利益、公共利益、他人或本人的人身、财产和其他权利免受正在进行的不法侵害，从而体现正当防卫的正当性，而防卫挑拨不具有正当性。本案中，甲出于侵害的目的，用言辞激乙，故意挑逗、引诱乙追打自己，进而借口“正当防卫”将乙杀死，其主观上具有犯罪意图而没有防卫意图，不符合正当防卫的要件，客观上实施了犯罪行为，构成故意杀人罪。

案例二

章某外出时在自己的住宅内安放了防卫装置。某日晚，甲撬门侵入章某的住宅后，被防卫装置击为轻伤。

问：章某的行为是什么性质？

【评析】 正当防卫应针对正在发生的不法侵害，本案中的防卫装置安装在先，有一定的迷惑性，但事实上其发生防卫的功效是在不法侵害正在发生的时候，因而章某的行为符合正当防卫的成立要件，是正当防卫行为。

案例三

一天晚上，李某在大街上遇见两位男青年在调戏其女友，遂上前斥责两青年，其中一人不但不听劝阻，反对李某进行殴打，双方扭打在一起，此时穿便衣的民警王某恰巧经过，见有人打架就从背后抓住了李某的肩膀，李某误以为是另一歹徒抓住了他，使自己处于前后受夹击的境地，于是掏出刀子就往后面的王某扎去，造成王某左臂受重伤。

问：李某的行为应如何认定？

【评析】 本案中，李某错把民警王某的合法行为误以为是对自己的不法侵害行为，是认识错误。正当防卫的起因条件是存在现实的不法侵害，不仅侵害行为是现实存在的，而且，侵害行为是不法的。如果侵害不是客观存在的，而是主观臆想的；或者侵害行为并非不法侵害，而是行为人认识错误，则行为人的所谓防卫行为就不是正当防卫，而是假想防卫。对此应根据当时的客观情况，分析行为人的主观罪过，来确定其行为的性质。所以李某的所谓防卫行为不成立正当防卫，而是假想防卫。根据当时的客观情况，李某是在非常紧急危险的情况下，而王某身着便衣，且未表明自己的身份，综合分析，李某缺乏主观罪过，因此，李某的行为应属于意外事件。

案例四

魏某一直欲寻机报复熊某。一日，正巧熊某路过魏某家门口，魏某便唆使自己驯养多年的一条狼狗追咬熊某。熊某用自己手中携带的一根扁担与狗搏斗，将狗打死。

问：熊某针对狼狗的反击行为，是否成立正当防卫？

【评析】 受到野生的或他人豢养的动物侵袭，自然可以进行打击。动物侵袭谈不上不法侵害行为，因而受害人的打击行为也不构成正当防卫。但是，若有人利用动物来达到侵害他人的目的，则防卫人打击动物的行为属于正当防卫。本案中熊某针对魏某唆使驯养多年的一条狼狗追咬自己的侵害行为进行反击，符合正当防卫的成立要件，是正当防卫行为。

案例五

宋某持三角刮刀抢劫王某财物，王某夺下宋某的三角刮刀，并将宋某推倒在水泥地上，宋某头部着地，当即昏迷。王某随后持三角刮刀将宋某杀死。

问：如何分析王某行为的性质？

【评析】 正当防卫只能在不法侵害正在进行之时实行，不能实行事前防卫和事后防卫。所谓不法侵害正在进行，是指不法侵害已经开始，尚未结束。不法侵害已经开始是指侵害人已经着手直接实行侵害行为，并且已经对法律保护的权益构成了现实的威胁。在不法侵害已经终止后，对侵害人进行的防卫，属于事后防卫。事后防卫和事前防卫一样，都是不符合正当防卫的时间条件的防卫不适时。对此法律规定视具体案件按故意犯罪、过失犯罪或意外事件处理。本案中，王某夺下宋某的三角刮刀并将其推倒的行为，是王某为了自己的人身、财产权利免受正在发生的不法侵害，而对不法侵害者实施的旨在制止其不法侵害且未明显超过必要限度的损害行为，属于正当防卫。但是宋某倒地后昏迷，其不法侵害行为已经停止且已经丧失了侵害能力，此时对宋某进行打击，不符合《刑法》第20条第1款规定的防卫行为是针对“正在进行的不法侵害”，应视为事后防卫，对事后防卫，法律一般将其视为犯罪，防卫人在防卫结束后，主观方面发生转化，将宋某杀死，是故意杀人行为。

案例六

王某意欲强奸俞某，被俞某责骂拒绝，王某遂拔刀出来威胁俞某并强令俞某脱衣服，俞某不敢硬抗，就一边应付，一边向前走，见前面有一堵矮墙下有一大粪池，便说："到墙那边去吧。"双方至粪池边，俞某乘王某脱裤子之机将其猛推至粪池中。俞某一面阻止王某往上爬，一面大声喊"抓坏人"，王某终因体力不支淹死在粪池中。

问：如何认定无过当防卫？

【评析】本案中，王某对俞某实施强奸行为，且以暴力相威胁，符合适用无过当防卫的前提条件。同时，无过当防卫只能对正在进行的行凶、杀人、抢劫、强奸、绑架以及其他严重危及人身安全的暴力犯罪实行，王某已拔刀出来威胁俞某并强令俞某脱衣服，说明不法侵害已经开始并正在进行，符合适用无过当防卫的时间要件。所以，俞某在遭到严重危及人身安全的不法侵害时，虽然造成了王某的死亡，但其行为属于无过当防卫，依法不负刑事责任。

案例七

2005年12月15日凌晨1时许，赵某（男，24岁）下夜班后独自回家，路遇从网吧出来的张某、李某等5名少年。张某等人即预谋向赵某索要财物。随后，李某故意上前与赵某相撞，张某等人借口李某被撞而拦住赵某，先以言语要挟，要求赵某将李某送去医院检查。当赵某道歉后继续前行时，张某、李某等人又从背后围追上来，欲殴打赵某劫取钱财。赵某遂用随身携带的菜刀挥舞两下，砍中冲在前面的张某。后张某被送往医院，经抢救无效死亡。

此案在审理过程中，对于被告人赵某的行为如何定性，存在多种观点：

第一种观点认为，赵某的行为不是正当防卫，而构成假想防卫。理由是：赵某在人身与财产安全尚未被侵害时挥刀砍人，其主观上应当能够明确知道自己的行为可能造成的后果；客观上，其行为也实际造成了他人因伤致死的恶果。

第二种观点认为，赵某的行为属于正当防卫，不应负刑事责任。理由是：事发时正值深夜，张某一行人从网吧出来，为获取上网所需钱财，物色独自行走的赵某，先故意上前碰撞赵某，此为寻衅滋事；后以言语威胁，要求赵某将"被撞"的李某送去医院检查，此为敲诈勒索。当赵某道歉后继续前行时，张某等人合伙从后面围追上来，准备殴打赵某并抢劫财物。赵某感到情况紧急，为了保护自身人身及财产安全而挥刀，此时，赵某不可能预见到自己的行为会发生什么样的后果，至于最终张某被砍中，经抢救无效死亡的结果，是赵某所不能预料的。因此，本案是正当防卫。

第三种观点认为，赵某的行为构成事前防卫。理由是：赵某对于防卫的时机把握不妥，在不法侵害尚未发生或者说还未到来时就预先防卫，显然构成故意伤害罪。

第四种观点认为，赵某的行为构成防卫过当。理由是：赵某挥刀的行为具有防卫的性质，但明显超出必要的限度，属于防卫过当。

问：(1) 赵某的行为是不是假想防卫？

(2) 赵某的行为是不是事前防卫？

(3) 赵某的行为是不是防卫过当？是否要承担刑事责任？

【评析】 本案牵涉到对不法侵害的正当防卫问题。为及时有效保卫国家、公共利益和公民的合法权益免受正在进行的不法侵害，我国刑法明确规定了正当防卫不负刑事责任，以法律的形式赋予公民正当防卫权，为公民在无法及时得到国家公权力保护的紧急情况下的私人救济提供了一种合法武器，这不仅有利于支持和鼓励公民积极同违法行为作斗争，同时也有利于预防犯罪。正当防卫所针对的行为必须是不法侵害，此处的不法侵害可以是达到犯罪程度的违法行为即犯罪行为，也可以是没有达到犯罪程度的违法行为，可以是单个人的不法侵害行为，也可以是数人共同侵权或行为。现实生活中的防卫形式千姿百态，面对不同的不法侵害情形，如何准确认定正当防卫及其他非正当防卫行为，司法实践及刑法理论界存在较大争议。因此，现实中同类案件却存在不同的处理结果，影响了司法统一性及法律的权威性，对此类案件进行必要的探讨，具有很大的现实意义。

上述四种观点争议的焦点，在于赵某的行为是否是防卫行为，是否超出必要的限度。因此，要对赵某的行为进行准确定性，就必须：一要解决是否存在不法侵害的事实认定；二要解决正当防卫与假想防卫、事先防卫、防卫过当的界定。通过对本案所涉法理知识与事实证据的梳理，笔者赞同第四种观点，即赵某的行为属于防卫过当。理由如下：

1. 不法侵害客观存在，赵某的行为不是假想防卫。假想防卫是指行为人由于认识上的错误，在事实上不存在不法侵害的情况下，误认为有不法侵害的发生，对对方实施所谓防卫而造成无辜损害的行为。假想防卫最大的特点在于，客观上没有不法侵害的存在，但由于假想防卫人认识上的错误而认为有不法侵害的存在，从而采取行为导致对方无辜受害。本案中，张某一行多人凌晨从网吧出来，为寻找上网费用，而将下夜班单身行走的赵某选定为谋取财物的对象。张某等人对于谋取财物具有概括故意，要么是敲诈勒索，要么是抢劫。从事态发展来看，张某等人首先采取了敲诈勒索的行为，但在敲诈勒索未果时依然不死心，继续围追赵某，目的是要殴打赵某以强行劫取财物，因此，无论是先前的敲诈勒索行为，还是正在转化中的抢劫行为，都是不法侵害。本案有现实的不法侵害存在，赵某并没有认识上的错误，张某等人并非无辜的受害者，故本案不是假想防卫。

2. 赵某的行为不是事前防卫。事前防卫是防卫不适时的一种，防卫不适时是指行为人在不法侵害尚未开始或已经结束时实施的加害行为，包括事前防卫与事后防卫两种。行为人在不法侵害尚未开始的情况下，预先对有犯意表示、犯罪预备而尚未着手实施侵害的人加害，是事前防卫；而在不法侵害结束后采取的报复损害行为是刑法理论上的事后防卫。对于防卫不适时的处理一般遵循这样的原则，即在行为人对不法侵害是否正在进行发生认识错误的情况下，防卫不适时应作为过失犯罪或意外事件处理；如果行为人明知不法侵害尚未开始或已经结束而实施防卫行为的，应以故意犯罪追究刑事责任。

如前文所讨论的，本案的不法侵害是客观存在的，从直接表现的敲诈勒索不法行为，到继续演变的抢劫行为，其间存在不法侵害状态的演变及继续，不法侵害已经开始而且尚未结束，因此赵某的行为正好实施在不法侵害状态的存续期间，不是事前防卫。

3. 赵某的行为是防卫过当。我国《刑法》第20条共有3款，其中第1款规定了正当防卫，又称为一般防卫，第2款规定了防卫过当，而第3款则规定了特殊防卫，也称为无限防卫。对于一般防卫而言，存在防卫过当的情形，而对于特殊防卫而言，则不存在防卫过当的情形。防卫过当具有正当防卫的大部分特征，只是在防卫强度上超出必要限度，从而应对其造成的重大损害承担刑事责任。本案中，赵某的行为是防卫过当，具体分析如下：

（1）本案不是特殊防卫。我国《刑法》第20条第3款规定的特殊防卫，是指对正在进行行凶、杀人、抢劫、强奸、绑架以及其他严重危及人身安全的暴力犯罪，采取防卫行为，造成不法侵害人伤亡的，不属于防卫过当，不负刑事责任。对于特殊防卫应从以下几方面来解读：①防卫范围是特定的。特殊防卫必须针对的是行凶、杀人、抢劫、强奸、绑架以及其他严重危及人身安全的暴力犯罪。特殊防卫所针对的不是一般侵害行为，而是遇到了犯罪行为的侵害才能实施，其中行凶、杀人、抢劫、强奸、绑架系指具体的犯罪手段，它们的特点是以暴力犯罪的形式出现，而且它们必须严重危及防卫人的人身安全，但并不要求达到构成具体的罪名。其中的暴力犯罪是指不法侵害人实施杀害、伤害或其他对人身实施的各种强制行为。②防卫时间是特定的。只有针对正在进行的严重暴力犯罪，才能允许实施特殊防卫。而所谓的正在进行是指暴力犯罪行为已经开始但尚未结束。如果在暴力犯罪行为尚未开始或者已经结束实施防卫就不构成特殊防卫。③防卫人的防卫目的必须在于保护人身安全。这与一般的正当防卫有别，特殊防卫的目的仅出于保护人身安全，而不包括财产安全。此处的人身安全可以是防卫人自己的，也可以是受到暴力犯罪行为侵害的其他人的。本案中，行为人仅是以碰撞、语言威胁的手段对赵某寻衅、勒索，并未实施杀害、伤害或其他对人身实施的各种强制的行为，尚不属于严重危及人身安全的暴力犯罪，故不符合特殊防卫的范围。

（2）本案是防卫过当。本案的不法侵害是客观存在的，并正在进行着，赵某面对歹徒的寻衅、勒索，为及时有效保卫自己的合法权益免受正在进行的不法侵害，进行防卫是正当的。但是，赵某的防卫行为明显超过了必要限度，造成了重大损害，应当负刑事责任。赵某面对碰撞、语言威胁的不法侵害而挥舞随身携带的菜刀进行防卫，从防卫行为的性质、手段、强度及造成的损害来看，其行为明显超出必要的限度，且实际造成了他人因伤致死的重大损害，构成防卫过当，应当负刑事责任。

综上，张某等人具有谋取财物的不法行为，被告人赵某面对不法侵害而挥舞随身携带的菜刀具有防卫的性质，但防卫过当，其行为明显超出必要的限度，已构成故意伤害罪，但应减轻处罚。

案例八

赵某为了躲避一持刀抢劫犯的追赶，在一弄堂拐弯处踢开一扇大门进入躲避，不料将一老太太撞倒在地，造成她小腿骨折。

问：正当防卫与紧急避险有哪些区别？

【评析】 正当防卫成立条件之一是防卫行为应针对不法侵害者本人实施，不能及于第三者。本案中，赵某面对的是持刀歹徒的不法侵害，可以进行正当防卫，且符合特殊防卫的条件。根据正当防卫的成立条件，赵某只能对持刀歹徒本人进行正当防卫。而本案中赵某在面对持刀歹徒的不法侵害时，不是针对侵害者本人，而是对歹徒本人以外的无辜的老太造成了伤害，所以赵某的行为不能成立正当防卫。但是，根据紧急避险的成立条件，为了使国家、公共利益、本人或者他人的人身、财产和其他权利免受正在发生的危害，不得已而采取的损害另一较小合法权益的行为是紧急避险。紧急避险行为不具备犯罪构成要件，不负刑事责任。赵某在面临持刀歹徒不法侵害的危险时，为了保护自己的人身权利免受侵害，不得已踢开一扇大门进入躲避，造成老太太骨折，符合紧急避险的构成要件，因此，不负刑事责任。

案例九

2002年3月19日下午3时许，被告人胡某某在厦门市某公司上班期间，与同事张某某（在逃）因搬材料问题发生口角，张某某扬言下班后要找人殴打胡某某，并提前离厂。胡某某从同事处得知张某某的扬言后即准备了两根钢筋条磨成锐器藏在身上。当日下午5时许，张某某纠集邱某甲（在逃）、邱某乙在公司门口附近等候。在张某某指认后，邱某乙上前拦住刚刚下班的胡某某，要把胡某某拉到路边。胡某某不从，邱某乙遂打了胡某某两个耳光。胡某某即掏出一根钢筋条朝邱某乙的左胸部刺去，并转身逃跑。张某某、邱某甲见状，立即追赶并持钢管殴打胡某某。尔后，张某某、邱某甲逃离现场，邱某乙被送医院救治。经法医鉴定，邱某乙左胸部被刺后导致休克，心包填塞、心脏破裂，损伤程度为重伤。

对于本案，厦门市杏林区人民法院认为，被告人胡某某在下班路上遭受被害人邱某乙不法侵害时，即掏出钢筋条刺中邱某乙，其行为属于防卫性质。被害人邱某乙在殴打被告人胡某某时未使用凶器，其侵害行为尚未达到对被告人胡某某性命构成威胁的程度，被告人胡某某却使用凶器进行还击，致使被害人重伤，其防卫行为明显超过必要限度造成重大损害，属于防卫过当，构成故意伤害罪，但依法应当减轻处罚。据此，判决胡某某犯故意伤害罪，判处有期徒刑1年。

厦门市杏林区人民检察院提出了抗诉，称胡某某的行为不属于防卫过当，理由如下：

1. 胡某某主观上具有斗殴的故意。当他得知张某某扬言要叫人殴打他后，应当向公司领导报告以平息事态，后退让回避。而胡某某不但不报告，反而积极准备工具，说明他不惧怕威胁，有一种“逞能”心态——你敢叫人来打我，我就打你们，应推定其主观上具有斗殴的故意。

2. 胡某某没有遭受正在进行的不法侵害。胡某某被打的两耳光属于轻微伤害，对其人身安全造成的危害并不是重大的和紧迫的，不属于“正在进行的不法侵害”，不具有防卫的前提条件。

3. 胡某某客观上实施了故意伤害的行为。根据刑法理论，行为人只有在不法侵害确实已经发生，且迫不得已无法逃避时，才能就地取材或夺取对方工具进行防卫。胡某某脸部被打后，本可以向周围群众呼救或逃跑，但他却立即掏出事先准备好的钢筋条捅刺对方，致对方重伤，属事前防卫，其行为已构成故意伤害罪。

问：对胡某某的行为应如何认定？

【评析】 陈兴良教授认为，以上抗诉意见几乎囊括了我国一些司法机关对正当防卫的所有误解与曲解，并列举出如下对正当防卫的错误观念：

1. 事先准备工具就推定为具有斗殴故意。抗诉意见不是根据客观事实，而是根据被告人事先准备工具而武断地推定被告人具有斗殴之故意，以此否定本案所具有的防卫性。在一个案件中，不法侵害属于斗殴性质，而面对不法侵害采取的防卫行为，不可能是斗殴。只有在互殴的情况下，才能排除正当防卫。而是否属于互殴，要根据事先是否具有互殴的约定进行判断。不能简单地把面对不法侵害的防卫意图错误地推定为斗殴的故意。对此，本案的裁判理由论证了当人身受到威胁以后准备防卫工具的正当性，指出：“行为人在人身受到威胁后但尚未受到危害前便准备工具的行为本身并不能说明是为了防卫还是斗殴，其目的只能根据相关事实和证据来确定，而不能恣意推测。”

2. 正当防卫须出于迫不得已。我国刑法根本就没有规定正当防卫必须迫不得已，只是对紧急避险规定了迫不得已。在刑法理论上都以此作为正当防卫与紧急避险的区分之一。但检察院的抗诉意见明确地把迫不得已当做正当防卫的条件，要求被告人只有在无法逃跑的情况下，才能实行正当防卫，这明显违反刑法关于正当防卫的规定。正如本案的裁判理由指出的：“抗诉机关认为，当一个人的人身安全面临威胁时，只能报告单位领导或公安机关，而不能作防卫准备，出门时只能徒手空拳，受到不法侵害时，只能呼救或逃跑，只有呼救或逃跑无效时才能就地取材或夺取对方工具进行防卫。这一观点显然不合情理，不利于公民合法权利的保护，也与正当防卫的立法精神相悖。”

3. 防卫工具只能是就地取材或者是夺取对方工具。这也是对正当防卫的严重误解，没有任何一部法律或者司法解释规定，防卫工具只能是就地取材或者是夺取对方工具。只要是具备防卫条件，无论是事先准备的工具还是就地取材的工具，抑或是夺取对方的工具，都可以构成正当防卫。对此，本案的裁判理由指出：“被告人胡某某在其人身安全受到威胁后遭到危害前准备防卫工具，并无不当，也不为法律所当然禁止。”

二审判决驳回了抗诉，维持了一审判决。上述判决认定被告人胡某某刺伤被害人邱某乙的行为具有防卫性，这是完全正确的。但是以邱某乙未使用凶器为由，认定胡某某的防卫行为超过了必要限度，则有所不妥。如果现场的不法侵害人只是邱某乙一个人，这一认定当然是合理的，但现场除了邱某乙外，还有手持钢管的张某某和邱某甲两个人。本案实际上是三个不法侵害人对一个人实施共同不法侵害。邱某乙徒手打胡某某两个耳光，只是这一不法侵害的序幕而已。如果不是胡某某采取刺伤邱某乙的防卫行为，张某某和邱某甲就会对胡某某实施更为严重的不法侵害。即使是在胡某某刺伤邱某乙以后，张某某、邱某甲也立即追赶并持钢管殴打胡某某。由此可见，只是根据邱某乙一人的侵害行为就认定胡某某的防卫行为过当，并不符合案件的实际情况。[1]

案例十

消防队员秦某去某大楼执行救火任务。赶到现场时，秦某见火势凶猛，为了保护自己的生命，当队长让其与其他队员一起扑救时，秦某谎称胃痛离开了现场。

问：职务上、业务上负有特定责任的人能否构成紧急避险？

【评析】 根据我国《刑法》第 21 条第 3 款的规定，关于避免本人危险的规定，不适用于职务上、业务上负有特定责任的人。职务上、业务上负有特定的责任是指某些人依法承担的职务或所从事的业务活动本身，就要求他们与一定的危险进行斗争。本案中，作为消防队员的秦某负有救火的特定职责，但是，他为了保护自己的生命，借口离开救火现场，没有依法履行其作为消防队员应尽的职责，因此，根据上述法律规定，秦某不构成紧急避险。

（二）案例分析实训

案例一

2004 年 8 月 1 日晚 10 时左右，姜某与其同伙实施抢劫后逃离现场，黄某发现后急忙追赶，姜某挥动水果刀企图阻止黄某继续追赶。为追回被抢财物，黄某驾驶一辆浅绿色捷达出租车，在长沙家居建材区附近开车撞向不久前抢劫自己的姜某与其同伙，导致其中一名劫匪当场失血性休克死亡。

问：①黄某是否具备正当防卫的时间条件？②黄某的行为是否是自救行为？③对黄某的行为应该如何认定，其是否要承担刑事责任？

案例二

张某经他人介绍与李某相识后恋爱，于 1998 年 5 月同居。同年 7 月中旬，李某与好友要某共同吃晚饭，晚饭后要某提出去歌舞厅，被李某拒绝。李某将此事告诉

---

〔1〕 陈兴良：“互殴与防卫的界限”，载《法学》2015 年第 6 期。

了张某，张某因前夫有外遇而与之离婚，故对此事深感疑虑，并怀疑李某有外遇，为此二人发生争吵。争吵中李某提出此事可向要某了解情况。7月22日上午，张某给要某打电话，要求当面核实此事，要某应邀前往。因李某外出购物，故张某走出家门等候要某，并与要某商定待李某在家时再谈此事。当日下午1时左右，李某去河北省卢龙县接张某的女儿。下午2时许，要某来到李某家中，当得知李某外出未归时，遂对张某进行调戏，张某表示反对。要某仍继续纠缠。张某借口喝水而脱身，去另一房间取出一把小宝剑（金属制工艺品），藏在身后回到原房间。当要某再次调戏时，张某手持小宝剑朝要某的胸部猛捅。在要某反抗过程中，张某又朝其腹部、背部等处连捅二十余刀，要某因心脏被刺破当场死亡。张某行凶后，委托李某之嫂报警，公安机关将等候的张某抓获。

问：张某的行为是否属于防卫过当？应如何定性？为什么？

案例三

被告人程某见被害人余某正持刀对其子行凶，遂冲上前与余某搏斗。在夺刀过程中，程某用余某手中的刀顺势将余某砍昏在地，但未致其死亡，并夺下了余某手中的刀。出于激愤，程某嗣后又持刀将倒地昏迷中的余某连砍数刀致死。

本案中，如何看待被告人程某的行为有不同意见：一种意见认为，被告人从夺刀到将余某砍昏在地再到持刀将余某砍死，其间十分短暂，行为具有自然连续性，应视为一不可分割的整体，根据《刑法》第20条第3款“对正在进行行凶、杀人、抢劫、强奸、绑架以及其他严重危及人身安全的暴力犯罪，采取防卫行为，造成不法侵害人伤亡的，不属于防卫过当，不负刑事责任”的规定，被告人程某的整个行为应认定为不负刑事责任。另一种意见认为，在被告人程某与余某的搏斗过程中，被告人程某将余某砍昏的行为虽属正当防卫，但其在余某倒地昏迷后又持刀将其砍死，该后续行为的性质已不再是正当防卫，而是加害行为，对被告人程某应依法定罪处罚。

问：结合本案，分析防卫过当行为和加害行为应如何区分。

第十章
故意犯罪过程中的犯罪形态

【本章概要】 故意犯罪形态，又称故意犯罪停止形态，是指故意犯罪在其发生、发展和完成犯罪的过程及阶段中，因主客观原因而停止下来的各种犯罪形态，即犯罪预备、犯罪未遂、犯罪中止与犯罪既遂。

故意犯罪的停止形态，按其停止下来时犯罪是否已经完成为标准，可以区分为两种类型：①犯罪的完成形态，即犯罪既遂形态；②犯罪的未完成形态，即犯罪预备、犯罪未遂及犯罪中止形态；故意犯罪形态只能出现在犯罪过程中，在犯罪过程以外出现的某种状态，不是故意犯罪形态；故意犯罪形态只能存在于故意犯罪中，具有局限性，过失犯罪和间接故意犯罪以及部分直接故意犯罪，不可能存在故意犯罪形态；故意犯罪的停止形态具有终局性和排他性。

【学习目标】 通过本章内容的学习，应了解故意犯罪过程中的犯罪形态的概念；理解故意犯罪过程中的犯罪形态的类型；理解故意犯罪过程中的犯罪形态的特征；掌握故意犯罪过程中的犯罪形态的具体分析方法。

第一节　故意犯罪形态概述

一、故意犯罪过程中犯罪形态的概念

故意犯罪过程中的犯罪形态，是指在故意犯罪发生、发展和完成过程中，因主客观原因而停止下来的各种形态。故意犯罪一旦产生，必然在一定的阶段停止下来，不可能永远实施下去。故意犯罪停止可能是因为犯罪实施完毕，也可能是出于客观的原因而停止下来，也可能是出于行为人主观的原因而停止下来，无论出于何种原因而停止下来，犯罪行为就出现一定的形态，并且不可能再出现其他形态。

故意犯罪的形态可以分成两大类型：①犯罪的完成形态，即犯罪既遂；②犯罪的未完成形态，包括犯罪预备、犯罪未遂和犯罪中止。

二、故意犯罪形态与犯罪阶段的关系

犯罪阶段是指行为人在实施其犯罪行为时，行为相应所处的不同阶段，如准备阶段、实行阶段等。犯罪形态是一个静态的停止状态，一旦处于某一犯罪形态，犯罪行为就将停止，不会再发展成其他形态。犯罪阶段是犯罪行为一个相对发展的过程，行为人在这一过程中，可以从准备阶段转而进入实行阶段，最后达到犯罪完成阶段。

三、故意犯罪形态与犯罪构成

犯罪构成是指成立犯罪所必须具备的主客观要件的总和，犯罪构成是犯罪形态的基础，行为人所实施的犯罪行为只有在具备了某一犯罪所要求的犯罪构成要件的基础上，才能进一步讨论该犯罪处于何种停止形态。同时，犯罪形态进一步说明了行为人所实施的犯罪行为是否完全具备刑法分则所规定的某一具体犯罪所要求的全部要件，如果完全具备，则处于犯罪的完成形态，构成犯罪既遂；如果不完全具备，则处于未完全形态，进而研究是何种原因使得犯罪处于未完成形态及属于何种未完成形态。

第二节　犯罪预备

一、犯罪预备的概念与特征

（一）犯罪预备的概念

我国《刑法》第22条第1款规定："为了犯罪，准备工具、制造条件的，是犯罪预备。"根据这一规定，犯罪预备是指行为人为了犯罪而准备工具、制造条件，但由于其意志以外的原因未能着手实施犯罪行为的故意犯罪的形态。作为犯罪预备，行为人的行为只是表现为事先的准备工作，并未真正着手实施犯罪。

（二）犯罪预备的特征

1. 客观特征。行为人为了实施犯罪而准备工具、创造条件。犯罪的预备行为就是行为人为了顺利实施犯罪行为而做准备工作，如为了将被害人杀死而准备毒药，为了抢劫银行而事先到银行进行情况调查等。行为人尚未着手实施犯罪，即行为人尚未着手实施犯罪的实行行为。犯罪的实行行为，是指刑法分则中规定的具体犯罪客观方面构成要件中所要求的行为。犯罪预备是指行为人在实施实行行为之前即已处于停止状态，如故意杀人罪中行为人还未着手实施杀害他人的行为，抢劫罪中行为人尚未对被害人的人身及财产安全造成侵害。

2. 主观特征。行为人准备工具、制造条件是为了犯罪。所谓"为了犯罪"，是指犯罪的目的，也就是有实施犯罪的意图。从大多数故意犯罪行为人实现犯罪的过程来看，都有一个预备阶段，而且有些犯罪必须经过预备阶段才能进入实施阶段。例如伪造货币，必须事先准备纸张、油墨、颜料和印刷设备等，否则就无法进行伪造，还有些犯罪则是经过预备后，实现犯罪意图的可能性就更大。犯罪预备，无论其对实施犯罪的作用大小，目的都是共同的，就是为了便于完成犯罪，正是这一点充分体现了犯罪预备的主观恶性。这也是预备犯承担刑事责任的主观基础。

3. 犯罪的预备行为是由于犯罪分子意志以外的原因被阻止在犯罪准备阶段。例如，张三为杀人而准备了大量的毒药，尚未投放即被告发；李四埋伏在路旁伺机抢劫，未遇到被劫者就被警察抓获。

二、犯罪预备与犯意表示的区别

犯罪预备与犯意表示截然不同。犯意表示是指行为人犯罪意图的表露，以口头、文字等为表现形式，属于犯罪思想的范畴，尚未实施任何行为；而犯罪预备则是已经实施了犯罪的先期准备行为，即已经将犯罪意图以行为的方式予以体现。因此，犯意表示不能被认定为犯罪，而犯罪预备则构成犯罪，应受到刑罚惩罚。

三、预备犯的刑事责任

我国《刑法》第22条第2款规定："对于预备犯，可以比照既遂犯从轻、减轻处罚或者免除处罚。"根据这一规定，在追究预备犯刑事责任时，应注意以下几点：

1. 预备犯虽然在客观上实施了准备工具、创造条件的行为，但由于其并未着手实施犯罪行为，因此其社会危害性一般说来大大低于既遂犯与未遂犯，本着罪责刑相适应原则和主客观相统一原则的基本精神，我国刑法对预备犯规定了比照既遂犯从轻、减轻或者免除处罚的从宽处罚形式，这一处罚也轻于对未遂犯的处罚。

2. 对预备犯定罪量刑，应同时引用《刑法》第22条以及刑法分则中具体犯罪条款的规定。在司法实践中，一般采用在罪名后加注犯罪形态的方法，如故意杀人罪（预备）、抢劫罪（预备）等。同时，在追究预备犯的刑事责任时，绝大多数预备犯应当比照既遂犯从轻、减轻或者免除处罚；对于一部分所述"情节显著轻微，危害不大"的预备犯，还可以根据《刑法》第13条但书的规定，依法不认为是犯罪。但对极少数造成严重危害，情节特别恶劣的预备犯，如部分危害国家安全罪的预备犯，也可以不从宽处罚。

3. 在具体对预备犯科处刑罚，决定是否从宽处罚以及从宽处罚的幅度时，应当综合考虑以下因素：①行为人所预备侵犯的客体、对象；②行为人所预备采取的行为方式、行为手段；③行为人的预备程度；④预备行为是否造成危害以及危害的大小等。

第三节　犯罪未遂

一、犯罪未遂的概念与特征

（一）犯罪未遂的概念

我国《刑法》第23条第1款规定："已经着手实行犯罪，由于犯罪分子意志以外的原因而未得逞的，是犯罪未遂。"从以上法律条文我们可以看出，所谓犯罪未遂，是指行为人已经着手实施犯罪，但由于其意志以外原因而未得逞的故意犯罪形态。

（二）犯罪未遂的特征

1. 已经着手实行犯罪。所谓已经着手实行犯罪，是指行为人已经开始实施某一犯罪的实行行为，即行为人开始实施刑法分则条文中规定的某一具体的犯罪构成要件中的犯罪行为。着手实行犯罪，是犯罪未遂的非常重要的特征之一，也是犯罪未遂形态与犯罪预备形态相区别的显著标志。那么，如何判断行为人是否着手实行犯罪呢？

从主观上看，着手实行犯罪说明行为人的犯罪意图已经直接开始支配实行行为并通过行为充分表现出来。在一定程度上，通过其实行行为，可以非常明显地表露其犯罪意图，而不是像犯罪预备那样，其预备行为的主观意图服从于最终的犯罪意图。如行为人企图用毒药杀死被害人，其准备毒药的意图只是服从于行为人的杀人意图，而仅仅从这一行为本身并不足以表露犯罪人的真实意图，但如果行为人将毒药投入被害人食物之中，就说明其犯罪意图已开始直接支配其实行行为，因此我们可以从其行为中窥测出其杀人的犯罪意图。

从客观上看，行为人已经开始直接实施具体犯罪构成客观方面的行为，其行为已经直接指向这一犯罪所要侵害的直接客体，而不同于只是为犯罪创造便利条件的犯罪预备。例如，所谓的途中行为（行为人在前往犯罪现场的途中）、尾随行为（行为人尾随被害人伺机作案）、寻找行为（行为人寻找犯罪对象）、确认行为（行为人确认犯罪对象）、守候行为（行为人守候在作案现场意图对他人加以侵害）等，由于这些行为均非直接指向其犯罪行为意图侵害的直接客体，而只是为实行犯罪行为创造条件，因此不能认定是着手实施犯罪，只是犯罪预备行为。而当犯罪人挥刀向被害人头上砍去时，无论砍中与否，其行为已经直接指向被害人的人身权利，因此可以断定其行为已经着手实行。

2. 犯罪未得逞。根据我国《刑法》第23条第1款的规定，犯罪未遂要求行为人在着手实行犯罪以后，犯罪未能得逞。而所谓犯罪未得逞，是指犯罪未能达到既遂形态，其行为未能完全具备构成某一犯罪所必需的全部要件。结合犯罪既遂的有关规定，我们可以看出，犯罪未得逞事实上具有三种表现形式：对于结果犯而言，未得逞是指未能出现某一犯罪所必需的犯罪结果；对于行为犯而言，未得逞就是未能将法定的犯罪行为实施完毕；对于危险犯而言，未得逞就是未能造成法定的危险状态。需要注意的是，不能将犯罪未得逞简单地与未达到行为人的犯罪目的二者等同起来。

3. 犯罪未得逞是由于犯罪人意志以外的原因。犯罪未遂是由于犯罪人意志以外的原因而未得逞。在这里，“意志以外的原因”包括两方面的含义：①这种意志以外原因的出现是违背行为人的意愿的，如被害人的反抗，遇到物质障碍，行为人自身缺乏相应的实施犯罪的能力，行为人错误地使用了犯罪工具等。这些情况的发生都是由出乎行为人意料的原因造成的，因此称之为行为人意志以外的原因。②“意志以外的原因”不仅从主观上看来违背了行为人的意志，而且在客观上也足以阻碍其行为，使其不能够达到既遂。例如，行为人在实施抢劫的过程中发现被害人是熟人而停止了犯罪，这一行为人意志以外的原因并不足以阻碍行为人完成其犯罪，因此就不能认为这一原因是符合犯罪未遂特征的行为人的“意志以外的原因”。

二、犯罪未遂的类型

我国刑法根据不同的标准将犯罪未遂划分为两组不同的类型：实施终了的未遂

与未实施终了的未遂；能犯未遂与不能犯未遂。

（一）实施终了的未遂与未实施终了的未遂

刑法理论上以行为人犯罪行为是否实施终了，将犯罪未遂划分为实施终了的未遂与未实施终了的未遂。

实施终了的未遂是指行为人将其犯罪行为实施完毕或自认为将其行为实施完毕，但由于其意志以外的原因而未得逞的未遂形态。如行为人实施投毒杀人的犯罪行为时，行为人将毒药投放后被被害人察觉而未得逞，即属于实施终了的未遂。未实施终了的未遂是指由于行为人意志以外的原因而未能将其犯罪行为实施完毕。如行为人在盗窃过程中被当场擒获。一般说来，实施终了的未遂所造成的社会危害大于未实施终了的未遂，按照罪责刑相适应原则，对前者的处罚相应的要重于后者。

（二）能犯未遂与不能犯未遂

根据行为人的行为能否实际上达到既遂，可以将犯罪未遂分为能犯未遂与不能犯未遂。

能犯未遂，是指行为人的行为实际上有可能达到既遂，但由于其意志以外的原因而未遂的形态。如行为人用刀杀人，将被害人刺成重伤后误以为被害人已经死亡，但被害人经抢救脱险。行为人的行为完全可能达到既遂，但由于其认识错误而未遂，因此属于能犯未遂。不能犯未遂，是指由于行为人意志以外的原因使其犯罪行为事实上无法达到既遂的未遂形式。不能犯未遂可以分为工具不能犯和对象不能犯两大类。工具不能犯是指行为人由于认识错误而使用了不能使其达到既遂的犯罪工具，如误用失效的毒药杀人、误用失灵的爆炸装置实施爆炸；对象不能犯是指由于行为人的错误认识，使得犯罪对象事实上不会受到犯罪行为侵害而使其无法达到既遂，或者犯罪对象的某种属性使得犯罪不能既遂，例如，行为人误将尸体认为是活体加以侵害，误将男性认为是女性而意图实施强奸。

三、未遂犯的刑事责任

我国《刑法》第 23 条第 2 款规定："对于未遂犯，可以比照既遂犯从轻或者减轻处罚。"从这一法律条款我们可以看出，一般而言，未遂犯可以比照既遂犯从轻或减轻处罚，但是对未遂犯的处罚并非绝对的要轻于对既遂犯的处罚。犯罪未遂，只是量刑时应当考虑的一个情节，对于极少数危害性并不小于既遂犯的未遂犯，对其处罚也可以与既遂犯相当。

第四节　犯罪中止

一、犯罪中止的概念和特征

（一）犯罪中止的概念

我国《刑法》第 24 条第 1 款规定："在犯罪过程中，自动放弃犯罪或者自动有效地防止犯罪结果发生的，是犯罪中止。”由以上法律规定我们可以看出，所谓犯罪中止，是行为人在犯罪过程中自动放弃犯罪或者自动有效地防止犯罪结果发生的故意犯罪形态。

（二）犯罪中止的特征

根据我国刑法的有关规定，犯罪中止形态具有两种不同的类型，即自动放弃的犯罪中止和自动有效地防止犯罪结果发生的犯罪中止。

1. 自动放弃的犯罪中止。自动放弃的犯罪中止，是指行为人在犯罪过程中，自动放弃犯罪的犯罪中止类型。自动放弃的犯罪中止，必须具备以下三个特征：

（1）时间性。自动放弃的犯罪中止，是在犯罪过程中放弃犯罪，这是自动放弃的犯罪中止成立的前提条件。行为人只有在犯罪过程中才有可能放弃犯罪，而犯罪过程一旦结束，则在客观上已不可能放弃。这里的犯罪过程，既包括犯罪行为的实行阶段，也包括尚未着手实行犯罪的预备阶段。如果行为人已经达到既遂或由于意志以外的原因使犯罪停止于预备或者未遂形态，犯罪人就丧失了自动放弃犯罪的犯罪中止所要求的时间性这一前提条件，如行为人将窃得的财物交还失主，贪污犯主动退赃等。由于其行为已经达到了犯罪既遂，因此就不可能构成犯罪中止，这种自动恢复原状或主动赔偿损失的行为只能作为量刑时一个从宽处罚的情节予以考虑。

（2）自动性。行为人出于自己的意愿停止了自认为可以继续实施的犯罪行为，这一点正是与犯罪未遂、犯罪预备相区别的根本所在。这里的自动性包括两方面的含义：一方面，行为人自认为可以继续实施犯罪，至于客观上行为人能否将其犯罪行为继续实施，并不影响其自动性的特征，如果行为人的犯罪行为事实上能够继续进行，但行为人误以为犯罪已无法进行而放弃，则不具备自动性；另一方面，行为人出于本人意愿而放弃犯罪，至于放弃犯罪的原因，则不影响犯罪中止能否成立，无论是出于行为人本人的良知与悔悟，还是由于被害人的哀求，或者出于对法律制裁的恐惧，只要是出于行为人本人的意愿，是由其自主意志所决定的，均可认为符合自动性的要求。

（3）彻底性。即行为人彻底地放弃准备继续进行下去的犯罪。这一彻底性的特征，既表现为行为人主观上彻底打消了继续犯罪的意愿，也表现为行为人客观上彻底放弃了自认为可以继续进行下去的犯罪。这种放弃，是坚决而又完全的，并不是犯罪行为的暂时中断。如果行为人因为准备不充分或者犯罪时机不够成熟等原因而暂停犯罪，准备等到条件适合时再继续实施，则不具备彻底性，因此不构成犯罪中止。需要注意的是，彻底放弃犯罪，是相对于行为人已经实施的犯罪行为而言，不能将其理解为以后不再实施同样的犯罪，也不能理解为日后不再实施任何犯罪行为。

2. 自动有效地防止犯罪结果发生的犯罪中止。这种犯罪中止是指行为人出于自己的意志，有效地防止了犯罪结果的发生的犯罪中止形态。这种犯罪中止的类型要求具备以下特征：

（1）行为人既可以在犯罪过程中采取措施，有效地防止犯罪结果发生，也可以在犯罪行为实施完毕，但犯罪结果产生之前采取措施。例如，行为人投放毒药杀人后又将被害人送往医院进行抢救，使其脱离生命危险。因此，行为人在其犯罪行为开始实施到犯罪结果出现之前可以采取任何措施去避免犯罪结果的发生。这一点与自动放弃的犯罪中止所要求的时段性有些不同，犯罪实施终了之后就不存在放弃行为，但防止犯罪结果发生的措施仍然可以实施。

（2）自动性。行为人采取措施防止犯罪结果发生是出于本人意愿，犯罪结果最终没有发生是符合其主观意志的。

（3）有效性。行为人所采取的措施要能够有效地防止犯罪结果的发生。如果行为人虽然出于本人的意愿采取措施去防止犯罪结果的发生，但由于种种原因，防止措施未能奏效，犯罪结果最终仍然发生，则不具备有效性，因此应认定为犯罪既遂，但其所采取的防止措施可以被看成是一个从宽处罚的情节在量刑时予以考虑。

二、犯罪中止的刑事责任

我国《刑法》第 24 条第 2 款规定："对于中止犯，没有造成损害的，应当免除处罚；造成损害的，应当减轻处罚。"这样就对中止犯的处罚作了具体、明确的规定，即将"是否造成损害"作为对中止犯免除和减轻处罚的标准。这一规定，对于鼓励犯罪人中止已经开始的犯罪活动，有效防止犯罪结果的发生，促使犯罪人悔过自新具有非常重要的意义。

第五节　犯罪既遂

一、犯罪既遂的概念

犯罪既遂，是指行为人故意实施的行为已经具备了刑法分则对某一犯罪所规定的完成形态，也是按照分则条文规定的法定刑进行处罚的标准形态。

关于如何确定犯罪既遂，刑法学界主要有三种观点：①犯罪目的实现说。认为应当以犯罪目的的实现与否作为认定犯罪既遂的标准，实现犯罪目的为犯罪既遂，未实现犯罪目的为犯罪未遂。②犯罪结果发生说。认为应当以犯罪结果的发生与否作为认定犯罪既遂的标准，发生了犯罪结果的为既遂，反之则为犯罪未遂。犯罪目的实现说和犯罪结果发生说都有一定的道理，可以成为区分某些犯罪的既遂与未遂的标准。如故意杀人把被害人杀死，对于行为人来讲犯罪目的可能实现了，或者说犯罪结果发生了，是故意杀人罪的既遂，但是这两种观点却不能区分所有犯罪的既遂与未遂。刑法规定的有些犯罪不是以犯罪目的是否实现或犯罪结果是否发生为准，如盗窃罪、诈骗罪、赌博罪等，刑法规定了这些犯罪都是以特定的目的为必要条件的，但这些犯罪既遂的成立，并不要求犯罪目的的实现，只要实施了刑法规定的犯罪行为，即构成犯罪既遂。如果用犯罪目的的实现或结果的发生作为区分既遂与未遂的标准，就会得出错误的结论。因此前两种观点不具有普遍性。③犯罪构成要件说，认为应当以犯罪构成要件是否齐备作为认定既遂的标准。具备了犯罪构成的全部要件就是犯罪既遂，此种观点是刑法学界的通说，并且被认为是解决犯罪既遂问题的科学理论。[1]

二、犯罪既遂的主要形态

刑法分则对具体犯罪的完成形态的规定不同，犯罪既遂的形态也不同，刑法理论上主要有以下几种完成形态：

（一）结果犯

以发生特定的犯罪结果作为犯罪的完成形态，即行为人不仅实施刑法分则所规定的行为，而且只有在发生了法定的危害结果时，才能认定为是犯罪的完成形态。一般情况下，犯罪结果的发生与犯罪目的实现是一致的。如故意杀人罪，行为人把被害人杀死了，就是故意杀人罪的完成形态，被害人的死亡结果也是犯罪人的犯罪目的。

（二）行为犯

以行为的实行或完成作为犯罪的完成形态。行为人只要实施了刑法分则所规定的行为，不论犯罪结果是否发生，犯罪人的犯罪目的是否实现，其行为本身就构成犯罪的完成形态。如诬告陷害罪，只要行为人实施了捏造犯罪事实、向司法机关做虚假告发的行为，不管被诬告者是否受到刑事追究，都构成诬告陷害罪的既遂。再如刑讯逼供罪、煽动分裂国家罪等，这类犯罪造成的损害结果大都是非物质性的、无形的。

（三）危险犯

以行为人的行为足以造成某种犯罪结果发生的危险状态作为犯罪的完成形态。危险犯的完成形态，要求行为人实施了刑法分则规定的某种犯罪行为，而且要足以造成某种后果发生的危险状态，并不要求实际发生某种结果。这类犯罪主要是危害公共安全罪中的几种特定犯罪，如破坏交通工具罪、破坏交通设施罪，都是以行为人的破坏行为足以使交通工具发生倾覆、毁坏的危险，作为犯罪的完成形态。

三、既遂犯的刑事责任

犯罪既遂的行为人是既遂犯，同时刑法分则对各种犯罪规定的刑事责任也都是以既遂犯为基准的，因此，对既遂犯直接按照刑法分则有关条文的规定追究其刑事责任。既遂犯不但是其他犯罪形态定罪的依据，而且是其他犯罪形态量刑的依据。

学术视野

一、间接故意犯罪是否存在犯罪未遂

（一）间接故意犯罪是否有未遂的观点

旧中国法学家曾介绍说，意大利刑法理论否认间接故意犯罪有未遂，而荷兰、

[1] 参见马克昌主编：《犯罪通论》，武汉大学出版社1991年版，第494页。

挪威、德国、奥地利等国的法律解释则主张间接故意犯罪有未遂。德国刑法学者李斯特、日本刑法学者大场茂马、泉二新熊等以及旧中国法学家王觐等，也主张间接故意犯罪有未遂。苏联刑法理论基本上倾向于否定间接故意犯罪有未遂。其中，一些刑法教科书认为，受犯罪构成主观因素限制，间接故意犯罪逻辑上可能存在未遂，但在事实上很难确认，因此事实上只能对直接故意犯罪中的未遂加以惩罚。另一些专著专论则批评说，间接故意犯罪在实际上和逻辑上都不可能存在未遂。例如，著名刑法学家特拉伊宁认为，在间接故意犯罪的场合，既然行为人不希望发生犯罪结果，那么“从逻辑上”看，他也就不可能去预备实施或企图实施犯罪。刑法学者库兹涅佐娃也曾明确指出，间接故意在实际上和理论上都不可能存在未遂。从立法和司法实践上看，1958 年《苏联和各加盟共和国刑事立法纲要》和现行的《苏俄刑法典》均以第 15 条第 2 款规定：“凡直接以犯罪为目的的故意行为，如果由于犯罪人意志以外的原因而没有进行到底，就是犯罪未遂。”这就从强调犯罪未遂必然存在犯罪目的的角度，否认了间接故意犯罪有未遂。苏联的司法解释更明确了这种观点，例如，1975 年 6 月 27 日苏联最高法院全体会议通过的《关于故意杀人案件审判实践的决议》中指出：“根据苏联和各加盟共和国刑事立法纲要第 15 条的内容，杀人未遂只能存在于直接故意中。也就是说，当行为人的行为证明，也预见到会发生死亡，而且他也希望发生这种结果，只是由于不以犯罪人意志支配的原因，而没有产生致命结果时，才可能有杀人未遂。”

（二）从我国的立法实践上看，我国间接故意犯罪不存在犯罪未遂

我国《刑法》第 23 条第 1 款规定，“已经着手实施犯罪，由于犯罪分子意志以外的原因而未得逞的，是犯罪未遂”。

犯罪未遂主观特征的含义是行为人造成特定的犯罪结果或完成特定犯罪行为的犯罪意志，因其意志以外原因的阻止而未能实现，这是未遂客观上不符合犯罪构成要件的主观反映。间接故意犯罪主观要件的特点，并不表现为一定要造成特定犯罪结果的犯罪意志，即不是希望、追求特定结果的心理态度，而是表现为对自己的行为所可能造成的一定危害结果的发生与否“放任”的心理态度，即听之任之，发生与否都可以的心理态度。这样，行为人所放任的危害结果未发生时，这种结局也就是行为人放任心理所包含的。放任心理由其所包含的客观结局的多样性和不固定性所决定，根本谈不上“得逞”与否；“得逞”与否只能与希望的心理相联，即只能与追求特定犯罪结果发生或特定犯罪行为完成的心理相联。间接故意犯罪在主观上不符合犯罪未遂所具备的主观特征。犯罪未遂的客观特征，就是着手实行犯罪后未齐备犯罪既遂的客观要件，具体看或为未造成特定的犯罪结果，或为未完成特定的犯罪行为，这是主观犯罪意图“未得逞”的客观表现。间接故意犯罪由其主观“放任”心理支配，而在客观方面不可能存在未齐备犯罪既遂客观要件的情况。可见，犯罪未遂只在有目的的直接故意犯罪发展过程中才会出现，而在没有目的的间接故意犯罪中是不可能出现的。这是因为：

第一，未遂是犯罪人在实现犯罪目的的过程中，由于自己主观意志以外的原因“而未得逞”。可见，得逞与未得逞，是区分既遂与未遂的重要标准。“未得逞”的原因可能是多种多样的，有的是由于被害人的反抗；有的是由于他人的发现；也有的是由于第三者的阻止；还有的是由于犯罪工具的失效；或者是由于自然力的阻碍；等等。例如：甲欲杀死乙，乙由于奋力反抗，而未被杀死，但受了重伤。在这种情况下，由于甲直接追求和希望的危害结果是乙的死亡，乙未被杀死而被重伤并不是甲的目的，也不是他所预料之中的，而是由于其主观意志以外的原因发生的，因而行为人主观上既不存在“放任”乙重伤结果发生的间接故意，也不存在“希望”乙重伤结果发生的直接故意，而甲的目的就是要将乙杀死，因此，甲仍应负直接故意杀人未遂的责任，而不能定为故意伤害既遂。在这时，我们也不难看出，间接故意既然是对犯罪的结果采取“放任”的态度，就不会发生得逞与未得逞的问题，也就不会出现所谓“犯罪未遂”的问题。

第二，在间接故意的情况下，行为人对危害结果的发生，采取“放任”的态度，而不是追求和希望危害结果的发生，既然“不追求”“不希望”，也就不存在“未得逞”即未遂的问题。例如：前例所说的甲开枪射击乙的同时，对于丙可能被击中，所采取的放任态度，就属于这种情况。这个完全说明，既然丙的危害结果的发生不是甲所希望的，也就不会再出现未遂的问题。如果乙被击中死亡，就定甲为直接故意杀人的既遂；如果是乙未被打死，而打死了丙或者打伤了丙，对乙定直接故意杀人的未遂，对丙定间接故意杀人或者间接故意伤害。总之，对丙的死亡或者伤害，虽然不是甲所希望发生的，但都是甲所预见之中的，无论发生哪种危害结果，都不违背他的意愿。所以间接故意犯罪，是发生了什么样的危害结果，就按什么样的结果定罪，不存在未遂问题，打死了就定间接故意杀人，打伤了就定间接故意伤害，既没打死，也没有打伤，就不存在追究刑事责任的事实根据和理论依据。

如果承认间接犯罪有未遂，不仅在理论上说不通，而且在实践中也是有害的，那样就会扩大刑事责任的范围，在事实上也难取得证据。

二、犯罪中止与犯罪未遂的区别

如何区分犯罪中止与犯罪未遂，在刑法理论界似乎已成定局，即成立犯罪中止须是行为人自动停止犯罪。然而，何谓自动却是众说纷纭，有主观说、限定主观说、客观说、折中说之争，至今尚无普遍接受的标准。理论上的争议反映在司法实践中，必然带来判例的极不一致，而此种现象显然有悖于法治的基本精神。如何厘清两者之间的本质区别，有待于理论界的进一步探索。

三、危险犯的犯罪中止形态

自从危险犯这一理论于20世纪80年代末被引入我国刑罚研究领域以来，就一直作为刑法的一个新课题，备受刑法学者和法律工作者的关注和青睐。但对危险犯这一概念，学界仁者见仁，智者见智，在某些问题上分歧较大。在我国，危险犯作为犯罪形态一进入学者们的研究视野，便被贴上犯罪既遂的标签，学者们经过唇枪舌剑的争论，一致认为危险犯属于犯罪既遂形态。以至于各高校的刑法教科书几乎千篇一律地采用这一观点。但有学者们认为它不仅存在既遂形态，而且存在其他的犯罪形态。危险犯概念的界定、法律适用以及危险犯的刑罚理论是否科学等一系列问题的研究，对司法实践中危险犯的定罪量刑都有着十分重要的意义，因此我们不得不打破传统的思维定式，从正义和公正的理念出发，对危险犯进行重新审视，对危险犯及其中止形态进行探讨。

四、共同犯罪人的犯罪中止

1997 年 11 月，汽车司机陈某问被告人夏某能否为他搞到汽车轮胎，他可按每个 400 元付费。夏某应允后，多次窥视本厂库房，伺机行窃。某日夏某感到一个人势单力孤，便向同厂员工李某透露自己的作案计划，问李某愿不愿意一起干，成功后平分赃款，李某当即表示同意。两人合谋，由李某去找熟人配一把“万能钥匙”。李某把“万能钥匙”配好后交给夏某，两人又商定当晚作案，约定深夜 12 点在库房门口见面，由夏某负责找一辆三轮车，李某在外望风，夏某进库房后搬胎。李某下班回家后，左思右想，感到此事不能干，万一被发现逮住，就要判刑坐牢，毁了一辈子。因此，临时打消了犯罪意念，未按约定时间前去行窃。当晚，夏某推着三轮车按时到现场，见李某迟迟不来，便一人用李某所配制的“万能钥匙”打开房门后，盗出 4 个轮胎，销赃获利 1600 元。事后夏某拿出 200 元给李某，李某坚持不要。

在上述案例中，有人认为，李某主观上慑于法律威严，害怕受到制裁而形成了犯罪中止的意思；客观上李某在预备阶段就停止了犯罪活动，没有按约定的时间去作案，对夏某作案获得的赃款也分文未取，符合犯罪中止的条件，应按犯罪中止处理。也有人认为，李某停止犯罪的行为不能算犯罪中止，因为李某与夏某是共同盗窃，在共同犯罪中，各个行为人的行为是一个整体，夏某盗窃行为既遂，其每个共犯的行为均应视为既遂。

这是一个共同犯罪中止认定的理论分歧问题。在共同犯罪既遂以前，如果全体共犯同时一致地中止共同犯罪，并有效地避免危害结果发生的，每个共犯均构成犯罪中止，对此没有争议。但对于个别共犯出于自己的意志而单独中止犯罪的，应当具备什么条件才能被认定为犯罪中止，争议较大。主要有以下几种观点：第一种观点认为，既然共同犯罪行为具有整体性特征，那么其犯罪中止的有效性也只能以犯罪是否最后达到完成状态来确定。个别共犯意图中止犯罪，必须在停止自己犯罪的同时，迫使其他共犯停止实施共同犯罪行为，或有效地防止共同犯罪结果发生。倘若没有产生这种效果，共同犯罪终于完成时，个别共犯的犯罪中止就不能成立。第二种观点认为，共同犯罪行为虽具有整体特征，但实际上是由每个共犯的独立行为组合而成的。其中个别共犯自动停止自己的犯罪，就同共同犯罪完全脱离了联系，之后与其他共犯的行为就不再有任何关联，因此其自动停止犯罪就应视为犯罪中止。换言之，共犯只要停止自己的行为即可成立犯罪中止，而不论共同犯罪最后发展程度如何。第三种观点认为，除主犯外，其他共犯中止的有效性，应以行为人力所能及的范围为限。如果努力阻止其他共犯继续实行犯罪，但因能力有限而阻止无效的，仍可成立犯罪中止。第四种观点认为，共犯中止的有效性，应以他是否有效地切断自己以前的行为与危害结果之间的因果关系来确定。如果个别共犯以自己消极或积极的行为确实已切断其以前的犯罪行为同以后的危害结果之间的因果关系的，即使共同犯罪的危害结果最后由其他共犯促成，亦能成立中止犯。第五种观点认为，判断共犯中止有效性的标准是中止者必须使自己的行为与整体的共同犯罪行为解体，即主观上切断与其他共犯之间的共同故意联系，客观上抵销自己先前行为对共同行为所起的合力作用，使之消除对犯罪形成既遂的原因力。

我们认为，确定共犯中止有效性的标准，应当遵循两条原则：一要符合共同犯罪构成的一般原理；二要追求比较好的社会效果，尽量避免共同犯罪发展至完成状态，以有效地保护犯罪客体免遭实际侵害，同时尽可能地鼓励犯罪分子及时中止犯罪。

共同犯罪行为的整体性特征使之较单人犯罪有明显的特点：在实施共同犯罪前，各共犯必须先形成共同犯罪意志，这种共同意志使每个共犯主观上失去犯罪的孤立感和不安全感，相互强化犯罪心理；客观上各共犯均围绕着同一目标实施共同犯罪行为，共同对危害结果的产生起原因力作用。一方面，在这一整体行为中，各共犯的行为不是孤立地、单线地与共同犯罪结果发生联系，相反，他们相互配合、互相影响，行为力量交互作用、互相渗透，结合在一起而有机地形成一种犯罪合力，共同促成危害结果发生。任何共犯自己的行为都可能融合有其他共犯行为的力量。因此，任一共犯仅是消极地停止自己的犯罪行为，并不一定能全部消除其先前行为在心理和行为上已经对整个共同犯罪行为所产生的积极作用，倘若其他共犯继续将共同犯罪实施完毕，引起犯罪结果产生，那么在这一结果之中，仍可能包含了他先前行为的原因力作用。例如，为共同杀人而寻找并提供了毒药，后因害怕承担罪责没有参加杀人的实行行为，其他共犯仍然用此毒药将人毒死。且不说个别共犯这种消极的停止能否消除已对其他共犯犯罪心理所产生的强化作用，仅从客观上看，其他共犯用他找来的毒药把人毒死，在死人结果与找药行为之间就存在因果关系。找毒药者仅消极地不去杀人并不能消除这种因果关系，那么将其认定为犯罪中止，显然不当，上述第二种观点有失偏颇。另一方面，虽然共同犯罪行为具有整体性特征，但也并不是说一旦形成这种整体行为，个别共犯只要不阻断整个共同犯罪行为，永远也不可能再成立犯罪中止。这样就等于堵塞了共犯中止犯罪之路，不利于促使共犯及时悔悟，停止犯罪。从犯罪构成角度分析，共同犯罪行为的形成并不等于共同犯罪的既遂，两者之间往往有一段距离，在此期间，个别共犯仍有机会采取措施，抵销自己先前行为对共同犯罪行为所产生的作用，消除其引起危害结果产生的原因力。这种情况下，即使其他共犯后来仍将犯罪完成，所产生的犯罪结果中实际上已不再包含这些已停止犯罪的个别共犯先前行为的作用，如果仍让他们对共同犯罪的既遂状态承担责任，也不符合共同犯罪的构成原理。因此，第一种观点也不妥当。

第三种观点以行为人是否“力所能及”作为判断共犯中止有效性的标准，这本身就与犯罪中止“有效性”的内涵要求不一致。所谓中止有效性，是指犯罪人对自己先前所实施的危害行为实行中止后的客观效果；而“力所能及”，则指的是行为人能够用以阻止先前行为向前发展的主观能力，两者讲的根本就不是一个问题，怎能以后者代替前者呢？在单独犯罪中，即使行为人在危害结果发生前积极地避免危害结果发生，但终因能力或条件所限而未能避免的，也不能成立犯罪中止，那么对共同犯罪这种因“力所不及”而最终未能阻止共同犯罪完成的情况又怎么能一概认定为犯罪中止？

第四种观点侧重于共犯行为与危害结果间的因果关系是否被切断，较前几种观点有较大合理性。一旦这种联系被切断，共犯对危害结果也就丧失了承担责任的基础，认定为中止有效是恰当的。但此标准在表述上易引起歧义。首先，因果关系属于犯罪构成客观方面要件之一，如果仅强调客观上因果关系的切断，而不问主观上共同故意联系是否断绝，过于片面；其次，所谓“切断因果关系”，一般是在共同犯罪结果已经产生的情况下才能谈起。但在共同犯罪呈未遂状态情况下，危害结果本来就没有产生，因果联系没有变成现实，怎么能判断某个共犯的中止行为有无切断这种因果关系？

第五种观点对共犯中止有效性多种情况的具体阐述比较正确，但用“从共犯中解体”一词来说明犯罪中止的有效性也不甚准确。因为有些共同犯罪一旦着手实行，其行为整体性结合得就比较紧密，一些共犯先前行为的力量已融合于其他共犯行为之中，事实上已不可能再“解体”分离出去。这时，中止犯的成立只能以积极有效地阻止向完成状态发展，抵消自己先前行为所形成的原因力作用为要件，对这种中止犯罪以“解体”来说明就显得不甚确切。

从刑法理论分析，让每个共犯对共同犯罪结果承担刑事责任的根据，就在于每个人的行为都具有引起这种危害结果发生的原因力。这种原因力的作用表现在两个方面：①客观上通过与其他共犯行为的密切配合而形成的引起危害结果产生的实在可能性；②将各个共犯行为形成一个有机整体的共同犯罪意志对共同犯罪行为起支配作用。共犯中止的成立，就只能以其中止行为能有效地消除自己先前危害行为已经对共同犯罪行为所形成这种“原因力”为标准。只有这样，才能消除中止者对危害结果承担刑事责任的基础。根据共同犯罪形成的时间长短及行为发展的不同程度，联系每个共犯在共同犯罪中的地位、作用，进行具体分析可知，各个共犯行为所包含的这种“原因力”大小是有差别的，因而对不同的共犯中止犯罪时所要求消除这种“原因力”的程度也不可能相同，而应区别不同情况予以不同对待。如果某个共犯只要消极停止自己的犯罪行为，就足以消除先前行为所形成的原因力，那么其消极停止犯罪即可构成犯罪中止，无论其他共犯是否终将犯罪完成。例如，甲欲杀他人，以拳脚相加，逼其弟乙帮助望风，乙只得同意。在两人同去犯罪地点途中，乙因心中害怕，乘甲不备之机溜开，甲只得一人单独行动，将他人砍死。本案中，乙作为胁从犯，其犯罪意志受甲支配，虽答应提供望风帮助，但事实上并未实施望风行为，他退出共同犯罪，向甲表明他决意不再与甲一起杀人。甲也知道乙已不听从自己使唤，只有“孤军作战”，单独行动。甲主观上确定乙不具有共同犯罪的故意，客观上也是只身进行杀人，被害人的死亡与乙的行为之间已不具有因果联系，这表明乙消极地溜开，足以消除自己先前同意帮助甲杀人这一行为所形成的原因力。因此，尽管甲杀人既遂，乙也只应承担杀人中止的责任。

此外，如果某个共犯仅是消极停止犯罪尚不足以消除自己先前行为所形成的“原因力”，就必须要求其实施积极的行为以有效地阻止其他共犯完成犯罪，或有效地避免整个共同犯罪危害结果的发生，也即通过消除整个共同犯罪行为的原因力来达到消除自己先前行为中所形成的原因力，例如，破坏共同犯罪完成必备的条件；说服其他共犯停止犯罪；同其他共犯作斗争，阻止他们继续犯罪；呼喊群众，协同制服其他共犯；或向被害人或司法机关报案，防止共同犯罪完成；等等。只有实施类似的积极行为，并已确实阻止共同犯罪完成的，犯罪中止才能成立。否则，即使有积极阻止的行为，但终不能阻止共同犯罪向前发展的，不能以中止犯对待。

在本案中李某确有中止犯罪的意思，但只是消极地退出了犯罪，没有采取积极的行为消除自己已经实施的帮助行为（提供万能钥匙）对共同犯罪的原因力。实际上，夏某也是利用了李某帮他准备的万能钥匙打开库房，盗出了轮胎，因此，李某的消极退出，并未有效地防止结果的发生，不符合犯罪中止的条件。夏某盗窃既遂，其中也有李某帮助行为的作用，因此李某也应对盗窃既遂承担刑事责任。至于其未要分取赃款和后来未去现场的事实，并不影响其既遂的成立，只是在量刑上可以考虑从轻处罚。

理论思考与实务应用

一、理论思考

（一）名词解释

犯罪预备　犯罪未遂　实行终了未遂　未实行终了未遂　能犯未遂　不能犯未遂　犯罪中止　积极的犯罪中止　消极的犯罪中止　犯罪既遂　结果犯　行为犯　危险犯

（二）简答题

1. 简述犯罪预备的特征。
2. 简述犯罪未遂成立的条件。
3. 简述犯罪中止成立的条件。
4. 简述犯罪未遂与犯罪中止的区别。
5. 简述犯罪既遂形态的主要表现。

（三）论述题

请论述故意犯罪停止形态与故意犯罪阶段的关系。

二、实务应用

（一）案例分析示范

案例一

被告人周某（男，25岁）系某厂工人。周某因上班经常迟到早退而受到厂长的严厉批评并被扣发半年的奖金，周某对此一直怀恨在心，产生报复杀人之念。某日，周某携带装有自制爆炸装置的挎包来到厂长办公室，恰好厂长外出。周某就让厂办秘书给厂长打传呼，说有急事找厂长，企图等厂长回来以后引爆爆炸装置与厂长同归于尽。但厂办秘书发现周某神情不对，急忙打电话向厂保卫部报告，厂保卫部人员及时赶到，使该爆炸事件未能发生。

问：本案中周某的行为应如何定性？

【评析】在上述案例中，周某有杀人的故意，并且实施了一定的行为。但究竟是犯罪预备，还是犯罪未遂呢？观点有分歧，有的认为周某主观上具有杀人的故意，客观上准备了爆炸装置，并实施了寻找具体犯罪对象的行为，被告人周某已构成犯罪，但从他的具体行为来看，还处在为犯罪制造条件的预备阶段，因此应认定为犯罪预备。还有的人认为，被告人周某主观上存在杀人的故意，客观上已着手实施杀人行为，只是由于未能找到被害人，才使杀人行为未得逞，因此应属犯罪未遂。实际上二者分歧的焦点就在于周某所实施的行为究竟是为实施杀人而进行的准备行为，还是已经实施了杀人行为？我们认为，寻找犯罪对象并不属于《刑法》第232条规定的故意杀人罪中的杀人行为，寻找犯罪对象仍应属于为实施故意杀人而进行的先期准备工作，只有在周某找到犯罪对象，开始实施引爆爆炸装置，才属于“着手实行犯罪”。

在刑法理论中，判断着手实行犯罪应从主客观两方面进行：①从客观上来看，所实行的行为本身能直接造成危害结果。也就是说，如果没有外力的阻止或者行为人自动中止，所实行的行为可以对刑法所保护的社会关系造成直接危害。在本案中，如果周某开始引爆爆炸装置，该行为就可以直接造成厂长人身权利的损害，而事实上，周某尚处在寻找犯罪对象的阶段，寻找犯罪对象行为本身并不可能直接造成厂长的死亡。②从主观上来看，所实行的行为本身能明显反映出行为人特定的犯罪意图，因为着手实行犯罪是行为人主观犯罪意图和客观犯罪行为的统一。在本案中，我们单从周某寻找犯罪对象这一点上来看，该行为本身并不能明显地反映出周某杀人的犯罪意图，因为找厂长可以是办公事、办私事，也可以是去杀厂长，各种可能性都有，单从找厂长这一行为尚不能判明周某是否具有杀人的故意，还需结合其他行为来加以综合分析判断。但着手实行行为则不同，周某如果已在厂长面前引爆了爆炸装置，那么他的引爆行为本身就已经十分明显地暴露了他的杀人故意。

案例二

鲁某系某厂装配车间工人。鲁某因经常在外赌博输了很多钱，某日上班时发现工厂购进了一大批铜质配件，遂产生了盗窃之念。当夜鲁某翻墙进入该厂仓库，偷出一大包铜配件（价值15 000元），但因所偷铜配件体积大、分量重，鲁某单人无法搬出仓库围墙，就将铜配件藏在仓库院子里的草丛中，准备第二天晚上让其弟帮忙将铜配件搬回家。第二天上午仓库保管员发现少了一包铜配件，就向厂保卫科报告。厂保卫科干事在查找时，意外地在草丛中发现了这包铜配件，当夜厂保卫科在仓库设置了埋伏。夜里12时，当鲁某及其弟翻墙进入仓库时，即被厂保卫科工作人员抓获。

问：本案中鲁某的行为应如何定性？

【评析】在上述案例中，一种观点认为鲁某的行为是盗窃既遂，因为鲁某已将铜配件从仓库内偷出，偷放到仓库的院子里，已使财物的保管人失去了对财物的控制，因此是盗窃既遂。[1]另一种观点认为，鲁某的行为是盗窃未遂。我们同意后一种观点，因为鲁某的行为还没有实际控制财物，而工厂也没有对财物实际失去控制。鲁某要想非法占有铜配件，光把铜配件从仓库里搬到仓库院子内还不够，他还必须将铜配件从仓库院内搬到院外，才真正达到了非法占有的犯罪结果。对工厂来说，鲁某将铜配件从仓库里搬到仓库院内，虽然在一定程度上暂时地失去了对财物的控制，但是毕竟铜配件仍然在仓库的院子里面，厂方并没有完全失去对铜配件的控制，因此从财物的所有人或保管人是否失去对财物的控制这点上，我们也可以看出，鲁某的盗窃行为属于盗窃未遂。

案例三

叶某于某日晚潜入某厂财务科办公室行窃，他撬开财务科办公室的大门，正将事先配制好的保险柜钥匙接触保险柜时，突然听到财务科办公室大门有响动声，于是叶某迅速从窗口跳窗逃跑。实际上当时财务科办公室外根本没有人，只是由于风吹动大门才引起撞击声，使得叶某误以为有人发现才跳窗逃跑。

问：本案中叶某的犯罪形态是什么？

【评析】在上述案例中，有人认为叶某属于犯罪中止，因为事实上当时门外根本没有人，只是由于叶某本人的意愿才将盗窃犯罪停止下来，因此属犯罪中止。但我们认为，叶某的行为应属犯罪未遂。原因在于在当时的情况下，叶某主观认识发生

---

〔1〕 王作富教授在其《中国刑法研究》一书中认为，如果仓库是在一个机关大院或者大工厂区内，相对独立，那么财物被偷出仓库，没有离开大院，也应认定为盗窃既遂。参见王作富：《中国刑法研究》，中国人民大学出版社1988年版，第613页。

错误，误认为有人发现而放弃犯罪，从他本人意愿来说，他是想把犯罪进行下去，因此这种情况不属出于犯罪分子本意而停止犯罪的犯罪中止，应属犯罪未遂。所谓意志以外的原因，是由于出现了犯罪分子自认为不可克服的其他因素，才使得犯罪被迫停顿下来，无法进行下去。同时，这里的意志以外的原因还应理解为犯罪分子自认为足以阻止其继续实行犯罪的原因；如果犯罪分子自认为某种因素不足以阻止其继续实行犯罪，而他将犯罪停止下来，则不能属于犯罪未遂，而应属于犯罪中止。例如在实施抢劫犯罪的过程中，犯罪分子遇到被害人的斥责批评而放弃犯罪，这里被害人的斥责批评虽属犯罪分子意志以外的原因，但该原因尚不足以阻止犯罪分子继续实行犯罪，因此这种情况不能属于犯罪未遂，而应属犯罪中止。从实践中的情况来看，犯罪分子意志以外的原因主要有两类：一类是犯罪分子自身的因素，例如开枪杀人，因枪法不好打不中被害人，再如犯罪分子对犯罪对象、犯罪工具发生错误认识，等等；另一类是犯罪分子自身以外的客观因素，例如实施杀人犯罪，遭到被害人的反抗或他人的阻止而未能得逞，实施盗窃犯罪，撬开保险箱以后，发现箱中空无一文，等等。

案例四

张某因与人通奸，多次向其妻提出离婚的要求，但都遭到其妻的拒绝，于是张某产生了杀妻的念头。某日张某准备了毒药，想伺机投毒杀死其妻。但后来张某想到其妻将他年迈患病瘫痪在床的母亲照顾得很好，受了很多苦，尽到了作为儿媳妇应尽的职责。张某受到良心谴责，于是放弃了投毒。

问：本案张某的犯罪形态是什么？

【评析】在上述案例中，张某已准备好毒药，欲伺机杀死其妻，但尚未投毒即自动停止了犯罪。从时间过程上来看，属于犯罪预备阶段，还没有进入着手实行杀人行为的阶段。在犯罪预备阶段自动停止犯罪的，同样属于犯罪中止，犯罪预备中止是在准备工具、制造条件阶段停止犯罪。犯罪预备与犯罪预备阶段的犯罪中止二者的区别在于，犯罪预备的停止犯罪并非出于犯罪分子的意愿，而是由于其意志以外的原因被迫停止；而预备阶段的犯罪中止则是犯罪分子出于本意，自动停止犯罪。本案中，如果张某准备毒药以后，在其妻的食物中投了毒，然后他才醒悟，将食物倒掉，这是属于着手实行过程中的犯罪中止。张某已实施了投毒行为，这属于故意杀人罪构成要件中的杀人行为，但其出于本意将本来可以进行下去的犯罪停止下来，应成立犯罪中止，这种犯罪中止相对于前一种犯罪中止而言，其情节要重一些。犯罪中止只能发生在犯罪预备阶段和犯罪实行阶段，如果犯罪已经达到既遂状态，则不可能发生犯罪中止问题。例如，甲于深夜潜入某单位办公室，窃得高档照相机一架，甲将照相机带回家以后，被其父发现，追问其照相机的来源，甲就告诉其父是偷来的，甲的父亲对甲进行劝说，动员甲将照相机送还，当夜甲又重新回到偷窃地点，在未被其他人发现的情况下，偷偷把照相机放回原处。在这个案例中，甲虽然没有造成财产的实际损失，失主也并未发现财物失窃，而且是在经其父规劝以后，主动将财物送回，但因为其盗窃已构成犯罪既遂，因此不能成立犯罪中止，主动送回财物只能作为盗窃犯罪既遂前提下的一个量刑情节予以考虑。

案例五

王某与赵某是夫妻，两人因生活琐事发生争吵，王某一时气愤之下，将剧毒农药放入赵某的食物内，欲报复杀人。但当赵某吃下含有剧毒农药的食物时，王某猛然醒悟，立即将赵某送往医院抢救。由于抢救及时，赵某没有死亡，但其内脏器官受到很大损伤，经法医鉴定，属重伤。

问：本案中王某的犯罪形态是什么？

【评析】在上述案例中，王某已将投毒杀人行为实施完毕，赵某也吃下有毒的食物，在这样的情况下，王某已不存在消极停止的问题，消极停止就意味着赵某的死亡，这时王某只有采取有效的措施防止赵某死亡的结果发生，才能成立犯罪中止。在本案中，王某立即将赵某送往医院抢救，使得赵某没有死亡，这就成立了犯罪中止。如果王某把赵某送往医院抢救，在抢救的过程中，赵某因中毒过深医治无效而死亡，在这种情况下，王某应成立故意杀人犯罪既遂，不属犯罪中止，不过积极抢救这一事实可以作为量刑情节来予以从轻判处。在犯罪预备过程以及着手实行犯罪过程中，犯罪分子只要消极地停止下来，不再把犯罪行为继续进行下去，就可以有效地防止犯罪结果的发生，从而成立犯罪中止的，这种情形刑法理论将其称为是消极的犯罪中止；如果是在犯罪行为已经实施完毕，犯罪结果尚未出现的过程中，就需要犯罪人采取积极的作为防止犯罪结果的发生，这种情形刑法理论将其称为是积极的犯罪中止。本案即是积极的犯罪中止。

案例六

被告人张某与王某是同村村民，二人约好一同外出打工，但没有找到合适的工作，只好返家。途中在成都转车时，二人身上所带现金已所剩无几，看到车站附近有一杂货店，顿生邪念，商量去抢杂货店，就用剩余的钱买了两把匕首。深夜，二人手持匕首去敲杂货店的门，店主开门后，二人即往店内挤，店内有数人在打麻将，见有陌生人来，即喝问干什么的，张某、王某支吾半天，答不上来，手中的刀又被人发现。众人即将二人扭送派出所。

问：本案中张某、王某的犯罪形态是什么？

【评析】在上述案例中，张某、王某属于犯罪预备。因为张某、王某敲门进入的行为是属于抢劫的准备阶段，并没有“着手”实施抢劫的犯罪构成要件中的行为，即没有采用暴力、胁迫或其他方法直接针对作为抢劫犯罪对象的财物或者人身，因此属于抢劫中的预备阶段。

（二）案例分析实训

案例一

赵某（江西人）因工作中中毒致残，自感身体不适，又无钱治疗，遂生携炸药向原工作单位（某化工公司）讨钱治疗、否则引爆炸药的犯罪念头。即于2002年8月27日上午携带铵梯油炸药、火雷管及打火机从老家来到宁波，组装成爆炸装置后装在塑料袋中，到原公司办公室找到该公司经理周某要求公司继续出资为其治疗。周某认为双方争议已通过劳动仲裁部门一次性调解解决并已支付了赔偿款，便让其再通过法律途径解决，赵某遂又到劳动仲裁部门要求解决未果（因担心炸药爆炸，赵某在途中及此后均拆开了爆炸装置）。后因周某出差，赵某多次寻找未果。同年9月2日上午，被告人赵某得知周某将回厂的消息后，再次组装并携带爆炸装置至通往公司的路上等周某，当周某回厂时，赵某即迎上前去，要求为其出资治疗，周某仍以让赵某通过法律途径解决为由，未多说就径直走进厂里，赵某紧跟其后，在公司门口被门卫孙某等人挡住，无奈蹲在大门外，在他人询问时告知他人自己携带炸药，并扬言厂长不给其活路，其也不让厂长活命等语。因周某报警，公安人员及时赶到，得知其可能携带爆炸装置后，便告知赵某其是政府派来处理事情的，要求他到公司办公室谈。赵某即起身跟随公安人员走进公司，经过门卫室时，公安人员又对其讲到办公室谈不要带东西，赵某即将装有爆炸装置及打火机的塑料袋放在门卫室。在公安人员跟赵某交谈过程中，经检查发现其携带的确实是炸药，赵某即被抓获归案。

问：试分析赵某的犯罪形态。

案例二

潘某因欠债无力偿还而萌生杀人劫财的念头，遂于某日以做生意为名约徐某让其准备1.5万元去外地进货，并声称不得将此事告诉任何人。当晚，潘某开车将徐某骗至一无人地段，乘徐某熟睡之机，打电话给徐某的妻子，在确认其不知徐某的去向后，即取出事先准备好的放在车上的铁锤欲将熟睡的徐某杀死，然后将其随身携带的1.5万元劫走。然而潘某终因害怕事发后被发现而放弃了杀人劫财的念头，调转车头回家，后又对徐某谎称有人要绑架他才将车开回家的。事隔数日，潘某又因敲诈徐某20万未遂而被公安机关抓获，遂主动交代了欲劫财杀人的事实。

问：本案潘某的行为的犯罪形态是什么？

案例三

2005年4月14日晚7时许，被告人黄某在一公路桥旁碰到在此处玩耍的叶某姐妹，叶某（11周岁）要黄某载她们去玩，于是黄某骑摩托车搭载叶某到一橘园里的草棚内，黄某以玩手机游戏、给钱为诱饵提出要与叶某发生性关系，叶某表示同意。

黄某拿出206.5元钱给叶某，当黄某正要与叶某发生性行为时，发现对方是个发育未成熟的幼女，遂起身自己手淫。事后，叶某将两张百元的人民币还给黄某，黄某用摩托车将叶某送回其家附近。

问：本案的犯罪形态是什么？

案例四

张某，男，1969年7月29日出生于河南省卫辉市，文盲，农民。2004年1月3日凌晨1时许，被告人张某来到卫辉市柳庄乡大张庄村村西向庞庄村往南拐的路上，见两人骑自行车过来。被告人张某顿生歹意，将落在后面的张某某从自行车上拽下，按翻在地，欲行强奸，被张某某认出后，强奸未成。被告人遂起身逃走。

问：本案的犯罪形态是什么？

案例五

赵某，男，20岁。被告人赵某于1991年5月27日23时许，翻窗进入某校财务室撬开办公室抽屉，盗窃空白转账支票一张，并偷盖上印鉴，又在两张空白信笺上偷盖了校财务专用章。次日，被告人赵某伪造证明，用所盗窃的支票，到昆明市利民五金电器一门市部，购买索尼放像机2台，松下NV－G30放像机4台，倒带机1台，小型彩色电视机1台，空白录音带20盘，清洗带5盘，录像带5盘，对录线2套，打火机2个，价值22 290元。因当天系星期天，银行不进账，需次日进账方能提货，被告人赵某回家后思想斗争异常激烈，感到事情严重，第二天未去提货。

问：本案的犯罪形态是什么？

第十一章
共同犯罪

【本章概要】 共同犯罪是犯罪形态中由于参与危害行为的人人数众多而造成的一种复杂情况，体现了犯罪由量变到质变的变化。共同犯罪通常是在故意犯罪中存在，认定共同犯罪成立一般需要满足三方面条件。根据共同犯罪内部结构的不同，可以将共同犯罪的形式分为若干理论上或者立法上的不同种类。根据参与共同犯罪的人的作用与分工不同，可以将共同犯罪人分为主犯、从犯、胁从犯、教唆犯。

【学习目标】 深入掌握共同犯罪三方面的成立条件；了解共同犯罪的理论形式；掌握共同犯罪的法定形式；了解犯罪集团的概念与特征；掌握主犯、从犯、教唆犯的概念；了解胁从犯的概念；理解共同犯罪的刑事责任与个体犯罪的刑事责任的差别。

第一节　共同犯罪概述

犯罪是一种复杂的社会现象，就实施的人数来区分，有一个人单独实施的犯罪，也有两个人以上共同实施的犯罪。前者称为单独犯罪，后者称为共同犯罪，共同犯罪在西方刑法理论中通常称为共犯。共同犯罪不是若干单独犯罪的简单相加，而具有更大的社会危害性。同时刑法分则中各条款所规定的犯罪构成，一般是以个人单独犯罪为原则，二人以上共同实施犯罪的，除极少数需要在刑法中明文规定外，绝大多数都不宜在分则条文中加以规定。此外，各共同犯罪人在共同犯罪中的地位和作用互不相同，对他们给予同样的法律评价和处理原则，显然不符合罪责刑相适应的原则。因此，各国刑法大多在刑法总则中设共同犯罪的规定，用以解决共同犯罪人的刑事责任问题，我国刑法也属于此种立法模式。

我国1979年《刑法》规定了共同犯罪的定义，1997年修订《刑法》时对此未作修改，在第25条第1款规定："共同犯罪是指二人以上共同故意犯罪。"根据《刑法》第25条的规定，构成共同犯罪，必须具备如下要件：

一、二人以上

共同犯罪的主体，必须是两个以上达到刑事责任年龄、具有刑事责任能力的人或单位。首先共同犯罪必须是二人以上共同实施犯罪，一个人单独犯罪，不发生共同犯罪问题；同时，二人以上必须是达到刑事责任年龄、具有刑事责任能力的人，这是主体要件中质的规定性因素。如果符合量的规定性因素，即有两个以上的人，但是其中一人不具有刑事责任能力的，也不能构成共同犯罪。不具有刑事责任能力包括两种情况：①未达到刑事责任年龄的人。根据《刑法》第 17 条的规定，我国的刑事责任年龄的一般起点是年满 16 周岁，但是已满 14 周岁不满 16 周岁的人，犯故意杀人、故意伤害致人重伤或者死亡、强奸、抢劫、贩卖毒品、放火、爆炸、投放危险物质罪的，应当负刑事责任。就上述 8 类犯罪而言，已满 14 周岁的人才可以构成共同犯罪；对于其他犯罪而言，已满16 周岁的人才可以构成共同犯罪。在实践中，经常出现已满 14 周岁未满 16 周岁的人与已满 16 周岁的人一起实施上述 8 类犯罪以外的其他犯罪的情形，对于这种案件，由于已满 14 周岁未满 16 周岁的人就所实施的犯罪来说属于无刑事责任能力人，因而不能以共同犯罪论处。②其他不具有刑事责任能力的人。在我国除了未达到刑事责任年龄而不具有刑事责任能力外，还可能因为有精神障碍而不具有刑事责任能力。我国《刑法》第 18 条第 1 款规定："精神病人在不能辨认或者不能控制自己行为的时候造成危害结果，经法定程序鉴定确认的，不负刑事责任……"但是该条第 3 款同时规定："尚未完全丧失辨认或者控制自己行为能力的精神病人犯罪的，应当负刑事责任，但是可以从轻或者减轻处罚。"因而，不具有刑事责任能力的精神病人与具有刑事责任能力的正常人之间不能构成共同犯罪。需要注意的是，无刑事责任能力人不能与他人构成共同犯罪，而并非在两个以上的人中有一个不具有刑事责任能力的人，就能得出所有的人都不能构成共同犯罪的结论。如一个 15 周岁的人和两个 17 周岁的人一起盗窃，根据以上分析，15 周岁的人不能与其他二人构成共同犯罪，但是两个 17 周岁的人之间还是可以构成共同犯罪的。所以，一个达到刑事责任年龄的人和一个未达到刑事年龄的人，或者一个精神健全有刑事责任能力的人和一个由于精神障碍无刑事责任能力的人共同实施危害行为，不构成共同犯罪。这种情况在西方刑法理论上称为间接正犯，也就是间接实行犯。我国刑法理论上没有间接正犯的概念，但在我国社会生活中却存在着这种犯罪现象。例如，教唆未满 14 周岁的儿童盗窃，帮助患有严重精神病的青年强奸妇女等案件。在这种情况下，实质上行为人是把儿童或精神病人当作犯罪的工具实施自己的犯罪，刑事司法实践中一般对行为人依该罪的实行犯定罪判刑，而不作为共同犯罪处理。

由于刑法规定了单位犯罪，因而也可能出现单位共同犯罪，即两个以上的单位共同故意犯罪，如甲公司与乙公司共同故意走私，即构成单位走私罪的共同犯罪。同时也可能出现单位和个人共同犯罪，如某甲教唆乙公司销售侵权复制品，即构成单位与个人销售侵权复制品罪的共同犯罪。另外，不具有特殊身份的人往往不能单独构成特殊主体犯罪，但是可以与具有特殊身份的人一起成为特殊主体犯罪的共同犯罪主体，非国家工作人员一般不能单独构成贪污罪，但是可以与国家工作人员一起构成贪污罪的共同犯罪。

二、共同的犯罪故意

从犯罪的主观方面来看，构成共同犯罪必须二人以上具有共同的犯罪故意。所谓共同的犯罪故意，指各共同犯罪人都认识到共同犯罪行为和行为会发生的危害结果，并希望或者放任这种结果发生的心理态度。共同犯罪故意虽然与个人的犯罪故意有所不同，但其内容同样可以从认识因素与意志因素两个方面来分析：

1. 共同犯罪故意的认识因素包括如下内容：①共同犯罪人认识自己与他人互相配合共同实施犯罪；②共同犯罪人认识自己的行为的性质，并且认识共同犯罪行为的性质；③共同犯罪人概括地预见到共同犯罪行为与共同危害结果之间的因果关系，即认识自己的行为引起的结果以及共同犯罪行为会引起的危害结果。

2. 共同犯罪的意志因素，即共同犯罪人希望或者放任自己的行为引起的结果和共同犯罪行为会发生的危害结果。例如，甲教唆乙伤害丙，甲希望自己的教唆行为引起乙产生伤害丙的意思，并且希望发生丙被伤害的结果。共同犯罪人一般是希望共同犯罪行为所引起的危害结果发生，但在个别情况下也可能是放任危害结果发生。

3. 在共同的犯罪故意要件上需要特别说明的是：为了成立共同犯罪，共同犯罪人之间必须存在意思联络（或称“意思疏通”）。意思联络是共同犯罪人双方在犯罪意思上互相沟通，它可能存在于组织犯与实行犯之间，教唆犯与实行犯之间或者帮助犯与实行犯之间，而不要求所有共同犯罪人之间都必须存在意思联络，如组织犯、教唆犯、帮助犯相互间即使没有意思联络，也不影响共同犯罪的成立。

三、共同的犯罪行为

从犯罪的客观方面来看，构成共同犯罪必须二人以上具有共同的犯罪行为。所谓共同的犯罪行为，指各行为人的行为都指向同一犯罪，互相联系、互相配合，形成一个统一的犯罪活动整体。

1. 各行为人所实施的行为，必须是犯罪行为，否则不可能构成共同犯罪。例如共同在不可抗力下实施的造成危害的行为，或者共同在正当防卫或紧急避险条件下实施的造成损害的行为，或者共同实施的情节显著轻微危害不大的行为，等等，都不成立共同犯罪。

2. 共同犯罪行为表现形式可能出现三种情况：①共同的作为，如甲、乙共同动手抢劫丙的财物，这是共同犯罪行为的主要形式；②共同的不作为，如甲、乙夫妻二人共同遗弃年老有病的甲父丙，致丙走投无路而自杀；③作为与不作为的结合，如仓库值班员甲与意图盗窃的人乙按照事前约定，乙夜间去仓库盗窃时，甲佯装睡觉，不加制止，致乙盗窃大量财物，事后分赃。

3. 共同实施的犯罪是结果犯并发生危害结果时，每一共同犯罪人的行为与危害结果之间都存在因果关系。共同犯罪中的因果关系，是两个以上共同犯罪人的行为与危害结果之间的因果关系，与单独犯罪中一个人的行为与危害结果之间的因果关系相比有其特殊性。其特殊性在于：共同犯罪行为是围绕一个犯罪目标，互相配合，互为条件的犯罪活动整体，正是这个行为的整体导致了危害结果的发生，这个行为整体是危害结果发生的共同的原因，而每个共同犯罪人的行为都是危害结果发生的原因的一部分。所以，对共同犯罪人的行为不应孤立地而应当统一地考察，不能只就某一共同犯罪人的行为是否现实地导致危害结果发生，来认定其行为与危害结果之间是否存在因果关系，而必须从行为的整体上来考察全体犯罪人的危害行为与危害结果之间的因果关系。

4. 共同犯罪行为的分工，可能表现为以下情况：①实行行为，即直接导致危害结果发生的行为，它对共同犯罪故意内容的实现起关键作用；②组织行为，即组织、策划、指挥共同犯罪的行为，它对共同犯罪的性质、规模起决定性作用；③教唆行为，即故意引起他人犯罪意图的行为，它对他人犯意的形成起原因作用；④帮助行为，即帮助实行犯罪的行为，它对共同犯罪起辅助作用。

在共同犯罪的认定中，存在表面上貌似共同犯罪但实质上不能按照共同犯罪认定的某些情形：

1. 二人以上的共同过失行为造成一个危害结果的，不构成共同犯罪，应分别定罪处罚。如医生甲马马虎虎，将病人的处方开错，开了两种不能匹配使用的注射针剂，药剂师乙也不按规定认真审查处方，将针剂交给注射护士丙，护士丙也不认真审查，就为病人注射了该两种针剂，结果导致该病人严重残疾。在该案中，造成病人严重残疾之医疗事故是医生甲、药剂师乙、护士丙严重不负责任的行为共同作用的结果，但作为过失犯罪，不存在共同犯罪问题，应对三人分别以医疗事故罪定罪处罚。但需要注意的是，近来有观点对此提出了异议，认为两人以上的共同过失行为可以共同犯罪处理，2000 年 11 月最高人民法院《关于审理交通肇事刑事案件具体应用法律若干问题的解释》第 5 条第 2 款规定："交通肇事后，单位主管人员、机动车辆所有人、承包人或者乘车人指使肇事人逃逸，致使被害人因得不到救助而死亡的，以交通肇事罪的共犯论处。"似乎认可了共同过失犯罪。

2. 二人以上共同实施危害行为造成某种危害结果，但有的是出于故意，有的是出于过失，不构成共同犯罪。如甲是某公寓的管理员，盗窃犯罪分子乙找到甲，说自己来找其亲戚该楼住户丙，但丙碰巧不在且一时回不来，此前告诉他让他找公寓管理员甲给开一下门。在乙的花言巧语哄骗下，甲违反有关管理规定，给乙打开了丙的宿舍门，结果导致丙价值 2 万元的现金等财物被乙偷走。该案中，甲过失地帮助乙实施盗窃犯罪，二者不构成共同犯罪。

3. 无罪过帮助他人实施故意犯罪的，不构成共同犯罪。如甲找到司机乙，让乙帮他拉一车货，在将车开到一个仓库边后，甲请乙去吃饭，让几个人往车上装货，乙问装的什么货，甲欺骗乙说是做了一笔生意，现在来提货。乙信以为真，帮甲把货物拉到指定地点。其实，甲是在该仓库盗窃货物。该案中，甲实施了盗窃犯罪行为，乙虽然客观上对甲的盗窃犯罪起到了帮助作用，但是其主观上没有罪过，因而不能构成犯罪，也就谈不上与甲构成共犯的问题。

4. 二人以上同时或者先后（近乎同时）针对同一个目标实施同一犯罪，但主观上缺乏共同实施犯罪的意思联络的，属于同时犯，不构成共同犯罪。如甲趁门卫离开之际，从某公司的仓库大门进入盗窃财物，正好乙也从仓库的窗户爬入盗窃，甲从天窗爬出逃走，乙仍从窗户爬出逃走，二人对对方的盗窃互不知情。

5. 二人以上同时实施犯罪但故意内容不同，不构成共同犯罪。如甲和乙决定共同殴打丙，乙先上去用树枝抽打丙的腿部致其轻伤，然后离去，接着甲却以杀害丙为目的上去用木棒击打丙的头部，导致乙死亡。在该案中，甲以杀害丙为犯罪故意内容，而乙却以伤害丙为犯罪故意内容，二者的犯罪故意内容不同，不构成共同犯罪，应分别以故意杀人罪和故意伤害罪论处。

6. 超出共同故意范围之外的实行过限行为，不构成共同犯罪。如甲和乙共同盗窃，事先约定好各自进入一个房间盗窃，甲盗窃主卧室、乙盗窃客卧室，乙盗窃时发现房间有女主人在家，遂行强奸，而甲不知情，不能成立强奸罪的共同犯罪。

第二节　共同犯罪的形式

共同犯罪的形式，是指二人以上共同犯罪的存在方式、结构状况或者共同犯罪之间的结合形态。共同犯罪的形式是各种各样的，不同的共同犯罪形式具有各自的特点和不同程度的社会危害性，研究共同犯罪形式的划分的意义在于：①区别不同形式的共同犯罪，认识各种形式的共同犯罪的性质及其社会危害程度，以便确定对共同犯罪的法律适用，打击社会危害性最大的共同犯罪形式；②分清共同犯罪人在不同形式的共同犯罪中的地位和作用，便于对共同犯罪人实行区别对待，严厉惩治首要分子，从宽处理从犯和胁从犯，有效地与共同犯罪作斗争；③区分不同形式的共同犯罪，有利于把握共同犯罪的发展规律，能够在共同犯罪的原始时期进行遏制，有效地防控有组织犯罪尤其是犯罪集团的犯罪活动。

共同犯罪的形式如何划分，刑法理论界存在着不同意见，通说认为，从不同角度、用不同的标准，将共同犯罪的形式分为以下几种：

一、任意的共同犯罪和必要的共同犯罪

这是以共同犯罪是否能够任意形成为标准进行划分的。任意的共同犯罪，指刑法分则规定的一个人单独可能实施的犯罪，由二人以上共同实施而形成的共同犯罪。根据刑法分则规定，这种犯罪不以多数行为人实行犯罪为必要条件，一个人可以实施，二人以上也可以共同实施。例如，刑法分则中规定的故意杀人罪、强奸罪、抢劫罪、盗窃罪、放火罪等，都是既可以一个人单独实施，也可以二人以上共同实施。二人以上共同故意实施上述犯罪的，就是任意的共同犯罪，任意的共同犯罪由刑法总则加以规定。刑法理论上研究的共同犯罪，主要是这种共同犯罪，对这种共同犯罪，应当根据刑法总则规定共同犯罪的条款和刑法分则规定的有关犯罪的条文定罪量刑。

必要的共同犯罪，指刑法分则规定的犯罪构成以二人以上的行为为要件的犯罪。根据我国刑法的规定，这种共同犯罪有以下三种：①对行性共同犯罪，指基于二人以上的互相对向行为构成的犯罪。在这种犯罪中，缺少另一方的行为，该种犯罪就不能成立。②聚合性共同犯罪，指以向着同一目标的多数人的共同行为为犯罪构成要件的犯罪。如武装叛乱、暴乱罪、聚众扰乱社会秩序罪等属之，这种共同犯罪的特点是：其一，人数较多；其二，参与犯罪者的行为方向相同；其三，参与的程度和形态可能不同，有的参与组织、策划或指挥，有的只是参与实施犯罪活动。③集团性共同犯罪，指以组织、领导或参加某种犯罪集团为犯罪构成要件的犯罪。例如，我国《刑法》第120条第1款规定的“组织、领导恐怖活动组织的，处……积极参加的，处……”，第294条第1款规定的“组织、领导黑社会性质的组织的，处……”等。对必要的共同犯罪，可以根据刑法分则规定直接适用有关犯罪的条文处理。

二、事前通谋的共同犯罪和事中通谋的共同犯罪

这是以共同犯罪故意形成的时间为标准进行划分的。事前通谋的共同犯罪，指共同犯罪人着手实行犯罪以前形成共同犯罪故意的共同犯罪。通谋通常指共同犯罪人之间用语言或文字互相沟通犯罪意思，通谋的内容可能是拟定实施犯罪的性质、方法、地点、时间、分工，也可能是犯罪后毁灭罪迹、分配赃物等；通谋的形式可能表现为用语言进行谋划，或以文字交换意见，也可能表现为点头示意赞同或答应共同犯罪人的提议。只要共同犯罪故意是在着手实行之前形成的，不论采取什么形式通谋，都不妨碍事前通谋的共同犯罪的成立，这种共同犯罪在实际生活中较多，与事中通谋的共同犯罪相比，也是更为危险的共同犯罪形式。

事中通谋的共同犯罪，指共同犯罪人在着手实行犯罪之际或实行犯罪过程中形成共同犯罪故意的共同犯罪，这种共同犯罪形式，通常称为“事前无通谋的共同犯罪”。考虑到“事前无通谋”一词，包括事中通谋和事后通谋，而事后通谋不构成共同犯罪，所以“事前无通谋”实际上仅指事中通谋，因而可称事中通谋的共同犯罪。这种共同犯罪形式，由于共同犯罪人是在着手实行犯罪后临时形成的，往往缺乏周密的谋划，社会危害性相对较小一些。

三、简单的共同犯罪和复杂的共同犯罪

这是以共同犯罪人之间有无分工为标准进行划分的。简单的共同犯罪，指二人以上共同故意实行某一具体犯罪客观要件的行为，在这种共同犯罪形式中每一共同犯罪人都是实行犯。

复杂的共同犯罪，指各共同犯罪人之间存在一定分工的共同犯罪，这种分工表现为：有的教唆他人使他人产生实行犯罪的故意，有的帮助他人实行犯罪使他人的犯罪易于实行，有的直接实行犯罪即实行该种犯罪构成客观要件的行为。由于共同犯罪人的行为功能各不相同，因而叫复杂的共同犯罪，这种共同犯罪与简单的共同犯罪的区别在于：后者，各共同犯罪人都参与实行犯罪构成客观要件的行为，都是实行犯；而前者，各共同犯罪人中，有的实行犯罪构成客观要件的行为，有的则实施非犯罪构成客观要件的行为，从而有的是实行犯、有的是教唆犯、有的则是帮助犯。

四、一般的共同犯罪和特殊的共同犯罪

这是以共同犯罪人之间结合的紧密程度为标准进行划分的。一般的共同犯罪，指各共同犯罪人之间不存在组织形式的共同犯罪，这种共同犯罪形式的特点在于：共同犯罪人之间没有组织，他们只是为了实施某一种具体犯罪而临时结合在一起，某种具体犯罪实行完毕，这种共同犯罪形式也就不复存在了。一般的共同犯罪可以是事前通谋的共同犯罪，也可以是事中通谋的共同犯罪；可以是简单的共同犯罪，也可以是复杂的共同犯罪，属于什么形式的共同犯罪，就按照该种形式的共同犯罪处理。

特殊的共同犯罪，指各共同犯罪人之间建立起组织形式的共同犯罪，或称有组织的共同犯罪，亦即犯罪集团。我国《刑法》第26条第2款规定："3人以上为共同实施犯罪而组成的较为固定的犯罪组织，是犯罪集团。"构成犯罪集团必须具备如下条件：①由3人以上组成。所谓3人以上包括3人在内，这是犯罪集团成立在人数上的条件，就是说2人共同进行犯罪活动的，是一般的共同犯罪；只有3人或超过3人共同进行犯罪活动的，才可能是犯罪集团。在社会现实生活中，犯罪集团远远不止3个人参加，根据有关材料，犯罪集团的成员多者达十几人或者几十人，少者也有六七人左右。只有3人的，是个别的情况。②为共同实施犯罪而组成。犯罪集团总是以实施某一种或者几种犯罪为目的而组成的，否则便不成其为犯罪集团。如果是基于追求低级趣味或出于封建习俗而纠合在一起的，或者基于落后思想或共同对某一具体事项不满而纠合在一起的，则不能认为是犯罪集团。③是较为固定的犯罪组织。所谓犯罪组织，指以犯罪为目的而建立起来的较为固定的集体。组织总是意味着成员之间存在着领导与被领导的关系，亦即既有组织者、领导者、指挥者，又有普通成员，后者服从于前者的领导和指挥，前者领导、指挥后者进行犯罪活动。犯罪集团的性质不同，组织的严密程度大不一样。如黑社会性质犯罪按照组织严密的程度来划分，犯罪集团可分为带有黑社会性质的恶势力、黑社会性质组织、黑社会组织。所谓较为固定，指以实施多次犯罪为目的而组织起来，组织体准备长期存在，并非以实施一次具体犯罪为目的而纠集在一起，该具体犯罪实施完毕即行散伙的一般犯罪团伙。

第三节 共同犯罪人的刑事责任

由于各共同犯罪人在共同犯罪中的地位和作用不尽相同，对各共同犯罪人处理时需要区别对待，因而有必要对共同犯罪人进行分类。因此，世界上绝大多数国家刑法均对共同犯罪人的种类加以划分，并根据种类不同分别予以不同的处罚。

对共同犯罪人采用什么标准分类，从各国刑法关于共同犯罪的立法例来看，主要有以下两种：①以共同犯罪人在共同犯罪活动中的分工为标准，对共同犯罪人进行分类。采用这种标准分类的国家中，有的采用二分法，分为正犯与从犯，其所谓从犯包括教唆犯和帮助犯；有的采用三分法，分为实行犯、教唆犯和帮助犯，或者分为正犯、教唆犯和帮助犯，所谓正犯就是实行犯；有的采用四分法，分为实行犯、组织犯、教唆犯和帮助犯。②以共同犯罪人在共同犯罪活动中所起的作用为标准，对共同犯罪人进行的分类。采用这种标准分类的国家中，有的采用二分法，分为主犯和从犯；有的采用三分法，分为首要分子、从犯和胁从犯。

上述根据两种标准的分类各有利弊。以分工为标准的分类，比较客观地反映了共同犯罪人在共同犯罪中从事什么样的活动，便于对共同犯罪人的行为定罪，但它没有揭示他们在共同犯罪活动中起了什么样的作用，不利于正确解决各自的刑事责任。以作用为标准的分类，比较客观地反映了共同犯罪人在共同犯罪中所起作用的大小，从而反映了他们各自不同的社会危害程度，便于对他们量刑，解决其刑事责任，但它没有反映各共同犯罪人在共同犯罪活动中的分工，对共同犯罪人定罪的一些问题不好解决，如如何解决教唆他人犯罪但他人未犯罪。

对共同犯罪人的分类，从根本上说，是为了解决各共同犯罪人的刑事责任问题，刑事审判的任务最终也就是解决行为人的刑事责任。因而我国刑法历来重视以作用为标准对共同犯罪人进行分类，1979 年制定《刑法》时，总结实践经验，已将共同犯罪人分为主犯、从犯、胁从犯；同时考虑到以分工为标准分类的教唆犯，在上述分类中没有反映，如何处理难以解决，因而在胁从犯之后另外又规定了教唆犯，并揭示对教唆犯在不同情况下的处罚原则。可见我国刑法是以作用为主兼顾分工对共同犯罪人的分类。教唆犯与主犯、从犯、胁从犯不是并列关系，但不能据此认为教唆犯不是我国刑法中共同犯罪人的一种。这样，我国刑法学上研究的是四种共同犯罪人，即主犯、从犯、胁从犯和教唆犯。

一、主犯及其刑事责任

我国《刑法》第 26 条第 1 款规定："组织、领导犯罪集团进行犯罪活动的或者在共同犯罪中起主要作用的，是主犯。"据此，主犯分为两种：

1. 组织、领导犯罪集团进行犯罪活动的犯罪分子，也就是犯罪集团的首要分子。这种主犯只有在犯罪集团这种特殊的共同犯罪中才存在，没有犯罪集团，也就没有这种主犯，是否构成犯罪集团，应根据前述犯罪集团成立的条件来认定。组织、领导犯罪集团进行犯罪活动，是这种主犯的特征。组织，指纠集、串联他人建立犯罪集团；领导，指率领犯罪集团成员进行犯罪活动，为犯罪集团的犯罪活动出谋划策、作出决定，指使、安排、调配犯罪集团成员的分工和活动等。由于这种主犯建立并领导着犯罪集团，指挥集团成员进行犯罪活动，因而是犯罪集团的核心，没有这种主犯，也就没有犯罪集团，所以这种主犯具有更大的社会危害性，是我国刑法打击的重点中的重点。犯罪集团的首要分子，可能只有一人，也可能不止一人，究竟哪些人是首要分子，应以事实为根据，依照刑法规定来确定。

2. 在共同犯罪中起主要作用的犯罪分子，相对于犯罪集团的首要分子，又称其他主犯或首要分子以外的主犯。这种主犯有以下几种：①在犯罪集团中起主要作用的犯罪分子。组织、领导犯罪集团进行犯罪活动，自然是在共同犯罪中起主要作用，所以这里所说的起主要作用，应理解为除上述活动之外在共同犯罪中起主要作用。这主要表现为：积极参加犯罪集团，在犯罪集团中特别卖力地进行犯罪活动，或者在犯罪集团中直接实行犯罪、罪行重大等，具有上述情况之一的，即构成犯罪集团的主犯。②在一般共同犯罪中起主要作用的犯罪分子。这主要是在一般共同犯罪中起主要作用的实行犯，具体表现为：在共同犯罪中直接造成严重危害结果，积极献计献策，在完成共同犯罪中起着关键作用，在共同犯罪中罪行重大或情节特别严重等，具有上述情况之一的，即构成一般共同犯罪的主犯。③在聚众犯罪中起主要作用的犯罪分子。这主要是在聚众犯罪起到主要作用的犯罪人，我国刑法分则对此作出了许多具体规定。在聚众犯罪中起主要作用的犯罪分子，一般认为包括：起组织、策划、指挥作用的首要分子，起主要作用的积极参加者，起主要作用的一般参加者。

《刑法》第 26 条第 3 款规定："对组织、领导犯罪集团的首要分子，按照集团所犯的全部罪行处罚。"该条第 4 款规定："对于第 3 款规定以外的主犯，应当按照其所参与的或者组织、指挥的全部犯罪处罚。"

犯罪集团中的首要分子，除了对自己直接实施的具体犯罪行为及其结果承担刑事责任外，还要对集团所犯的全部罪行承担刑事责任，即还要对其他成员按该集团犯罪计划所犯的全部罪行承担刑事责任，因为这些罪行是由首要分子组织、策划、指挥实施的。所应注意的是，对犯罪集团的首要分子，是按"集团"所犯的全部罪行处罚，不是按"全体成员"所犯的全部罪行处罚。就是说，集团成员超出集团犯罪计划独自实施的犯罪行为，不属于集团所犯的罪行，首要分子对此不承担刑事责任。

对于犯罪集团首要分子以外的主犯，即在犯罪集团中起主要作用的主犯、聚众共同犯罪中的主犯、一般共同犯罪中的主犯，应分为两种情况处罚：对于组织、指挥共同犯罪的人（如聚众共同犯罪中的首要分子），应当按照其组织、指挥的全部犯罪处罚；对于没有从事组织、指挥活动但在共同犯罪中起主要作用的人，应按其参与的全部犯罪处罚，这意味着现行刑法对这种主犯只是像单独犯那样处罚，而没有像旧刑法那样规定对主犯从重处罚。另外需要注意的是，我国刑法总则第 26 条规定的是主犯的一般刑事责任原则。但是，我国刑法分则对某些必要共犯的主犯和其他一般共同犯罪人已经规定了具体的法定刑，例如，《刑法》第 317 条第 2 款规定，犯聚众持械劫狱罪的，对首要分子和积极参加者处 10 年以上有期徒刑或者无期徒刑，情节特别严重的，处死刑；其他参加的，处 3 年以上 10 年以下有期徒刑。又如第 290 条第 2 款规定，犯聚众冲击国家机关罪的，对首要分子，处 5 年以上 10 年以下有期徒刑；对其他积极参加的，处5年以下有期徒刑、拘役、管制或者剥夺政治权利。对于这些共同犯罪中的首要分子、积极参加者等主犯，应直接按照刑法分则的有关条文规定的法定刑处罚。

二、从犯及其刑事责任

我国《刑法》第27条第1款规定："在共同犯罪中起次要或者辅助作用的，是从犯。"据此，从犯也分为两种：

1. 在共同犯罪中起次要作用的犯罪分子。次要作用是相对于主要作用而言的，与主要作用相比，重要性较差的。所谓在共同犯罪中起次要作用，指虽然参与实行了某一犯罪构成客观要件的行为，但在共同犯罪活动中所起的作用比主犯小，主要表现为：在犯罪集团的首要分子领导下从事犯罪活动，社会危害性不够重大或情节不够严重，或者在一般共同犯罪中虽然直接参加实行犯罪，所起作用不大，行为没有造成严重危害后果等。这种情况就是次要的实行犯。因此，不能笼统地认为从犯就是帮助犯，也不能把实行犯一律认为是主犯。

2. 在共同犯罪中起辅助作用的犯罪分子。辅助作用也是次要作用，之所以特别提出辅助作用，是因为按照分工对共同犯罪的分类中存在着帮助犯，如果说上述"次要作用"是指次要的实行犯，那么"辅助作用"即是指帮助犯。所以条文特别用"辅助作用"概括这种情况，以便全面理解"次要作用"的内涵。所谓辅助作用，指为共同犯罪人实行犯罪创造方便条件，帮助实行犯罪，而不直接参加实行犯罪构成客观要件的行为。辅助可能表现为有形的帮助，如提供犯罪工具、排除实施犯罪的障碍以及事前答应事后窝藏赃物、隐匿罪犯等；也可能表现为无形的帮助，如指点实施犯罪的时机、对象，协助拟制犯罪计划等。帮助通常是在实施犯罪之前进行的，也可能在实行犯罪之际进行，甚至事前通谋事后给予帮助。不论以什么形式或在什么时间内实施帮助，都对实行犯罪起辅助作用，都可能构成从犯。但传授犯罪方法的，虽然也是为实行犯罪创造方便条件，但《刑法》第295条将它作为独立的犯罪即传授犯罪方法罪加以规定，所以对传授犯罪方法的，应依照《刑法》第295条以传授犯罪方法罪论处，不能再作为某种犯罪的从犯处理。

关于从犯的刑事责任，《刑法》第27条第2款规定："对于从犯，应当从轻、减轻处罚或者免除处罚。"在从犯刑事责任原则的具体适用中应注意以下两点：①我国刑法对从犯采取必减主义。即对从犯"应当"从轻、减轻或者免除处罚，而不是"可以"从轻、减轻或者免除处罚。②对从犯予以从轻处罚，或者减轻处罚，或者免除处罚，应综合考察共同犯罪的性质、对犯罪结果作用的大小等方面的具体情形具体确定。同时，我国《刑法》第27条规定的也是从犯的一般刑事责任原则。我国刑法分则对一些必要共犯的从犯和主犯一起规定了具体的法定刑。如《刑法》第317条第1款规定，犯组织越狱罪的，对首要分子和积极参加者，处5年以上有期徒刑；对其他参加者，处5年以下有期徒刑或者拘役。此处的其他参加者，显然是指组织越狱罪中的从犯。对于这种刑法分则规定了具体法定刑的从犯，应当直接按照分则的规定处罚。

三、胁从犯及其刑事责任

根据《刑法》第28条的规定，“被胁迫参加犯罪的”，是胁从犯。在刑法中规定胁从犯是我国革命法制的传统，也是我国刑事政策的体现。新中国成立初期，毛泽东同志提出“镇压与宽大相结合”的政策时，即明确指出其中包括“胁从者不问”的政策。这一政策在1979年《刑法》中被立法化，根据1979年《刑法》第25条的规定，“被胁迫、被诱骗参加犯罪的”，是胁从犯。1997年修订的《刑法》删去了“被诱骗”一词。所谓被胁迫参加犯罪活动，指受到暴力威胁或精神威胁、被迫参加犯罪活动。行为人知道自己参加的是犯罪行为，虽然他主观上不愿参与犯罪，但为了避免遭受现实的危害或不利而不得不参加犯罪。不过，这时被胁迫者还是有自由意志的，他参加犯罪仍然是他自行选择的结果，所以他对参加的犯罪活动应负刑事责任。如果他是在身体受到强制的情况下完全失掉了自由意志，他的身体动静就不是自己的行为，那就谈不上他参加犯罪，因而不构成胁从犯。具体来说，胁从犯具有以下特征：①客观上实施了危害行为。②在主观上明知自己实施的行为是危害行为，在可以选择不实施的情况下，虽不愿意但仍实施了危害行为。如果行为人被欺骗不知道自己实施的是危害行为，或者虽然知道自己实施的行为是危害行为，但是其丧失了选择不实施犯罪的意志自由，因为不具备共同犯罪故意而不构成共同犯罪。③行为人是因为受他人胁迫而参加犯罪的。胁迫是指对行为人或其亲友以杀害、伤害、揭发隐私、损坏财物等相威胁，对行为人施加精神强制，强迫其参加犯罪。如实施的是有形强制，那么一般不属于胁从犯的胁迫条件。有的时候还需要注意胁从犯向主犯或者从犯的转化，即第一次被胁从参加犯罪的人，在其后的共同犯罪中自愿参与犯罪，且在共同犯罪中起主要作用，甚至成为共同犯罪中的骨干分子。对这种人不能再以胁从犯论处，而应按照他在共同犯罪中所起的实际作用是主要作用或者次要或辅助作用，分别以主犯或者从犯论处。

关于胁从犯的刑事责任，《刑法》第28条规定：“对于被胁迫参加犯罪的，应当按照他的犯罪情节减轻处罚或者免除处罚。”在处罚胁从犯时，要以其犯罪情节为依据，这里的犯罪情节主要包括两个方面：①被胁迫的程度，②在共同犯罪中所起的作用。《刑法》第28条规定对于胁从犯应当减轻或免除处罚，说明胁从犯的刑事责任轻于从犯。

四、教唆犯及其刑事责任

（一）教唆犯的含义

教唆犯是故意唆使他人实行犯罪的人，《刑法》第29条规定，“教唆他人犯罪的”，是教唆犯。教唆犯的核心要素在于教唆，即造意，促使他人产生原先并不存在的犯罪故意。构成教唆犯，需要具备如下条件：

1. 从客观方面看，必须有教唆他人犯罪的行为。

（1）所谓教唆，就是唆使具有刑事责任能力没有犯罪故意的他人产生犯罪故意。

教唆的对象必须是有刑事责任能力的人，如果教唆无刑事责任能力的人进行犯罪，那就不是教唆犯，而是利用无责任能力人犯罪的间接正犯。

（2）教唆的内容必须是犯罪行为，如果教唆他人实施违法行为或不道德行为，则不构成教唆犯。

（3）教唆行为的具体方式是多种多样的，可能是口头的，也可能是书面的，甚至是诸如使眼色、做手势等示意性动作。实施教唆的方法不一而足，如收买、嘱托、劝说、请求、利诱、命令、威胁、强迫等，都是教唆犯所使用的教唆方法。具体来讲，可以是以金钱、财物、女色等利益引诱他人犯罪，可以是以嘲弄、蔑视、侮辱等手段刺激他人犯罪，可以是以实施暴力、揭发隐私、毁坏财物等胁迫他人犯罪，可以是利用封建迷信唆使他人犯罪。构成教唆犯，只要求实施唆使他人产生犯罪故意的教唆行为就够了，不要求传授犯罪的方法。如果不仅教唆他人犯罪，而且传授他人犯罪的方法，那就应当按照教唆之罪的教唆犯与传授犯罪方法罪数罪并罚。

（4）间接故意教唆和直接故意教唆对客观方面的要求有所不同。在直接故意教唆的情况下，只要行为人实施了教唆行为，不要求被教唆的人实施被教唆的犯罪，被教唆的人实施了被教唆的犯罪的，成立共同犯罪之教唆犯；如果被教唆的人没有实施所教唆的犯罪的，教唆者构成独立的教唆犯。在间接故意教唆的情况下，不仅要求行为人实施了教唆行为，还要求被教唆的人实施了被教唆的犯罪，如果被教唆者没有实施所教唆的犯罪的，不构成犯罪。

2. 从主观方面看，必须有教唆他人犯罪的故意。这种故意也包括意识因素与意志因素两方面。其意识因素是：

（1）认识到被教唆的他人是达到刑事责任年龄、具有刑事责任能力的人，明知他人不具有刑事责任能力而教唆其犯罪，不构成教唆犯，而构成间接正犯。但如果行为人误认无刑事责任能力人为有刑事责任能力人而教唆其犯罪，仍然构成教唆犯，因为这种误认对教唆犯的故意不发生影响。

（2）认识到他人还没有犯罪故意，如果认识到他人已有犯罪故意，而为之提供犯罪计划的，构成从犯；对其传授犯罪技术的，构成传授犯罪方法罪，均不构成教唆犯。如果行为人不知他人已有犯罪故意仍然教唆其犯罪，不影响教唆犯的成立。

（3）预见到自己的教唆行为将引起被教唆人产生实行某种犯罪的故意，并实施该种犯罪。首先预见到自己的行为是教唆行为即意图引起他人犯罪故意的行为。其次预见到引起他人产生实行某种犯罪的故意。所谓某种犯罪，指某种具体的犯罪，至于犯罪的时间、场所等可不在预见之列。最后还预见到教唆行为与被教唆人产生犯罪故意之间存在因果关系，当然这种预见只能是概括的预见。

（4）教唆人预见到被教唆人实行该种犯罪，在被教唆人实行某种犯罪时，被教唆人实行的犯罪应与教唆人教唆实行的犯罪相一致，才成立该种犯罪的教唆犯。否则，教唆人教唆他人犯甲罪，被教唆人实际犯乙罪，两者故意的内容不一致，教唆者只能构成他所预见的犯罪的教唆犯，而不能是他未预见的犯罪的教唆犯。

（二）教唆犯的刑事责任

关于教唆犯的刑事责任，《刑法》第29条规定了以下三个处罚原则：

1.“教唆他人犯罪的，应当按照他在共同犯罪中所起的作用处罚。”如果教唆犯在共同犯罪中起主要作用，就以主犯论处；如果教唆犯在共同犯罪中起次要作用，则以从犯论处。具体来看，是指在被教唆的人已经实施所教唆的罪，教唆犯与其构成共同犯罪的情况下，对教唆犯应当适用的刑事责任原则。被教唆的人实施了被教唆的犯罪不仅包括实施了犯罪实行行为且达到犯罪既遂的情况，还包括已经着手实施了犯罪实行行为但由于意志以外的原因而未遂的，也包括着手实施犯罪预备行为但由于意志以外的原因而未能着手实行，或者在犯罪过程中自动停止犯罪或者有效地防止犯罪结果的发生的犯罪中止。所谓“在共同犯罪中所起的作用”，是指教唆犯在共同犯罪中实际所起的作用，具体来讲：教唆犯在共同犯罪中起主要作用的，应按主犯的处罚原则处罚；在共同犯罪中起次要作用的，按从犯处罚。在实践中，教唆犯是他人犯罪意图的制造者，是引起犯罪的重要原因，没有教唆犯的教唆，他人就不会实施犯罪，因而对教唆犯一般应以主犯论处。但教唆犯也并非都是起主要作用，如教唆他人帮助别人犯罪，教唆他人教唆别人犯罪，对这种情况下的教唆犯，可以从犯论处。

2.“教唆不满18周岁的人犯罪的，应当从重处罚。”由于未成年人分辨是非的能力差，容易被犯罪分子利用进行犯罪活动，教唆未成年人犯罪具有极大的社会危害性；同时，教唆未成年人犯罪也反映出教唆者极大的主观恶性。因而刑法规定，对教唆未成年人犯罪的行为应从重处罚。此外，保护青少年健康成长，也是上述规定的政策理由。当然，教唆未达到刑事责任年龄的人犯罪的，教唆者属于间接正犯，应当对其单独按照所教唆的犯罪论处。

3.“如果被教唆的人没有犯被教唆的罪，对于教唆犯，可以从轻或者减轻处罚。”刑法理论上称为教唆未遂。对“被教唆的人没有犯被教唆的罪”的情况，理论上存在不同观点：有的认为，仅包括教唆犯进行教唆后，被教唆的人没有进行任何犯罪活动；有的认为，除此之外，还包括被教唆的人接受教唆后犯了罪，但所犯的不是被教唆的罪，而是非被教唆的罪。我们认为教唆犯与被教唆犯只在行为性质重合的部分成立共同犯罪，否则只能按照单独犯罪处理。如甲明示教唆乙去盗窃，结果乙在盗窃过程被被害人丙发现，乙使用钝器将丙打成重伤，则乙成立抢劫罪，对甲而言则不能成立抢劫罪共犯，而成立盗窃罪。而如果在教唆者与被教唆者之间意思交流不明的情况下，教唆者本意是要被教唆者实施较轻的危害行为、造成较轻的危害结果，而被教唆者由于理解不当或者实施中出现过错，实施了较重的危害行为、造成较重的危害结果，是否成立教唆未遂则存在一定争议。如甲与乙有仇，甲通过网络联系雇佣丙，甲要丙“教训”乙一顿，丙又找来丁，让丁去教训乙，结果丁将乙杀害，则甲、丙、丁之间是否构成故意杀人的教唆与被教唆的共犯存在一定争议。

学术视野

一、“部分行为、全部责任”的原则

在对共同犯罪行为人的责任进行认定时，刑法理论上通常认为参与到共同犯罪之中的行为人都必须对共同犯罪的危害结果承担责任，即使本人行为实际上并没有对危害结果的产生起到决定性的作用。如甲、乙两人约定好共同持枪射击被害人丙，甲开枪未中而乙开枪命中丙头部致丙死亡，甲、乙都需要对丙的死亡承担责任，并且都构成故意杀人罪（既遂）。但是我们认为这个原则仅仅适用于结果犯典型的共同犯罪的场合，在行为犯的共同犯罪场合或者共同犯罪故意意思交流发生障碍的场合，这个原则难以适用。如甲、乙约定去强奸被害人丙，甲实施强奸行为完毕，乙将要实施强奸行为时，甲意图放弃，并使用强力赶跑了乙。对此，甲应当成立强奸罪（既遂），但是乙似难以成立强奸罪（未遂），如何处理还需要细化条件进行认定。

二、片面共犯

片面共犯是刑法上共同犯罪论的难点之一，它指的是参与到同一犯罪的人中，一方认识到自己是在和他人共同犯罪，而另外一方并没有认识到有他人在和自己共同犯罪。刑法理论上有的承认片面共犯，有的否定片面共犯，其基本起点在于如何认识共同犯罪的因果性。如果承认暗中教唆、暗中帮助他人乃至片面共同实行犯罪能够不通过实行犯而直接对危害结果发生因果关系，那么片面共犯就是存在的，否则只能存在全面的共同犯罪。

三、犯罪团伙、犯罪集团

日常生活和新闻媒体上经常使用“犯罪团伙”或“团伙犯罪”等用语，对于犯罪团伙属于何种共同犯罪的形式，理论上存在较大争议：有的认为犯罪团伙就是犯罪集团，有的认为犯罪团伙是一般共同犯罪，有的认为犯罪团伙是介于一般共同犯罪与犯罪集团之间的形式，有的认为犯罪团伙是一般共同犯罪与犯罪集团的统称。由于我国刑法中并没有规定犯罪团伙的共同犯罪形式，因此不能将犯罪团伙视为独立的共同犯罪形式，而必须对犯罪团伙进行分解：符合犯罪集团基本特征的，应按照犯罪集团处理；不符合犯罪集团基本特征的，按照一般共同犯罪处理，并进一步区分共同犯罪人的种类来认定各自的刑事责任。

理论思考与实务应用

一、理论思考

（一）名词解释

共同犯罪　共同的犯罪行为　意思联络　犯罪集团　主犯　从犯　胁从犯　教唆犯　任意的共同犯罪　必要的共同犯罪　间接正犯

（二）简答题

1. 简述共同犯罪的成立条件。
2. 简述共同犯罪的形式。
3. 简述犯罪集团的基本特征。
4. 简述主犯的刑事责任。
5. 简述从犯的刑事责任。
6. 简述教唆犯的刑事责任。

（三）论述题

1. 请论述共同犯罪与一般个体犯罪的异同。
2. 请论述教唆未遂的若干情形。
3. 请论述表面上貌似共同犯罪但实质上不能按照共同犯罪认定的某些情形。

二、实务应用

（一）案例分析示范

案例一

樊某某（18岁）、刘某某（17岁），预谋强奸中学时的同学——D县王村少女赵某（17岁）。2003年5月21日晚10时，樊某某、刘某某将赵某从家中骗至村东一水闸房内。樊某某先提出要与赵某发生性关系，遭到赵某拒绝，即用暴力将赵某强奸。赵某被强奸后啼哭不止。樊某某唯恐赵某告发，到水闸房外与刘某某密谋掐死赵某，以杀人灭口。刘某某表示同意，提出待自己强奸赵某后再将其掐死。刘某某将赵某强奸后，樊某某即狠掐赵某的颈部，将赵某掐昏。尔后，刘某某提出将赵某放到附近铁轨上，让列车将其轧死，制造赵某卧轨自杀的假象。随之，樊某某、刘某某掠走赵某的手表和人民币少许，将昏迷中的赵某移至铁路路标附近的铁轨上。几分钟后，赵某被运行的列车撞击挤压，造成心脏破裂内出血死亡。樊某某、刘某某作案后逃离现场，后被抓获归案。

问：樊某某、刘某某是否构成共同犯罪？

【评析】 成立共同犯罪，除符合犯罪的一般特征外，还必须同时具备以下几个条件：①共同犯罪人必须两个以上达到刑事责任年龄、具有刑事责任能力的人；②各个共同犯罪人必须具有共同犯罪的行为，这是共同犯罪人应负刑事责任的客观基础；③各个共同犯罪人必须具有共同犯罪的故意，这是共同犯罪人应负刑事责任的主观基础。

本案中，樊某某、刘某某合谋并且共同完成犯罪行为，构成了共同犯罪。我国《刑法》第25条第1款规定："共同犯罪是指二人以上共同故意犯罪。"这是我国刑法按照主客观相一致的原则对共同犯罪所下的定义。这一定义特别强调行为人在主观上必须要有共同的犯罪故意，才能构成共同犯罪。《刑法》第25条第2款专门指出："二人以上共同过失犯罪，不以共同犯罪论处；应当负刑事责任的，按照他们所犯的罪分别处罚。”可以说这款规定是对共同犯罪概念的重要补充说明。

成立共同犯罪，除必须符合犯罪的一般特征外，还必须同时具备以下三个条件：

1. 在犯罪主体上，共同犯罪人必须是两个以上达到刑事责任年龄，具有刑事责任能力的自然人。因此，有的危害社会的行为，虽然是多数人共同实施的，但如果其中只有一个人达到刑事责任年龄、具有刑事责任能力，而其他人都未达到刑事责任年龄或者不具有刑事责任能力，也不能成立共同犯罪。因为后者不能构成犯罪主体，他们实际上只是前者在实施犯罪时所利用的工具。本案中，樊某某18岁，刘某某17岁，两犯都达到刑事责任年龄、具有刑事责任能力。

2. 在客观方面，各个共同犯罪人必须具有共同犯罪的行为。这是共同犯罪人应负刑事责任的客观基础。所谓共同犯罪的行为，有两层意思：①共同犯罪人都共同参与实施了某种犯罪活动，各个共同犯罪人的行为都必须是犯罪行为，他们的犯罪行为是紧密联系，互相配合，为了完成一个共同的犯罪而实行的；②每个共同犯罪人的犯罪行为都是整个共同犯罪活动的有机组成部分，都同犯罪结果之间具有因果关系。本案中，在客观方面，樊某某、刘某某两犯具有共同的犯罪行为，即樊某某、刘某某将赵某从家中骗至村东一水闸房内，樊某某先使用暴力将赵某强奸，赵某被奸后啼哭不止。樊某某恐其告发，到水闸房外与刘某某密谋掐死赵某，刘某某亦表同意，提出待自己强奸赵某后再将其掐死。刘某某强奸赵某后，樊某某即狠掐赵某的颈部，将其掐昏，后两犯将昏迷中的赵某移至铁轨上，致赵某被运行中的列车撞击挤压，心脏破裂内出血死亡。从以上可以看出两者的行为互相配合，都围绕着强奸赵某、杀死赵某而进行。所以本案两犯构成共同强奸、共同杀人行为，是共同犯罪。

3. 在主观方面，各个共同犯罪人必须具有共同犯罪的故意。共同犯罪人不仅认识到自己在实施某种犯罪，而且认识到还有其他共同犯罪人和自己一起在共同实施这种犯罪，这就是说，各个共同犯罪人不仅主观上都有犯意，而且要有犯意的联系，他们之间的犯意互相沟通、彼此协调。此外，每个共同犯罪人对他们共同犯罪的行为会发生的结果，都是明知并且抱着希望或者放任其发生的态度。本案中，在主观方面，樊某某、刘某某两犯预谋强奸赵某，不仅认识到自己在实施犯罪而且也认识到对方和自己一起共同实施犯罪并且希望强奸赵某得逞。

据此，樊某某、刘某某两人是共同故意犯罪而且是事先预谋的共同故意犯罪，构成强奸罪、故意杀人罪的共同犯罪。

案例二

1997~2001年期间，段某某伙同其弟段某财、段某喜、段某友等人，通过血缘、家庭关系，纠集周某安、薛某明、唐某伟、陶某云等25人，结成具有黑社会性质的犯罪集团，进行寻衅滋事、聚众持械斗殴、欺行霸市、强买强卖等违法犯罪活动135起，致死1人、重伤1人、轻伤8人、强奸妇女25人，强掠民财200余万元。此外，段氏兄弟除组织、指挥、参与集团犯罪活动外，段某某还强奸妇女4人，构成强奸罪；段某财犯赌博罪；段某喜、段某友以及周某安分别犯有盗窃罪；唐某伟犯故意伤害罪。

问：该犯罪团伙是否属于犯罪集团？

【评析】 本案中，段某某伙同其弟段某才、段某喜、段某友等人，通过血缘、家庭关系纠集周某安、薛某明等25名案犯，进行寻衅滋事、聚众斗殴、欺行霸市、强买强卖等违法犯罪活动，完全符合刑法分则中黑社会性质犯罪集团犯罪的特征。

认定犯罪集团是个比较复杂的问题。要根据共同犯罪人之间实际犯罪活动的组织形式是否具备了犯罪集团的基本特征来认定，对于涉及罪与非罪的问题，还要运用有关具体犯罪构成加以分析认定。在司法实践中，常常使用"团伙犯罪"一词，但这不是一个法律概念。我国刑法只规定了一般共同犯罪与犯罪集团，并无介于两者之间的中间形式。因此，我们认为在办案中应当根据实际情况具体分析，凡案件事实符合犯罪集团的基本特征的，应按犯罪集团处理，不符合犯罪集团基本特征的，按照一般共同犯罪，区别主犯与从犯、胁从犯等，分别处以轻重不同的刑罚。这样，对其中的主犯仍然可以依法处以重刑，不会因为不作为犯罪集团处理就轻纵犯罪分子。

有组织的共同犯罪即犯罪集团，是特殊的共同犯罪形态，是指在共同犯罪中犯罪主体已结合为犯罪集团的共犯形态。这种共犯形态的最主要特点是各个共犯人之间具有紧密的、相对稳定的结合方式。在犯罪构成的整体结构上，具有以下特点：

1. 犯罪主体已结合成为相对稳定的犯罪集团。所谓犯罪集团，一般是指3人以上，为了在较长时间内实行某种或多种犯罪而结合在一起的具有相对稳定性的犯罪组织。犯罪集团一般应具备以下基本特征：①人数较多（3人以上），重要成员固定或基本固定；②经常纠集在一起进行一种或数种严重的犯罪活动；③有明显的首要分子，有的首要分子是在纠集过程中形成的，有的首要分子在纠集开始时就是组织者或领导者；④有预谋地实行犯罪活动；⑤不论作案次数多少，对社会造成的危害或具有的危险性都很严重。

在犯罪集团中，各个共犯人之间的关系，既不同于简单共犯，也不同于复杂共犯。他们既没有教唆犯、帮助犯和实行犯的区别，更非所有共犯人都是实行犯。他们之间是组织者、领导者与一般成员的关系，犯罪集团的组织者、领导者，主要是策划、指挥、监督和操纵犯罪集团的犯罪活动，往往通过犯罪集团的中间层进行上下通达，很少直接实施犯罪。

2. 在犯罪的客观方面。共犯人的犯罪行为表现为在统一指挥下的有组织的犯罪活动。他们的分工不同，承担的任务不同，行为的方式方法不同，行为之间的配合和联系的具体情况也不同，但他们都是统一的犯罪活动的共同实施者和完成者。由于犯罪集团一般都是较长期从事一种或多种犯罪活动，因此，各共犯人的行为易于出现重复性和专业化的倾向，这在贩毒、走私、拐卖妇女、儿童等犯罪集团中尤为突出。在犯罪手段上一般具有阴险狡猾、凶狠残暴的特点，作案不计后果，不择手段，危害性极大。

3. 在犯罪主观方面，虽然共犯人都有共同的犯罪目的和犯罪意图，但是，通常只有犯罪集团的组织者、领导者和某些骨干分子能够了解全部的犯罪活动计划、步骤和分工，犯罪集团的一般成员可能只了解自己直接参与的犯罪活动，因而他们的具体的犯罪故意的内容是不完全相同的。特别是那些被胁迫参加犯罪的成员更是如此。因此，对他们的主观心理态度要作具体分析，不能一概而论。

以上三个特点表明，共犯特殊形态的构成要素、结构和整体性都是与一般共犯形态不同的，这种区别决定了它是最危险、危害性最大的共犯形态。

案例三

1998年7月17日夜，刘某某（男，37岁，农民）潜入同村周某家，将周某之妻强奸。事后，周妻向村委会告发。刘某某因平时有不轨行为，曾多次受到村委会治保主任牛某的批评，故对牛某怀恨在心。此次强奸罪行败露，刘某某认为牛某不会放过自己，即产生杀害牛某全家的恶念。7月27日下午，刘某某到杨某某家，把要杀害牛某一家的意图、作案的方法等告诉了杨某某。杨某某开始劝刘某某不要这样做，当刘某某表示决心已下，一定要杀牛某一家后，杨某某又说："你一个总是值得的。"当晚，刘某某携带木工斧等作案工具，趁牛家无人之机潜入室内。深夜，牛某全家睡熟后，刘某某持木工斧先后朝牛某、牛妻和三个儿子身上、头上猛砍。作案后，刘某某携斧到杨家后窗。杨某某之妻时某（系刘某某的姘妇）闻声开窗，并把杨某某叫来。杨某某问刘某某："你杀得怎么样了？"刘某某答："杀了5人，都没有死。"杨某某说："你这个斩斩，那个斩斩，索性斩得一个死好。"刘某某说："还来得及。"即提斧赶到医院的路上，截住送往医院去的牛某之妻和其11岁的女儿连砍数下。然后，刘某某又跑到杨某某家后窗，对杨某某说："这次又有2个给我斩过了，差不多了。"杨某某、时某对刘某某说："天快亮了，你好逃了。"刘某某即逃走，后被公安机关抓获归案。牛家11岁的女儿被杀死，其余5人重伤。杨某某归案后供述，他之所以支持刘某某杀害牛某一家，基于两个想法：①对牛某家有意见，他妻子要求进村办工厂未被批准，怀疑是牛某阻挠；为宅基地他和牛某吵过架。②刘某某与杨某某之妻时某有通奸关系。刘某某杀人必然受到严惩，这样刘某某与时某可以断绝通奸关系，家里就可安宁了。

问：本案中杨某某的行为如何定性？

【评析】本案中就杨某某的行为应当如何定性，司法机关存在三种意见。第一种意见认为，杨某某的行为不构成犯罪。理由是：①杨某某在主观上没有一定要杀死牛某一家的故意。虽然杨某某与牛某有矛盾，但这种矛盾在农村是常事，不一定发展到杀人。杨某某讲"你一个总是值得的"，不等于杨某某主观上有杀人的故意，只能证明他觉悟低、有私心，而且这话又是在刘某某已决意杀人的情况下讲的。刘某某将犯罪意图告诉杨某某，杨某某赞成也好，不赞成也好，刘某某反正是要去杀人的，因此谈不上共谋。②在客观方面，杨某某没有实施杀人行为。③杨某某不存在教唆行为。杨某某讲“你这个斩斩，那个斩斩，索性斩得一个死好”，在客观上虽然起到了促使刘某某再去杀人的作用，但杨某某的这句话并不是教唆行为。因为刘某某是下决心要杀死牛某一家的，刘某某的犯罪意图在杨某某的言语之前就已经存在了，不符合教唆犯的核心要素：造意。

第二种意见认为，杨某某是帮助犯。理由是：①杨某某平时对牛家有成见，杨某某对刘某某的杀人意图虽然开始予以规劝，但最后还是表示赞同，说明杨某某在主观上具有帮助牛某杀人的故意。②杨某某的赞同，客观上是对刘某某的精神帮助。杨某某在刘某某第一次杀人后讲的那些话，客观上起了怂恿、推动刘某某再次行凶的作用，而且导致了严重后果。如果杨某某不说这句话，刘某某不至于再次行凶。③杨某某没有具体实施杀人行为，他讲的几句话是在刘某某的杀人决心已下的情况下讲的，因此情节较轻，可以从轻处罚。

第三种意见认为，杨某某是教唆犯。理由是：①杨某某对牛某一家有成见，又与刘某某有矛盾，杨某某支持刘某某杀人是一举两得的行为，其动机十分险恶、其目的具有相当的社会危害性。②杨某某在刘某某第一次杀人后说的那句话，已不是一般支持杀人而是一种教唆行为。对于刘某某的犯罪行为起到了重新制造新的故意杀人故意的激励作用。③杨某某的教唆行为使刘某某再次行凶杀人，并造成严重后果。

教唆犯是指故意引起他人实行犯罪意图的人。其特点是：本人不亲自实行犯罪，而是通过各种方式向他人灌输、刺激犯罪思想，促使他人形成原先并不存在的犯罪意图，并进而使他人实行犯罪行为，达到自己的犯罪目的。构成教唆犯，必须具备以下两个要件：

1. 主观上具有教唆他人实行犯罪的故意，过失“教唆”他人犯罪的，不构成教唆犯。教唆犯主观故意的内容，具有双重性。在认识因素中，教唆犯不仅认识到自己的教唆行为会使被教唆人产生犯罪意图并去实施犯罪行为，而且还认识到被教唆者的犯罪行为将会造成危害社会的结果；在意志因素中，教唆犯不仅希望或者放任其教唆行为引起被教唆者的犯罪意图和犯罪行为，而且希望或者放任被教唆者的犯罪行为造成危害社会的结果。教唆犯的罪过形式，可以是直接故意，也可以是间接故意。

2. 客观上具有引起他人实行犯罪意图的教唆行为。①教唆行为只能是积极的作为，而不可能是消极的不作为，否则就无法使他人产生犯罪意图。②教唆行为可以是对原无犯意的人使其产生犯罪意图，也可以是对已经产生犯意但尚不确定的人，使其坚定犯罪意图。③教唆行为的成立，不以被教唆人实际产生犯罪意图或者实行教唆的犯罪为必要，而只要有教唆他人犯罪的行为即可。④在被教唆者实行犯罪的情况下，要求教唆行为与被教唆者实行的被教唆之罪之间，具有因果关系。如果被教唆者实施的犯罪行为超出了教唆的范围，应由被教唆者独立承担刑事责任。⑤教唆行为可以由一人单独进行，也可以由数人共同实施；可以是直接教唆，也可以是通过第三者间接教唆；可以是针对同一对象进行教唆，也可能是同时对数个不同对象进行教唆；可以是教唆实行一罪，也可以是教唆实行数个不同的犯罪。教唆的方式、方法，不影响教唆犯的成立。

根据以上原理，我们认为对杨某某应以教唆犯论处。本案中，刘某某的杀人行为自始至终均为杨某某所知道，并且杨某某积极支持刘某某的杀人行为，还出谋划策，更为恶劣的是在刘某某实施第一次犯罪行为未遂之后继续怂恿其深化其犯罪行为，对此，杨某某应当承担刑事责任。从开始的情况来看，刘某某对杨某某讲要去杀人，杨某某作了规劝，见规劝不成就表示“你一个总是值得的”。这些言行当然不构成犯罪。但在刘某某杀了人来找杨某某，杨某某说：“你这个斩斩，那个斩斩，索性斩得一个死好。”这句话显然具有教唆的性质，并导致了他人被杀的严重后果。而且，杨某某主观上也与被害人牛某有仇，不能认为主观上没有杀人的故意。由此可见，杨某某的行为已构成犯罪。尽管刘某某杀人的犯意在开始时并不是杨某某挑起的，但在刘某某砍牛家5人以后，本来犯罪行为并不会进一步发展，不至于发生死亡后果，正是在杨某某的挑唆下，刘某某再一次去实施杀人行为。因此，杨某某应以教唆犯论处。

（二）案例分析实训

案例一

被告人叶某因曾数次受邻居袁某性骚扰而心生怨恨，但因怕丢脸而未声张，反而预谋设计使袁某强奸另一邻居吴某（经司法鉴定为轻度精神发育迟滞，无性防卫能力）。2003年11月某日晚，叶某趁袁某外出之际，谎称袁某让吴某去其宿舍玩，为吴某化好妆后将其拉至袁某宿舍，并熄灯锁门离开。袁某回来后发现吴某（袁某知道吴某情况），遂将其拉至厕所内奸淫。叶某遂报案，袁某被以强奸罪追究刑事责任。

问：叶某与袁某是否可成立共同犯罪？如何处理？

案例二

被告人王某与浦某预谋唆使他人贩毒并向公安机关举报以获取奖励费，并将“头痛粉”伪造成“海洛因”，先后三次以许诺事后给予金钱为诱惑，分别唆使罗某、左某、罗某某（其中罗某某、罗某不满18周岁）参与贩毒，同时向公安机关举报上述贩毒线索。罗某某、左某、罗某在交易“海洛因”时被当场抓获。事后，被告人王某与浦某从公安机关领取举报线索奖励费人民币5000元。

问：对王某与浦某的行为应当如何处理？

案例三

被告人单某某因被害人崔某在商业往来中拖欠其货款4万元一直未还，遂找到被告人李某某请其想办法逼迫崔某偿还欠款。李某某允诺后，即伙同董某某等人以胶带封嘴、捆绑双手的方法将崔某劫持到李某某家看押。期间，李某某以“不拿钱，就别想见人”等言语相威胁，单独给崔某家人打电话，索要现金30万元，经讨价还价后又降至20万元。

问：对被告人李某某、董某某、单某某如何定罪处罚？

第十二章
罪数形态

【本章概要】罪数形态是有关犯罪数量的刑法理论范畴，由于犯罪主客观要件的复杂表现、立法规定的复杂表现，导致认定犯罪数量也出现较为复杂的局面。在刑法理论上，认定一罪的存在是罪数形态的基本方向，根据犯罪主客观要件与立法规定之间的关系可以将罪数形态中的一罪分为实质的一罪、法定的一罪与处断的一罪。实质的一罪包括继续犯、想象竞合犯与结果加重犯，法定的一罪包括结合犯、集合犯，处断的一罪包括连续犯、牵连犯和吸收犯。

【学习目标】了解罪数形态的基本概念；了解实质的一罪、法定的一罪、处断的一罪区分的基本方式；掌握继续犯、结合犯、连续犯；深入掌握想象竞合犯、结果加重犯、牵连犯、吸收犯；了解集合犯；理解罪数形态划分的基本标准。

第一节 罪数形态概述

一、区分罪数形态的意义

罪数形态即犯罪的个数，在刑法理论上指一罪与数罪的区别。行为人的行为是构成一罪，还是成立数罪，这在一般的情况下不难区分。但是，由于犯罪现象千姿百态，法律规定错综复杂，以至于有些犯罪形似数罪而实质上为一罪或法律规定为一罪以及在审判实务中被作为一罪来处理。因此，罪数问题或者说一罪还是数罪的问题，并不是一个简单的问题，而是司法实践中常常会遇到的一个难题，也是刑法理论上需要深入研究的一个基本问题。从实际的意义上讲，研究罪数即解决一罪与数罪的区分问题，具有以下重要意义：

第一，有助于准确定罪。定罪准确是刑事审判活动最基本的要求之一，要做到准确定罪，先要查明行为人的行为是否构成犯罪，构成何种犯罪，同时还要确定是构成一罪还是构成数罪。如果本来是一罪而认定为数罪，或者相反，本来为数罪而认定成一罪，都可能导致定罪上的不准确。

第二，有助于恰当量刑。对犯罪裁量决定刑罚，必须考虑多方面的因素，罪数问题是影响刑罚裁量的重要因素，在量刑时也不能不对其加以考虑。一般而言，对一罪只能一罚，对数罪则应当并罚。如果错误地将一罪认定为数罪或者将数罪当成了一罪，就会导致不合理地加重或减轻行为人刑事责任的情况，造成量刑畸重畸轻的后果。此外，不同的一罪类型，由于构成特征上的原因，其量刑的原则也往往互不相同，如有的是从重处罚，有的是从一重处断，有的只作为一罪来处刑，有的则本为从一重处断而法律却规定数罪并罚，等等。可见，如果不能正确区分一罪（包括属于何种类型的一罪）与数罪，就不能做到量刑适当。

第三，有助于正确适用我国刑法上的相关重要制度。在我国刑法中，有些一罪与数罪意义上的犯罪类型，如连续犯、继续犯、牵连犯等与刑法的空间效力、时间效力、追诉时效等制度有着密切的关系。因此，只有准确区分一罪与数罪并准确认定各种罪数意义上的犯罪类型，才能正确运用上述刑法制度。例如，根据《刑法》第 89 条第 1 款的规定，追诉时效的期限从犯罪之日起计算；犯罪行为有连续或者继续状态的，从犯罪行为终了之日起计算。因此，如果不能准确把握连续犯、继续犯等一罪类型，就会影响到追诉时效制度的正确适用。

第四，有利于刑事诉讼程序的依法进行。在刑事诉讼中，犯罪发生地与案件的严重程度是决定诉讼管辖（地域管辖与级别管辖）的根据，确认某一案件为自诉案件还是公诉案件，则直接影响到应采取何种刑事审判程序。而确定犯罪发生地、案件的严重程度以及案件本身是属于自诉案件还是属于公诉范围，往往要以对行为人的行为究竟是一罪还是数罪的判断为前提，如果不能准确地区分一罪与数罪，就很难正确执行法律所规定的刑事诉讼程序。

二、区分罪数的标准

罪数区分标准，指判断犯罪事实是构成一罪还是成立数罪的根据。区分罪数应以什么为标准，在外国刑法理论中存在各种不同的学说。认真分析这些学说的内容，对于我们正确掌握区分罪数的标准不无重要的意义。

（一）罪数区分标准的诸学说评析

1. 行为标准说。该说认为，犯罪的本质是行为，无行为则无犯罪，所以区分是一罪还是数罪自然应以行为的个数为标准。行为人实施了一个行为的，为一罪；实施了数个行为的，为数罪。基于对行为所持的观念的不同，该说又有自然行为说与法律行为说之分。前者主张，对这里的行为应从自然意义上来理解，据此，人的一个动作或举动就是一个行为；后者认为，犯罪行为不同于自然意义上的行为，故应当依照法律上的观念来认定行为，从法律上讲，数个举动可能只是一个法律意义上的行为，如将枪支装上子弹、举枪瞄准、开枪射击而致被害人死亡，这一系列的动作或举动，只是一个杀人行为。由于犯罪行为只能根据法律评价来认定，所以自然行为说显然不妥，但即便从法律行为说的角度讲，这种以行为为标准的立场也并不可取。因为犯罪的成立必须符合刑法规定的一切主客观犯罪构成要件，而该说只片面地强调行为，对结果却不予考虑，犯罪主观方面的因素更不在其视野之内。因此，依行为标准说，难以准确地区分一罪与数罪。

2. 法益（结果）标准说。该说主张以行为侵犯法益（法律保护的利益）或者造成危害结果的数量为区分罪数的标准。持此说者认为，犯罪的本质是对法益的侵害或者威胁，而刑法之所以将某种行为规定为犯罪，就是为了保护法益免遭侵害，所以区分是一罪还是数罪应以侵害、威胁法益或者危害结果的个数为根据。侵害、威胁一个法益或发生一个结果的，是一罪；侵犯数个法益或者发生数个危害结果的，是数罪。至于法益个数的计算，则因其类型的不同而不同：国家法益与社会法益属公法益，系概括的法益，为单数；个人法益属私法益，分为人身专属法益与非专属法益两类，前者指生命、健康、人格等与人身不可分离的法益，其个数以法益持有人为标准计算，后者指动产、不动产等财产法益，其个数以财产监督者的个数为标准计算。由于法益标准说片面强调受侵害法益的个数在区分罪数问题上的重要性，而忽略了其他构成要件对一罪与数罪区别的意义，因而未取得广泛认可。

3. 犯意（意思）标准说。此说认为犯罪是行为人主观上犯罪意思的外部表现，而行为只是行为人犯罪意思或主观恶性的表征，所以区分罪数应以犯罪意思为标准。行为人基于一个犯罪意思实施犯罪的，是一罪；基于数个犯罪意思实施犯罪的，为数罪。例如，行为人以一次杀二人的意思同时杀害二人的，成立一罪，但如果是杀害了一人以后又产生了犯意而杀害第二个人的，则成立数罪。应当看到，犯意标准说注意到犯罪主观方面在罪数区分问题上的意义，有利于克服行为标准说与法益标准说的缺陷，但遗憾的是，该说又走向完全忽视犯罪的客观方面的另一极端。如前所述，犯罪是符合刑法规定的犯罪构成的行为，而犯罪构成是犯罪主观方面和客观方面要件的统一，因此，仅仅以犯意作为判断罪数的标准，是不能正确地区分一罪与数罪的界限的。

4. 构成要件标准说。该说认为，犯罪首先是符合构成要件的行为，如果不具备构成要件符合性就谈不上成立犯罪，所以区分罪数只能以构成要件为标准。在构成要件的评价中，行为一次符合构成要件的，是一罪，数次符合构成要件的，为数罪。此说在日本刑法理论界为通说。由于在大陆法系刑法理论中，构成要件包含着行为、结果或法益以及故意等要素，因此以构成要件作为区分罪数的标准可以避免上述行为标准说、法益标准说和犯意标准说的片面性。但此说仍然存在着缺陷，因为在他们的犯罪论体系中，构成要件符合性只是犯罪成立的条件之一，行为成立犯罪，除了要具备构成要件符合性外，还必须具备违法性和有责性，否则也不称其为犯罪。所以，行为符合构成要件的次数并不等于犯罪的个数，故以构成要件为标准也同样不能准确地将一罪与数罪加以区分。

（二）我国刑法学界在罪数区分标准上的主流观点

我国刑法学界的通说主张以犯罪构成作为区分一罪与数罪的标准，一般认为，行为所符合或具备的犯罪构成个数，是区分一罪与数罪的标准。即行为人的行为符合一个犯罪构成的，是一罪；行为具备数个犯罪构成的，为数罪。这种主张的理由主要有以下几点：

1. 这一标准在罪数区分问题上贯彻了罪刑法定原则。如前所述，罪刑法定原则的首要要求是犯罪与刑罚必须由刑法明文加以规定，而为了体现罪刑法定原则，我国刑法总则和分则全面地规定了构成犯罪的要件即每一种犯罪的犯罪构成。因此，体现罪刑法定原则的犯罪构成既是认定单个犯罪的准绳，也是解决罪数问题即区分一罪与数罪的标准。而且，坚持以犯罪构成作为判断一罪与数罪的标准，有利于罪数认定问题上的统一性和公正性，避免随意性和擅断性，是在罪数判定问题上严格执法的表现和处理公平的保障。总之，在一罪与数罪的区分方面，坚持以犯罪构成为标准，是罪刑法定原则在罪数领域的具体体现。

2. 这一标准在罪数区分问题上贯彻了主客观相统一的原则。我国刑法理论认为，由于犯罪行为是行为人在危害社会的罪过（故意或过失）心理支配下实施的危害社会的行为，故在认定犯罪和追究刑事责任时都必须坚持主客观相统一的原则，主张以犯罪构成作为区分一罪与数罪的标准，正是认定罪数时坚持主客观相统一原则的具体体现。这是因为，我国刑法中的犯罪构成是主客观相统一的，任何一种犯罪的构成都是由一定的客观要件和主观要件有机结合而成的。因此，运用犯罪构成来区分一罪与数罪，就既为解决罪数问题提供了符合犯罪自身规律的可靠的标准，也使主客观相统一原则在罪数领域得到了具体贯彻落实。

3. 这一标准在罪数区分问题上贯彻了犯罪构成理论。犯罪构成理论是我国刑法学的核心理论，它贯穿于刑法学关于犯罪问题的各个领域，如在故意犯罪形态、共同犯罪以及刑法分则理论的各章中，无不以犯罪构成理论为基石，在罪数领域中当然也不能例外。以犯罪构成作为判断罪数的标准，不仅是犯罪构成理论作为刑法学核心理论的要求，也是发展、完善罪数理论的需要。因为任何一种罪数类型，无论是一罪的类型还是数罪的类型，都具有其客观要件和主观要件，都是主客观要件的统一。所以，只有以主客观相统一的犯罪构成为标准，才能正确区分各种一罪与数罪，才能使犯罪构成理论在罪数领域得到充分的贯彻。

需要指出的是，虽然上面所提到的以犯罪构成作为区分一罪与数罪标准在理论上是被一致认可的，但在司法实践中运用这种标准来认定罪数有时却与刑法的规定不相一致，例如，牵连犯按犯罪构成标准应属于一罪的类型，但在我国刑法中却对有的牵连犯规定按数罪来处理，实行并罚。因此，在区分一罪与数罪时，原则上应以犯罪构成为标准，但同时应考虑刑法有无特别规定，对于刑法中有特别规定的，必须依照刑法的规定来处理。

三、罪数的类型

综观世界各国的刑事立法和刑法理论，罪数不外乎一罪与数罪两种类型，但实际问题并非如此简单。究竟何为一罪而何为数罪，不仅不同国家的刑法上规定不同，学术上见解不一，而且在同一国家的立法中和理论上也不是完全一致的。以我国为例，刑法对牵连犯这种情况在有些场合规定为数罪，在其他情况下则未作这样的规定而要求或者默许审判机关对其按一罪处理，刑法理论上对一罪与数罪各自的范围和种类也多有不同意见。我国刑法学界的通说是将一罪分为三类：①实质的一罪，即一行为在刑法中规定为一罪或者处理时作为一罪的情况，具体包括继续犯、想象竞合犯与结果加重犯三种；②法定的一罪，即数行为在刑法中规定为一罪的情况，具体包括结合犯与集合犯两种；③处断的一罪，即数行为处理时作为一罪的情况，具体包括连续犯、牵连犯和吸收犯三种。

关于数罪的类型，理论上有以下的分类：

(一) 异种数罪和同种数罪

异种数罪和同种数罪，是以行为人的犯罪事实充足符合的数个犯罪构成的性质是否一致为标准，对数罪所进行的分类。其中，异种数罪，是指行为人的犯罪事实充足符合数个性质不同的犯罪构成的犯罪形态；同种数罪，是指行为人的犯罪事实充足符合数个性质相同的犯罪构成的犯罪形态。行为人的犯罪事实所符合的数个犯罪构成的性质是否一致，表现在法律特征上，就是行为人实施的数个犯罪行为所触犯的罪名是否相同。数个犯罪行为触犯数个不同罪名，就是异种数罪；数个犯罪行为触犯相同罪名，就是同种数罪。将数罪分为异种数罪与同种数罪的意义在于：①异种数罪和同种数罪，都是实质数罪的基本形式。不能因数罪的性质有别，而否认其中任何一种数罪作为实质数罪的法律地位。②无论是异种数罪，还是同种数罪，均可被分为并罚的数罪和非并罚的数罪。③尽管作为实质数罪的部分异种数罪和同种数罪会引起对其予以并罚的法律后果，但是，在相同的法律条件下，异种数罪和同种数罪被纳入并罚范围的机会不是均等的。换言之，在一定的法律条件下，对于异种数罪必须予以并罚，而对于同种数罪则无须实行并罚。

(二) 并罚的数罪和非并罚的数罪

并罚的数罪和非并罚的数罪，是以对行为人的犯罪事实已构成的实质数罪是否实行数罪并罚为标准，对数罪所进行的分类。其中，并罚的数罪，是指依照法律规定应当予以并罚的实质数罪；非并罚的数罪，是指无须予以并罚，而应对其适用相应处断原则的实质数罪。数罪的这种分类所具有的主要意义为：明辨实质数罪中应予并罚的数罪范围，并在此基础上，针对非并罚的实质数罪，包括其中的异种数罪和同种数罪，如牵连犯、连续犯等犯罪形态，确定与之相应的处断原则。

(三) 判决宣告以前的数罪和刑罚执行期间的数罪

判决宣告以前的数罪和刑罚执行期间的数罪，是以实质数罪发生的时间条件为标准，对数罪所进行的分类。其中，判决宣告以前的数罪，是指行为人在判决宣告以前实施并被发现的数罪；刑罚执行期间的数罪，是指在刑罚执行期间发现漏罪或再犯新罪而构成的数罪。数罪的此种分类的意义在于：明确应予并罚的数罪实际发生的时间条件，并以此为基础，对发生于不同阶段或法律条件下的数罪，依法适用相应的法定并罚规则（包括并罚的数罪性质和并罚的具体方法），决定应予执行的刑罚。由于我国刑法典对发生于不同时间条件下的数罪规定了不同的并罚规则，所以，将数罪区分为判决宣告以前的数罪和刑罚执行期间的数罪，是正确适用不同法定并罚规则的必要前提。

第二节　实质的一罪

一、继续犯

（一）继续犯的概念与特征

继续犯，也称持续犯，是指作用于同一对象的一个犯罪行为从着手实行到行为终了，犯罪行为与不法状态同时处于继续状态的犯罪，非法拘禁罪是典型的继续犯。继续犯具有以下特征：

1. 必须是始终只有一个犯罪行为。继续犯之所以是一个犯罪行为，是因为在主观上支配继续犯行为的犯意只有一个，并且这种犯意贯穿实行行为的开始到终了；在客观上继续犯自始至终只有一个实行行为，并不因实行行为持续时间的长短而改变；而且即使行为地发生变化，仍然是一个实行行为。例如，行为人第一天将被害人拘禁于甲地，第二天转移拘禁于乙地，第三天再转移拘禁于丙地。尽管拘禁地一再转移，但非法拘禁行为并未间断，仍然是一个非法拘禁行为，而不是数个非法拘禁行为。如果不是只有一个行为，就不是继续犯。例如，在 7 天之内连续在夜间盗窃 6 户人家的大量财物，是连续的数个行为，应构成连续犯，而不是继续犯。继续犯可以由作为构成，如非法拘禁罪中的非法拘禁，就是以作为的形式实施的；也可能由不作为构成，如遗弃罪的遗弃，即负有扶养义务而拒绝扶养，就表现为不作为的形式。

2. 必须是持续地作用于同一对象。继续犯持续作用的对象只能是同一对象。例如，行为人非法拘禁某甲一月有余，在持续非法拘禁一个多月的时间里，非法拘禁的对象始终只是某甲，这是继续犯。如果第一天非法拘禁某甲，第二天非法拘禁某乙，第三天又非法拘禁某丙，则因三天中非法拘禁的对象不同而构成数个非法拘禁罪，不能认定为一个继续犯。

3. 必须是犯罪行为与不法状态同时继续。这是构成继续犯的重要条件，也是继续犯与其他有关情况相区别的显著特征。这一特征包括如下含义：①犯罪行为必须具有继续性，即犯罪行为从着手实行到行为终了在时间上有一个过程，在这个过程中实行行为一直处于不间断进行的状态中。②犯罪行为所引起的不法状态必须具有继续性。所谓不法状态，指由于犯罪的实行行为使客体遭受侵害的状态，这种不法状态不是很快即告消失，而是在时间上处于继续存在的状态中。③犯罪行为与不法状态同时处于持续的过程中，而不只是犯罪行为的继续或者不法状态的继续。如果只是犯罪行为所造成的不法状态处于持续之中，而犯罪行为一经实行即告完成，并不处于继续状态，就不是继续犯。例如，行为人实施盗窃后之占有赃物，是不法状态的继续，但盗窃罪不是继续犯，因为作为盗窃罪构成要件的盗窃行为已经结束，而不是处于继续状态。而非法拘禁罪在行为人将被害人非法拘禁期间，既是非法拘禁行为的继续，也是非法拘禁不法状态的继续，所以是继续犯。

4. 必须是从着手实行时起到行为终了时止继续了一定时间。具有时间上的持续性，是继续犯的又一特征，没有一定的时间过程，就谈不上是犯罪行为和不法状态的继续，从而也就构不成继续犯。例如，行为人将被害人非法拘禁几分钟，就不构成非法拘禁罪。至于构成继续犯的时间继续应以多长时间为准，法律并没有规定，应当根据犯罪的性质和情节，具体分析和认定。在我国的司法解释里，一般认为构成典型的非法拘禁罪其继续的时间应当达到24小时以上。

以上四个特征只有同时具备，才能构成继续犯。

（二）继续犯与类似情况的区别

1. 继续犯与状态犯的区别。状态犯，指犯罪既遂后，其实行行为所造成的不法状态处于持续之中的犯罪形态。就不法状态处于持续之中来看，状态犯与继续犯颇为相似。两者的主要区别是：①继续犯的不法状态从犯罪实行那一刻即告发生，并一直存在于犯罪行为终止以前的整个犯罪过程中；状态犯的不法状态则发生于犯罪行为终止之后，而不存在于整个犯罪过程中。②继续犯是犯罪行为与不法状态同时继续；状态犯则只是不法状态的继续，而不存在犯罪行为的继续。例如，前述的盗窃罪，盗窃犯占有赃物，只是不法状态的继续，而盗窃行为已经结束，因而盗窃罪属于状态犯，而不是继续犯。

2. 继续犯与即成犯的区别。即成犯，指犯罪行为实行终了，犯罪即告完成的犯罪形态，如强奸罪。即成犯与继续犯的主要区别在于：继续犯以犯罪行为和不法状态在一定时间内继续为要件，而即成犯在犯罪构成要件上没有时间的要求。例如故意伤害罪，可能一枪致人重伤，也可能将被害人持续殴打了两个小时造成重伤，后一种情况下行为人实施犯罪行为时间较为长一些，但这不是故意伤害罪的构成要件。

3. 继续犯与接续犯的区别。接续犯，指行为人在同一机会以性质相同的数个举动接连不断地完成一个犯罪行为的形态。其主要特征有两点：①在同一机会实施，即在相接近的时间或场所内侵害同一犯罪的直接客体；②接连不断地实施性质相同的数个举动。这要求必须是数个举动，且数个举动必须性质相同并接连不断地实施，例如，行为人意图杀死被害人，每次下少量毒药，经多次下毒后致被害人死亡，这种情况的杀人，就是接续犯。接续犯与继续犯的区别主要在于：接续犯是数个相同的举动组成一个犯罪行为，但没有犯罪行为和不法状态的同时继续；而继续犯则是犯罪行为和不法状态同时处于持续之中。

（三）继续犯的处罚原则

由于刑法分则对属于继续犯的犯罪设立专条加以规定，并配置有相应的法定刑，所以对继续犯应依刑法规定以一罪论处，不实行数罪并罚。但继续犯继续时间的长短在裁量刑罚时应作为量刑情节加以考虑。例如，一般而言，对非法拘禁他人达数月之久的继续犯在量刑时应重于非法拘禁他人一两个星期的继续犯。根据《刑法》第89条第1款的规定，对继续犯的追诉期限，从犯罪行为终了之日起计算，这也说明了继续犯只能以一罪论处。

二、想象竞合犯

（一）想象竞合犯的概念与特征

想象竞合犯，也称想象的数罪或观念的竞合，是指一个行为触犯数个罪名的犯罪形态。例如，开一枪，打死了甲，同时又打伤了乙，这就是想象的竞合犯。我国刑法没有明文规定想象竞合犯，但这一概念在刑法理论上一直是被承认的，并为司法实践所普遍接受。想象竞合犯具有如下特征：

1. 行为人只实施了一个行为。这是构成想象竞合犯的前提条件，如果是实施了数个行为，则不可能构成想象竞合犯。所谓一个行为，指在社会生活的意义上被评价为一个的行为。这里所说的行为不单单是狭义的行为，也指包括结果在内的广义的行为。如上例所说的开一枪，打死一人并打伤另一人，即一个发生了一死一伤两个结果的行为。想象竞合犯的一行为通常是作为，但也可能是不作为。从实际情况看，想象竞合犯可能是一个故意行为，例如，故意开枪向人群扫射，打死一人，打伤二人；也可能是一个过失行为，例如，某甲擦枪，不慎走火，打死一人，重伤一人；还可能是实施一个行为但主观上既出于故意同时存在过失，例如，行为人意图杀害某甲，担心伤害了站在某甲旁边的某乙，遂转移位置，选择不易伤害到某乙的角度向某甲射击，结果还是将某乙打成重伤。这里行为人的行为对某甲而言是出于故意，对某乙则是基于过失。

2. 一个行为触犯了数个罪名。想象的竞合犯只能是一个行为触犯数个罪名，触犯一个罪名的，谈不上是想象的竞合，但如果是数个行为触犯数个罪名，也非想象竞合犯。所谓一个行为触犯数个罪名，就是一个行为在形式上或外观上同时符合刑法规定的数个犯罪构成。如上述故意对人群开枪射击而打死一人并打伤另外二人的例子，就是一个行为同时符合故意杀人罪与故意伤害罪两个犯罪构成因而触犯这两个罪名的情况。至于数个罪名是否必须不同，在刑法理论上还有争议。我们认为，想象竞合犯只能是一个行为触犯相互不同的数个罪名，触犯数个相同的罪名的，不成立想象竞合犯。因为只有数个不同的罪名，才是数个罪名；数个相同的罪名，例如数个故意杀人罪，罪名仍然只是一个，也就谈不上是想象的竞合犯。并且承认想象的竞合犯，目的在于解决行为触犯的数个罪名中应按哪一个罪名定罪量刑的问题，一行为触犯数个同种罪名时，在确定行为的罪名上不会发生疑问，因而将它作为想象竞合犯，对审判工作没有实际意义。事实上在我国的审判实践中，对于一个行为触犯同种的数个罪名，例如，行为人杀死被害人一家三人，只是作为一罪从重处罚，并未按照想象竞合犯来处理。

（二）想象竞合犯的处罚原则

对想象竞合犯，我国刑法理论界主张按“从一重处断”原则处理，即依照行为触犯的数个罪名中法定刑较重的犯罪定罪处刑，而不实行数罪并罚。《刑法》第329条明文肯定了这一原则。该条第1款规定了盗窃、抢夺国有档案罪，第2款规定了擅自出卖、转让国有档案罪，紧接着第3款规定："有前两款行为，同时又构成本法规定的其他犯罪的，依照处罚较重的规定定罪处罚。"我们认为，这一处罚原则不仅适用于本条款规定的犯罪，对其他想象竞合犯同样适用。但是，如果刑法另有特别规定的，则应当依照特别规定处理。

（三）想象竞合犯与法条竞合的区别

想象竞合犯与法条竞合有相同之处，容易混淆，必须加以区别。法条竞合，指行为人实施一个犯罪行为同时触犯数个在犯罪构成上具有包容（完全的或部分的）关系的刑法规范，但只适用其中一个刑法规范的情况。这里的实施一个犯罪行为，指基于一个罪过实施一个危害社会的行为。数个刑法规范可能表现为不同法律中规定的数个刑法规范或者同一法律中不同条款规定的不同罪刑规范，不同刑法规范规定了不同的犯罪构成，同时触犯数个刑法规范，亦即行为形式上同时符合数个犯罪构成，因而触犯数个罪名。但是数个犯罪构成之间在法律上具有包容关系，即一个犯罪构成在法律上为另一个犯罪构成所包括，所以实质上只是符合一个犯罪构成，因而只适用其中一个刑法规范。例如，某甲出于抢劫枪支、弹药的故意，实行了抢劫枪支、弹药的行为，同时触犯了《刑法》第127条第2款规定的抢劫枪支、弹药罪和第263条规定的抢劫罪，而由于抢劫枪支、弹药罪的构成从内容上讲为抢劫罪的构成所包容，所以某甲实际上只构成抢劫枪支、弹药罪，应依《刑法》第127条第2款的规定论处。法条竞合时适用法律的原则是：①特别法优于普通法；②重法优于轻法。如前述的抢劫枪支、弹药罪和抢劫罪的两条规定，后者是普通法，相对于后者而言，前者是特别法。因此，依照特别法优于普通法的原则，对抢劫枪支、弹药的行为，应适用《刑法》第127条第2款的规定，按抢劫枪支、弹药罪论处。再如，根据《刑法》第149条第2款的规定，生产销售第141～148条所列的特殊伪劣产品，构成各该条所规定的犯罪，同时又构成第140条规定的生产、销售伪劣产品罪的，依照处罚较重的规定定罪处罚。这便是法条竞合情况下重法优于轻法的立法例。

想象竞合犯与法条竞合都是实施了一个行为，都是触犯了数个罪名。两者的区别在于：①两者的主客观表现不同。法条竞合中的一个行为，只是出于一个罪过，并且是产生一个结果；想象竞合犯中的一个行为，往往是数个罪过和数个结果。如开一枪打死一人，并打伤另一人，只能是想象竞合犯，而不可能是法条竞合。②两者产生的原因不同。法条竞合是由于法规的错综复杂规定即法律条文内容上存在着包容或部分包容关系，以致一个犯罪行为触犯数个刑法规范；想象竞合犯则是由犯罪的事实特征所导致，即出于数个罪过或产生数个结果，以致一行为触犯数罪名。③两者涉及的刑法规范关系不同。法条竞合时一行为触犯的数个刑法规范之间存在此一规范规定的犯罪构成包容另一规范规定的犯罪构成的关系；想象竞合犯中，一行为触犯的规定数个罪名的法条不存在犯罪构成之间的包容关系。④两者的处理原则不同。法条竞合的情况下，在竞合的数法规中，仅仅一法规可以适用于该行为，其法律适用问题，依照特别法优于普通法或重法优于轻法的原则来解决；在想象竞合犯的场合，竞合的数法规均可以适用于该行为，其法律适用问题，依照“从一重处断”的原则来解决。

三、结果加重犯

（一）结果加重犯的概念与特征

结果加重犯，是指实施基本犯罪构成要件的行为，发生基本犯罪构成要件以外的重结果，因而刑法规定加重刑罚的犯罪形态。例如，《刑法》第260条规定，犯虐待罪，处2年以下有期徒刑、拘役或者管制；致被害人重伤、死亡的，处2年以上7年以下有期徒刑。这里的虐待致人重伤或死亡，就是结果加重犯。结果加重犯的特征如下：

1. 实施了基本犯罪行为。基本犯罪行为是结果加重犯存在的前提，没有基本犯罪行为就不会有结果加重犯。需要研究的是，这里的基本犯罪是否仅限于结果犯（即以危害结果为犯罪构成要件的犯罪）以及是否必须是故意犯罪。对这两个问题，刑法理论上均有不同见解。关于第一个问题，我们认为，这里的基本犯罪不以结果犯为限，即所实施的不仅是以危害结果作为犯罪构成要件的犯罪行为，也可以成立结果加重犯。例如，《刑法》第238条第1款规定的非法拘禁罪的基本犯罪不是结果犯，但非法拘禁致人重伤、死亡的，同样成立本罪的结果加重犯。关于第二个问题，我们认为，对结果加重犯的基本犯罪没有理由限定为故意犯罪。从我国刑法规定来看，也存在对基本犯罪持过失的结果加重犯。例如，《刑法》第136条规定的危险物品肇事罪以及第137条规定的工程重大安全事故罪等，都是过失犯罪，实施这些基本犯罪为过失犯罪的行为造成特别严重后果的，也成立结果加重犯。

2. 产生了基本犯罪构成以外的重结果。构成结果加重犯，以发生重结果为不可缺少的条件，并且重结果必须由基本犯罪的犯罪行为所引起，即重结果与基本犯罪行为之间必须具有因果关系，否则不构成结果加重犯。例如，甲殴打乙致伤，乙住院治疗时，因病房失火被烧死，这种场合，甲只构成故意伤害罪，而不成立故意伤害致人死亡这一结果加重犯。对此，刑法理论上意见一致。但是，在行为人对这种重结果的罪过形式是仅限于过失还是既可以是过失也可以是出于故意的问题上，则有不同看法。我们认为，根据我国刑法的规定，在某些结果加重犯中，行为人对重结果的发生只能是出于过失，如故意伤害致人死亡这种结果加重犯，行为人对他人死亡的结果就只能是过失，否则应成立故意杀人罪，而不是故意伤害罪的这种结果加重犯；而在其他一些结果加重犯中，行为人对重结果则既可以是过失，也可以是故意，例如，在抢劫致人重伤、死亡这种结果加重犯中，行为人对他人重伤、死亡结果的发生就既可以是出于过失，也可以是出于故意。

3. 刑法就严重结果规定加重法定刑。这里的加重法定刑，是相对于基本犯罪的法定刑而言的，即结果加重犯的法定刑高于基本犯罪的法定刑。虽然行为人实施了基本犯罪行为并由此产生了超出成立基本犯罪要求的严重结果，但刑法并没有对其单独规定较重法定刑的，那就不是结果加重犯。例如，《刑法》第247条规定，刑讯逼供致人伤残、死亡的，依照刑法关于故意伤害罪、故意杀人罪的规定定罪从重处罚，这种情况就不属于刑讯逼供罪的结果加重犯。

（二）结果加重犯的罪名确定与处罚原则

由于结果加重犯仅有一个犯罪行为，因而从犯罪构成角度分析，依然属于一罪。在其他有些国家，结果加重犯一般成立不同于基本犯罪罪名的独立罪名，如对抢劫致人死亡的，认定为抢劫致死罪；对强奸致人死亡的，则认定为强奸致死罪。但根据我国的刑事立法与司法实践，结果加重犯的罪名与基本犯罪的罪名并无区别，例如，在上述两种情况下，我国仍分别确定为抢劫罪与强奸罪。

在刑罚方面，由于刑法对结果加重犯规定了比基本犯罪较重的法定刑，所以对结果加重犯只能依照刑法的规定，在较重的法定刑幅度内量刑。

第三节　法定的一罪

一、结合犯

（一）结合犯的概念与特征

结合犯，是指数个各自独立的犯罪行为，根据刑法的明文规定，结合而成为另一个独立的新罪的犯罪类型。例如，《日本刑法》第 241 条规定的强盗强奸罪就是典型的结合犯。结合犯具有如下特征：

1. 结合犯所结合的数罪，原为刑法规定的数个独立犯罪。这里所说的独立的犯罪，指不依附其他犯罪而符合独立的犯罪构成的行为。并且数个独立的犯罪，是数个罪名不同的犯罪。如上例所举的强盗强奸罪是由强盗罪和强奸罪相结合而成，强盗罪和强奸罪就是刑法规定的各自独立的罪名不同的犯罪。

2. 结合犯是将数个独立的犯罪，结合成为另一个独立的新罪。刑法之所以通过结合犯的形式将数个犯罪结合在一起，往往是由于数个犯罪行为之间具有一定的牵连关系，或者是因为两种犯罪往往同时发生。结合数罪成为一个新罪有两种方式。如果用公式表述则为：①甲罪 + 乙罪 = 甲乙罪，如前面所例举的强盗罪 + 强奸罪 = 强盗强奸罪，这种方式在结合犯中比较常见；②甲罪 + 乙罪 = 丙罪，这种方式在结合犯中比较少见。

3. 数个独立的犯罪结合成一个独立的新罪，是基于刑法的明文规定。虽有数罪的结合，如果刑法没有明文规定结合为新罪，而是作为基本犯罪的加重情节或加重结果，那就不是结合犯，而是情节加重犯或结果加重犯。例如，我国《刑法》第 263 条规定的犯抢劫罪而致人重伤、死亡的情况就不是结合犯，而是抢劫罪的结果加重犯。

（二）结合犯的处罚原则

一般认为，我国刑法中没有对结合犯的规定，当然对于某些犯罪如战时残害居民、掠夺居民财物罪是否为结合犯尚需研究，另外，在国际刑法上的海盗罪等罪似乎也可视为结合犯。在日本，由于结合犯是由刑法规定将原来的数罪结合成一个新罪，并规定相应的法定刑，故对其应当依照刑法规定的新罪一罪论处，而不按原来的数罪规定实行数罪并罚。

二、集合犯

（一）集合犯的概念与特征

集合犯，是指行为人以犯不定次数的同种犯罪为目的，实施了数个性质相同的犯罪行为，刑法却规定作为一罪论处的犯罪形态，包括常业犯、营业犯、常习犯。对集合犯，日本刑法理论界进行了深入的研究，日本学者指出："集合犯是构成要件本身预想有数个同种类的行为。例如，常习犯的场合，常习赌博者即使实施数次赌博行为，只能构成常习赌博一罪。又如营业犯的场合，即使反复实施未经准许的医业行为，仍不过成立未经准许医业罪一罪。"我国刑法理论以往对集合犯缺乏研究，而将有关问题纳入惯犯概念中讨论。考虑到1997年修订的《刑法》取消了惯犯的概念且新增加了一些营业犯的规定，因此这里借鉴国外刑法理论，对集合犯的问题加以论述。一般而言，集合犯具有如下特征：

1. 成立集合犯，必须是行为人以实施不定次数的同种犯罪行为为目的。这是集合犯主观方面的特征。之所以将集合犯的主观目的归纳为实施不定次数的同种犯罪行为，是因为实际中的集合犯均不是意图实施一次犯罪即行结束，而是预期实施不定次数的同种犯罪行为。例如，《刑法》第336条规定的非法行医罪，行为人就是意图实施不定次数的非法行医行为。据此，对主观上明确以实施一次行为为目的的，不能认定为集合犯。

2. 集合犯通常实施了数个性质相同的犯罪行为。集合犯不仅在主观上具有实施不定次数的同种犯罪行为的意图，而且在客观上通常也实施了数个性质相同的犯罪行为，如多次实施非法行医行为，以赌博为业行为等。这里之所以使用"通常"这一修饰词，是因为虽然在大多数情况下集合犯都实施了多个性质相同的犯罪行为，但也有例外，如非法行医的行为人即便只是一次非法行医，只要是有造成就诊人身体健康遭受严重损害等严重情节的，也成立非法行医罪。

3. 集合犯必须是刑法所规定的。集合犯是法定的一罪，故只有在刑法将可能被反复实施的数个性质相同的犯罪行为规定为一罪的场合，才会有集合犯存在。而正因为刑法将可能被反复实施的数个性质相同的行为规定为一罪，所以才导致行为人虽然实施了数个同种犯罪行为但在法律上仍然受一罪评价的结论。例如前述非法行医罪，由于《刑法》第336条规定的构成要件包括了可能被反复实施的数个非法行医行为，所以无论行为人实施了多少次非法行医行为，都只成立一罪。需要说明的是，集合犯与前面提到的继续犯以及后面将要论述的连续犯有相似之处。从犯罪的时间上可能存在一定的过程讲，集合犯与继续犯较为近似，区别在于：集合犯在多数情况下是由数个性质相同的犯罪行为组成，且行为之间存在时间上的间隔，所以通常而言为数行为因法律的规定而成立一罪；继续犯则是单一行为处于不间断的持续之中，故因其属一行为而成立实质的一罪。就数个性质相同的行为成立一罪来讲，集合犯又与连续犯颇为近似，但集合犯是数个性质相同的行为因刑法的规定而构成一罪，即法定的一罪；连续犯则表现为连续实施的数个性质相同的行为均独立构成犯罪，即实为数罪而只是作为一罪来处理，所以属于处断上的一罪。

（二）集合犯的种类

根据我国刑法的规定，现行刑法中的集合犯可分为两种情况，一种是常业犯，另一种是营业犯。

1. 常业犯。即以一定的行为为常业的犯罪。详言之，常业犯是指行为人意图实施多次性质相同的犯罪行为，而法律也规定以反复实施同种犯罪行为为构成要件的犯罪。就这种集合犯而言，实施一次行为的，还不能成立犯罪，只有反复实施性质相同的行为，才能构成该罪。例如，我国《刑法》第303条规定的因“以赌博为业”而构成的赌博罪就是这样的情况。如果行为人只是偶尔参与赌博，不是以赌博为业的，则不成立赌博罪。

2. 营业犯。这是指意图以反复实施一定的行为为业的犯罪。它与常业犯的区别在于：就常业犯而言，实施一次不能成立犯罪，必须是反复实施性质相同的行为，才构成犯罪；而对于营业犯来说，只要是意图以反复实施某种犯罪行为为业，即便实际上只实施了一次犯罪行为，同样可以构成本罪。例如，《刑法》第363条第1款规定的制作、复制、出版、贩卖、传播淫秽物品牟利罪，只要行为人在牟利目的的驱使下意图反复实施制作、复制、出版、贩卖或者传播淫秽物品行为，即使实际上仅实施了一次这种行为，也可能构成该种犯罪。

（三）集合犯的处罚原则

由于集合犯属于法定的一罪，刑法分则中明文规定对其以一罪论处。因而对成立集合犯的，无论行为人实施了多少次性质相同的犯罪行为，均应认定为一罪并在法律明文规定的相应量刑幅度内予以处罚，不能数罪并罚。

第四节　处断的一罪

一、连续犯

（一）连续犯的概念与特征

连续犯，是指基于同一或者概括的犯罪故意，连续实施性质相同的独立成立犯罪的数个行为，触犯同一罪名的情况。连续犯具有如下特征：

1. 必须实施性质相同的独立成罪的数个行为，这是连续犯成立的前提条件，只实施一个行为的，不可能成立连续犯。例如，行为人以数个举动完成犯罪，而数个举动仅构成一个行为，就不是连续犯，而是前面所提到的接续犯。同时数个行为必须是独立成罪的，即各个行为都独立具备犯罪构成的要件，连续犯才可能成立。如果数个行为是刑法规定作为一罪论处的，也不是连续犯，并且数个行为还必须是性质相同的，如实施数个行为，都是杀人行为，构成杀人罪的连续犯，如果实施的数个行为性质不同，如一次实施盗窃行为，一次实施强奸行为，自不发生连续犯问题。

2. 必须是数个行为基于同一的或概括的犯罪故意。同一的犯罪故意，指行为人预计实施数次同种犯罪的故意，每次实施的具体犯罪都明确地包含在行为人的故意内容之中。概括的犯罪故意，指尽管每次实施的具体犯罪并非都明确地包含在行为人的故意内容之中，但他概括地具有实施数次同一犯罪的故意。例如，某甲与某乙有仇，蓄意报复某乙，准备对某乙及其家人造成伤害，除了明确伤害某乙之外，对其家属中其他人进行伤害只有概括的意思而并无明确的目标。随后，某甲伤害了某乙的儿子，后来又伤害了某乙，不久又伤害了某乙的母亲。这即是基于概括的故意构成的故意伤害罪的连续犯。

3. 性质相同、独立成罪的数个行为必须具有连续性，这是成立连续犯的重要条件。独立成罪的数个行为之间，如果不具有连续性，则只能成立各自独立的数罪，而不构成连续犯。数个犯罪行为具有连续性表现为，数个行为的性质相同、手段类似和时间上前后具有连贯性。例如，前后两次都是实施的抢劫行为，但一次是以暴力相威胁，一次是实施暴力，这就是数个行为的性质上相同和手段类似。如果一次实施盗窃，一次实施抢劫，行为性质不同，就谈不上数个行为的连续性。时间上的连贯性，是指数个犯罪行为在时间上没有发生前后被隔断的情况。例如，某甲在国道上抢劫旅客，一月接连作案四次，最后一次被抓获，这里数次抢劫行为就具有时间上的连贯性；如果前罪已被判决，服刑期间脱逃后再犯性质相同之罪，这时数个犯罪行为之间，在时间上就因刑事判决所隔断而不具有连贯性，从而不能按连续犯处理。

4. 数个行为必须触犯同一罪名。需要指出的是，这里的同一罪名是指具体罪名，即刑法分则所规定的具体犯罪的罪名而非类罪名。此外，只要能为同一具体罪名所涵盖，即便数行为各自呈现为不同的形态或具有不同的犯罪情节，甚至属于由其他罪转化为本罪的，都应被视为触犯同一罪名。例如，数个抢劫行为中第一次为既遂，第二次为未遂，第三次为教唆抢劫，第四次为实行抢劫并致人重伤、死亡，第五次为《刑法》第269条规定为按抢劫罪定罪处刑的情形，这五次行为虽然相互间存在诸多差别，但都符合抢劫罪这一罪名，所以就触犯同一罪名这一意义上讲，可以成为连续犯。

（二）连续犯的处罚原则

一般而言，对连续犯应按照一罪处断，不实行数罪并罚。具体讲，对连续犯的处理，应当按照不同情况，在认定为一罪的基础上，依据刑法的有关规定分别从重处罚或者加重处罚。

1. 刑法规定只有一个量刑档次，或者虽有两个量刑档次但无加重犯的量刑档次的，应按照一个罪名从重处罚。例如，《刑法》第262条规定的拐骗儿童罪就只有一个量刑档次，对拐骗儿童罪的连续犯，只能在这个量刑档次内从重处罚。又如《刑法》第232条规定的故意杀人罪，虽有两个量刑档次，但无加重犯的量刑档次，对故意杀人罪的连续犯，只能在该罪的基本犯的量刑档次内从重处罚。

2. 刑法对多次实施某种犯罪明文规定了重于基本犯的量刑档次的，应对符合这种情况的连续犯，依照该加重犯的量刑档次处罚。例如，《刑法》第263条对“多次抢劫”明文规定了重于抢劫基本犯罪的量刑档次，因而对连续3次以上抢劫的，应依照抢劫罪加重情节的量刑档次处罚。

3. 刑法对多次实施某种犯罪虽然没有明文规定相应量刑档次，但对“情节严重”或“情节特别严重”的情形分别规定了不同的量刑档次，在这种情况下，对连续犯应依照相对应的量刑档次处罚。例如，《刑法》第267条对抢夺罪按基本犯、情节严重和情节特别严重分为三个量刑档次加以规定，因而对抢夺罪的连续犯，应根据连续实施抢夺犯罪次数的多少，依据刑法的规定，按相应的量刑档次裁量刑罚。

需要指出的是，以上关于连续犯的处罚原则是就审判结束之前所认定的事实而言的，如果行为人连续犯罪的事实中一次或者数次犯罪行为在其服刑期间才被发现，则应作为漏罪单独定罪量刑，然后按照刑法关于数罪并罚的规定合并执行刑罚。

二、牵连犯

（一）牵连犯的概念与特征

牵连犯，是指为了一定的目的实施某种犯罪，其方法行为或结果行为又触犯其他罪名的犯罪类型。这一类型包括两种情况：一种如以伪造国家机关公文的方法（方法行为）骗取公私财物（目的行为），分别触犯了伪造国家机关公文罪和诈骗罪；另一种如为获取枪支防身，而秘密窃取枪支、弹药（原因行为），得逞后又伪造持枪证（结果行为）的，分别触犯了盗窃枪支、弹药罪与伪造国家机关证件罪。牵连犯具有以下特征：

1. 牵连犯是以实施一个犯罪为目的。目的行为是牵连犯的本罪，牵连犯是为了实施本罪，其方法行为或结果行为又构成了另一独立的犯罪，即他罪，他罪是为了本罪目的的实现而实施的。如果行为人不是以实施一个犯罪为目的，而是出于实施数个犯罪的目的，并在这样的目的支配下实施了数个犯罪，则不成立牵连犯。如为了杀害他人，而先从黑市上购买一支枪，杀害他人是最终目的，而购买枪支同时触犯刑法上的另一罪名：非法买卖枪支罪。但是如果说为杀害他人而购买1支枪的同时，还想顺便购买另外3支枪回去转售牟利，则不能单独成立牵连犯，而可能构成数罪。

2. 牵连犯具有数个（两个以上的）相对独立的行为，这是牵连犯与只有一个行为的想象竞合犯的重要区别。如前面举例所示，牵连犯的数个行为之间的关系表现为两种方式：①目的行为与方法行为（或称手段行为）的关系；②原因行为与结果行为的关系。这里的目的行为与原因行为都是指的本罪，只不过是在与方法行为相对应时，称目的行为；在与结果行为相对应时，称原因行为。需要指出的是，这里的方法行为或结果行为都是指目的行为或者原因行为之外的行为（如前面例子中的伪造国家机关公文行为与伪造国家机关证件行为就分别是诈骗行为和盗窃枪支、弹药行为之外的行为），而不是目的行为或原因行为本身的方法或者结果，否则就不是数个行为而仅仅只有一个行为了，如果只有一个行为，那是无论如何也不可能成立牵连犯的。

3. 牵连犯中的数个行为之间具有牵连关系。牵连的形式表现为三种：①目的行为与方法行为的牵连。例如，为了诈骗财物（目的行为）而伪造国家机关公文（方法行为），构成诈骗罪与伪造国家机关公文罪的牵连犯。②目的行为与结果行为的牵连。例如，为了窃取财物（目的行为），盗掘古墓葬，盗掘后为湮灭罪迹又毁坏部分文物（结果行为），构成盗掘古墓葬罪与故意损毁文物罪的牵连犯。③复杂的牵连，即在3个以上的犯罪行为中分别具有手段和目的、原因与结果的牵连关系。例如，为盗枪而侵入他人住宅是目的和手段（方法）的牵连，盗枪与盗枪完成后私藏枪支是目的与原因（结果）的牵连。关于如何判断数行为之间有无牵连关系，在我国刑法理论界，有三种不同主张：①主观说，主张以行为人的主观意思为标准加以判断。②客观说，主张以客观存在的事实为标准加以判断。其中较有影响的是“直接关系说”，即目的行为与方法或结果行为之间具有不可分离的直接关系，就是牵连关系。③折中说，有的学者认为，对于牵连关系的认定，应当同时兼顾犯罪人的犯意和客观事实，有的学者则认为，对于目的行为与方法行为的牵连，则应当以犯罪人的牵连意思为准，对于目的行为与结果行为的牵连，则应当以客观上的通常情况为准。目前刑法理论界比较多的观点认为，判断行为人实施的数行为之间是否存在着牵连关系，应当从主客观两方面考察，即行为人在主观上具有牵连的意思，数行为间在客观上又具有通常的目的与方法或原因与结果关系的，才能认为是有牵连关系。如果行为人主观上不具有牵连的意思，或者数行为间在一般人看来不具有目的与方法或原因与结果关系的，则不能认为是牵连犯。

4. 牵连犯的数个行为分别触犯了不同的罪名。如果数行为触犯的是同一罪名，则不成立牵连犯。例如，甲、乙两人为使盗窃某仓库财物的行为得逞，先盗窃他人一辆客货两用车，然后再盗窃仓库的财物并用该车运走，这两个行为就因同属于盗窃性质即触犯了相同罪名而不成立牵连犯。

（二）牵连犯的处罚原则

对牵连犯如何处理，我国刑法总则没有规定。刑法理论上一般主张，对牵连犯的处理不实行数罪并罚，而应“从一重处断”，即按照数罪中最重的一个罪所规定的刑罚处理，在该最重的罪所规定的法定刑范围内酌情确定执行的刑罚，这是对刑法未作特别规定的牵连犯处罚的一般原则。

但是，刑法分则对某些具体犯罪的牵连犯的处理作了特别规定，规定的情况不一：有的规定从一重处断，有的规定从一重后再从重处罚（所谓“从一重重处罚”），有的对牵连犯规定了独立的法定刑，还有的对牵连犯规定实行数罪并罚。对这些就如何处理牵连犯的问题刑法分则条款作了特别规定的，只能按照刑法分则有关条款的规定处理。例如，《刑法》第198条第1款、第4项、第5项规定，投保人、被保险人或者受益人故意造成财产损失的保险事故，骗取保险金或投保人、受益人故意造成被保险人死亡、伤残或者疾病，骗取保险金；第2款规定，有前款第4项、第5项所列行为，同时构成其他犯罪的，依照数罪并罚的规定处罚。对这样的牵连犯就应根据刑法规定，依照保险诈骗罪和行为人所实施的方法行为构成的犯罪分别定罪，然后实行数罪并罚。还例如，根据《刑法》第157条第2款的规定，以暴力、威胁方法抗拒缉私的，应以走私罪和阻碍国家机关工作人员依法执行职务罪并罚。

三、吸收犯

（一）吸收犯的概念与特征

吸收犯，是指数个犯罪行为，其中一个犯罪行为吸收其他的犯罪行为，仅成立吸收的犯罪行为一个罪名的犯罪形态。例如，非法制造枪支、弹药，事后藏于家中，前一行为构成非法制造枪支、弹药罪，后一行为构成私藏枪支、弹药罪。前一犯罪行为吸收后一犯罪行为，仅仅成立非法制造枪支、弹药罪，私藏枪支、弹药罪被吸收不再独立被认定为犯罪，这即是吸收犯的情况。吸收犯的特征如下：

1. 吸收犯必须具有数个犯罪行为，这是吸收犯成立的前提。因为吸收犯的特点是一个行为吸收其他行为，如果没有数个行为，就谈不到吸收与被吸收的问题，从而也就无所谓吸收犯了。同时吸收犯的数个行为还必须都是犯罪行为，即每个行为都符合刑法规定的犯罪构成，如果数个行为中只有一个是犯罪行为，其余的是违法行为，也不可能构成吸收犯。综上，吸收犯是数个犯罪行为，这是吸收犯与想象竞合犯的重要区别之所在。如前所述，想象竞合犯是一行为触犯数罪名，而吸收犯则是数行为触犯数罪名。

2. 吸收犯的数个行为之间必须具有吸收关系，这是吸收犯成立的关键。如果数个犯罪行为之间不存在一个犯罪行为吸收其他犯罪行为的关系，也就不可能成立吸收犯。所谓吸收，即一个行为包容其他行为，只成立一个行为构成的犯罪，其他行为构成的犯罪失去存在的意义，不再予以定罪。一个犯罪行为之所以能够吸收其他犯罪行为，是因为这些犯罪行为通常属于实施某种犯罪的同一过程，彼此之间存在着密切的联系。例如，前一犯罪行为可能是后一犯罪行为发展的所经阶段，或后一犯罪行为可能是前一犯罪行为发展的自然结果，或者在实施犯罪过程中数个行为之间具有其他密切关系。一般认为，吸收关系有如下三种：①重行为吸收轻行为。这里所说的行为的轻重，主要是根据行为的性质来区分的，重行为在行为的性质上较轻行为严重，前后的行为有轻重之别时，轻行为应为重行为所吸收。例如前述的非法制造枪支、弹药，事后藏于家中的情况，这里的私藏是非法制造的自然结果，非法制造行为在性质上重于私藏行为，所以非法制造枪支、弹药行为吸收私藏枪支、弹药行为，行为人只成立非法制造枪支、弹药罪。②实行行为吸收预备行为。预备行为是实行行为的先行阶段，尽管并非每种具体犯罪都有预备行为，但是许多犯罪往往是经过预备后转入实行行为的，在这种情况下，预备行为为实行行为所吸收，仅依实行行为所构成的犯罪定罪。例如，为了使用伪造的信用卡诈骗财物，自己先伪造信用卡，之后使用伪造的信用卡诈骗大量财物。伪造信用卡是信用卡诈骗罪的预备行为，触犯了伪造金融票证罪，其后的使用伪造的信用卡诈骗财物的行为是实行行为，触犯了信用卡诈骗罪，根据实行行为吸收预备行为的原理，对这种情况仅依信用卡诈骗罪定罪处刑，而不再追究行为人伪造金融票证罪的刑事责任。③主行为吸收从行为。主行为和从行为，是根据共同犯罪人在共同犯罪中的分工或作用来区分的。在我国对共同犯罪人分类规定的情况下，主犯或教唆犯的行为属主行为，从犯的行为是从行为。据此，先教唆他人犯罪，后又帮助他人犯罪，帮助行为为教唆行为所吸收，应以教唆犯罪论处。

（二）吸收犯的处罚原则

我国刑法理论通说认为，对吸收犯，应依照吸收行为所构成的犯罪处罚，不实行数罪并罚。我国司法实践中在追究吸收犯的刑事责任时也是按照这一原则来操作的。

学术视野

一、关于区分一罪种类与分类的不同学说

关于一罪的种类与分类，理论上一直存在争议。我国通说一般把一罪分为三类，即实质的一罪、法定的一罪、处断的一罪。有的观点将一罪分为四类：①单纯的一罪，即刑法上将一个犯罪构成规定为一罪；②选择的一罪，即刑法条文上规定了若干独立的犯罪构成，既可以由一个犯罪构成成立一罪，也可以由两个或者两个以上的犯罪构成成立一罪；③复合的一罪，即两个或两个以上的法定犯罪构成成立一罪；④多次的一罪，即同一个犯罪构成多次重复成立的一罪。此外，还有其他不同的分类方法。

二、貌似数罪实为一罪的疑难争议

我国刑法理论通说对一罪与数罪的分类及其方法，存在许多疑难争议，尤其是与刑法分则的规定存在许多冲突，尚无法解决刑法理论与刑法规定的协调，造成许多由理论可以推导为数罪的情形，实际上由于刑法的特别规定而貌似数罪实为一罪。如绑架罪中绑架他人后又杀害他人的撕票行为、强迫妇女卖淫中强奸后又迫使卖淫的行为，根据理论推导都是数罪，但是刑法分则却规定为一罪。对于这些特殊情况，难以归入理论通说，理论上也没有形成一致概念。

三、貌似一罪实为数罪的疑难争议

与上述问题类似，我国刑法理论通说与刑法分则的规定存在许多冲突，同时也造成了某些貌似一罪实为数罪的情况。如某些牵连犯的类型，刑法分则有的对此以一罪论处，有的却以数罪论处。另外，还存在以下貌似一罪实为数罪的情况：一个行为触犯一个刑法分则条文可能貌似一罪实为数罪、着手实行犯罪后另起犯意构成数罪、犯罪过程中超出原犯罪范围成立数罪。

理论思考与实务应用

一、理论思考

（一）名词解释

罪数形态　继续犯　接续犯　想象竞合犯　结果加重犯　连续犯　集合犯　结合犯　牵连犯　吸收犯

（二）简答题

1. 简述我国刑法理论通说区分一罪与数罪的标准。
2. 简述继续犯的特征。
3. 简述想象竞合犯的特征。
4. 简述结果加重犯的特征。
5. 简述集合犯的特征。
6. 简述连续犯的特征。
7. 简述牵连犯的特征。
8. 简述吸收犯的特征。

（三）论述题

1. 请论述刑法上区分一罪与数罪的意义。
2. 请论述刑法上区分一罪的标准争议。
3. 请论述牵连犯与吸收犯的关系。

二、实务应用

（一）案例分析示范

案例一

秦某系某警校毕业。2001年4月，在某县城公安分局见习。后由于其表现不好，被停止在分局的见习。秦某为谋取非法利益，就利用自己实习时随公安干警到县城各发廊检查过、发廊老板认识他的条件，冒充公安干警携带手铐于2002年1月起先后5次到县城各发廊以抓嫖娼和罚款为名，露出手铐对嫖娼者进行威胁、罚款，并扬言如不交罚款，即铐到公安局拘留。被秦某抓获的嫖娼者共交给秦某“罚款”4650元，被秦某全部用于个人花费。

问：本案秦某的行为如何定性？

【评析】本案在审理过程中，对秦某的行为如何定性出现了以下几种不同的意见：第一种意见认为，秦某的行为构成敲诈勒索罪；第二种意见认为，秦某的行为构成抢劫罪；第三种意见认为，秦某的行为构成诈骗罪；第四种意见认为，秦某的行为构成招摇撞骗罪。

在司法实践中，冒充人民警察以罚款为名向嫖客或卖淫者索要财物、向赌博者勒索财物的案例屡见不鲜，但办案部门对这类典型案件的处理意见并不统一。我们认为，一个案件如何定性应结合具体案情具体分析，就本案而言，我们主张秦某构成招摇撞骗罪，理由如下：

1. 秦某不构成敲诈勒索罪。表面上看，秦某利用了被害人进行嫖娼这一违法活动怕被曝光丢脸的心理，可谓抓住其隐私或把柄，并以此要挟，如不交出罚款就要带到派出所，使其心理上产生恐惧，从而乖乖地向秦某交出数额较大的钱财（少数情况下构成敲诈勒索罪也有当场取得财物的），似乎符合敲诈勒索罪的构成特征。但在刑法上以构成敲诈勒索罪来评价秦某的行为，显然遗漏了秦某冒充人民警察的行为，而秦某恰恰是利用了警察的假冒身份，才能以罚款的名义向被害人索要钱财并顺利得逞的，这是本案在客观方面绝不能被忽略的显著特征。因此，主张秦某构成敲诈勒索罪的看法割裂了对整个犯罪行为的评价，犯了形而上学的错误，显然是片面的、不正确的。

2. 秦某也不构成抢劫罪。本案中，秦某以罚款的名义向嫖客索要钱财时，向被害人出示了械具（手铐），并扬言如不交罚款，即用手铐带到公安局拘留。诚然，这种以限制其人身自由相威胁的胁迫手段，使被害人不知反抗或不能反抗，被迫当场交出钱财，貌似构成抢劫罪。但这种以用手铐带到公安局拘留相威胁的行为方式究竟是否属于抢劫罪的行为方式，我们认为应从两方面来分析：从行为人即秦某的角度看，秦某明知自己并不具有警察的身份，如果被害人拒绝交出罚款，秦某根本不敢也不可能用手铐带其到公安局拘留，否则无异于自投罗网，故威胁内容不具有当场实施的现实性；从被害人即嫖客的角度看，因秦某曾在该县公安局实习过，发廊老板认识他并误以为他仍是在执行公务，对秦某警察的身份确信不疑，故被害人交出财物并不是慑于秦某自然人身份的单纯胁迫，而是慑于秦某警察身份的国家威信，因此，本案秦某的行为方式显然不应视作抢劫。

3. 秦某构成诈骗罪和招摇撞骗罪的想象竞合。本案中，秦某为了非法取得向嫖客的罚款收益，明知自己不具有国家工作人员——人民警察的身份而有意冒充，可谓虚构事实、隐瞒真相，并且使得对方在信以为真的情况下“自愿”交出财物，在客观方面完全符合诈骗罪和招摇撞骗罪的构成特征。但从犯罪客体上看，秦某的行为既侵犯了公私财产所有权，又侵犯了国家机关的威信及其正常活动，而想象竞合犯的突出特征即是行为人所实施的一个危害行为，同时侵犯了数个不同的直接客体。因此，秦某的犯罪行为在观念上同时触犯了诈骗罪和招摇撞骗罪，属于想象竞合犯。而本案中秦某的行为主要侵犯的犯罪客体是国家机关的威信及其正常活动，但诈骗罪并不要求具有这一特征。因此，秦某的行为构成招摇撞骗罪。

综上，本案中秦某的行为应定性为招摇撞骗罪，并且，根据《刑法》第279条第2款，冒充人民警察招摇撞骗的，依照前款的规定从重处罚。但是需要指出的是，这类案件中，如果行为人假冒国家工作人员骗取的财物属于特别巨大或有其他特别严重情节的，根据想象竞合犯“从一重处断”原则，则应以处罚较重的诈骗罪论处。

案例二

迟某，男，68岁，河南省X县人。迟某在20年前曾自学针灸，乡亲们腰酸腿痛时常让他扎几针，但他始终没有取得医生执业资格。1997年5月份迟某又开始在本乡街上占空地行医。同年10月9日上午12时许，同乡53岁的村民宋某因患有气管炎让迟某针灸。王在地上铺了塑料布让宋某坐下，用毫针对宋某的颈部、前胸部扎了几针，并拔了火罐。在针灸过程中，宋某感到疼痛、难受、出汗、口渴，迟某给宋某吃了几片药，仍未见好转，后被他人送往医院，经抢救无效于当日死亡。迟某随即到X县公安局H派出所自首。经法医鉴定：宋某系被针灸时诱发自发性气胸（张力性气胸）引起呼吸循环衰竭而死亡。在本案侦查阶段，迟某赔偿被害人家属经济损失3500元。

问：本案迟某的行为如何定性？

【评析】本案在审理过程中，对迟某的行为如何定性有两种不同意见。

一种意见认为迟某的行为构成过失致人死亡罪。首先，被害人宋某是在被针灸时，诱发自发性气胸，引起呼吸循环衰竭而死亡，这与迟某的行为有直接的因果关系。其次，迟某在主观上并不希望也不放任这种结果的发生。最后，迟某明知自己没有行医资格，又没有用于急救的设备条件，在对就诊人的颈部、胸部等要害部位进行针灸时，应当预见自己的这种行为可能产生一定的危害后果，但他相信自己有着多年的实践经验，不会发生什么意外。正是由于这种自信才导致了宋某死亡的结果。因此，从主、客观两个方面来讲，其行为属于过失致人死亡。

另一种意见认为对迟某的行为应定非法行医罪。非法行医罪是修订后的刑法新增设的一个独立罪名，是对原刑法的重要补充。迟某明知自己未取得医生执业资格而长期非法行医，此次在给就诊人宋某治病时，连续在宋某的颈部、胸部进行针灸，致使宋某诱发自发性气胸，引起呼吸循环衰竭而死亡。迟某的行为完全符合非法行医罪的构成要件，应以非法行医罪追究其刑事责任。应当指出的是，在《刑法》修订之前，由于当时的刑事法律对非法行医罪未作专门规定，在司法实践中，对于非法行医造成就诊人重伤、死亡的多按过失致人重伤罪或者过失致人死亡罪论处。修订后的《刑法》已经于1997年10月1日开始实施，本案发生在新《刑法》施行之后，既然新《刑法》已经增设了非法行医罪，本案的行为又符合非法行医罪的构成要件，自然应当按非法行医罪论处，不宜再定过失致人死亡罪。

案例三

莫某、韩某、陶某、关某自1991年至1996年先后在甘肃、四川、内蒙古、青海4省区的拉卜楞寺、赛格寺等寺庙和永昌县博物馆内抢劫、盗窃铜佛像、唐卡等文物

145 件。特别是 1996 年 8 月 7 日晚，四案犯在永昌县博物馆内实施盗窃时，用断线钳、木棒等殴打值班人员辛某，后用尼龙绳将其绑在床上，致其死亡，盗走二级文物 13 件，一般文物 2 件。案发后，共追回文物 80 余件，尚有 50 余件文物没有追回，使国家珍贵文物遭受了严重损失，在社会上造成了极其恶劣的影响。

问：本案莫某等人的行为如何定性？

【评析】本案中的行为人莫某等人先后多次抢劫、盗窃寺庙、馆藏文物，构成刑法中的牵连犯。这是一种手段行为与目的行为的牵连，应当按照“从一重罪处断”原则处理。刑法理论中的牵连犯指以实施某一犯罪为目的，犯罪的方法行为和结果行为又触犯了其他罪名的情形。牵连犯的认定实质上是牵连关系的判定，牵连关系是指行为人实施的数个危害社会行为之间具有手段与目的或原因与结果的内在联系。牵连关系是以牵连意图为主观形式，以因果关系为客观内容构成的数个相对独立的犯罪有机统一体。客观行为表现上，牵连犯具有两个以上的、相对独立的危害社会行为，行为人实施的本罪行为与他罪行为之间必须具有内在的因果关系。牵连意图是牵连关系成立的主观根据，是指行为人明确认识到实现一个犯罪目的的数个犯罪行为之间所具有的方法与目的或者原因与结果的关系而决然实施该行为。

本案中，莫某等人抢劫过程中造成被害人死亡，属于抢劫犯罪中的结果加重犯，不能认定为故意杀人罪。莫某等人的抢劫行为是手段行为，而行为人的目的行为是盗窃文物的行为，构成盗窃罪。两者之间不是独立的，手段行为与目的行为具有牵连关系，按照处理牵连犯的原则，应从一重罪即以抢劫罪处断。

（二）案例分析实训

案例一

被告人李某、张某、黄某为寻开心，侵入被害人王某的住宅，将被害人王某打昏后放置于一个废弃煤洞中，并将洞口封死，以考验其生存能力。被害人王某 8 天内将方便面吃完、水喝完，无奈之下饮用自己的尿液继续生存 5 天，后被人解救，但是胃被切除 2/3，伤情经鉴定为重伤。

问：李某、张某、黄某的行为属于何种罪数形态？应当如何处理？

案例二

2007 年 1 月 20 日下午，被告人王某伙同被告人李某、陈某将其通过网上聊天认识的被害人张女、赵女约到县城一处歌厅唱歌，唱歌结束后，三名被告人以看录像为名将两名被害人约到该县城的一处私人宾馆。到宾馆后，三名被告人即劝说两名被害人辞掉工作，随他们去卖淫。两名被害人当即表示反对并要求离开回家，三被告人则对二被害人实施了缠头发、打嘴巴、不让回家等手段予以恐吓威胁，逼迫二被害人同意回去辞职再随其卖淫，二被害人被迫假装答应。次日下午，被告人王某押着张女到张女所在的工厂办理辞职手续，而被害人赵女则被李某、陈某当作人质看管在所住宾馆里，目的是恐吓张女不要报案，在张女办完辞职手续后再换赵女去办辞职手续。张女到工厂后借机向同事求助，被告人王某被当场抓获。公安机关随后又将被告人李某、陈某抓获。

问：上述被告人的行为属于何种罪数形态？应当如何处理？

案例三

李某因赌博欠下他人巨额债务，为此，其准备蒙面抢劫黄某所开一24小时营业的便利店。2005年6月15日下午，李某买来了长筒袜和一把弹簧刀以备抢劫。当晚11时许，李某头蒙长筒袜、手拿弹簧刀至便利店门口。此时，黄某的便利店因临时停电已打烊。李某见店内漆黑，门窗紧闭，于是摘下长筒袜，用弹簧刀撬开窗户后进行盗窃，共计窃得香烟24条、现金3600元。后李某在销赃时被抓获。经鉴定，香烟共计价值人民币2000余元。

问：李某的行为属于何种罪数形态？应当如何处理？

案例四

廖某、吴某、阮某、黄某密谋将他人的机动车车牌盗走后藏匿起来，并将写有廖某手机号码的纸条贴在车的挡风玻璃上，以便失主与其联系赎回车牌以达到发财目的。2006年5月9~23日，廖某、吴某、阮某、黄某采取上述手段分别在某县物资局大院、某县人民政府宿舍区、某县运管所停车场等地作案8起，共盗得机动车牌28块，其中两失主分别支付现金100元后赎回车牌，其余车牌案发后被公安机关追回。经委托评估，28块车牌的价值共计11 500元。

问：上述被告人的行为属于何种罪数形态？应当如何处理？

第十三章
刑事责任

【本章概要】刑事责任是连接犯罪与刑罚的桥梁，是对传统刑法上犯罪与刑罚之间关系的发展，刑事责任是犯罪的法律后果，是刑罚的法律根据。现代刑法日益重视刑事责任的本质、刑事责任的特征、刑事责任的功能、刑事责任的根据、刑事责任的实现方式、刑事责任的阶段等。

【学习目标】了解刑事责任的定义；掌握刑事责任的特征；掌握刑事责任与其他法律责任的异同；了解刑事责任的功能；了解刑事责任的根据；掌握刑事责任的实现方式；了解刑事责任的阶段；理解现代刑事责任的某些发展趋势。

第一节　刑事责任概述

一、刑事责任的概念

刑事责任是我国刑法中广泛使用的一个概念。仅在1997年修订的《刑法》中就有14个条文，共22处提到了“刑事责任”。在附属刑法条款中刑事责任这一术语则更为常见。刑法中有关犯罪和刑罚的规定，都是围绕“是否追究刑事责任”以及“如何追究刑事责任”而展开的。因此，刑事责任是刑法中的一个基本范畴。

在中外刑法理论中，对刑事责任主要是从两种意义上来理解的。①从责任主义的角度，将其视为成立犯罪的条件；②将刑事责任理解为犯罪的法律后果。前者是德国、日本等大陆法系国家中刑法学界的理解，在德国、日本等大陆法系国家的犯罪论体系中，责任或有责性是犯罪成立的基本条件之一。这种见解对我国刑法理论体系的构建有着一定的影响，我国大多数刑法教科书都将作为犯罪主体要件要素的行为人辨认、控制自己行为的能力称作刑事责任能力。但是我国刑法理论所构建的犯罪构成体系与大陆法系中的构成要件体系差别甚大，我国刑事立法与刑法理论主要在上述第二种意义上来使用刑事责任的概念。

我国刑法理论界在如何具体定义刑事责任这一问题上意见不一。其中有代表性的观点主要有以下五种：

1. 法律责任说。即认为刑事责任是国家司法机关依照法律规定，根据犯罪行为以及其他能说明犯罪的社会危害性的事实，强制犯罪人负担的法律责任。

2. 法律后果说。该说认为刑事责任是依照刑事法律规定，行为人实施刑事法律禁止的行为所必须承担的法律后果。

3. 否定评价说（责难说、谴责说）。该说认为刑事责任是指犯罪人因实施刑法禁止的行为而应承担的、代表国家的司法机关依照刑事法律对其犯罪行为及其本人的否定性评价和谴责。

4. 刑事义务说。该说认为刑事责任是犯罪人因其犯罪行为根据刑法向国家承担的、体现着国家最强烈的否定评价的惩罚义务。

5. 刑事负担说。该说认为刑事责任是国家为维持自身的生存条件，在清算触犯刑律的行为时，运用国家暴力，强迫行为人承受的刑事上的负担。

在分析我国刑法中有刑事责任术语的条款表述并参考上述关于刑事责任定义的各种见解的基础上，我们认为刑事责任可以被定义为犯罪人因刑事法律的规定而应当为其实施的犯罪行为所承受的，由代表国家的司法机关以刑事处罚、非刑罚的处理或者单纯宣告有罪的方式对其行为进行否定评价的负担。

二、刑事责任的特征

刑事责任具有如下特征：

1. 刑事责任是刑事法律规定的一种应当承受的负担。“责任”一词有两种含义，积极意义上的责任是指分内应做的事；消极意义上的责任则是指由于没有做好分内的事因而应当负担的过失。首先，刑事责任属于消极意义上的一种责任，本身具有某种负担之意。刑法条文在使用“刑事责任”一词时，也主要是同“负”“不负”连用的，如《刑法》第 17 条第 1 款规定：“已满 16 周岁的人犯罪，应当负刑事责任”；《刑法》第 18 条第 1 款规定：“精神病人在不能辨认或者不能控制自己行为的时候造成危害结果，经法定程序鉴定确认的，不负刑事责任……”，这里的“负”即承担、承受的意思。在刑事司法实践中，刑事责任最终也总是表现为犯罪人承受对自己不利的某种负担，例如，一定时期内人身自由受限制或剥夺、一定数量财产的没收或者一定政治权利的褫夺等。其次，刑事责任是刑法规定的一种负担。刑法既规定了犯罪，同时规定了构成犯罪应当承担的刑事责任，如《刑法》第 14 条第 2 款规定：“故意犯罪，应当负刑事责任。”故对犯罪行为，必须依照刑法的规定追究相应的刑事责任，并且必须依据刑事诉讼法规定的程序来追究。最后，刑事责任还是一种应当承受的负担，即这种责任产生于实际承担之前，换言之，事实上是否追究了犯罪人的刑事责任并不影响其存在。

2. 刑事责任因犯罪行为而产生。即是说，犯罪人实施的犯罪行为是刑事责任产生的原因，没有犯罪行为，就不存在刑事责任问题。需要指出的是，这里所说的犯罪行为，不只是犯罪客观方面要素的行为，而是从犯罪构成意义上讲主客观要件相统一的行为。具体而言，犯罪行为是指具有刑事责任能力的人或单位，出于故意或过失的心理态度实施的侵犯刑法所保护的社会关系并被刑法规定为犯罪的行为。因此，对不符合犯罪构成的行为，不能以任何理由要求行为人承担刑事责任。

3. 刑事责任以刑事处罚、非刑罚方法的处理或单纯否定性法律评价为内容。与其他法律责任不同，刑事责任是承受刑事处罚、非刑罚方法处理或者单纯的否定性法律评价的一种负担。换言之，承担刑事处罚、受非刑罚方法处理与单纯否定性法律评价是负刑事责任的三种表现形式。从我国刑法规定来看，刑事处罚包括自由刑（管制、拘役、有期徒刑和无期徒刑）、财产刑（罚金与没收财产）、资格刑（剥夺政治权利和驱逐出境）以及生命刑（死刑）；非刑罚处理方法包括训诫、责令具结悔过、责令赔礼道歉等；至于单纯否定性法律评价，则是指司法实践中人民法院在依法宣告犯罪人有罪后裁量对其免予刑事处罚，同时又没有对其适用非刑罚处理方法的情况。由于人民法院的有罪宣告本身就具有从法律上作出否定评价与谴责的意思，所以犯罪人在这种场合尽管既没有受到刑罚的处罚，也没有受到非刑罚方法的处理，但仍被视为承担了刑事责任。总之，刑事处罚、非刑罚方法的处理与单纯否定性法律评价都意味着对犯罪行为的否定评价和对犯罪人的谴责，三者在性质上没有区别，仅仅只是程度不同而已。

4. 刑事责任只能由犯罪者本人承担。罪责自负、反对株连是现代刑法所确立的追究刑事责任的一项重要原则，因此，刑事责任只能由犯罪者即实施犯罪行为者承担，没有参与犯罪的人，即便与犯罪者有这样那样的关系，也不发生负刑事责任的问题。根据我国刑法的规定，犯罪者包括实施犯罪行为的自然人和单位，故刑事责任只能由犯罪的自然人与犯罪单位承担，绝不允许株连其他无辜的自然人或单位，也不能让犯罪者以外的人或单位代为承担。

5. 刑事责任由代表国家的司法机关强制犯罪者承担。刑事责任是犯罪者向国家承担的责任，所反映的不是犯罪人与被害人之间的关系，而是犯罪者与国家之间的关系，因此这种责任具有强制性。一方面，刑事责任是直接借助于国家强制力（人民法院、人民检察院、公安机关、监狱等）来迫使犯罪人承担的责任；另一方面，刑事责任的承担也一般不以被害人的意志为转移，即除为数不多的几种亲告罪外，被害人是否要求犯罪人承担刑事责任不是追究刑事责任的必要条件。

三、刑事责任的功能

刑事责任的功能，是指刑事责任在制定刑法和惩治犯罪中所起的积极作用。对刑事责任的功能，可以从刑事立法和刑事司法两个方面加以考察：

1. 就刑事立法方面看，刑事责任是衡量对行为是否规定为犯罪和如何配置刑罚的依据。换言之，立法者是依据自己的刑事责任观念来制定刑法，确定犯罪的范围和刑罚的配置的。犯罪是危害社会的行为，但不是任何危害社会的行为都被规定为犯罪，而只有那些严重危害社会、立法者认为需要追究刑事责任的行为，才会在刑法上被规定为犯罪。如果立法者认为某种行为对社会的危害算不上严重，不需要追究刑事责任的，也就不会在所制定的刑法中将其包括在内。同时立法者对犯罪行为配置什么样的刑罚，也是由其刑事责任观决定的，认为刑事责任重的，就配置重的刑罚，认为刑事责任轻的，则规定轻的刑罚。另外，立法者认为属于影响刑事责任的事项的，也会在法律上将其规定为从轻、减轻处罚或免除处罚的情节或者从重处罚的情节。由上述可见，刑事责任在刑法制定时起到重要的指导作用。

2. 从司法方面讲，刑事责任是审判机关决定是否适用刑罚和如何适用刑罚的标准。这可以从两方面来加以说明：①刑事责任是决定适用刑罚的必要前提。某人有刑事责任，才可能对其适用刑罚，没有刑事责任存在，就不能适用刑罚。②刑事责任的大小是判处刑罚轻重的标准。对此，《刑法》第5条作了明确的规定。按照这一规定，刑事责任小的，刑罚就轻；刑事责任大的，刑罚则重。据此，在对犯罪人判处刑罚时，不仅应考虑犯罪行为的严重程度，而且还必须考虑影响刑事责任轻重的情节。犯罪人具有可以或者应当从轻追究刑事责任或者免予追究刑事责任情节的，审判部门要对其依法从轻、减轻处罚或者免除处罚；犯罪人具有从重追究刑事责任情节的，则应对其从重处罚。总之，对犯罪人是否判处刑罚以及判处什么刑罚，一般说来都取决于行为人的刑事责任。

第二节　刑事责任的根据

刑事责任的根据，指国家基于何种前提、基础或决定因素而追究犯罪人的刑事责任，或者犯罪人是根据何种前提、基础或决定因素而承担刑事责任。国家（以司法机关为其代表）是刑事责任的追究者，犯罪人是刑事责任的承担者，二者是追究刑事责任的主体和被追究的对象的关系，而就刑事责任的根据而言，从追究者的角度或者从被追究者的角度看是完全一致的。我国刑法理论界一般认为刑事责任的根据包括两个方面：刑事责任的哲学根据与法学根据。

一、刑事责任的哲学根据

刑事责任的哲学根据指的是对于犯罪行为人追究责任的时候为什么要求人对自己的危害行为承担刑事责任，在哲学层面上所涉及的是人的行为与意志自由的关系问题。能否将意志自由视为刑事责任的哲学根据呢？对此，刑事古典学派的道义责任论与刑事实证学派的社会责任论展开过长期的争论。古典学派的康德、黑格尔都主张绝对的意志自由，并将其视为刑事责任的根据。康德认为，人是有理性的，其意志是自由的，即具有根据自己的理性决定选择行为的意志自由。人既有选择行为的意志自由，但竟然避善从恶而实施犯罪，从道义的立场上，就不能不使行为人负刑事责任。黑格尔也认为，人是有意志自由的，自由是意志的根本规定，正如重量是物体的根本规定一样，故没有自由的意志只是一句空话。在他看来，犯罪是理性人的自由意志的产物，所以人要对自己实施的犯罪行为负责。与康德和黑格尔相反，实证学派的学者完全否认人的自由意志，认为对刑事责任的根据不应当从所谓的自由意志中去寻找。如龙布罗梭主张，犯罪是天生的，由于行为人先天的生理构造异于正常人，因而决定他必然要犯罪，所以，对犯罪人负刑事责任的根据，只能用社会防卫即保卫社会利益的观点来说明。菲利则更进一步对意志自由论提出批评，指出所谓人们可以对行为作出自由选择的看法纯属幻想。按照菲利的见解，犯罪有着与犯罪人的意志自由毫无关系的自然原因，既然犯罪不是人的自由意志的产物，那么对刑事责任的根据，就不能从道义上来寻找，而只能从作为社会成员的个人应对其社会危害行为承担责任即社会责任的角度来探讨。由上述可见，道义责任论与社会责任论的争论在哲学层面上可以被归结为非决定论与决定论的争论。

对于这一争论，马克思主义刑法学的见解是，绝对的不受制约的自由意志是不存在的，但完全否认人在一定范围内具有选择自由的机械的决定论也是不可取的，人所具有的相对意志自由是其承担刑事责任的哲学根据。首先应当强调，存在决定意识和意识反映存在是辩证唯物主义的一般原理。详言之，人们生存的社会物质生活条件（包括社会条件和自然条件）决定了人们的意识，人们的意识总是一定的社会物质生活条件的反映。不承认这一点，就不是唯物主义。因此，在意识与存在的关系上，马克思主义的基本立场是决定论而不是绝对的自由意志论。

但是，马克思主义并不完全地否认意志自由，而是在充分考虑到意识的主观能动性的基础上承认人具有相对的意志自由。恩格斯指出："自由不在于幻想中摆脱自然规律而独立，而在于认识这些规律，从而能够有计划地使自然规律为一定的目的服务……因此，意志自由只是借助于对事物的认识来作出决定的能力。"人们的社会实践也表明，意识的主观能动作用使人具有通过借助对事物的认识而在行动上作出选择的自由，即相对的意志自由。人由于具有这种相对的意志自由，因而对自己选择实施的行为应当承担责任。具体而言，国家立法机关为了维护正常的社会秩序，保护国家和人民利益，通过刑法将严重危害社会关系的行为规定为犯罪，从而要求社会成员选择不实施这样的行为。这时如果行为人在能够作出选择的情况下实施了这样的行为，以致对国家和人民利益造成了危害，国家就要求其承担刑事责任；反之，如果人在无法选择的情况下损害了国家和人民利益的，则不能追究其刑事责任。所以，行为人在实施犯罪时所具有的相对的意志自由是刑事责任的哲学根据。

二、刑事责任的法学根据

刑事责任的法学根据，是指从法律制度上讲，行为人承担或者国家追究其刑事责任的决定因素。由于法律制度包括法律制定（立法）与法律适用（司法）两个步骤，而法律适用涉及事实与法律两个方面，另外刑事责任本身是质与量的统一，即行为人应负的总是一定程度的刑事责任，故研究刑事责任的法学根据不仅要探讨行为人应不应当负刑事责任的根据问题，同时还要考虑行为人应负刑事责任大小的根据问题，因此，对刑事责任的法学根据需要从多方面、多层次上来探讨。详言之，在决定应否负刑事责任问题上，可以从立法上设定刑事责任的根据、确定刑事责任的法律根据与确定刑事责任的事实根据三方面来讨论刑事责任的法学根据；而在决定刑事责任大小的问题上，还必须另外研究其他影响刑事责任程度的有关因素。

1. 刑事责任的设定根据是犯罪的严重社会危害性。依据前述刑法所规定的犯罪概念，立法机关之所以将某种行为规定为犯罪，其实质在于该行为危害到国家与人民的重要利益，即具有严重的社会危害性。如果某一行为根本不具有社会危害性或者其危害性达不到应当追究刑事责任的严重程度，就不会被立法者选择规定为犯罪而要求行为人负担刑事责任。换言之，严重的社会危害性既是犯罪的本质特征，也是立法者设定（要求追究）刑事责任的根本原因和唯一根据。

2. 确定刑事责任的法律根据（就应不应当负刑事责任而言）是刑法规定的犯罪构成。如前所述，刑事责任是犯罪的法律后果，它以行为人的行为成立犯罪为必要前提，而犯罪构成是刑法规定的成立犯罪的必要条件和认定犯罪的具体标准。因此，只有对其行为符合犯罪构成的行为人才能追究刑事责任。据此，犯罪构成是确定行为人应负刑事责任的法律根据，或者说是决定刑事责任有无的法律标准。

3. 确定刑事责任的事实根据是行为人实施的符合犯罪构成的实际行为。仅有作为法律规定的犯罪构成并不会当然地产生实际的犯罪和刑事责任，成立犯罪必须有现实的行为。近代刑法的基本原则是法律只规范人们的行为而不过问人们的思想，故没有实施为刑法通过确立各种具体犯罪构成的方式所禁止的行为就谈不上犯罪，从而也就不存在刑事责任。因此，刑事责任只能以实际存在的、符合刑法规定的犯罪构成的具体行为为其事实根据。

以上分别从三个方面论述了应否负刑事责任的法学根据。其实上述三种根据是统一的，区别仅仅在于角度不同而已。实际上，凡是存在符合犯罪构成的实际危害行为即具备应负刑事责任的事实根据的，自然也就具备了刑事责任的设定根据及确定刑事责任的法律根据。因此，可以将上述三点论述用一句话来概括，即实际的危害行为符合刑法所规定的犯罪构成是应当追究刑事责任的法学根据。

第三节　刑事责任的实现方法

刑事责任的实现方法指的是刑事责任可以通过哪些方法来实际承担。在前面刑事责任的发展阶段的论述中实际上已经涉及这一问题，但由于刑事责任的实现是整个刑事责任问题的核心，因此这里对刑事责任的具体实现方式作进一步的论述。刑事责任究竟有哪些具体实现方式（方法），理论上存在不同看法。正确把握刑事责任的具体实现方式（方法），首先须对刑事责任的实现方式（方法）加以界定。实际上，刑事责任的实现方式（方法）是指国家制裁犯罪人的或者说犯罪人承担制裁的方法，即刑法规定的、以犯罪为前提的、由犯罪人具体承担的法律后果。刑事责任的实现方式主要是定罪判刑方式和定罪免刑方式，除此之外，还有其他的解决方式。

一、刑事责任的实现方式

（一）定罪判刑方式

定罪判刑即人民法院在判决中对犯罪人作出有罪宣告的同时确定对其适用相应的刑罚。定罪，从广义上讲，指人民法院根据案件事实和依照刑法的规定，认定行为是否构成犯罪以及构成什么性质的犯罪的活动；就其狭义而言，仅指认定行为构成什么性质犯罪的活动。这里所指的是狭义上的定罪。认定行为人的行为构成什么性质的犯罪，必须以犯罪事实为根据，以刑法规定的犯罪构成为准绳。适用刑罚必须贯彻罪、责、刑相适应的原则，在决定刑罚时，应当根据犯罪的事实、犯罪的性质、情节和对社会的危害程度，依照刑法的规定判处，做到宽严无误、不枉不纵，使犯罪人承担应负的刑事责任。这种方式是实现刑事责任最基本、最常见的一种方式。

（二）定罪免刑方式

定罪免刑即人民法院在判决中对犯罪人作出有罪宣告但同时决定免除刑罚处罚。这种方式包括两种情况：①根据《刑法》第37条或第383条的规定作出宣告有罪但决定免除刑罚处罚而给予非刑罚方法之处理的判决；②根据《刑法》第10、19～22、24、27、28、68、390条或第392条的规定作出宣告有罪但决定免除刑罚处罚的判决。这两种情况都是以有罪宣告为前提，而宣告有罪，自然意味着存在刑事责任，宣告有罪的判决本身就属于对犯罪行为的否定和对犯罪人的谴责，从而定罪免刑也就属于实现刑事责任的一种方式。这种方式是刑事责任实现的次要、辅助的方式。

二、刑事责任的其他解决方式

刑事责任的其他解决方式是指刑事责任实现方式之外的其他使刑事责任得以终结的方式。在我国，刑事责任的其他解决方式有两种：一种是消灭处理方式；另一种是转移处理方式。

（一）消灭处理方式

刑事责任的消灭处理，是指行为人的行为本已成立犯罪而应负刑事责任，但由于存在法律规定的实际阻却追究其刑事责任的事实，如犯罪已过追诉时效期限，犯罪嫌疑人死亡或者被赦免，等等，致使行为人的刑事责任归于消灭，这时国家便不再追究行为人的刑事责任。这是解决刑事责任的一种补充方式。

（二）转移处理方式

转移处理的含义是指对享有外交特权和豁免权的外国人的刑事责任不由我国司法机关处理，而是根据《刑法》第11条的规定通过外交途径予以解决。刑事责任的这种解决方式，是按照国际惯例和国家之间相互对等的原则所确定的，是一种解决特定行为人刑事责任的特殊方式。

第四节 刑事责任的起始和终结

我国刑法学界一般认为，刑事责任的最终实现，需要经历一个过程。刑事责任的起始、确定与终结，有一系列的节点与阶段。但对这一过程究竟包括几个阶段以及如何确定每一阶段的起始时间，刑法理论上则意见不一。我们主张，对这一过程可以分为如下三个阶段：

一、刑事责任的产生阶段

这一阶段始于犯罪行为实施之时，终于公安、司法机关立案之日。实际中的危害行为与刑法规定的犯罪构成相符合是应当追究行为人刑事责任的唯一根据。因此，行为人实施的行为符合犯罪构成或者说成立犯罪之时，就是行为人的刑事责任产生之日。应当注意的是，由于不同犯罪的结构与形态的复杂性，所以具体刑事责任的产生时间也各不相同。就故意犯罪来讲，行为人开始实施犯罪预备行为时，一般而言刑事责任即告产生。但是，如果某一犯罪的预备行为本身尚不足以成立犯罪，则刑事责任产生于行为人着手实行犯罪之时。对于过失犯罪来说，成立犯罪所要求的结果发生时，刑事责任才能产生。在这一阶段，行为人的刑事责任已经客观存在，只是由于某些原因，司法机关还没有进行追究其刑事责任的活动。其中的原因可能是由于犯罪尚没有被发现；或者是属于告诉才处理的犯罪而被害人没有告诉的等。如果司法机关在长时间内没有开始追究刑事责任的活动，则行为人的刑事责任就可能消灭（参见《刑法》第87条），从而也就不存在刑事责任的下一阶段。在刑事责任的产生阶段中，可能出现行为人自首或者立功等情况，这些会影响其刑事责任的程度。

二、刑事责任的确认阶段

刑事责任的确认阶段（即刑事诉讼阶段）自公安、司法机关立案侦查时起，到人民法院作出的有罪判决生效时止。这一阶段的任务是：确认行为人是否实施了犯罪行为，应否承担刑事责任以及（在得出肯定结论的情况下）确定行为人应负何种程度的刑事责任和以什么方式实现其刑事责任。因此，这是刑事责任实现过程中非常重要的一个阶段。为了保证这一阶段的工作能够恰当并有效地开展，国家立法机关通过制定刑事诉讼法而规定了必要的程序。公安、司法机关必须严格依照这些程序来操作，才能正确完成确认刑事责任的任务。如前所言，这一阶段始于立案，立案是指公安、司法机关对报案、控告、举报、自首等方面的材料，依照管辖范围进行审查，以判明是否确有犯罪事实存在和应否追究刑事责任，并依法决定是否作为刑事案件进行侦查或审判的一种诉讼活动。自公安、司法机关立案侦查时起，指的是对属公安机关管辖范围的案件，从公安机关立案侦查时起；对由人民检察院管辖范围的案件，从检察机关立案侦查时起；对由人民法院依法直接受理的案件，从人民法院受理时起。公安、检察机关在立案以后进行侦查时，必须客观、公正，实事求是，严禁刑讯逼供和以其他非法方法收集证据。收集证据必须全面，犯罪嫌疑人有罪或者无罪、罪重或者罪轻的证据材料都应收集、调取。在侦查过程中，讯问犯罪嫌疑人、询问证人或者勘验、检查、搜查等活动，都必须符合法律的规定，以保证侦查工作的正当性。

对侦查终结的案件，需要提起公诉的，一律由人民检察院审查决定。人民检察院必须根据《刑事诉讼法》第168条的规定查明：①犯罪事实、情节是否清楚，证据是否确实、充分，犯罪性质和罪名的认定是否正确；②有无遗漏罪行和其他应当追究刑事责任的人；③是否属于不应当追究刑事责任的；④有无附带民事诉讼；⑤侦查活动是否合法。经过审查，如果认为犯罪事实已经查清，证据确实、充分，需要追究刑事责任的，检察机关应当作出提起公诉的决定；如果认为不构成犯罪或者有其他法定不起诉情形的，人民检察院应当或者可以作出不起诉的决定。

审判机关对起诉到人民法院的案件进行审查后，认为符合开庭审判条件的，应当决定开庭审判。在审判中需要解决的问题是：①行为人的行为是否构成犯罪，应否负刑事责任；②对构成犯罪需要追究刑事责任的，应综合考虑各种有关情节，确定行为人应负何种程度的刑事责任；③如何实现刑事责任，即应判处刑罚还是适用非刑罚处理方法或者是仅仅宣告行为人的行为是犯罪而对其免予刑罚处罚，对需要判处刑罚的，则应确定判处何种刑罚及判处多重的刑罚。这些问题的确定，都必须以事实为根据，以刑法的规定为准绳。

上述立案侦查、起诉、审判三个方面的刑事诉讼活动，就大多数犯罪而言是刑事责任确认阶段不可缺少的内容。只有经过这些诉讼活动，刑事责任才能得到确认和实现。

三、刑事责任的终结阶段

刑事责任的终结包括两种情况：

1. 因刑事责任的实现而终结，终结时间由于刑事责任实现的方式不同而不同。以刑罚为实现方式的，终结时间为刑罚执行完毕或赦免之时；以非刑罚处理方法为实现方式的，终结时间为非刑罚处理方法执行完毕之时；以单纯宣告有罪而免予刑罚处罚为实现方式的，终结时间为人民法院作出的有罪判决发生法律效力之时。

2. 因刑事责任的消灭而终结。刑事责任的消灭是指行为人的行为原本构成犯罪，但在实现刑事责任之前，由于某种法定的原因，使司法机关不能再追究刑事责任。从实际情况看，引起刑事责任消灭的原因主要是：①犯罪人在被追究刑事责任前死亡的；②犯罪已过追诉时效期限的；③告诉才处理的犯罪，没有告诉或者撤回告诉的。

一般而言，刑事责任的实现阶段自人民法院的有罪判决生效时起，到判决所确定的刑罚和非刑罚的刑事制裁措施等执行完毕时为止。由于刑事责任的实现是整个刑事责任问题的结局和归宿，故如果没有刑事责任的实现阶段，则刑法规定刑事责任及司法机关代表国家依法追究刑事责任的活动都将失去意义。所以，刑事责任的产生与刑事责任的确认，都不过是为了使刑事责任得以实现。刑事责任的实现具体包括以下几种情况：①判处刑罚（含仅判处主刑、仅判处附加刑或同时判处主刑及附加刑）的，刑罚被执行完毕；②宣告缓刑或者决定予以假释的，犯罪人在缓刑或假释考验期内没有再犯新罪、没有发现漏罪、没有违反监督管理规定；③仅给予非刑罚的刑事制裁措施的，该制裁措施执行完毕；④仅以作出有罪宣告的方式追究刑事责任的，该有罪宣告的判决发生法律效力。

在刑事责任的实现阶段，可能出现刑事责任变更的情况，主要包括以下几种：①死刑缓期执行2年期满后减为无期徒刑或者有期徒刑；②管制、拘役、有期徒刑和无期徒刑的减刑；③由于特赦而免除部分或者全部刑罚的执行；④由于遭遇不能抗拒的灾祸以致缴纳罚金确有困难时罚金刑的减免。需要指出的是，这里的刑事责任变更不是改变原来确定的刑事责任的性质，而是根据行为人的人身危险性的变化等情况，对其刑事责任的程度予以变更，从而使罪责刑相适应原则在刑事责任实现阶段得到更好的体现。

学术视野

一、刑事责任的变迁

刑事责任的变迁过程是伴随着法律责任从伦理道德中分离出来、刑事责任从法律责任中独立出来的过程，其变迁中的主要特点有：①刑事责任由随意性发展为法定性；②刑事责任由群体责任发展为个人责任；③刑事责任承担主体由物与人发展为人；④刑事责任的实现方式由暴虐发展为人道；⑤刑事责任的实现方法由单一走向多元。

二、非刑罚的刑事责任方式

非刑罚的刑事责任方式越来越受到理论界和社会的关注，人们越来越认识到刑罚不是实现刑事责任的唯一方法。我国刑法中规定了训诫、责令具结悔过、赔礼道歉、赔偿损失等非刑罚处罚方法，但是这些方法并不具有很大的创新性，也不具有适应刑法性质的特定功能，往往是从其他部门法借鉴过来的。我国刑法应当适应世界潮流，发展具有中国特色的非刑罚刑事责任方式，可以增加诸如“停止单位运作”“禁止从事特定职业或者职务”“强制治疗”“强制从事社会公益服务”等非刑罚刑事责任方式。

理论思考与实务应用

一、理论思考

（一）名词解释

刑事责任　非刑罚的刑事责任方式　刑事责任的基本方式

（二）简答题

1. 简述刑事责任的特征和功能。
2. 简述刑事责任的根据。
3. 简述刑事责任实现方式的概念与种类。
4. 简述刑事责任的起始和终结。

（三）论述题

1. 请论述刑事责任的理论意义和实践意义。
2. 请论述刑事责任的发展方向。

二、实务应用

（一）案例分析示范

案例一

被告人小谢于2008年9月28日11时许，在海淀区某大学附近的某书店内，因经济纠纷与被害人王某发生冲突后互殴。其间，被告人小谢撕咬被害人王某鼻部，致王某鼻部、唇部等处受伤，经鉴定为轻伤（偏重）。被告人小谢于当日被抓获。一审期间，被害人王某受伤后情绪激动，拒绝与被告人家属协商民事赔偿问题，也未提起附带民事诉讼，并希望法院对被告人小谢从重处罚。案件经过法院审理，作出一审判决，小谢因犯故意伤害罪被判处有期徒刑2年6个月。一审宣判后，小谢以量刑过重为由向一中院提出上诉。二审立案后，小谢的亲属向承办此案的法官提出愿意代小谢赔偿被害人的经济损失，希望法院能做双方的调解工作。虽然案件的案情并不复杂，但如果能通过案外调解减少仇恨，促进被告人更好地认罪改造，是案件最好的处理结果。于是，法院工作人员就找到了被害人王某，说明缘由后，王某的态度有了一些变化，表示他对被告人小谢的仇恨已经减弱，且其治伤已花费4万余元，以后整容还将花费一定的费用，如被告人真诚悔罪，他愿意与被告人就民事赔偿问题进行调解。同时法院在提讯上诉人小谢时，了解到小谢表示认罪悔罪，真诚向被害人赔礼道歉，并且愿意赔偿被害人的经济损失，请求法院对其从轻处罚。鉴于这种情况，人民法院从平复社会冲突，化解社会矛盾处着眼，开始了此案的刑事和解工作。经进一步做被害人及被告人亲属的工作，被害人考虑到自己前期所花医疗费票据不全，在案件起因上本人也有一定过错，因此降低了赔偿要求，被告人亲属也提高了最初的赔偿数额，双方最终达成了刑事和解协议。在考虑到被告人小谢认罪态度较好，且系初犯等情形，加之其二审审理期间主动认罪悔罪，赔偿了被害人的经济损失，双方互谅互让自愿达成了和解，被害人王某对小谢也表示谅解，终审以故意伤害罪判处小谢有期徒刑2年6个月，缓刑3年。在二审宣判的法庭上，被告人小谢向被害人家属鞠躬道歉，被害人的妻子对被告人也表示谅解，希望其以此事为戒，走好今后的人生道路。就这样，这起故意伤害案经过法官的努力圆满审结。

【评析】 刑事和解作为一项新型的刑事纠纷处理机制和恢复性司法举措，也成了一种新型的刑事责任承担方式，兼顾了被害人与被告人合法权益的双重保护功能，致力于最大限度地恢复社会关系的和谐，对于妥善化解社会矛盾，积极解决社会纠纷，保持社会稳定具有十分重要的意义。2002年，北京、上海、浙江等地开始在轻伤害等轻微公诉案件中探索适用和解程序，2006年以后，山东、湖南等地将适用范围扩大到未成年人犯罪、过失犯罪、在校学生犯罪等，所涉及的案件扩展到交通肇事、盗窃、抢劫、重伤甚至杀人案件。在具体实施中，或采用“加害方—被害方自行和解”模式，或采用“司法调解模式”，或采用“人民调解委员会调解模式”，在侦查、起诉阶段和刑事附带民事诉讼中，只要加害人自愿认罪，向被害方赔礼道歉，真诚悔罪，做出让被害方满意的赔偿，被害方予以谅解，明确放弃追究加害人刑事责任的，再确认加害人行为不具有较大的社会危害性，具有“重新做人”、顺利回归社会的可能性，即终止刑事诉讼或者减轻行为人的刑事责任。刑事和解实践引来了理论界、实务部门的关注，人们普遍认为，刑事和解既解开当事人之间的“法结”，又解开当事人之间的“心结”，最大限度减少了社会对抗，最大限度转化了消极因素；满足了多元主体多元利益要求，满足了有效化解社会矛盾、和谐解决刑事纠纷的必然要求，体现了宽严相济刑事政策的要求。2008年底，经中共中央批准的司法体制改革方案已将刑事和解制度列入其中，与此相适应，我国最高司法机关也将其作为今后改革的主要任务之一。当然，作为一种新型的刑事诉讼模式，刑事和解体现着和谐、公平、民主、效益等时代精神，追求着化解社会冲突、促进社会和谐的最高价值，有助于发挥刑事司法促进和谐社会建设的功能，实现刑事司法的价值追求。但由于价值观念、法律制度等方面的原因，我国建立并推行刑事和解制度虽有一定的基础，但也存在一定的障碍，如：刑事和解基于个人本位主义价值观，将不追究犯罪、从轻处罚的条件主要设定为获得被害人的谅解，一定程度上让渡了国家的刑罚权，受害人权利借助公权力得以大大扩张，一部分犯罪分子可能逃避法律的应有制裁，有罪不罚、重罪轻罚；刑事和解因刑事司法程序之外的因素，使犯罪人获得从轻处罚甚至免受处罚，将降低刑罚的威慑功能，不利于社会的安定秩序，可能增加民众的不安全感，动摇公众基于刑罚的报应性而认同的正义观；通过向被害人赔偿来求得谅解，有钱人和没钱人的犯罪，即使犯罪人的态度相同，但获得谅解并得以免受处罚、从轻处罚的机会并不相同，客观上可能产生的“赔钱减刑”“以钱赎刑”效果，损害着法律的公平性。可以说，建立并逐步完善刑事和解制度，已成为我国当前及今后一段时期司法改革的重要内容。

案例二

2010年8月，全国人大常委会审议了《刑法修正案（八）（草案)》，会议决定将《刑法修正案（八）（草案)》及其说明公布，向社会公开征集意见。《刑法修正案（八）（草案)》是至今为止刑法修订规模最大、涉及内容最广泛、社会关注最大的一次，特别是本次修正与以往历次修正不同的是首次对刑法总则进行修正，其中该草案第1条规定：“在刑法第17条后增加一条，作为第17条之一：‘已满75周岁的人故意犯罪的，可以从轻或者减轻处罚；过失犯罪的，应当从轻或者减轻处罚。’”第3条规定：“将刑法第49条修改为：‘犯罪的时候不满18周岁的人和审判的时候怀孕的妇女、已满75周岁的人，不适用死刑。’”草案说明指出：“根据宽严相济的刑事政策，在从严惩处严重犯罪的同时，应当进一步完善刑法中从宽处理的法律规定，以更好地体现中国特色社会主义刑法的文明和人道主义，促进社会和谐。对未成年人犯罪予以从宽处理，刑法中已有规定。对老年人犯罪予以从宽处理，刑法虽未明确规定，但在司法实践中一般也有体现。根据有关方面意见，建议对刑法作出补充：……二是对不满18周岁的人和已满75周岁的人犯罪，只要符合缓刑条件的，应当予以缓刑。三是已满75周岁的人故意犯罪的，可以从轻或者减轻处罚，过失犯罪的，应当从轻或者减轻处罚。四是对已满75周岁的人，不适用死刑。……”

【评析】我国刑法历来对未成年人的刑事责任予以从宽的政策处遇，不但从量刑方面予以从宽，甚至在定罪方面也予以从宽，但是随着社会的发展，尤其是随着老龄化社会的日益突出，老年人的刑事责任处遇也开始受到刑法的关注。《刑法修正案（八）（草案）》的规定体现了我国社会发展的趋势。当然对于这一草案规定，仍有不同意见。有的认为：这个规定其意义是积极的，能更好地体现中国特色社会主义刑法的文明和人道主义，对社会和谐的稳定，不无益处，也有利于中央保留死刑、慎用死刑、少杀慎杀方针的进一步落实。有的认为：该草案规定与在法律面前人人平等的社会主义法制原则和罪刑一致的司法精神不大符合，随着生活水平的改善，我国的人口平均寿命越来越高，年龄大的公民犯罪，一方面要体现宽大的原则，这在草案中已经作了相应的规定；另一方面对那些罪行严重、影响恶劣的罪行，还是应当依法办理，年龄不能成为少数人享有特别处遇的理由。该草案规定可能为今后的司法实践留下后患。老年人如果实施故意杀人、爆炸、投放危险物质，导致数人乃至数十人死于非命，危害极大、后果极其严重的，如果不处以重刑，对犯罪分子过于讲“人道”，就是对被害人、对社会的不人道。有观点建议限制老年人不适用死刑的范围，如实施故意杀人，而不是一律不适用死刑。

案例三

被告人陈某于2003年12月～2004年1月期间，在未取得有关林业部颁发的林木采伐许可证的情况下，在某村4个村民组，以每株15～30元不等的价格，从上述村组的村民处购得栽种于堰塘及承包田边的桉树、丁木树等零星树木120株，并雇请民工使用拉锯、弯刀等工具将以上树木砍伐后变卖，经林业部门检尺鉴定活立木材体积为44.5314立方米。人民法院经审理后确认上述指控事实。法院认为，被告人陈某的行为构成滥伐林木罪，鉴于被告人认罪态度好，并表示愿意通过劳动赔偿被其毁坏的集体林木，对被告人陈某犯滥伐林木罪，判处有期徒刑2年，缓刑3年，并处罚金人民币1000元；责令被告人陈某于判决生效后30日内在被砍伐林木相应村组补种树木120株，自补种之日起看护3年，种植规格和质量严格按照林业部门的技术标准执行，保证90%以上的成活率。宣判后，被告人陈某没有提出上诉，判决已发生法律效力。

【评析】从案情来看，作为一项关于滥伐林木罪的判例，这并不是什么典型案例，然而，从本案判决的内容来看，其判决被告人承担刑事责任的方式则具有其独特之处，应当认为其中有对我国刑法总则规定中有关刑事责任承担方式的创造性运用。本案通过法庭审理查明指控犯罪事实，在证据确凿充分的基础上结合我国刑法作出判决，宣告被告人构成滥伐林木罪，并在具体量刑上充分考虑被告人认罪态度以及认罪意愿的因素，酌情予以从轻处罚，并且在具体判决内容上结合实际情况体现了对我国刑法总则规定中有关刑事责任承担方式的创造性运用。本案认定，被告人的犯罪行为侵犯了国家保护森林资源的林业管理制度，破坏了集体的森林资源，对其违法所得应当依法予以追缴或责令退赔，但是，鉴于被告人已将所伐林木变卖，其所得款项已耗用，无法予以追缴，且被告人自愿申请补种与其滥伐数量相当的林木并保证其成活率，鉴于此，从最大限度弥补犯罪行为给国家和集体造成损失的角度考虑，法院依照我国《刑法》第64条的规定，责令被告人赔偿其滥伐行为给集体森林资源造成的损失。为此，本案在判定被告人构成滥伐林木罪并科处一定的自由刑之后，责令被告人于判决生效后30日内在被砍伐林木相应村组补种树木120株，并自补种之日起看护3年，种植规格和质量严格按照林业部门的技术标准执行，保证90%的成活率。法院责令被告人的这一事项构成了本案判决内容的一个部分，并且在这一点上体现了本案判决的独特性。因为，依照我国《刑法》第64条，犯罪分子违法所得的一切财物，应当予以追缴或者责令退赔。然而，关于追缴犯罪分子违法所得和责令犯罪分子退赔违法所得的具体方式，并没有具体的法律或者司法解释予以明确规范，这就为司法审判实践中法官的自由裁量保留了空间。在本案中，判决内容所体现的，正是充分结合了具体案情以及追缴犯罪分子违法所得面对的客观实际，通过一种被告人愿意接受的方式来实现对犯罪分子违法所得的追缴，责令被告人在被砍伐林木相应村组补种树木，从客观事物发生与发展的角度考虑，这种做法不但灵活解释和运用了《刑法》第64条的规定，体现了这种规定背后的实质精神，而且在客观上能够最大限度地来弥补犯罪行为给国家和集体造成的损失，有利于增进保护、培育及合法利用森林资源，发挥森林蓄水保土、调节气候、改善环境和提供林业产品等作用。因此，本案判决并没有局限于传统上对刑法条款的呆板理解，而是能够充分领略立法的实质精神及其将要在法律实践中追求的目的，充分结合客观实际情况来运用法律，充分尊重被告人合法限度以内的真实意愿，创造性地根据实体法规定来作出具体的判断，既遵守了刑法规定的原则性，又体现了刑事审判的实践性与灵活性，具有一种相得益彰的效果。

（二）案例分析实训

案例一

被告人秦某，男，42岁。因涉嫌犯抢劫、流氓、诈骗、侵占罪，于1996年7月29日被逮捕。某市人民检察院以被告人秦某犯抢劫、流氓、诈骗、侵占罪，向某市中级人民法院提起公诉。某市中级人民法院对被告人秦某抢劫、流氓、诈骗、侵占一案依法进行了公开审理，于1997年5月25日作出刑事附带民事判决，认定被告人秦某犯抢劫罪，判处死刑，剥夺政治权利终身，并处没收财产人民币8万元；犯流氓罪，判处死刑，剥夺政治权利终身；犯诈骗罪，判处有期徒刑6年；犯侵占罪，判处有期徒刑2年，决定执行死刑，剥夺政治权利终身，没收财产人民币8万元。追缴被告人秦某违法所得人民币 165 166.84 元。秦某赔偿某市矿务局巨源煤矿人民币 72 216.6元，赔偿某市煤炭工业公司人民币 6113.06 元。对供犯罪用的铁锤 1 把，鱼叉 1 把，刀 3 把，予以没收。一审宣判后，被告人秦某对判处没收财产和民事赔偿不服，以一审认定的抢劫罪、流氓罪、诈骗罪事实大部分不成立为由，向某省高级人民法院提出上诉。某省高级人民法院依法对本案进行了审理。在审理过程中，上诉人秦某于 1997 年 6 月 23 日在看守所自己服用苯巴比妥和安定导致中毒死亡。

问：①被告人提出上诉并在二审审理期间死亡的，案件终止审理后，可否对被告人判处没收财产刑？②对被告人的违法所得应否追缴？③是否应由被告人继续承担民事赔偿责任？

案例二

被告人王某与同伙一起去仓库，王某站在门外负责把风，其他人进仓库偷袜子，之后将袜子背出放在三轮车（王某作案前盗窃所得）上，由王某将三轮车骑走转移赃物。之后，王某向联防队保卫人员汇报案件经过并领取500 元“线人费”。案发后，检察院以王某犯盗窃罪向人民法院提起公诉。

问：审判机关对于王某的刑事责任应当如何确定？

第十四章
刑罚概说

【本章概要】刑罚，是由国家审判机关依照刑事法律对犯罪人所适用的最为严厉的强制性法律制裁方法。刑罚是最为严厉的强制措施，只能适用于犯罪人。刑罚只能由人民法院依法行使。刑罚权是指创制和运用刑罚的权力，是国家统治阶级所垄断的统治权的重要组成部分，其本身包括制刑权、求刑权、量刑权和行刑权。刑罚具有对犯罪人、被害人和其他社会成员的不同的功能。刑罚的目的是预防犯罪。

【学习目标】通过本章的学习，了解刑罚的基础知识，掌握我国刑罚的概念、特征、刑罚的功能和刑罚的目的。

第一节 刑罚概述

一、刑罚的概念和特征

刑罚，是由国家审判机关依照刑事法律对犯罪人所适用的最为严厉的强制性法律制裁方法。它具有下列特征：

1. 刑罚是最为严厉的强制措施。它是以限制和剥夺犯罪人的权利和利益为内容的。它不仅可以剥夺犯罪人的财产权利和政治权利，而且可以限制或剥夺其人身自由，甚至还可以剥夺其生命。这种严厉性正是刑罚区别于其他法律制裁方法的本质特征。

2. 刑罚只能适用于犯罪人。它是以犯罪人为唯一对象的强制措施。犯罪与刑罚是彼此对应的一对范畴，它们具有法律上的逻辑联系，没有犯罪也就没有刑罚。因而，适用刑罚必须以行为人的行为构成犯罪为前提。只有经人民法院判决确认有罪的自然人和法人，才能对其适用刑罚。这既是加强社会主义法制的必然要求，也是使无辜的人不受刑罚处罚的重要保障。

3. 刑罚的根据在于刑法的明文规定。依照《刑法》第3条罪刑法定原则的要求，哪些行为构成犯罪及其应该受到怎样的刑罚处罚都必须由刑法事先作出明文规定。这就是说，刑法的明文规定是人民法院对犯罪人作出最终判决的唯一根据。

4. 刑罚只能由人民法院依法行使。依照有关法律规定，只有人民法院可以依法独立行使审判权，而定罪量刑是国家审判权的一项重要内容。因此，除人民法院外，其他任何机关、团体或个人都无权对公民适用刑罚。

二、刑罚与其他法律强制方法的区别

刑罚是国家制定的一种法律强制方法，但不是国家唯一的法律制裁方法。在我国，为了调整社会关系，维护法律秩序，保护国家和人民的利益，国家除了适用刑罚这一法律强制方法以外，还运用其他各种法律强制方法，诸如行政强制方法、民事强制方法、诉讼上的强制方法等。所有这些法律强制方法都体现了国家权力，并共同调整着社会关系，刑罚只是整个法律制裁体系中的一种，它与其他法律强制方法相比，主要区别有：

1. 严厉程度不同。刑罚是各种法律制裁中最为严厉的一种，它涉及对人的生命、自由、财产、资格的限制或剥夺。惩罚的严厉性正是刑罚的法律本质，这种严厉性不仅表现在刑罚给犯罪人以有形的损害，即犯罪人某些权益的丧失，还表现在刑罚同时给犯罪人以无形的谴责，即否定的政治评价和道义上的谴责。其他法律制裁一般不涉及人身自由的问题，更绝对排除对生命的剥夺，它们的严厉程度都轻于刑罚处罚。例如，民事制裁方法仅限于停止侵害、排除妨碍、消除危险、返还财产、恢复原状等；行政制裁方法只限于警告、记过、开除、罚款等。行政处罚中的劳动教养、行政拘留和刑事诉讼上的强制措施虽然也涉及公民的人身自由，但属临时性的限制措施，与刑罚自由刑的性质不同，其法律后果也不一样。

2. 适用对象不同。刑罚以犯罪人作为特定的适用对象。任何人只要触犯刑律、构成犯罪，则应当而且必须依法追究其刑事责任，其结果往往是适用刑罚。如果行为人只是实施了一般的违法行为，仅仅违反了国家的民事法规、行政法规、经济法规等，尚未达到犯罪所要求的严重程度，则只能相应地适用其他的法律制裁措施。

3. 适用机关不同。刑罚只能由国家刑事审判机关依法行使，在我国只能由最高人民法院、地方各级人民法院和各专门人民法院的刑事审判部门行使。而民事制裁则由国家审判机关的民事审判部门适用，行政制裁则由国家行政机关适用。

4. 适用根据不同。人民法院必须依照刑法关于犯罪与刑罚的有关规定和刑事诉讼法规定的诉讼程序，对犯罪人适用刑罚，而对一般违法人适用民事制裁和行政制裁，则分别依据民事实体法和民事诉讼法、行政实体法和行政诉讼法。在一定程度上，法律的根据不同往往也决定了处罚性质的差别。

第二节 刑罚权

一、刑罚权的概念

刑罚权是指创制和运用刑罚的权力，是国家统治阶级所垄断的统治权的重要组成部分，其本身包括制刑权、求刑权、量刑权和行刑权。

制刑权是指国家在刑事立法活动中创制刑罚的权力。我国的这项权力由全国人民代表大会及其常设机关（即全国人民代表大会常务委员会）行使。创制刑罚的主

要内容包括：①建立刑罚体系以及与之相配套的各种刑罚制度，为具体的犯罪设立相应的法定刑；②修改、补充、完善现行立法中的刑罚制度、法定刑和刑种；③对与刑罚有关的问题作出解释。

求刑权是根据刑事责任理论，国家有权对犯罪人提出承担刑事责任的要求，进而提出要求适用刑罚的要求。所谓责任，是一种责任要求者与责任者之间要求与被要求的关系。责任要求者有权利对责任者提出要求，责任者有义务履行要求者的要求，承担所建立起来的责任关系的后果。刑事责任是一种责任要求者（国家）与责任者（犯罪人）之间的刑事上的要求与被要求关系，这种关系通过国家公布刑事法律及行为人违反刑事法律而建立起来。它的建立有两个必要的前提条件：①国家公布刑事法律、建立刑事法律关系；②刑事法律关系的触犯，即犯罪人实施了刑事法律所禁止的行为。这种刑事责任建立以后，国家就成为刑事责任的要求者，犯罪人就成为刑事责任的责任者，国家有权对犯罪人提出承担刑事责任的要求，而犯罪人有义务履行这种刑事责任，承担刑事责任的后果。由此可见，刑事责任就是国家通过公布刑事法律并用强制力要求触犯刑事法律的犯罪人承担刑事法律后果的一种刑事上的要求与被要求关系。[1]

量刑权是指对犯罪人进行裁量刑罚的权力，这一权力在人民法院审理案件，并对犯罪人作出和确认有罪判决的阶段适用，只能由人民法院行使。量刑权主要包括以下内容：①在查明案件事实的基础上，依法决定对犯罪人是否适用刑罚；②在确定犯罪事实和情节的基础上决定适用何种刑罚和多重的刑罚。量刑活动是求刑的落实又是行刑的依据，因此是适用刑罚的关键环节。

行刑权是指根据已发生法律效力的判决，强制犯罪人接受刑罚处罚的权力。

制刑权、求刑权、量刑权和行刑权四者的总和构成了统一的刑罚权，它们之间是一种互相制约、互相配合的关系，其中任何一种权力都不能单独作为刑罚权而存在。

二、刑罚权的根据

任何一个国家，不论其为哪种社会制度、国力强弱和国土大小，都有权对触犯刑律的行为依法予以惩治。这种权力，即刑罚权，它存在的理由或根据，中外法学家曾对此有很多不同的阐述，其中颇具代表性的几种理论如下：

1. 神权论。这种理论起源于古代，至今仍有支持者。其主张刑罚权是神授予的，是正义的体现，国家秩序是神意的表现，侵犯它就是亵渎神意，神就委托其世俗代表，即国家对加害者予以惩处。这一理论的致命弱点是缺乏科学依据，其实行结果必然是某些代理人假借神意来剥夺被统治者的自由权利，使公民的合法权利得不到保障。

2. 社会契约论。这种理论最初由古希腊哲学家伊壁鸠鲁提出，17～18 世纪被欧

---

〔1〕 刘灿璞、严励主编：《刑法案例教程》，上海大学出版社 1998 年版，第 190～191 页。

洲资产阶级启蒙学者所推崇并广泛加以传播，其代表人物首推意大利刑法学家贝卡利亚，他以社会契约论为指导在其代表作《论犯罪与刑罚》一书中全面论述了刑罚权的根据，主张国家权力（包括刑罚权）来自于人民，封建专制统治是不符合人的本性和自然法的；国家权力是有限的，人之生存权利则是神圣的。这种大胆的论证在资产阶级大革命的前夜，无疑是历史的进步，但社会契约论并不符合历史的实际，因为国家并不是根据人们的社会契约而产生的。

3. 功利论（又称必要论）。功利一词意为功用、功效，同时还泛指人类幸福。这理论从维护社会秩序的必要性角度寻找刑罚权的根据，有其合理性的一面。但是，它用抽象的人类幸福来说明刑罚的产生，不仅无法真正地阐述刑罚权的根据，反而掩盖了它的阶级本质。

4. 混合论（又称折中论）。这种理论认为刑罚权的发生固然来自社会的“抵抗权”，同时也不能忽视法律是以“正义”为理论基础的。刑法之所以处罚犯人，不仅是基于他的行为有害于社会的生存，有“抵抗”的必要，而且也是为了“正义”的实现。混合论者试图从实证派所主张的维护社会生存条件与正义的相互联系中说明刑罚权存在的理由，但它离开了社会物质生活条件，这种尝试注定是失败的。

我们认为，对于刑罚权的根据问题必须坚持用马列主义观点加以说明。按照马列主义观点，物质的生产方式制约着整个社会生活、政治生活和精神生活的过程。犯罪与刑罚是阶级社会所特有的现象，它们产生于相同的条件。犯罪是对社会生存条件的违反，而刑罚则是社会用以对付违反人民权益的行为的一种自卫手段。国家作为公共权力产生的同时，自然就拥有了刑罚权，出于对付违反社会生存条件的行为的现实需要，这就是刑罚权的一般根据。刑罚权是一种制裁犯罪人的权力，对犯罪人适用刑罚以及执行刑罚是一种制裁，是行使刑罚权的一种表现，而确定或宣布某种行为构成犯罪，也是行使刑罚权的一种表现。因此，刑罚权不是法律规范所确认的权力，而是位于刑法规范之上、并支配刑法规范的范畴。它首先是一种客观事实，而不是一种法律现象，产生这种事实的标志是国家的出现。因此，刑罚权是一种国家的权力，是一种特权，是伴随着私有制产生、发展、变化的一种维护现实利益的一种特权，是国家的职能表现。

第三节　刑罚的功能

刑罚的功能是指刑罚在社会生活中所发挥的积极作用。刑罚适用的对象虽然只能是犯罪人，但刑罚不仅对犯罪人产生直接的影响，同时也不可避免地对社会其他成员产生直接或间接的影响。

刑罚的功能具有多向性，并表现为多种形式。根据刑罚作用对象的不同，其功能可以分为以下三个方面：

一、刑罚对犯罪人的功能

刑罚对犯罪人有以下一些功能：

1. 惩罚功能。惩罚是刑罚的本质属性，也是刑罚所固有的重要功能。刑罚的惩罚功能具体表现为对犯罪人施加某种人身强制、权利剥夺和限制以及心理影响。无论何种刑罚，一经实际执行，就必然要剥夺或限制受刑人的某些权益，使其亲身体验受刑之苦。如果刑罚不能给犯罪人造成身体和精神上的痛苦，或者刑罚所造成的痛苦小于因犯罪而带来的利益和快乐，那么，刑罚就不能有效地遏制犯罪。

2. 个别威慑功能。刑罚的个别威慑功能，是指刑罚对犯罪人所产生的威吓、遏制作用。它通常分为行刑前的威慑、行刑时的威慑和行刑后的威慑。实践中具体表现为：犯罪人在犯罪预备或犯罪实行过程中，因对刑罚的畏惧而主动停止犯罪，或者犯罪后为争取宽大处理而自动投案自首；犯罪人在刑罚实际执行的过程中，亲身体验受刑的痛苦，认识到犯罪是要付出沉重代价的，因而对刑罚产生畏惧心理；犯罪人在刑罚执行完毕后，再度萌发犯罪动机时，因受过行刑之苦，可能会由于一种本能的条件反射式的畏惧而自觉抑制自己的犯罪动机，放弃再次犯罪。实践表明，威慑的心理效应在一定程度上有遏制犯罪人再次犯罪的作用。

3. 感化功能。刑罚的感化功能是指制定、适用和执行刑罚的过程中对犯罪人的宽大处理与人道待遇对犯罪人的思想和心理所产生的触动和教育作用。这一功能主要体现在两个方面：①在刑罚的制定和适用上，我国刑法根据惩办与宽大相结合的刑事政策，规定了一系列从轻、减轻或者免除处罚的量刑情节以及自首、缓刑、减刑、假释、死缓等刑罚制度，通过依法对犯罪人从宽处理，在一定程度上能够消除犯罪人的抵触情绪，产生强烈的感召力，促使犯罪人积极地接受改造。②行刑期间，依照我国监狱法规的规定，采取一些体现人道待遇和关心爱护犯罪人的措施，满足犯罪人的正当要求，使之切身感受到国家和社会对他们的关心和帮助，从而安心改造，甚至自觉改造，达到刑罚改造人的目的。

4. 教育改造功能。刑罚的教育改造功能是指刑罚执行过程中通过对犯罪人进行思想教育、劳动改造等各种手段，使其转变为对社会有用的新人。我国在刑罚执行过程对犯罪人坚持“惩罚与教育相结合”的原则，通过政治思想教育、文化知识教育、劳动生产教育、职业技术教育等手段对犯罪人进行教育。在不断强化的教育改造过程中，使犯罪人端正思想，树立正确的人生观和世界观，矫正不劳而获的恶习，养成自食其力的良好习惯，掌握一定的生产技能，为其重返社会创造条件。

刑罚对犯罪人的惩罚、威慑、感化和教育改造这四种功能密切联系，同时并存，不能彼此替代。

二、刑罚对被害人的功能

犯罪是具有一定社会危害性的行为。任何一种犯罪的实施都会直接或间接地给受害对象及其家属造成一定的损害，如生命的丧失、身体的伤害、自由的限制、财产的损失、名誉的损害、精神的折磨等，引发他们心理上痛苦、恐惧、愤怒、仇恨等情绪反应，以及要求国家严厉惩罚犯罪行为的强烈愿望。国家通过对犯罪人适用和执行刑罚，满足被害人正当、合理的要求，以达到以下功能：

1. 安抚功能。刑罚的安抚功能是指人民法院通过对犯罪人适用刑罚，抚慰被害人及其亲属的情绪和精神创伤，减轻由于犯罪人的行为给他们造成的痛苦。

2. 补偿功能。刑罚的补偿功能是人民法院在对犯罪人判处刑罚的同时，要求犯罪人必须对被害人因其犯罪行为造成的经济损失给予赔偿。广义的补偿包括经济补偿和精神补偿。目前精神补偿在刑法中没有明确规定，只是通过人民法院对犯罪人判处刑罚加以体现。而经济补偿根据法律有关规定，实践中主要包括犯罪人给被害人造成的直接损失，如医疗费、误工工资、安葬费等以及部分间接损失。

刑罚的安抚和补偿功能是刑罚固有的功能之一，具有积极的社会效应。

三、刑罚对其他社会成员的功能

刑罚对其他社会成员有以下功能：

1. 一般威慑功能。它是指通过刑罚的创制和适用对社会上的潜在犯罪人所产生的警戒作用，包括立法威慑和司法威慑两个方面的内容。前者是指国家立法机关制定刑罚，明确刑罚是犯罪的必然法律后果，并具体列举各种犯罪所应当受到的刑罚处罚，使社会上潜在的犯罪人望而生畏，悬崖勒马。后者是指通过人民法院对犯罪人适用和执行刑罚，使潜在犯罪人从中得到警戒，对犯罪的应受惩罚性有更加具体而感性的认识，从而慑于受刑之苦，不敢轻易以身试法。

2. 教育鼓励功能。它是指通过制定和适用刑罚，对社会上的广大公民起到法制宣传教育和鼓舞激励作用。它具体表现为两个方面：①通过对犯罪人适用刑罚，肯定守法行为，否定犯罪行为，宣传法律知识，提高人民群众的法律意识，增强法制观念；②通过对犯罪人适用刑罚，打击犯罪，伸张正义，鼓励公民自觉地同犯罪作斗争，保护自己或社会利益，由此动用强大的社会力量，达到对犯罪进行有效的社会控制的目的。

总之，我国刑罚三个方面的功能是一个有机联系的整体，既相辅相成，又各有侧重。各种功能的正常发挥是刑罚达到最佳社会效果、实现刑罚目的的前提条件和重要保障。

第四节　刑罚的目的

刑罚的目的，集中体现着统治阶级制定刑罚，适用刑罚，执行刑罚的方针、政策和指导思想，是整个刑罚理论体系的基础，也是刑罚制度的核心问题。因此，历来受到统治阶级和法学家们的重视。关于我国刑罚的目的，法学界早在20世纪50年代后期就开始了研究，主要观点有惩罚说、改造说、预防说、双重目的说、三目的说、预防和消灭犯罪说、根本目的说和直接目的说。涉及刑罚目的所指的表述，目前大致有三种方法：①适用说。此说认为刑罚的目的指的是“适用”刑罚的目的。②制定和适用说。此说认为刑罚的目的是指国家“制定”刑罚和“适用”刑罚的目的。③广义和狭义说。此说认为刑罚的目的有广义和狭义之分。广义上指的是一个国家通过制定刑罚、适用刑罚、执行刑罚所追求的结果；狭义上指的是我国人民法院对犯罪人适用刑罚的目的。

我们认为，刑罚的目的是国家制定刑罚、适用刑罚和执行刑罚所预期达到的结果，其具体内容表现为特殊预防和一般预防两个方面。

一、特殊预防

特殊预防是指通过对犯罪人适用刑罚，预防其重新犯罪。它包括两方面的内容：

1. 通过将犯罪人与社会相隔离，使其不能再对社会实施犯罪，从而达到预防其再次犯罪的目的。

2. 通过对犯罪人适用刑罚，不但使其亲身体验受刑之苦，同时教育、感化、改造犯罪人，使之脱胎换骨，成为自食其力的新人。这是我国刑罚特殊预防的主要内容。

二、一般预防

一般预防是指通过对犯罪人适用刑罚，威慑、警诫潜在的犯罪者，预防他们走上犯罪的道路。

特殊预防和一般预防由于二者的预防对象不同，因而导致了二者在实现方式上的差异。特殊预防的方式侧重于刑罚的物理性强制和由此而产生的精神威慑，而一般预防的方式主要通过刑罚的威慑、教育和鼓励功能表现出来。具体说，刑罚威慑的矛头仅仅指向少数潜在的犯罪人，对其他更多的社会成员，则是通过惩罚犯罪，使其在接受法制教育的同时，也受到同犯罪作斗争的激励。特殊预防和一般预防是我国刑罚目的的基本内容，是预防犯罪的两种手段，应当是相互联系、同时出现的，在适用刑罚时要二者兼顾。

学术视野

一、关于刑罚权与行刑权的含义

刑罚权基本权能的结构：刑罚创制权、刑罚适用权和刑罚执行权三项基本权能，构成了刑罚运行结构的基本框架。侦查权和起诉权属于刑罚适用权活动过程的一个部分，从其“犯罪与刑罚”活动的性质上讲，二者也是刑罚权的一个组成部分，都属于对犯罪行使追诉权的范畴，侦查、起诉共为追诉，求刑、审判同为适用，核心是审判机关的适用权。侦查权、起诉权是刑罚适用权活动的组成部分。在刑罚权的基本权能结构中，除立法机关制刑权的决定意义外，审判权是前提和核心。审判权是司法权的象征和代表，执行权则是关键和根本。

行刑权作为一项独立的基本刑罚权能，是“现实的”刑罚权，在刑罚权的运用过程中，具有独特的实践意义。行刑是监狱行使行刑权，实施生效刑事裁判对罪犯所判处的刑罚的刑事司法活动，其以实现刑罚的内容为根本的任务。监狱的行刑权在其执行刑罚活动中得到实现。行刑权的范围受制于刑罚的内容，行刑权应当以实现刑罚的内容为限。行刑权包括实体性和程序性两个方面的内容。对于前者，理论界和刑事司法实际部门中存在这样一种观点，认为：监狱对罪犯的狱政管理、强制劳动和教育改造等活动，是监狱内部对罪犯的教育和事务性行政管理，不属于刑罚执行活动，监狱执行刑罚及其接受检察机关法律监督的范围限于《监狱法》第三章"刑罚的执行"，除此之外便不属于"监狱执行刑罚"法律监督的范围，而是监狱的"内部行政管理"。我们认为，《监狱法》明确规定了监狱的刑罚执行机关的性质。因此，《监狱法》中所确定、规范的监狱活动都应当属于刑罚执行活动，具体所指对刑罚变更执行的建议权、决定权和批准权，如收押权、减刑、假释的建议权、监外执行的批准权等。

二、刑罚构成的三要素

（一）有责性

刑罚之所以存在，其缘起于犯罪的存在，刑罚的正当性是立足于已然犯罪还是未然犯罪，但刑罚是犯罪天生的伴生物是一个客观事实。有鉴于此，我们认为，犯罪的有责性是刑罚的第一要素或者说基础性要素或者说起点要素，这里的有责性是指基于犯罪行为和犯罪人的道义责任和刑事法律责任的同向运动而产生的合力性责任认定。

第一，刑罚施加于犯罪人以不快结果首先是一种道义责任的判定。"国家设置刑罚，对悖理乱常之罪行加以制裁，亦无非本于道义理由，代表社会公意，以严重之谴责施诸犯罪人而已。因此，刑罚之轻重，亦无非与犯罪行为可受社会非难之程度相适应，方足以表彰正义。"[1]不快结果从本质上是一种痛苦，它不仅是给犯罪人带来的痛苦，其实也是社会在迫不得已的情况下自身运行的阵痛，因为刑罚剥夺犯罪人的自由，意在平衡受害人的自由损害和维护社会秩序，这种"剥夺"与"平衡"是一种道义上选择。因此，近现代众多的预防论学说否定刑罚的道义评价而单纯主张犯罪的决定论观点有失武断。

第二，不快结果的施加又是刑事法律责任的判定。在刑罚构成要素的视域内道义责任对犯罪评判是基础，是触及于犯罪人和社会上一般人刑罚观念的问题，而刑事法律责任对犯罪的评定则是具体的、显性的。这里必须说明的是，使用刑事法律责任这一术语，目的在于区分刑事责任这一被我国刑法学界广泛采用的概念，笔者所提出的刑罚构成视域内的刑事法律责任是指不快结果的施加在刑事立法中体现出来的追溯性后果评定，如财产性犯罪在刑法上可能相应地施加罚金刑这一不快结果便是刑事法律责任的评定。刑事法律责任作为追溯性后果评定结果，其前提是犯罪的存在和可罚性，其归宿是施加不快结果，即遵循"犯罪—刑事法律上的可罚性—不快结果施加"的逻辑结构。由此可见，刑罚构成要素离开刑事法律责任的判定就

---

〔1〕 韩忠谟：《刑法原理》，北京大学出版社2009年版，第12页。

没有了对犯罪施加不快结果的中间链条和理性凭借。

第三，犯罪的有责性必须是道义责任和刑事法律责任的同向运动产生的合力性责任，在道义上对自由的“剥夺”与“平衡”进行权衡之后施加于犯罪人的不快结果之量度，必须昭示于刑事法律中犯罪与刑罚对应值的量度上，刑罚的有责性才得以表现。申言之，评价刑罚本身正当性与否，在责任上必须以道义责任和刑事法律责任的同向运动产生的合力为参照系，单纯道义上责任评定有失于刑罚的恣意性，单纯刑事法律责任评定则有专擅之嫌，必须是既从本质上（道义责任）又从内容上（刑事法律责任），既从质上（道义的）又从量上（刑事法律的）对刑罚的有责性进行综合评定，才能真正科学揭示刑罚施加不快结果的正当性。

（二）有意性

刑罚的有意性是指立法与司法适用机关决定施加犯罪人不快结果程度的量化标准时所依据的客观责任之外的主观价值取向要素。任何刑罚作为施加于犯罪人的不快结果，除了源于其本质上的有责性这一定性因素之外，必然糅合着创制和适用刑罚的意向性要素，这种意向性要素一方面是刑罚为什么要施加于犯罪人已然犯罪以及施加多大刑罚的量度；另一方面也要考虑未然之罪和防止犯罪再次发生而施加于犯罪人刑罚的量度。前者意向性量度标准立足于犯罪有责性大小，这在前文业已述及，在此不赘；后者的意向性量度标准则是立足于犯罪有责性因素之外的社会化因素，其旨趣在于创制与适用刑罚机关惩罚有责性犯罪所要达到的社会正义与秩序目的而施加已然之罪的刑罚量度加减，这一点也正是近现代功利学派极力论证并争鸣不断的问题。剥夺犯罪人能力说认为，刑罚的存在在于剥夺犯罪人再犯之能力，而剥夺的种类及程度则由已然之罪所表现出来的人身危险性来衡量；矫正说认为刑罚设置的种类及刑度以达到矫正犯罪人复归社会为限；个别预防综合说认为“矫正可以矫正的，不能矫正的不使为害”；一般预防学说更是主张以达到防卫社会目的权衡刑罚的种类及程度。[1]这些学说之所以否认刑罚之有责性基础而主张刑罚功利目的，说到底就是在极力阐释刑罚本身的有意性要素。我们认为，没有意向的刑罚创制和适用是不可能的，报应说所主张刑罚存在观蕴涵的是刑罚有意性不快结果施加的基本量度，而功利所主张的刑罚存在观则蕴涵的是刑罚有意性施加的加减量度，两者共同构成了刑罚本身的量度标准和内在结构，共同决定刑罚存在的量的规定性，它同刑罚之有责性即刑罚质的规定性一起构成刑罚的存在根据和基础，其中刑罚量的规定性即刑罚创制和适用的有意性，同时又受犯罪的有责性这一内在要素决定。

（三）不快结果

刑罚作为强加于犯罪人身上的一种痛苦，尽管这种痛苦的量度受犯罪有责性的制约和适用刑罚有意性因素的决定，但其终归还是要以造成犯罪人的痛苦为核心和

---

〔1〕 高铭暄主编：《刑法学原理》（第三卷），中国人民大学出版社 1994 年版，第 54 页；马克昌主编：《近代西方刑法学说史略》，中国检察出版社 1996 年版，第 196 页。

基点。换言之，施加犯罪人以痛苦于其身、于社会从实质意义上讲都是不快结果，没有造成这种不快结果便不可能称其为刑罚。

三、刑罚改革的方向是非刑罚化

非刑罚化是当代世界刑法改革的主题之一，是作为现代刑法基本刑事政策的刑法谦抑原则的直接要求。刑法谦抑原则还要求严格收缩法定刑罚圈，严格控制对犯罪行为适用刑罚的条件，在能不适用刑罚、采用其他非刑罚处理手段也能达到预防和控制犯罪的目的时，即排除刑罚的适用，改用非刑罚处理手段。通过非刑罚化对刑罚进行实质限制的方式和途径主要是：通过规定免刑制度和免除处罚情节，对刑罚的适用范围进行实质限制；通过非刑事制裁措施对刑罚的适用范围进行实质限制；通过保安处分，弥补刑罚功能的不足，限制刑罚的适用范围。

非刑罚化对传统的报应性刑罚提出了根本性挑战，改变了人们长期以来固守的有罪必罚的报应观念，推动了社会对于犯罪和罪犯的态度的改革，同时也节约了国家刑罚资源的投入，使现代社会对付犯罪的反应方式在趋向多样化的同时，更趋向人道、文明、经济的选择。各国对轻微犯罪以及中等严重程度的犯罪广泛适用非刑罚制裁措施的实践效果表明，社会对这些不严重威胁社会秩序和公共福利的犯罪采取较以往更为宽容的态度，并没有导致犯罪率的明显上升。相反，由于非刑罚制裁措施的独立或辅助适用，在很大程度上避免了传统刑罚特别是短期剥夺自由刑的种种弊端，从而有效地控制了一段时期以来累犯率和再犯率明显上升的局面，总体上保持了犯罪形势的相对稳定。

非刑罚化运动代表了现代社会宽容刑事犯罪的最新趋向，但是，不能因此认为非刑罚化已经成为现代西方刑事政策的主导方面。事实上，基于目的刑观念和成本—效益观念的现代西方国家的刑事政策，在强调对轻微犯罪甚至一般犯罪非刑罚化的同时，也十分重视集中有限的刑罚资源严厉惩罚严重犯罪。

四、刑事被害人国家补偿制度

刑事被害人国家补偿制度是指在刑事案件中对于被害人无法通过普通的刑事赔偿途径获得加害人赔偿，其正常的工作、生活无法保障、急需救济帮助的情形下，由国家给予被害人一定的物质帮助，使其尽快脱离被害后的窘迫状态，复归正常社会生活的一种法律制度。自从20世纪60年代开始，世界上许多国家就相继建立了刑事被害人国家补偿制度。新西兰率先颁布了世界上第一部《刑事被害补偿法》。亚洲国家中日本最早于1980年建立了被害人补偿制度。经过近半个世纪的发展，许多国家在刑事被害人国家补偿制度立法方面已经有了长足的进展。特别是在西方发达国家，刑事被害人国家补偿制度已经成为国家政治制度的重要组成部分，而我国目前尚未建立起刑事被害人国家补偿制度。在此背景下，近几年来，法学界对被害补偿制度进行了深入系统的研究。刑事案件中保障人权既包括对犯罪嫌疑人、被告人、罪犯权利的保障，也应当包括对被害人和其他诉讼参与人权利的保障，忽视哪一方面，都违背刑事诉讼法的宗旨。文明的社会应当是一个公平的社会，绝对公平的社会没有，但是社会应追求公平，使公平的程度最大化，尽可能地实现公平。建立被害人国家补偿制度，对被害人给予精神抚慰和经济援助，展现国家对被害人的人文关怀，可以使失衡的天平重新平衡，缺失的公正重新找回，促进社会公正的全面实现。关于刑事被害人遭受犯罪侵害后，国家是否有责任，应否负责任？理论界和实务界已形成共识：认为国家要负责任，这是因为国家作为一个政权组织，要保护每一个公民的合法权益；而且根据我国现在的经济状况、法治发展状况，国家完全有可能对刑事被害人进行补救。

理论思考与实务应用

一、理论思考

（一）名词解释

刑罚　刑罚权　刑罚的功能　刑罚的目的　特殊预防　一般预防

（二）简答题

1. 简述刑罚的特征。
2. 简述刑罚与其他强制方法的区别。
3. 简述刑罚对犯罪人的功能。
4. 简述刑罚对被害人的功能。
5. 简述刑罚对社会其他成员的功能。
6. 简述一般预防。
7. 简述特殊预防。
8. 简述一般预防与特殊预防的关系。

（三）论述题

1. 试论我国刑罚的功能。
2. 试论我国刑罚的目的。

二、实务应用

（一）案例分析示范

案例一

甘肃农民王某某在外打工多年，却从包工头手里讨不回属于自己的工钱，一怒之下，杀害了4条人命。宁夏石嘴山中级人民法院一审判处王某某死刑，引起社会公众的强烈反映。针对王某某应否判处死刑，有两种截然不同的观点：一种观点认为王某某杀害4人、重伤1人，造成了严重的危害结果，理应处以死刑；另一种观点认为王某某是弱者，在讨薪不成的情况下激情杀人，且在杀人后自首，不应判处死刑。此案已经因王某某不服一审法院判决而提出上诉，由宁夏高级人民法院二审。

问：从刑罚的本质出发，讨论王某某应否判处死刑？

【评析】 在王某某应否判决死刑的争论中，第一种观点认为王某某杀死4人，给社会造成了严重的危害，即使对王某某处以重刑，也是可以接受的。我们可以看出，这种观点同报应刑论是不谋而合的。第二种观点符合目的刑论，认为刑罚的本质不应是报应，而应是保卫社会，即刑罚不应该是简单地对犯罪人进行直接的报复，而应该是保护社会各种法益，防范犯罪行为危害社会。依目的刑论的视角来观察王某某案件，不难发现王某某的人身危险性并不是特别大。此外，在王某某杀人案中，王某某之所以犯罪也确实有社会方面的原因，这一点是无法回避的，也正是这一点引起社会公众的强烈反映。

王某某杀害4人的行为已构成我国《刑法》第232条规定的故意杀人罪，对于这一点是确实无疑的。无论宁夏高级人民法院对王某某作出什么样的终审判决，只要其是严格依照法律程序作出的，我们每一个社会成员都应尊重它。但是，人民法院在代表国家执行刑罚时应充分考虑刑罚维护社会秩序的目的，而不能仅仅对犯罪人进行简单的报复。

在当前社会形势下，“善有善报、恶有恶报”作为一种经验法则几乎存在于每个中国人的心底，“杀人偿命、欠债还钱”作为一种朴素的情感，也同样存在于每个社会成员的意识中。宁夏高级人民法院的法官究竟会作什么样的判决呢？是否会像北京大学法学院陈兴良教授所“希望”的那样，在行使法律赋予的自由裁量权时，认定“激情杀人”这一酌定从轻处罚的理由，将“王某某案能作为一个在极度激愤下杀人不判死刑的判例确定下来”。通过此案的处理来表达底层农民工“不受骂、不挨打、有人权”的愿望，这就考验二审法官的勇气和智慧了。

案例二

陕西省周至县凉水泉村村民李某，在村里敲诈、勒索、盗窃，害得村里人傍晚不敢出门。2002年3月10日，当地办庙会，李某找到庙会主持者，说“要弄点钱吸烟”。其无理要求遭到拒绝后，李某即手持菜刀，找村干部算账。被激怒的村民们迅速围了上来，用木棒、石块、砖头等“教训”李某，致使李某当场死亡。之后，上百村民扶老携幼，来到周至县公安局集体投案自首。他们说：“我们打死了村里的大祸害！我们是为民除害。”

问：试分析本案村民打死李某行为的性质。

【评析】在本案中，众村民打死李某的行为的性质属于私刑。私刑是与我国的法律相违背的，是法制社会所不能容许的。在保护公民人身权利的问题上，任何情况下都不能脱离司法机关来处置人的生命，无论有什么样的理由（正当防卫除外），非司法机关都没有这个权力。即使是死刑犯，也得由司法机关按照法定程序来执行。因此，公民必须依法行使自己的权利，对地痞无赖的恶行要积极向司法机关检举，由司法机关依照有关法律对其进行惩处。虽然是几百人动手将李某“处死”，致李某死亡者还是要承担法律责任。

（二）案例分析实训

案例一

被告人张某与王某是同村村民，二人约好一同外出打工，但没有找到合适的工作，只好返家。途中在成都转车时，二人身上所带现金已所剩无几，看到车站附近有一杂货店，顿生邪念，商量去抢杂货店，就用剩余的钱买了两把匕首。深夜，二人手持匕首去敲杂货店的门，店主开门后，二人即往店内挤，店内有数人在打麻将，见有陌生人来，即喝问干什么的，张某、王某支吾半天，答不上来，手中的刀又被人发现。众人即将二人扭送至派出所。

问：从实现刑罚的目的出发，对本案张某、王某量刑时应注意哪些问题？

案例二

2008年12月14日中午，孙某某无证驾驶别克轿车前往成都市一酒楼为亲戚祝寿，大量饮酒后驾车将其父母送至成都火车北站，其后驾车由成龙路向成都龙泉驿区方向行驶。下午5时左右，孙某某与一辆比亚迪轿车发生追尾后，驾车继续高速前行。车行至成龙路卓锦城路段时，孙某某驾车越过黄色双实线，先后撞向对面相向正常行驶的4辆轿车，造成4人死亡、1人重伤的严重后果。

经有关部门鉴定，孙某某驾车在碰撞前瞬间的行驶时速为134～138公里，大大超过限速60公里的规定。其血液中的酒精浓度为每百毫升135.8毫克，属醉酒驾驶。

其后，成都市中级人民法院对孙某某无证醉酒驾车造成4死1重伤案进行公开宣判。法院一审认定，孙某某的行为已构成以危险方法危害公共安全罪，且情节特别恶劣、后果特别严重，故依法判处其死刑，剥夺政治权利终身。一审宣判后，孙某某不服，向四川省高级人民法院提起上诉，主要上诉理由为：上诉人不具有以危险方法危害公共安全的主观故意，一审判决定性不准，适用法律错误，以及一审量刑过重等。二审法院改判为无期徒刑。

问：本案刑罚具有哪些功能？

案例三

大学生李某在校一贯表现良好，第二学年时因家中遭受水灾，无力交纳学费。李某为了交纳学费，在一商场趁顾客不备抢走了其皮包，内有人民币2000元，后在老师的劝说下，投案自首。

陈某原为社会无业人员，1988年因抢劫罪被判刑11年，1999年刑满释放，2001年在“严打”期间乘摩托车趁人不备，在大街上将一妇女的价值2000元的手机抢走，1个月后被抓获归案。

问：从实现刑罚目的出发，对李某、陈某量刑时应注意哪些方面？

第十五章
刑罚的体系

【本章概要】刑罚体系是指刑法所规定的并按一定次序排列的各种刑罚方法的总和，刑罚体系由多种刑罚方法构成。我国刑法的刑罚体系主要由主刑和附加刑构成，主刑有管制、拘役、有期徒刑、无期徒刑、死刑；附加刑有剥夺政治权利、罚金、没收财产。此外，还有非刑法处罚方法和驱逐出境。

【学习目标】通过本章的学习，了解刑罚的体系和种类，掌握我国刑罚中主刑、附加刑的各个刑种及适用，能运用所学知识对案例进行分析，能解决司法实践中的法律应用问题，理解刑罚体系和种类的划分意义。

第一节　刑罚体系概述

刑罚体系是指刑法所规定的并按一定次序排列的各种刑罚方法的总和。刑罚体系由多种刑罚方法构成，这主要是由犯罪行为多样性决定的，同时也是刑罚公正性所要求的。如果刑罚方法过于单一，不仅无法适应犯罪情况的不同变化，而且也不可能真正做到重罪重罚、轻罪轻罚、罪刑相适应。

我国刑罚体系的确立，经历了漫长的岁月。早在中华人民共和国成立之前的红色苏区已设定了多种刑罚，在此基础上，逐渐发展、完善形成了现行刑法体系。因此可以说，现行刑罚体系是在长期同犯罪作斗争的经验总结的基础上，经过刑罚科学理论的论证而建立起来的。

一、刑罚体系的结构

根据我国《刑法》第 32 条的规定，刑罚分为主刑和附加刑两大类。主刑包括管制、拘役、有期徒刑、无期徒刑和死刑五种；附加刑包括罚金、剥夺政治权利、没收财产三种。

根据《刑法》第 35 条的规定还有只适用于犯罪的外国人的刑罚方法——驱逐出境。它是刑法体系之外的一种刑罚方法，其适用的对象只能是犯罪的外国人，适用的方法既可独立适用，也可以附加适用。这一刑罚方法是对我国现行刑罚体系的必要补充。

现行刑法在刑罚的种类这一节中，除规定着各种刑罚方法外，还在《刑法》第 37 条中规定有：“对于犯罪情节轻微不需要判处刑罚的，可以免于刑事处罚，但是可以根据案件的不同情况，予以训诫或者责令具结悔过、赔礼道歉、赔偿损失，或者由主管部门予以行政处罚或者行政处分。”这种非刑罚方法的各种处理规定，对维护社会治安秩序，加强人民内部的团结大有裨益。

我国刑罚体系的结构具有以下一些特征：

1. 刑罚体系的构成要素是具体的刑罚方法即刑种。没有具体的刑罚方法，就不可能形成刑罚体系。

2. 构成刑罚体系要素的刑罚方法是经过立法者选择而确定的。我国的刑罚方法是立法者在总结长期以来我国各种刑事立法规定的刑罚种类、运用效果及其立法经验的基础上选择确定的。这种选择确定的过程是一个发展过程。根据现行刑法的规定，我国刑法中的刑罚方法分为主刑和附加刑，主刑包括管制、拘役、有期徒刑、无期徒刑和死刑；附加刑包括罚金、剥夺政治权利、没收财产。驱逐出境作为主刑和附加刑之外的一种独立的刑种。

3. 构成刑罚体系要素的各刑罚方法是依照一定的标准排列的。刑罚体系不是主刑和附加刑的简单拼凑，而是立法者按照一定的标准进行排列的，我国刑法中的刑罚体系主刑和附加刑都是按照各自的严厉程度由轻到重依次排列的。

4. 刑罚体系是由刑法明文规定的。罪刑法定原则决定了刑罚体系必须由刑法明文规定。首先，构成刑罚体系要素的刑罚方法是由刑法明文规定的，刑法没有明文规定的刑罚方法不是刑种；其次，主刑与附加刑的分类是由明文刑法规定的；最后，刑罚种类的先后排列是由刑法明文规定的。

二、刑罚体系的特点

我国的刑罚体系具有以下一些特点：

1. 要素齐全、结构合理。我国刑罚体系体现了我国刑罚方法的多样性和体系结构的科学性。我国刑罚体系中规定了轻重不同的各种刑罚方法。这些刑罚方法依照其本身的特性，首先分为主刑和附加刑，然后依照刑罚方法的轻重次序全部由轻到重排列；各个刑罚方法互相区别而又互相衔接，组成刑罚方法的严密体系。

2. 体现政策。我国刑罚体系体现了惩办与宽大相结合、惩罚与改造相结合的刑事政策。惩办与宽大相结合的基本精神是根据犯罪和犯罪人的不同情况，具体分析，区别对待。这一精神首先从刑法规定的刑罚种类中得到体现；另外，刑罚方法的适用及执行过程也全面地贯彻了上述精神，比如死刑的严格限制适用、死缓制度的实行、劳动改造政策的落实等，不仅使犯罪人感受到刑罚的惩罚性，同时也提供给他们重新做人的机会。

3. 体现方针。我国刑罚体系体现了依靠专门机关与人民群众同犯罪作斗争的方针。其主要内容有：①依靠司法机关依法制裁犯罪人；②动员人民群众对受刑人进行监督、教育，上下结合，有效地改造犯罪人。我国刑罚方法中规定的管制，就是将犯罪分子置于公安机关的管理和人民群众的监督之下进行劳动改造的刑罚方法。

4. 内容合理、方法人道。我国刑罚体系体现了社会主义人道主义的精神。我国刑罚体系以自由刑为核心，完全排除了摧残罪犯的肉体刑和侮辱、贬低犯人人格的羞辱刑。虽留有死刑，但刑法明文规定，对于犯罪时不满 18 周岁的人和审判时怀孕的妇女，不适用死刑。被判处有期徒刑和无期徒刑的犯人在监狱中享受人道的待遇，禁止体罚虐待、侮辱打骂等。这些规定都是我国刑罚体系的社会主义人道主义精神的具体体现。

第二节　主　刑

主刑，又称基本刑罚，是对犯罪人主要适用的刑罚方法。其特点是只能独立适用，而不能附加于其他刑罚方法适用；对同一犯罪人的一种犯罪，一次只能适用一种主刑，而不能同时适用数种主刑。

《刑法》第 33 条规定："主刑的种类如下：①管制；②拘役；③有期徒刑；④无期徒刑；⑤死刑。"

一、管制

管制是指对犯罪分子不予关押，但限制其一定自由，在公安机关管理和群众监督下进行改造的刑罚方法。

1. 适用对象。在我国的刑罚体系中，管制是最轻的一种主刑，也是我国刑法的独创。新中国成立初期，管制既是人民法院适用的刑罚方法，也是公安机关采用的行政处分。自 1956 年 11 月 16 日起，管制才一律由人民法院依法判决。最初主要适用于反革命分子，后来逐渐扩大到其他犯罪分子。现在主要适用的对象是罪行较轻，不予关押也不致危害社会的犯罪分子。如危害国家安全罪、危害公共安全罪中的罪行轻微的罪犯，以及侵犯公民人身权利、民主权利等罪中的个别罪行。有些犯罪没有规定适用管制这种刑罚方法，如破坏社会主义市场经济秩序罪和军人违反职责罪等。

2. 管制期限。《刑法》第 38 条第 1 款规定："管制的期限，为 3 个月以上 2 年以下。"《刑法》第 69 条规定：在数罪并罚的情况下，管制最高不能超过 3 年。

3. 管制犯在管制期间应遵守的规定。《刑法》第 39 条第 1 款规定："被判处管制的犯罪分子，在执行期间，应当遵守下列规定：①遵守法律、行政法规，服从监督；②未经执行机关批准，不得行使言论、出版、集会、结社、游行、示威自由的权利；③按照执行机关规定报告自己的活动情况；④遵守执行机关关于会客的规定；⑤离开所居住的市、县或者迁居，应当报经执行机关批准。"

4. 管制犯的政治权利。管制本身不包含剥夺政治权利的内容，被判处管制的犯罪分子如果需要剥夺政治权利，则应附加判处。根据《刑法》第 55 条第 2 款的规定："判处管制附加剥夺政治权利的，剥夺政治权利的期限与管制的期限相等，同时执行。"凡是没有附加判处剥夺政治权利的犯罪分子，在管制期间仍然享有政治权利。

5. 工作权利。《刑法》第 39 条第 2 款规定："对于被判处管制的犯罪分子，在劳动中应当同工同酬。"国家行政机关工作人员被判处管制，其职务自然撤销，是否收回，由原单位根据其犯罪性质研究决定。不予收回的，办理开除手续。收回的，安排参加劳动或临时性工作，参照被判处刑罚前宣告该服刑人的临时工资标准，发给适当报酬。管制期间悔改表现好的，期满解除管制后可以分配正式工作，重新确定工资等级；表现不好的，予以开除。

6. 管制期满的解除。《刑法》第40条规定："被判处管制的犯罪分子，管制期满，执行机关应即向本人和其所在单位或者居住地的群众宣布解除管制。"附加剥夺政治权利的，应同时宣布恢复政治权利。《刑法》第41条规定："管制的刑期，从判决执行之日起计算；判决执行以前先行羁押的，羁押1日折抵刑期2日。"这种规定是合理的，因为管制仅是限制自由而非剥夺自由，判决执行以前先行羁押本身是剥夺自由。

7. 对被判处管制刑的犯罪分子实行社区矫正。对《关于对判处管制、宣告缓刑的犯罪分子适用禁止令有关问题的规定（试行)》的相关理解如下：

（1）第1条规定，对判处管制、宣告缓刑的犯罪分子，人民法院根据犯罪情况，认为从促进犯罪分子教育矫正、有效维护社会秩序的需要出发，确有必要禁止其在管制执行期间内从事特定活动，进入特定区域、场所，接触特定人的，可以根据《刑法》第38条第2款、第72条第2款的规定，同时宣告禁止令。

（2）第2条规定，人民法院宣告禁止令，应当根据犯罪分子的犯罪原因、犯罪性质、犯罪手段、犯罪后的悔罪表现、个人一贯表现等情况，充分考虑与犯罪分子所犯罪行的关联程度，有针对性地决定禁止其在管制执行期间内"从事特定活动，进入特定区域、场所，接触特定的人"的一项或者几项内容。

（3）第3条规定，人民法院可以根据犯罪情况，禁止判处管制的犯罪分子在管制执行期间从事以下一项或者几项活动：①个人为进行违法犯罪活动而设立公司、企业、事业单位或者在设立公司、企业、事业单位后以实施犯罪为主要活动的，禁止设立公司、企业、事业单位；②实施证券犯罪、贷款犯罪、票据犯罪、信用卡犯罪等金融犯罪的，禁止从事证券交易、申领贷款、使用票据或者申领、使用信用卡等金融活动；③利用从事特定生产经营活动实施犯罪的，禁止从事相关生产经营活动；④附带民事赔偿义务未履行完毕，违法所得未追缴、退赔到位，或者罚金尚未足额缴纳的，禁止从事高消费活动；⑤其他确有必要禁止从事的活动。

（4）第4条规定，人民法院可以根据犯罪情况，禁止判处管制、宣告缓刑的犯罪分子在管制执行期间内进入以下一类或者几类区域、场所：①禁止进入夜总会、酒吧、迪厅、网吧等娱乐场所；②未经执行机关批准，禁止进入举办大型群众性活动的场所；③禁止进入中小学校区、幼儿园园区及周边地区，确因本人就学、居住等原因，经执行机关批准的除外；④其他确有必要禁止进入的区域、场所。

（5）第5条规定，人民法院可以根据犯罪情况，禁止判处管制、宣告缓刑的犯罪分子在管制执行期间内接触以下一类或者几类人员：①未经对方同意，禁止接触被害人及其法定代理人、近亲属；②未经对方同意，禁止接触证人及其法定代理人、近亲属；③未经对方同意，禁止接触控告人、批评人、举报人及其法定代理人、近亲属；④禁止接触同案犯；⑤禁止接触其他可能遭受其侵害、滋扰的人或者可能诱发其再次危害社会的人。

（6）第 6 条第 1 款规定，禁止令的期限，既可以与管制执行期限相同，也可以短于管制执行的期限，但判处管制的，禁止令的期限不得少于 3 个月。第 2 款规定，判处管制的犯罪分子在判决执行以前先行羁押以致管制执行的期限少于 3 个月的，禁止令的期限不受前款规定的最短期限的限制。第 3 款规定，禁止令的执行期限，从管制执行之日起计算。

（7）第 7 条第 1 款规定，人民检察院在提起公诉时，对可能判处管制的被告人可以提出宣告禁止令的建议。当事人、辩护人、诉讼代理人可以就应否对被告人宣告禁止令提出意见，并说明理由。第 2 款规定，公安机关在移送审查起诉时，可以根据犯罪嫌疑人涉嫌犯罪的情况，就应否宣告禁止令及宣告何种禁止令，向人民检察院提出意见。

（8）第 8 条规定，人民法院对判处管制的被告人宣告禁止令的，应当在裁判文书主文部分单独作为一项予以宣告。

（9）第 9 条规定，禁止令由司法行政机关指导管理的社区矫正机构负责执行。

（10）第 10 条规定，人民检察院对社区矫正机构执行禁止令的活动实行监督。发现有违反法律规定的情况，应当通知社区矫正机构纠正。

二、拘役

拘役是指短期剥夺犯罪分子的人身自由，就近强制实行劳动改造的刑罚方法。

1. 适用对象。拘役属于短期自由刑，是介于管制和有期徒刑之间的一种轻刑，但适用很广，适用范围仅次于有期徒刑，主要适用的对象是罪行较轻，但又必须实行短期关押的犯罪分子。

2. 拘役期限。《刑法》第 42 条规定："拘役的期限，为 1 个月以上 6 个月以下。"拘役刑期的下限与行政拘留的最高延长期限 1 个月相衔接，上限与有期徒刑的最低期限相衔接，这样使刑罚体系更加严密。《刑法》第 69 条第 1 款规定，数罪并罚时，拘役最高不能超过 1 年。

3. 拘役执行机关和执行内容。《刑法》第 43 条规定："被判处拘役的犯罪分子，由公安机关就近执行。在执行期间，被判处拘役的犯罪分子每月可以回家一天至两天；参加劳动的，可以酌量发给报酬。"所谓就近执行，是指由受刑人所在地的县、市或市辖区的公安机关设置的拘役所执行。尚未设立拘役所的，可放在就近的监狱、劳改队或看守所内执行。但拘役犯应与其他犯人分管、分押，并组织他们参加一些生产劳动。所谓酌量发给报酬，既区别于其他剥夺自由刑的无报酬，也区别于管制刑的同工同酬，是指公安机关根据各人的服刑表现、生产技能和劳动收入等情况，分别发给适当的报酬。

4. 刑期计算。《刑法》第 44 条规定，"拘役的刑期，从判决执行之日起计算；判决执行以前先行羁押的，羁押 1 日折抵刑期 1 日。"

5. 拘役与刑事拘留、行政拘留和民事拘留的区别。拘役与刑事拘留、行政拘留和民事拘留虽有相似之处，但它们之间有明显的区别：①性质不同。拘役是刑罚方法；刑事拘留是刑事诉讼中的一种强制措施；行政拘留是一种最严厉的行政处罚措施；民事拘留是司法行政措施。②适用对象不同。拘役适用于犯罪分子；刑事拘留适用于具有法律规定的特殊情形的：罪该逮捕的现行犯或重大嫌疑分子；行政拘留适用于违反治安管理法规，尚未达到犯罪程度的违法分子；民事拘留适用于妨害民事诉讼程序的人。③适用机关不同。拘役和民事拘留由人民法院适用；刑事拘留和行政拘留由公安机关适用。④法律依据不同。拘役根据刑法而适用，刑事拘留根据刑事诉讼法和逮捕拘留条例而适用；行政拘留根据治安管理处罚法而适用；民事拘留根据民事诉讼法而适用。

三、有期徒刑

有期徒刑是指剥夺犯罪分子一定期限的人身自由，在监狱或者其他执行场所强制进行教育改造和劳动改造的刑罚方法。

1. 适用对象。有期徒刑属于有期自由刑，刑期幅度大，适用面最广，较轻的犯罪可判处较短的有期徒刑，较重的犯罪可判处较长的有期徒刑。因而，在我国刑罚体系中居于中心地位。在现行刑法中，凡设有法定刑的分则条文，都规定着有期徒刑。因此，有期徒刑可适用所有犯罪的犯罪分子。

2. 刑期。《刑法》第45条规定：“有期徒刑的期限，除本法第50条、第69条规定外，为6个月以上15年以下。”根据该条规定，有期徒刑的法定刑期为6个月以上15年以下。但如出现《刑法》第50、69条规定的情况，则为例外。

3. 执行机关和执行场所。《刑法》第46条规定：“被判处有期徒刑、无期徒刑的犯罪分子，在监狱或者其他执行场所执行；凡有劳动能力的，都应当参加劳动，接受教育和改造。”

4. 刑期计算。《刑法》第47条规定：“有期徒刑的刑期，从判决执行之日起计算；判决执行以前先行羁押的，羁押1日折抵刑期1日。”这里的“判决执行之日”是指人民法院签发执行通知书之日，即把罪犯交付监狱或其他执行场所执行之日。

5. 有期徒刑与拘役的区别。有期徒刑与拘役虽然同属于剥夺自由刑，但二者之间存在明显的差异：①适用对象不同。有期徒刑既适用于罪行较轻的罪犯，也适用于罪行较重的罪犯；而拘役则只适用于罪行较轻的罪犯。②执行场所不同。有期徒刑是由劳动改造机关负责在监狱或者其他劳动改造场所执行；而拘役是由公安机关在就近设置的拘役所执行。③刑期及其幅度不同。有期徒刑的期限为6个月以上15年以下，数罪并罚时最高不超过20年，刑期长、起点高、幅度大；拘役的期限为15日以上6个月以下，数罪并罚时最高不能超过1年，刑期短、起点低、幅度小。④执行期间待遇不同。被判处有期徒刑的罪犯，凡有劳动能力的，一律实行无偿的强制生产劳动，不享受每月回家休假的待遇；被判处拘役的罪犯，每月可以回家1～2天，参加劳动的，可以酌量发给报酬。⑤法律后果不同。被判处有期徒刑的罪犯，刑罚执行完毕或者赦免之后，在5年之内再犯应当判处有期徒刑以上刑罚之罪的，构成累犯，从重处罚；被判处拘役的罪犯，除危害国家安全罪外，刑罚执行完毕或者赦免以后，无论何时再犯新罪，都不构成累犯。

四、无期徒刑

无期徒刑是指剥夺犯罪分子终身自由，在监狱或者其他执行场所强制进行教育和劳动改造的刑罚方法。它属于剥夺终身自由刑。

1. 适用对象。无期徒刑是仅次于死刑的一种最严厉的刑罚方法，其适用的对象是罪行严重，但不必判处死刑，而必须与社会永久隔离的犯罪分子。

2. 执行机关和执行场所。《刑法》第46条规定："被判处有期徒刑、无期徒刑的犯罪分子，在监狱或者其他执行场所执行；凡有劳动能力的，都应当参加劳动，接受教育和改造。"

3. 执行。无期徒刑虽然是剥夺罪犯终身自由的刑罚，但被判处无期徒刑的罪犯真正服刑终身的很少。只要他们认罪服法、积极改造、改恶从善，就会有自新的机会。实践中，绝大多数被判处无期徒刑的罪犯，在刑罚执行一定期限以后，由于确有悔改或立功表现而获得减刑或者假释的宽大处理。由此可见，我国刑法规定的无期徒刑，其目的并非惩罚或报复，而是为了教育改造罪犯，使其走上自新之路。

4. 无期徒刑与有期徒刑的区别。无期徒刑与有期徒刑虽然都属于剥夺自由刑，但二者之间存在重要的区别：①期限不同。无期徒刑是剥夺罪犯的终身自由；而有期徒刑是剥夺罪犯一定期限的自由。②严厉程度不同。无期徒刑是仅次于死刑的严厉刑罚，刑期要长于有期徒刑的最高刑期；而有期徒刑是介于拘役和无期徒刑之间的刑罚，它的严厉性要轻于无期徒刑。③适用对象不同。无期徒刑只适用于罪行严重，但不必判处死刑的罪犯；而有期徒刑由于其刑期幅度很大，所以既可适用于罪行严重的罪犯，又可适用于罪行较轻的罪犯。

五、死刑

死刑即生命刑，是剥夺犯罪分子生命的刑罚方法，是最严厉也是历史最悠久的一种刑罚方法，亦被称为极刑。

由于死刑以生命为其剥夺对象，而生命是人之根本，被剥夺后永远无法恢复，因此早在文艺复兴时期，著名的资产阶级刑法学家、刑事古典学派的创始人贝卡里亚就最先提出了废除死刑的主张，在当时产生了强烈的反响。意大利的威尼斯于1786年率先废除了死刑，随后奥地利在第二年也采取了行动。长期以来，关于死刑废除的理论与实践产生了广泛的世界性影响，许多国家已先后废除了死刑。现今世界各国的死刑立法呈现出以下一些新的特点：①在立法中彻底废除死刑，如法国、德国等三十多个国家；②对普通刑事犯罪废除死刑，只对叛国罪或某些军事犯罪保留死刑，如英国、意大利等十几个国家；③立法上仍保留死刑，但实践中在很长时期内从未适用或执行过死刑，如比利时、爱尔兰；④保留死刑，但普遍缩小死刑适用的范围，只限于一些最严重的犯罪。很多国家还明确禁止对一些特殊对象适用死刑，如未成年人、特别年长者、孕妇、精神病人等。

我国坚持少杀政策之原因在于：①大量适用死刑不符合我国的社会主义性质；②死刑的威慑力来源于死刑适用的必要性和谨慎性；③生命的丧失具有不可恢复性，死刑的错误适用必将导致不可挽回的损失；④限制死刑是当今世界发展的趋势，坚持少杀为顺应这一趋势所必需。

我国的死刑制度具有以下特征：

1. 适用对象。死刑只适用于罪行极其严重的犯罪分子。

2. 我国对适用死刑的限制。我国对死刑的一贯政策是“保留死刑，坚持少杀，严禁滥杀，防止错杀”。我国从死刑的立法和司法实践都对死刑的适用进行了严格的限制。这主要表现在：①死刑适用罪行的限制。《刑法》第48条第1款规定：“死刑只适用于罪行极其严重的犯罪分子……”②死刑适用对象的限制。《刑法》第49条第1款规定：“犯罪的时候不满18周岁的人和审判的时候怀孕的妇女，不适用死刑。”第2款规定：“审判的时候已满75周岁的人，不适用死刑，但以特别残忍手段致人死亡的除外。”③从死刑适用性质上进行限制。《刑法修正案（八）》取消了近年来很少适用的13个经济性非暴力犯罪的死刑，比如：走私文物罪、走私贵重金属罪、盗窃罪等。《刑法修正案（九）》取消以下9个死刑罪名：走私武器、弹药罪、走私核材料罪、走私假币罪、伪造货币罪、集资诈骗罪、组织卖淫罪、强迫卖淫罪、阻碍执行军事职务罪、战时造谣惑众罪。中国的死刑罪名降至46个。④死刑核准程序的限制。《刑法》第48条第2款规定：“死刑除依法由最高人民法院判决的以外，都应当报请最高人民法院核准。死刑缓期执行的，可以由高级人民法院判决或者核准。”⑤运用死刑缓期执行制度控制死刑立即执行的实际范围。死刑缓期执行制度（简称死缓），是死刑的一种执行制度，而不是一种独立的刑种。《刑法》第48条第1款规定：“……对于应当判处死刑的犯罪分子，如果不是必须立即执行的，可以判处死刑同时宣告缓期2年执行。”

3. 死刑缓期执行的条件、处理方法和刑期计算。适用死缓的条件：①“应当判处死刑”。这是宣告死缓的前提条件。②“不是必须立即执行死刑”。根据案件的具体情况，可以不立即执行死刑。根据审判实践经验，应当判处死刑，但是具有下列情形之一的，可以视为“不是必须立即执行”：一是在共同犯罪中，罪行不是最严重的或者其他在同一或同类案件中罪行不是最严重的；二是犯罪后投案自首、立功或者有其他法定可以从轻情节的；三是被害人的过错导致被告人激情犯罪或者有其他表明犯罪人容易改造的情节的；四是有令人怜悯的情节的；五是有其他应当留有余地的情况的。

《刑法》第50条第1款规定了对被判决死缓的处理方法：①在死缓期间如果没有故意犯罪的，2年期满后，减为无期徒刑；②如果有重大立功表现的，2年期满后，减为25年有期徒刑；③如果故意犯罪，情节恶劣的，报请最高人民法院核准后执行死刑；④对于故意犯罪未执行死刑的，死刑缓期执行的期间重新计算，并报最高人民法院备案。

根据《刑法》第50条第2款规定，对于被判处死刑缓期执行的累犯以及因故意杀人、强奸、抢劫、绑架、放火、爆炸、投放危险物质或者有组织的暴力性犯罪被判处死刑缓期执行的犯罪分子，人民法院根据犯罪情节等情况可以同时决定对其限制减刑。

《刑法》第51条规定："死刑缓期执行的期间，从判决确定之日起计算。死刑缓期执行减为有期徒刑的刑期，从死刑缓期执行期满之日起计算。"

第三节　附加刑

附加刑，又称从刑，是补充主刑适用的刑罚方法。附加刑既可以作为主刑的附加刑适用，又可以独立适用。独立适用时多用于较轻的犯罪。

《刑法》第34条第1款规定："附加刑的种类如下：①罚金；②剥夺政治权利；③没收财产。"另外，《刑法》第35条规定的"驱逐出境"，也可以附加适用。[1]

一、罚金

罚金是人民法院判处犯罪分子向国家缴纳一定数额金钱的刑罚方法。

1. 适用对象。罚金是一种具有较为悠久历史的刑罚方法，其渊源可以追溯到原始社会末期的赔偿金和赎罪金，但直至近代才有较大的发展。罚金在西方国家是一种非常重要、适用极为广泛、实际适用率也非常高的主要刑罚方法。在我国，罚金主要适用于贪利性质的犯罪或与财产有关的犯罪。另外还有一些妨害社会管理秩序的犯罪。

2. 罚金的数额。关于罚金的具体数额，目前世界各国的刑法规定很不相同，有少数国家不规定罚金数额，我国1979年颁布的《刑法》即属此类。有些国家在总则中规定上限，在分则中规定下限。有的国家在总则中规定罚金数额，有的国家在分则中规定，真所谓五花八门。我国1997刑法总则没有规定罚金的具体数额，《刑法》第52条仅规定："判处罚金，应当根据犯罪情节决定罚金数额。"但在分则中改变了1979年《刑法》只规定处罚金刑而无任何金额的模式。有的分则条文规定罚金按非法金额比例而定。如《刑法》第142条第1款规定，"生产、销售劣药，对人体健康造成严重危害的，处3年以上10年以下有期徒刑，并处销售金额50%以上2倍以下罚金……"。有的分则条文具体规定罚金的上下限，如《刑法》第173条规定，"变造货币，数额较大的，处3年以下有期徒刑或者拘役，并处或者单处1万元以上10万元以下罚金……"。这种修订充分适应目前市场经济的形成和继续发展，更有利于依法治国。不管是按非法所得金额或非法经营额的比例缴纳，还是规定上下限的数

---

〔1〕"驱逐出境"虽然不作为附加刑，但我们将其放在此处加以阐述。

字，在决定罚金刑的具体数额时，仍需按《刑法》第52条规定，根据犯罪情节决定罚金数额，这也充分体现罪刑相适应的原则，也就是结合每一案件的具体情况，如犯罪手段、犯罪行为的后果、违法所得的数额、共同犯罪中所起的作用、犯罪人本身的特征以及犯罪情节的轻重等决定罚金数额。此外，在具体适用时，还应当考虑犯罪人本人的经济状况，以避免罚金数额过大罪犯无力负担造成执行的困难。

关于罚金数额的立法规定：①比例制，即不规定具体的罚金数额，而是根据犯罪数额的一定比例确定罚金的数额；②倍数制，即不规定具体的罚金数额，而是根据犯罪数额的一定倍数确定罚金的数额；③比例兼倍数制，即不规定具体的罚金数额，而是根据犯罪数额的一定比例和倍数确定罚金的数额；④特定数额制，即明确规定罚金的数额；⑤抽象罚金制，即只抽象地规定判处罚金。

关于罚金数额的司法确定：①决定罚金的数额必须以犯罪情节为根据；②应酌情考虑犯罪人的经济状况；③决定数额时还要考虑罚金能否起到惩罚与改造犯罪人的作用。

3. 罚金的适用方式。根据我国刑法分则中的有关规定，罚金的适用方式有以下几种：①选处罚金，即将罚金作为一种选择的法定刑与主刑并列，在某些情况下附加刑只能单独适用，而不能附加适用。②单处罚金，即对犯罪分子只能处罚金，而不能判处其他刑罚。在我国刑法中，只能对单位犯罪单处罚金。③并处罚金，即在对犯罪分子判处主刑的同时附加适用罚金，并且必须予以附加适用。④单处或者并处罚金，即罚金既可以单独适用，也可以附加主刑适用。

4. 罚金的缴纳。《刑法》第53条规定："罚金在判决指定的期限内一次或者分期缴纳。期满不缴纳的，强制缴纳。对于不能全部缴纳罚金的，人民法院在任何时候发现被执行人有可以执行的财产，应当随时追缴。由于遭遇不能抗拒的灾祸等原因缴纳确实有困难的，经人民法院裁定，可以延期缴纳、酌情减少或者免除。"罚金的缴纳有以下四种方式：①限期一次缴纳。通常对罚金数额不大或者虽然数额较大，但缴纳不困难的，要求犯罪分子按照判决确定的数额和指定的期限一次缴纳完毕。②限期分期缴纳。它适用于罚金数额较大，一次缴纳有困难的。③强制缴纳。人民法院规定缴纳罚金的期限届满后，犯罪分子有缴纳罚金的能力而不缴纳的，人民法院应当强制其缴纳。④减少或者免除缴纳。如果犯罪分子由于遭遇不可抗拒的灾祸，按原判决的罚金缴纳确有困难的，经犯罪分子申请，人民法院查证属实后，可以根据灾祸的轻重，酌情减少或者免除缴纳。

5. 罚金与行政罚款的区别。罚金是人民法院对犯罪分子适用的刑罚；而行政罚款是公安机关或其他有关机关（如海关、税务机关、工商机关等）对违反治安管理法规或经济法规、行政管理法规但尚未达到犯罪程度的违法分子所适用的行政处罚。

6. 罚金与赔偿损失的区别。赔偿损失是人民法院对犯罪分子适用的一种民事制裁方法，而不是刑罚方法；赔偿损失所支付的金钱并不像罚金那样收归国库，而是交给被害人以补偿其所遭受的经济损失。

二、剥夺政治权利

剥夺政治权利，是剥夺犯罪分子参加国家管理和政治活动权利的刑罚方法。

1. 适用对象。剥夺政治权利既可以作为一种较严厉的刑罚方法附加适用于性质严重或危害较大的犯罪，也可以作为一种轻刑独立适用于危害性不大的犯罪。

（1）附加适用剥夺政治权利的情况规定于刑法总则，具体又分两种情况：①必须附加剥夺政治权利的情况。包括：其一，《刑法》第56条第1款规定："对于危害国家安全的犯罪分子应当附加剥夺政治权利……"其二，《刑法》第57条第1款规定："对于被判处死刑、无期徒刑的犯罪分子，应当剥夺政治权利终身。"②可以附加剥夺政治权利。《刑法》第56条第1款规定："……对于故意杀人、强奸、放火、爆炸、投毒、抢劫等严重破坏社会秩序的犯罪分子，可以附加剥夺政治权利。"在司法实践中，对于故意伤害、盗窃等严重破坏社会秩序的犯罪，犯罪分子主观恶性较深，犯罪情节恶劣，罪行严重的，也可以附加剥夺政治权利。

（2）独立适用剥夺政治权利的犯罪规定在刑法分则中，主要适用于罪质较严重的犯罪或者罪质严重但是情节较轻的犯罪，如《刑法》第103~105、107、109、111、238、246、249、256、290、294、296、299、371、372、375条等。剥夺政治权利可以单独判处，也可以附加适用。只有上述分则中明文规定可以独立适用剥夺政治权利的犯罪，才能单独适用。

2. 剥夺政治权利的内容。《刑法》第54条规定："剥夺政治权利是剥夺下列权利：①选举权和被选举权；②言论、出版、集会、结社、游行、示威自由的权利；③担任国家机关职务的权利；④担任国有公司、企业、事业单位和人民团体领导职务的权利。"

3. 剥夺政治权利的期限。根据刑法的规定，剥夺政治权利的期限有以下四种情况：①剥夺政治权利终身。《刑法》第57条第1款规定："对于被判处死刑、无期徒刑的犯罪分子，应当剥夺政治权利终身。"②剥夺政治权利的期限与管制的期限相等，同时执行。《刑法》第55条第2款规定："判处管制附加剥夺政治权利的，剥夺政治权利的期限与管制的期限相等，同时执行。"③1年以上5年以下。根据《刑法》第55条第1款之规定，除死刑、无期徒刑和管制附加剥夺政治权利的以外，独立适用或者判处有期徒刑、拘役附加适用，剥夺政治权利的期限为1年以上5年以下。④3年以上10年以下。《刑法》第57条第2款规定："在死刑缓期执行减为有期徒刑或者无期徒刑减为有期徒刑的时候，应当把附加剥夺政治权利的期限改为3年以上10年以下。"

4. 剥夺政治权利的刑期起算和执行。共有四种不同的情况：①独立适用剥夺政治权利时，从判决执行之日起计算并执行。②《刑法》第55条第2款规定："判处管制附加剥夺政治权利的，剥夺政治权利的期限与管制的期限相等，同时执行。"③判处有期徒刑、拘役附加剥夺政治权利的，剥夺政治权利的期限，根据《刑法》第58条规定："……从徒刑、拘役执行完毕之日或者从假释之日起计算；剥夺政治权利的效力当然施用于主刑执行期间。”如果被判处拘役、有期徒刑但未附加剥夺政治权利的，犯罪分子在服主刑期间，应视为有政治权利。依据1983年3月5日全国人大常委会《关于县级以下人民代表大会代表直接选举的若干规定》第5条的规定，被判处有期徒刑、拘役、管制而没有附加剥夺政治权利的，准予行使选举权。④判处死刑、无期徒刑的，附加剥夺政治权利终身，从主刑执行之日起执行，遇有死缓减为有期徒刑或者无期徒刑减为有期徒刑时，剥夺政治权利应改为3年以上10年以下，刑期从减刑后的有期徒刑执行完毕之日或假释之日起计算并执行。在有期徒刑执行期间，罪犯自然不享有政治权利。

5. 执行。剥夺政治权利由公安机关执行。执行期满，应当由执行机关通知本人，并向有关群众公开宣布恢复政治权利。恢复政治权利后，原先被剥夺政治权利的人一般来说就应重新享有法律赋予公民的各项政治权利。根据《刑法》第58条第2款的规定：“被剥夺政治权利的犯罪分子，在执行期间，应当遵守法律、行政法规和国务院公安部门有关监督管理的规定，服从监督；不得行使本法第54条规定的各项权利。”

三、没收财产

没收财产，是把犯罪分子个人所有财产的一部或全部强制无偿地收归国有的刑罚方法。

1. 适用对象。没收财产主要适用于罪行比较严重的犯罪分子。刑罚分则中适用没收财产较多的是第一章危害国家安全罪、第三章破坏社会主义市场经济秩序罪和第五章侵犯财产罪。

2. 没收财产的范围。根据《刑法》第59条第1款的规定：“没收财产是没收犯罪分子个人所有财产的一部或者全部。没收全部财产的，应当对犯罪分子个人及其扶养的家属保留必需的生活费用。”本条第2款还规定：“在判处没收财产的时候，不得没收属于犯罪分子家属所有或者应有的财产。”这一规定贯彻了“罪责自负，不株连无辜”的精神。所谓犯罪分子个人所有财产，是指犯罪分子本人实际所有的一切财产及其在共有财产中应得的份额。至于具体没收财产的一部还是全部，应由人民法院根据犯罪分子的犯罪性质、犯罪情节和案件的具体情况决定，并在判决书中具体指明没收财产的名称、数量，以便于执行。所谓犯罪分子家属所有财产，是指犯罪分子家属本人实际上所有而不是名义上所有的财产。所谓犯罪分子家属应有的财产，是指共有财产中其家属应当享有的那部分财产。对于依靠犯罪分子为生，又无其他生活来源的家属，在没收犯罪分子的财产时，必须给他们留出必要部分，以维持其正常生活。

3. 没收财产的适用方式。根据刑法分则的规定，没收财产的适用方式有以下几种：①与罚金刑选择并处。即没收财产与罚金作为选择性的两种附加刑供附加主刑适用，审判人员可以选择没收财产附加主刑适用，也可以选择罚金附加主刑适用，二者必选其一。例如，根据《刑法》第363条第1款的规定，以牟利为目的，制作、复制、出版、贩卖、传播淫秽物品的，情节特别严重的，处10年以上有期徒刑或者无期徒刑，并处罚金或者没收财产。②并处。即没收财产必须附加主刑适用，审判人员没有取舍之余地。例如，根据《刑法》第239条第1款、第2款的规定，以勒索财物为目的绑架他人或者绑架他人作为人质的，致使被绑架人死亡或者杀害被绑架人的，处无期徒刑或死刑，并处没收财产。③可以并处。即没收财产可以附加主刑适用，也可以不附加主刑适用，是否附加主刑适用，由审判人员酌情决定。例如，《刑法》第163条第1款、第271条第1款的规定。

上述没收财产的适用方式表明，没收财产实际上只能附加适用，而不能独立适用。可见，《刑法》第34条第2款所规定的“附加刑也可以独立适用”目前并不适用于没收财产刑。

4. 没收财产以前犯罪分子所负的正当债务问题。《刑法》第60条规定：“没收财产以前犯罪分子所负的正当债务，需要以没收的财产偿还的，经债权人请求，应当偿还。”据此，可以得出，犯罪分子所欠的正当债务可以从没收的财产中偿还，但必须具备以下条件：①必须是查封财产以前犯罪分子所负的债务。查封过程中或者查封以后所负的债务不能以没收的财产偿还。②必须是正当债务。非正当债务不得偿还，如赌债。③必须经债权人提出请求，并查证属实。如果债权人未提出请求，或者虽提出请求，但根据不充分的，不能偿还。④必须在没收的财产份额之内，按一定的顺序偿还。如果没收的财产中有被犯罪分子非法占有的公民个人财产，经原主请求，查证属实后，应当把原物退还原主。

5. 没收财产的执行。根据《刑事诉讼法》第261条规定，没收财产的判决，无论附加适用或者独立适用，都由人民法院执行；在必要的时候，可以会同公安机关执行。

6. 没收财产与没收犯罪物品区别。犯罪分子违法所得的一切财物，应当予以没收。没收犯罪的物品有三种情况：①犯罪分子违法所得的财物；②违禁品：指国家禁止私人制造或持有的物品，如枪支、毒品、淫秽物品等；③供犯罪所用的财物：指犯罪时使用的工具和进行犯罪活动的资本，如杀人凶器等。

四、驱逐出境

驱逐出境，是指强迫犯罪的外国人离开中国国（边）境的刑罚方法。

《刑法》第35条规定：“对于犯罪的外国人，可以独立适用或者附加适用驱逐出境。”所谓外国人，是指具有外国国籍的人和无国籍的人。根据这一规定，驱逐出境属于附加刑。驱逐出境所适用的对象是特定的，即只能是犯罪的外国人。

第四节 非刑罚处罚方法

一、非刑罚处罚方法

它是指人民法院对犯罪分子适用的刑罚以外的其他处理方法的总称。根据我国刑法的规定可以分为：

1. 经济性的处理方法。

（1）赔偿经济损失。它是刑事审判中附带的民事强制处分。《刑法》第36条第1款规定："由于犯罪行为而使受害人遭受经济损失的，对犯罪分子除依法给予刑事处罚外，并应根据情况判处赔偿经济损失。"

（2）赔偿损失。根据《刑法》第37条规定的精神，人民法院对犯罪情节轻微不需要判刑的犯罪人，责令其向被害人支付一定数额的金钱，以弥补被害人因犯罪行为而遭受的损失的处理方法。

2. 教育性的处理方法。

（1）训诫。训诫是人民法院对犯罪情节轻微不需要判刑的人，以口头的方式对其当庭公开进行谴责的教育方法。

（2）责令具结悔过。它是人民法院责令犯罪情节轻微不需要判刑的人用书面方式保证悔改，以后不再重新犯罪的教育方法。

（3）赔礼道歉。它是人民法院责令犯罪情节轻微不需要判刑的人公开向被害人当面承认错误，表示歉意的教育方法。

3. 行政性的处理方法。它是指由主管部门予以行政处分，即人民法院根据案件的情况向犯罪人所在单位提出行政处分的司法建议，而由主管单位给予犯罪人适当处分的方法。行政处分包括警告、记过、撤职、降级、开除等。

非刑罚处罚方法的适用条件如下：

1. 经济性的处理方法的适用条件：①被害人的经济损失必须是由犯罪分子的犯罪行为造成的。②适用的对象是依法被判处刑罚的犯罪分子。

2. 教育性的处理方法和行政性的处理方法的适用条件：①适用的对象是由于犯罪情节轻微不需要判处刑罚而被免于刑事处罚的犯罪分子。②根据案件的具体情况需要对犯罪分子给予适当的处理。

在适用非刑罚处罚方法时应注意要防止对应该适用非刑罚处罚方法的而不适用，对不该适用非刑罚处罚方法的却适用。

二、从业禁止

根据《刑法》第37条之一的规定，因利用职业便利实施犯罪，或者实施违背职业要求的特定义务的犯罪被判处刑罚的，人民法院可以根据犯罪情况和预防再犯罪的需要，禁止其自刑罚执行完毕之日或者假释之日起从事相关职业，期限为3～5年。被禁止从事相关职业的犯罪分子违反人民法院依照前款规定作出的决定的，由公安机关依法给予处罚；情节严重的，依照本法第313条的规定定罪处罚。其他法律、行政法规对其从事相关职业另有禁止或者限制性规定的，从其规定。

三、前科报告制度

依法受过刑事处罚的人，在入伍、就业的时候，应当如实向有关单位报告自己曾受过刑事处罚，不得隐瞒。犯罪的时候不满18周岁被判处5年有期徒刑以下刑罚的人，免除上述规定的报告义务。

学术视野

一、建设社区矫治和社区服务的刑罚方法

设立社区矫治和社区服务这一刑罚方法，一方面可以使犯罪人不离开居住地和工作单位接受刑罚改造，同时又可以使社会或被害人从犯罪人的公益劳动中得到一定程度的补偿，同时也可以加强犯罪人的公民义务感和社会责任感，缓和社会对犯罪人的义愤和责难，改善犯罪人的社会形象，更可以避免将轻微罪犯投入监狱所可能产生的负作用，并且不需要国家额外地支出刑罚成本，符合刑罚经济原则，符合刑罚社会化、开放化的改革潮流。社区矫治和社区服务是对轻微罪犯适用的比较理想的自由刑替代措施。

二、完善罚金刑制度

罚金刑制度改革，是21世纪各国刑罚改革的重点。针对我国现行罚金刑制度存在的不足，借鉴各国罚金刑制度改革的经验，完善我国的罚金刑制度。

1. 提高罚金刑在刑罚结构中的地位，将罚金刑上升为主刑。我国现行刑法仅规定罚金为附加刑，罚金刑在刑罚结构中的地位偏低。尽管按照刑法规定，附加刑既可附加适用，也可独立适用，罚金刑的附加刑地位似乎不影响其广泛适用。但是，是否将附加刑上升为主刑，涉及刑事立法的价值导向。刑事立法明确规定罚金刑为主刑，表明立法者认为罚金是对罪犯适用的主要刑罚方法之一。立法者的这种认识必然会影响司法者对待罚金刑的态度，从而引起司法者对罚金刑的重视。罚金刑上升为主刑后，也不会妨害其和自由刑并科。德国、法国、日本刑法典将罚金刑上升为主刑后，都规定罚金可以和自由刑并科。

2. 扩大罚金刑的适用范围。我国现行刑法规定罚金仅适用于贪利性犯罪和个别妨害社会管理秩序的犯罪，适用范围过于狭窄。借鉴当今世界各国扩大罚金刑适用范围的经验，对过失犯罪、所有贪利性犯罪（包括法人犯罪、财产犯罪、经济犯罪和其他具有图利目的或动机的犯罪）以及一部分危害不大的故意犯罪，都规定可以适用罚金刑。

3. 完善罚金数额的确定原则。当今世界各国刑法，确定罚金数额的原则有普通罚金制、比例罚金制、无限额罚金制和日额罚金制四种。我国现行刑法典关于罚金数额的规定可以归入无限额罚金制和比例罚金制。笔者主张废除现行刑法典的无限额罚金制，在确定罚金数额时，应当根据犯罪性质、犯罪情节以及犯罪分子的缴纳能力决定罚金的数额。

4. 改革罚金刑的适用方式。当今世界各国刑法，罚金刑的适用方式共有专科罚金、选科罚金、并科罚金、易科罚金和附科罚金五种。我国刑法仅规定可以选科和并科，适用方式比较单一。我们设想，在修改刑法时，根据犯罪的性质和情节，对危害不大的过失犯罪专科罚金，对一般过失犯罪和轻微故意犯罪选科罚金，对其他犯罪并科罚金，并在刑法总则中规定易科罚金制和附科罚金制，将有助于充分发挥罚金刑的功能，同时能有效克服短期自由刑的弊端。

5. 完善罚金刑的执行制度。罚金刑执行难是困扰罚金刑制度、影响其效能的一大世界性难题。为了保障罚金刑的执行，各国除加强罚金刑的执行力度外，更从立法入手完善罚金刑的执行制度。如在定期缴纳或分期缴纳制度的基础上，发展了延期缴纳、缓期缴纳（相当于罚金刑的缓刑）和逐日缴纳制度；强化罚金刑的执行保障措施，在规定罚金减免缴纳制度的同时，完善强制缴纳制度，有的还规定了以自由劳动偿付罚金、罚金易科劳役、罚金易科自由刑的制度。为保障我国罚金刑的执行，需要在现行的罚金刑执行制度基础上，增设延期缴纳制度和缓期缴纳制度。在条件成熟时也可规定罚金易科劳役或自由刑制度。有人主张以自由劳动偿付罚金不失为罚金缴纳确有困难而又不具减免条件时比较现实可行的选择。

三、完善资格刑制度

我国刑法规定的资格刑制度相对比较落后，仅规定了剥夺政治权利、驱逐出境，且在刑罚结构中仅处于附加刑的地位。其存在的突出问题是：①剥夺政治权利的政治色彩过浓，内容过于宽泛，没有严格的法律界限；②资格刑刑种欠缺，不能形成一个完整的资格刑刑罚体系；③资格刑执行制度不健全。针对我国资格刑制度存在的上述缺陷，我们认为应从以下几个方面进行改进和完善：

1. 取消剥夺政治权利，设立剥夺选举权和被选举权。取消原剥夺政治权利刑中关于剥夺言论、出版、结社、集会、游行、示威自由的规定，取消1979年《刑法》第52条的规定，对被判处死刑立即执行的罪犯不再适用资格刑。对被判处死刑缓期两年执行和无期徒刑的罪犯，附加适用这两种资格刑。对被判处有期徒刑及以下刑罚的罪犯，则仅在必要的时候，附加适用这两种或一种资格刑。

2. 规定剥夺担任一定公职的权利。目前我国刑法剥夺政治权利中有剥夺犯罪分子担任国家机关职务的权利和担任国有公司、企业、事业单位和人民团体领导职务的权利。我们建议在立法上作相应的规定。

3. 剥夺从事一定职业的权利。目前我国刑法中没有直接规定剥夺从事一定职业的权利。但是，在我国的《教师法》《律师法》和《公司法》中有相应的规定，刑法可以将这些相应的规定纳入进来。增设单位犯罪的资格刑，禁止从事特定职业或活动、解散犯罪法人、禁止犯罪法人从事特定业务三种资格刑。禁止从事特定职业或活动，一般应当是禁止从事与犯罪相关的职业或活动，如对重大交通肇事犯，附加禁止其再从事驾驶业务等。解散犯罪法人是对犯罪法人适用的最严厉的刑罚方法，相当于对犯罪的自然人适用死刑，这种资格刑一般应当规定为主刑。禁止犯罪法人从事特定业务是指禁止犯罪法人永久或在一定期限内从事一种或几种业务活动，这种刑罚既可附加适用，也可独立适用。

4. 扩大驱逐出境、限制居住地和限制去特定地等。可以将这些资格刑适用于一般犯罪主体。具体适用范围可限制在对被判处3年以上有期徒刑、无期徒刑或死刑的故意犯罪罪犯附加适用。

5. 建立资格刑执行制度和复权制度。①建立资格刑减免制度和缓刑制度。资格刑附加适用时，一般应在主刑执行完毕后执行。如果罪犯在主刑执行期间表现良好甚至已经完全改造好，就没有必要在主刑执行完毕后继续执行原判资格刑。建立资格刑减免制度和缓刑制度，可以防止资格刑适用的过剩。②建立资格刑执行的监督考察制度。具体设想是，明确规定人民法院是资格刑的执行机关，人民法院得在必要的时候委托被适用资格刑的罪犯所在的单位、主管机关或行政执法部门监督考察资格刑的执行情况。③建立资格刑的复权制度。资格刑复权制度是指资格刑执行完毕或免除执行后恢复罪犯被剥夺的权利或资格的制度。一般仅适用于有期限的资格刑和能够恢复权利或资格的资格刑。资格复权应当由人民法院宣告。

四、关于无期徒刑的存废之争论

世界各国的刑法学界早已存有争论，肯定者和否定者均阐述了自己针锋相对的观点和理论。现在已有一些国家在立法上废除了无期徒刑，但大多数国家仍然保留无期徒刑。我国刑罚体系中规定无期徒刑这一刑种，不仅能够有效地遏制某些重大刑事犯罪，而且可以填补死刑与有期徒刑最高期限之间的空隙，从而得以贯彻“少杀”政策、减少死刑的适用，因此是不可或缺的。

五、死刑存废

死刑应当废除还是应当保留是一个热点话题。有人认为应当废除死刑，有人认为必须保留死刑。双方思想互相交锋，观点往往碰撞，各抒己见，莫衷一是。自从刑事古典学派的代表、意大利刑法学家在两百多年前提出废除死刑的观点以来，有关死刑存废的争论就一直未曾停息过。随着社会的不断进步与文明的不断发展，刑事制裁中的轻刑化思想逐渐被人们接受。与此相应，死刑的适用也越来越多地受到各界有识之士的质疑。据统计，目前在世界范围内已有111个国家和地区在法律上或事实上废除了死刑。笔者认为，死刑存废问题的争论不会在短期内得出一个结果，在我国短期内也不可能废除。但是就争论本身而言，它对于启发人们的理性思考与激发人们的人道精神，对于促进我国法治的发展与进步，都具有重要意义。刑罚作为一种社会现象，有着某种不以人的意志为转移的客观规律。伴随着人类文明的发展，刑罚必然不断由严酷趋向宽缓、由肉体惩罚转向改造灵魂、由消极的惩罚过去变为积极面向未来，废除死刑也已经成为社会文明发展程度的一个重要标志。我们有理由相信，随着社会的全面进步，死刑在我国必将成为历史。

六、完善我国现行刑罚体系的基本思路

（一）调整刑罚结构

关于刑罚结构的调整，其内容不外乎是将某些刑罚从主刑调整到附加刑中，或者相反。而此方面的分析主要集中于是否将罚金上升为主刑的问题。从理论上看，存在否定说与肯定说两种认识。[1] 而从具体的刑法立法例来看，罚金的地位在各国

---

〔1〕 郭理蓉：《刑罚政策研究》，中国人民公安大学出版社2008年版，第122页。

刑罚体系中各有不同。总体而言，大多数国家将罚金规定为主刑，也有部分国家将其同时规定为主刑与附加刑，少数国家将其规定为附加刑。而从世界各国的立法趋势来看，越来越多的国家将罚金作为主刑予以规定。之所以出现这种情形，主要是因为罚金具有自由刑所不具有的开放性特征，完全避免犯罪人之间的交叉感染，对经济型犯罪的行为人有较强的威慑作用与惩罚功能，因而在经济时代具有相当的有效性。〔1〕对于我国而言，将罚金规定为主刑，就较大地增强了刑罚体系的开放性，也意味着单位犯罪不再缺乏主刑，但可能遇到不能同时将罚金与其他刑罚同时适用的问题（尤其是将没收财产予以废止的情况下）。其实，有些国家的规定可以参考，即不再将刑罚分为主刑、附加刑，只是根据犯罪的实际情况在刑法典分则中配置适当的刑罚。例如，泰国刑法典就是不区分主、从刑，仅列举刑罚种类。我国其实也没有必要非得区分主刑、附加刑，仅列举刑罚种类及对具体犯罪配置作为法定刑的规则，完全能够适应现实司法实践的需要。不过，需要指出的是，罚金刑的弊端主要在于难以适应犯罪人经济状况各个不同的实际情况，存在难以执行的问题。对该问题进行弥补的主要途径是改进罚金的执行方式，而非简单地将罚金予以废止 。

在刑罚结构调整方面，还需要附带分析的一个问题是，在刑法典中明确规定内容相同之刑事处罚与民事处罚、行政处罚的衔接关系。首先，在对犯罪人判处罚金的情况下，不仅按照《刑法》第36条第2款的规定先让犯罪人承担对被害人一方的民事赔偿责任，而且也要允许犯罪人的合法债权人以犯罪人缴纳罚金的财产对自己偿付债务，即将《刑法》第60条的规定也吸收到罚金的执行过程中。其次，对于因同一事实先接受剥夺或者限制人身自由的行政处罚的人，若对该行为追究刑事责任，那么，应该将其已经被剥夺或者限制人身自由的期间计算到后来判处的刑罚中。目前，有关司法解释对该问题作出了规定，但缺乏统一的规定，不利于维护犯罪人的合法权益，对罪刑法定原则的贯彻也不够彻底。因而，应该由刑法典作出规定。

（二）增补刑罚种类

关于在我国刑法典中增加新的刑罚种类，理论上进行了相当深入的研究。〔2〕从内容上看，这些研究在思路上基本上都是将刑法典所规定的现行刑罚体系完全推倒，另起炉灶，重新设计刑罚体系。尽管其中很多分析不无道理，但是，客观而言，其中某些设想缺乏一定的可行性，难以在短期内成为刑法规范。笔者认为，刑罚种类的增补应该立足于刑法典关于刑罚体系的现行规定，既要注意根据现实需要对现行刑罚体系进行适当的调整，又要注意与刑法典的现有规定进行恰当的衔接。基于此考虑，笔者认为，在我国现行刑罚体系中，可增补强制社会服务和保安处分两种刑罚。

---

〔1〕 高铭暄、赵秉志主编：《刑罚总论比较研究》，北京大学出版社2008年版，第231页。

〔2〕 赵秉志主编：《刑法争议问题研究》，河南人民出版社1996年版，第211页。

（三）增加配刑制度

没有抽象而孤立存在的刑罚。从立法上看，刑罚被配置于具体的犯罪，作为法定刑；而从司法上看，刑罚在犯罪人被定罪之后经司法机关的裁量成为宣告刑。刑罚与具体犯罪有着紧密的联系，没有脱离具体犯罪而存在的刑罚。不过，就刑法典的具体规定来看，其仅仅对司法机关如何裁量刑罚作出了明确、详细的规定，形成了我国刑法典中较为完善的刑罚裁量制度。至于刑罚该如何配置于具体的犯罪，刑法典则没有作出全面的规定。作为刑法基本原则之一，《刑法》第5条所规定的罪责刑相适应原则也是立法者对具体犯罪配置法定刑应该遵循的指导思想，即在对具体犯罪规定法定刑时，立法者同样需要考虑到刑罚的轻重，应当与犯罪分子所犯罪行和承担的刑事责任相适应。这与理论上对法定刑配置问题的研究也基本上是一致的。对于法定刑配置问题，理论上的研究主要有两种模式：①对具体犯罪的法定刑配置之合理性进行分析，例如，对重大责任事故罪的法定刑配置是否合理进行分析，〔1〕就刑法典分则罪刑条文所规定的所有犯罪之法定刑问题进行研究的代表性著作是白建军教授的《罪刑均衡实证研究》。②专门就对具体犯罪配置法定刑的问题进行深入分析，周光权教授的《法定刑研究》是此方面的代表性著作。在这些研究中，刑罚与犯罪的均衡性成为关键问题，从而充分地表明罪责刑相适应原则对于法定刑配置的基础性意义。

理论思考与实务应用

一、理论思考

（一）名词解释

主刑　管制　拘役　有期徒刑　无期徒刑　死刑　附加刑　罚金　剥夺政治权利　没收财产　驱逐出境

（二）简答题

1. 如何理解刑罚的概念和特点？
2. 刑罚的功能有哪些？
3. 什么是主刑、附加刑？
4. 我国刑法严格限制死刑的适用表现在哪些方面？
5. 罚金的适用方式和执行方式有哪几种？
6. 剥夺政治权利的适用对象是什么？
7. 没收财产的适用范围是什么？

（三）论述题

1. 论我国刑法体系的特点。
2. 论我国刑法对死刑的限制。

---

〔1〕刘守芬、申柳华：“重大责任事故罪法定刑配置研究”，载《河南大学学报（社会科学版）》2006年第4期。

二、实务应用

（一）案例分析示范

某县人民法院在审理李某、周某、吴某和孙某窝藏一案时，依法作出以下判决：李某系抢劫罪主犯，判处有期徒刑15年，剥夺政治权利3年，并处没收个人全部财产；周某亦为抢劫罪主犯，判处有期徒刑10年，剥夺政治权利2年，并处罚金2万元；吴某系抢劫罪从犯，罪行较轻，且能够主动投案自首，故减轻判处有期徒刑1年；孙某明知李某犯有抢劫罪，却为其提供隐匿处所，判处管制1年。

问：上述判决的执行机关有何不同？各被告人的刑罚应当如何执行？

【评析】 应在监狱或者其他执行场所执行李某、吴某、周某的刑罚；孙某的刑罚由公安机关执行。《刑法》第38条第3款规定，被判处管制的犯罪分子，违反第2款规定的禁止令的，由公安机关依照《中华人民共和国治安管理处罚法》的规定处罚。《刑法》第46条规定："被判处有期徒刑、无期徒刑的犯罪分子，在监狱或者其他执行场所执行；凡有劳动能力的，都应当参加劳动，接受教育和改造。"

对李某没收全部财产的附加刑的执行：应没收李某的全部个人财产，根据《刑法》第59条第1款的规定："没收财产是没收犯罪分子个人所有财产的一部或者全部。没收全部财产的，应当对犯罪分子个人及其扶养的家属保留必需的生活费用。"所以，没收李某的全部财产时，应给其扶养的家属保留必要的费用。

对周某并处罚金的附加刑的执行：根据《刑法》53条的规定，对周某判处的罚金应在判决指定的期限内一次或者分期缴纳。期满不缴纳的，强制缴纳。对于不能全部缴纳罚金的，人民法院在任何时候发现被执行人有可以执行的财产，应当随时追缴。如果由于遭遇不能抗拒的灾祸缴纳确实有困难的，可以延期缴纳、酌情减少或者免除。

对李某、周某判处剥夺政治权利的执行：根据《刑法》第58条的规定，从有期徒刑执行完毕之日或者假释之日起计算；剥夺政治权利的效力当然及于主刑执行期间。被剥夺政治权利的犯罪分子，在执行期间，应当遵守法律、行政法规和国务院公安部门有关监督管理的规定，服从监督；不得行使本法第54条规定的各项权利。

对孙某的管制刑的执行：孙某在管制执行期间，应当遵守《刑法》第39条第2款的规定，在劳动中应当同工同酬。其刑期，从判决执行之日起计算，判决以前先行羁押的，羁押1日折抵刑期2日。

（二）案例分析实训

王某，男，26岁，于1996年秋先后将5名幼女骗至家中奸淫，其中对2名幼女奸淫未遂。1998年被逮捕。法院经审理认定：王某犯强奸罪，且情节特别严重。但因王某犯罪时未满18周岁，依照《刑法》第17条第3款的规定，应当从轻处罚。据此，判处王某有期徒刑15年。

问：试分析法院从轻判决的理由。

第十六章
刑罚裁量

【本章概要】 刑罚裁量又称量刑，在我国，量刑是人民法院根据行为人所犯罪行以及刑事责任，在确定行为性质的基础上，依法裁量决定刑罚的一种刑事审判活动。刑罚裁量是刑法得以实现的重要环节，是刑事审判活动的基本内容之一。根据我国《宪法》及有关法律规定，刑事审判权专属人民法院行使，但不是任何法院都可以裁量任何刑罚，根据《刑事诉讼法》的有关规定，基层人民法院不能作出判处无期徒刑与死刑的裁量。随着社会的发展，刑法从实行绝对确定的法定刑发展到实行相对确定的法定刑，在实行绝对确定的法定刑的情况下，法官没有刑罚裁量权，只是消极地适用法定刑，因而没有量刑可言。在实行相对确定的法定刑的情况下，法官才根据相关犯罪情节确定具体适用的刑罚。因此，刑罚裁量是刑法理论和实践中具有重要意义的内容。本章对刑罚裁量的内涵进行了概述，并对量刑情节的相关内容进行了厘清，这对于实现刑罚的目的和任务具有实践意义。

【学习目标】 理解刑罚裁量的概念、内容、意义和原则；了解量刑情节的分类与适用规则；掌握刑罚裁量的方法。

第一节　刑罚裁量概述

一、刑罚裁量的概念

刑罚裁量又称量刑，指在定罪以后，对犯罪人裁量适用刑罚的活动。[1]

刑事审判活动有两个基本环节：一是定罪；二是量刑。定罪就是确定行为人行为的性质，即在查清事实的基础上，确定行为人是否构成犯罪，构成什么罪。量刑是在定罪的基础上进一步确定是否需要对犯罪人判处刑罚，如果需要判刑，应当判处何种刑罚、多重刑罚以及所判的刑罚是否必须立即执行。

刑罚的裁量权是人民法院刑事审判权的重要组成部分。根据我国宪法及有关法律规定，刑事审判权专属人民法院行使，量刑的主体只能是人民法院。

二、刑罚裁量的内容

刑罚裁量包括以下主要内容：

---

〔1〕 参见陈兴良：《本体刑法学》，商务印书馆2005年版，第749页。

（一）确定是否要对犯罪人判处刑罚

行为人构成犯罪是刑罚裁量的前提。但是，并非对所有的犯罪人都有判处刑罚的必要。《刑法》第37条规定："对于犯罪情节轻微不需要判处刑罚的，可以免予刑事处罚，但是可以根据案件的不同情况，予以训诫或者责令具结悔过、赔礼道歉、赔偿损失，或者由主管部门予以行政处罚或者行政处分。"由此可见，刑罚处罚并非是犯罪行为的唯一处罚手段。同时，刑法还规定了一些"可以"或者"应当"免除刑罚处罚的情况，例如预备犯、中止犯、从犯、胁从犯、防卫过当、避险过当等。因此，量刑的首要任务就是确定行为人的犯罪情节是否轻微，是否具备免于刑事处罚的条件，进而决定是否要对犯罪人处以刑罚。

（二）确定对犯罪人所判处的刑种与刑度

在决定需要对犯罪人处以刑罚的基础上，需要确定用哪种刑罚对犯罪人进行处罚，以及施以何种程度的处罚。我国刑法对各种犯罪的处罚，除了极个别绝对确定的法定刑之外，绝大多数都是配置多种刑种与刑度的相对确定的法定刑。因此，人民法院就需要在法定刑的范围之内，确定对犯罪人适用哪一种刑罚，以及处以怎样轻重程度的刑罚。

（三）确定是否应当立即执行刑罚

一般而言，人民法院所作出的判决，一旦产生法律效力，就应当立即执行。但是，为了更好地改造罪犯，给其一个悔过自新，重新做人的机会，我国《刑法》规定对被判处3年以下有期徒刑以及拘役的罪犯，可以有条件地不予执行。同时，对于被判处死刑的罪犯，如果不是必须立即执行的，可以缓期两年执行。因此，人民法院的量刑工作的另外一项基本内容就是确定对犯罪人所判处的刑罚是否必须立即执行。

三、刑罚裁量的意义

量刑是刑事审判活动的基本内容之一，只有通过量刑活动，才能使刑法的任务得以完成，刑罚的目的得以实现。具体而言，刑罚裁量工作的重要意义体现在以下几个方面：

（一）刑罚裁量是实现刑法目的和任务的重要途径

我国刑法的目的是惩罚犯罪，保护人民。我国刑法的最根本的任务是保卫国家和人民的利益。要实现这一目的和任务，就必须通过对犯罪人定罪量刑的途径完成。通过正确的定罪和恰当的量刑，使犯罪行为得到惩处，使人民群众的人身、财产以及国家的、公共的利益得到保障，从而实现刑法的目的与任务。

（二）刑罚裁量是实现刑罚目的的重要手段

刑罚的目的在于预防犯罪，要有效地预防犯罪，必须做到恰当地量刑。针对犯罪行为进行的量刑工作，能够使犯罪人受到刑罚应有的惩罚，感受到法律的威严和公正，使犯罪人能够认罪服法，端正改造态度，刑满释放后也不会再危害社会，从而达到刑罚特殊预防的目的；同时，通过量刑工作，使社会上一些有犯罪倾向的人鉴于法律的警戒与威慑，不敢轻易地以身试法，从而实现刑罚一般预防的目的。

（三）刑罚裁量是贯彻刑法基本原则的重要环节

罪责刑相适应原则是我国刑法的基本原则之一，这一原则要求犯罪人所实施的犯罪行为的社会危害性程度与犯罪人所承担的刑事责任的大小和刑罚的轻重程度相对应，做到重罪重判，轻罪轻判，罚当其罪。要充分贯彻这一原则，就要求刑罚的裁量必须科学严谨，紧密地与犯罪的社会危害与刑事责任结合起来，使刑罚真正发挥其应有的作用。

（四）刑罚裁量是落实我国刑事法律政策的重要保证

我国的刑事政策是惩办与宽大相结合，惩罚与教育改造相结合。而恰当合理地量刑，不枉不纵，不偏不倚，无疑可以保证这一刑事政策真正得到落实。

第二节　量刑的原则

《刑法》第5条规定："刑罚的轻重，应当与犯罪分子所犯罪行和承担的刑事责任相适应。"第61条规定："对于犯罪分子决定刑罚的时候，应当根据犯罪的事实、犯罪的性质、情节和对于社会的危害程度，依照本法的有关规定判处。"由此，根据我国刑法的有关精神，我们可以把刑罚裁量的原则概括为：以犯罪事实为依据，以刑事法律为准绳。

一、以犯罪事实为依据

犯罪事实是追究犯罪人刑事责任的基础，也是量刑的基础。没有犯罪事实的存在，就无所谓对行为人裁量刑罚。因此，刑罚的裁量必须以犯罪事实为依据。人民法院只有在确定犯罪事实的基础上，才能确定其行为的性质，才能进一步确定如何裁量刑罚。因此，以犯罪事实为依据是刑罚裁量的前提。要充分贯彻这一原则，必须从以下几个方面入手：

（一）查清犯罪事实

犯罪事实是量刑的客观基础，只有在查清犯罪事实的基础上，才能够正确地分析行为的性质及其危害，才能正确地适用刑罚。

（二）确定犯罪性质

确定犯罪性质，就是定罪。犯罪的性质不同，其社会危害性及其程度自然也不相同。因此，对其作出的刑罚处罚也就存在着差异，每一个具体的罪名都有符合其自身特点的法定刑。因此，人民法院必须在查清犯罪事实的基础上，确定犯罪行为的真实性质，做到正确定罪。正确定罪，才能保证正确量刑。

（三）正确分析犯罪情节

犯罪情节是人民法院在量刑时需要考虑的一个重要的因素，由于犯罪情节的不同，犯罪的社会危害性会体现出很大的差异。同样是杀人，出于义愤而实施的杀人行为与为泄私愤而实施的杀人行为在量刑时就可能因为社会危害的差异而出现不同的判决结果；同样的盗窃行为，因为各自盗窃数额的不同在量刑时也会有差异。而导致这些差异的正是不同的犯罪情节。因此，人民法院在量刑时，还必须充分考虑与分析各种犯罪情节，综合考虑犯罪的社会危害性。在此基础上，才能够保证罪责刑相适应。

二、以刑事法律为准绳

以刑事法律为准绳，是指在查明犯罪事实的基础上，严格按照刑法有关规定对行为人的犯罪行为进行裁量。具体表现为以下几点：

（一）严格按照刑法总则关于刑罚体系的规定适用刑罚

我国刑罚的体系是由刑法总则确定的，因此，在对犯罪分子确定处以何种刑罚时，必须严格按照刑法总则所确定的刑罚体系适用刑罚，对犯罪分子所判处的刑罚必须在刑罚体系的范围之内。不得超出刑法的规定自行设置处罚措施。

（二）严格按照有关法定量刑情节的规定适用刑罚

要做到依法量刑，必须严格按照法定的量刑情节适用刑罚。要明确各种量刑情节的意义、内容及其功能和法律效力，例如明确哪些是从严处罚的情节，哪些是从宽处罚的情节；哪些是命令性的情节，哪些是授权性的情节；哪些是单功能的情节，哪些是多功能的情节。只有这样，才能保证刑法的各项法定量刑情节在司法实践中真正发挥作用。

（三）严格按照刑罚的各种裁量制度适用刑罚

为了保障刑罚能够更好地发挥作用，我国刑法还规定了刑罚的裁量制度，如累犯、自首与立功、数罪并罚、缓刑等。因此，在量刑时，必须严格按照相关的刑罚裁量制度的规定，对符合累犯、自首等裁量制度所规定条件的罪犯，按照法律的有关规定量刑。

（四）严格按照刑法分则对犯罪所确定的法定刑适用刑罚

每一个具体的罪名，刑法分则都规定了相应的法定刑，明确了刑种以及刑度，这是量刑的基础。在对犯罪分子量刑的时候，不得脱离刑法分则的规定，任意确定刑种；也不得在刑法分则所规定的量刑幅度之外任意确定刑度。

第三节　量刑情节

一、量刑情节的概念

量刑情节，是指审判机关对犯罪分子量刑时，决定刑罚的轻重或者免除处罚的主客观事实依据。

量刑的情节，应当具备以下特征：①量刑情节是定罪情节之外的，表明行为的社会危害性以及行为人人身危害性程度的主客观事实依据。②量刑情节是使刑法发挥作用的主客观事实依据。③有的量刑情节既包括罪前情节，也包括罪中情节以及罪后情节。

二、量刑情节的分类

量刑情节所包含的内容非常广泛，涉及不同方面。根据不同的分类标准，可以对量刑情节进行以下几种分类：

（一）法定量刑情节和酌定量刑情节

这是以量刑情节是否有刑法明文规定作为分类的标准。所谓法定量刑情节，是指由刑法明文规定的，在量刑时应当予以适用的情节。所谓酌定量刑情节，是指刑法未予以明文规定，由审判机关根据刑事立法精神与有关的刑事法律并结合具体的案件情况，在审理案件时应当灵活掌握和酌情适用的情节。

1. 法定量刑情节。根据法定量刑情节在刑法中的分布情况，可以将法定的量刑情节分为总则情节和分则情节，具体由以下情节组成：

第一，应当从重处罚的情节：

（1）教唆不满18周岁的人犯罪的。（《刑法》第29条）

（2）累犯。（《刑法》第65条）

（3）策动、胁迫、勾引、收买国家机关工作人员、武装部队人员、人民警察、民兵进行武装叛乱或者武装暴乱的。（《刑法》第104条）

（4）与境外机构、组织、个人相勾结，实施分裂国家罪、煽动分裂国家罪、武装叛乱、暴乱罪、颠覆国家政权罪、煽动颠覆国家政权罪。（《刑法》第106条）

（5）掌握国家秘密的国家工作人员犯叛逃罪。（《刑法》第109条）

（6）武装掩护走私的。（《刑法》第157条）

（7）国有公司、企业、事业单位的工作人员，徇私舞弊，犯国有公司、企业、事业单位人员失职罪或者国有公司、企业、事业单位人员滥用职权罪的。（《刑法》第168条）

（8）伪造货币并出售或者运输伪造的货币的。（《刑法》第171条）

（9）银行或者金融机构的工作人员利用职务上的便利，窃取、收买、非法提供信用卡信息的。（《刑法》第177条之一）

（10）银行或者其他金融机构的工作人员违反国家规定，向关系人发放贷款的。（《刑法》第186条）

（11）奸淫不满14周岁的幼女的。（《刑法》第236条）

（12）猥亵儿童的。（《刑法》第237条）

（13）在非法拘禁中，殴打、侮辱被拘禁人的。（《刑法》第238条）

（14）国家机关工作人员利用职权犯非法拘禁罪的。（《刑法》第238条）

（15）国家机关工作人员犯诬告陷害罪的。（《刑法》第243条）

（16）司法工作人员滥用职权犯非法搜查罪或者非法侵入住宅罪的。（《刑法》第245条）

（17）司法工作人员对犯罪嫌疑人、被告人实行刑讯逼供或者暴力取证，致人伤残、死亡的。（《刑法》第247条）

（18）监狱、拘留所、看守所等监管机构的监管人员对被监管人进行殴打或者体罚虐待，致人伤残、死亡的。（《刑法》第248条）

（19）邮政工作人员私自开拆、隐匿、毁弃邮件、电报而窃取财物的。（《刑法》第253条）

（20）违反国家有关规定，将在履行职责或者提供服务过程中获得的公民个人信息，出售或者提供给他人的。（《刑法》第253条之一）

（21）暴力袭击正在依法执行职务的人民警察的。（《刑法》第277条）

（22）冒充人民警察招摇撞骗的。（《刑法》第279条）

（23）引诱未成年人参加聚众淫乱活动的。（《刑法》第301条）

（24）司法工作人员犯妨害作证罪、帮助毁灭、伪造证据罪的。（《刑法》第307条）

（25）盗伐、滥伐国家级自然保护区内的森林或者其他林木的。（《刑法》第345条）

（26）利用、教唆未成年人走私、贩卖、运输、制造毒品，或者向未成年人出售毒品的。（《刑法》第347条）

（27）缉毒人员或者其他国家机关工作人员掩护、包庇走私、贩卖、运输、制造毒品的犯罪分子的。（《刑法》第349条）

（28）引诱、教唆、欺骗或者强迫未成年人吸食、注射毒品的。（《刑法》第353条）

（29）因走私、贩卖、运输、制造、非法持有毒品罪被判过刑，又犯刑法分则第六章第七节规定之罪的。（《刑法》第356条）

（30）组织、强迫未成年人卖淫的。（《刑法》第358条）

（31）旅馆业、饮食服务业、文化娱乐业、出租汽车业等单位的主要负责人组织、强迫、引诱、容留、介绍他人卖淫的。（《刑法》第361条）

（32）制作、复制淫秽的电影、录像等音像制品组织播放的。（《刑法》第364条）

（33）向不满18周岁的未成年人传播淫秽物品。（《刑法》第364条）

（34）战时犯破坏武器装备、军事设施、军事通信罪的。（《刑法》第369条）

（35）挪用用于救灾、抢险、防汛、优抚、扶贫、移民、救济款物归个人使用的。（《刑法》第384条）

（36）索贿的。（《刑法》第386条）

（37）徇私舞弊犯食品监管渎职罪的。（《刑法》第408条之一）

（38）战时犯阻碍执行军事职务罪的。（《刑法》第426条）

（39）伪造、变造海关签发的报关单、进口证明、外汇管理部门核准件等凭证和单据，并用于骗购外汇的。（《关于惩治骗购外汇、逃汇和非法买卖外汇犯罪的决定》

第1条）

（40）海关、外汇管理部门以及金融机构、从事对外贸易经营活动的公司、企业或者其他单位工作人员与骗购外汇或者逃汇的行为人通谋，为其提供购买外汇的有关凭证或者其他便利的，或者明知是伪造、变造的凭证和单据而售汇、付汇的。（《关于惩治骗购外汇、逃汇和非法买卖外汇犯罪的决定》第5条）

第二，可以从轻或者减轻处罚的情节：

（1）已满75周岁的人故意犯罪的。（《刑法》第17条之一）

（2）尚未完全丧失辨认或者控制自己行为能力的精神病人犯罪的。（《刑法》第18条）

（3）未遂犯。（《刑法》第23条）

（4）教唆未遂的教唆犯。（《刑法》第29条）

（5）犯罪以后自首的。（《刑法》第67条）

（6）犯罪嫌疑人坦白的。（《刑法》第67条）

（7）犯罪分子有立功表现的。（《刑法》第68条）

（8）按照被买妇女的意愿，不阻碍其返回原居住地的。（《刑法》第241条）

（9）行贿人在被追诉前主动交待行贿行为的。（《刑法》第390条）

第三，应当从轻或者减轻处罚的情节：

（1）已满14周岁不满18周岁的人犯罪的。（《刑法》第17条）

（2）已满75周岁的人过失犯罪的。（《刑法》第17条之一）

第四，应当减轻处罚的情节：造成损害的中止犯。（《刑法》第24条）

第五，可以从轻、减轻或者免除处罚的情节：

（1）又聋又哑的人或者盲人犯罪的。（《刑法》第19条）

（2）预备犯。（《刑法》第22条）

（3）贪污数额较大或者有其他较重情节，在提起公诉前如实供述自己罪行、真诚悔罪、积极退赃，避免、减少损害结果发生的。（《刑法》第383条）

第六，应当从轻、减轻或者免除处罚的情节：从犯。（《刑法》第27条）

第七，可以减轻或者免除处罚的情节：

（1）在中华人民共和国领域以外犯罪，在外国已经受过刑罚处罚的。（《刑法》第10条）

（2）有重大立功表现的。（《刑法》第68条）

（3）犯对非国家工作人员行贿罪或者对外国公职人员、国际组织官员行贿罪，行贿人在被追诉前主动交待行贿行为的。（《刑法》第164条）

（4）拒不支付劳动报酬，尚未造成严重后果，在提起公诉前支付劳动者的劳动报酬，并依法承担相应赔偿责任的。（《刑法》第276条之一）

（5）行贿人犯罪较轻的，对侦破重大案件起关键作用的，或者有重大立功表现的。（《刑法》第390条）

（6）行贿人在被追诉前主动交待行贿行为，犯罪较轻的，对侦破重大案件起关键作用的或者有重大立功表现的。（《刑法》第390条）

（7）介绍贿赂人在被追诉前主动交待介绍贿赂行为的。（《刑法》第392条）

第八，应当减轻或者免除处罚的情节：

（1）防卫过当的。（《刑法》第20条）

（2）避险过当的。（《刑法》第21条）

（3）胁从犯。（《刑法》第28条）

第九，可以免除处罚的情节：

（1）犯罪以后自首，犯罪又较轻的。（《刑法》第67条）

（2）非法种植罂粟或者其他毒品原植物，在收获前自动铲除的。（《刑法》第351条）

第十，可以免予刑事处罚的情节：犯罪情节轻微不需要判处刑罚的。（《刑法》第37条）

第十一，应当免除处罚的情节：没有造成损害的中止犯。（《刑法》第24条）

2. 酌定量刑情节。在刑事司法审判实践中，常见的酌定情节主要有以下几种：

（1）犯罪的动机。犯罪的动机不同，表明犯罪分子主观恶性程度的不同。因此，在量刑的时候应当予以适当考虑，进行区别对待。比如，因好逸恶劳，贪图享乐实施盗窃行为与因生活所迫而盗窃在量刑上就应该有所区别。

（2）犯罪对象。在一定情况下，犯罪的对象能够反映出犯罪行为的社会危害性的差异，因此在量刑时，应当给予适当的考虑。比如，侵犯未成年人、老年人、孕妇等犯罪，相比侵犯其他犯罪对象的犯罪而言，其社会危害性更大。

（3）犯罪手段。犯罪的手段在一定程度上也能够反映出行为人主观恶性的大小与社会危害性程度。采用残酷的、惨无人道的方式实施杀人、强奸等犯罪，就比采用一般的方法实施上述犯罪造成的危害更大，因此在量刑上也应该体现出区别。

（4）犯罪的时间、地点。不同的犯罪时间、犯罪地点，也会在一定程度上影响到行为的社会危害性，从而对量刑产生影响。例如，利用自然灾害进行趁火打劫，其危害性就大于平时的相同的犯罪行为，因此在量刑上也应该有所体现。

（5）犯罪造成的损害后果。损害的后果越严重，其犯罪的社会危害性越大，因此在量刑时，也应该充分考虑这一因素。例如，行为人在实施盗窃犯罪的行为时，被害人因追赶犯罪分子而被车辆撞死，这一损害后果就比普通的盗窃犯罪造成的损害后果更为严重，因此在量刑时应该予以充分考虑。

（6）犯罪分子的平时表现。犯罪分子平时的表现，在一定程度上可以反映出其主观恶性大小，因此对量刑会产生一定影响。一贯遵纪守法，因为一时失足而犯罪的犯罪分子，相对于一贯违法乱纪的犯罪分子，后者就应该受到相对较重的处罚。

（7）认罪态度。犯罪分子有真诚悔过、主动坦白罪行、积极退赃、积极赔偿损失等行为的，相对于拒不认罪、毁灭罪证、避重就轻、意图逃避罪责的犯罪分子，就应当受到相对较轻的处罚。

（二）从宽处罚情节和从严处罚情节

这是以情节会对刑罚处罚的宽严程度造成何种影响为标准对量刑情节所作的分类。所谓从宽处罚情节，是指会使犯罪人受到从宽处罚的情节。包括从轻处罚情节、减轻处罚情节和免除处罚情节。从严处罚情节，是指会使行为人受到较为严厉的处罚的情节，包括从重处罚情节与加重处罚情节。目前，我国刑法中只规定了从重处罚的情节，没有规定加重处罚的情节。

（三）命令性量刑情节和授权性量刑情节

这是以该量刑情节在审判时能否任意选择作为分类的标准对量刑情节所作的分类。所谓命令性量刑情节，是指由刑法明文规定的，在量刑时必须予以适用的量刑情节。行为人如果具备此类量刑情节，审判人员必须予以适用，不能任意选择。这种量刑情节在刑法中一般以"应当……"的形式出现，但也可以不用"应当"进行限制。如《刑法》第243条第2款对国家机关工作人员犯诬告陷害罪的规定："国家机关工作人员犯前款罪的，从重处罚。"所谓授权性量刑情节，是指刑法许可或授权审判人员在审理案件时，根据案件的具体情况，酌情决定是否予以适用的情节，这种情节在刑法中一般以"可以……"的形式进行表述。

（四）单功能量刑情节和多功能量刑情节

这是以量刑情节的功能多少为标准对量刑情节进行的分类。在量刑中只起到一种作用的情节称为单功能量刑情节。如《刑法》第65条规定，对累犯，应当从重处罚。多功能量刑情节，是指在量刑中可以起到两种以上作用的情节。如《刑法》第22条第2款规定："对于预备犯，可以比照既遂犯从轻、减轻处罚或者免除处罚。"

三、量刑情节的适用规则

《刑法》第62、63条规定，犯罪分子具有本法规定的从重处罚、从轻处罚情节的，应当在法定刑的限度以内判处刑罚。犯罪分子具有本法规定的减轻处罚情节的，应当在法定刑以下判处刑罚。犯罪分子虽然不具有本法规定的减轻处罚情节，但是根据案件的特殊情况，经最高人民法院核准，也可以在法定刑以下判处刑罚。以上的有关《刑法》规定，确定了从重、从轻、减轻、免除处罚的适用规则。

（一）从重、从轻处罚的适用规则

根据《刑法》第62条的规定，从轻处罚，是指在法定刑的幅度之内处以相对较轻的刑种或者刑期，不允许在法定最低刑以下判处刑罚。从重处罚，是指在法定刑幅度以内处以较重的刑种或者刑期，但不允许在法定最高刑以上判处刑罚。

（二）减轻处罚的适用规则

根据《刑法》第63条的规定，减轻处罚，是指必须低于法定最低刑判处刑罚。所谓法定的最低刑，并非笼统地指某一犯罪的法定最低刑，而是指与行为人所实施的具体犯罪相适应的具体量刑幅度的法定最低刑。例如《刑法》第232条规定："故意杀人的，处死刑、无期徒刑或者10年以上有期徒刑；情节较轻的，处3年以上10年以下有期徒刑。”根据这条规定，对故意杀人的适用减轻处罚，就必须针对其犯罪行为的具体情况，确定犯罪人属于哪一种情况的故意杀人。如果属于一般情节的故意杀人，则应当在其法定最低刑10年有期徒刑以下进行判决。如属于情节较轻的故意杀人，则应当在其法定最低刑3年有期徒刑以下进行判决。同时，减轻处罚必须低于法定最低刑，不能与法定最低刑相同，也不得免除处罚。

（三）免除处罚的适用规则

免除处罚，是指对犯罪分子作出有罪宣告，但免除其刑罚处罚的措施。适用免除刑罚处罚，必须符合以下三个基本条件：①行为人已经构成犯罪；②行为人的犯罪情节轻微；③对行为人不需要判处刑罚。只有符合上述三个基本条件，才能够对犯罪人适用免除刑罚处罚。

学术视野

同一犯罪案件，往往存在两个以上的量刑情节，即量刑情节的竞合。量刑情节的竞合有同向竞合与逆向竞合之分。同向竞合是指具有两个以上的从宽或者从严处罚情节。逆向竞合是指既有从宽处罚情节，又有从严处罚情节。从宽处罚包括从轻处罚、减轻处罚和免除处罚。从严处罚包括从重处罚与加重处罚。目前，我国刑法中只规定了从重处罚，没有规定加重处罚。

在同向竞合的情节下，例如具有两个从宽处罚情节或者两个从严处罚情节，由于从宽或者从严的功能是相同的，相当于从宽情节或者从严情节的叠加，对此，应当在刑罚裁量中对犯罪人实行两次从宽或者两次从严。需要注意的是，根据我国刑法规定，从轻处罚或者从重处罚都是在法定刑幅度内裁量，因此，两个从轻处罚不能升格为一个减轻处罚，同样，两个从重处罚也不能升格为一个加重处罚。

在逆向竞合的情节下，例如同时具有一个从宽处罚情节和一个从严处罚情节，有学者主张应当先根据行为人基本的犯罪事实和情节确定一个基本刑罚，然后再按照具体的情节对这一基本刑罚进行修正，修正后的刑罚即是最终的处罚。在具有两个以上逆向情节的情况下，则需要两个以上的修正。一般情况下，先考虑从重情节，根据从重情节对基本刑进行趋重修正，然后再考虑从轻情节，根据从轻情节对经过第一次修正确定的刑罚进行趋轻修正。

理论思考与实务应用

一、理论思考

（一）名词解释

刑罚裁量　法定情节　酌定情节　单功能量刑情节　多功能量刑情节

（二）简答题

1. 刑罚裁量包括哪些内容？

2. 简述量刑情节的种类。
3. 列举我国刑法总则关于可以从轻处罚的规定。
4. 酌定刑罚裁量的情节主要包括哪些?
(三) 论述题
1. 论我国刑罚裁量的原则。
2. 论我国量刑情节的适用规则。

二、实务应用

(一) 案例分析示范

案例一

2008年3月15日，黄某邀舒某去外地抢劫他人钱财，并一同精心策划，准备了杀猪刀、绳子、地图等作案工具，从湖南省芷江县流窜到贵州省铜仁市伺机作案。3月20日，黄某和舒某在铜仁汽车站以200元的价钱骗租一辆出租车前往湖南省新晃县，准备在僻静处抢劫司机的出租车。当车行至新晃后，两人仍没有机会下手，又以100元的价钱要求司机前往波洲镇，当车行至波洲镇时，由于司机的警觉，向波洲镇政府报案，两人的抢劫未能着手实行。

问：该案如何处理?

【评析】本案中，两人准备工具、制造条件后，在欲实施抢劫时，由于意志以外的原因而未能着手，属于犯罪预备。审理法院认为，对其依法可以从轻处罚，应当在法定刑的限度内判处刑罚。根据本案情况，结合《刑法》第263条的规定，可适用抢劫罪法定刑第一档，即处3年以上10年以下有期徒刑，并处罚金。审理法院最终判处黄某有期徒刑4年，罚金3000元；判处舒某有期徒刑3年，罚金2000元。

量刑中从重不是无限制地从重，否则对犯罪人不公正，同时违背罪责刑相适应的原则；从轻不是无限制地从轻，否则也将有悖于罪责刑相适应的原则，也与刑罚应有的惩罚性不协调。从重应当以法定最高刑为限、从轻应以法定最低刑为界。

从重、从轻处罚包括两层含义：①在法定刑中有数刑种时选择较重或较轻的刑种；②在法定刑幅度内判处较长或较短的刑期，但应以法定最高刑或最低刑为限度。此处的法定刑是指犯罪行为应当适用的法定刑，而不是某罪整个法定刑。

案例二

2002年某甲因为盗窃罪被判处有期徒刑1年。刑满释放后，某甲不思悔改，游手好闲。2009年某日，某甲将同村的某乙（13岁）奸淫。事后，某甲威胁某乙，叫她不要向别人说及此事，否则就要报复她的家人。同年，某甲教唆同村的某丙（17岁）实施强奸同村的怀孕妇女某丁。某丙在实施强奸的过程中，由于某丁的苦苦哀求，加之看到某丁怀孕在身，未对其实施奸淫。事后，某丙主动向公安机关投案自首。

问：上述案例中，属于法定情节的有哪些？属于酌定情节的有哪些？对于这些情节，应当如何处理？

【评析】分析如下：

1. 法定情节。

（1）免除处罚情节：《刑法》第24条第2款规定："对于中止犯，没有造成损害的，应当免除处罚；造成损害的，应当减轻处罚。"某丙在实施强奸的过程中，由于某丁的苦苦哀求，加之看到某丁怀孕在身，未对其实施奸淫，属于中止犯罪且没有造成损害的，应当免除处罚。

（2）法定从轻或减轻情节：《刑法》第67条第1款规定："……对于自首的犯罪分子，可以从轻或者减轻处罚。其中，犯罪较轻的，可以免除处罚。"某丙主动向公安机关投案自首，属于法定的从宽处罚情节。

（3）法定从重情节：《刑法》第29条第1款规定："……教唆不满18周岁的人犯罪的，应当从重处罚。"某甲教唆同村的某丙（17岁）实施犯罪，即为教唆未成年人犯罪，应当从重处罚。《刑法》第236条第2款规定："奸淫不满14周岁的幼女的，以强奸论，从重处罚。"某甲将某乙（13岁）奸淫，属于奸淫不满14周岁的幼女，应当从重处罚。

2. 酌定情节。

（1）某甲多次犯罪，属于再犯，此为酌定从重处罚情节。

（2）某甲强奸某乙后威胁某乙，属于犯罪后态度恶劣的情节，为酌定从重处罚情节。

（3）某丙强奸怀孕妇女，属于酌定从重处罚情节。

（二）案例分析实训

案例一

甲乙共同杀害丙，公安机关在对犯罪嫌疑人甲采取强制措施后，又查证乙涉嫌参与共同杀人。但此时乙正怀孕，故未对其采取相应的强制措施。后乙产下一男婴并将其遗弃（因证据不足未予指控），公安机关遂将其刑事拘留。经鉴定，甲属于限制刑事责任年龄人。

问：如何追究甲和乙的刑事责任，是否可以适用死刑？

案例二

张某曾于1997年因贩卖毒品罪被判处有期徒刑5年，并于2002年刑满释放。2008年张某又参与了李某组织的毒品走私团伙，并先后走私十余次。

问：对张某的行为如何处罚？

第十七章
刑罚裁量制度

【本章概要】刑罚裁量制度即量刑制度，是指根据犯罪事实及情节与犯罪人的人身危险性程度，裁量确定刑罚的制度。[1]刑罚裁量制度是刑法理论中重要的内容，我国刑法规定了累犯、自首、立功、数罪并罚、缓刑等刑罚裁量制度。在量刑时，人民法院应该遵循这些制度对犯罪人作出从轻、减轻、免除或者从重处罚的判决。累犯是刑法中一项重要的量刑制度，累犯从重处罚，这是各国刑法的通例；自首对于鼓励和引导犯罪人自动投案，悔过自新，从而实现预防犯罪的刑罚目的，具有重大意义；立功是我国刑法中特有的一项量刑制度，它表明我国刑法对于有立功表现的犯罪人的积极鼓励，使其受到宽大处理，具有一定的刑事政策导向意义；一罪一罚，数罪数罚，这是罪刑均衡原则的必然要求，各国刑法对数罪并罚都有相关规定，数罪并罚制度的正确适用，对于量刑具有重要意义。缓刑是一种附条件地不执行原判刑罚的制度，通过缓刑的适用，可以在没有实际执行刑罚的情况下，达到对犯罪人进行教育改造的目的。本章对累犯、自首、立功、数罪并罚、缓刑等刑罚裁量制度进行了解读，由此促进我国刑法理论在实践中的深入贯彻。

【学习目标】掌握一般累犯与特别累犯的区别；理解自首与坦白的区别；了解立功的概念；掌握数罪并罚的原则与适用；理解缓刑适用的条件；理解缓刑的法律后果。

第一节　累　犯

一、累犯的概念

所谓累犯，是指因犯罪而受过一定的刑罚处罚，刑罚执行完毕或者赦免以后，在法定期限内又犯一定之罪的犯罪人。累犯与再犯不同。所谓再犯，是指再次（两次或两次以上）实施犯罪，但后犯之罪在实施时间上并无限制的情形。可见，累犯与再犯有一定的共性，即都是多次实施犯罪行为；但两者也存在明显差别，主要表现在：①累犯之前罪与后罪必须都是故意犯罪；而再犯之前后罪则没有此种限制。②累犯一般必须以前后两罪被判处或应判处一定的刑罚处罚为成立条件；

---

〔1〕参见陈兴良：《本体刑法学》，商务印书馆2005年版，第778页。

而再犯并不要求前后两罪必须被判处一定刑罚。③累犯所犯后罪，必须是在前罪刑罚执行完毕或赦免以后的法定期限内实施；而再犯的前后两罪之间并无时间方面的限制。

根据《刑法》第65、66条的规定，累犯可分为一般累犯和特别累犯两类。

二、一般累犯

《刑法》第65条第1款规定："被判处有期徒刑以上刑罚的犯罪分子，刑罚执行完毕或者赦免以后，在5年以内再犯应当判处有期徒刑以上刑罚之罪的，是累犯，应当从重处罚，但是过失犯罪和不满18周岁的人犯罪的除外。"据此，一般累犯，是指因故意犯罪被判处有期徒刑以上刑罚并在刑罚执行完毕或者赦免以后，在5年内再犯应当判处有期徒刑以上刑罚之故意犯罪的犯罪人。一般累犯的构成条件为：

（一）前罪与后罪都是故意犯罪

此为构成累犯的主观条件。如果前后两罪都是过失犯罪，或者前后两罪中其一是过失犯罪，则不构成累犯。刑法将过失犯罪排除在累犯之外，对累犯的主观构成要件作了严格的限制，这主要是因为：一方面，故意犯罪的犯罪人比过失犯罪的犯罪人具有更为严重的人身危险性和更大的主观恶性，理应受到重罚；另一方面，在我国经常发生且对国家、社会和公民危害最大的是故意犯罪而非过失犯罪。因此，将累犯制度设立为防止犯罪人再次故意犯罪的法律措施是有实际意义的。

（二）犯前罪时必须年满18周岁

这是构成一般累犯的主体条件。如果犯前罪时不满18周岁，即使是故意犯罪，或者犯后罪是故意犯罪且年满18周岁的，也不构成累犯。对于累犯年龄的要求在于更好地保障未成年人的权益，有利于未成年人的教育和保护。

（三）前罪被判处有期徒刑以上刑罚，后罪也应当被判处有期徒刑以上刑罚

这是构成累犯的刑度条件。换言之，构成累犯的前罪被判处的刑罚和后罪应判处的刑罚都是有期徒刑以上刑罚，如果前后各罪所判处的刑罚都低于有期徒刑，或者有一罪低于有期徒刑的，都不构成累犯。

（四）后罪发生在前罪刑罚执行完毕或者赦免以后5年之内

这是构成累犯的时间条件。我国刑法以刑满或赦免以后5年内再犯罪作为累犯成立的时间条件，如果后罪发生在前罪的刑罚执行期间，则不构成累犯，而应适用数罪并罚；如果后罪发生在前罪刑满或赦免5年以后，也不构成累犯。这里的刑罚执行完毕，法律没有明文规定，一般认为是指主刑执行完毕，不包括附加刑。主刑执行完毕以后5年内又犯罪的，即使附加刑还未执行完毕也可以构成累犯。

需要注意的是，被判处有期徒刑宣告缓刑的犯罪分子，如果在缓刑考验期满后又犯罪的，不构成累犯。缓刑是附条件的不执行刑罚，考验期满原判的刑罚就不再执行了，而不是刑罚已经执行完毕，因此，不符合累犯的构成条件。至于被判有期

徒刑宣告缓刑的犯罪分子，如果在缓刑考验期内又犯新罪，同样不构成累犯，而应在撤销缓刑后，适用数罪并罚。

三、特别累犯

《刑法》第66条规定："危害国家安全犯罪、恐怖活动犯罪、黑社会性质的组织犯罪的犯罪分子，在刑罚执行完毕或者赦免以后，在任何时候再犯上述任一类罪的，都以累犯论处。"据此，特别累犯是指因犯危害国家安全犯罪、恐怖活动犯罪、黑社会性质的组织犯罪，受过刑罚处罚，刑罚执行完毕或者赦免后，在任何时候再犯上述任一类罪的犯罪分子。特别累犯的构成条件为：

（一）前罪和后罪必须都是危害国家安全犯罪、恐怖活动犯罪、黑社会性质的组织犯罪其中之一的犯罪

如果前后罪都不是上述任一类罪，或者其中之一不是上述任一类罪，则不能构成特别累犯，如果符合一般累犯的构成条件，则构成一般累犯。

（二）前罪被判处的刑罚和后罪应判处的刑罚的种类及其轻重不受限制

即使前后两罪或者其中一罪被判处管制、拘役甚至单处附加刑，也不影响其成立。

（三）后罪可以发生在前罪刑罚执行完毕或者赦免后的任何时候

构成特别累犯不受两罪相隔时间长短的限制，不论后罪发生在前罪刑罚执行完毕或者赦免后的任何时候，都以累犯论处。

四、累犯的刑事责任

各国刑法都规定对累犯从重处罚，但所采用的具体处罚原则不尽相同。根据《刑法》第65条规定对累犯应该从重处罚，即采取必须从重处罚的原则。确定其刑事责任，应注意把握以下几个方面的问题：

（一）对于累犯必须根据一定的标准从重处罚

无论具备一般累犯的构成条件者，还是具备特别累犯的构成条件者，都必须对其在法定刑的限度以内，判处相对较重的刑罚，即适用较重的刑种或较长的刑期。

（二）对累犯"应当"从重处罚

凡是符合累犯条件而构成累犯的，审判人员就必须对犯罪人在法定刑的幅度内处以较重的刑罚，否则就有悖于罪刑相适应的刑法原则。

（三）对于累犯不适用缓刑和假释

对于缓刑和假释的适用，都要求以犯罪人不致再危害社会为条件，而累犯是属于屡教不改，具有较大人身危险性的人。对累犯适用缓刑和假释，不利于对累犯的教育和改造，起不到预防犯罪的刑罚目的，更不能保证社会的安全。

第二节 自首、坦白与立功

一、自首

（一）自首的概念

自首，是指犯罪以后自动投案，如实供述自己的罪行，或者被采取强制措施的犯罪嫌疑人、被告人和正在服刑的罪犯，如实供述司法机关还未掌握的本人的其他罪行的行为。

（二）自首的种类及其构成条件

根据《刑法》第67条的规定，可以将自首分为一般自首与特别自首两种不同的类型：

1. 一般自首。一般自首，是指犯罪分子犯罪以后自动投案，如实供述自己罪行的行为。根据《刑法》第67条第1款的规定，构成一般自首必须具备以下条件：

（1）自动投案。所谓自动投案，是指犯罪分子在犯罪之后、归案之前，出于本人意志而向有关机关和个人承认自己实施了犯罪，并主动将自己置于司法机关的控制之下，接受司法机关审查与裁判的行为。对于如何认定“自动投案”，可以从以下几个方面考虑：

第一，投案行为必须发生于行为人尚未归案之前。这是对自动投案的时间限制。根据最高人民法院1998年4月6日《关于处理自首和立功具体应用法律若干问题的解释》（以下简称《解释》）的规定，自动投案是指犯罪事实或者犯罪嫌疑人尚未被司法机关发觉，或者虽被发觉，但犯罪嫌疑人尚未受到讯问，未被采取强制措施以前，主动、直接向公安机关、人民检察院或者人民法院投案。根据这一司法解释，下列情况均应视为自动投案：犯罪嫌疑人向其所在单位、城乡基层组织或者其他有关负责人投案的；犯罪嫌疑人因病、伤或者为了减轻犯罪后果，委托他人先代为投案，或者先以信电投案的；罪行尚未被司法机关发觉，仅因行迹可疑，被有关组织或者司法机关盘问、教育后，主动交代自己的罪行的；犯罪后逃跑，在被通缉、追捕过程中，主动投案的；经查实确已准备去投案或者正在投案途中，被公安机关抓获的。最高人民法院2010年12月22日《关于处理自首和立功若干具体问题的意见》（以下简称《意见》）也指出：具有以下情形之一的，也应当视为自动投案：①犯罪后主动报案，虽未表明自己是作案人，但没有逃离现场，在司法机关询问时交代自己罪行的；②明知他人报案而在现场等待，抓捕时无拒捕行为，供认犯罪事实的；③在司法机关未确定犯罪嫌疑人，尚在一般性排查询问时主动交代自己罪行的；④因特定违法行为被采取行政拘留、司法拘留、强制隔离戒毒等行政、司法强制措施期间，主动向执行机关交代尚未被掌握的犯罪行为的；⑤其他符合立法本意，应当视为自动投案的情形。

第二，必须出于本人意志而自动归案，这是对自动投案的主观要求。至于自动归案的动机并不影响归案行为的自动性。同时，根据《解释》的规定，并非出于犯罪嫌疑人主动，而是经亲友规劝，陪同投案的；公安机关通知犯罪嫌疑人的亲友后，亲友主动将犯罪嫌疑人送去投案的，也应当视为自动投案。

第三，必须向有关机关或者个人承认自己实施了特定犯罪。犯罪分子本人直接向公安机关、检察机关或者审判机关，或者向其所在单位、城乡基层组织或者其他有关负责人投案，并且承认自己实施的特定犯罪或者承认某一特定犯罪系自己所为。

第四，必须自愿置于有关机关或者个人的控制之下，等待进一步交待犯罪事实，接受国家司法机关的审查和裁判。要符合这一条件，必须注意三方面的问题：①犯罪分子自动投案并供述罪行后隐匿、脱逃的；或者自动投案并供述罪行后又翻供，意图逃避制裁；或者委托他人代为自首而本人拒不到案等，都属于拒不接受国家审查和裁判的行为。②犯罪分子自动投案并同时供述罪行后，为自己辩护，或者提出上诉，或者补充或更正某些事实，这是法律赋予被告人的权利，不能视为拒不接受国家审查和裁判。③有的犯罪人匿名将赃物、赃款送至司法机关或者恢复原状，因为没有自动归案、接受国家审查和裁判的主观意愿，因此不能构成自首。但在处理时可以考虑从宽处罚。

（2）如实供述自己的罪行。如实供述自己的罪行，是自首成立的基本条件。

所谓“如实供述自己的罪行”，根据《解释》是指犯罪嫌疑人自动投案后，如实交代自己的主要犯罪事实。《意见》指出，如实供述自己的罪行，除供述自己的主要犯罪事实外，还应告知包括姓名、年龄、职业、住址、前科等情况。犯罪嫌疑人供述的身份等情况与真实情况虽有差别，但不影响定罪量刑的，应认定为如实供述自己的罪行。犯罪嫌疑人自动投案后隐瞒自己的真实身份等情况，影响对其定罪量刑的，不能认定为如实供述自己的罪行。对于多次实施同种罪行的，《意见》认为，应当综合考虑已交代的犯罪事实与未交代的犯罪事实的危害程度，决定是否认定为如实供述主要犯罪事实。虽然投案后没有交代全部犯罪事实，但如实交代的犯罪情节重于未交代的犯罪情节，或者如实交代的犯罪数额多于未交代的犯罪数额，一般应认定为如实供述自己的主要犯罪事实。无法区分已交代的与未交代的犯罪情节的严重程度，或者已交代的犯罪数额与未交代的犯罪数额相当，一般不认定为如实供述自己的主要犯罪事实。犯罪嫌疑人自动投案时虽然没有交代自己的主要犯罪事实，但在司法机关掌握其主要犯罪事实之前主动交代的，应认定为如实供述自己的罪行。对此，应把握以下几点：

第一，投案人必须供述自己的犯罪事实。根据《解释》的规定，犯有数罪的犯罪嫌疑人如实供述所犯数罪中部分犯罪的，只对如实供述的部分认定为自首。共同犯罪中的犯罪嫌疑人，除如实供述自己的罪行，还应当供述所知的同案犯，才能认定为自首。

第二，投案人必须如实供述罪行。如果投案人投案之后，又企图掩盖真相，避重就轻、推诿罪责以逃避法律制裁的，不能认定为自首。根据《解释》，犯罪嫌疑人自动投案并如实供述自己的罪行后又翻供的，不能认定为自首；但在一审判决前又能如实供述的，应当认定为自首。

2. 特别自首。《刑法》第67条第2款规定了特别自首。成立特别自首，必须具备以下条件：

（1）主体必须是被采取强制措施的犯罪嫌疑人、被告人和正在服刑的罪犯。所谓强制措施，是指根据我国《刑事诉讼法》规定的拘传、拘留、取保候审、监视居住和逮捕等措施。正在服刑的罪犯是指已经被人民法院判决，正在刑罚执行之中的罪犯，包括缓刑罪犯。

（2）必须如实供述司法机关还未掌握的本人的其他罪行。

第一，所供述的必须是本人实施的罪行。

第二，所供述的必须是司法机关已掌握的罪行以外的其他罪行。

第三，所供述的罪行与司法机关所掌握的罪行在性质上是否一致，其法律后果有所不同。①对采取强制措施的犯罪嫌疑人、被告人和正在服刑的罪犯，如实供述司法机关尚未掌握的罪行，与司法机关已掌握的罪行属不同种罪行的，以自首论。②被采取强制措施的犯罪嫌疑人、被告人和正在服刑的罪犯，如实供述司法机关尚未掌握的罪行，与司法机关已掌握的罪行属同种罪行的，可以酌情从轻处罚；如实供述的同种罪行较重的，一般应当从轻处罚。

何种情况下是“掌握”或者“未掌握”，《意见》认为，犯罪嫌疑人、被告人在被采取强制措施期间，向司法机关主动如实供述本人的其他罪行，该罪行能否认定为司法机关已掌握，应根据不同情形区别对待。如果该罪犯已被通缉，一般应以该罪行是否在通缉令发布范围内作出判断，在通缉令发布范围内的，应视为已掌握；如果该罪行已录入全国公安信息网络在逃人员信息数据库，应视为已掌握。如果该罪行未被通缉、也未录入全国公安信息网络在逃人员信息数据库，应以该司法机关是否已实际掌握该罪行为标准。所谓“其他罪行”，《意见》认为，犯罪嫌疑人、被告人在被采取强制措施期间如实供述本人其他罪行，该罪行与司法机关已掌握的罪行属同种罪行还是不同种罪行，一般应以罪名区分。虽然如实供述的其他罪行的罪名与司法机关已掌握犯罪的罪名不同，但如实供述的其他犯罪与司法机关已掌握的犯罪属选择性罪名或者在法律、事实上密切关联，如因受贿被采取强制措施后，又交代因受贿为他人谋取利益行为，构成滥用职权罪的，应认定为同种罪行。

（三）自首的法律后果

《刑法》第67条第1款规定：“……对于自首的犯罪分子，可以从轻或者减轻处罚。其中，犯罪较轻的，可以免除处罚。”

二、坦白

（一）坦白的概念

刑法中的坦白，是指犯罪人被动归案后，如实供述自己被指控罪行的行为。所谓被动归案，是指被司法人员当场抓获，被群众扭送至司法机关等不具备自动投案情节的情形。坦白的本质在于如实交代自己被指控的犯罪事实。

坦白原为酌定量刑情节，《刑法修正案（八）》增设了第67条第3款，使坦白成为法定量刑情节。《刑法》第67条第3款规定："犯罪嫌疑人虽不具有前两款规定的自首情节，但是如实供述自己罪行的，可以从轻处罚；因其如实供述自己罪行，避免特别严重后果发生的，可以减轻处罚。"这一款明确将"坦白从宽"的刑事政策写进我国《刑法》，对节约司法资源、减轻公诉方的证明责任、提高诉讼效率起到重要的推动作用。

（二）坦白的构成条件和法律后果

坦白有三个构成要件：①犯罪人被动归案；②犯罪人如实交代的是被指控的罪行；③犯罪人如实交代自己的罪行。

对有坦白情节的犯罪分子，可以从轻处罚；因其如实供述自己罪行，避免特别严重后果发生的，可以减轻处罚。例如，归案后的绑架犯如实供述人质的所在地点，使人质获救的；归案后的爆炸犯如实供述爆炸物的安放地点，避免爆炸事故发生的，可以减轻处罚。

（三）自首与坦白的关系

自首与坦白存在相同之处：都以行为人实施了犯罪行为为前提；都是在归案后如实供述自己的罪行；都是从宽处罚的情节。

自首与坦白存在明显区别。一般自首与坦白的关键区别在于是否自动投案。一般自首是犯罪人自动投案后，如实供述自己的罪行；坦白是被动归案后如实供述自己的罪行。特别自首与坦白的区别在于是否如实供述司法机关还未掌握的本人的其他罪行，如实供述司法机关还未掌握的本人的其他罪行的，是特别自首；如实供述司法机关已经掌握的本人的其他罪行的，是坦白。

自首与坦白相比，自首犯罪人的人身危险性更小。因此，对于自首的犯罪分子，可以从轻或者减轻处罚。其中，犯罪较轻的，可以免除处罚。坦白是犯罪人被动归案之后，如实交代自己被指控犯罪事实的行为，犯罪人的人身危险性与自首犯相比较重。因此，根据《刑法》第67条第3款的规定，对坦白，可以从轻处罚。因罪犯如实供述自己罪行，避免特别严重后果发生的，可以减轻处罚。

三、立功

（一）立功的概念

所谓立功，是指犯罪分子揭发他人犯罪行为，查证属实，或者提供重要线索，从而得以侦破其他案件的行为。根据《刑法》第68条的规定，立功可以分为一般立功和重大立功两种形式。

（二）立功的认定

根据《解释》的规定，一般立功是指犯罪分子检举、揭发他人犯罪行为，包括：共同犯罪案件中的犯罪分子揭发同案犯共同犯罪以外的其他犯罪行为，经查证属实；

提供侦破其他案件的重要线索，经查证属实；阻止他人犯罪活动；协助司法机关抓捕其他犯罪嫌疑人；具有其他有利于国家和社会的突出表现的行为。重大立功是指犯罪分子检举、揭发他人重大犯罪行为，经查证属实；提供侦破其他重大案件的重要线索，经查证属实；阻止他人重大犯罪活动；协助司法机关抓捕其他重大犯罪嫌疑人；对国家和社会有其他重大贡献的，为重大立功行为。前述所称"重大犯罪""重大案件""重大犯罪嫌疑人"的标准，一般是指犯罪嫌疑人、被告人可能被判处无期徒刑以上刑罚或者案件在本省、自治区、直辖市或者全国范围内有较大影响等情形。

《意见》认为，犯罪分子具有下列行为之一，使司法机关抓获其他犯罪嫌疑人的，属于"协助司法机关抓捕其他犯罪嫌疑人"：①按照司法机关的安排，以打电话、发信息等方式将其他犯罪嫌疑人（包括同案犯）约至指定地点的；②按照司法机关的安排，当场指认、辨认其他犯罪嫌疑人（包括同案犯）的；③带领侦查人员抓获其他犯罪嫌疑人（包括同案犯）的；④提供司法机关尚未掌握的其他案件犯罪嫌疑人的联络方式、藏匿地址的，等等。但只是提供同案犯姓名、住址、体貌特征等基本情况，或者提供犯罪前、犯罪中掌握、使用的同案犯联络方式、藏匿地址，司法机关据此抓捕同案犯的，不能认定为协助司法机关抓捕同案犯。

据以立功的线索、材料来源有下列情形之一的，不能认定为立功：①本人通过非法手段或者非法途径获取的；②本人因原担任的查禁犯罪等职务获取的；③他人违反监管规定向犯罪分子提供的；④负有查禁犯罪活动职责的国家工作人员或者其他国家工作人员利用职务便利提供的。

（三）立功的法律后果

根据《刑法》第68条的规定，有一般立功表现的，可以从轻或者减轻处罚；有重大立功表现的，可以减轻或者免除处罚。

第三节　数罪并罚

一、数罪并罚的概念

数罪并罚，是对行为人所犯数罪进行合并处罚的量刑制度。在我国，数罪并罚是指行为人犯有数罪，人民法院分别对其定罪量刑，然后根据刑法的有关原则决定最终处罚的量刑制度。

二、数罪并罚的原则

数罪并罚的原则，是指对行为人所犯数罪进行合并处罚时应依据的规则。它解决如何适用并罚的问题。世界各国的刑法一般对数罪并罚采用以下的原则：

（一）相加原则

又称为并科原则，这一原则在一人所犯数罪分别定罪量刑以后，将各罪所判刑罚相加，其总和刑期即为最终处罚。这一原则只能解决有明确执行期限的自由刑的并罚问题，但对于无期徒刑、死刑等没有明确执行期限的刑罚却无法实际适用。同时，采用绝对相加的方式，其总和刑期往往会超过人的生命极限，既不科学也不严肃。因此，大多数国家不会单纯使用这一原则。

（二）吸收原则

这一原则是指将一人所犯数罪分别定罪量刑以后，只执行其中最重的处罚的原则。适用这一原则，可以解决无期徒刑、死刑等判决的合并处罚问题，但在数个判决皆为有期自由刑时，采用吸收原则无疑会放纵犯罪分子。

（三）限制加重原则

这一原则是以一人所犯数罪中法定应当判处或已经判处的最重刑罚为基础，再在一定限度内对其予以加重作为刑罚的合并处罚原则。采用时主要有两种类型：

1. 以法定刑为基础，确定数罪中最重的犯罪，再就其法定最高刑加重处罚作为执行的刑罚。

2. 在对数罪分别定罪量刑的基础上，以宣告刑为基础确定刑罚。即在宣告的总和刑期之下，在数刑中的最高刑期之上，决定最终刑罚。这种方法解决了并科原则和吸收原则的缺陷，但是自身也无法对死刑、无期徒刑等没有明确执行期限的刑罚在合并处罚时适用，因此，也不能单独适用。

（四）折中原则

又称为混合原则，这一原则并不单纯采用并科、吸收或者限制加重原则等原则其中的一个，而是区分不同的情况予以分别适用。这是一种具有较大灵活性与适用性的原则，因此，世界各国较为普遍地采用这一原则。

三、我国刑法规定的数罪并罚的原则

根据《刑法》第69条的规定，“判决宣告以前一人犯数罪的，除判处死刑和无期徒刑的以外，应当在总和刑期以下、数刑中最高刑期以上，酌情决定执行的刑期，但是管制最高不能超过3年，拘役最高不能超过1年，有期徒刑总和刑期不满35年的，最高不能超过20年，总和刑期在35年以上的，最高不能超过25年。数罪中有判处有期徒刑和拘役的，执行有期徒刑。数罪中有判处有期徒刑和管制，或者拘役和管制的，有期徒刑、拘役执行完毕后，管制仍须执行。数罪中有判处附加刑的，附加刑仍须执行，其中附加刑种类相同的，合并执行，种类不同的，分别执行”。我国对数罪并罚采用折中原则，以限制加重原则为主，以吸收原则和并科原则为补充。其基本适用规则如下：

1. 判决宣告的数个主刑中有数个死刑或者其中最重刑罚为死刑的，采用吸收原则，决定执行一个死刑。

2. 判决宣告的数个徒刑中有数个无期徒刑或者其中最重刑为无期徒刑的，采用吸收原则，决定执行一个无期徒刑，不能将两个无期徒刑合并升格为死刑。

3. 判决宣告的数个主刑为有期自由刑，即有期徒刑、拘役或者管制的，采用限制加重原则。

在数个主刑的总和刑期以下，数刑中最高刑以上，决定执行的刑期。有期徒刑最高不得超过25年，拘役最高不得超过1年，管制最高不得超过3年。限制加重的过程中，不得将各种有期自由刑合并升格为另一种更重的有期自由刑或者无期徒刑。

4. 数罪判决中有主刑与附加刑的，采用并科原则。

需要注意的是，数罪中被判处数个有期徒刑，需要采取限制加重原则处理。如果数罪中被判处有期徒刑和拘役，需要执行有期徒刑，有期徒刑和拘役不能并罚，拘役刑被吸收。但是，如果数罪中被判处有期徒刑和管制，或者被判处拘役和管制的，在执行完有期徒刑或拘役后，管制必须执行。因此，会出现有期徒刑和管制并罚、拘役和管制并罚的情况。

四、数罪并罚的适用

根据《刑法》第69~71条的规定，不同法律条件下适用数罪并罚原则的具体规则有以下三种：

（一）判决宣告以前一人犯有数罪的合并处罚规则

我国刑法所规定的数罪并罚原则就是针对判决宣告以前一人犯有数罪的情况进行规定，即采用折中原则进行合并处罚。对于判决宣告前，一人所犯的数罪如果为同种数罪，即犯罪性质相同，并且触犯同一罪名的数罪，是否应当适用数罪并罚，在理论上存在着很大的争议。一般认为，判决宣告前一人所犯同种数罪，原则上无需并罚，应以一罪从重处罚。但是，当特定犯罪的法定刑过轻而无法体现出罪责刑相适应时，可以采用数罪并罚。

（二）判决宣告后，刑罚执行完毕前发现漏罪的合并处罚规则

《刑法》第70条规定，判决宣告以后，刑罚执行完毕以前，发现被判刑的犯罪分子在判决宣告以前还有其他罪没有判决的，应当对新发现的罪作出判决，把前后两个判决所判处的刑罚，依照《刑法》第69条的规定，决定执行的刑罚。已经执行的刑期，应当计算在新判决决定的刑期以内。根据刑法的有关规定，刑罚执行期间内发现漏罪，具有以下特征：

1. 必须在判决宣告后，刑罚执行完毕之前发现漏罪，且漏罪是指判决宣告之前实施的未判决的罪。

2. 对于新发现的数罪，无论是同种数罪，还是不同种数罪，都要进行数罪并罚。

3. 应当把前后两个判决所判处的刑罚，即前罪所判处的刑罚与漏罪所判处的刑罚，按照相应的数罪并罚原则，决定执行的刑罚。

4. 在计算刑期时，应当把已经执行过的刑期计算在新判决所确定的刑期之内。因此，这种方法被称为“先并后减”。

在刑事审判实践中，对漏罪适用数罪并罚，应注意以下几个具体问题：

第一，对原判决认定犯罪人犯有数罪，并且已经予以合并处罚的情况下，发现漏罪如何合并处罚？对于这种情况，应当对漏罪所判处的刑罚与已经生效的原判决

进行数罪并罚，依照相应的原则确定最终执行的刑罚。

第二，刑满释放后再犯罪并发现漏罪，如何合并处罚？根据有关司法解释，在处理被告人刑满释放后又犯罪的案件时，发现其在前罪判决宣告之前，或者在前罪判决的刑罚执行期间，犯有其他罪行，未经处理，并且依照刑法时效的规定应当追诉的，如果漏罪与新罪分别属于不同种罪，即应对漏罪与刑满释放后又犯的新罪分别定罪量刑，并依照《刑法》第69条的规定，实行数罪并罚；如果漏罪与新罪属于同一种罪，可以判处一罪从重处罚，不必实行数罪并罚。

第三，在缓刑考验期内发现漏罪，如何合并处罚？根据《刑法》第77条第1款的规定，被宣告缓刑的犯罪分子，在缓刑考验期限内犯新罪或者发现判决宣告以前还有其他罪没有判决的，应当撤销缓刑，对新犯的罪或者新发现的罪作出判决，把前罪和后罪所判处的刑罚，依照《刑法》第69条的规定，决定执行的刑罚。

第四，在假释考验期限内发现漏判之罪的，如何合并处罚？根据《刑法》第86条第2款的规定，在假释考验期限内，发现被假释的犯罪分子在判决宣告以前还有其他罪没有判决的，应当撤销假释，依照《刑法》第70条的规定实行数罪并罚。

（三）判决宣告后，刑罚执行完毕前又犯新罪的合并处罚规则

《刑法》第71条规定："判决宣告以后，刑罚执行完毕以前，被判刑的犯罪分子又犯罪的，应当对新犯的罪作出判决，把前罪没有执行的刑罚和后罪所判处的刑罚，依照本法第69条的规定，决定执行的刑罚。"根据这一规定，刑罚执行期间又犯新罪的合并处罚规则如下：

1. 必须在判决宣告以后，刑罚执行完毕以前，被判刑的犯罪分子又犯新罪。

2. 对于犯罪分子实施的犯罪，无论是同种数罪还是不同种数罪，均应进行单独判决。

3. 应当把前罪没有执行的刑罚和后罪所判处的刑罚，依照刑法规定的原则，决定执行的刑罚。即首先应当从前罪判决决定执行的刑罚中减去已经执行的刑罚，然后将前罪未执行的刑罚与后罪所判处的刑罚进行合并处罚。这种方法称之为"先减后并"。

在司法实践中，对新罪适用合并处罚应注意以下问题：

第一，判决宣告后，刑罚执行完毕前，被判刑的犯罪分子又犯数个新罪的，如何合并处罚？在这种情况下，应当首先对数个罪分别定罪量刑，而后将判决所宣告的数个刑罚即数个宣告刑与前罪未执行的刑罚进行合并。

第二，判决宣告以后，刑法没有执行完毕以前，被判刑的犯罪分子不仅犯有新罪，而且发现有漏判罪行的，如何进行合并处罚？对于这一问题，应当先适用"先并后减"的方法，然后再适用"先减后并"的方法，即按照处理漏罪在先，新罪在后的顺序进行两次数罪并罚，所得结果即为最终处罚。

第三，在缓刑考验期限内又犯新罪的如何适用合并处罚？根据《刑法》第77条第1款的规定，被宣告缓刑的犯罪分子，在缓刑考验期限内又犯新罪或者发现判决

宣告以前还有其他罪没有判决的，应当撤销缓刑，对新犯的罪或者新发现的罪作出判决，把前罪和后罪所判处的刑罚，依照《刑法》第69条的规定，决定执行的刑罚。

第四，在假释考验期限内又犯新罪的，如何适用合并处罚？根据《刑法》第86条第1款的规定，被假释的犯罪分子，在假释考验期内犯新罪的，应当撤销假释，依照《刑法》第71条的规定实行数罪并罚。

第四节 缓刑制度

一、缓刑的概念

我国《刑法》所规定的缓刑，是指刑罚的暂缓执行，即对原判刑罚有条件地先不予执行的一种刑罚制度。缓刑不是独立的刑种，而是刑罚具体的运用，是刑罚裁量制度的基本内容之一。其基本特点为：对犯罪分子判处刑罚，同时暂缓执行，在一定期限内保留执行所判刑罚的可能性。

《刑法》第72条规定："对于被判处拘役、3年以下有期徒刑的犯罪分子，同时符合下列条件的，可以宣告缓刑，对其中不满18周岁的人、怀孕的妇女和已满75周岁的人，应当宣告缓刑：①犯罪情节较轻；②有悔罪表现；③没有再犯罪的危险；④宣告缓刑对所居住社区没有重大不良影响。宣告缓刑，可以根据犯罪情况，同时禁止犯罪分子在缓刑考验期限内从事特定活动，进入特定区域、场所，接触特定的人。被宣告缓刑的犯罪分子，如果被判处附加刑，附加刑仍须执行。"

《刑法》第74条规定："对于累犯和犯罪集团的首要分子，不适用缓刑。"《刑法》第449条规定："在战时，对被判处3年以下有期徒刑没有现实危险宣告缓刑的犯罪军人，允许其戴罪立功，确有立功表现时，可以撤销原判刑罚，不以犯罪论处。"

二、缓刑适用的条件

我国《刑法》规定了两种缓刑，即一般缓刑和战时缓刑，分别有不同的适用条件：

（一）一般缓刑的适用条件

1. 犯罪分子必须被判处拘役或者3年以下有期徒刑。缓刑只能适用于罪行较轻的犯罪分子，根据我国《刑法》的规定：缓刑只能适用于被判处拘役或者3年以下有期徒刑刑罚的犯罪分子。被判处管制的犯罪分子，没有执行缓刑的必要。对于数罪并罚的罪犯，如果确定了执行的刑罚以后，符合缓刑的条件的，仍然可以适用缓刑。

2. 犯罪分子犯罪情节较轻；有悔罪表现；没有再危害社会的危险；宣告缓刑对所居住社区没有重大不良影响。

3. 犯罪分子不是累犯或犯罪集团的首要分子。

4. 不满18周岁的人、怀孕的妇女和年满75周岁的人，符合上述条件的，应当宣告缓刑。

（二）战时缓刑的条件

根据《刑法》第449条的规定，适用战时缓刑，必须具备以下条件：

1. 必须在战时适用。所谓战时，是指国家宣布进入战争状态、部队受领作战任务或者遭敌突然袭击时。部队执行戒严任务或者处置突发性暴力事件时，以战时论。

2. 适用的对象只能是被判处3年以下有期徒刑的犯罪军人。不是犯罪的军人，或者虽然是犯罪的军人，但被判处3年以上有期徒刑，则不得适用战时缓刑。

3. 适用战时缓刑的根据，是在战争条件下宣告缓刑没有现实的危险。

三、缓刑的考验期限与考察

（一）缓刑的考验期限

《刑法》第73条规定："拘役的缓刑考验期限为原判刑期以上1年以下，但是不能少于2个月。有期徒刑缓刑考验期限为原判刑期以上5年以下，但是不能少于1年。缓刑考验期限，从判决确定之日起计算。"所谓判决确定之日，即判决发生法律效力之日。判决以前先行羁押的日期，不得折抵为缓刑考验期。

（二）缓刑的考察

根据《刑法》第72条、75条的规定，被宣告缓刑的犯罪分子应当遵守下列规定：①遵守法律、行政法规，服从监督；②按照考察机关的规定报告自己的活动情况；③遵守考察机关关于会客的规定；④离开所居住的市、县或者迁居，应当报经考察机关批准；⑤宣告缓刑，可以根据犯罪情况，同时禁止犯罪分子在缓刑考验期限内从事特定活动，进入特定区域、场所，接触特定的人。

根据《刑法》第76条的规定："对宣告缓刑的犯罪分子，在缓刑考验期限内，依法实行社区矫正，如果没有本法第77条规定的情形，缓刑考验期满，原判的刑罚就不再执行，并公开予以宣告。"

四、缓刑的法律后果

根据《刑法》第76、77条的规定，一般缓刑的法律后果有以下三种：

1. 被宣告缓刑的犯罪分子，在缓刑考验期限内，没有《刑法》第77条规定的情形，即没有犯新罪或者发现漏罪，以及违反法律、行政法规或者国务院公安部门有关缓刑的监督管理规定，缓刑考验期满，原判的刑罚就不再执行，并公开予以宣告。

2. 被宣告缓刑的犯罪分子，在缓刑考验期限内犯新罪或者发现宣告以前还有其他的罪没有判决的，应当撤销缓刑，对新犯的罪或者新发现的罪作出判决，把前罪和后罪所判处的刑罚，依照《刑法》第69条的规定，决定执行的刑罚。

3. 被宣告缓刑的犯罪分子，在缓刑考验期限内，违反法律、行政法规以及国务院公安部门有关缓刑的监督管理规定，情节严重的，应当撤销缓刑，执行原判刑罚。

对被宣告缓刑的犯罪分子，一般不适用减刑。如果缓刑考验期间有重大立功表现的，可以参照《刑法》第78条的规定，予以减刑，同时相应地缩减其缓刑考验期限。减刑后实际执行的刑期不能少于原判刑期的1/2，相应缩减的缓刑考验期限不能低于减刑后实际执行的刑期。判处拘役的缓刑考验期限不能少于2个月，判处有期徒刑的缓刑考验期限不能少于1年。

此外，根据《刑法》第72条第3款的规定，缓刑的效力不及于附加刑。

学术视野

在特别自首中，“如实供述司法机关还未掌握的本人其他罪行”是否必须是与司法机关所掌握的罪行属于不同种罪行？

对于这一问题，存在较大的争议。有两种截然不同的观点。观点一认为“其他罪行”是指不同种罪行，“只有犯罪嫌疑人、被告人主动供述的罪行与司法机关掌握或判决的罪行属不同种罪行，方以自首论”。[1]观点二认为，既然法律没有对“其他罪行”限制为不同种的罪行，理应包括同种数罪在内，否则不利于罪犯交待余罪，而最终对国家是不利的。[2]针对这一问题，我们认为，观点二虽然有情有理，但是，根据最高人民法院1998年4月6日公布的《关于处理自首和立功具体应用法律若干问题的解释》的规定，对采取强制措施的犯罪嫌疑人、被告人和正在服刑的罪犯，如实供述司法机关尚未掌握的罪行，与司法机关已掌握的罪行属不同种罪行的，以自首论。被采取强制措施的犯罪嫌疑人、被告人和正在服刑的罪犯，如实供述司法机关尚未掌握的罪行，与司法机关已掌握的罪行属同种罪行，可以酌情从轻处罚；如实供述的同种罪行较重的，一般应当从轻处罚。根据这一司法解释，只有在如实供述不同种罪行的情况下，才能“以自首论”。且从这一司法解释所确定的刑事责任来分析，如实供述司法机关尚未掌握的罪行，与司法机关已掌握的罪行属同种罪行的，并没有适用我国《刑法》对自首犯的规定，因此也不被认为是自首。

理论思考与实务应用

一、理论思考

（一）名词解释

累犯　一般累犯　特殊累犯　自首　立功　数罪并罚　缓刑

（二）简答题

1. 简述一般累犯的构成条件。
2. 简述一般自首的构成条件。
3. 简述数罪并罚的原则。

---

〔1〕高铭暄、马克昌主编：《刑法学》，北京大学出版社、高等教育出版社2000年版，第177页。
〔2〕高铭暄、马克昌主编：《刑法学》，北京大学出版社、高等教育出版社2000年版，第287页。

4. 如何理解“先并后减”与“先减后并”的数罪并罚的规则?

5. 简述一般缓刑的适用条件及其法律后果。

(三) 论述题

1. 论自首与坦白的异同。

2. 试论我国刑法中的数罪并罚原则。

二、实务应用

(一) 案例分析示范

案例一

越某于2013年3月因盗窃罪被判处有期徒刑1年零6个月，并处罚金人民币1000元（该罚金未规定执行期限，也没有执行）。2014年4月15日，刑满释放。2014年5月，越某在北京动物园售票处，趁他人不备，窃得人民币18 000元。

某某区人民法院认为：被告人越某以非法占有为目的，秘密窃取他人数额较大钱财的行为，侵犯了他人所有的合法财产权利，已构成盗窃罪。被告人越某系累犯，应从重处罚，鉴于被告人越某认罪态度较好，可酌情从轻处罚。依照《刑法》第264条、第65条第1款、第71条、第69条、第52条、第53条及最高人民法院《关于审理盗窃案件具体应用法律若干问题的解释》（现已失效）第6条第3款的规定，于2014年10月判决如下：

被告人越某犯盗窃罪，判处有期徒刑4年，并处罚金人民币2000元，与前罪没有执行的罚金人民币1000元并罚。决定执行有期徒刑4年，并处罚金人民币3000元。

审判后，越某没有上诉，检察机关未抗诉，判决发生法律效力。

问：本案中被告人在前罪的主刑已执行完毕、附加刑尚未执行的情况下再犯新罪是否构成累犯?

【评析】观点一认为，根据《刑法》第65条第1款的规定，刑罚执行完毕或者赦免以后犯罪，是构成累犯的必要条件。《刑法》第32条明确规定：“刑罚分为主刑和附加刑。”本案被告人在附加刑未执行完毕以前犯罪，不应认定为累犯。

观点二认为，由于行为人主刑执行完毕后，在附加刑执行期间再故意犯罪，其主观恶性应大于在附加刑执行完毕以后再犯新罪，既然《刑法》第65条第1款规定，“被判处有期徒刑以上刑罚的犯罪分子，刑罚执行完毕或者赦免以后，在5年以内再犯应当判处有期徒刑以上刑罚之罪的，是累犯，应当从重处罚……”，如将“刑罚执行完毕”理解为包括主刑和附加刑，那么对于主刑执行完毕后，附加刑执行期间再犯新罪的，不能认定为累犯而重罚；同时，由于主刑已执行完毕，也不能在主刑上对行为人实行数罪并罚，这显然不符合立法本意。因此，“刑罚执行完毕”中的“刑罚”仅指主刑，对被告人应认定为累犯。

法院最后采取了第二种观点，认定被告人前后两罪构成累犯。

案例二

黄某某于2010年5月被上海市某区人民法院以盗窃罪判处有期徒刑1年，缓期2年执行。2012年12月，黄某某虚构事实，以广达国际贸易有限公司（经查，无该公司）业务员的名义，与被害人吴某签署赴美签证协议书，骗取吴某人民币5万元。2013年5月，黄某某又以合伙做生意为名，分两次骗取被害人范某人民币8万元。两次犯罪所得均被其挥霍一空。

问：黄某某是否构成累犯?

【评析】本案中，黄某某在前罪缓刑考验期满5年之内又犯罪，看似符合累犯的条件。但是累犯是指因犯罪而受到一定的刑事处罚，在刑罚执行完毕或者赦免之后，于法定期限内又犯一定之罪的罪犯。而被判缓刑的罪犯，在缓刑考验期限内，没有《刑法》第77条规定的情形，即没有犯新罪或者发现漏罪，以及违反法律、行政法规或者国务院公安部门有关缓刑的监督管理规定，缓刑考验期满，原判的刑罚就不再执行。因此，黄某原判的1年有期徒刑的刑罚并没有执行，不符合累犯的构成条件，不构成累犯。

案例三

2014年2月21日晚22时许，罗某中学时的同学刘某和杨某到罗某家中借录像带。罗某不借，因此发生口角，刘某先动手打了罗某一拳，罗某揪住刘某的头发厮打。此时，杨某上前将罗某拽开，并打了罗某几下，将罗某的鼻子打出血。罗某在愤怒之下，从家中取出一把尖刀，追上已经离去的刘某和杨某两人，举刀向刘某刺去，刘某急忙躲过。杨某见状解下腰带对罗某抽打。罗某在与杨某对打中，向杨某胸部刺了一刀，致杨某肝脏破裂大出血当场死亡。罗某杀人后，即到派出所投案，如实交代了犯罪事实，并主动提出要给被害人家属钱财，以赔偿经济损失。后经公安机关立案侦查，证明罗某主动交代的所犯罪行与事实完全相符。

在一审法院审理此案期间，由于罗某认为在检察院的起诉书里把所有的责任都推给他，而且自首也没有体现出从轻的精神，还要法院判处他死刑，由此产生了对抗情绪，便推翻了投案时所交代的犯罪事实，拒不认罪。因而一审法院在审理时没有认定被告人的自首行为。罗某不服一审判决提出了上诉，而二审法院审理时，罗某又重新承认了原来投案时所交代的全部犯罪事实，并检讨自己因对起诉书有意见，以为非判死刑不可，故产生抵触情绪，翻供是错误的，等等。

问：罗某的行为是否属于自首?

【评析】事实上，由于被告人罗某在投案后的口供有反复，翻过供，二审法院在对此案进行审理时，对罗某的投案能否构成自首，就产生了两种对立的观点：

观点一认为，罗某的投案行为不能构成自首。理由是：自首必须具备以下条件，即自动投案；如实交代自己的罪行；接受国家的审查和裁判。其中后两个条件应当贯穿于案件审理的全过程。在本案中，被告人罗某在一审审理期间推翻了已经查证核实的主动投案时的全部供词。这表明罗某没有如实交代自己的罪行，不接受审判，因而没有真诚悔罪。虽然罗某在二审时又承认了所犯罪行，但也只能说明他的认罪态度有所转变，因而不能认定为自首。

观点二认为，罗某的投案行为应该构成自首。理由是：被告人罗某虽然在一审期间口供上有反复，但是在二审期间，还是承认了投案时所交代的全部罪行。因此时本案的审理尚未终结，这说明被告人罗某最终还是如实交代了自己所犯的罪行，并愿意接受国家的审查和判决，因而符合自首的条件，应该认定为自首。

本案在自首的认定上存在一定的复杂性和难度。总体而言，被告人罗某作案后即到公安机关主动投案，如实交代所犯罪行，这说明罗某一开始确有自首的诚意，但一审时被告人又推翻原来的供述，拒不认罪。不论基于什么原因，都不能说明他这时真正符合自首所要求的如实供述自己罪行的要件。这种翻供与在认罪服法的前提下，被告人依法为自己辩护，行使应有的诉讼权利毕竟不同。据此，一审法院对被告人不以自首认定是适当的。但是，二审开始时，被告人改变了态度、重新认罪，这就使罗某行为的整体性质发生了根本的变化。根据我国《刑事诉讼法》的规定，我国对刑事案件实行两审终审制，第一审法院所作出的判决、裁定在法定期限内是未生效的判决、裁定。本案进行了二审，说明整个案件的审理还处于继续进行状态，这时被告人改变态度在法律上应予认定，结合本案的具体情况，就应当把被告人在自首问题上的前后表现，作为一个统一的、连续的过程来考察，综观被告人的全部行为，还是成就了自动投案、如实交代自己的罪行、接受审查和裁判的自首成立要件。因此，二审法院应认定被告人罗某的行为属于自首。

案例四

2009 年 4 月，刀某按约定将 2.6 千克鸦片带到玉溪市北城镇周某家中。而后，刀某、周某又分别将 1.6 千克、1.4 千克鸦片交给卢某贩卖。同年 5 月 20 日，卢某在贩卖鸦片时被公安机关人赃俱获，当场缴获鸦片 2.642 千克。

2009 年 8 月初，周某又窜至江城县，指使朱某贩卖鸦片。朱某先后两次窜到老挝境内购买鸦片 2.2 千克带到玉溪市北城镇贩卖给周某，公安机关于 2009 年 8 月 25 日在周某家中查获鸦片 4.265 千克。

2009 年 8 月 10 日，云南省玉溪市中级人民法院以贩毒罪判处卢某死刑，剥夺政治权利终身。宣判后，卢某积极交代和检举了刀某、周某和朱某的罪行。公安机关根据这个线索，抓获了三人。云南省高级人民法院认为，卢某有立功表现，并将案件于 2009 年 9 月 29 日发回重审。

云南省玉溪市中级人民法院对此案重审后，对卢某在案发后能积极检举揭发其他毒品犯罪分子，确认为有悔罪、立功表现，并减轻处罚，决定以贩卖毒品罪判处卢某有期徒刑 14 年；对刀某、周某以贩卖毒品罪，均判处死刑，剥夺政治权利终身。

问：在本案中，卢某被一审宣判死刑后检举同案犯刀某、周某和朱某的重大罪行的行为，是构成坦白还是立功？

【评析】在本案重新审理时，卢某及其辩护人认为：卢某的行为已构成贩卖毒品罪，起诉书指控的犯罪事实清楚，证据确实充分。但卢某归案后能积极检举揭发公安机关尚未掌握的其他案犯，使本案被一举破获，应视为有立功表现，请求法庭对卢某从宽处理，予以减轻处罚。而公诉方认为，卢某检举揭发的对象是同案犯，其有义务交代共同犯罪中所了解的一切情况，将检举揭发其他共同犯罪人的行为认定为立功，不符合立功的成立条件。当然卢某检举揭发的刀某、周某的重大罪行确实还未被公安机关所掌握，但正因为如此，卢某的行为应算作是坦白而非立功。

综上所述，联系卢某犯罪后的表现，不宜笼统地认定为立功或否认其有立功表现。因此，辩诉双方包括法院的重审认定，均有待商榷。

第一，卢某在一审宣判后检举同案犯刀某、周某的行为不能认定为立功。因为在卢某一案中，卢某与刀某、周某不但是同案犯，而且属于共同犯罪。在共同犯罪的情况下，被告人或者犯罪嫌疑人检举其他同案犯的其他罪行即共同犯罪以外罪行的，才能构成立功。在本案中，刀某和周某指使卢某贩卖鸦片，他们之间的关系是共同犯罪人的关系。卢某在一审宣判前虽然积极地交代了自己贩卖鸦片的事实，却隐瞒了与其一起并指使其贩卖鸦片的刀某和周某的犯罪事实，这属于没有如实交代“自己”的犯罪事实的情况。当然卢某后来交代的刀某、周某的重大罪行还未被公安机关所掌握，从而使公安机关挖出了隐藏更深、罪行更加重大的毒犯，因此卢某的检举属于“主动”交代自己的犯罪事实，而不是被迫供认，这符合坦白成立的要件。我国刑法对坦白未予以明确规定，但学界通行观点认为，坦白具有如下特征：被动归案；交代的是被指控的罪行；主动交代自己的罪行。可见，卢某在一审宣判后如实检举刀某和周某的行为，属于坦白而非立功。

第二，卢某在一审宣判后检举朱某的行为应被认定为立功。卢某与朱某系同案犯（同案审理），但他们之间并不存在共同犯罪关系，朱某受周某指使贩卖鸦片，与卢某毫不相关。之所以作为一案审理，是法院出于审判经济的目的而并案的结果。卢某与周某之间的关系因并案审理可称为同案犯，但不是共犯关系。根据1998年最高人民法院公布的《关于处理自首和立功具体应用法律若干问题的解释》的规定，朱某的案件涉案毒品数量较大，属于有可能判处犯罪分子无期徒刑以上刑罚的重大案件。因此，卢某检举朱某的行为符合立功的条件，属于具有重大立功表现。

案例五

张某因犯盗窃罪于2010年4月4日被判处有期徒刑5年，在服刑期间，因病于同年的7月12日保外就医。从保外就医之日起，张某就继续行窃。2011年5月12日，张某被人当场抓获并扭送至公安机关收审。经查明，张某在保外就医期间，共行窃20次，盗窃财物总价值达4万元。此外，2008～2010年期间，被告人除原判决

认定的6次盗窃外，在判决宣告前还曾另外盗窃10起，盗窃财物的总价值达2万元，

问：应当对张某如何量刑？

【评析】首先，在刑罚执行期间发现漏罪或者又重新犯罪，即使该罪行与已经判决的罪行触犯同一罪名，仍应实行并罚，这是同种数罪实行并罚的特殊情形之一。所以在本案中，尽管张某在判决宣告前和保外就医期间实施的犯罪都是盗窃罪，仍然要对其进行数罪并罚，而不得仅仅将每次盗窃的数额进行累计计算。其次，我国《刑法》第70、71条分别规定了先并后减和先减后并的刑罚计算方法：对于刑罚执行期间发现漏罪的情形，应该先将漏罪应判刑罚与原判刑罚实行并罚，再从合并刑期中减去已经执行的刑罚；对于刑罚执行期间又犯新罪的情形，应当先计算出原判尚未执行的刑期，并将其与新罪需要判处的刑罚实行并罚。那么在两种情形同时具备时究竟采取先减后并的方法还是采取先并后减的方法？刑法理论的通说认为，应当在计算刑罚时同时采用先减后并的方法和先并后减的方法。具体来讲，就是先针对发现的漏罪采取先并后减的方法计算出合并刑期，然后再针对犯的新罪采取先减后并的方法计算出最终需要执行的刑期。在本案中，应当先对张某在2008～2010年期间实施的、原判决未认定的盗窃行为定罪量刑，并将该刑期与原判决确定的5年刑期实行合并处罚，之后从该合并刑期中除去已执行的1年多的刑期。然后再对张某在保外就医期间实施的盗窃行为进行定罪量刑，并将该刑期与之前计算出的刑期进行合并处罚，最终计算出要执行的刑期。

案例六

2014年4月21日下午，李某受宁波市某商场股份有限公司水电安装分公司的委派，在竺某家改装家用电线。在开凿室内穿线墙洞时，李某发现墙内有用布包着的3根金条（计92克，价值27 020元），顿生占有歹念，乘主人不备之机将3根金条藏匿于一楼公用过道墙内杂物堆里。当主人向其说明墙内藏着金条时，李某矢口否认。次日中午，李某将金条秘密转移到自己家中。下午，李某在公安机关传讯时作了坦白，并将3根金条交还给失主。

问：对李某的行为如何处罚？

【评析】本案在审理时，控方认为：被告人李某将他人财物窃为己有，数额巨大，其行为构成盗窃罪，为维护社会治安秩序，保护公民合法财产不受侵犯，请求予以惩处。被告人辩护人辩称：李某构成盗窃罪无疑，但李某犯罪情节轻微，主观恶性小，案发后认罪态度好，且平时一贯表现良好，属于偶尔失足。综上，希望法院量刑时减轻处罚并宣告缓刑。一审法院经审理认为：被告人李某在工作中见财起意，盗窃他人财物占为己有，数额巨大，其行为已构成盗窃罪，公诉机关的指控成立。辩护人要求按本案实际情况减轻处罚等辩护理由成立，适用缓刑的请求予以采纳。最后，法院依法判处李某犯盗窃罪，判处有期徒刑3年，缓刑4年。

缓刑制度是我国刑罚制度的一项重要内容，由于其贯彻了行刑个别化原则、行

刑教育性原则、行刑社会化原则和行刑经济性原则而具有极大的优越性。在西方，缓刑制度备受刑法理论界和实务界推崇。但是在我国，尤其是司法实务界，缓刑却不太受重视，导致缓刑适用率极低，大量本该适用缓刑的案件而未适用。本案中，判处李某缓刑的理由是：李某是被判处3年以下有期徒刑的犯罪分子；坦白交代态度好，退还全部赃物，没有给失主造成损失；李某以往没有违法犯罪行为，此次犯罪主要是缺乏法律知识，误认为是拾得“外快”，有了这次教训，今后不再会危害社会；从社会治安综合治理的角度出发，对李某这类犯罪分子，既要依法惩处，又要本着挽救失足者的精神，对其改变执行方式，适用缓刑，这将有利于对罪犯的改造，维护社会的安定。

（二）案例分析实训

案例一

某检察院在查处一贪污案时，找犯罪嫌疑人同单位的证人王某了解情况。谈话结束时，侦查人员顺便问：“你自己有无问题需要说清楚?”王某一时语塞，侦查人员见状便予以政策教育。王某遂交代了自己受贿5万元的犯罪事实，并提供了本单位领导李某受贿的线索。经反贪污贿赂局侦查，侦破了李某受贿300万元的特大案件。

问：根据刑法规定，对王某受贿罪量刑时应如何处理?

案例二

被告人李某，男，35岁。自2012年以来，被告人李某先后盗窃十余次。窃得自行车、烟、酒等财物1万余元，2013年6月被公安机关拘留。李某在被拘留期间，出于悔罪，除如实交代了盗窃行为，还交代了2010年4月9日夜间，伙同王某到某厂职工宿舍抢劫财物并杀死一人的罪行。经司法机关查证属实，依法将同案犯王某逮捕归案。王某对抢劫杀人的罪行供认不讳。

问：拘留期间交代余罪是否属于自首?交代自己与他人伙同犯罪的罪行是否属于立功表现?

案例三

被告人王某，男，36岁，某厂工人。2014年夏的一天，车间闷热，王某便找来一台旧电风扇，接上电源时电扇不转动，王某以为是插头潮湿，用打火机点燃一张纸烤插头。此时他想起车间禁止用明火，便将点燃的纸扔在地上用脚踩灭，由于点燃的纸片引燃了附近铁槽中的汽油，造成火灾，导致损失折合人民币29万余元。法院经审理以失火罪判处王某有期徒刑3年，缓刑4年。两年后，王某被控在缓刑宣告前曾盗窃工厂仓库财物，经查证属实构成盗窃罪。

问：根据刑法规定，王某的缓刑应否被撤销?我国刑法对撤销缓刑的条件有哪些规定?

第十八章
刑罚执行制度

【本章概要】 刑罚执行，简称行刑，是指有关司法机关将生效的刑事判决所确定的内容付诸实施的刑事司法活动。由于犯罪分子在刑罚执行过程中表现不同，因而在刑罚执行过程中需要改变执行期限或者执行方法。但是，如何区别对待，需要有法律依据。本章所论述的就是刑法所规定的有关刑罚执行过程中的一些规定。因此，我们称本章为刑罚执行制度。

刑罚执行制度是刑罚执行过程中由于犯罪分子的不同表现而规定的执行制度，执行主体是有行刑权的司法机关。具体的刑罚执行制度有减刑和假释。

【学习目标】 通过本章学习，掌握刑罚执行制度的概念和特征；掌握减刑和假释制度的概念；理解假释的适用条件；了解减刑的适用条件。

第一节　刑罚执行制度概述

一、刑罚执行制度的概念

刑罚执行制度，是指刑法有关对犯罪分子在刑罚执行过程中改变执行期限或者执行方法的规定。

二、刑罚执行制度的特征

刑罚执行制度具有下列三个基本特征：

1. 刑罚执行制度是刑法规定的制度。刑罚执行制度很多，有刑事诉讼法规定的有关各个刑种的执行制度，也有有关监管改造工作法规所规定的执行制度。但是，本章所论述的是刑法所规定的刑罚执行制度。

2. 刑罚执行制度是刑罚执行过程中由于犯罪分子的不同表现而规定的执行制度。犯罪分子在刑罚执行过程中，通过执行机关教育改造工作，使犯罪分子的思想改造取得一定的进步，有的犯罪分子通过自己的努力，取得立功表现。这就需要我们从法律规定上去激励犯罪分子，同时可以让犯罪分子早日回归社会。

3. 刑罚执行制度主体是有行刑权的司法机关。有行刑权的司法机关是指依法被授权执行刑罚的国家司法机关。目前我国有权执行刑罚的机关是公安机关、人民法院和监狱。检察机关负责对刑罚执行的监督。具体来说，公安机关主管管制、拘役（在看守所执行的）、1 年以下或余刑在 1 年以下不便送往监狱执行的有期徒刑、剥夺政治权利和缓刑的执行。人民法院负责罚金、没收财产以及死刑立即执行的执行。对于没收财产，人民法院在必要时也可会同公安机关执行；对于死刑立即执行，人民法院在没有条件执行时，也可以交付公安机关执行。监狱机关则负责对有期徒刑、无期徒刑和死刑缓期二年执行的执行。

第二节 减 刑

一、减刑概述

（一）减刑的概念

减刑一般是指对被判处管制、拘役、有期徒刑、无期徒刑的犯罪分子，根据其在刑罚执行期间的悔改或者立功表现，适当减轻其原判刑罚的制度。[1]减刑是我国的一项刑罚执行制度。犯罪人的犯罪行为的性质、情节、社会危害程度和主观恶性各不相同，在刑罚执行期间的改造情况也存在较大差异。其中有些犯罪分子经过服刑改造，确有悔改或者立功表现，说明其人身危险性已经减弱。在不损害国家法律的严肃性和人民法院判决的权威性的前提下，通过适当减轻犯罪分子原判刑罚的办法，对表现好的犯罪分子予以鼓励，有利于巩固改造成果，促进犯罪分子加速改过自新，并且推动其他犯罪分子的改造，实现刑罚的特殊预防目的。

（二）减刑制度的产生与发展

减刑是我国刑法特有的一项刑罚执行制度。这一制度最早起源于革命战争时期，当时的人民政权为了教育感化犯人和奖励改恶从善制定了一系列的规定和条例，如1942 年晋察冀边区行政委员会规定，凡是1942 年1 月15 日以前判决确定的罪犯都减轻其刑1/2，执行徒刑剩余期限不满1 年的一律免刑释放。这些规定和条例体现了惩办与宽大相结合的政策，在一定时期内起到了良好的司法效果，并且无论在立法上还是在司法上都积累了宝贵的经验，为以后减刑制度的建立奠定了坚实的基础。新中国成立初期，虽然没有制定全国性的减刑办法，但减刑已成为监狱管理的一项重要手段，各地人民法院按照各大区规定的法令、指示办理了大量的减刑案件，取得了重大的成效。1954 年《劳动改造条例》（现已失效）第68 条将减刑作为对犯人改造表现良好的最好奖励之一。1979 年《刑法》第71、72 条，《刑事诉讼法》第262 条都对减刑作了明文规定，从实体和程序上以国家基本法律的形式确定下来。至此，减刑作为我国刑罚制度中的基本制度被确认。2011 年11 月21 日通过的最高人民法院《关于办理减刑、假释案件具体应用法律若干问题的规定》对减刑的适用条件以

---

〔1〕有的学者认为还指被判处死刑缓期二年执行的犯罪分子，在死刑缓期执行期间，如果没有故意犯罪或者确有重大立功表现，2 年期满以后，分别减为无期徒刑或者15 年以上20 年以下有期徒刑也是一种减刑。笔者认为，这是死缓制度的一项具体规定，而不属于减刑。

及减刑的幅度、限度等具体问题又作出了更明确的规定，从而在实体和程序上进一步完善了减刑制度。

综观世界各国的刑法规定，虽然有类似于我国减刑制度的规定，如美国的善行折减制度、英国的减刑制度、俄罗斯的易科较轻的刑罚制度等，但我国减刑制度与之相比更具有系统性、完整性、独创性，可以说我国刑法中的减刑制度是世界刑法发展史上的一个独创。[1]

（三）减刑的种类以及含义

减刑有两层含义：①将较重的刑种减为较轻的刑种，如将原判无期徒刑减为有期徒刑，但是有期徒刑不能减为拘役、管制，拘役不能减为管制；②将较长的刑期减为较短的刑期，如将原判有期徒刑10年减为有期徒刑9年。

（四）减刑与相关制度的区别

减刑不是减轻处罚。后者是人民法院在判决宣告或确定前，对具有法定减轻处罚情节或虽无法定减轻处罚情节，但根据案件的具体情况，应予减轻处罚的犯罪分子，在法定最低刑以下判处刑罚的量刑方法，其适用对象是未决犯。而减刑是在判决生效后、刑罚执行中，根据受刑人的表现，对原判刑罚予以减轻，其适用对象是受刑人。

减刑也不同于改判。改判是在原判决认定事实或适用法律错误的情况下，依照二审程序或审判监督程序，撤销原判决，重新判决，是对错判的改正。其结果可能是改重刑为轻刑或者免除处罚，甚至无罪释放，也可能是改轻刑为重刑。减刑则是在肯定原判决的基础上，依照减刑条件和程序，将原判刑罚予以减轻。

二、减刑的条件

根据我国《刑法》第78条的规定，对犯罪分子减刑，必须具备三个条件：

（一）减刑的对象条件

减刑的对象应当是被判处管制、拘役、有期徒刑、无期徒刑的犯罪分子。减刑的对象条件是减刑的形式要件。减刑只受刑种的限制，不受犯罪性质和刑期长短的限制。死刑犯不能减刑。对假释的罪犯，除有特殊情况，一般不得减刑，其假释考验期也不能缩短。

（二）减刑的实质条件

《刑法》第78条第1款规定，被判处管制、拘役、有期徒刑、无期徒刑的犯罪分子，在执行期间，如果认真遵守监规，接受教育改造，确有悔改表现的，或者有立功表现的，可以减刑；有重大立功表现的，应当减刑。根据这一规定，不同类型的减刑所要求的实质条件也有所不同。

1. “可以减刑”的实质条件。

（1）犯罪分子有悔改表现。根据2012年1月17日最高人民法院《关于办理减

---

〔1〕参见李晓明主编：《刑法学》（上），法律出版社2001年版，第663页。

刑、假释案件具体应用法律若干问题的规定》的规定，所谓“确有悔改表现”，是指同时具备以下四个方面情形：①认罪悔罪；②认真遵守法律法规及监规，接受教育改造；③积极参加思想、文化、职业技术教育；④积极参加劳动，努力完成劳动任务。对罪犯在刑罚执行期间提出申诉的，要依法保护其申诉权利，对罪犯申诉不应不加分析地认为是不认罪、不悔罪。罪犯积极执行财产刑和履行附带民事赔偿义务的，可视为有认罪、悔罪表现，在减刑、假释时可以从宽掌握。

未成年罪犯能认罪、悔罪，遵守法律、法规及监规，积极参加学习、劳动的，应视为确有悔改表现。需要注意的是，这里所说的“未成年罪犯”是指减刑时未满18周岁的罪犯。

老年、身体残疾（不含自伤致残）、患严重疾病罪犯的减刑、假释，应当主要注重悔罪的实际表现。基本丧失劳动能力、生活难以自理的老年、身体残疾、患严重疾病的罪犯，能够认真遵守法律、法规及监规，接受教育改造，应视为确有悔改表现。

（2）犯罪分子有立功表现。根据上述最高人民法院的司法解释的规定，具有下列情形之一的，应当认定为有“立功表现”：①阻止他人实施犯罪活动的；②检举、揭发监狱内外犯罪活动，或者提供重要的破案线索，经查证属实的；③协助司法机关抓捕其他犯罪嫌疑人（包括同案犯）的；④在生产、科研中进行技术革新，成绩突出的；⑤在抢险救灾或者排除重大事故中表现突出的；⑥对国家和社会有其他贡献的。

通常情况下，悔改和立功表现通常是相通的，具有立功表现的犯人，在服刑过程中往往都是认罪服法的。但是犯罪人的情况是复杂的，在服刑改造的过程中，有的罪犯有悔改表现，但没有立功行为。也有的平时表现一般，有的甚至还有违反监规的行为，但在特殊的情况下却实施了立功行为。悔改和立功表现只要具备其一，即可减刑。但在减刑的幅度上，一般来说，立功者应比仅有悔改表现者要大。如果罪犯既有悔改表现，又有立功表现，则可以在法定的范围内给予较大幅度的减刑。

2. “应当减刑”的实质条件。有重大立功表现，应当减刑。所谓“重大立功表现”，按照《刑法》第78条以及司法解释的规定，是指以下几种情形：①阻止他人实施重大犯罪活动的；②检举监狱内外重大犯罪活动，经查证属实的；③协助司法机关抓捕其他重大犯罪嫌疑人（包括同案犯）的；④有发明创造或者重大技术革新的；⑤在日常生产、生活中舍己救人的；⑥在抗御自然灾害或者排除重大事故中，有特别突出表现的；⑦对国家和社会有其他重大贡献的。

（三）减刑的限度条件

减刑必须有一定的限度。如果减刑过度，犯罪人执行了较短的时间就放回社会，这既不利于维持法院判决应有的严肃性和稳定性，也不利于犯罪人的改造；如果减刑过少，又不利于提高犯罪人改造的积极性。因此，有必要对罪犯在减刑后的实际执行期限予以规定。我国《刑法》第78条第2款以及司法解释对减刑的限度条件作了较为详细的规定。减刑以后实际执行的刑期不能少于下列期限：①判处管制、拘役、有期徒刑的，不能少于原判刑期的1/2；②判处无期徒刑的，不能少于13年。③人民法院依照《刑法》第50条第2款规定限制减刑的死刑缓期执行的犯罪分子，缓期执行期满后依法减为无期徒刑的，不能少于25年，缓期执行期满后依法减为25年有期徒刑的，不能少于20年。④判处拘役或者3年以下有期徒刑并宣告缓刑的罪犯，一般不适用减刑。罪犯在缓刑考验期限内有重大立功表现的，可以参照《刑法》第78条的规定，予以减刑，同时应依法缩减其缓刑考验期限。拘役的缓刑考验期限不能少于2个月，有期徒刑的缓刑考验期限不能少于1年。⑤有期徒刑罪犯减刑时，对附加剥夺政治权利的期限可以酌减。酌减后剥夺政治权利的期限，不能少于1年。

三、减刑幅度、起始时间与间隔

减刑的幅度是指每一次可减的刑期。它与受刑人的悔改或立功表现程度相对应，表明对受刑人的奖励程度。减刑的限度是指经过一次或几次减刑以后，应当实际执行的最低刑期。减刑限度的设置是为了维护判决的稳定性和法律的严肃性。减刑的限度一般通过减刑的起始时间（即受刑人可以初次减刑的最低服刑期）、间隔（即前后两次减刑之间的间隔长短）和最低执行刑期（即经过一次或数次减刑后实际执行的时间）等因素反映出来。根据《刑法》和最高人民法院《关于办理减刑、假释案件具体应用法律若干问题的规定》等司法解释，不同的刑种，有不同的减刑幅度和限度：

（一）有期徒刑罪犯的减刑

有期徒刑罪犯在刑罚执行期间，符合减刑条件的，减刑幅度为：确有悔改表现，或者有立功表现的，一次减刑一般不超过1年有期徒刑；确有悔改表现并有立功表现，或者有重大立功表现的，一次减刑一般不超过2年有期徒刑。

有期徒刑罪犯的减刑起始时间和间隔时间为：被判处5年以上有期徒刑的罪犯，一般在执行1年零6个月以上方可减刑，两次减刑之间一般应当间隔1年以上。被判处不满5年有期徒刑的罪犯，可以比照上述规定，适当缩短起始和间隔时间。确有重大立功表现的，可以不受上述减刑起始和间隔时间的限制。

有期徒刑罪犯减刑时，对附加剥夺政治权利的期限可以酌减。酌减后剥夺政治权利的期限，不能少于1年。

有期徒刑的减刑起始时间自判决执行之日起计算。

（二）无期徒刑罪犯的减刑

无期徒刑罪犯在刑罚执行期间，确有悔改表现，或者有立功表现的，服刑2年以后，可以减刑。减刑幅度为：确有悔改表现，或者有立功表现的，一般可以减为20年以上22年以下有期徒刑；有重大立功表现的，可以减为15年以上20年以下有期徒刑。

无期徒刑罪犯经过一次或几次减刑后，其实际执行的刑期不能少于13年，起始时间应当自无期徒刑判决确定之日起计算。

（三）死刑缓期执行罪犯的减刑

死刑缓期执行罪犯减为无期徒刑后，确有悔改表现，或者有立功表现的，服刑 2 年以后可以减为 25 年有期徒刑；有重大立功表现的，服刑 2 年以后可以减为 23 年有期徒刑。死刑缓期执行罪犯经过一次或几次减刑后，其实际执行的刑期不能少于 15 年，死刑缓期执行期间不包括在内。死刑缓期执行罪犯在缓期执行期间抗拒改造，尚未构成犯罪的，此后减刑时可以适当从严。

被限制减刑的死刑缓期执行罪犯，缓期执行期满后依法被减为无期徒刑的，或者因有重大立功表现被减为 25 年有期徒刑的，应当比照未被限制减刑的死刑缓期执行罪犯在减刑的起始时间、间隔时间和减刑幅度上从严掌握。

（四）服刑期间又犯新罪的罪犯的减刑

被判处 10 年以上有期徒刑、无期徒刑的罪犯在刑罚执行期间又犯罪，被判处有期徒刑以下刑罚的，自新罪判决确定之日起 2 年内一般不予减刑；新罪被判处无期徒刑的，自新罪判决确定之日起 3 年内一般不予减刑。

（五）未成年罪犯、老年、残疾、患有严重疾病罪犯的减刑

未成年罪犯、老年、残疾、患有严重疾病罪犯，减刑的幅度可以适当放宽，起始时间、间隔时间可以相应缩短。

四、减刑的程序

《刑法》第 79 条明确了减刑必须经过的法律程序，并明确宣布不经过法定程序不得减刑。根据该条的规定，对于可以减刑的犯罪分子，由执行机关向中级以上人民法院提出减刑建议书。执行机关是指执行人民法院刑事判决的机关，即行刑机关。根据《监狱法》的规定，我国刑罚的执行机关主要是监狱，实践中，还有公安机关。执行机关提出减刑建议后，有权决定减刑的只能是中级以上人民法院，这是根据实践中出现的减刑被滥用、使不该减刑的犯罪分子被减刑的实际情况，在修订《刑法》时特别增加的规定。中级以上人民法院接到减刑建议书以后，应当组成合议庭进行审理，不能由一个法官决定。这也是修订《刑法》时增加的规定，其目的是力求避免决定减刑时出现的各种偏差，也为了维护法院裁判的严肃性和尊严。人民法院组成合议庭，经过审理，对确有悔改或者立功事实的，裁定予以减刑。

五、减刑后刑期的计算方法

减刑后刑期的计算方法，因原判刑罚的种类不同而有所区别：①判处管制、拘役、有期徒刑的，减刑后的刑期从原判决执行之日起计算，原判刑期已执行的部分，计算在减刑后的刑期以内；②判处无期徒刑的，减刑后的刑期自裁定减刑之日起计算，减刑前执行的日数、不计入减刑后的刑期之内；③无期徒刑减为有期徒刑之后，再次减刑的，其刑期应从前次裁定减为有期徒刑之日起计算；④曾依法被减刑，后因原判错误，经再审后改判的，原来的减刑仍然有效，应从改判的刑期中减去。

六、关于缓刑犯、未成年犯减刑的适用

根据 2012 年最高人民法院《关于办理减刑、假释案件具体应用法律若干问题的

规定》，对有重大立功表现的缓刑犯可以适用减刑。减刑后实际执行的刑期不能少于原判刑期的1/2，相应缩减的缓刑考验期限不能低于减刑后实际执行的刑期。判处拘役的缓刑期不能少于2个月，判处有期徒刑的缓刑考验期限不能少于1年。对犯罪时未成年的犯罪人的减刑，在掌握标准上可以比照成年犯罪人依法适度放宽。未成年犯罪人能认罪服法，遵守监规，积极参加学习、劳动的，即可视为确有悔改表现予以减刑，其减刑的幅度可以适当放宽，间隔的时间可以适当缩短。

第三节　假　释

一、假释的概念与特征

（一）假释的概念

假释，是指对被判处有期徒刑和无期徒刑的犯罪分子，在执行一定刑期以后，确有悔改表现，不致再危害社会附条件地予以提前释放的行刑制度。

（二）假释的起源与发展

假释最早起源于18世纪澳大利亚的释放证制度，当时的新南威尔州行政长官菲利普对于因犯罪而被流放到澳洲的犯罪人，选择表现良好的，免除其刑期的一部分，予以提前释放。这是假释制度最早的雏形。但最早形成完整假释制度的却是英国。1853年英国废除流放制后，吸收了澳大利亚的假释做法并加以完善，形成了早期的假释制度。第一部假释法产生在1869年的美国。美国在对英国的假释制度考察后，认为这种制度极有利于监狱的管理及犯人的改造，于1869年将假释制度立法化，产生了第一部假释法，使假释制度得到了进一步的发展和完善，确立了近代的假释制度。目前，假释制度已经成为世界各国通用的一种刑罚制度。

我国最早规定假释的是1911年颁布的《大清新刑律》，其中第十三章第66、67条对假释作了明文规定。此后，中华民国吸取了大陆法系的假释立法经验，在《中华民国刑法》中也对假释制度作了规定。

新中国建立初期，在惩办与宽大相结合的刑事政策的指导下，我国在一系列的单行法规和司法解释中对假释制度作出了规定。如1954年的《劳动改造条例》（现已失效）第61条把假释作为释放的一种情况，第68条规定假释是犯人在服刑期间劳动改造表现好的奖励形式之一。再如1964年1月28日最高人民法院《关于提前释放和假释问题的复函》对假释的适用条件及撤销假释的问题都作了较为明确的规定。这些单行刑法和司法解释虽然都对假释制度的某些问题作出了规定，但尚未系统化。1979年《刑法》在总结以往的立法、司法经验的基础上，借鉴其他国家的立法经验，系统明确地规定了假释制度。1997年修订的《刑法》又对假释制度作了更为详尽的规定，进一步完善了我国的假释制度。

（三）假释与相关刑罚制度的区别

1. 假释与监外执行的区别。假释不同于监外执行。监外执行是指犯罪人在监狱内服刑期间，因具有某种特定情形，如疾病、怀孕等，而依法放到监外执行的刑罚制度。它与假释有着本质的区别：①两者适用的对象不同。假释适用于服刑期间确有悔改表现的犯罪人，并且只适用于有期徒刑和无期徒刑的犯罪人；监外执行适用于某些有特殊情况不宜在监内执行的罪犯。②两者的收监条件不同。假释考验期内没有犯新罪，没有被发现漏罪，没有违反法律、行政法规或者国务院公安部门有关假释的监督管理规定的行为，就认为原判决刑罚执行完毕；监外执行妨碍执行的因素消失，就应收监执行。③两者的期间计算不同。假释如被撤销，假释期间不折抵刑期；监外执行的监外期间应计入原判刑期。

2. 假释与减刑的区别。假释不同于减刑。二者都是刑罚执行制度，都以罪犯悔改为适用前提，都是对受刑人的奖励措施，但仍有不同，主要是：①适用范围不同。前者只适用于无期徒刑和有期徒刑；后者除此之外还适用于管制、拘役。②适用次数不同。前者只能宣告一次；而后者不受次数的限制。③适用条件不同。前者附有考验期和守法的义务，若再犯新罪或有违法行为就撤销假释；后者没有考验期和其他条件，即使再犯新罪，已减的刑期也不再恢复。④结果不同。被假释人当即解除监禁，予以附条件地提前释放；被减刑人若减刑后尚有未执行完的刑期，仍需在监狱继续执行。

3. 假释与缓刑的区别。假释不同于缓刑。二者都是有条件地不执行原判刑罚，都有一定的考验期，都以再犯新罪和有违法行为为撤销条件，但仍有明显区别：①适用范围不同。前者主要适用于长期自由刑；后者只适用于短期自由刑，即拘役和3年以下有期徒刑。②适用时间不同。前者是在刑罚执行过程中，根据受刑人的表现，以裁定作出；后者则是在判决的同时宣告。③适用根据不同。前者的适用根据是受刑人在刑罚执行中确有悔改表现，不致再危害社会；后者的适用根据是罪犯的犯罪情节和悔罪表现。④不执行的刑期不同。前者必须先执行原判刑期的一部分，而对尚未执行完的刑期，附条件地不执行；后者是对原判决的全部刑期有条件地不执行。

4. 假释与刑满释放的区别。假释不同于释放。释放是无条件地解除对犯罪人的监禁，不再存在收监的问题；假释则是对犯罪人有条件地提前释放，仍存在收监的可能性。

二、假释的条件

根据我国《刑法》第81条的规定，适用假释的条件是：

（一）假释适用的对象条件

假释适用的对象只能是被判处有期徒刑或无期徒刑的犯罪分子。即其只能适用于较长刑期的剥夺自由刑。拘役虽然属于剥夺自由刑，但由于刑期较短，最高刑为6个月，数罪并罚不超过1年。如果犯罪分子确有悔改或者立功表现，可以依法减刑，适用假释意义不大。管制刑本身就对犯罪分子不予关押，给予假释没有特殊意义。死缓不是一个独立的刑种，死缓犯只有在被减为无期徒刑或者有期徒刑后才能假释。

根据《刑法》第 81 条第 2 款的规定，对累犯以及因故意杀人、强奸、抢劫、绑架、放火、爆炸、投放危险物质或者有组织的暴力性犯罪被判处 10 年以上有期徒刑、无期徒刑的犯罪分子，不得假释。需要注意的是这一款只适用以下两种情形：①犯罪分子是累犯；②实施故意杀人、强奸、抢劫、绑架、放火、爆炸、投放危险物质或者有组织的暴力性犯罪，并被判处 10 年以上有期徒刑、无期徒刑。即犯罪分子既实施了上述暴力犯罪，同时又被判处 10 年以上有期徒刑或者无期徒刑。如果犯罪人所实施的不是暴力性犯罪，或者虽然是暴力性犯罪但是刑罚低于 10 年有期徒刑的，仍然可以假释。所以，只是对严重暴力性犯罪不适用假释。需要注意的是，因上述情形和犯罪被判处死刑缓期执行的罪犯，被减为无期徒刑、有期徒刑后，也不得假释。

根据《刑法修正案（九）》的规定，因贪污数额特别巨大，并使国家和人民利益遭受特别重大损失而被判处死刑缓期执行的，人民法院根据犯罪情节等情况可以同时决定在其死刑缓期执行 2 年期满依法减为无期徒刑后，终身监禁，不得假释。

（二）假释的时间性条件

被假释的犯罪分子必须已经执行了一定期限的刑罚。这也是适用假释的前提条件。依照刑法规定，被判处有期徒刑的犯罪分子，必须执行原判刑期的 1/2 以上，被判处无期徒刑的，必须实际执行刑期 13 年以上，才能适用假释。罪犯由无期徒刑减为有期徒刑后假释的，仍须实际执行刑期在 13 年以上。如果有特殊情节，可不受上述执行刑期的限制，但须经最高人民法院核准。所谓“特殊情节”，一般是指与国家、社会利益有重要关系的情况，如国家在政治、外交、军事或者国家建设等方面的特殊需要。

（三）假释的实质性条件

根据《刑法》第 81 条规定，执行了一定刑期的犯罪分子要获得假释，必须认真遵守监规，接受教育改造，确有悔改表现，没有再犯罪的危险。这是假释的实质要件。判断“没有再犯罪的危险”，除符合《刑法》第 81 条规定的情形外，还应根据犯罪的具体情节、原判刑罚情况，在刑罚执行中的一贯表现，罪犯的年龄、身体状况、性格特征，假释后生活来源以及监管条件等因素综合考虑。因此，犯罪人虽然已经执行了一定刑期，如果并没有明显的悔改表现，或者虽有一定的悔改，但不排除有再犯罪的危险的，不能适用假释。确有悔改表现的成立条件可依刑法规定减刑的条件进行考察。同时，对犯罪分子决定假释时，应当考虑其假释后对所居住社区的影响。如果一旦予以假释，有可能对其所居住的社区产生不良影响的，不得假释。所以，根据最高人民法院 2014 年 4 月 10 日通过的《关于减刑、假释案件审理程序的规定》，报请假释的，应当附有社区矫正机构或者基层组织关于罪犯假释后对所居住社区影响的调查评估报告。

未成年罪犯的假释，可以比照成年罪犯依法适当从宽。基本丧失劳动能力、生活难以自理的老年、身体残疾、患严重疾病的罪犯，能够认真遵守法律、法规及监规，接受教育改造，应视为确有悔改表现。假释后生活确有着落的，除法律和本解释规定不得假释的情形外，可以依法假释。

三、假释的适用

（一）假释的程序

《刑法》第 82 条规定："对于犯罪分子的假释，依照本法第 79 条规定的程序进行。非经法定程序不得假释。"因此，假释程序与减刑程序在程序上基本相同。

根据《刑法》第 81 条规定的"如果有特殊情况，经最高人民法院核准"的特殊假释案件的程序为：①执行机关提出假释建议书。②中级以上人民法院组成合议庭审理。③中级人民法院裁定假释的，应当将全部材料报送到高级人民法院审核。高级人民法院组成合议庭审核裁定同意假释的，再将案件全部材料报送到最高人民法院核准。④最高人民法院组成合议庭审理后，应当依法作出予以核准或不予以核准的刑事裁定书。

（二）假释的考验期限

《刑法》第 83 条规定："有期徒刑的假释考验期限，为没有执行完毕的刑期；无期徒刑的假释考验期限为 10 年。假释考验期限，从假释之日起计算。"

（三）假释的考察

被假释犯罪分子由公安机关负责考察。考察的内容主要是假释犯是否遵守《刑法》第 84 条的规定以及国务院公安部门有关假释的监督管理规定的行为。《刑法》第 84 条规定："被宣告假释的犯罪分子，应当遵守下列规定：①遵守法律、行政法规，服从监督；②按照监督机关的规定报告自己的活动情况；③遵守监督机关关于会客的规定；④离开所居住的市、县或者迁居，应当报经监督机关批准。"

在假释的考验期内，如果假释犯没有再犯新罪，没有发现在判决宣告前还有漏罪没有判决，或者国务院公安部门有关假释的监督管理规定，假释期满就认为原判刑罚已执行完毕。考察机关应当向犯罪人和当地群众或其所在单位公开予以宣告假释期满。

（四）假释的撤销

根据《刑法》第 86 条的规定：

1. 被判处缓刑的犯罪人在假释的考验期内又犯新罪。这里的新罪既不受犯罪性质的限制，也不受所犯之罪刑种、刑期的限制。它既包括故意犯罪，也包括过失犯罪；既包括轻罪，也包括重罪；既包括不同种罪，也包括同种罪。只要是在考验期内再犯新罪，就应当撤销假释，按照《刑法》第 71 条的规定实行数罪并罚。若在假释期满后才发现假释犯在考验期内又犯新罪的，只要未超过追诉时效期限，仍应撤销假释，实行数罪并罚。

2. 在假释考验期内，发现假释犯在判决宣告以前还有其他罪没有判决的，即发现了“漏罪”，应当撤销假释，依照《刑法》第70条规定实行数罪并罚。

3. 被假释的犯罪分子，除再犯新罪或者发现有漏罪以外，在假释考验期内，如果有违反法律、行政法规或者国务院公安部门有关假释的监督管理规定的行为，尚未构成新的犯罪的，应当撤销假释，收监执行未执行完毕的刑罚。因为在假释考验期内仍进行违法活动，表明行为人并没有认真接受教育和改造，对其在执行刑罚期间的改造效果也应重新研究和认识。

被宣告假释的犯罪分子，原判有附加刑的，附加刑仍需继续执行。剥夺政治权利的，自假释之日起执行。

学术视野

一、如何理解减刑、假释中的“实际执行”期限?

《刑法》第78条以及第81条都涉及“实际执行”的期限问题。即“实际执行”的刑期是否包括判决前的先行羁押时间。有学者认为，实际执行的刑期是指罪犯在监狱服刑改造的时间。也有的学者认为，实际执行的刑期不仅包括监狱服刑的时间，也应当包括判决前的羁押时间。[1] 对此，应当按照管制、拘役、有期徒刑的减刑、假释与无期徒刑的减刑、假释两种不同的情形予以分别对待。

对于被判处管制、拘役、有期徒刑的罪犯而言，判决前的先行羁押在实质上剥夺了人身自由，具有自由刑的基本特征。同时，刑法中明确规定，应当将先行羁押的时间折抵到管制、拘役、有期徒刑的刑期中。因此，这三种刑罚，在减刑、假释时，在考量“实际执行的刑期”“执行原判刑期”时，应当将判决前的羁押时间计算在内。

对于被判处无期徒刑的罪犯，“实际执行刑期”不少于13年或“实际执行13年以上”，因为无期徒刑裁决时，并不考虑先行羁押的时间。因此，其“实际执行”的期限，不包括判决前的现行羁押时间。

二、减刑是否可考虑由罪犯提出申请

目前，减刑程序是由监狱管理机关对罪犯进行考查，认为符合条件的才启动。我们认为应增加由罪犯启动的减刑程序。罪犯启动的减刑程序就是指由法律规定的，自刑事判决生效之日起，罪犯认为自己确有悔改表现向司法机关提出书面或口头申请，司法机关无相反证据证明其因违反监规而受到处罚的，即获准减刑。适用该减刑程序的实质条件是罪犯确有悔改表现，即遵守监管规定，接受教育改造。认定确有悔改表现的依据是罪犯计分考核中无扣分或扣分未达到规定的限度，且未受到行政处分。

三、几种特殊罪犯的减刑和假释问题

任何罪犯的减刑、假释都必须符合减刑、假释法定条件。特殊罪犯也是如此。

---

〔1〕 参见高铭暄、马克昌主编:《刑法学》，北京大学出版社、高等教育出版社2010年版，第301页。

但特殊罪犯有其“特殊”性，在具体的掌握标准上，应考虑与一般罪犯有所区别。对犯罪时未成年的罪犯的减刑、假释，在掌握标准上可以比照成年罪犯依法适当放宽。未成年罪犯能认罪服法，遵守监规，积极参加学习、劳动，即可视为确有悔改表现予以减刑，其减刑的幅度可以在法律允许的范围内适度放宽，间隔时间可以相应缩短。符合假释条件的，假释适当放宽。对老年和身体有残疾（不含自伤致残）罪犯的减刑、假释，应当主要注重悔罪的现实表现。相对身体正常的罪犯而言，老、残罪犯的劳动能力、主观恶性和重新犯罪可能性一般较小，只要有悔罪的现实表现，应视为“确有悔改表现”，可以减刑。有悔罪表现，丧失行为能力或者生活不能自理，且假释后生活有着落的老、残犯，除法律规定不得假释的外，假释可以适当放宽；对符合法定假释条件、年龄在60岁左右、余刑不长且身患严重疾病且久治不愈的保外就医罪犯的假释可以适当放宽；对符合法定假释条件、正在监内服刑、身患严重疾病且久治不愈、余刑在3年以下的罪犯的假释可以适当放宽；对符合法定假释条件、家庭特别困难的罪犯的假释可以适当放宽。对拟予减刑且减刑即予以释放的，或者拟予假释的，减刑幅度和假释要从严掌握。

四、考核奖励分与减刑幅度的关系

近几年来，各地执行机关普遍采取了以奖励分作为考核罪犯教育改造表现的办法。应该肯定的是，这种奖励分考核办法在增加考核工作的准确性，克服工作的随意性，调动罪犯改造的积极性，提高改造质量等方面，都起到很好的作用。但是，法院办理减刑、假释案件，不能以分数直接折抵刑期，不能以分数高低决定减刑幅度。对罪犯的评价要注重思想改造方面的表现和改造的质量。在实际工作中，奖励分考核还不是很完善，监狱与监狱之间，监区与监区之间存在掌握标准不统一，执行宽严不平衡，随意性较大的问题。有的单位注意劳动改造多一些，注重思想改造少一些，有的单位则重视评积极分子和记功多一些，对违规扣分考虑少一些。奖励分考核与减刑假释也不是同一性质的行为。奖励分考核是司法行政机关的狱政管理，减刑、假释是刑罚执行中的司法行为。最高人民法院原副院长祝铭山在1997年全国高级法院减刑、假释工作座谈会上强调，“分”可以作为我们办理减刑、假释案件时的参考，但不能作为依据。减刑、假释的依据是事实，减刑、假释也必须以事实为依据，以法律为准绳。哪些事实属于减刑、假释的事实依据范围呢？我们认为，只要能证明减刑、假释法定条件的都属于减刑、假释的事实依据。减刑的法定条件是确有悔改表现或有立功表现或有重大立功表现。能证明这三个“表现”的事实，就属于减刑的事实。

五、我国假释制度的完善

（一）法律修改

《刑法》第81条第1款规定，被判处有期徒刑的犯罪分子，执行原判刑期的1/2以上，被判处无期徒刑的犯罪分子，实际执行13年以上的条件过严、期限过长。建议放宽使用假释犯罪分子的实际执行期限，修改为“被判处有期徒刑的犯罪分子，执行原判刑期的1/3以上，被判处无期徒刑的犯罪分子，实际执行10年以上”。

（二）设立假释委员会，畅通假释适用渠道

由于当前的假释程序，分为启动、决定、执行、回复（假释的撤销）四个过程，涉及监狱、人民法院、公安机关，还有作为监督机关的人民检察院。涉及部门越多，中间的环节就越多，就会不可避免地出现互相推诿、浪费时间的现象。此外，有学者认为，假释的实质是法律规定的对某些刑罚的变通执行方式，并不涉及对于原判刑事判决的更改，即无干预审判权事宜，属于行刑的手段、刑事执行的一种制度。[1]笔者认为假释是对某些刑罚的变通执行，假释的使用仅仅是相应执行机关的分内工作。借鉴世界其他国家的经验，在我国应该设立假释委员会，由司法行政机关、监狱管理机关、人大代表、律师、检察机关、社会工作者、心理学家、志愿者等相关人员组成，行使假释权，畅通假释适用的渠道。

（三）取消假释比例，扩大假释适用率

最高人民法院2012年1月发布《关于办理减刑、假释案件具体应用法律若干问题的规定》之后，绝大多数省高级人民法院都具体规定一般假释人数不得超过在押犯总数的2%～3%，这严重制约着假释的适用和行刑社会化的进程。所以，应该取消规定假释比例，使符合条件的罪犯都可以被裁定假释，进而扩大假释适用率，顺应刑罚发展趋势，使我国的法制进一步走向完善。

（四）加大社区矫正力度，解决假释的监督执行问题

2003年7月10日最高人民法院、最高人民检察院、公安部、司法部联合印发了《关于开展社区矫正试点工作的通知》，通知规定社区矫正适用于被判处管制的、被宣告缓刑的、被暂予监外执行的、被裁定假释的、被剥夺政治权利并在社会上服刑的五种罪犯。具体的就是这五种罪犯的刑罚执行有了专门的执行机关、专门的工作人员、监督管理制度、使这些罪犯的执行正常化、合理化、合法化。随着社区矫正的试用、开展和深入，假释的问题在相应方面得到了到位的弥补和救济。社区矫正的实行，使假释犯的社会化进程又加快了速度，为罪犯回归社会铺平了道路。

（五）建立累进处遇制度

累进处遇制度在国外已经建立得比较完善。在我国由于存在着减刑制度，所以一直没有明确实行累进处遇制度，只是在司法实践中，对于部分在狱中表现比较好的罪犯，实行适当的宽管政策。借鉴国外现有的累进处遇制度，建立具有我国特色的累进处遇制度，不但可以提高我国刑法对罪犯的假释适用率，同时也是提高假释质量的重要环节。

（六）严格程序，规范文书，采取假释公开听证制度，办理假释案件

严格遵照程序（推荐—评议—研究—讨论—初审—审核—呈报—听证—公布），规范文书（呈报表、建议书等），坚持集体研究，择优呈报，逐级审核，然后将材料

---

〔1〕 夏宗素主编：《狱政法律问题研究》，法律出版社1997年版，第187页。

报往假释委员会，假释委员会到监狱中召开公开听证会，除管教干警、罪犯本人参加外，吸收与罪犯一起服刑的部分服刑人员参加，并请监察机关派员监督审查。假释委员会在听取监狱报请假释意见、罪犯本人陈述以及其他同监服刑人员对罪犯的改造表现所发表的意见以后，当即评议，当场公布审核结果。这样，不仅提高假释的运作质量，还给其他罪犯的改造带来好的影响。

六、处理假释案件还应注意以下几个问题

1. 罪犯家庭有特殊困难，确需本人照顾，请求假释的，须由县级以上公安机关或人民政府有关部门提供证明，罪犯符合假释的实质性条件，当地具备监管条件，可不受法定执行刑期的限制，作为特殊情况予以假释。

2. 对未成年人的假释在掌握标准上可比照成年犯依法适度放宽。

3. 对老年和身体有残疾（不含自伤致残）的罪犯，若实际执行的刑期已符合假释的要求，丧失作案能力或生活不能自理且假释后生活确有着落的，可依法予以假释。根据2012年最高人民法院《关于办理减刑、假释案件具体应用法律若干问题的规定》第20条的规定，对老年和身体残疾（不含自伤致残）犯罪人的假释，应当主要注重悔罪的实际表现，进行假释。

4. 对罪行严重、犯有危害国家安全罪的罪犯，犯罪集团的首要分子、主犯、罪行特别严重的罪犯，应当慎重适用假释。

5. 罪犯减刑后又假释的，一般以间隔1年以上为宜；对于一次减刑2年或3年有期徒刑后，又适用假释的，其间隔一般不得少于2年。罪犯减刑后，有重大立功表现或具有特殊情况的，可不受上述间隔时间的限制。

七、探索中国特色非监禁刑罚执行制度

2009年最高人民法院、最高人民检察院、公安部、司法部联合下发了《关于在全国试行社区矫正工作的意见》。该意见对全面试行社区矫正的指导思想、基本原则、适用范围以及主要任务作出了全面部署。当前，我国正处于改革发展的关键时期，维护社会和谐稳定的任务十分繁重。全面试行社区矫正工作，对于贯彻落实中央司法体制和工作机制改革部署、推动社区矫正工作深入发展，对于最大限度地增加和谐因素、最大限度地减少不和谐因素、维护社会和谐稳定，具有重要意义。

社区矫正符合现阶段我国经济社会发展要求，符合人民群众对社会和谐稳定的现实需要，是一项符合我国国情的非监禁刑罚执行制度。7年来的社区矫正试点实践，探索和积累了许多行之有效的经验和做法，为全面试行社区矫正工作提供了坚实的工作基础。基层政法机关“两所一庭”建设得到全面加强，为有效承担起全面试行社区矫正工作打下了可靠的组织基础。同时，社会各界和广大人民群众对社区矫正工作越来越理解、越来越支持，为全面试行社区矫正工作提供了广泛的群众基础。

加强教育管理帮困“三位一体”，即加强对社区服刑人员的教育矫正、监督管理和帮困扶助，努力减少重新违法犯罪。要加强对社区服刑人员的教育矫正，完善教育改造措施和方法，要通过对社区服刑人员进行思想、法制、社会公德等教育、加强心理矫正、组织其参加公益劳动等措施和方法，增强其认罪、悔罪意识，提高社会责任感，促使其顺利回归和融入社会。要加强对社区服刑人员的监督管理，针对其不同的犯罪类型和风险等级，探索分类矫正方法，严格管控措施，避免发生脱管、漏管，防止重新违法犯罪。要积极协调有关部门和单位，整合社会资源和力量，加强对社区服刑人员的帮困扶助，解决社区服刑人员基本生活保障等方面的困难和问题。

促进依法规范运行，要加强社区矫正工作的制度化、规范化建设，积极推进社区矫正立法进程，探索建立中国特色的非监禁刑罚执行制度。制度化、规范化、法制化是确保社区矫正工作依法规范运行的关键。

加强机构队伍建设，要建立专群结合的社区矫正工作队伍，充实司法所工作力量，确保有专职人员从事社区矫正工作；广泛动员社会力量参与社区矫正工作，建立健全社会工作者和社会志愿者的聘用、管理、考核、激励机制；加强社区矫正工作队伍的培训，增强队伍综合素质，提高做好社区矫正工作的能力和水平。

社区矫正是一项综合性很强的工作，需要科学完善的领导体制和工作机制。要坚持党委、政府统一领导，司法行政部门牵头组织，相关部门协调配合，司法所具体实施，社会力量广泛参与的社区矫正工作领导体制和工作机制，并对人民法院、人民检察院、公安机关、司法行政机关的具体职责和分工作出明确规定。

理论思考与实务应用

一、理论思考

（一）名词解释

减刑　假释

（二）简答题

1. 减刑的适用条件是什么？
2. 怎样把握减刑的条件？
3. 怎样掌握减刑的幅度？
4. 假释的适用条件是什么？
5. 如何理解撤销假释？

（三）论述题

试论如何提高我国刑法的假释的适用率。

二、实务应用

（一）案例分析示范

案例一

施某因违章施工造成重大伤亡责任事故，被依法判处有期徒刑 2 年，缓刑 3 年。施某在考察期间，见原厂因连续亏损被迫停产关闭，工人下岗待业，国家财产遭受损失，他心急如焚，于是会同有关人员起草了一份恢复生产的请示报告，并自荐当厂长。上级领导经征求政法部门的意见后，决定起用他当厂长，恢复生产。施某上任后，和厂里其他干部一起，制定和实施了一系列改革措施，仅用了8个月时间，不仅扭亏，而且净增利润20多万元。其锐意改革、将功赎罪的行为，受到群众的赞扬和有关部门的奖励。公安机关根据法律规定的有关精神，向中级人民法院提出减刑建议书。

问：对施某减刑的理由有哪些？

【评析】在上述案例中，涉及的是被判处有期徒刑缓刑的犯罪分子，在缓刑考验期内有突出的悔改或立功表现，能否缩减考验期限或者能否予以减刑的问题。根据2012年最高人民法院《关于办理减刑、假释案件具体应用法律若干问题的规定》第13条，对有重大立功表现的缓刑犯可以适用减刑。减刑后实际执行的刑期不能少于原判刑期的1/2，相应缩减的缓刑考验期限不能低于减刑后实际执行的刑期。判处拘役的缓刑期不能少于2个月，判处有期徒刑的缓刑考验期限不能少于1年。对犯罪时未成年的犯罪人的减刑，在掌握标准上可以比照成年犯罪人依法适度放宽。未成年犯罪人能认罪服法，遵守监规，积极参加学习、劳动的，即可视为确有悔改表现予以减刑，其减刑的幅度可以适当放宽，间隔的时间可以适当缩短。这一司法解释实际上创立了缓刑减刑制度。我们认为，缓刑中的减刑制度，对于鼓励缓刑犯在缓刑考验期间积极改造、认罪服法具有一定的意义，其规定的精神是可取的。但从现行刑法的规定来看，减刑只是针对在刑罚执行期间确有悔改或者立功表现的犯罪分子，而缓刑犯只要在缓刑考验期间没有犯罪，其原判刑罚就不再执行。显然，缓刑考验期并不等于刑期。对缓刑犯减刑与我国刑法中的减刑有很大的区别。

案例二

被告人金某因走私罪被判处有期徒刑12年。交付执行刑罚以后一贯表现良好，尤其是服刑4年后的某日，金某与其他犯人在河边劳动时，遇到一只渡船翻落水中，船上十几名乘客都在水中挣扎，情况十分危急。金某毫不犹豫，脱衣下水，先后救上6人，累得精疲力尽。此时又听闻一采购员哭诉其装有几万元巨款的皮包落入水中，金某再次下水，几经周折，捞出皮包交给那人，采购员还未来得及感谢，金某又去劳动了。据此，人民法院不久作出裁定对金某给予假释，其未执行完毕的刑期为假释考验期。对此有人提出异议，认为人民法院对金某的减刑裁定不合法，理由是依照我国刑法，对判处有期徒刑的罪犯实行假释，须已将刑期执行一半以上。

问：本案中对金某能否予以假释？

【评析】在上述案例中，金某在服刑期间，奋不顾身连救翻船落水的乘客6人，而且又使国家几万元的财产免遭损失，其行为应该可以认为是有突出的立功表现。但是，金某实际执行的刑期未达原判刑期的一半，人民法院对金某作出裁定予以假释，金某的情形是否属于《刑法》第81条所规定的“如果有特殊情况，经最高人民法院核准，可以不受上述执行刑期的限制”？笔者认为，第81条所规定的“特殊情况”，根据最高人民法院《关于办理减刑、假释案件具体应用法律若干问题的规定》第17条的规定，是指与国家、社会利益有重要关系的情况，即主要是针对国家利益、社会利益的需要，而不是根据犯罪人在服刑中的表现来考虑是否予以特殊减刑。因此，本案人民法院将本案的情况作为“特殊情况”裁定予以假释，是不符合立法精神的，且本案也没有经最高人民法院核准。

案例三

游某于1987年9月29日被人民法院以抢劫罪判处其有期徒刑14年（刑期至2001年6月23日止），剥夺政治权利3年。判决发生法律效力后，交付江苏省某监狱执行。1996年12月，执行机关以游某在服刑期间确有悔改表现为理由，提出假释建议书，建议对其予以假释。同年12月16日，市中级人民法院作出刑事裁定，对游某准予假释（假释考验期至2001年6月23日止），原剥夺政治权利3年不变。1998年4月10日，市公安局认定游某在假释期间，于1998年3月31日夜在该市府西街，盗开他人吉普车一辆，行驶至健康路口时，将一辆夏利牌出租轿车撞坏，后在逃跑途中被公安机关抓获，其行为已触犯了《刑法》第86条第3款的规定。为此，该局向市中级人民法院提出撤销假释建议书，请求依法裁定撤销对罪犯游某的假释，将其收监执行。

问：(1) 市公安局报请撤销假释是否正确？

(2) 游某的刑期应如何计算？

【评析】(1) 游某在假释考验期间，不思悔改，盗开并撞坏他人汽车，其行为已违反了《治安管理处罚条例》（现为《治安管理处罚法》）的有关规定；市公安局报请撤销假释的案卷材料齐全、手续完备、程序合法。游某的上述违法事实有游某本人的供述、金某某的报案记录、李某某的证言以及公安机关的抓获经过等证据材料证实，足以认定其罪行，应依法撤销其假释，收监执行。

(2) 在上述案例中，游某的假释已被撤销，所以其假释出狱后至收监前的日数不得折抵刑期。游某于1997年1月17日被假释出狱，后因有违法行为于1998年3月31日被刑事拘留，在狱外共1年2个月零14天，此期间不能折抵刑期，因此其尚未执行完毕的刑期应计算到2002年9月6日止。这样计算才是正确的。

案例四

杨某在拐卖妇女过程中，将被害妇女某甲强行奸污，之后又强迫其卖淫。案发后，杨某被人民法院判处有期徒刑15年，服刑10年后被假释。在假释考验期的第3年，杨某抢劫一辆汽车但未被公安机关发现。假释考验期满后的第4年，杨某又因抢劫他人财物而被逮捕，并如实交代了其在假释考验期限内抢劫汽车的行为。同时，为争取宽大处理，杨某还将其知道的曾经在本省有重大影响但一直未能侦破的持枪抢劫恶性案件的重要线索告诉了公安机关。公安机关根据这一线索顺利地侦破了这起特大抢劫案。

问：(1) 杨某拐卖妇女又强奸被拐卖的妇女，并迫使其卖淫的行为，应如何定罪处刑？

(2) 对杨某是否需要撤销假释？为什么？

(3) 对杨某假释考验期限内的抢劫行为应当如何处理？

(4) 对杨某最后的刑罚应当如何定性？

(5) 如何确定杨某的最后刑罚？

【评析】(1) 对杨某应定拐卖妇女罪。按刑法犯罪构成的一般原理，对于杨某在拐卖妇女的过程中有强奸、迫使卖淫的行为，则还应构成强奸罪、强迫卖淫罪，但鉴于《刑法》第240条规定上述情形应明确作为拐卖妇女罪的加重情节，因而不再实行数罪并罚，直接以拐卖妇女罪一罪定罪处罚。

(2) 对杨某需要撤销假释。因为杨某在假释考验期限内又实施了抢劫行为，根据《刑法》第86条的规定，应当撤销假释。

(3) 由于杨某在假释考验期内抢劫汽车的行为未被发现，属于《刑法》第86条第1款规定的在假释考验期内犯新罪的情形，因此应当对其假释考验期限内的实施的抢劫行为依法作出判决，把前罪所判处的15年有期徒刑中尚未执行的5年刑罚与抢劫罪的刑罚按照数罪并罚的规定实行并罚。同时，由于杨某在又一起抢劫案中被逮捕，而交代了假释考验期间的抢劫行为，根据有关司法解释的规定，被采取强制措施的犯罪嫌疑人、被告人如实供述司法机关尚未掌握的本人其他罪行的，如果该罪行与司法机关掌握的罪行属于不同种类的罪行，则构成自首；如果属于同种罪行，不成立自首，但可以酌情从轻处罚。而且，杨某还有重大立功表现，根据法律的规定，可以从轻或免除处罚。

(4) 杨某假释考验期满后的抢劫罪由于是在假释考验期满后的5年内所犯的，符合累犯的成立条件，构成累犯，应从重处罚。

(5) 对杨某刑罚的确定：首先，应当撤销假释，并对其在假释考验期内的抢劫罪作出判决；其次，把对该抢劫罪所判处的刑罚与未执行完的5年刑罚，在总和刑期以下，两个刑罚中最高刑期以上，决定应当执行的刑罚；再次，对杨某在假释考验期满后的抢劫行为，按累犯从重处罚；最后，把假释考验期满后的抢劫行为所判处的刑罚与第二步所确定应执行的刑罚，按数罪并罚的规定决定，并结合考虑上述酌情从轻和重大立功表现，决定应当执行的刑罚。

(二) 案例分析实训

胡某某犯故意杀人罪、诈骗罪、拐卖人口罪，数罪并罚，决定执行无期徒刑，剥夺政治权利终身。发生法律效力后交付四川省第三监狱服刑，胡某某在服刑中确有悔改表现。1990年1月5日，四川省高级人民法院以（1989）川法刑二减字第863号刑事裁定减为有期徒刑19年，剥夺政治权利8年。胡某某服刑期间能认罪服法，积极改造，自觉遵守监规纪律。经过认罪服法的教育，能深挖自己的犯罪根源，表示要以自己的实际行动将功补过。因此，能服从管教，遵守罪犯行为规范；劳动踏实肯干，经常放弃休息日，加班加点，发挥自己的气功、医术特长，积极为狱内外的干部、群众治病，每天治病长达16小时以上。为准确解除病人的痛苦，胡某某不断学习中华医学等书籍，提高自己的医术，有时为抢救重病人，造成自己吐血，但其从不休息一天。他所接受的病人中大部分病情属疑难杂症，但经其精心治疗，有的病人痊愈、有的病人有了明显好转。全年就诊人数达9.31万多人次，治愈率9%，好转率62%，收到患者所送锦旗565面，牌匾246块，感谢信无数封。为监狱创造了较大的经济效益。据此，胡某某获得监狱嘉奖4次、记功5次，并5次被评为监狱劳改积极分子。

问：本案中胡某某的减刑理由有哪些?

第十九章
刑罚消灭

【本章概要】 刑罚消灭，是指由于法定的或事实的原因，致使代表国家的司法机关不能对犯罪人行使具体的刑罚权。刑罚消灭以行为人的行为构成犯罪为前提。

刑罚消灭必须基于一定的事由。其中，有些主要是由于法律的规定而导致刑罚消灭，有些主要是由于特定事实的出现而导致刑罚消灭。本章主要阐述时效和赦免。

【学习目标】 通过本章学习，掌握刑罚消灭的概念和特征；理解刑罚消灭的事由；掌握时效的概念；理解时效的种类；了解刑法规定时效的意义；理解时效的期限和计算；掌握时效停止和不受追诉时效限制的情形；了解赦免的概念和种类；理解我国赦免制度的特点。

第一节　刑罚消灭概述

一、刑罚消灭的概念和特征

刑罚消灭，是指由于法定的或事实的原因，致使代表国家的司法机关不能对犯罪人行使具体的刑罚权。刑罚消灭，对国家而言，是指刑罚权的消灭；对犯罪人而言，意味着刑事责任的终结。刑罚消灭具有以下特征：

1. 刑罚消灭的前提是犯罪人的行为已经构成犯罪，对犯罪人应当适用或执行刑罚或者正在执行刑罚。

2. 刑罚消灭意味着代表国家的司法机关丧失其对犯罪人行使刑罚权。如前所述，刑罚权包括制刑权、求刑权、量刑权和行刑权。但是，制刑权由立法机关行使，因此刑罚消灭不可能导致制刑权的消灭。求刑权、量刑权和行刑权消灭的具体表现也有所不同。如对犯罪分子应当适用刑罚但已过追诉时效等情况下，刑罚消灭意味着求刑权的消灭；在司法机关已经行使了求刑权而被告人死亡等情况下，刑罚消灭意味着量刑权的消灭；在已经适用刑罚但国家宣告特赦等情况下，刑罚消灭意味着行刑权消灭。

3. 刑罚消灭必须基于法定的或者事实的原因。

二、刑罚消灭的事由

消灭是一种结果，这种结果必然由一定的原因或事由所引起。从各国立法例来看，导致刑罚消灭的法定原因大致有以下几种情况：①超过追诉时效。②缓刑考验期满。被宣告缓刑的犯罪人，在缓刑考验期限内没有法定撤销缓刑的情形，缓刑考验期满后，原判刑罚不再执行，行刑权便归于消灭。③假释考验期满。被假释的犯罪人，在假释考验期限内没有法定撤销假释的情形，假释考验期满，即视为刑罚执行完毕，行刑权归于消灭。④被判处罚金的犯罪人由于遭遇不能抗拒的灾祸确有困难的，可以酌情减少或者免除。⑤刑罚执行完毕。刑罚执行完毕后，其行刑权便归于消灭。⑥犯罪人死亡。如果犯罪人在判决确定前死亡，量刑权消灭；如果犯罪人在刑罚执行过程中死亡，行刑权一般也归于消灭。⑦赦免。赦免包括大赦和特赦，实行赦免可以导致行刑权的消灭。

第二节　时　效

一、时效的概念和意义

刑法上的时效，是指刑事法律规定的国家对犯罪人追究刑事责任和刑罚执行的有效期限。在有效期限内，国家如果不行使求刑权、量刑权或刑罚执行权，这些权力即归于消灭，对犯罪人就不能再追究其刑事责任。时效完成是刑罚消灭的重要制度之一。

实行时效制度的根据和意义在于：

1. 一个人犯罪后，经过一定期限虽未被追诉或未被执行刑罚，但没有再犯新罪，据此可推断其已悔改，不致再危害社会。在这种情况下，失去追诉或行刑的意义。

2. 有利于司法机关集中力量办理现行的刑事案件。如果没有追诉时效的规定，司法机关必将为成年旧案所累，影响对现行犯罪的及时打击，不利于对国家和人民利益的及时保护。

3. 从社会的角度看，因社会秩序已经恢复，追诉和行刑的必要性已经消失。

时效与刑罚权紧密相联。刑罚权是国家权力的组成部分，是国家设定与运用刑罚来惩罚犯罪分子，预防犯罪行为的权力。有学者将其表述为“国家基于特定的条件和目的而施加于犯罪人的一种道义上的谴责和利益上的剥夺”。刑罚权由制刑权、求刑权、量刑权与行刑权四部分组成。其中，追诉时效与求刑权和量刑权有着密切的联系。只有在法定的期限内，控诉方才有权要求国家对犯罪人所实施的罪行处以刑罚处罚，审判方也得以有权按照刑事法律的规定对犯罪行为进行裁量，以确定最终处罚。而一旦超出这一期限，无论是作为控诉方的求刑权还是作为审判方的量刑权都无权再行使。而行刑时效则与行刑权相关，能使行刑权归于消灭。由此可见，国家的刑罚权只能在一定的时效期限内行使，超过时效后，作为刑罚权主要组成部分的求刑权、量刑权与行刑权就无法得以运行与操作。因此，刑罚归于消灭，国家对相应犯罪行为的刑罚权也就丧失。

二、时效的种类

时效分为两种：追诉时效和行刑时效。

1. 追诉时效，是指刑事法律规定的追究犯罪分子刑事责任的有效期限。超过法定追诉期限，司法机关或有告诉权的人不得再对犯罪人进行追诉，已经追诉的，应撤销案件或不起诉或终止审判。

2. 行刑时效，是指刑事法律规定的对被判刑的人执行刑罚的有效期限。行刑时效期间内所判处的刑罚未执行，超过行刑的时效，便不能再对犯罪人执行所判处的刑罚。

我国刑法总则只规定了追诉时效，对行刑时效未作规定。

三、我国刑法规定追诉时效的意义

我国刑法关于追诉时效的规定，具有以下意义：

1. 有利于司法机关集中人力、物力和财力办理现行的刑事案件。现行的犯罪对社会具有极大的危害性。因此，司法机关应集中精力和人力、物力、财力办理现行的刑事案件，以更好地保护国家和人民的利益。如果没有追诉时效的规定，司法机关必将为陈年旧案所累，从而影响现行案件的处理，妨碍对犯罪的及时打击和对国家和人民利益的及时保护。

2. 符合我国刑罚目的要求。我国刑罚的目的是预防犯罪，刑法追究犯罪分子刑事责任的目的就是预防犯罪，使犯罪人不再犯罪。犯罪人在实施犯罪后，在一定的期限内没有再犯罪，说明其再犯罪的危险性已经消除，这就达到了适用刑罚所要达到的目的。因此，对犯罪分子不再追诉完全符合我国刑罚目的的要求。

3. 有利于社会的稳定。犯罪分子犯罪后在一定的期限内没有再犯罪，其对社会的危险性已经消除，社会已逐渐遗忘其犯罪行径，被害人对他的仇恨也因时间的流逝而消解，犯罪人的家庭生活亦已步入正常。在这种情况下，不再追诉犯罪人的犯罪行为，有利于社会的稳定。反之，如果予以追诉，必将使各种矛盾死灰复燃，破坏已经恢复的社会宁静，从而引起社会的不稳定。

四、追诉时效的期限

追诉时效的期限，是指法律规定的对犯罪人追究刑事责任的有效期限。各国立法对此规定不一，主要有三种标准：①以罪为标准，按犯罪的种类规定不同的追诉期限，如法国刑事诉讼法。②以刑为标准，依照法定刑的轻重确定不同的追诉期限。多数国家采用此制。③根据不同情况，分别以上述两种标准规定不同的追诉期限，如朝鲜、苏联。尽管标准各异，但各国规定追诉期限时所遵循的原则是一致的，即追诉时效期限的长短，是与犯罪的社会危害程度、刑罚的轻重相适应的。

根据《刑法》第87条的规定："犯罪经过下列期限不再追诉：①法定最高刑为不满5年有期徒刑的，经过5年；②法定最高刑为5年以上不满10年有期徒刑的，经过10年；③法定最高刑为10年以上有期徒刑的，经过15年；④法定最高刑为无期徒刑、死刑的，经过20年。如果20年以后认为必须追诉的，须报请最高人民检察院核准。"

上述我国刑法所规定的追诉时效期限，是根据犯罪的法定最高刑确定的，这是罪责刑相适应原则在追诉时效期限上的具体体现。因为犯罪的法定最高刑是根据犯罪的社会危害性程度和犯罪人的人身危险性的大小来确定。因此，根据最高法定刑确定追诉时效期限具有相当的合理性。

我国《刑法》规定如果法定最高刑为无期徒刑、死刑，20 年以后认为必须追诉的，须报请最高人民检察院核准。所谓“认为必须追诉的”犯罪，是指那些社会危害性极其严重、犯罪人的人身危险性特别大、所造成的社会影响极坏，经过 20 年以后仍然没有被社会遗忘的重大犯罪。不能将适用这种追诉时效期限的犯罪的范围随意扩大化。

最高人民法院与最高人民检察院先后于 1988 年 3 月 14 日和 1988 年 9 月 7 日就去台人员（包括犯罪后去台或者其他地区的人员）去台前的犯罪的追诉问题发布了两个公告。其主要内容为：①去台人员在中华人民共和国成立前在大陆犯有罪行的，根据刑法关于追诉时效规定的精神，对其当时所犯罪行不再追诉。②对去台人员在中华人民共和国成立后，犯罪地地方人民政权建立前所犯罪行，不再追诉。③去台人员在中华人民共和国成立后，犯罪地地方人民政权建立前犯有罪行，并连续或继续到当地人民政权建立后的，追诉期限从犯罪行为终了之日起计算。凡超过追诉时效期限的，不再追诉。

五、追诉期限的计算

（一）追诉期限的起算和终点时间

1. 追诉时效的起算。对于追诉时效的起算，各国所采用的标准主要有三种：①以犯罪行为开始之日起算；②以犯罪行为终了之日起算；③以犯罪行为成立之日起算。

我国《刑法》第 89 条规定，对于追诉时效的计算，分为两种情况：①对于即成犯，应从犯罪之日（即犯罪成立之日）起计算。根据犯罪的不同类型和形态，对行为犯是指其犯罪行为实施之日；对危险犯，是指其犯罪行为实施并且造成法定的危险状态之日；对结果犯，是指其犯罪结果发生之日；对结果加重犯，是指其严重结果发生之日；对牵连犯，是指重行为成立之日；对预备犯、中止犯、未遂犯，分别是指犯罪预备、犯罪中止、犯罪未遂成立之日。②对于连续犯和继续犯，应从犯罪行为终了之日起算；对于惯犯，刑法无明文规定，一般认为应从其最后犯罪行为终了之日起计算。

2. 追诉期限的终点时间。追诉期限的终点时间即“不再追诉”的期限，是指从犯罪成立之日起到何时止。例如，某犯罪分子的犯罪期限如从犯罪成立之日计算到开始侦查之日，就尚未过追诉期限，如从犯罪成立之日计算到起诉之日，那就过了追诉期限，到审判之日就更不用说了。所以，计算追诉期限的终点时间问题非常重要。理论上有一种观点认为，追诉期限应从犯罪之日计算到审判之日为止，其理由是，“追诉”不只是起诉的意义，更重要的是具有追究刑事责任的意义，而追究刑事责任表现为给予刑罚处罚、给予非刑罚处罚、单纯宣告有罪，而这都是经过审判才能确定的。[1]也有人认为，“追诉”应是指追查、提起诉讼，只要行为人所犯之罪经过的时间到案件开始进入刑事诉讼程序时尚未过追诉期限，对其就可以追诉。将计算追诉期限的终点时间确定在审判之日，有放纵犯罪之嫌。[2]

《刑事诉讼法》第15条规定：“有下列情形之一的，不追究刑事责任，已经追究的，应当撤销案件，或者不起诉，或者终止审理，或者宣告无罪：①情节显著轻微、危害不大，不认为是犯罪的；②犯罪已过追诉时效期限的；③经特赦令免除刑罚的；④依照刑法告诉才处理的犯罪，没有告诉或者撤回告诉的；⑤犯罪嫌疑人、被告人死亡的；⑥其他法律规定免予追究刑事责任的。”

我们认为，这就意味着：①案件在侦查阶段发现犯罪已过追诉时效的，无论是公安机关还是人民检察院负责侦查的案件，都应当撤销案件；②案件在起诉阶段发现犯罪已过追诉时效的，人民检察院就应当不起诉；③案件在审判阶段发现犯罪已过追诉时效的，无论是自诉案件还是公诉案件，人民法院都应当终止审理，或者宣告无罪。因此，追诉期限的终点时间应为司法机关接受案件的时间。

（二）追诉时效的中断

追诉时效的中断，是指在时效进行期间，因法律规定的事由发生，使以前经过的时效期间归于无效，当法律规定的事由终了时，时效重新计算的制度。这一制度是为了防止犯罪人利用时效制度逃避罪责，继续犯罪而设立的。各国对此规定不一，一般都以在追诉期限内又犯新罪作为追诉时效中断的条件。有些国家还对新罪的种类与程度加以限制，如朝鲜刑法规定，犯同类的或更重的罪，时效才中断。

我国《刑法》第89条第1款规定，无论新罪的种类与程度如何，只要犯罪人在追诉期限内又犯新罪，前罪的追诉时效即行中断，应从犯后罪之日起重新开始计算。对于前后两罪的追诉时效，仍以各自的追诉期限分别重新计算。

六、时效停止和不受时效限制的情形[3]

时效停止，是指在时效进行期间，因法律规定的事由发生，时效停止进行；当法律规定的事由消除后，时效继续进行的制度。时效停止进行的时间不计算在时效期限之内，但时效停止以前所进行的时效期间应连续计算。各国立法例中，一般都以诉讼程序不能开始或不能继续进行的法定事由（如被告人患病、在侦查或审判中逃跑、自然灾害、战乱等）作为时效停止的根据，但其具体规定并不完全一致。在造成时效停止的法定事由长时期不能消除的情况下，时效停止有无期限，各国法律规定不一。

---

〔1〕 参见张明楷：《刑法学》（上），法律出版社1997年版，第502页。

〔2〕 高铭暄、马克昌主编：《刑法学》，北京大学出版社、高等教育出版社2010年版，第346页。

〔3〕 关于不受时效限制的情形这一问题，通说将其称之为“时效延长”。笔者认为，这一称谓有待商榷。时效延长是指它还有时效，是指将时效延长到一定期限或者无限长。但是我国《刑法》第88条所规定的两种情形是不受时效期限的限制，“不受时效期限的限制”与“时效延长”这两个概念是有相当的区别。

我国刑法没有规定时效的停止，只规定了不受时效限制的情况。根据《刑法》第 88 条的规定，此种情况有二：

1. 犯罪人在人民检察院、公安机关、国家安全机关立案侦查以后逃避侦查或者在人民法院受理案件后逃避审判的。这是一种同国家司法机关进行对抗的行为，具有此种情形的犯罪人在任何时候被逮捕归案后，都可以对其进行追诉，不再受《刑法》第 88 条规定的追诉时效期限的限制。刑法如此规定可以防止犯罪分子利用时效的规定，钻法律的空子，以逃避应受到的法律制裁。对于"立案侦查"，理论有两种不同的解释：有人解释为立案并侦查，如果只是立案但还没有开始侦查，就不存在追诉时效延长的问题。[1] 有人解释为立案。[2] 笔者认为，立案本身就是侦查活动之一。所以，立案侦查应仅指立案。何谓"逃避侦查或审判的行为"？我们认为，对此不能解释得过于宽泛。应该将其解释为行为人逃跑或者藏匿，使侦查或者审判无法进行的行为。对于行为人在立案侦查或者案件受理后，仅仅实施了串供、毁灭犯罪证据等行为，但没有逃跑或者藏匿的，不能适用追诉时效的延长。虽然这些行为也具有妨碍侦查或者审判的性质，但它们不能使侦查或者审判无法进行。

2. 刑事案件的被害人在追诉期限内提出告诉或者控告，人民法院、人民检察院、公安机关应当立案而不予立案的。这是修订《刑法》时新增加的规定，主要是为了保护被害人的合法权益。对于由于司法机关的原因，而未能在追诉期限内立案查处以致超过追诉期限的案件，超过追诉时效后，被害人坚持控告的，司法机关应当依法予以受理，不受追诉期限的限制。所谓"应当立案"，是指根据《刑法》的规定和公认的刑法理论，被控告人的行为已构成犯罪，应当对其进行立案侦查或者受理案件。对此应该从客观的角度来判断，而不能由收到对被告人控告的机关予以确定。至于不予立案的原因可能多种多样，有的是因为有关人员的业务水平不够，导致错误判断；有的是明知应当受理，但为了徇私或者徇情而故意不予受理等。不予立案的具体原因如何，不影响此种情形的适用。

时效中断与时效停止在法律后果上具有较大的差别。大多数国家在刑事立法中分别加以规定，但也有些国家从有利于被告的原则出发，将此两种情况一律以时效停止论，不作时效中断的规定，使一些犯罪人更多地得到不受追诉的机会。

第三节　赦　免

一、赦免的概念和种类

赦免，是指国家宣告对犯罪人免除或者减轻其罪、其刑的法律制度。

---

〔1〕 参见陈兴良主编：《刑法疏议》，中国人民公安大学出版社 1997 年版，第 194 页。

〔2〕 参见张明楷：《刑法学》（上），法律出版社 1997 年版，第 505 页。

赦免包括大赦和特赦两种。大赦，是国家对某一时期内犯有一定罪行的犯罪人免予追诉和免除刑罚执行的制度。大赦的对象既可能是国家某一时期的各种犯罪人，也可能是国家某一时期犯有特定罪行的犯罪人，也可能是某一地区的全体犯罪人，还可能是参与某一重大历史事件的所有犯罪人。大赦的特点是：既赦其罪，亦赦其刑。也就是被赦免的犯罪人既不受刑事追究和处罚，也不存在犯罪的记录。特赦，是指国家对特定的犯罪人免除执行全部或者部分刑罚的制度。特赦的特点是：对象是特定的犯罪人；效果是只免除刑罚的执行而不作犯罪记录的消灭。

大赦和特赦都属于赦免的范畴，二者的区别在于：①对象的范围不同。大赦针对的是所有的犯罪人，特赦针对的是特定的犯罪人。②赦免的内容不同。大赦既赦其罪，也赦其刑；而特赦只赦其刑，不赦其罪。③程序有所不同。大赦不公布被赦免人的名单，特赦公布赦免人的名单。④后果不同。大赦后行为人再犯罪不构成累犯，而特赦后行为人再犯罪则可能构成累犯。

赦免制度通常由宪法加以规定，一般不在刑法中规定。赦免的具体时间和对象由国家元首或最高国家权力机关以政令形式颁布。赦免制度虽然不是一项刑罚制度，但是由于赦免的对象是犯罪人，其结果是免除或减轻罪与刑，导致追诉权和行刑权都归于消灭，而且赦免命令又由司法机关执行，所以各国都把它纳入刑罚消灭理论加以研究。

我国1954年《宪法》（现已失效）对大赦和特赦均作了规定，并将大赦的决定权赋予全国人民代表大会，将特赦决定权赋予全国人民代表大会常务委员会，大赦令和特赦令均由国家主席发布。但现行的宪法只规定了特赦，而没有规定大赦。因此我国《刑法》所涉及的“赦免”仅指特赦。我国现行《宪法》第67条第17项所规定的特赦，由全国人大常委会决定，由国家主席发布特赦令。一般由最高人民法院执行。

二、我国赦免制度的特点

自1959年以来，我国先后实行了八次特赦：第一次是1959年，在新中国成立10周年大庆前夕，对确实改恶从善的蒋介石集团和伪满洲国的战争罪犯、反革命罪犯和普通刑事罪犯实行特赦。这是特赦面最广的一次。第二次、第三次特赦分别于1960年和1961年两次对确实改恶从善的蒋介石集团和伪满洲国战争罪犯实行特赦。第四次、第五次、第六次特赦分别于1963年、1964年、1966年和1975年进行，其特赦对象是确实改恶从善的蒋介石集团、伪满洲国和伪蒙疆自治政府的战争罪犯。第七次特赦是在1975年进行，对象是对经过较长期间关押和改造的全部战争罪犯实行特赦。时隔40年后，为了纪念中国人民抗日战争暨世界反法西斯战争胜利70周年，2015年8月29日，国家主席习近平根据十二届全国人大常委会第十六次会议通过的《全国人大常委会关于特赦部分服刑罪犯的决定》签署主席特赦令，对参加过抗日战争、解放战争等四类罪犯实行特赦。

从已经实行的八次特赦看，我国的特赦制度有以下特点：

（一）特赦的对象

特赦是针对特定范围的罪犯的，我国几次特赦的对象主要是战争罪犯。除第一次以及最近的这次特赦包括普通刑事犯外，其余几次特赦都是针对战争罪犯进行的。当然，战争年代已经日益久远，当前已经没有在押的战争罪犯，因此，日后特赦的对象，理当主要为普通刑事罪犯。

2015 年的特赦，其对象范围为：①参加过中国人民抗日战争、中国人民解放战争的；②中华人民共和国成立以后，参加过保卫国家主权、安全和领土完整对外作战的，但犯贪污受贿犯罪，故意杀人、强奸、抢劫、绑架、放火、爆炸、投放危险物质或者有组织的暴力性犯罪，黑社会性质的组织犯罪，危害国家安全犯罪，恐怖活动犯罪的，有组织犯罪的主犯以及累犯除外；③年满 75 周岁、身体严重残疾且生活不能自理的；④犯罪的时候不满 18 周岁，被判处 3 年以下有期徒刑或者剩余刑期在 1 年以下的，但犯故意杀人、强奸等严重暴力性犯罪，恐怖活动犯罪，贩卖毒品犯罪的除外。

（二）特赦的条件

必须关押和改造一定的时间且在服刑的过程中确有改恶从善的表现。这表明，虽被宣告判处刑罚但尚没有执行的罪犯不在特赦之列，同时，虽然执行了一定的刑期但没有改恶从善表现的，也不在特赦之列。以 2015 年 8 月 29 日的特赦为例，此次特赦的对象必须不具备现实的社会危险性。

（三）特赦的法律后果

特赦只及其刑，不及其罪。即特赦只是免除符合条件的犯罪人执行剩余的刑罚，并不是宣告其犯罪归于消灭。

（四）特赦的程序

由全国人大常务委员会根据中共中央和国务院的建议作出决定，由国家主席发布特赦令，并授权最高人民法院和高级人民法院执行。

学术视野

一、“批捕在逃”是否受追诉期限限制问题

人民法院在审理公安机关通过追逃抓获的 1997 年 9 月 30 日以前实施犯罪行为的被告人的犯罪案件中，经人民检察院批准或者决定，或者经人民法院决定逮捕后逃跑的犯罪嫌疑人、被告人的追诉时效，即是否受追诉期限限制的问题。

1. 对于 1997 年 9 月 30 日以前实施犯罪行为的“批捕在逃”的犯罪嫌疑人、被告人是否追究其刑事责任，应当适用修订前的《刑法》第 77 条的规定。

“批捕在逃”被告人是否受追诉期限限制问题，源于刑法对“不受追诉期限的限制”的重大修改。1979 年《刑法》第 77 条规定：“在人民法院、人民检察院、公安机关采取强制措施以后，逃避侦查或者审判的，不受追诉期限的限制。”修订后的《刑法》第 88 条第 1 款规定：“在人民检察院、公安机关、国家安全机关立案侦查或者在人民法院受理案件以后，逃避侦查或者审判的，不受追诉期限的限制。”通过对修订前后《刑法》“不受追诉期限的限制”相应条款的比较可以看出：1979 年《刑法》对“不受追诉期限的限制”情形条件不仅适用范围较小，而且条件十分严格，即仅限于被“采取强制措施以后”。修订后的《刑法》将被司法机关“采取强制措施以后”改为在司法机关“立案侦查或者在人民法院受理案件以后”，提前了不受延长追诉时效限制情形的起始时间，扩大了时效的适用范围。鉴于“批准或者决定”逮捕只能发生在“立案侦查”或者“受理案件”以后。因此，对于 1997 年 10 月 1 日以后“批捕在逃”的犯罪嫌疑人、被告人显然“不受追诉期限的限制”。但对于 1997 年 9 月 30 日以前实施犯罪行为的“批捕在逃”的犯罪嫌疑人、被告人能否理解为被“采取强制措施”，是否“受追诉期限的限制”则很难达成共识。

对于 1997 年 9 月 30 日以前实施犯罪行为的犯罪嫌疑人、被告人的法律适用问题，最高人民法院《关于适用刑法时间效力规定若干问题的解释》第 1 条规定：“对于行为人 1997 年 9 月 30 日以前实施的犯罪行为，在人民检察院、公安机关、国家安全机关立案侦查或者在人民法院受理案件以后，行为人逃避侦查或者审判，超过追诉期限或者被害人在追诉期限内提出控告，人民法院、人民检察院、公安机关应当立案而不予立案，超过追诉期限的，是否追究行为人的刑事责任，适用修订前的《刑法》第 77 条的规定。”因此，对于在 1997 年 9 月 30 日以前实施犯罪行为的“批捕在逃”的犯罪嫌疑人、被告人是否追究其刑事责任，应当适用修订前的《刑法》第 77 条的规定。

2. 适用修订前的《刑法》第 77 条规定的分歧意见。在适用修订前的《刑法》第 77 条规定的审判实践中，如何把握被“采取强制措施”，不可避免地存在两种截然不同的分歧意见。

第一种意见认为：对于 1997 年 9 月 30 日以前实施犯罪行为的“批捕在逃”的犯罪嫌疑人、被告人应当理解为被“采取强制措施”“不受追诉期限的限制”。其理由是：“批准或者决定”逮捕是国家宪法赋予人民检察院和人民法院的一项重要职权。犯罪嫌疑人、被告人经人民检察院、人民法院“批准或者决定”逮捕后未被执行逮捕，是因为犯罪嫌疑人、被告人的逃跑或者藏匿。犯罪嫌疑人、被告人在人民检察院、人民法院“批准或者决定”逮捕后逃跑或者藏匿，表明其藐视国家法律，相应地规定其刑事责任不受追诉时效限制是完全必要的。因此，被“采取强制措施”不能仅限于被执行强制措施，同时还应当包括经司法机关“批准或者决定”待执行的强制措施。强制措施中的逮捕不能仅仅理解为被执行逮捕，同时还应当包括经人民检察院、人民法院“批准或者决定”逮捕。对“超过”追诉时效的“批捕在逃”的犯罪嫌疑人、被告人的从宽把握或不予追究，有鼓励逃跑、放纵犯罪之嫌，同时也不利于调动公安机关追究犯罪的积极性。

第二种意见认为：对于 1997 年 9 月 30 日以前实施犯罪行为的“批捕在逃”的犯罪嫌疑人、被告人应当理解为未被“采取强制措施”，应当受到“追诉期限的限制”，其理由是：①“批准或者决定”逮捕不属于强制措施。所谓强制措施，是指依照《刑事诉讼法》的规定所采取的拘传、取保候审、监视居住、拘留、逮捕等五种措施。对于经采取该五种措施之一而逃避侦查或者审判的犯罪嫌疑人、被告人，追诉其刑事责任的期限不受限制。对于1997年9月30日以前实施犯罪行为的犯罪嫌疑人、被告人如果具备修订前的《刑法》第77条所规定的被“采取强制措施以后，逃避侦查或者审判”的情形，则应当承担“不受追诉期限的限制”的法律后果。无论是修订前的《刑事诉讼法》关于强制措施的规定，还是修订后的《刑事诉讼法》关于强制措施的规定，强制措施均只有拘传、职保候审、监视居住、拘留、逮捕等五种措施，既没有“批准或者决定”逮捕，更没有网上通缉。这是罪刑法定基本原则的要求。②“采取强制措施”应当理解为被执行强制措施。在刑事诉讼中，“采取强制措施”存在执行问题。强制措施只有付诸执行，对被“采取强制措施”的犯罪嫌疑人、被告人才具有强制作用。在刑事诉讼中，批准或者决定“采取强制措施”都是秘密进行的，执行强制措施却是公开进行。只有明确告知犯罪嫌疑人、被告人已被采取何种强制措施及相关的权利、义务，犯罪嫌疑人、被告人仍故意违反相关规定，才能对其因故意违反相关规定所造成的法律后果承担法律责任。

二、追诉时效中断的分析

我国《刑法》第89条第2款明确规定：“在追诉期限以内又犯罪的，前罪追诉的期限从犯后罪之日起计算。”这一规定表明，中断时效的法定事由是“又犯罪”。所谓“又犯罪”，包括故意犯罪、过失犯罪、重罪、轻罪、与前罪相同的罪和不同的罪。即无论又犯什么罪，前罪的追诉期限立即中断，其追诉期限从犯后罪之日起重新计算。我们认为这一理论违反了当代刑法的基本原则，而且与刑法的目的、功能、价值、效益不相一致，存在诸多不合理性。

1. 在理论上，我们一贯强调犯罪与刑罚之间的紧密联系，即一旦犯罪，犯罪人就要在短时间内受到惩罚，只有这样才会起到惩罚犯罪、预防犯罪的作用。所以，及时性应为刑罚的基本特征之一。刑罚在时空上的拉长致使人们对犯罪的恶性从感性方面已经淡薄。丧失及时性的刑罚其本身即是无效刑罚。而追诉时效的中断使许多犯罪面临着很长时间以后才会到来的刑罚。这样的刑罚不仅得不到人民群众的支持甚至会引起人民群众的反感以及对犯罪人的同情，造成刑罚适得其反的结果。

2. 从造成追诉时效中断的原因上看，造成时效中断的“又犯罪”既没有区分犯罪的罪过，也没有区分犯罪的性质，而实质上这一规定就是在这两个方面存在缺陷。①犯罪的罪过有故意和过失的区别。我国刑法在关于累犯的问题上已经注意到这一点，因而规定过失犯罪者不构成累犯。可是追诉时效中断这一问题上的规定却未予以完善，我们认为应当将刑法条文作一定的修改，即从“又犯罪”中剔除过失犯罪的情形。②就犯罪性质而言，除非二者之间存在着犯罪性质的相同性，否则不宜引起追诉时效之中断。刑罚的目的针对犯罪人而言为特别预防，也是基于这一认识我们规定了追诉时效制度。从世界各国的立法例看，朝鲜和前捷克斯洛伐克刑法都是以犯有同类罪行作为追诉时效中断的法定事由。

三、假释期间发现超过追诉时效的新罪如何处罚

张某原系汽车驾驶员，1989年因犯盗窃罪被判刑10年。张某服刑期间一直开拉货车。1996年张某被假释出狱。1991年张某所在中队有一名劳改犯患急病需住院治疗，当时未找到其他车辆，管教就让张某送患者去医院。途中张某由于不熟悉路况且车速过快，不慎将一名骑自行车的男子撞死了。张某当时害怕被加刑便驾车逃逸。回到队里也一直未提起此事。1997年公安机关通过技术鉴定，确定肇事者是张某。

对本案张某的行为如何处罚？存在两种处理意见。一种认为张某所犯的交通肇事罪根据1979年《刑法》规定其法定刑在3年以下，故此罪的追诉时效是5年，由此张某的行为已超过追诉时效，交通肇事视为没有发生，张某的假释不变。另一种认为虽然张某的交通肇事罪已过追诉时效，但是在假释期间发现的新罪，张某的行为不符合假释的规定，应对张某撤销假释，继续执行未执行的刑罚。

四、追诉时效制度在单位犯罪中的适用问题

（一）追诉时效制度在我国单位犯罪制裁机制中的困境

追诉时效制度的重要程度是不言而喻的，然而，这一重要的制度在我国惩处单位犯罪的司法实践中却无法得以实际运用。我国刑法规定了追诉时效来确定追究犯罪人刑事责任的有效期限，但是正如同我国的其他刑罚制度一样，追诉时效也是以自然人的刑事责任为基础的。其追究责任的期限是以法定的最高刑为依据，而这些法定的最高刑均是我国刑法所规定的主刑，即自由刑与生命刑，财产刑作为一种附加刑，并没有规定相应的追诉时效。而在我国，现行的对单位犯罪的处罚是以罚金这一唯一的刑种来进行的，而罚金属于附加刑。因此，根本无法以此来确定单位犯罪的追诉时效。但是，如同对自然人犯罪应当规定追诉时效一样，对单位犯罪也很有必要规定追诉时效。

（二）国外法人犯罪的相关时效规定

我国刑法所谓的单位犯罪，在国外一般被称为法人犯罪，往往包括法人组织以及非法人团体。无论是英美法系还是大陆法系，在那些承认法人可以成为犯罪主体，独立承担刑事责任的国家的刑事法律制度中，往往都明确规定了法人犯罪的时效。

在英美法系国家，原则上，除了类似强奸、虐待家庭成员等犯罪之外，其他的例如杀人、伤害等自然人的犯罪，也可以由法人实施。因此，一般而言，对自然人犯罪所适用的时效制度也同样适用于法人犯罪，法人犯罪的时效与自然人的时效并没有什么不同。如根据美国《模范刑法典》第1.06条的规定，除了谋杀罪无追诉时效，无论何时均可提起之外，其他犯罪的追诉期共分为四档：一级重罪的追诉时效为6年；其他重罪的追诉期为3年；轻罪的追诉期为2年；微罪与违警罪的追诉期为6个月。追诉期自犯罪之日起计算。同时，该条第2款进一步规定，对于欺诈以及违反信托义务的犯罪，其追诉期为发现该犯罪行为的1年之内。因此，根据法人所犯之罪的类型，可以确定其行为的追诉时效。虽然《模范刑法典》本身并没有法律效力，

但其对美国各州的刑事立法产生了深远的影响。

(三) 追诉时效在我国单位犯罪中的适用设想

第一种方法是将单位犯罪的追诉时效与其负直接责任的主管人员和其他直接责任人员所犯之罪的追诉时效直接挂钩，单位犯罪的追诉时效根据其负直接责任的主管人员和其他直接责任人员所犯之罪的追诉时效予以确定。如生产、销售伪劣产品，销售金额在200万元以上的，根据我国《刑法》规定，处15年有期徒刑或无期徒刑。单位犯本罪的，对其负直接责任的主管人员和其他责任人员按照以上规定处罚。因此，单位的相关人员实施的犯罪行为的法定最高刑为无期徒刑，根据我国《刑法》对追诉时效的规定，法定最高刑为无期徒刑的，经过20年。单位的相关人员的追诉期为20年，对单位犯罪的追诉期的也同样为20年。这一方案的优点在于不需要对现行的刑法体系与内容进行调整，比较容易操作。而且实施这一方案的路径可能相对简单，采用立法解释或者司法解释的方式即可实现，不需要对现行刑法做文字上的改动。

第二种方法直接在刑法中确定一个明确的追诉期限。对此问题，法国刑法的规定非常明确而且便于操作。法国刑法将犯罪分为重罪、轻罪与违警罪三种，法人犯罪也是如此。然后各自规定不同的时效。重罪的时效为20年，轻罪的时效为5年，违警罪的时效为2年。虽然法国刑法所确定的时效为行刑时效，但对我们仍然有一定的借鉴意义。参照国外的相关规定，在我国，也可以考虑直接在刑法中规定一个明确的追诉期限，如明确规定单位犯罪的追诉期一律为10年。究竟是用哪些方法来确定单位犯罪的追诉期限，怎样规定单位犯罪的追诉期限更为合理，还需要理论与立法的斟酌，但有一点是可以肯定的，我国现行的追诉时效制度必须充实其内容，必须制定单位犯罪的追诉制度。同时，在规定了单位犯罪的追诉期限的基础之上，现有的有关时效中断、时效延长等规定对于单位犯罪当然适用。

理论思考与实务应用

一、理论思考

(一) 名词解释

时效　追诉时效　行刑时效　时效中断　赦免　大赦　特赦

(二) 简答题

1. 刑罚消灭的法定事由主要有哪些?
2. 确立追诉时效制度的意义是什么?
3. 如何确定和计算追诉时效的期限?
4. 大赦和特赦的主要区别是什么?

(三) 论述题

1. 论我国追诉时效制度的意义。
2. 论我国赦免制度的特点。

二、实务应用

（一）案例分析示范

案例一

秦某因犯强奸罪被捕。审讯中其交代了曾于7年前盗窃一台彩电（价值人民币1600元）的犯罪事实。对于秦某所犯盗窃罪是否应当追诉，存在两种意见：一种意见认为盗窃罪的法定最高刑是死刑，未过追诉时效期限，应予追究；另一种意见认为秦某所犯的盗窃罪，属于数额较大的情况，法定最高刑是3年有期徒刑，现已过追诉时效期限，不应追究。

问：对本案秦某的盗窃行为是否要追究其刑事责任？

【评析】在上述案例中，对被告人秦某7年前所犯的盗窃罪我国《刑法》第264条一共规定了三个量刑幅度，而秦某盗窃的数额尚未达到巨大的程度，只能算较大，相应的法定最高刑为3年有期徒刑，那么其追诉期限应为5年。现在已过了追诉期限，对秦某的盗窃罪不应再追究。

案例二

1993年，王某因承包合同与镇政府发生纠纷，镇政府违反承包合同，要求王某还款，王某不同意。后王某被镇政府的李某、张某带至旅馆进行谈话，并被迫在镇政府事先拟好的还款保证书上签字。其后，李某以镇政府名义通知王某家人拿钱赎人。王某被限制人身自由共计64小时。1995年，王某向法院起诉镇政府，要求判定还款，保证书无效，并就其被非法拘禁一事向法庭提供了证据。法院将王某被非法拘禁这一事实在判决书中予以了认定，且据此判定还款保证书无效，判决镇政府，退还所收王某钱款。2003年，王某向检察院提出控告，要求追究1993年镇政府工作人员李某、张某对他实行非法拘禁的刑事责任。

问：本案是否已过追诉时效？

【评析】对上述案例有两种意见：第一种意见认为，此案已过追诉时效，不应立案。因为镇政府工作人员李某、张某的侵害行为发生在1997年《刑法》实施之前，根据从旧兼从轻的原则，本案适用1979年《刑法》。根据1979年《刑法》，本案追诉时效期限应为5年。王某于1995年向法院提出的诉讼，仅是民事诉讼，而非刑事控告。王某在2003年对1993年所受人身权利的侵害提出控告，显然已过追诉期限，因此检察院不应立案侦查。第二种意见认为，王某在1995年曾提出控告，根据法律规定，被害人在追诉期限内提出控告，法院、检察院、公安机关应当立案而不予立案的，不受追诉时效的限制。因而本案未过追诉时效，检察院应予立案侦查。

我们同意第二种意见，本案未过追诉时效。

第一，第一种意见认为本案适用1979年《刑法》，追诉期限为5年。根据最高人民法院1997年9月颁布的《关于适用刑法时间效力规定若干问题的解释》的规定，对于行为人1997年9月30日以前实施的犯罪行为，被害人在追诉期限内提出控告，法院、检察院、公安机关应当立案而不予立案，超过追诉期限的，是否追究行为人的刑事责任，适用修订前的《刑法》第77条的规定。这也就是说，对于发生在1997年《刑法》之前的犯罪行为，只要被害人在追诉期限内提出控告，且其控告的事实符合司法机关立案规定，而司法机关没有立案的，追诉期限将无限延长。

第二，本案被害人是否提出了控告。在本案中，虽然王某在1995年向法院起诉镇政府，不是专门针对镇政府工作人员李某、张某的非法拘禁行为，也没有明确要求追究镇政府工作人员李某、张某非法拘禁行为的刑事责任，但支持这一诉讼请求的主要诉讼理由是镇政府工作人员李某、张某对其人身自由的非法限制。笔者认为，这种诉说可以视同王某对其受到非法拘禁的控告。我们不能狭隘地认为，只有被害人到司法机关控告申诉部门反映情况才是控告，而向司法机关其他部门反映情况就不是控告。(根据《刑事诉讼法》第108条第3款的规定："公安机关、人民检察院或者人民法院对于报案、控告、举报，都应当接受。对于不属于自己管辖的，应当移送主管机关处理，并且通知报案人、控告人、举报人……")1995年，法院对王某提出的人身自由受到非法限制这一事实在判决书中予以了认定，而对非法拘禁的查处不属于法院管辖，法院应将此案移送检察院处理。而本案由于法院的疏忽或者其他原因没有移送，导致没有立案，所以，本案属于应当立案而没有立案的情况。

因此，本案不受追诉期限的限制，检察院应当对镇政府工作人员非法拘禁行为立案侦查。

案例三

杨某于1994年8月~1995年1月在原籍河南省某市伙同他人盗窃3次，价值4700元，随后外逃。司法机关在办理其同伙盗窃案过程中于1995年6月17日以盗窃罪对杨某作出批准逮捕决定。1995年11~12月杨某在浙江省某市又实施盗窃，其隐瞒了在原籍盗窃的事实，1996年10月被当地人民法院以盗窃罪判处其有期徒刑7年6个月。刑满释放后，杨某于2002年10月24日被原籍公安机关依法执行逮捕。

问：本案是否已过追诉时效？

【评析】在上述案例的审理中，对杨某在原籍的盗窃行为是否超过追诉时效，还应不应该追究杨某的刑事责任，有两种意见：

第一种意见认为，根据1979年《刑法》第77条规定："在人民法院、人民检察院、公安机关采取强制措施以后，逃避侦查或者审判的，不受追诉期限的限制。"司法机关已对杨某作出批捕决定虽因其外逃而未实际执行，也应属于采取强制措施以后逃避侦查和审判的情形，依法应继续追究杨某的刑事责任。理由如下：

(1)应该对"采取强制措施以后"进行正确的理解，即不仅包括逮捕到犯罪嫌疑人的情况还包括作出批捕决定但未逮捕到人的情况。"批准逮捕"一般会遇到下列情形：①顺利、及时对犯罪嫌疑人执行逮捕。此种情况下，犯罪嫌疑人如果逃避侦查或审判，只有脱逃这一种途径。②执行逮捕过程中，犯罪嫌疑人逃跑，逮捕无法执行。③执行逮捕前或作出批捕决定前，犯罪嫌疑人已在逃，逮捕无法执行。司法实践中第二、三种情形较多，如果把“逮捕以后”仅仅局限于第一种情况，势必造成放纵犯罪，影响刑法任务的完成，不符合立法本意。

（2）追诉时效制度存在的意义之一，是促使犯罪人在刑罚真空的情况下，洗心革面、悔罪自新。但人民检察院、公安机关、国家安全机关立案侦查或人民法院受理案件后，就表明犯罪行为已为司法机关所觉察，犯罪嫌疑人、被告人就有义务接受侦查和审判，若其藐视国家法律采取逃避的手段对抗，则为法律所不容，否则，追诉时效制度将变成一种鼓励罪犯逃跑的制度，背离立法初衷。

第二种意见认为，杨某原盗窃行为发生在1997年9月30日《刑法》修订前，其后对于盗窃罪的总体量刑幅度降低，根据《刑法》第12条的规定对杨某应适用修订后《刑法》第264条，即最高刑为3年，追诉期为5年。根据1979年《刑法》第78条第2款（修订后第89条第2款）规定的“前罪追诉的期限从犯后罪之日起计算”，杨某也超过了5年追诉期。司法机关虽对杨某作出了批捕决定，但未能实际执行，故应对杨某依法终止审理。

我们同意第二种意见。理由是逮捕与批准逮捕有严格的区别。逮捕是指司法机关为防止犯罪嫌疑人或被告人逃避侦查、起诉和审判，进行妨碍刑事诉讼的行为，或发生社会危险性，而依法剥夺其人身自由，将其羁押起来的一种强制措施。批准逮捕只是整个逮捕程序中的一个环节。“作出批准逮捕决定”并不表示一定能逮捕到犯罪嫌疑人或被告人，更不能将其理解为“逮捕以后”。同样，如果把对某人施以强制措施的决定的作出就视为已经对其“采取强制措施以后”，那么，对所有发现的犯罪嫌疑人作出采取强制措施的决定，就视为“采取牵制措施以后”，这些人将不受追诉时效的期限限制，任何时候都可以被追诉。这样，时效制度除了犯罪永远不被发现外就没有存在的意义了。

（二）案例分析实训

案例一

被告人黄某南（男，1972年3月29日，广东五华人）伙同黄某明、黄某任、黄某响、刘某发、刘某平、古某波、邹某科、何某敬（均已判刑）等人于1991年7月4日、6日在五华县龙村镇龙村圩寻衅滋事四次，公安机关立案侦查后以涉嫌寻衅滋事罪提请五华县人民检察院批准逮捕，经审查，五华县人民检察院于同年11月15日作出批准逮捕决定，因犯罪嫌疑人在逃而未执行逮捕，而其他同案犯则被法院判处不等刑期。2006年11月23日，公安机关将犯罪嫌疑人缉拿归案，并于12月14日移送五华县人民检察院审查起诉，经审查，五华县人民检察院以被告人黄某南犯寻衅滋事罪向五华县人民法院提起公诉。法院审理后认为，根据1979年《刑法》第77

条的规定："在人民法院、人民检察院、公安机关采取强制措施以后，逃避侦查或审判的，不受追诉期限的限制。"被告人虽经批捕，但一直在逃未能直接对其采取强制措施，按照1979年《刑法》第76条第2项的规定，法定最高刑为5年以上不满10年有期徒刑的（当时此罪最高刑期为7年），超过10年，为过追诉时效，此案已过15年，法院据此最终对本案作终止审理。

问：本案是否已过追诉时效？

案例二

2001年7月9日9时30分，犯罪嫌疑人何某无证驾驶无牌照摩托车从重庆市大足县铁山镇驶往高升镇，行至大双路27公里（宝山街道）处时，将从左往右横过公路的小孩龙某撞伤，龙某经抢救无效死亡。当日，大足县公安局交通警察大队接电话报案后，及时进行了调查，认定何某负此次事故的主要责任。后在交警部门的调解下，何某向死者亲属作了经济赔偿，死者亲属对处理结果表示满意，未提出追究何某刑事责任的要求，故公安机关也未作刑事案件立案。之后，何某全家离开大足县外出四川打工。2003年8月26日，大足县公安局以何某涉嫌交通肇事罪立案侦查；2004年8月18日，何某被县检察院批捕；2006年8月26日，何某被抓获，并由大足县公安局执行逮捕；后何某被县检察院取保候审。（注：何某在被抓获之前，一直在外打工，没有回大足县，不知道自己被立案侦查和被批捕，不存在立案后逃避侦查的情况。）

问：本案是否已过追诉时效？

案例三

1994年1月29日，时任某监狱管教民警的张某对罪犯马子多次进行殴打、体罚。1月30日，马子死亡，经鉴定马子系因患重度支气管肺炎致感染中毒性休克死亡。

马子死亡后，其父亲马某一直上访控告。期间，司法机关因证据问题始终没有对张某立案。2008年，司法机关对张某以涉嫌虐待被监管人员罪进行初查。

本案的争议焦点在于，张某的行为是否超过追诉期限。第一种意见认为，根据1979年《刑法》第189条和第76条之规定，张某的行为构成虐待被监管人员罪，依法可以判处3年以下有期徒刑或者拘役；追诉时效是5年；根据最高人民法院《关于适用刑法时间效力规定若干问题的解释》（以下简称《解释》）第1条的规定，对于行为人1997年9月30日以前实施的犯罪行为，被害人在追诉期限内提出控告，人民法院、人民检察院、公安机关应当立案而不予立案，超过追诉期限的，是否追究行为人的刑事责任，适用修订前的《刑法》（1979年《刑法》）第77条的规定，即只有在人民法院、人民检察院、公安机关采取强制措施以后，逃避侦查或者审判的，才不受追诉期限的限制。本案并不存在1979年《刑法》所规定的追诉时效延长的法定事由，2008 年距离 1994 年也已 14 年，超过追诉期限，因此不应再追究张某的刑事责任。

第二种意见认为，对张某行为的定罪量刑应当适用 1979 年《刑法》，但根据 1997 年《刑法》以及《解释》第 1 条的规定，张某的行为没有超过追诉期限，依法应当追究张某的刑事责任。

问：本案是否已过追诉时效？

参考文献

1. [日] 宫本英修：《刑法大纲（总论）》，弘文堂 1935 年版。

2. [日] 团藤重光：《刑法纲要总论》，创文社 1990 年版。

3. [日] 大塚仁：《刑法概说（总论）》，有斐阁 1997 年版。

4. [意] 贝卡里亚：《论犯罪与刑罚》，黄风译，中国大百科全书出版社 1993 年版。

5. [意] 杜里奥·帕多瓦尼：《意大利刑法学原理》，陈忠林译，法律出版社 1998 年版。

6. [苏] C. C. 阿列克谢耶夫：《法的一般理论》，黄良平、丁文琪译，法律出版社 1991 年版。

7. [美] H. L. A. 哈特：《惩罚与责任》，王勇、张志铭、方蕾等译，华夏出版社 1989 年版。

8. [英] 吉米·边沁：《立法理论——刑法典原理》，孙力等译，中国人民公安大学出版社 1993 年版。

9. 杨春洗、杨敦先主编：《中国刑法论》，北京大学出版社 1994 年版。

10. 高铭暄主编：《中国刑法学》，中国人民大学出版社 1989 年版。

11. 苏惠渔主编：《刑法学》，中国政法大学出版社 1994 年版。

12. 何秉松主编：《刑法教科书》，中国法制出版社 1995 年版。

13. 张明楷：《刑法学教程》，法律出版社 2007 年版。

14. 高铭暄、马克昌主编：《刑法学》，北京大学出版社、高等教育出版社 2007 年版。

15. 严励主编：《刑法案例教程》，法律出版社 2006 年版。

16. 陈浩然：《应用刑法学》，华东理工大学出版社 2005 年版。

图书在版编目（CIP）数据

刑法总论：理论·实务·案例/严励主编.—2版.—北京：中国政法大学出版社，2017.3
ISBN 978-7-5620-6819-8

Ⅰ.①刑… Ⅱ.①严… Ⅲ.①刑法—法学—中国 Ⅳ.①D924.01

中国版本图书馆CIP数据核字(2017)第030139号

出版者　中国政法大学出版社
地　址　北京市海淀区西土城路25号
邮　箱　fadapress@163.com
网　址　http://www.cuplpress.com（网络实名：中国政法大学出版社）
电　话　010-58908435(第一编辑部) 58908334(邮购部)
承　印　保定市中画美凯印刷有限公司
开　本　720mm×960mm　1/16
印　张　24.25
字　数　503千字
版　次　2017年3月第2版
印　次　2017年3月第1次印刷
印　数　1~4000册
定　价　49.00元